中财传媒版 2023 年注册会计师全国统一考试辅导系列丛书 · 注定会赢®

公司战略与风险管理
高频考点精讲

注册会计师考试编写组　编

中国财经出版传媒集团
中国财政经济出版社

图书在版编目（CIP）数据

公司战略与风险管理高频考点精讲 / 注册会计师考试编写组编. --北京：中国财政经济出版社，2023. 2（2023.3重印）
（中财传媒版 2023 年注册会计师全国统一考试辅导系列丛书. 注定会赢）
ISBN 978 -7 -5223 -1965 -0

Ⅰ. ①公… Ⅱ. ①注… Ⅲ. ①公司 - 企业管理 - 资格考试 - 自学参考资料②公司 - 风险管理 - 资格考试 - 自学参考资料 Ⅳ. ①F276. 6

中国国家版本馆 CIP 数据核字（2023）第 020089 号

责任编辑：王晗青 责任校对：徐 昕 易 超
封面设计：孙俪铭 责任印制：党 辉

公司战略与风险管理高频考点精讲
GONGSI ZHANLÜE YU FENGXIAN GUANLI
GAOPIN KAODIAN JINGJIANG

中国财政经济出版社 出版
URL：http：//www. cfeph. cn
E - mail：cfeph@ cfeph. cn

社址：北京市海淀区阜成路甲 28 号 邮政编码：100142
营销中心电话：010 - 88191522
天猫网店：中国财政经济出版社旗舰店
网址：https：//zgczjjcbs. tmall. com
北京鑫海金澳胶印有限公司印刷 各地新华书店经销
成品尺寸：185mm×260mm 16 开 22. 5 印张 563 000 字
2023 年 2 月第 1 版 2023 年 3月北京第 2 次印刷
定价：66. 00 元
ISBN 978 -7 -5223 -1965 -0
（图书出现印装问题，本社负责调换，电话：010 - 88190548）
本社图书质量投诉电话：010 - 88190744
打击盗版举报热线：010 - 88191661 QQ：2242791300

前　言

中国注册会计师制度自恢复至今已经走过四十多个春秋，四十多年的风雨历程见证了注册会计师事业的辉煌，而注册会计师考试是其很重要的组成部分。注册会计师考试科目多、章节内容广、知识点覆盖庞杂，考生常常反映考试难度大，甚至有的考生在备考过程中就选择了放弃。其实，考生如果能够掌握正确的复习方法和应试技巧，顺利通过考试并没有想象中那么难。复习时，首先应当按考试大纲规定的范围和相应的辅导教材进行全面、系统的学习；其次抓住考试中高频出现的重点章节和重点内容强化知识储备；最后有针对性地多做练习，以掌握答题思路和技巧，并加深对高频考点的理解和把握，方法得当，教辅应手，往往事半功倍！

注册会计师考试编写组通过对注册会计师考试辅导教材和历年注会考试真题的详细解读与针对性研究，深度梳理与分析了教材中的知识点和考试中的高频考点。在本系列丛书中，我们将教会考生如何备考、如何抓住高频考点以及如何理解以前年度真题。通过对本系列丛书的学习，考生可以更加深入地了解历年考试的重点，更好地把握2023年教材的新变化，书中还附有针对高频考点的练习题，帮助考生巩固所学知识、顺利通过考试。

注册会计师考试编写组以注册会计师考试教材为起点，认真剖析知识点与考试的关系，精准把握考试定位，方便考生理解和记忆，书中主要包含以下三部分：

第一部分：命题规律及本科目学习指导

本部分总结了历年来本科目注册会计师考试命题的规律，具体分析了题型与分值分布及主客观题的主要考点等，分析了注册会计师考试命题中题型与能力考核的对应关系，提醒考生在复习中不仅应关注知识点，更应注重各方面能力的培养。同时，本部分还为考生提供了本科目的学习指导，以使考生掌握科学的学习方法，按部就班、循序渐进地进行本科目学习，提高学习效率与效果。

第二部分：高频考点精讲及进阶练习

一是2023年教材各章内容的主要变化。这一部分主要是解读新教材的变化，帮助考生了解2023年教材与以往的不同之处，把握教材新动向。

二是各章近五年考试高频考点分布。这一部分主要是对每一章节近五年的考试分值分布与考点分布进行了统计，帮助考生了解重点所在，使考生复习时有的放矢。

三是各章的高频考点精讲。这一部分是对教材知识点进行深度解析，为了考生使用方便，我们对每个考点标有不同的星级，以此来对其重要程度进行区分，且后面设有包括真题的经典例题讲解，以求更好地帮助考生理解和掌握考试知识点。

四是进阶练习。这一部分旨在帮助考生巩固所学知识点，掌握答题的思路和技巧。

五是进阶练习答案及解析。

第三部分：跨章节综合题演练

本部分内容包括跨章节综合练习题和跨章节综合练习题答案及解析。这部分以对历年考试真题的详尽分析为基础，全面、系统、综合地将跨章节的考点加以涵盖，有助于考生通过练习掌握知识链，提高应试的综合能力和水平。

本系列丛书的撰写倾注了编写团队大量的心血和情感，团队成员经验丰富、熟悉专业、了解考生的需求。我们的最终目标就是希望能真正帮助考生攻克每一个难关，提高考生的应试能力，让考生轻松通过考试，顺利拿下证书。

预祝各位考生取得好成绩！

目　录

第一部分　命题规律及本科目学习指导

第二部分　高频考点精讲及进阶练习

第三部分　跨章节综合题演练

本书高频考点索引

第五章 公司治理

第六章 风险与风险管理概述

第七章 风险管理的流程、体系与方法

第八章 企业面对的主要风险与应对

第一部分

命题规律
及本科目学习指导

一、本书特点及内容

《公司战略与风险管理高频考点精讲》是中财传媒版注册会计师全国统一考试辅导系列丛书之一。本书基于注册会计师全国统一考试辅导教材《公司战略与风险管理》，依据财政部注册会计师考试委员会发布的考试大纲，从科目特点出发，对教材主要知识点进行深度梳理与解析，帮助考生理解教材的高频考点内容、精准把握本科目考试定位；每个知识点后紧跟历年真题、经典例题，每章配套进阶练习题，帮助考生及时巩固所学知识，熟练记忆相关要点；本书还设置跨章节综合题演练，便于考生形成对跨章节知识的整体把握，实现对所学内容的交叉综合运用，以应对考生普遍感到头疼的案例分析综合题，帮助考生顺利通过考试。

本书包含以下三部分内容：

第一部分是命题规律及本科目学习指导，包括本书特点及内容、近五年考情分析、本科目学习方法指导。注册会计师考试知识体系庞杂，备考难度大，时间紧、任务重，对于一次报考多门的考生来说尤感分身乏术。因此，考生尤其是新考生在学习本科目具体内容之前，应该对考试情况及命题规律形成总体把握，选择合适的学习方法，掌握必要的应试技巧，定位高频的考查要点，进而有的放矢、有效应考，避免盲目学习、费时费力。

第二部分是高频考点精讲及进阶练习，是本书的主体部分。每章包括以下五方面的具体内容：

（一）2023 年教材内容主要变化

解读教材的新变化、新动向，本着有变必考的原则，考生应对变动的重点内容予以特别的关注和掌握。

（二）本章近五年考试高频考点分布

统计 2018～2022 年的高频考点及其对应的题型、分值，便于考生在学习时把握重点、反复记忆、强化练习。

（三）高频考点精讲

针对教材主要知识点进行深度解析、总结提炼，结合考试大纲和历年考情对各个知识点的重要程度划分星级，帮助考生把握重点；关键的字句以蓝色突出，便于考生着重记忆；每个知识点后紧跟包含近五年真题的经典例题，利于考生及时回顾、自检。

（四）进阶练习

帮助考生巩固本章所学的知识点，加深对高频考点的理解和掌握，训练快速、有效答题的技巧。

（五）进阶练习答案及解析

第三部分是跨章节综合题演练，包括跨章节综合练习题和跨章节综合练习题答案及解析。这部分以对历年考试真题的详尽分析为基础，全面、系统、综合地将跨章节的考点加以涵盖，有助于考生通过练习掌握知识链，提高应试的综合能力和水平。

本书的撰写倾注了编写组大量的心血和情感，团队成员熟悉专业、经验丰富、了解考生的需求，我们的最终目标就是希望能真正帮助考生攻克每一个难关，提高考生的应试能力，使考生能轻松通过考试、顺利拿下证书，预祝各位考生取得好成绩！

二、近五年考情分析

《公司战略与风险管理》教材包含八章内容，可划分为三部分：（1）战略管理，包括第一、二、三、四章；（2）公司治理，即第五章；（3）风险管理，包括第六、七、八章。各章重要程度、主要内容、近五年涉及题型、平均分值如下表所示。

章名	重要程度	主要内容	考试题型	平均分值
第一章 战略与战略管理概述	★★	公司战略的基本概念、公司战略管理	客观题、主观题（2021年、2018年）	3.3分
第二章 战略分析	★★★★	企业外部环境分析、内部环境分析、内外部环境综合分析	客观题、主观题	17.1分
第三章 战略选择	★★★★★	总体战略、业务单位战略、职能战略、国际化经营战略	客观题、主观题	46.1分
第四章 战略实施	★★★★	公司战略与组织结构、公司战略与企业文化、战略控制、公司战略与数字化技术	客观题、主观题（2022年、2021年、2020年、2018年）	10.5分
第五章 公司治理	★★★	公司治理概述、公司治理三大问题、内部治理结构和外部治理机制、公司治理的基础设施与治理原则	客观题、主观题（2018年）	2分
第六章 风险与风险管理概述	★	风险的概念及构成要素、风险管理的内涵、理论演进与基本实践的发展	客观题（2018年）	0.2分
第七章 风险管理的流程、体系与方法	★★★★	风险管理基本流程、风险管理体系、风险管理的技术与方法	客观题、主观题（2022年、2018年）	7.7分
第八章 企业面对的主要风险及应对	★★★★★	战略、市场、财务、运营、法律合规风险与应对	客观题、主观题	11分

通过《公司战略与风险管理》科目近五年的考情分析，可以得到以下结论：

1. 每年对各章均有考查，考点分散、全面；

2. 从平均分值和题型分布综合考虑，各章的相对重要程度显而易见，第三、八章是非常重点章，分别体现在战略管理和风险管理的核心内容。第一、五章是次重点章，第六章是非重点章。目前来看，第一章考查过的主观题比较简单，但是近两年来教材新增加“战略创新管理”和“战略管理中心权力与利益相关者”还需加强学习，未来出现主观题的可能性比较大；第五章虽然归为次重点章，但是近两年已连续考查过主观题，提醒考生不要忽视。

3. 从命题特点看，广泛采用案例形式考核，小到1分的单项选择题，大到25分一道的综合题，都有案例表述的“帽子”，文字阅读量较大；理论与实践紧密结合，侧重对实际问题的分析，而不是对知识点的简单考核；部分题目根据历年真题、教材案例改编。

三、本科目学习方法指导

（一）考试基本情况

考试时间：2023年8月27日17：00－19：00，2小时。

考试方式：闭卷、机考。考试系统支持5种输入法：微软拼音输入法、谷歌拼音输入法、搜狗拼音输入法、极品五笔输入法、万能五笔输入法。

评分规则：百分制，60分为成绩合格分数线。考试设置5分的英文作答附加分题，鼓励考生使用英文作答。

考试题型：客观题包含单项选择题和多项选择题，重点考查考生的知识理解能力；主观题包含简答题和综合题，简答题重点考查考生的基本应用能力，综合题重点考查考生的综合运用能力。

纵观历年考题，题型、题量、分值基本固定，客观题45分，主观题55分。具体来说，各类题型的题量、分值、建议用时如下表所示：

题型	题量	分值及要求	建议用时
单项选择题（1分/题）	24道	合计24分	15分钟
多项选择题（1.5分/题）	14道	合计21分，每题有2~4个正确选项，不答、错答、漏答均不得分	15分钟
简答题	4道	合计30分（分值分布：6、8、8、8）；第1题可以选用英文解答，如使用英文解答，须全部使用英文，答题正确的，增加5分	50分钟
综合题	1道	合计25分	40分钟

（二）教材主要变化

本年教材改动较大，主要体现为风险管理部分由原来的一章扩充为三章，知识框架重新调整，内容全面改写，具体变化已写在每章开头。

（三）备考建议

下面将从复习备考和考场应试两个方面给出建议，供考生借鉴。

1. 复习建议

（1）考生在复习备考时一定要基于教材，新教材内容变化非常大，提醒考生务必采用新教材学习。新教材风险管理部分包括三章，即第六、七、八章，从前述“近五年考情分析”可知，第六章近五年只考查过一次单选题，但提醒考生不要忽视此章，作为单独的一章今年必然会考查，预计出现选择题的可能性大，重点关注风险的概念与构成要素、风险管理的含义、特征、目标与职能。第七章从旧教材第六章的第三、四、五节分离而来，内容框架变化很小。第八章源自旧教材第六章的第二节，但是内容全面改写，特别提醒老考生关注。

（2）《公司战略与风险管理》科目考试的特点就是，无论客观题还是主观题，几乎所有的题目都有一个案例背景，要求考生分析后作出解答，考生看到“案例分析”几个字不要觉得“如临大敌”，因为不管面对什么样的案例背景，不管问什么问题，都是从教材最基本的理论出发，因此所谓的主观题并不是严格意义上的“主观”，不要求考生写出辞藻优美、逻辑严谨的“小作文”，而是基于教材基本理论作出分析和判断，几乎不需要拓展。因此，学好教材理论知识、答题时能够准确套用对通过考试至关重要。当然，理论文字通常是生硬、晦涩的，考生需要在理解的基础上加以记忆，绝不是死记硬背，先理解每句话在说什么、然后抓关键词找诀窍记忆，这样的学习过程相对轻松，学过的不容易忘记，答题时也能够达到“点子”上，死记硬背的结果可能是记忆混乱、文不对题、答了很多却一分不得。如何更好地理解理论呢？可以从身边找些有趣的例子、熟悉的企业案例与理论对应，再就是用好教材中展示的若干案例，这些案例大部分来自历年考查的简答题和综合题，建议考生学习完理论知识后阅读教材案例，巩固理论知识、总结出题规律、形成答题套路。

（3）《公司战略与风险管理》教材最大的特点就是文字量大，几百页的篇幅几乎全是字，如此庞杂、略显枯燥的理论体系让部分考生产生了畏难情绪，但是要知道，在注册会计师考试的六门科目中，本科目是篇幅最少的，内容是相对简单的，通过率也是最高的，因此，从应试的角度，考生应树立逢考必过的目标，不要给自己太大的压力，60 分万岁。对于本科目的学习，建议考生形成整本教材的知识框架，思路清晰、准确。比如：战略管理部分包括战略分析、战略选择和战略实施；战略分析环节包括外部环境分析、内部环境分析和内外部环境综合分析；外部环境分析包括宏观环境分析、产业环境分析、竞争环境分析；产业环境分析又包括产品生命周期、五力模型和成功关键因素理论。那么，五力模型又包含哪五种竞争力……以此类推，层层拓展，在理解的基础上记忆，每学习完一章尝试画思维导图，对高频考点做特殊标记。在学习方法上，考生可以尝试费曼学习法，建立学习互助小组，通过将难以记忆的知识点讲给小伙伴来加深记忆，就像老师们为什么能脱稿讲解、自如流畅，而且内容丝毫不差，完全是因为熟练，不断地重复，给别人讲得多了，自然就记住了，而且记得牢固。

（4）前后知识点链接，及时回顾，滚雪球式学习。有些知识点在教材中有多处涉及，比如，产品生命周期理论在学习成功关键因素分析、财务战略时还会应用，所以考生在学习后面的知识点时，不妨再翻看一下前面的产品生命周期基本理论，这样不仅有利于理解掌握新知识，对已学的知识也进行了再一次的回顾和强化。有些知识点之间存在表述上的重复，或者逻辑关联，比如前向、后向、纵向一体化战略适用条件的表述中存在重复（当然虽重复但理解不同），从快速记忆的角度，考生可以特别记忆彼此之间不同的表述；再比如，对于股东大会、董事会、经理层各自的职权，考生可以根据三者之间的逻辑关联对照学习。

（5）合理分配时间。一是根据各章的相对重要程度合理分配复习时间，比如第一章虽然统领战略管理部分的全局，但是属于非重点章，考生只需要抓重点学习即可；第三章属于非常重点章，应采用地毯式学习，不放过任何一个知识点。二是合理分配理论学习和习题演练的时间，对于注册会计师考试来说，光学不练是行不通的，学完理论之后应及时巩固练习，结合历年真题，熟悉出题套路，尤其是案例分析主观题，将所学的理论知识点散落在案例表述中，考生需要做到快速定位、准确表述。三是充分利用碎片化时间学习，比如，可以在手机里保存重要知识点的截图，随时翻看。

2. 应试技巧

（1）心态要“稳”。考前紧张是必然的，有些考生甚至大脑一片空白，但是不必担心，保持适度的紧张，合理安排考试时间，不确定的题目暂时标记、跳过，做几道题之后便顾不上紧张，状态自然回归，前期的积累跃然屏上。

（2）答题要“准”。答客观题时，快速读题、准确定位，对于熟悉的知识要大胆、果断地选；模糊的地方不要纠缠，可以采用排除法、前后对比法。答主观题时，先看问题，避免盲目，在题干中做好标记，边阅读、边分析、边作答。

（3）速度要“快”，考试只有短短的 2 小时，考生应尽可能答完全部题目，不要留有遗憾。这就需要考生快速适应机考环境，打字速度要快，建议考前充分熟悉考试系统、选择合适的输入法、做模拟练习。

第二部分

高频考点精讲
及进阶练习

第一章 战略与战略管理概述

2023年教材内容主要变化

2023年本章教材变化，主要体现在：

（1）章节题目微调；

（2）“战略创新管理”部分增加了对概念和案例的解析；

（3）“企业利益相关者的利益矛盾与均衡”部分调整了理论表述。

本章近五年考试高频考点分布

本章属于备考的次重点章，内容相对简单，考试难度偏低，历年考题一般以单选题、多选题、简答题、综合题中的小问答形式出现，高频考点集中在公司的使命与目标、战略创新管理、战略管理中的权力与利益相关者，近五年平均考试分值为3.3分。

高频考点内容	年度及题型分布
公司战略的定义	2018年多选
公司的使命与目标	2022年单选、2021年综合、2020年单选、2019年综合
战略创新管理	2022年单选、2022年多选、2021年单选
战略管理中的权力与利益相关者	2022年多选、2021年简答、2020年单选、2019年单选、2018年单选

高频考点精讲

本章是统领教材战略管理部分的基础导论章，概括性地介绍了公司战略的基本概念与公司战略管理，对第二、三、四章战略管理过程具体内容的学习起到引导作用。本章备考难度较低，但对于没有公司战略相关知识背景的考生来说，应引起重视，借助此章的学习梳理战略管理部分的知识框架。考生在学习本章时，重在理解与公司战略相关的基本概念，如“公司的使命与目标”；初步认识公司战略的层次及其基本内涵，能够区分三个层次的战略，即总体战略、业务单位战略和职能战略，进而在第三章展开学习；梳理战略管理的三个过程及主要组成要素，便于形成第二、三、四章的学习框架；提醒考生特别关注“战略创新管理”和“战略管理中的权力与利益相关者”。

本章主要知识点包括：公司战略的定义、公司的使命与目标、公司战略的层次、战略管理的内涵与特征、战略管理过程、战略创新管理、战略管理中的权力与利益相关者。

高频考点 1：公司战略的定义★

公司战略定义的表述可分为传统概念和现代概念两大类。

	代表学者及观点	公司战略的属性
公司战略的**传统概念**（20 世纪 60、70 年代）	（1）1962 年，美国学者钱德勒在《战略与结构》一书中，将战略定义为“确定企业基本长期目标、选择行动途径和为实现这些目标进行资源分配”。 （2）传统概念的典型代表：美国哈佛大学教授**波特**认为“战略是公司为之奋斗的一些终点与公司为达到它们而寻求的途径的结合物”	战略既包括公司奋斗的**终点**，也包括为达到终点而寻求的**途径**。 强调公司战略一方面的属性——**计划性、全局性和长期性**
公司战略的**现代概念**（20 世纪 80 年代以来）	1989 年，加拿大学者**明茨伯格**指出，以计划为基点将企业战略视为理性计划的产物是不正确的，许多成功的企业战略是在事先无计划的情况下产生的。他将战略定义为“一系列或整套的决策或行动方式”，这套方式包括刻意安排（即计划性）的战略和任何临时出现（即非计划性）的战略	战略只包括为达到企业的终点而寻求的**途径**，不包括企业终点本身。 更强调公司战略另一方面的属性——**应变性、竞争性和风险性**
事实上，大部分公司的战略是**事先计划和突发应变的组合。** 美国学者**汤姆森**在 1998 年指出，“战略既是**预先性**的（预谋战略），又是**反应性**的（适应性战略）”。 一个实际的战略是管理者在公司**内外各种情况**不断暴露的过程中**不断规划和再规划**的结果。 在当今瞬息万变的环境里，公司战略意味着企业要采取**主动**姿态预测未来，影响变化，而不是被动地对变化作出反应		

命题点拨

近五年本知识点仅考查过一道多选题，要求考生理解公司战略的现代概念，由于组织的有限理性，公司战略并非理性计划的产物，以计划为基点的传统概念已不适用于当今瞬息万变的环境。建议考生在理解的基础上记忆现代概念更强调的三个属性“应变性、竞争性和风险性”，以应对可能的客观题。

名师解惑

区分公司战略“传统概念”与“现代概念”的内在机理在于：传统概念提出的时间较早，外部环境较为稳定，因此公司可以计划一个“终点”，公司战略体现为“终点＋途径”，强调“计划性、全局性和长期性”；现代概念提出时的外部环境变化迅速，公司难以计划一个“终点”，因此战略只包括“途径”，更强调“应变性、竞争性和风险性”。

经典例题

【例题·多选题】 Y 公司是 C 国一家主营家用电器制造的多元化经营公司，在创立后的 30 多年中，每当面临新的技术挑战或业务转型时，Y 公司都会实施新一轮的业务流程变革或组织结构的调整。因此，Y 公司在家用电器市场激烈的竞争中成功生存下来，并逐步打响品牌成为 C 国知名的民营企业。Y 公司的战略演进体现了公司战略现代概念所强调的属性为（　　）。

A. 计划性　　B. 竞争性

C. 应变性　　D. 风险性

【答案】 BCD

【解析】 公司战略的现代概念更强调应变

性、竞争性和风险性。Y 公司制定战略实施多轮业务流程变革或组织结构的调整以：①应对环境的变化“面临新的技术挑战或业务转型时”，体现为“应变性”；②形成竞争优势、与竞争对手展开竞争“在家用电器市场激烈的竞争中成功生存下来”，体现为“竞争性”；③在 30 多年的经营过程中应对各种不确定性，“逐步打响品牌成为 C 国知名的民营企业”，体现为“风险性”。

高频考点 2：公司的使命与目标★★★

企业生存、发展、获利等根本性目的是公司使命的一部分，公司目标是使命的具体化。

（一）公司的使命

公司的使命阐明企业组织的根本性质与存在理由。

一般包括三个方面：

公司目的	公司目的是企业组织的根本性质和存在理由的直接体现。 营利组织（如企业）：首要目的是为其所有者带来经济价值。其次目的是履行社会责任，以保障企业主要经济目标的实现。 非营利组织（如红十字会）：首要目的是提高社会福利、促进政治和社会变革，而不是营利
公司宗旨	公司宗旨是阐述公司长期的战略意向，其具体内容主要说明公司目前和未来所要从事的经营业务范围。 公司的业务范围应包括企业的产品（或服务）、顾客对象、市场和技术等几个方面。 公司宗旨反映出企业的定位。定位是指企业采取措施适应所处的环境，它包括相对于其他企业的市场定位，如生产或销售什么类型的产品或服务给特定的部门，或以什么样的方式满足客户和市场的需求，如何分配内部资源以保持企业的竞争优势等
经营哲学	经营哲学是公司为其经营活动方式确立的价值观、基本信念和行为准则，是企业文化的高度概括。 经营哲学主要通过公司对利益相关者的态度、公司提倡的共同价值观、政策和目标以及管理风格等方面体现出来。 经营哲学同样影响着公司的经营范围和经营效果

小贴士 结合本章高频考点 7 理解“利益相关者”。

百事公司的使命表述体现其对各利益相关者的态度，即经营哲学。

为我们的消费者：通过我们美味、营养的产品和独特的品牌体验创造快乐的时刻。

为我们的客户：成为最好的合作伙伴，推动重大创新，实现业内无与伦比的增长水平。

为我们的员工和社区：创造有意义的机会，为员工提供工作、获得新的技能和开创成功的职业生涯，同时拥有一个多元化和包容性的工作场所。

为我们的地球：保护大自然的宝贵资源，为子孙后代留下一个更可持续的地球。

为我们的股东：提供可持续的顶级股东回报和积极采用一流的公司治理。

许多公司使命的表述往往不详尽、不全面，只是展示公司主要的战略方向。在复杂多变的环境下，详尽的、全面的使命表述可能会使企业在战略实施过程中比较被动。这是公司战略的现代概念定义中应变性、竞争性和风险性的具体体现。

小贴士 使命的表述是抽象、不具体的，例如，腾讯：用户为本，科技向善；阿里巴巴：让天下没有难做的生意。如果使命表述是详尽、具体的，会给公司设限，不利于公司在变化的环境中更好地发展。公司设定了使命，如何去实现呢？还需要具体落实，因此，需要制定公司目标，目标是使命的具体化。

（二）公司的目标

公司目标是公司使命的具体化。

公司目标是一个体系。建立目标体系的目的就是将公司的使命转换成明确具体的业绩标准，从而使得公司的进展有一个可以测度的目标。

财务目标体系	市场占有率、收益增长率、投资回报率、股利增长率、股票价格评价、现金流以及公司的信任度等
战略目标体系	获取足够的市场竞争优势，在产品质量、客户服务或产品革新等方面压倒竞争对手，使整体成本低于竞争对手的成本，提高公司在客户中的声誉，在国际市场上建立更强大的立足点，建立技术上的领导地位，获得持久的竞争力，抓住诱人的成长机会等

小贴士 教材区分了财务目标体系和战略目标体系的相关指标，历年从未考查过，可作为冷门考点，财务目标体系包括一系列定量的财务指标，战略目标体系体现为定性的表述。

财务目标体系和战略目标体系都应该从**短期目标和长期目标**两个角度体现出来。目标体系的建立需要**所有管理者的参与**。公司中每一个单元都必须有一个具体的、可测度的业绩目标，其中，各个单元的目标必须与整个公司的目标相匹配。

命题点拨

近五年本知识点年年考查，题型为单选题和综合题中的小问答。要求考生理解公司使命的三个方面，并能够准确区分“目的”、“目标”、“宗旨”和“经营哲学”。

名师解惑

本知识点阐述与公司战略相关的概念：使命和目标。使命包括三方面：目的、宗旨和经营哲学，抓住关键词进行区分：首要目的——为所有者带来经济价值；宗旨——经营业务范围；经营哲学——企业文化；目的是使命的一部分，目标是使命的具体化。

经典例题

【真题·单选题】（2022）近年来，方红公司的产品从洗衣液逐渐扩展到多种清洁剂和清洁设备，公司使命也从“我们提供顾客最满意的洗衣液”变为“我们创造清洁的世界”。这种变化体现了该公司（　　）。

A. 目的的变化

B. 宗旨的变化

C. 目标的变化

D. 经营哲学的变化

【答案】B

【解析】公司宗旨旨在阐述公司长期的战略意向，其具体内容主要说明公司目前和未来所要从事的经营业务范围。该公司产品从洗衣液逐渐扩展到多种清洁剂和清洁设备，拓展了经营业务范围，体现为宗旨的变化。选项B正确。

【真题·单选题】（2021）母公司要求其子公司在经营过程中遵守法律法规。体现的是（　　）。

A. 公司目的　　B. 公司宗旨

C. 经营哲学　　D. 公司目标

【答案】C

【解析】经营哲学是公司为其经营活动方式确立的价值观、基本信念和行为准则，是企业文化的高度概括。经营哲学主要通过公司对利益相关者的态度、公司提倡的共同价值观、政策和目标以及管理风格等方面体现出来。“母公司要求其子公司在经营过程中遵守法律法规”体现了公司为其经营活动方式确立的行为准则，属于“经营哲学”的表述，选项C正确。

【真题·单选题】（2020）天鸣公司是全球领先的通信基础设施和智能终端提供商，该公司在网站上显著位置有如下说明：致力于把数字科技带入每个人、每个家庭、每个组织，构建万物互联的智能世界。天鸣公司的上述说明体现了该公司的（　　）。

A. 目的　　B. 目标

C. 宗旨　　D. 经营哲学

【答案】C

【解析】公司宗旨是阐述公司长期的战略意向，其具体内容主要说明公司目前和未来所要从事的经营业务范围。“致力于把数字科技带入每个人、每个家庭、每个组织，构建万物互联的智能世界”属于公司宗旨，选项 C 正确。

【真题·单选题】（2019）云飞公司最初是一家电子商务企业，后来成长为业务涵盖网上商城、餐饮、酒店和物流的大型多元化公司。云飞公司的发展体现了公司（　　）。

A. 宗旨的变化

B. 经营哲学的变化

C. 公司目的的变化

D. 战略层次的变化

【答案】A

【解析】公司宗旨旨在阐述公司长期的战略意向，其具体内容主要说明公司目前和未来所要从事的经营业务范围。云飞公司经营业务范围扩展，体现了公司宗旨的变化。

【真题·综合题】（2021）翔鹤乳业公司创建于 1962 年，2003 年成为中国乳品行业第一家境外上市企业。2008 年国内乳业质量事件爆发后，由于翔鹤公司产品的宣传定位是“一贯的让消费者放心的好奶粉”，其产品也始终保持安全零事故的纪录，因而迅速获取了更多的市场份额，营收突破了 20 亿元大关。然而，随着消费者对国产奶粉整体的信任丧失，一批质量上乘、技术创新能力高的外资品牌奶粉乘虚而入，占据了婴幼儿奶粉的绝大部分市场份额，国产奶粉陷入前所未有的低谷期。通过市场调研，翔鹤公司认识到，伴随着消费升级，奶粉市场呈现出多样化的需求，翔鹤公司亟待调整战略定位，实现与外资品牌“错位经营”，在外资品牌经营的薄弱环节开辟新的生存发展空间。翔鹤公司将产品的宣传定位调整为“更适合中国宝宝体质”，并强化“一方水土养一方人”的观点，以此作为价值理念持续教育消费者。

【要求】简要分析翔鹤公司战略调整前后其经营哲学的变化。

【解析】经营哲学是公司为其经营活动方式所确立的价值观、基本信念和行为准则，是企业文化的高度概括。翔鹤公司战略调整前的经营哲学体现为“产品的宣传定位是‘一贯的让消费者放心的好奶粉’”，翔鹤公司亟待调整战略定位，实现与外资品牌“错位经营”，在外资品牌经营的薄弱环节开辟新的生存发展空间。翔鹤公司战略调整后的经营哲学体现为“产品的宣传定位调整为‘更适合中国宝宝体质’，并强化‘一方水土养一方人’的观点，以此作为价值理念持续教育消费者。”

【真题·综合题】（2018）2010 年 4 月，科通科技公司正式成立。公司成立之初，公司 CEO 刘毅与股东们就有一个想法：要做一款设计好、品质高、价格便宜的智能手机。……至 2018 年，科通已经投资了 90 多家生态链企业，涉足上百个行业。科通公司也从一家手机公司过渡到一个涵盖众多消费电子产品、软硬件和内容全覆盖的互联网企业。2018 年，科通公司正式上市。

【要求】简要分析科通公司从初创时期到上市之前公司宗旨的变化。

【解析】公司宗旨旨在阐述公司长期的战略意向，其具体内容主要说明公司目前和未来所要从事的经营业务范围。科通公司初创时期的业务定位是“要做一款设计好、品质高、价格便宜的智能手机”；科通公司上市之前的业务定位转变为“涵盖众多消费电子产品、软硬件和内容全覆盖的互联网企业”。

【例题·单选题】下列各项表述中，可以作为公司使命的是（　　）。

A. 5 年内将市场占有率提升到 20%

B. 践行国家战略，助力民族复兴

C. 争取用 3 年时间完成战略转型

D. 在产品开发时，融入传统文化

【答案】B

【解析】公司使命旨在阐明企业组织的根本性质与存在理由。使命的表述往往不详尽、不全面，只是展示公司主要的战略方向。选项 A、C、D 表述具体、详尽，不是公司使命的表述。

【例题·多选题】下列各项中，属于公司战略目标体系建立目的的有（　　）。

A. 抓住诱人的成长机会

B. 保持稳定的收益增长率

C. 成本领先于竞争对手

D. 在客户中建立良好声誉

【答案】ACD

【解析】战略目标体系的建立目的在于为公司赢得下列结果：获取足够的市场竞争优势，在产品质量、客户服务或产品革新等方面压倒竞争对手，使整体成本低于竞争对手的成本，提高公司在客户中的声誉，在国际市场上建立更强大的立足点，建立技术上的领导地位，获得持久的竞争力，抓住诱人的成长机会等。选项B属于财务目标体系建立目的。

高频考点3：公司战略的层次★★

一般将战略分为三个层次：总体战略、业务单位战略或竞争战略和职能战略。

总体战略（公司层战略）	企业最高层次的战略。对应公司最高管理层。 它需要根据企业的目标，选择企业可以竞争的经营领域，合理配置企业经营所必需的资源，使各项经营业务相互支持、相互协调。 常常涉及整个企业的财务结构和组织结构方面的问题
业务单位战略（竞争战略）	涉及各业务单位的主管以及辅助人员，将公司战略所包括的企业目标、发展方向和措施具体化，形成本业务单位具体的竞争与经营战略。 针对不断变化的外部环境，在各自的经营领域中有效竞争
职能战略（职能层战略）	主要涉及企业内各职能部门，如营销、财务、生产、研发（R&D）、人力资源、信息技术等，如何更好地配置企业内部资源，为各级战略服务，提高组织效率

小贴士　对于一家单业务公司来说，总体战略和业务单位战略只有一个，即合二为一；只有对业务多元化的公司来说，总体战略和业务单位战略的区分才有意义。

名师解惑

本知识点的具体内容将在第三章详细展开，现阶段要求考生能够区分公司战略的三个层次，抓住关键词掌握不同层次战略的着眼点，为第三章的学习奠定基础。

经典例题

【例题·单选题】下列选项中，属于业务单位战略的是（　　）。

A. 甲教培集团转型直播电商业务

B. 乙食品公司采取低价高值的竞争策略

C. 丙广告公司制定员工招聘计划

D. 丁体育用品公司按年龄进行消费者细分

【答案】B

【解析】业务单位战略（竞争战略）针对不断变化的外部环境，在各自的经营领域中有效竞争。选项B，乙食品公司采取低价高值战略以开展有效的竞争，属于业务单位战略或竞争战略。选项A属于总体战略，选项C属于职能战略中的人力资源战略，选项D属于职能战略中的市场营销战略。

【例题·多选题】A公司是一家多元化经营公司，公司由多个业务部门构成，分别经营电子设备、家用电器等多种产品，由此可见，A公司的战略层次包括（　　）。

A. 公司层战略　　B. 竞争战略

C. 营销战略　　D. 职能层战略

【答案】ABD

【解析】A公司是一家多元化经营公司，战略分为三个层次：总体（公司层）战略、业务单位（竞争）战略和职能（层）战略。对业务多元化的公司来说，总体战略和业务单位战略的区分才有意义。选项A、B、D正确。

高频考点4：战略管理的内涵与特征★

安索夫在《从战略规划到战略管理》（1976）一书中首次提出“战略管理”。

企业战略管理是为实现企业的使命和战略目标，科学地分析企业的内外部环境与条件，制定战略决策，评估、选择并实施战略方案，控制战略绩效的动态管理过程。

与传统职能管理相比，战略管理具有如下特征：

战略管理是企业的**综合性**管理	（1）战略管理为企业的发展指明基本方向和前进道路，是各项管理活动的精髓。 （2）战略管理的对象不仅包括研究开发、生产、人力资源、财务以及市场营销等具体职能，还包括统领各项职能战略的竞争战略和公司层战略。 （3）战略管理是一项涉及企业所有管理部门、业务单位及所有相关因素的管理活动
战略管理是企业的**高层次**管理	与企业的日常管理和职能管理不同，战略管理必须由企业的高层领导来推动和实施
战略管理是企业的一种**动态性**管理	企业战略管理活动应具有动态性，即适应企业内外部各种条件和因素的变化进行适当调整或变更

经典例题

【例题·多选题】与传统职能管理相比，下列关于现代战略管理的表述中，正确的有（　　）。

A. 战略管理的对象包括企业各项具体职能

B. 战略管理必须由企业的高层领导来推动和实施

C. 战略管理是企业的日常运营管理

D. 战略管理是企业的一种动态性管理

【答案】ABD

【解析】战略管理是企业的综合性管理，战略管理的对象不仅包括研究开发、生产、人力资源、财务以及市场营销等具体职能，还包括统领各项职能战略的竞争战略和公司层战略。与企业的日常管理和职能管理不同，战略管理必须由企业的高层领导来推动和实施。战略管理是企业的一种动态性管理。选项A、B、D正确。

【例题·多选题】与传统职能管理相比，现代战略管理的特征包括（　　）。

A. 动态性　　B. 高层次

C. 综合性　　D. 效率性

【答案】ABC

【解析】与传统职能管理相比，现代战略管理是企业的综合性、高层次和动态性管理。

高频考点5：战略管理过程★★

一般来说，战略管理包含三个关键因素：

战略分析——了解组织所处的环境和相对竞争地位；

战略选择——战略制定、评价和选择；

战略实施——采取措施使战略发挥作用。

（一）战略分析（明确“企业目前处于什么位置”）

1. 外部环境分析。

分析企业面对的宏观环境、产业环境和竞争环境；了解企业所处的环境正在发生哪些变化，这些变化给企业将带来更多的**机会**还是更多的**威胁**。

2. 内部环境分析。

分析企业的资源与能力、价值链和业务组合，了解企业自身所处的相对地位，具有哪些优势和劣势。

3. 内外部环境的综合分析：SWOT分析。

（二）战略选择（回答“企业向何处发展”）

1. 可选择的战略类型。

（1）总体战略选择。包括发展战略、稳定战略和收缩战略三种基本类型。

（2）业务单位战略选择。包括基本竞争战略、中小企业的竞争战略、蓝海战略三种战略。

（3）职能战略选择。包括市场营销战略、生产运营战略、研究与开发战略、采购战略、人力资源战略以及财务战略等多个职能部门的战略。

2. 战略选择过程。

（1）制定战略选择方案。在制定战略过程中，**可供选择的方案越多越好**。

根据不同层次管理人员介入战略分析和战略选择工作的程度，可以将战略形成的方法分为三种，三种方法的主要区别在于战略制定中对**集权与分权**程度的把握不同。企业可以从对企业整体目标的保障、对中下层管理人员积极性的发挥，以及企业各部门战略方案的协调等多个角度考虑，选择适宜的战略制定方法。

自上而下的方法	先由企业总部的高层管理人员制定企业的总体战略，然后由下属各部门根据自身的实际情况将企业的总体战略具体化，形成系统的战略方案（集权）
自下而上的方法	在制定战略时，企业最高管理层对下属部门不做具体规定，而要求各部门积极提交战略方案。企业最高管理层在各部门提交的战略方案基础上，加以协调和平衡，对各部门的战略方案进行必要的修改后加以确认（分权）
上下结合的方法	企业最高管理层和下属各部门的管理人员共同参与，通过上下级管理人员的沟通和磋商，制定出适宜的战略（集权＋分权）

（2）评估战略备选方案。评估备选方案通常使用三个标准：

适宜性标准	考虑选择的战略是否发挥了企业的优势，克服了劣势，是否利用了机会，将威胁削弱到最低程度，是否有助于企业实现目标（即是否“适宜”内外部环境）
可接受性标准	考虑选择的战略能否被企业利益相关者所接受，实际上并不存在最佳的、符合各方利益相关者的统一标准，经理们和利益相关团体的不同的价值观和期望在很大程度上影响着战略的选择
可行性标准	对战略的评估最终还要落实到战略收益、风险和可行性分析的财务指标上

（3）选择战略。如果由于用多个指标对多个战略方案的评价产生不一致的结果，最终的战略选择可以考虑以下几种方法：

根据企业目标选择战略	企业目标是企业使命的具体体现，因而，选择对实现企业目标最有利的战略方案
提交上级管理部门审批	对于中下层机构的战略方案，提交上级管理部门能够使最终选择方案更加符合企业整体战略目标
聘请外部专家进行战略选择工作	专家们拥有广博、丰富的经验和知识能够提供比较客观的意见

（三）战略实施（解决“将战略转化为行动并取得成果”）

依据企业选的战略类型，切实做好以下工作：

1. 调整和完善企业的**组织结构**，使之适合公司战略的定位。

2. 推进**企业文化**的建设，使企业文化成为实现公司战略目标的驱动力和重要支撑，以及调动企业员工积极性，促进战略实施的保证。

3. 运用财务和非财务手段、方法，监督战略实施进程，及时发现和纠正偏差，确保战略实施达到预定目标，或者对战略做出适当修改，以利于企业绩效持续提升。（**战略控制**）

4. 采用先进技术尤其是**数字化技术**，构建新型企业组织，转变经营模式，支持企业数字化转型和数字化战略的实施。

5. 协调好企业战略、组织结构、文化建设和技术创新与变革诸方面的关系。

战略管理不是一次性的工作，而是一个循环往复的过程。

命题点拨

近五年本知识点未被考查过，但提醒考生注意：制定战略选择方案的三个方法和评估战略备选方案的三个标准可以作为客观题的出题点，建议抓住关键词进行理解记忆。

名师解惑

本知识点的具体内容将在第二、三、四章详细阐述，现阶段要求考生能够形成整体框架，知道战略管理的每个环节“做什么”。例如，“战略分析”分析企业所处的内、外部环境，外部环境包括宏观环境、产业环境和竞争环境，内部环境（条件）包括资源与能力、价值链和业务组合，最后通过 SWOT 综合分析内外部环境中的优势、劣势、机会和威胁。

经典例题

【例题·单选题】甲公司是一家房地产公司，其根据外部环境的变化，预测房地产市场在未来 10 年内将逐步萎缩，因此决定进军文化产业，制定了一系列总体战略。在评估战略备选方案时，甲公司主要考虑选择的战略是否发挥了企业优势，克服了劣势，是否利用了机会，并将威胁削弱到最低程度。甲公司评估战略备选方案使用的标准是（　　）。

A. 适宜性标准

B. 外部性标准

C. 可行性标准

D. 可接受性标准

【答案】A

【解析】适宜性标准，考虑选择的战略是否发挥了企业的优势，克服了劣势，是否利用了机会，将威胁削弱到最低程度，是否有助于企业实现目标。选项 A 正确。

【例题·单选题】S 公司是一家多元化经营的互联网企业，在进行战略管理的过程中采取了一系列措施，其中属于战略分析活动的是（　　）。

A. 设立战略业务单位

B. 了解企业的主要竞争对手

C. 在广告服务领域实施成本领先战略

D. 形成鼓励创新的企业文化

【答案】B

【解析】战略分析包括外部环境分析和内部环境分析，其中外部环境分析是指分析企业面对的宏观环境、产业环境和竞争环境，选项 B“了解企业的主要竞争对手”属于竞争环境分析。选项 A“组织结构”、选项 D“企业文化”属于战略实施的内容，选项 C“实施成本领先战略”属于战略选择中的业务单位战略。

【例题·多选题】下列各项中，属于战略实施要解决的主要问题有（　　）。

A. 企业的组织结构是否适合战略定位

B. 如何推进企业文化的建设以支撑战略目标的实现

C. 明确企业目前处于什么位置

D. 能否正确处理和协调公司内部关系

【答案】ABD

【解析】依据企业选的战略类型，切实做好以下工作：（1）调整和完善企业的组织结构，使之适合公司战略的定位。（2）推进企业文化的建设，使企业文化成为实现公司战略目标的驱动力和重要支撑，以及调动企业员工积极性，促进战略实施的保证。（3）运用财务和非财务手段、方法，监督战略实施进程，及时发现和纠正偏差，确保战略实施达到预定目标，或者对战略做出适当修改，以利于企业绩效持续提升（战略控制）。（4）采用先进技术尤其是数字化技术，构建新型企业组织，转变经营模式，支持企业数字化转型和数字化战略的实施。（5）协调好企业战略、组织结构、文化建设和技术创新与变革诸方面的关系。选项 A、B、D 正确。选项 C“明确企业目前处于什么位置”，属于战略分析的主要目的。

高频考点 6：战略创新管理★★★

（一）什么是战略创新

企业战略创新是指企业为了获得可持续竞争优势，根据所处的内外部环境已经发生或预测会发生的变化，结合环境、战略、组织三者之间的动态协调性原则，并涉及企业组织各要素同步支持性变化，对新的创意进行搜索、选择、实施、获取的系统性过程。

（1）“变革”与“创新”。变革一般指将

企业转化成新的状况和不断变化的过程，在这一过程中企业可能沿用现行的计划和概念而未必产生新的构想，即变革未必形成创新；创新则是指产生新的构想和概念，并将它们付诸企业管理的过程，创新必然导致变革。

(2)“发明”与“创新”。发明一般指将充满智慧的新创意转化为有形的产物（例如一件产品、一个流程、一种模式）；创新则不是一种单独的行为，而是对新创意的产生、开发、实施和获取过程所涉及的所有活动。

（二）创新的重要性

1. 创新是企业适应不断变化的外部环境、确保自身生存发展至关重要的能力。

2. 创新是企业获得持续竞争优势最主要的来源。

3. 持续不断的创新是维持企业竞争优势的根本保障。

（三）战略创新的类型

英国学者蒂德和贝赞特（Tidd J. & Besant J.）采用4Ps法说明战略创新的几种类型。

类型	定义
产品创新	是指组织提供的**产品和服务**的变化
流程创新	是指产品和服务的**生产和交付方式**的变化
定位创新	是指通过重新定位用户对既有产品和服务的感知来实现的创新
范式创新	是指影响组织业务的**潜在思维模式**的变化。例如，尽管安然公司（Enron）后来因金融舞弊问题而声名狼藉，但它最初作为一家天然气管理承包商，因为意识到水电等公共事业的发展潜力而赢得了显赫的市场地位。在取消管制的大背景下，安然公司在全球范围建立了能源和其他公共服务事业的网络分布系统，并使其逐渐商品化，可以像糖或可可等商品一样进行期货交易了。 四种创新类型经常交织在一起，其界限并不十分清晰。 例如，一艘喷气式海洋渡轮既有产品创新也有流程创新。 将咖啡和果汁这样的饮料重新定位为高端产品既是定位创新也是范式创新。 文艺演出“人物山水”不同于传统的旅游项目，将歌舞与风景结合在一起，启用乡村百姓担任主要演员，让观众更直观地体验到“人物山水”是真正从山水和农民中“降生”的艺术，其独特的设计使得一场文艺演出成为当地旅游的经典品牌。体现了全方位创新

小贴士 初学者可能难以理解“范式创新”，关键词在于“思维模式的变化”，所谓管理范式是指“企业家们用以解决实际问题的、大家能够接受的规则体系”，比如计划经济时代的“生产型管理范式”转变为市场经济时代的“技术创新型管理范式”属于范式创新。

（四）探索战略创新的不同方面

1. 创新的新颖程度——渐进性还是突破性。

类型	定义
渐进性创新	(1) 一系列**持续、稳步**前进的变化过程，使企业能够保持平稳、正常运转。 (2) 往往发生在某些时点，影响企业体系当中的**某些部分**。 (3) 大部分时候，企业创新是以渐进的方式进行的，在本质上遵循“做得更好”的思路进行产品或流程改进。“学习曲线”效应
突破性创新	(1) **非连续性、全面性**的变化过程，使企业**整个体系**发生改变。 (2) 需要**重新界定**游戏的空间和边界，开辟新的机会，使市场上原有的企业不得不在新的条件下调整其业务。熊彼特“创造性毁灭”（新技术、新市场）

大量企业创新的实践表明，从渐进性创新到突破性创新是一个**量变到质变**的过程，企业

在经历了多次渐进性创新后，往往会实现更高层次的突破性创新。

2. 创新的基础产品和产品家族。

要让**持续的创新**达到好的效果，途径之一是借助“基础平台”或“产品家族”这一概念。所谓产品家族，是指在同一种核心产品的基础上，通过共用生产设备和类似的加工过程而生产或制造出来一组形态有异而功能相同或相似的产品。所谓基础产品，则是产品家族中的核心产品。依托一个稳健的基础产品或可以扩展的产品家族，可为创新提供一定范围的延展空间。

3. 创新的层面——在组件层面还是架构层面。

组件层面的创新是指只涉及单一技术的产品、服务的局部创新；架构层面的创新则是指涉及多种技术的产品、服务的整体性、系统性创新。有些创新发生在组件层面，有些创新则发生在架构层面，其中架构层面的创新是创新的主流。一般情况下，组件层面的创新需要其他相关组件创新的配合才能达到预期目的；而架构层面的创新包含绝大多数组件甚至所有组件的创新。

4. 时机——创新生命周期。

（1）创新的机会随着时间的推移而改变。

（2）新的行业：产品创新；成熟行业：流程创新和定位创新。

（3）阿伯内西和厄特巴克的创新生命周期模型。

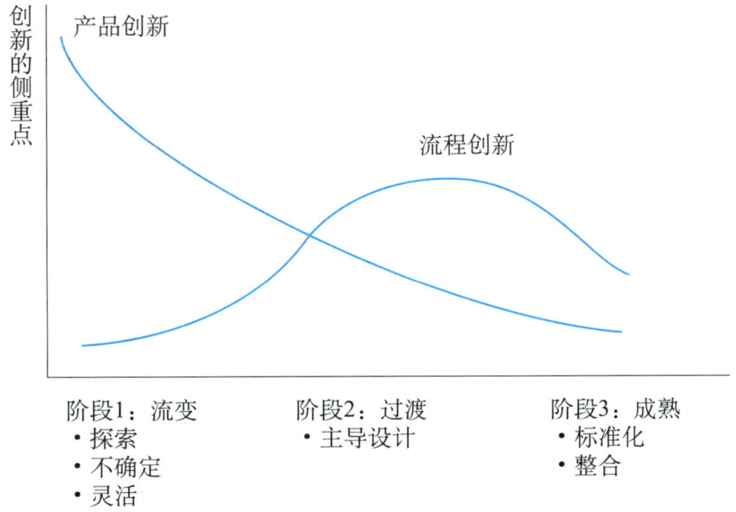

阶级	主要内容
流变（酝酿）阶段	**全新**的技术或市场出现，有很大的**不确定性**，没有人知道技术手段和市场需要的“正确”配置是怎样的，市场参与者进行大量的实验和快速学习（**探索**），特征是新旧技术的共存和两者的快速提高。（**灵活**）
过渡阶段	实验成果开始融汇形成“**主导设计**”，开始确定游戏的规则。 创新选项越来越多地集中于一组核心的可能性。 特征：出现主导设计并且侧重点转向模仿和开发。 创新的主要活动从根本概念的开发转向**关注产品差异化**以及更稳定、更廉价、更高质量和更重要的功能等
成熟阶段	随着创新概念的进一步成熟，**渐进性创新**变得更加重要，重点也转向**价格**等因素。 日益将注意力转向合理化、规模经济和**流程创新**，以此来降低成本，提高生产率。 产品创新更多的是通过定制化来满足特定客户的特殊需求

最后会出现新的变革。

创新生命周期各阶段的主要元素

创新特征	流变阶段	过渡阶段	成熟阶段
竞争重点	功能性的产品性能	产品差异化	降低成本
创新的驱动因素	关于客户需求的信息，技术投入	通过扩展内部的技术能力来创造机会	降低成本、提高质量
创新的主要类型	产品经常性的重要变化	伴随生产规模扩大而出现的重大流程创新	渐近性的产品和流程创新
产品线	多样性，通常包括定制的设计	包括至少一种稳定或主导的设计	基本无差异的标准化
生产流程	灵活但低效，目标带有实验性，而且经常变化	变得越来越严格和明确	高效，通常形成资本集约化

（五）战略创新的情境

以下所阐述的是成功的战略创新赖以实现的关键情境。包括建立创新型组织和制定创新的战略。

1. 建立创新型组织。

创新型组织的组成要素

组成要素	关键特征
共同使命、领导力和创新的意愿	明确阐述共同的使命 高管层的承诺及领导力
合适的组织结构	组织设计使得创造力、学习和互动成为可能；在“有机的”和“机械的”模式之间找到恰当的平衡
关键个体	发明者、组织发起者、把关人员或其他角色赋予创新活力或促进创新
全员参与创新	全员参与整个组织的持续改进活动
有效的团队合作	适当地使用团队（在本部门、跨职能和组织间）来解决问题，在团队选择和建设上给予投入
创造性的氛围	使用积极的方法来获得创造性的想法，得到相关激励系统的支持
跨越边界	内部和外部的顾客导向； 广泛的网络

全员创新过程循序渐进的几个阶段。

阶段1：“无意识的全员创新”阶段。全员创新不是刻意追求的，没有得到认可、支持，甚至没有被意识到，没有正式尝试去启动或组织创新活动。

阶段2：开始组织动员全员创新的正式尝试。培训和鼓励员工使用正式程序，在组织内建立起全员创新的习惯，但可能缺乏重点并通常只关注组织的局部，对组织战略的影响较小。

阶段3：将全员创新习惯与组织战略目标联系起来，使得各种团队和个体的改进活动能够与组织战略目标保持一致。局限性在于活动的方向在很大程度上由管理人员制定，并限定在一定的范围内。

阶段4：对个体和小组的“授权”。有助于员工主动试验和创新，需要管理者对总体战略目标有高度的理解和承诺，并开展高层次的培训，以达到有效试验的目的。

阶段5：达到全员创新的最高阶段，组织中的每个人都充分参与试验和改进过程，分享知识，积极创建学习型组织。

2. 制定创新的战略。

蒂德和贝赞特提出如下关于公司战略与创新之间关系的核心观点：

（1）企业特定的知识，包括探索知识的能力，是企业在竞争中取得成功的本质特征。

（2）公司战略的本质特征应该是一种创新战略，其目的就是积累企业特定的知识。

（3）一种创新战略必须能够应对外部复杂的千变万化的环境。

（4）内部结构和过程必须与可能的冲突性需求保持平衡：

①在技术领域、业务职能和产品部门中识别并开发专业知识；

②通过对技术领域、业务职能和产品部门进行整合来探索专门知识。

（六）创新管理的主要过程

创新管理一般经历“搜索—选择—实施—获取”四个阶段。

阶段	主要内容
搜索阶段	如何找到创新的机会。即创新的时机或诱因。 搜索环境中有关潜在变革的信号：新技术、新需求、政府政策、竞争者行为等
选择阶段	要做什么以及为什么。 需要做三方面研究： （1）对企业可利用的技术和市场机会的信号的研究； （2）对与公司现有知识库相关的产品和服务（即企业独有能力）的研究，确保公司现有知识能够与变革所需的知识相匹配； （3）将创新和企业整体业务绩效的提高相联系的研究，企业整体战略和创新战略的紧密结合在这个阶段是至关重要的
实施阶段	如何实现创新。 （1）逐渐汇集各种知识并产生创新的过程 。 （2）随着创新活动的进展，开始持续地从最初的概念中寻找问题和解决问题，围绕创新逐渐形成相关知识，最终这些知识以某种形式进入目标环境（内外部市场），之后再运用更多的相关知识来巩固这次创新
获取阶段	如何获得利益。 为了更好地获取创新的回报： （1）企业需要在采购、分销等环节采用多种新的方式（也可视为流程创新）在进行创新推广时获取更多的收益； （2）企业也需要运用知识产权保护机制（无论是正式地获得专利还是不太正式地使用隐性知识的方法）来维护自身的竞争优势； （3）企业还需要在因推行创新而不可避免导致的“再创新”中占据主动地位，掌控和引领创新的发展方向

命题点拨

“创新是引领发展的第一动力”“大众创业 万众创新”……创新的重要性不言而喻、日益凸显，预计未来会加深对此知识点的考查，重点掌握“战略创新的类型”“创新生命周期”“创新型组织的组成要素”“创新管理的主要过程”。建议考生阅读教材中的案例以加深对理论的理解。

经典例题

【真题·单选题】（2022）目前，基因工程产业已从根本概念的开发转向关注相关产品的差异化，以及更稳定、更廉价、更高质量和更多样的功能等。根据阿伯内西和厄特巴克的创新生命周期模型，现阶段基因工程产业创新的驱动因素是（　　）。

A. 产品差异化

B. 通过扩展内部的技术能力来创造机会

C. 降低成本、提高质量

D. 关于客户需求的信息，技术投入

【答案】B

【解析】根据题干“基因工程产业已从根本概念的开发转向关注相关产品的差异化，以及更稳定、更廉价、更高质量和更多样的功能等”，可知基因工程产业处于“过渡阶段”，该阶段创新的驱动因素是“通过扩展内部的技术能力来创造机会”。选项B正确。

【真题·多选题】（2022）宇森公司是一家机器人生产商，该公司于2019年宣布试制成功世界上首款可广泛用于航天探测、海洋打捞救援、森林灭火等领域的新型多功能机器人，但这款新型机器人的性能和可靠性还有待市场检验。从探索战略创新的不同方面来看，上述宇森公司宣布的内容涉及（　　）。

A. 创新的新颖程度

B. 创新的基础产品和产品家族

C. 创新的层面

D. 创新生命周期

【答案】ABCD

【解析】“世界上首款”体现了创新的新颖程度是“突破性”的，创新生命周期处于“流变阶段”，“广泛用于航天探测、海洋打捞救援、森林灭火等领域的新型多功能机器人”体现了创新的层面，创新依托基础产品和产品家族。

【真题·单选题】（2021）知立公司是一家致力于游戏软件研发的创新型企业，该公司通过组织授权和培训，帮助每一个员工去挑战自己和团队成长的极限，成就其对事业的追求。下列各项中，属于知立公司作为创新型组织组成要素的是（　　）。

A. 有效的团队合作

B. 合适的组织结构

C. 全员参与创新

D. 关键个体

【答案】C

【解析】选项C正确，抓住关键词“该公司通过组织授权和培训，帮助每一个员工去挑战自己和团队成长的极限，成就其对事业的追求”，帮助员工主动试验和创新。

【真题·单选题】（2021）通恒公司是一家主营工程设计与施工业务的企业，其创新管理的重点是利用其首创的多项绿色环保施工技术和数字化、智能化等“新基建”带来的市场机会，大力拓展业务种类和规模，并利用在业务拓展过程中获得的新知识巩固目前的创新。从创新管理的主要过程来看，通恒公司的创新管理处于（　　）。

A. 搜索阶段　　B. 选择阶段

C. 实施阶段　　D. 收获阶段

【答案】C

【解析】实施阶段的关键词是运用相关知识巩固创新，选项C正确。

【例题·多选题】C国作为茶文化的起源地，迎来了新式茶饮时代。N品牌作为新式茶饮头部品牌，不同于传统的茶饮理念，从创立之初的想法就是打造“年轻化茶饮”，主要服务对象是白领上班族。近期，N品牌精准洞悉消费者需求，不断推陈出新，从产品到店面都做了全面化的升级，同时，支持线上线下多个渠道进行点单。产品方面推出了广受年轻人追捧的奶盖茶，在线下门店入口处设置场景化零售台，用以陈列展示一系列丰富又精致的产品，现场还提供试饮等活动，茶饮搭配新零售模式的体验感大大增强。根据以上资料分析，N茶饮品牌战略创新的类型包括（　　）。

A. 产品创新　　B. 流程创新

C. 定位创新　　D. 范式创新

【答案】ABCD

【解析】产品创新是指组织提供的产品和服务的变化，“产品方面推出了广受年轻人追捧的奶盖茶”属于产品创新；“不断推陈出新，从产品到店面都做了全面化的升级”“支持线上线下多个渠道进行点单”“在线下门店入口处设置场景化零售台，用以陈列展示一系列丰富又精致的产品，现场还提供试饮等活动，茶饮搭配新零售模式的体验感大大增强”属于流程创新；定位创新是指产品和服务进入市场的环境的变化，即通过在特定用户情境下重新定位对既有产品和流程的感知来实现的创新。“从创立之初的想法就是打造‘年轻化茶饮’，主要服务对象是白领上班族”属于定位创新；范式创新是指影响组织业务的潜在思维模式的变化，“不同于传统的茶饮理念，从创立之初的想法就是打造‘年轻化茶饮’”属于范式创新。

高频考点 7：战略管理中的权力与利益相关者★★★

公司战略的制定与实施和各利益相关者利益与权力的均衡密不可分。利益相关者是对企业产生影响的，或者受企业行为影响的任何团体和个人。

（一）企业主要的利益相关者

企业主要利益相关者可分为**内部利益相关者**和**外部利益相关者**。

类别	利益相关者	利益期望
内部利益相关者	股东与机构投资者	资本收益——股息、红利（传统理论：利润最大化）；争得多数股权
	经理阶层	利用信息不对称控制企业，企业增长，销售额最大化
	企业员工	追求个人收入和职业稳定的极大化
外部利益相关者	政府	最直接的利益期望是税收
	购买者和供应者	各自阶段的价值增值
	债权人	企业有理想的现金流量管理状况，以及较高的偿付贷款和利息的能力
	社会公众	企业能够承担一系列的社会责任，包括保护自然环境、赞助和支持社会公益事业等；股民期望上市公司对广大股民负责

（二）企业利益相关者的利益矛盾与均衡

利益相关者由于利益期望不同，会产生利益的矛盾和冲突。主要表现如下：

类型	主要表现
投资者与经理人员的矛盾与均衡	（1）鲍莫尔“销售最大化”模型：各方利益均衡的产出量反映了代表经理人员利益的**销售额最大化**与代表股东利益的**利润最大化**的均衡结果。 （2）马里斯增长模型：“平衡状态”模型，经理人员和股东在市场评价、兼并的风险和其他共同利益的驱使下，有可能会将企业的增长率确定在双方都接受的一个区域内。 （3）威廉姆森管理权限理论：也很强调经理人员的管理动机。基本论点是经理们力求使他们的权力和声望最大化。反映了企业的经理人员运用自身相对股东的**信息优势**来实现其对企业的利益追求
企业员工与企业（股东或经理）之间的利益矛盾与均衡	列昂惕夫模型：企业员工追求工资收入最大化和工作稳定（反映在企业就业水平高）；而企业追求利润最大化，就要选择最佳就业水平，在工资水平的约束下以实现企业利润最大化。 员工与企业讨价还价的博弈结果将在一条直线上实现均衡，而最终均衡点偏向于哪一方的利益，取决于**双方讨价还价**实力的大小
企业利益与社会效益的矛盾与均衡	“社会效益”代表所有企业外部利益相关者的共同利益。 企业外部利益相关者对企业的共同期望是企业应承担一系列**社会责任**。包括三个方面： （1）保证企业利益相关者的**基本利益要求**。例如，履行缴纳国家税金的义务；保证按时按量偿还债权人的债务；保护广大股民的基本权益；正确处理与供应者、购买者的利益分配等。 （2）保护**自然环境**。例如，处理好与企业生产有关的污水、有毒废料和一般废料；制定安全政策，减少可能引起的灾难性环境问题的事故；珍惜稀缺资源等。 （3）赞助和支持**社会公益**事业。例如，赞助慈善事业和非营利基金会或协会；积极支持公共卫生和教育事业；反对世界上存在的政治不平等，如种族隔离和独裁政治等；支援落后国家和地区等

（三）权力与战略过程

权力（power）：个人或利益相关者能够采取（或者说服其他有关方面采取）某些行动的能力。

权力和职权（authority）：职权是权力的一种类型，但权力不一定是职权。①权力的影响力在各个方面；而职权沿着企业的管理层次方向自上而下。②受制权力的人不一定能够接受这种权力；而职权一般能够被下属接受。③权力来自各个方面；而职权包含在企业指定的职位或功能之内。④权力很难识别和标榜；而职权在企业的组织结构图上很容易确定。

权力和政治：政治是权力的运用，它是由具体的战略和策略组成的。

1. 企业利益相关者的权力来源。

来源	主要特征
对资源的控制与交换的权力	取决于他们所提供的资源的**稀缺**程度与企业对这些资源的**依赖**程度
在管理层次中的地位	处于层次高位置上的人比处于层次低位置上的人拥有更多的正式权力（**职权**）。由于在管理层次中的地位而获得的权力主要有三个基础：法定权、奖励权和强制权
个人的素质和影响	一种**非正式职权**的权力的重要来源。榜样权和专家权比正式职权、奖励权或强制权更具有持久性
参与或影响企业的战略决策与实施过程	例如，企业内部那些和外部环境打交道的个人或利益相关者，能够减少、控制或者吸收环境当中的不确定因素而影响战略的制定与实施，往往也因此而具有一定权力
利益相关者集中或联合的程度	团结就是力量，股东、经理、劳动者影响企业决策的实力与他们自身的联合程度有关

2. 在战略决策与实施过程中的权力运用。

权力本身是战略管理过程中的重要基础，制定战略和有效地实施战略需要权力和影响力。下面介绍的是5种一般的政治性策略，代表了企业各方**利益相关者**在企业战略决策与实施过程中权力的应用。

如果用**坚定性和合作性**两维坐标来描述企业某一利益相关者在企业战略决策与实施过程中的行为模式，可以分为以下5种类型，见下图：

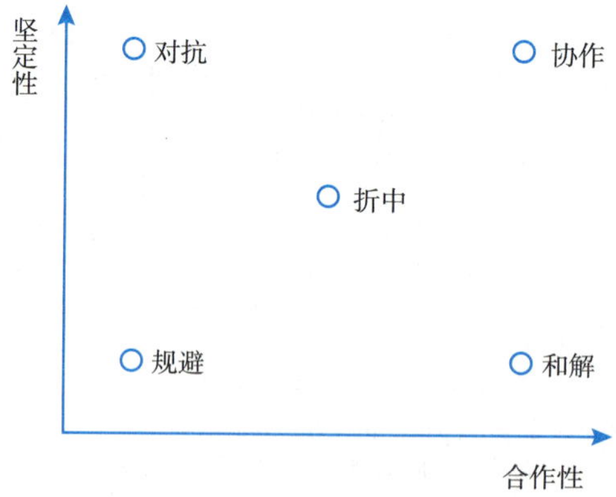

小贴士 “坚定性”体现为是否坚定维护自身利益，“合作性”体现为是否与矛盾冲突的对方合作。建议结合教材的小案例理解5种情形。

（1）对抗（坚定＋不合作）。

企业利益相关者运用这种模式处理矛盾与冲突，目的在于使对方彻底就范，根本**不考虑对方**的要求，并坚信自己有能力实现所追求的目标。**（只顾自己）**

（2）和解（不坚定＋合作）。

一方利益相关者面对利益矛盾与冲突时，**设法满足对方**的要求，目的在于保持或改进现

存的关系。和解模式通常表现为**默认和让步**。（单方让步）

（3）协作（坚定＋合作）。

协作是坚定行为与合作行为的组合。在对待利益矛盾与冲突时，**既考虑自己**利益的满足，**也考虑对方**的利益，力图寻求相互利益的最佳结合点，并借助于这种合作，使双方的利益都得到满足。（合作共赢）

（4）折中（中等程度的坚定＋中等程度的合作）。

通过各方利益相关者之间的讨价还价，**相互做出让步**，达成双方都能接受的协议。折中模式既可以采取积极的方式，也可以采取消极的方式。前者是指对冲突的另一方做出承诺，给予一定的补偿，以求得对方的让步；后者则以威胁、惩罚等要挟对方做出让步。多数场合，则是双管齐下。（各让一步）

（5）规避（不坚定＋不合作）。

规避模式是不坚定行为与不合作行为的组合。以时机选择的早晚来区分，这种模式可分为两种情况：一种是当预期将要发生矛盾与冲突时，通过调整来**躲避**冲突；另一种情况是当矛盾与冲突实际发生时主动或被动**撤出**。（惹不起躲得起）

命题点拨

近五年本知识点考查频次较高，题型为单选题和简答题，单选题考查企业利益相关者的权力来源、在战略决策与实施过程中权力运用的5种行为模式，要求考生能够准确辨识。2021年的简答题考查企业利益与社会效益的矛盾与均衡，要求考生能够根据案例条件阐述企业承担的社会责任。

经典例题

【真题·多选题】（2022）2022年受新冠疫情影响，金属构件生产商青江公司员工出现短缺，面临向水泵生产商西陇公司供货延误的风险。青江公司以遭遇不可抗力为由请求西陇公司同意延期并免责，被西陇公司回绝。后经谈判，西陇公司派人与青江公司员工一起加班加点，所需费用由青江公司承担。此举保证了青江公司如期供货。本案例中，西陇公司处理矛盾与冲突所采用的行为模式有（　　）。

A. 和解　　B. 协作

C. 规避　　D. 对抗

【答案】BD

【解析】“被西陇公司回绝”体现为“对抗”，“后经谈判，西陇公司派人与青江公司员工一起加班加点，所需费用由青江公司承担”体现为“协作”，选项B、D正确。

【真题·简答题】（2021）Q省地处QS高原腹地，具有发展太阳能产业的独特资源优势。近年来，随着国内外清洁能源需求的不断增长，Q省以电力企业为依托，抓住人才、技术、资金等关键资源，打造光伏一条龙全产业链，实现经济、生态保护和民生改善多赢。作为Q省TL戈壁滩光伏产业园区的核心企业，河天水电公司将生态保护的理念融入产业园区的建设中。TL戈壁滩日照多，降水少，风沙大，几乎没有多少绿色植被，刮风沙时，经常有小石子被吹起来，造成光伏板破损率比较高。河天水电公司开展了光伏生态产业种植的研究试验工作，根据当地土壤、水质的特点，种植雪菊、紫苏、透骨草等高原生态作物。这些作物牢牢抓住土壤，解决了光伏电板易损、报废的问题。产业园区要定期清洗光伏板，而冲洗光伏板的水能灌溉作物，作物的生长又使水土更好地得到保持，光伏板下因此形成了小型绿色生态园。由于植被长势太好，甚至会遮蔽光伏电板，而且冬季可能引发火灾。为解决这一问题，河天水电公司与附近几个村庄合作，发展小尾寒羊的养殖。为了避免羊吃草的随意性，公司规划出了放羊路线，请牧民按规划到光伏产业园区放羊，羊吃不到的地方就请牧民手动除草，工资另算。光伏电站不仅带来了生态的良性循环，还发展了当地的养殖产业，对于实现当地牧民的脱贫目标，功不可没。

【要求】依据“企业利益与社会效益”的

相互关系，简要分析Q省打造光伏一条龙全产业链过程中企业所承担的社会责任。

【答案】①保证企业利益相关者的基本利益要求。“近年来，随着国内外清洁能源需求的不断增长，Q省以电力企业为依托，抓住人才、技术、资金等关键资源，打造光伏一条龙全产业链，实现经济、生态保护和民生改善多赢”“光伏电站不仅带来了生态的良性循环，还发展了当地的养殖产业，为了实现当地牧民的脱贫目标，功不可没”。

②保护自然环境。“……核心企业，河天水电公司将生态保护的理念融入产业园区的建设中”“光伏板下因此形成了小型绿色生态园”“光伏电站不仅带来了生态的良性循环”。

③赞助和支持社会公益事业。“光伏电站……发展了当地的养殖产业，对于实现当地牧民的脱贫目标，功不可没”。

【真题·单选题】（2020）国内大型制冷设备制造商西奥公司拟在欧洲N国建立生产基地并雇用当地操作员工。当得知N国劳动者工资水平高且经常在工会支持下提出增加福利的要求后，西奥公司修改了投资和建设方案，所需操作员工全部由机器人代替。西奥公司在战略决策与实施过程中的行为方式是（　　）。

A. 对抗　　B. 折中

C. 协作　　D. 规避

【答案】D

【解析】规避模式是不坚定行为与不合作行为的组合。以时机选择的早晚来区分，这种模式可分为两种情况：一种情况是当预期将要发生矛盾与冲突时，通过调整来躲避冲突；另一种情况是当矛盾与冲突实际发生时主动或被动撤出。在本题中，西奥公司“当得知N国劳动者工资水平高且经常在工会支持下提出增加福利的要求后，西奥公司修改了投资和建设方案，所需操作员工全部由机器人代替”来规避冲突，选项D正确。

【真题·单选题】（2019）2015年，大型冶金企业金通公司为获得稳定的原料来源，向某稀土开采企业提出以20亿元人民币并购该企业的要求，遭到后者拒绝。后来双方经多次谈判，最终达成以部分股权互换的方式结为战略联盟的协议，金通公司在战略决策与实施过程中的行为模式属于（　　）。

A. 对抗　　B. 折中

C. 和解　　D. 规避

【答案】B

【解析】本题中，“向某稀土开采企业提出以20亿元人民币并购该企业的要求，遭到后者拒绝。后来双方经多次谈判，最终达成以部分股权互换的方式结为战略联盟的协议”体现出中等程度的坚定性和中等程度的合作性行为组合，属于折中。

【例题·单选题】甲公司是一家规模较大的食品生产企业，在多地建有分公司，总公司管理层考虑到业务重组的需要，决定将两家分公司合并，致使部分员工处于“待岗”状态，这些员工联合起来，为捍卫自己的基本权益进行了坚决的抗争，最后，总公司管理层不得不做出让步，保证员工的利益。在本案例中，总公司管理层在战略决策与实施过程中的行为模式为（　　）。

A. 对抗　　B. 折中

C. 和解　　D. 规避

【答案】C

【解析】“员工为捍卫自己的基本权益进行了坚决的抗争，总公司管理层不得不做出让步，保证了员工的利益”，总公司管理层没有坚定维护自身利益，而是设法满足矛盾冲突的对方（员工）的要求，做出了单方面让步，因此属于“和解”，员工的行为属于“对抗”。

进阶练习

（一）单选题

1. 下列各项中，关于企业利益相关者的权力来源，说法错误的是（　　）。

A. 企业的利益相关者可以利用这些权力

争取和保卫自己的利益

B. 榜样权和专家权比正式职权、奖励权或强制权更具有持久性

C. 职权是权力的一种类型，但权力不一定是职权

D. 个人的素质和影响是一种正式职权的权力的重要来源

2. 英国一个历史悠久的产品名为“Lucozade”，早在1927年作为葡萄糖饮品用来帮助儿童发育和病人康复。后来，品牌所有者摒弃了它与疾病的关联，转而瞄向日渐增长的健康市场，将它作为一款提高运动效能的饮品重新推出，这属于（　　）。

A. 产品创新　　B. 流程创新

C. 定位创新　　D. 范式创新

3. 某餐饮连锁企业为应对行业的激烈竞争，应用大数据分析技术，根据消费者需求的变化调整经营计划，打造特色菜品，提供优质服务，成效显著。对该公司上述做法表述错误的是（　　）。

A. 公司战略是在其内外环境的变化中不断完善规划的结果

B. 公司战略是理性计划的产物

C. 公司战略是事先的计划和突发应变的组合

D. 公司应采取主动态势预测未来

4. M公司以生产婴儿食品起家，目前在全球拥有500多家工厂，是世界上最大的食品制造商。2023年，该公司在制定未来五年发展规划时，最高管理层和下属各部门的管理人员共同参与，通过上下级管理人员的沟通和磋商，最终制定出适宜公司的发展战略。根据以上信息判断，M公司战略制定的方式是（　　）。

A. 自上而下　　B. 自下而上

C. 上下结合　　D. 上下独立

5. 甲公司评估战略备选方案时，主要考虑选择的战略能否被企业的股东、债权人、政府等相关利益者所接受。甲公司评估战略备选方案使用的标准是（　　）。

A. 适宜性标准　　B. 外部性标准

C. 可行性标准　　D. 可接受性标准

6. 甲集团是国内大型粮油集团公司，近年来致力于从田间到餐桌的产业链建设，2020年收购了以非油炸方式生产“健康”牌方便面的乙公司，并全面更换了乙公司的管理团队。2022年“健康”牌方便面市场份额下降，为了从竞争激烈的方便面市场上重新赢得原有市场份额，2023年初需要制定方便面竞争战略。该竞争战略属于（　　）。

A. 公司战略

B. 业务单位战略

C. 产品战略

D. 职能战略

7. 乙公司的经营业务范围涉及网络游戏、数字媒体，最近该公司创始人宣布进军乡村旅游领域。该公司的做法属于（　　）。

A. 总体战略　　B. 蓝海战略

C. 竞争战略　　D. 职能战略

8. 在某公司的使命中，“诚信、公开、公平是我们所有经营活动所遵循的原则”，体现了（　　）。

A. 公司目标　　B. 公司目的

C. 公司宗旨　　D. 经营哲学

9. 根据战略创新的类型，下列各项中，属于流程创新的是（　　）。

A. 某保险公司为儿童提供新的保险种类

B. 某汽车制造商改进机器设备、优化生产方法

C. 某零食企业将其枣制品从作为高端礼品转而面向白领女性的日常休闲食品重新推出

D. 某美容医院推出一款新的无创治疗项目

10. 以营利为目的而成立的组织，其首要目的是（　　）。

A. 履行社会职责

B. 保证员工利益

C. 实现经营者期望

D. 为其所有者带来经济价值

（二）多选题

1. 企业外部利益相关者对企业的共同期

望是企业应承担一系列社会责任，这些社会责任包括（　　）。

A. 正确处理与供应者、购买者的利益分配

B. 珍惜稀缺资源

C. 反对世界上存在的政治不平等

D. 企业追求利润最大化

2. 甲公司是一家多元化经营的公司，业务范围涉及高级酒店、文化旅游，最近该公司宣布进军连锁百货。由此可见，该公司战略的层次包括（　　）。

A. 总体战略　　B. 业务单位战略

C. 差异化战略　　D. 职能战略

3. 下列关于战略管理的说法中，正确的有（　　）。

A. 战略管理的对象只包括研究开发、生产等具体职能

B. 战略管理可以由部门员工来推动和实施

C. 战略管理活动应根据企业内外部条件的变化进行适当调整

D. 战略管理涉及企业所有管理部门、业务单位及所有相关因素

4. 下列各项中，属于公司财务目标体系指标的有（　　）。

A. 获得足够的市场竞争优势

B. 保持稳定的股利增长率

C. 提高公司在客户中的声誉

D. 获得满意的投资回报率

5. 2023 年，S 省大力发展乡村旅游，助力乡村振兴，推出了大型文艺演出节目“秘境山水”，将歌舞与风景结合在一起，启用当地乡村百姓担任主要演员，让观众更直观地体验到“秘境山水”是真正从山水和农民中“降生”的艺术，其独特的设计使得一场文艺演出成为当地旅游的经典品牌。该案例体现的战略创新的类型包括（　　）。

A. 产品创新　　B. 流程创新

C. 定位创新　　D. 范式创新

6. 下列关于公司使命与目标的表述中，正确的有（　　）。

A. 公司目的是使命的具体化

B. 公司目标体系的建立需要所有管理者参与

C. 公司使命的表述通常是全面、具体的

D. 公司使命阐明企业组织的根本性质与存在理由

7. 下列各项表述中可以作为企业使命的有（　　）。

A. 让天下没有难做的生意

B. 5 年内在市区建成 2 个地标性建筑

C. 诚信放飞梦想，精益收获希望

D. 在开发某地标建筑时，以中国传统文化为基础融入科技元素

8. 企业所处外部环境变化迅速，企业只有在变化中不断调整战略，加强风险管控和对突发情况的应变，才能获得并持续强化竞争优势。根据以上描述，下列属于公司战略现代概念所强调的属性的有（　　）。

A. 计划性　　B. 应变性

C. 竞争性　　D. 风险性

9. 公司的使命阐明企业组织的根本性质与存在理由，一般包括（　　）三个方面。

A. 公司目的　　B. 公司宗旨

C. 经营哲学　　D. 公司目标

进阶练习答案及解析

（一）单选题

1.【答案】D

【解析】企业的利益相关者由于控制着企业所需的具体资源，而存在着许多交换权力的机会，他们可以利用这些权力争取和保卫自己的利益，选项 A 正确；个人的素质和影响是一种非正式职权的权力的重要来源。成功的管理者需要建立起一些基本权力，尤其是榜样权和

专家权，这两者比正式职权、奖励权或强制权更具有持久性。榜样权和专家权是个人素质和影响的重要方面，选项 B 正确，选项 D 错误；企业管理层次的不同地位使处于层次高的位置上的人比处于层次低的位置上的人拥有更多的正式权力，这种权力被称为职权。职权也是权力的一种类型，但权力不一定是职权，选项 C 正确。

2. 【答案】C

【解析】定位创新是指产品和服务进入市场的环境的变化，即通过在特定用户情境下重新定位对既有产品和流程的感知来实现的创新。选项 C 正确。

3. 【答案】B

【解析】该公司为应对行业的激烈竞争，应用大数据分析技术，根据消费者需求的变化调整经营计划。一个实际的战略是管理者在公司内外各种情况不断暴露的过程中不断规划和再规划的结果；大部分公司的战略是事先计划和突发应变的组合；在当今瞬息万变的环境里，公司战略意味着企业要采取主动姿态预测未来，选项 A、C、D 正确。加拿大学者明茨伯格指出，以计划为基点将企业战略视为理性计划的产物是不正确的，选项 B 错误。

4. 【答案】C

【解析】上下结合的方法是企业最高管理层和下属各部门的管理人员共同参与，通过上下级管理人员的沟通和磋商，制定出适宜的战略，选项 C 正确。

5. 【答案】D

【解析】可接受性标准，考虑选择的战略能否被企业利益相关者所接受，所以选项 D 正确。

6. 【答案】B

【解析】一般将战略分为三个层次：总体战略、业务单位战略或竞争战略和职能战略。业务单位战略（竞争战略）将公司战略所包括的企业目标、发展方向和措施具体化，形成本业务单位具体的竞争与经营战略，针对不断变化的外部环境，在各自的经营领域中有效竞争。"方便面市场份额下降，为了从竞争激烈的方便面市场上重新赢得原有市场份额，2023 年初需要制定方便面竞争战略"，属于业务单位战略，选项 B 正确。

7. 【答案】A

【解析】总体战略（公司层战略）是企业最高层次的战略。它需要根据企业的目标，选择企业可以竞争的经营领域，合理配置企业经营所必需的资源，使各项经营业务相互支持、相互协调。"公司创始人宣布进军乡村旅游领域"属于总体战略，选项 A 正确。

8. 【答案】D

【解析】经营哲学是公司为其经营活动方式确立的价值观、基本信念和行为准则，是企业文化的高度概括。"诚信、公开、公平是我们所有经营活动所遵循的原则"属于经营哲学的表述，选项 D 正确。

9. 【答案】B

【解析】流程创新是指产品和服务的生产和交付方式的变化，选项 B 生产汽车的制造方法和设备方面的变化属于流程创新。选项 A、D 属于产品创新，选项 C 属于定位创新。

10. 【答案】D

【解析】公司目的是企业组织的根本性质和存在理由的直接体现，组织按其存在理由可以分为两大类：营利组织和非营利组织。以营利为目的成立的组织，其首要目的是为其所有者带来经济价值。例如，通过满足客户需求、建立市场份额、降低成本等来增加企业价值，其次的目的是履行社会责任，以保障企业主要经济目标的实现。选项 D 正确。

（二）多选题

1. 【答案】ABC

【解析】企业外部利益相关者对企业的共同期望是企业应承担一系列社会责任，这些社会责任包括三个方面：（1）保证企业利益相关者的基本利益要求（正确处理与供应者、购买者的利益分配）；（2）保护自然环境（珍惜稀缺资源）；（3）赞助和支持社会公益事业（反对世界上存在的政治不平等）。

2. 【答案】ABD

【解析】甲公司是一家业务多元化的公司。公司战略包括总体战略（公司层战略）、业务单位战略（竞争战略）和职能战略三个层次。

3. 【答案】CD

【解析】战略管理是企业的综合性管理，战略管理的对象不仅包括研究开发、生产、人力资源、财务以及市场营销等具体职能，还包括统领各项职能战略的竞争战略和公司层战略，选项A错误。与企业的日常管理和职能管理不同，战略管理必须由企业的高层领导来推动和实施，选项B错误。战略管理是企业的一种动态性管理，即适应企业内外部各种条件和因素的变化进行适当调整和变更，选项C正确。战略管理是一项涉及企业所有管理部门、业务单位及所有相关因素的管理活动，选项D正确。

4. 【答案】BD

【解析】财务目标体系表明公司必须致力于在下列指标上达到较好结果：市场占有率、收益增长率、投资回报率、股利增长率、股票价格评价、现金流以及公司的信任度等。选项B、D属于财务目标体系建立目的。

5. 【答案】ABCD

【解析】该案例体现了产品创新、流程创新、定位创新、范式创新全方位的创新。"'秘境山水'将歌舞与风景结合在一起……其独特的设计使得一场文艺演出成为当地旅游的经典品牌"体现的是产品创新；"启用当地乡村百姓担任主要演员，让观众更直观地体验到'秘境山水'是真正从山水和农民中'降生'的艺术"体现的是流程创新；"将歌舞与风景结合在一起……其独特的设计使得一场文艺演出成为当地旅游的经典品牌"体现的是定位创新；"启用当地乡村百姓担任主要演员，让观众更直观地体验到'秘境山水'是真正从山水和农民中'降生'的艺术"体现的是范式创新。

6. 【答案】BD

【解析】企业生存、发展、获利等根本性目的是公司使命的一部分，公司目标是使命的具体化，选项A错误。公司使命的表述往往不详尽、不全面，只是展示公司主要的战略方向。在复杂多变的环境下，详尽的、全面的使命表述可能会使企业在战略实施过程中比较被动。即使命的表述较为抽象，不具体，选项C错误。公司的使命阐明企业组织的根本性质与存在理由。公司目标是一个体系，目标体系的建立需要所有管理者的参与。选项B、D正确。

7. 【答案】AC

【解析】公司的使命阐明企业组织的根本性质与存在理由。使命的表述往往不详尽、不全面，只是展示公司主要的战略方向。选项B、D表述具体、详尽，不是公司使命的表述。

8. 【答案】BCD

【解析】公司战略的传统概念强调计划性、全局性和长期性；公司战略的现代概念强调应变性、竞争性和风险性。而题目中强调了外部环境的迅速变化，企业应不断调整战略以应变突发情况，是公司战略的现代概念，其属性为应变性、竞争性和风险性，选项B、C、D正确。

9. 【答案】ABC

【解析】公司的使命一般包括公司目的、公司宗旨和经营哲学三个方面；公司目的是使命的具体化。

第二章 战略分析

2023 年教材内容主要变化

2023 年本章教材变化，主要体现在：(1)“企业的核心能力”小节大幅改写；(2)“宏观环境分析”“成功关键因素分析”“竞争环境分析”“钻石模型”“波士顿矩阵”的部分内容改写；(3) 第三节的标题改为“企业内外部环境综合分析”，内容不变 。整体上看，第二章变化不大，提醒考生特别关注变化较大的“企业核心能力”。

本章近五年考试高频考点分布

本章属于重要的考试章，考题以全题型形式出现，近五年平均考试分值为 17.1 分。

高频考点内容	年度及题型分布
宏观环境分析	2021 年简答、2020 年单选
产品生命周期	2022 年简答、2020 年单选、2019 年单选、2018 年单选
产业五种竞争力	2022 年单选 2021 年多选 2020 年多选 2019 年单选、2019 年多选 2018 年多选
成功关键因素分析	2022 年单选、2022 年简答 2021 年单选 2019 年多选
竞争对手分析	2020 年单选、2018 年单选
产业内的战略群组	2022 年单选、2019 年单选
企业资源分析	2022 年单选 2020 年单选、2020 年简答 2019 年简答 2018 年单选
企业能力分析	2022 年单选、2019 年简答、2018 年综合

续表

高频考点内容	年度及题型分布
企业的核心能力	2022 年单选、2022 年多选 2019 年单选 2018 年多选、2018 年综合
产业资源配置分析框架——钻石模型	2022 年单选、2020 年多选、2019 年多选、2018 年单选
价值链分析	2022 年多选 2021 年单选 2020 年多选 2019 年综合 2018 年简答、2018 年综合
波士顿矩阵	2022 年单选、2021 年单选、2020 年多选、2019 年单选、2018 年单选
企业内外部环境综合分析	2022 年单选、2020 年单选、2019 年单选、2018 年单选

高频考点精讲

本章详细介绍了企业外部环境分析、内部环境分析以及企业内外部环境综合分析的各种分析方法和工具。内容框架如下：

企业外部环境分析	宏观环境分析（PEST）分析
	产业环境分析：产品生命周期、产业五种竞争力、成功关键因素分析
	竞争环境分析：竞争对手分析、产业内的战略群组
企业内部环境分析	资源与能力分析：企业资源分析、企业能力分析、企业的核心能力、产业资源配置分析框架——钻石模型
	价值链分析
	业务组合分析：波士顿矩阵、通用矩阵
企业内外部环境综合分析	SWOT 分析

高频考点 1：宏观环境分析★★★

宏观环境分析又称为 PEST 分析，宏观环境因素主要包含四类：政治和法律因素（P）、经济因素（E）、社会和文化因素（S）、技术因素（T）。

（一）政治和法律环境

政治和法律环境，是指那些制约和影响企业的政治要素和法律系统，以及其运行状态。政治环境包括国家的政治制度、权力机构、颁布的方针政策、政治团体和政治形势等因素。法律环境包括国家制定的法律、法规、法令以及国家的执法机构等因素。政治和法律环境是保障企业生产经营活动的**基本条件**。

小贴士 企业所处的政治和法律环境容易识别，提醒考生重点关注新教材的变化，即政治环境中的“执政党所持的态度和推行的基本政策（例如**外交政策、人口政策、税收政策、进出口限制**等），以及这些政策的连续性和稳定性”。

（二）经济环境

经济环境，是指构成企业生存和发展的社

会经济状况及国家的经济政策，包括社会经济结构、经济发展水平与状况、经济体制、宏观经济政策和其他经济条件等要素。与政治法律环境相比，经济环境对企业生产经营的影响更直接、更具体。

小贴士 提醒考生关注新教材的变化，即经济环境中的"**宏观经济政策包括综合性的全国发展战略和财政政策、货币政策、产业政策、国民收入分配政策**等。"注意与政治环境中的若干政策准确区分。

（三）社会和文化环境

社会和文化环境是指企业所处的社会结构、社会风俗和习惯、信仰和价值观念、行为规范、生活方式、文化传统、人口规模与地理分布等因素的形成和变动。社会和文化环境因素主要包括人口因素、社会流动性、消费心理、生活方式变化、文化传统和价值观等。

（四）技术环境

技术环境是指企业所处环境中的科技要素及与该要素直接相关的各种社会现象的集合，包括国家科技体制、科技政策、科技水平和科技发展趋势等。技术环境对企业的影响可能是创造性的，也可能是破坏性的。

命题点拨

PEST模型通常以简答题和综合题为主，建议考生牢记模型所代表的四个因素及其内容，能够在主观题中利用PEST模型分析案例宏观环境。

名师解惑

PEST模型用于企业外部环境中的宏观环境分析，在分析具体案例时，当出现国家干预、触及法律对企业产生的影响时，考虑政治和法律因素；当出现国家经济状况对企业产生的影响时，考虑经济因素；当出现人文因素对企业产生的影响时，考虑社会和文化因素；当出现科技原因对企业产生的影响时，考虑技术因素。

经典例题

【真题·单选题】（2019）国家出台"二胎"政策后，少儿智能学习机制造商龙华公司预测其产品的市场需求将明显增长，于是制定并实施了新的发展战略，扩大投资，提高生产能力，同时采用新智能技术实现产品升级。龙华公司外部环境分析所采用的主要方法是（　　）。

A. 五种竞争力分析

B. 产品生命周期分析

C. PEST分析

D. 成功关键因素分析

【答案】 C

【解析】 本题中，国家出台"二胎"政策，龙华公司根据政策出台预测其产品需求将明显增长，属于宏观环境分析中的政治和法律环境对企业的影响。

【真题·单选题】（2019）2012年政府颁布了《生活饮用水卫生标准》。然而，由于相关设施和技术等方面的原因，国内一些地区的自来水水质短期内还不能达到标准。同时，近年随着国内经济迅速发展，国民追求健康和高品质生活的愿望不断提高。通过对上述情况的分析，华道公司于2013年从国外引进自来水滤水壶项目，获得成功。本案例中，华道公司外部环境分析所采用的主要方法是（　　）。

A. 五种竞争力分析

B. 产品生命周期分析

C. PEST分析

D. 钻石模型分析

【答案】 C

【解析】 本题中，"由于相关设施和技术等方面的原因，国内一些地区的自来水水质短期内还不能达到标准""华道公司于2013年从国外引进自来水滤水壶项目，获得成功"属于宏观环境分析中的技术因素对企业的影响。

【例题·多选题】 A公司为国内上市的某高新技术企业，欲对某发展中国家的B科技企业进行并购。下列各项因素中，属于A公司在

PEST 分析中应当考虑的有（　　）。

A. A 公司的企业发展水平和未来发展趋势

B. A 公司的高管和重要研发人员的变动情况

C. B 科技企业所在地区的政治文化情况

D. B 科技企业所在国家公民的消费观

【答案】CD

【解析】选项 A、B 是针对 A 公司内部运营情况分析，A 公司欲对 B 科技企业进行并购，选项 C、D 正确。

高频考点 2：产品生命周期★★★

产业发展要经过 4 个阶段：**导入期**、**成长期**、**成熟期**和**衰退期**。这些阶段是以产业销售额增长率曲线的拐点划分。产业的增长与衰退由于新产品的创新和推广过程而呈“S”形。

产品生命周期各阶段**总结**及**对比**如下：

项目	导入期	成长期	成熟期	衰退期
开始标志		产品销量节节攀升	竞争者之间出现挑衅性的价格竞争	
消费者	高收入用户	销售群扩大	新客户减少，老客户反复购买支撑	对性价比要求很高
竞争者	很少	激增	稳中有降	减少
销量	小	节节攀升	最大	下降
价格	较高	最高	下降	很低
成本	高	适中	较低	低
利润	较低	最高	适中	很低
战略目标	扩大市场份额	争取最大市场份额	巩固市场份额，提高投资报酬率	防御，获取最后现金流
战略路径	投资于研究开发、技术改进，提升产品质量	市场营销，借机改变价格和质量形象	提高效率，降低成本	控制成本，维持正的现金流量
经营风险	非常高	相比有所下降，但依旧维持在较高水平	进一步降低达到中等水平	进一步降低

命题点拨

产品生命周期理论主要考查客观题，有些题目要求考生根据已知信息准确区分案例企业所处的生命周期阶段；有些题目给出案例企业所处的生命周期阶段，要求考生识别相应的特征建议考生准确掌握产品生命周期四个阶段的主要特征，以做出有效判断。

名师解惑

产品生命周期考题中的关键点辨析：

（1）注意各阶段的标志关键词，题干中提及利润最高，表明企业处于成长期；价格挑衅、产品标准化表明企业处于成熟期。

（2）题干中提及“扩大、争取最大、巩固、防御”时，通常考查企业各阶段的战略目标。

（3）从导入期到成熟期，企业的经营风险持续下降。

经典例题

【真题·单选题】（2020）A 公司是一家牙膏生产企业。目前牙膏行业的销售额达到前所未有的规模，各个企业生产的不同品牌的牙膏在质量和功效等方面差别不大，价格竞争十分激烈。在上述情况下，A 公司的战略重点应是（　　）。

A. 在巩固市场份额的同时提高投资报酬率

B. 提高投资报酬率

C. 争取最大市场份额

D. 扩大市场份额

【答案】A

【解析】“目前牙膏行业的销售额达到前所未有的规模，各个企业生产的不同品牌的牙膏在质量和功效等方面差别不大，价格竞争十分激烈”表明牙膏行业目前处于成熟期，而成熟期的战略重点是在巩固市场份额的同时提高投资报酬率，选项 A 正确。

【真题·单选题】（2019）专为商业零售企业提供管理咨询服务的智信公司于 2015 年预测中国的实体百货零售业已进入衰退期。该公司作出上述预测的依据应是（　　）。

A. 实体百货零售业投资额增长率曲线的拐点

B. 实体百货零售业利润额增长率曲线的拐点

C. 实体百货零售业工资额增长率曲线的拐点

D. 实体百货零售业销售额增长率曲线的拐点

【答案】D

【解析】产业发展要经过 4 个阶段：导入期、成长期、成熟期和衰退期。这些阶段是以产业销售额增长率曲线的拐点划分。

【真题·单选题】（2018）近年来，国产品牌智能手机企业强势崛起，出货量迅猛增长，与国际品牌智能手机在市场上平分秋色。中低端智能手机市场基本被国产智能手机占领，新进入者难以获得市场地位，同时，由于运营商渠道调整，电商等渠道比重加大，产品“同质化”现象加剧，“价格战”日趋激烈。根据上述情况，国内智能手机产业目前所处的生命周期阶段是（　　）。

A. 导入期　　B. 成长期

C. 成熟期　　D. 衰退期

【答案】C

【解析】本题中，“国产品牌智能手机企业强势崛起，出货量迅猛增长”“新进入者难以获得市场地位”“产品‘同质化’现象加剧，‘价格战’日趋激烈”表明目前国内智能手机产业处于的阶段是成熟期。

【例题·多选题】大海公司是一家集团企业，业务涉及金融、出版、饮用水、水泥生产等。集团公司管理层针对饮用水业务进行分析时，发现该产业新的客户减少，主要靠老客户的重复购买支撑，收购环境较差。对此，大海公司应重点关注的有（　　）。

A. 效率　　B. 成本控制

C. 市场细分　　D. 生产能力

【答案】AB

【解析】饮用水业务的新客户减少，主要靠老客户的重复购买支撑，收购环境较差，符合成熟期新的客户减少，主要靠老客户的重复购买支撑的特点。在成熟期，主要战略路径是提高效率，降低成本。因此，选项 A、B 正确，选项 C、D 错误。

【例题·单选题】在激烈的竞争环境中，处在同一行业的企业纷纷通过市场营销争取某产品的最大市场份额，这种情形标志着该产品已进入生命周期的（　　）。

A. 导入期　　B. 成长期

C. 成熟期　　D. 衰退期

【答案】B

【解析】导入期阶段的战略路径是投资于研究与开发和技术改进，提高产品质量。本题中，在激烈的竞争环境中，处在同一行业的企业纷纷通过市场营销争取某产品的最大市场份额，成长期阶段的战略路径是市场营销，此时是改变价格形象和质量形象的好时机。本题中，在激烈的竞争环境中，处在同一行业的企业纷纷通过市场营销争取某产品的最大市场份额，这种情形标志着该产品已进入生命周期的成长期阶段。因此，选项 B 正确。

高频考点3：产业五种竞争力

★★★★★

波特认为，在每一个产业中都存在五种基本竞争力量，即潜在进入者、替代品、购买者、供应者与现有竞争者间的抗衡。

（一）五种竞争力分析

1. 潜在进入者的进入威胁。

利润是对投资者的一个信号，并能够经常导致潜在进入者的进入。对于一个产业来说，进入威胁的大小取决于呈现的进入障碍与准备进入者可能遇到的现有在位者的反击。它们统称为进入障碍，前者称为“结构性障碍”，后者称为“行为性障碍”。进入障碍是指那些允许现有企业赚取正的经济利润，却使产业的新进入者无利可图的因素。

（1）**结构性障碍**。波特指出存在7种主要障碍：**规模经济、产品差异、资金需求、转换成本、分销渠道、其他优势及政府政策**。如果按照贝恩的分类，这7种主要障碍又可归纳为3种主要进入障碍：**规模经济、现有企业对关键资源的控制以及现有企业的市场优势。**

规模经济是指在一定时期内，企业所生产的产品或劳务的绝对量增加时，其单位成本趋于下降。当产业规模经济很显著时，处于最小有效规模（MES）或者超过最小有效规模经营的老企业对于较小的新进入者就有成本优势，从而构成进入障碍。

现有企业对关键资源的控制一般表现为对资金、专利或专有技术、原材料供应、分销渠道、学习曲线等资源及资源使用方法的积累与控制。如果现有企业控制了生产经营所必需的某种资源，那么它就会受到保护而不被进入者所侵犯。

小贴士

学习曲线与**规模经济**往往交叉地影响产品成本的下降水平。区分由于学习曲线所产生的学习经济和由于规模而产生的规模经济是很必要的。

a. 规模经济使得当经济活动处于一个比较大的规模时，能够以较低的单位成本进行生产；学习经济是由于累积经验而导致的单位成本的减少。

b. 即使是学习经济很小的情况下，规模经济也可能是很大的，这在诸如铝罐制造这样的简单资本密集型的生产中通常能够产生。

c. 在规模经济很小时，学习经济也可以是很大的，这存在于诸如计算机软件开发等复杂的劳动密集型产业中。

现有企业的市场优势主要表现在品牌优势上，这是产品差异化的结果。产品差异化是指由于顾客或用户对企业产品的质量或商标信誉的忠实程度不同，而形成的产品之间的差别。此外，现有企业的优势还表现在政府政策上。政府的政策、法规和法令都会在某些产业中限制新的加入者或者清除一些不合格者，这就为在位企业造就了强有力的进入障碍。

（2）**行为性障碍**（或战略性障碍）。行为性障碍是指现有企业对进入者实施报复手段所形成的进入障碍，报复手段主要有两类：**限制进入定价**和**进入对方领域**。

限制进入定价往往是在位的大企业报复进入者的一个重要武器，特别是在那些技术优势正在削弱、投资正在增加的市场上，情况更是如此。在限制价格的背后包含有一种假定，即从长期看，在一种足以阻止进入的较低价格条件下所取得的收益，将比在一种会吸引进入的较高价格条件下取得的收益要大。在位企业试图通过实施低价来告诉进入者自己是低成本的，进入将是无利可图的。

进入对方领域是寡头垄断市场上常见的一种报复行为，其目的在于抵消进入者首先采取行动。

2. 替代品的替代威胁。

产品替代分为两类：直接产品替代和间接产品替代。

（1）直接产品替代是指某一种产品直接取代另一种产品，如苹果系统计算机取代微软系统计算机。前面所引用的波特关于产业的定义中的替代品，是指直接替代品。

（2）间接产品替代是指由能起到相同作用的产品非直接地取代另外一些产品，如人工合成纤维取代天然布料。波特在这里所提及的对某一产业而言的替代品的威胁，是指间接替代品。

直接替代品与间接替代品的界限并不一定十分清晰，取决于对产业边界的界定。因而，直接产品替代与间接产品替代只能是一个相对的概念。

新产品能否替代老产品，主要取决于两种产品的性能—价格比的比较。如果新产品的性能—价格比高于老产品，新产品对老产品的替代就具有必然性，如果新产品的性能—价格比一时还低于老产品，那么，新产品还不具备足够的实力与老产品竞争。

3. 供应者、购买者讨价还价的能力。

购买者和供应者讨价还价的能力大小，取决于它们各自以下几个方面：

（1）**买方（或卖方）的集中程度或业务量的大小。**当购买者的购买力集中，或者对卖方来说交易很可观时，该购买者讨价还价的能力就会增加。当少数几家公司控制着供应者集团，在其将产品销售给较为零散的购买者时，供应者通常能够在价格、质量等条件上对购买者施加很大的压力。

（2）**产品差异化程度与资产专用性程度。**当供应者的产品存在着差异，因而替代品不能与供应者所销售的产品相竞争时，供应者讨价还价的能力就会增强。反之，如果供应者的产品是标准的，或者没有差别，又会增加购买者讨价还价的能力。因为在产品无差异的条件下，购买者总可以寻找到最低的价格。与产品差异化程度相联系的是资产专用化程度，当上游的供应者的产品是高度专用化的，它们的顾客将紧紧地与它们联系在一起，在这种情况下，投入品供应者就能够影响产业利润。

（3）**纵向一体化程度。**如果购买者实行了部分一体化或存在后向一体化的现实威胁，在讨价还价中就处于能迫使对方让步的有利地位。在这种情况下，购买者对供应者不仅形成进一步一体化的威胁，而且由于购买者自己生产一部分零件从而使其具有详尽的成本知识，这对于谈判也极有帮助。同样，当供应者表现出前向一体化的现实威胁，也会提高其讨价还价能力。

（4）**信息掌握的程度。**当购买者充分了解需求、实际市场价格甚至供应商的成本等方面信息时，要比在信息贫乏的情况下掌握更多的讨价还价的筹码，保证自己从供应者那里得到最优惠的价格，并可以在供应者声称它们的经营受到威胁时予以回击。同样，如果供应者充分地掌握了购买者的有关信息，了解购买者的转换成本（即从一个供应者转换到另一个供应者的成本），也会增加其讨价还价的能力，并能够在购买者盈利水平还能承受的情况下，拒绝提供更优惠的供货条件。

劳动力也是供应者的一部分，他们可能对许多产业施加压力。经验表明，短缺的、高技能雇员以及紧密团结起来的劳工可以与雇主或劳动力购买者讨价还价而削减相当一部分产业利润潜力。

4. 产业内现有企业的竞争。

产业内现有企业的竞争是指一个产业内的企业为市场占有率而进行的竞争。

产业内现有企业的竞争在下面几种情况下可能是很激烈的：

（1）产业内有众多的势均力敌的竞争对手。

（2）产业发展缓慢。

（3）顾客认为所有的商品都是同质的。

（4）产业中存在过剩的生产能力。

（5）产业进入障碍低而退出障碍高。

命题点拨

产业五种竞争力分析在各种题型中均有考查，建议考生形成知识框架，掌握每种竞争力“是什么”以及对应的细节内容。重点关注“进入障碍的类型”“影响供应者、购买者讨价还价能力的因素”。

名师解惑

潜在进入者与替代品的区分：替代品的威胁侧重于跨产业，如飞机对火车的替代，而潜在进入者的威胁侧重同一产业内的潜在竞争对手对现有企业产生威胁。

（二）对付五种竞争力的战略

五种竞争力分析表明了产业中的所有公司都必须面对产业利润的威胁力量。公司必须寻求几种战略来对抗这些竞争力量。

首先，公司必须自我定位，通过利用成本优势或差异优势把公司与五种竞争力相隔离，从而能够超过它们的竞争对手。其次，公司必须识别在产业的哪一个细分市场中，五种竞争力的影响更少一点，这就是波特提出的“集中战略”。最后，公司必须努力改变这五种竞争力。公司可以通过与供应者或购买者建立长期战略联盟，以减少相互之间的讨价还价；公司还必须寻求进入阻绝战略来减少潜在进入者的威胁等。

（三）五力模型的局限性

（1）该模型基本上是静态的。然而，在现实中竞争环境始终在变化。这些变化可能从高变低，也可能从低变高，其变化速度比模型所显示的要快得多。

（2）该模型能够确定行业的盈利能力，但是对于非营利机构，有关获利能力的假设可能是错误的。

（3）该模型基于这样的假设：即一旦进行了这种分析，企业就可以制定企业战略来处理分析结果，但这只是一种理想的方式。

（4）该模型假设战略制定者可以了解整个行业（包括所有潜在的进入者和替代产品）的信息，但这一假设在现实中并不一定存在。对于任何企业来讲，在制定战略时掌握整个行业信息的可能性不大。

（5）该模型低估了企业与供应商、客户或分销商、合资企业之间可能建立长期合作关系以减轻相互之间威胁的可能性。在现实的商业世界中，同行之间、企业与上下游企业之间不一定完全是你死我活的关系。强强联手，或强弱联手，有时可以创造更大的价值。

（6）该模型对产业竞争力的构成要素考虑不够全面。哈佛商学院教授大卫·亚非在波特教授研究的基础上，提出了第六个要素即互动互补作用力，进一步丰富了五种竞争力理论框架。

亚非认为，任何一个产业内部都存在不同程度的互补互动（指互相配合一起使用）的产品或服务业务。例如，对于房地产业来说，交通、家具、电器、学校、汽车、物业管理、银行贷款、有关保险、社区、家庭服务等会对住房建设产生影响，进而影响到整个房地产业的结构。企业认真识别具有战略意义的互补互动品，并采取适当的战略，会使企业获得重要的竞争优势。

根据亚非教授提出的互补互动作用力理论，在产业发展初期阶段，企业在对其经营战略定位时，可以考虑控制部分互补品的供应，这样有助于改善整个行业结构，包括提高行业、企业、产品、服务的整体形象，提高行业进入壁垒，降低现有企业之间的竞争程度。随着行业的发展，企业应有意识地帮助和促进互补行业的健康发展，如为中介代理行业提供培训、共享信息等，还可考虑采用捆绑式经营或交叉补贴销售等策略。

经典例题

【真题·单选题】（2022）健翔公司是一家农用无人机研发和制造行业的龙头企业，该公司拟通过加强对关键资源的控制来降低潜在进入者的威胁。根据产业五种竞争力分析理论，下列各项中，适合健翔公司采用的是（　　）。

A. 进一步扩大生产规模，提高规模经济

B. 收购拥有农用无人机生产技术专利的企业

C. 研发并制造性能、质量领先的农用无人机

D. 提高产品质量，加强品牌优势

【答案】B

【解析】题干中指出“公司拟通过加强对关键资源的控制来降低潜在进入者的威胁”，根据产业五种竞争力分析理论，现有企业对关键资源的控制一般表现为对资金、专利或专有技术、原材料供应、分销渠道、学习曲线等资源及资源使用方法的积累与控制。因此，选项B正确。

【真题·多选题】（2021）奥本钢铁公司近期兼并了本国的两家钢铁企业，其钢铁产量增加了将近1倍，生产成本随之降到行业最低水平。根据波特的产业五种竞争力理论，奥本钢铁公司的上述兼并有利于该公司（　　）。

A. 应对潜在进入者的进入威胁

B. 增强对供应者讨价还价的能力

C. 增强对购买者讨价还价的能力

D. 增强对其他钢铁企业的竞争力

【答案】ABCD

【解析】“生产成本随之降到行业最低水平”，使得企业对新进入者和其他钢铁企业均有成本优势，有利于应对潜在进入者的进入威胁和增强对其他钢铁企业的竞争力，选项A、D正确；“兼并了本国的两家钢铁企业”，该公司作为买方集中程度高，增强对供应者讨价还价的能力，选项B正确，该公司作为卖方，同样集中程度高，选项C正确。

【真题·多选题】（2020）英华公司是一家从事少儿智力开发的企业。该企业成立十几年来，凭借其自主研发的独特高效的教育训练方法、国内一流的少儿智力开发团队和多年打造出的“英华”品牌，在业内一直占据龙头地位。随着业务量的持续快速增加，该企业在保持营业收入和利润不断增长的同时，逐渐把收费降到行业最低水平，使许多试图进入该行业的企业望而却步。英华公司给潜在进入者设置的进入障碍有（　　）。

A. 限制进入定价

B. 规模经济

C. 现有企业的市场优势

D. 现有企业对关键资源的控制

【答案】ACD

【解析】“自主研发的独特高效的教育训练方法、国内一流的少儿智力开发团队”属于现有企业对关键资源的控制，选项D正确；“多年打造出的‘英华’品牌，在业内一直占据龙头地位”属于现有企业的市场优势，选项C正确；“把收费降到行业最低水平”属于限制进入定价，选项A正确。

【真题·单选题】（2020）山野公司是国际著名的户外运动服装设计和生产商。该公司的产品广受消费者喜爱，被誉为户外运动服装行业的第一品牌。不少企业试图进入该行业并挑战山野公司的市场地位，但都未获成功。山野公司为潜在进入者设置的结构性障碍是（　　）。

A. 规模经济

B. 现有企业的市场优势

C. 学习曲线

D. 现有企业对关键资源的控制

【答案】B

【解析】现有企业的市场优势主要表现在品牌优势和政府政策上。“该公司的产品广受消费者喜爱，被誉为户外运动服装行业的第一品牌”属于品牌优势，选项B正确。

【真题·单选题】（2019）龙苑公司是一家制作泥塑工艺品的家族企业。该公司成立100多年来，经过世代相传积累了丰富的泥塑工艺品制作经验和精湛技艺，产品远销国内外。目前一些企业试图进入泥塑工艺品制作领域。根据上述信息，龙苑公司给潜在进入者设置的障碍是（　　）。

A. 资金需求　　B. 学习曲线

C. 行为性障碍　　D. 分销渠道

【答案】B

【解析】学习曲线是指当某一产品累积生产量增加时，由于经验和专有技术的积累所带来的产品单位成本的下降。本题中，“该公司成立100多年来，经过世代相传积累了丰富的泥塑工艺品制作经验和精湛技艺”表明龙苑公司给潜在进入者设置的障碍是学习曲线。

【真题·多选题】（2019）惠丰公司是一家柴油机生产企业。最近，该公司拟把业务延伸到农机生产领域。下列各项中，属于惠丰公司

第二章

进入新产业所面临的结构性障碍有（　　）。

A. 现有农机企业采取限制进入定价行为

B. 现有农机企业的品牌优势

C. 政府颁布的农机产业进入政策

D. 现有农机企业对销售渠道的控制

【答案】BCD

【解析】五种竞争力分析中潜在进入者的进入威胁中的结构性障碍包含为，波特指出存在7种主要障碍：规模经济、产品差异、资金需求、转换成本、分销渠道、其他优势及政府政策。如果按照贝恩的分类，这7种主要障碍又可归纳为3种主要进入障碍：规模经济、现有企业对关键资源的控制以及现有企业的市场优势（品牌和政府政策）。

【真题·多选题】（2019）巨能公司是多家手机制造企业的电池供应商。根据波特的五种竞争力分析理论，下列各项关于巨能公司与其客户讨价还价能力的说法中，正确的有（　　）。

A. 巨能公司能够进行前向一体化时，其讨价还价能力越强

B. 巨能公司提供的电池差异化程度越高，其讨价还价能力越强

C. 巨能公司的客户购买量越大，巨能公司讨价还价能力越强

D. 巨能公司掌握的客户的转换成本信息越多，其讨价还价能力越强

【答案】ABD

【解析】供应者讨价还价的能力大小，取决于多个因素，包括：买方（或卖方）的集中程度或业务量的大小、产品差异化程度与资产专用性程度、纵向一体化程度、信息掌握的程度和劳动力。当供应者表现出前向一体化的现实威胁时，会提高其讨价还价能力。当供应者的产品存在着差异，因而替代品不能与供应者所销售的产品相竞争时，供应者讨价还价的能力就会增强。当购买者充分了解需求、实际市场价格甚至供应者的成本等方面信息时，要比在信息贫乏的情况下掌握更多的讨价还价的筹码。客户购买量越大，供应者讨价还价能力越小，选项C错误。

【例题·多选题】近年来，国内制造业企业面临着激烈的竞争压力：其一，海外企业不断通过收购国内品牌或在国内直接建厂进入国内市场；其二，原料成本、用工成本不断上涨；其三，由于国内企业众多，产品差异小，利润越来越少；从五种竞争力角度考查，国内制造业企业面临的竞争压力包括（　　）。

A. 产业内现有企业的竞争

B. 潜在进入者的进入威胁

C. 供应者讨价还价

D. 购买者讨价还价

【答案】ABCD

【解析】海外企业收购国内品牌或在国内直接建厂属于潜在进入者的进入威胁；原材料及用工成本上升属于供应者讨价还价；产品差异小，利润微薄，属于购买者讨价还价；国内企业众多，属于产业内现有企业的竞争，选项A、B、C、D均正确。

高频考点4：成功关键因素分析★★★

成功关键因素是指公司在特定市场获得盈利必须拥有的技能和资产。成功关键因素所涉及的是每一个产业成员所必须擅长的东西，或者说公司要取得竞争和财务成功所必须集中精力搞好的一些因素。

成功关键因素是企业取得产业成功的前提条件。

随着产品寿命周期的演变，成功关键因素也发生着变化，如下表所示：

方面	导入期	成长期	成熟期	衰退期
市场	广告宣传，了解需求，开辟销售渠道	建立商标信誉，开拓新销售渠道	保护自己的现有市场，渗入别人的市场	选择市场区域，改善企业形象
生产经营	提高生产效率，开发产品标准	改进产品质量，增加花色品种	加强和顾客的关系，降低成本	缩减生产能力，保持价格优势

续表

方面	导入期	成长期	成熟期	衰退期
财力	利用金融杠杆	集聚资源以支持生产	控制成本	提高财务管理和控制系统的效率
人力资源	使员工适应新的生产和市场	提升生产和技术能力	提高生产效率	面向新的增长领域
研究开发	掌握技术秘诀	提高产品的质量和功能	降低成本，开发新品种	面向新的增长领域

成功关键因素随着产业的不同而不同，甚至在相同的产业中，也会因产业驱动因素和竞争环境的变化而变化。即使是处于同一产业中的不同企业，也可能对该产业的成功关键因素有不同的侧重。

名师解惑

提醒考生关注成功关键因素不同于企业核心能力。成功关键因素是产业和市场层次的特征，对其分析属于外部环境分析；对企业核心能力的分析属于内部环境分析。

经典例题

【真题·单选题】（2022）联众公司是一家主营汽车租赁业务的企业，该公司近期建立了一套卓越的汽车租赁信息系统，使该公司服务的范围、效率、便捷与安全程度明显扩大和提高，市场份额增加 15%。本案例涉及汽车租赁行业（　　）。

A. 与分销相关的成功关键因素

B. 与制造相关的成功关键因素

C. 与技能相关的成功关键因素

D. 与市场营销相关的成功关键因素

【答案】C

【解析】题干中指出“公司近期建立了一套卓越的汽车租赁信息系统”，使得该公司获得竞争优势，在行业内市场份额增加，因此属于所在行业与技能相关的成功关键因素。

【真题·单选题】（2021）近年来，越来越多的消费产品生产企业采用互联网与大数据分析技术及时准确地了解消费者的需求，承接客户订单；发布新产品信息；建立高效、完善的物流配送和售后服务平台，取得良好的经营业绩。上述行为涉及消费产品行业（　　）。

A. 与技术相关的成功关键因素

B. 与市场营销相关的成功关键因素

C. 与技能相关的成功关键因素

D. 与分销相关的成功关键因素

【答案】A

【解析】“采用互联网与大数据分析技术及时准确地了解消费者的需求，承接客户订单；发布新产品信息；建立高效、完善的物流配送和售后服务平台”反映了运用互联网发布信息、承接订单、送货或提供服务的能力，属于与技术相关的成功关键因素。

【真题·多选题】（2021）奥优公司是一家生产水下摄影设备的企业。该公司以几十年的不懈探索和积累打造出自己的核心能力。依据辨别企业能力是否属于核心能力的关键性测试，下列各项中，体现奥优公司核心能力的有（　　）。

A. 近年来奥优公司的市场占有率和销售增长率一直位居行业第一

B. 奥优公司不断推出的创新型产品给消费者带来超过预期的价值

C. 奥优公司生产的水下摄影机比其他企业的同类产品操作更简便，拍摄出的图片更清晰

D. 奥优公司的技术研发和管理创新被公认为行业标杆，其他企业至今未能成功模仿或

超越

【答案】BCD

【解析】辨别企业能力是否属于核心能力的三个关键性测试是：（1）它对顾客是否有价值？——“奥优公司不断推出的创新型产品给消费者带来超过预期的价值”，选项B正确；（2）它与企业竞争对手相比是否有优势？——奥优公司生产的水下摄影机比其他企业的同类产品操作更简便，拍摄出的图片更清晰，选项C正确；（3）它是否很难被模仿或复制？——其他企业至今未能成功模仿或超越，选项D正确。

【例题·多选题】随着互联网的快速发展，电子产品的销售量呈爆炸性增长，顾客群逐渐扩大；虽然不同企业的产品在技术和性能方面存在诸多差异，但多数消费者专业性不强，对产品质量的要求不高。从市场角度看，现阶段电子产品行业的成功关键因素有（　　）。

A. 保护现有市场

B. 开拓新销售渠道

C. 建立商标信誉

D. 选择区域市场

【答案】BC

【解析】“电子产品的销售量呈爆炸性增长，顾客群逐渐扩大；虽然不同企业的产品在技术和性能方面存在诸多差异，但多数消费者专业性不强，对产品质量的要求不高”，可以判断出电子业处于成长期。因此，从市场角度看，建立商标信誉、开拓新销售渠道是其成功的关键因素。

【真题·单选题】（2022）目前，量子材料产业不断推出新产品，但质量和可靠性有待提高；企业虽可以采用高价格、高毛利的政策，但因为产品销量小且营销成本、生产成本高，所以净利润较低。下列各项中属于量子材料产业生命周期现阶段在财力方面的成功关键因素是（　　）。

A. 提高管理控制系统的效率

B. 集聚资源以支持生产

C. 控制成本

D. 利用金融杠杆

【答案】D

【解析】“量子材料产业不断推出新产品，但质量和可靠性有待提高；企业虽可以采用高价格、高毛利的政策”，表明该行业目前处于导入期，导入期的财务方面成功关键因素为利用金融杠杆。

【真题·简答题】海新公司成立于1985年，是一家从事视频监控产品的研发、生产和集成服务的企业。

公司成立之初，国内视频监控产品用户寥寥，主要限于公安、交通等管理部门；市场上产品虽然种类、数量较少，使用中故障率较高，但用户的刚性需求使价格高企；生产企业不多，规模普遍较小，都致力于改进生产技术和开发性能、质量更高的新一代产品，彼此为扩大市场份额展开竞争。海新公司为走出一条发展的新路，敏锐地搜寻和捕捉市场机会，以抢占正在受到越来越多的消费者关注的家庭安防用品细分市场为目标，组织人员攻克关键技术难关，研制出构成家庭安防系统的闭路监控电视子系统、门禁子系统、报警子系统。通过考察学习、吸收国外先进企业的技术与管理，几年后，海新公司的产品性能、质量达到国际先进企业同类产品的水平，同时通过不断改进工艺和生产流程使价格比国外先进企业低20%～25%。1990年，海新公司生产的家庭安防用品的市场占有率高达72%，海新公司随之成为国内视频监控行业的知名企业。凭借企业品牌的影响力，海新公司逐渐把业务范围扩展到机场、铁路枢纽及其他重要公共基础设施的视频监控设备研发、制造领域。

20世纪90年代后，国内视频监控产品的市场需求迅速增加并日益多元化，先后扩展到金融、IT、电信、家电、消防等领域，吸引大量企业进入视频监控行业；市场上产品虽然“鱼龙混杂”，质量、性能参差不齐，但由于供不应求，都能以比以往更高的价格售出，销售量不断增加；各个企业为分到“最大一块蛋糕”，纷纷对资金、原材料供应、技术等展开争夺。海新公司以创新的理念积极引进、培养图像数据摄取、处理、存储、传输、显示及相关技术人才，同时筹集资金并购了两家计算机、网络技术开发和设备生产企业，对原有生产体系进行信息化升级改造，一方面使产品的可靠性、安全性明显提升，另一方面使产品的功能得到改善和扩展，实现了视频监控系统、用户操作系统与相关管理、指挥系统的实时互联互通。海新公司首创的新型模式识别技术解决了困扰行业多年的图像处理与计算机视觉、语言语音信息处理兼容的难题，获得国家专利。进入21世纪后，数字城市、和谐社区的建设催生了对视频监控产品的大量新需求，同时，智能识别、分析和云计算的推广为视频监控技术和产品迭代提供了动力和工具。海新公司抓住机遇，以国际领先的产品为标杆，以自身多年积累的创新资源为基础，投入5亿多元研发、生产出能够适应更为复杂和多变的场景、识别和分析更多的异常行为和事件的新型智能化产品，该产品的生物识别、目标检测与分析、自动跟踪识别等性能与国际领先产品并驾齐驱。

2015年以后，随着新技术的扩散和普及，市场上视频监控产品的品种、规格、质量逐渐趋于一致，企业之间为争取扩大市场份额而展开的价格战愈演愈烈，产品价格趋降。海新公司适应新形势和客户需求，通过招标采购、更新生产设施、改进工艺流程等，提高了劳动生产率，降低产品成本约15%。此外，海新公司还与著名大学、研究机构合作，开发、研制成功高度智能化、性能优越的太空视频监控产品，该产品的部分性能处于国际领先水平。

【要求】

（1）简要分析海新公司的发展所经历的产业生命周期阶段。

（2）简要分析海新公司在产业生命周期不同阶段的研发动力和研发定位。

（3）根据产业生命周期各阶段中的成功关键因素，简要说明海新公司在产业生命周期不同阶段的研发重点。

【答案】

（1）①导入期。a. 导入期的产品用户很少。“公司成立之初，国内视频监控产品用户寥寥，主要限于公安、交通等管理部门”。

b. 产品质量有待提高，尤其是可靠性。“使用中故障率较高”。

c. 产品的……价格弹性较小，可以采用高价格。“用户的刚性需求使价格高企”。

d. 只有很少的竞争对手，……企业的规模可能会非常小。“生产企业不多，规模普遍较小”。

e. 企业的战略目标是扩大市场份额。“生产企业……为扩大市场份额展开竞争”。

f. 主要战略路径是投资于研究开发和技术改进，提高产品质量。“……都致力于改进生产技术和开发性能、质量更高的新一代产品”。

②成长期。a. 成长期的标志是产品销量节节攀升，产品的客户群已经扩大。“国内视频监控产品的市场需求迅速增加并日益多元化，先后扩展到金融、IT、电信、家电、消防等领域”“销售量不断增加”“数字城市、和谐社区的建设催生了对视频监控产品的大量新需求”。

b. 各厂家的产品在技术和性能方面有较大差异。“产品……‘鱼龙混杂’，质量、性能参差不齐”。

c. 由于市场扩大，竞争者涌入。“数字城市、和谐社区的建设催生了对视频监控产品的大量新需求”“市场需求迅速增加……吸引大量企业进入视频监控行业”。

d. 此时产品价格最高。“产品……都能以比以往更高的价格售出”。

e. 企业之间开始争夺人才和资源。“各个企业为分到‘最大一块蛋糕’，纷纷对资金、原材料供应、技术等展开争夺”“海新公司以创新的理念积极引进、培养图像数据摄取、处理、存储、传输、显示及相关技术人才，同时筹集资金并购了两家计算机、网络技术开发和设备生产企业”。

f. 企业的战略目标是争取最大市场份额。

"各个企业为分到'最大一块蛋糕'……"

③成熟期。a. 成熟期开始的标志是竞争者之间出现挑衅性的价格竞争……产品价格开始下降。"企业之间为争取扩大市场份额而展开的价格战愈演愈烈，产品价格趋降"。

b. 产品逐步标准化，差异不明显。"市场上视频监控产品的品种、规格、质量逐渐趋于一致"。

c. 成熟期的主要战略路径是提高效率，降低成本。"海新公司适应新形势……提高了劳动生产率，降低产品成本约 15%"。

（2）①导入期。a. 研发动力是需求拉动。"海新公司……以抢占正在受到越来越多的消费者关注的家庭安防用品细分市场为目标，投资研制出构成家庭安防系统的闭路监控电视子系统、门禁子系统、报警子系统"。

b. 研发定位是成为成功产品的低成本生产者。"通过考察学习、吸收国外先进企业的技术与管理……几年后，海新公司的产品性能、质量达到国际先进企业同类产品的水平，同时通过不断改进工艺和生产流程使价格比国外先进企业低 20%～25%"。

②成长期。a. 研发动力是需求拉动和技术推动。"市场需求迅速增加并日益多元化……对原有生产体系进行信息化升级改造……实现了视频监控系统、用户操作系统与相关管理、指挥系统的实时互联互通。……解决了困扰行业多年的图像处理与计算机视觉、语言语音信息处理兼容的难题，获得国家专利""数字城市、和谐社区的建设催生了对视频监控产品的大量新需求""智能识别、分析和云计算的推广为视频监控技术和产品迭代提供了动力和工具"。

b. 研发定位是成为成功产品的创新模仿者。"海新公司……以国际领先的产品为标杆，以自身多年积累的创新资源为基础……研发、生产出能够适应更为复杂和多变的场景、识别和分析更多的异常行为和事件的新型智能化产品，该产品的生物识别、目标检测与分析、自动跟踪识别等性能与国际领先产品并驾齐驱"。

③成熟期。a. 研发动力是需求拉动。"海新公司适应新形势和客户需求，通过招标采购、更新生产设施、改进工艺流程"。

b. 研发定位是成为向市场推出新技术产品的企业。"海新公司……开发、研制成功高度智能化、性能优越的太空视频监控产品，该产品的部分性能处于国际领先水平"。

（3）①导入期的研发重点是掌握技术秘诀。"海新公司……通过组织人员攻克关键技术难关，研制出构成家庭安防系统的闭路监控电视子系统、门禁子系统、报警子系统"。

②成长期的研发重点是提高产品的质量和功能。"海新公司……对原有生产体系进行信息化升级改造，一方面使产品的可靠性、安全性明显提升，另一方面使产品的功能得到改善和扩展""……研发、生产出能够适应更为复杂和多变的场景、识别和分析更多的异常行为和事件的新型智能化产品，该产品的生物识别、目标检测与分析、自动跟踪识别等性能与国际领先产品并驾齐驱"。

③成熟期的研发重点是降低成本，开发新品种。"海新公司……降低产品成本约 15%。此外，海新公司还……开发、研制成功高度智能化、性能优越的太空视频监控产品。"

高频考点 5：竞争对手分析★★★

（一）竞争对手的未来目标

分析竞争对手未来竞争战略的目标，可以考虑以下因素：

（1）竞争对手的财务目标。它反映竞争对手未来的发展速度和发展规模，及其业务结构、资源配置改变的方向。

（2）竞争对手对于风险的态度。企业对于风险的不同态度，导致采用不同的战略。喜欢风险的企业往往采用进攻型战略；乐于回避或厌恶风险的企业，则通常采用保守型或撤退型战略。了解竞争对手对于风险的态度，有助于本公司采用恰当的战略对策。

（3）竞争对手的价值观。价值观反映企业的宗旨和目标，竞争对手的价值观对其业务范围、经营行为以及竞争手段和策略有重大影响。

（4）竞争对手的组织结构。不同的组织结构一般对应不同的业务组合和管理方式，尤其与不同的战略类型相匹配。

（5）竞争对手的会计系统、控制与激励系统。这可以在一定程度上反映竞争对手战略实施所受到的约束、激励和成功的可能性。

（6）竞争对手领导阶层的情况，包括人员构成和对未来发展方向表现出一致性的程度。分析、了解竞争对手领导阶层的情况，有利于判断、预测其战略类型的取向和发生重大改变的可能性。

（7）对竞争对手行为的各种政府或社会限制，如反托拉斯法案等。从这些限制可以了解竞争对手的战略选择余地和业务发展方向。

如果竞争对手是某个较大公司的一个子公司，则对竞争对手未来目标的分析除了上述内容外，还需注意以下方面：

（1）母公司的总体目标和经营现状。这个方面对子公司的目标和目标实现情况有重要影响。

（2）母公司对子公司及其业务的态度。如子公司及其业务在母公司总体战略中的位置，母公司保留子公司业务的原因（利用剩余生产能力、纵向整合需要、开发分销渠道和加强市场营销力量的需要等），以及该业务在母公司业务组合中与其他业务的经济关系（纵向整合、相互补偿、共同研究开发等）。母公司对子公司及其业务的态度直接影响子公司在投资、销售、收益等方面所面临的限制，在很大程度上决定子公司的战略选择和实施。

（3）母公司招聘、激励、约束子公司经理人员的方法。这些方法影响子公司的经营水平、管理效率和收益。

（二）竞争对手的假设

竞争对手的假设分为两类：一类是竞争对手对自己的假设，例如，它可能把自己看成社会上知名的公司、产业领袖、低成本生产者、具有最优秀的销售队伍等；另一类是竞争对手对产业及产业中其他企业的假设，例如，它可能认为产业正处在成长期，其他企业都以争取扩大市场份额为战略目标。

分析、了解竞争对手的假设具有重要的战略意义，首先，假设往往是企业各种行为取向的根本动因，例如，如果它自视为低成本的生产者，就可能以自己的降价行动来惩罚某一降价者。因此，了解竞争对手的假设有利于正确判断竞争对手的战略意图。其次，竞争对手的假设可能正确也可能不正确，不正确的假设可造成本企业及其他企业的战略契机。

对竞争对手假设的检验能发现其管理人员在认识环境的方法中所存在的偏见及盲点。竞争对手的盲点可能是根本看不到事件（如战略行动）的重要性，或者可能是觉察得很慢。针对竞争对手的盲点，本企业可制定、实施有利于确立或保持自身竞争优势的战略。

分析竞争对手的假设可以考虑以下方面：

（1）竞争对手的公开言论、领导层和销售队伍的宣称及其他暗示，表现出其对自己在成本、产品质量、技术尖端性及产品其他主要方面的相对地位持何种认识，他把什么看成自己的优势或劣势，这些看法是否正确。

（2）由于历史、感情或文化上的原因，在诸如产品设计方法、产品质量要求、制造场所、推销方法、分销渠道等方面，竞争对手强烈坚持哪些方面。例如，德国公司一般非常重视生产和产品质量，不惜以提高单位产品成本和市场营销费用为代价把产品质量提高到无懈可击的程度。

（3）竞争对手根深蒂固的价值观和观察、分析事物方法是什么。

（4）竞争对手对产品的未来需求和产业发展趋势持何种看法，他是否囿于历史经验和传统方式而对新的市场情况视而不见，是否因毫无根据地对需求缺乏信心而不愿增加生产能力，或者因为相反的原因过度增强了生产能力，是否错误地估计了产业的某种趋势，例如，它是否以为产业正在集中而事实并非如此。

（5）竞争对手对其竞争者们的目标和能力的看法如何，他是否高估或低估了他们。

（三）竞争对手的现行战略

对竞争对手现行战略的分析，目的在于揭示竞争对手正在做什么、能够做什么和想要做什么。对竞争对手现行战略分析的重点在于，其战略选择的类型和战略实施的效果如何，其竞争地位是否会发生变化及发生怎样的变化，竞争对手改变其战略的可能性及这种改变对本企业的影响。

判断竞争对手现行战略非常有用的一种方法是，了解竞争对手在其各项业务和各个职能领域采用的关键性经营方针，以及他如何寻求各项业务之间及各个职能之间的相互联系。

（四）竞争对手的能力

对竞争对手能力实事求是的评估是竞争对手分析中最后的步骤。竞争对手反击的可能性、时间、性质及强烈程度取决于其目标、假设、现行战略和能力的综合状况。企业应着重分析竞争对手以下几方面的能力：

（1）核心能力。表现为企业在某项或某些职能活动方面独有的长处或优势，如行业领先的研发能力、客户服务能力、组织及文化优势等。通过分析竞争对手的核心能力，可以了解竞争对手在其各个业务或职能领域中的最强之处是什么，最弱之处在哪里。

（2）成长能力。成长能力表现为企业在所处产业中发展壮大的潜力，这种能力取决于企业人员、技术开发与创新、生产能力、财务状况等。分析竞争对手的成长能力有助于预测随着产业的增长，竞争对手在哪些方面的能力会发生变化，其综合竞争力、经营规模和市场份额会增大还是减小。

（3）快速反应能力。快速反应能力是指企业对所处环境变化的敏感程度和迅速采取正确应对措施的能力。快速反应能力由下述因素决定：自由现金储备、留存借贷能力、厂房设备的余力、定型的但尚未推出的新产品等。

（4）适应变化的能力。适应变化的能力表现为企业随着外部环境的改变适时调整资源配置、经营方式和采取相关行动，以顺应环境变化的趋势、实现自身长期生存和持续发展的能力。分析竞争对手适应变化的能力需考虑其以下方面：固定成本与可变成本的情况；是否与母公司的其他业务单位共用生产设施、销售队伍或其他设备、人员；适应成本竞争、管理更复杂的产品系列或增加新产品和服务方面的竞争以及营销活动升级的能力；对诸如持续的高通货膨胀、技术革命引起对现有厂房设备的淘汰、经济衰退、工资率上升、政府出台影响该企业业务的条例、竞争对手发动进攻或退出竞争等外部事件做出反应的能力。

（5）持久力。持久力是指企业在处于不利环境或收入、现金流面临压力时，能够坚持以待局面改变的时间的长短。持久力主要由如下因素决定：现金储备、管理人员的协调统一、长远的财务目标等。

竞争对手的上述五个方面能力取决于其在主要业务领域中的优势和劣势。

名师解惑

快速反应能力与适应变化的能力的区别。

快速反应能力是分析其竞争对手**对其他公司的行动**迅速做出反应的能力，这种反应既可以是“防御”也可以是“进攻”，影响因素主要有：自由现金储备、留存借贷能力、厂房设备的余力、定型的但尚未推出的新产品。

适应变化能力是分析其竞争对手**对环境变化的适应能力**，当外界环境发生变化时，竞争对手是否能够适应，影响因素主要有：固定成本对可变成本的关系、适应各职能领域条件变化和对之作出反应的能力、对外部事件作出反应的能力、是否与母公司的其他业务单位共用生产设施、销售队伍等。

经典例题

【真题·多选题】（2022）博通公司是一

家橡胶轮胎生产商，该公司的主要竞争对手是某跨国公司旗下的艾菲公司。近来博通公司对艾菲公司未来竞争战略的目标进行了分析。下列各项中，属于博通公司在上述分析中应考虑的因素有（　　）。

A. 艾菲公司的会计系统、控制和激励系统

B. 艾菲公司如何看待橡胶轮胎行业的发展趋势

C. 艾菲公司母公司对子公司及其业务的态度

D. 艾菲公司母公司领导阶层的情况

【答案】AC

【解析】由于博通公司的竞争对手艾菲公司是某跨国公司旗下的子公司，因此，分析该竞争对手未来竞争战略的目标时需要考虑的因素有"7+3"项，包括该竞争对手自身的财务目标，对于风险的态度和价值观，组织结构，会计系统，控制与激励系统，领导阶层的情况，各种政府或社会限制（7项）；母公司的总体目标和经营现状，对子公司及其业务的态度，招聘、激励、约束子公司经理人员的方法（3项）。

【真题·单选题】（2020）T公司是国际著名汽车制造商，该公司2019年预计随着环保理念的普及和相关技术的进步，Z国的新能源汽车产业将进入快速发展期，其竞争对手Z国的汽车制造商S公司将减少传统燃油汽车的生产量，增加电动汽车和混合动力汽车的生产量。T公司对S公司的上述分析属于（　　）。

A. 财务能力分析

B. 成长能力分析

C. 适应变化的能力分析

D. 快速反应能力分析

【答案】C

【解析】适应变化的能力分析，主要分析的是其竞争对手在面对外部环境发生变化时所做出的反应。作为T公司的竞争对手，S公司在"环保理念的普及和相关技术的进步"的环境下，将减少传统燃油汽车的生产量，增加电动汽车和混合动力汽车的生产量，属于适应变化能力分析，选项C正确。

【例题·单选题】甲公司在分析其竞争对手能力时，重点分析竞争对手生产成本的情况，比如规模经济性、经验曲线等。通过上述分析，甲公司能够了解当市场发生变化时，分析自身是否能比竞争对手更有优势。根据竞争对手的能力分析，甲公司的主要着眼点是（　　）。

A. 代理商/分销渠道

B. 营销与销售

C. 财务实力

D. 运作

【答案】D

【解析】"甲公司在分析其竞争对手能力时，重点分析竞争对手生产成本的情况，比如规模经济性、经验曲线等"表明甲公司的主要着眼点是"运作"方面，故选项D正确。

高频考点6：产业内的战略群组

★★★★

竞争环境分析的另一个重要方面是要确定产业内所有主要竞争对手的战略诸方面的特征。波特用"战略群组"的划分来研究这些特征。一个战略群组是指某一个产业中在某一战略方面采用相同或相似战略，或具有相同战略特征的各公司组成的集团。如果产业中所有的公司基本认同了相同的战略，则该产业中就只有一个战略群体；就另一极端而言，每一个公司也可能成为一个不同的战略群体。一般来说，在一个产业中仅有几个群组，它们采用特征完全不同的战略。

（一）战略群组的特征

在识别战略群组的特征时可以考虑使用以下一些变量：

（1）产品（或服务）差异化（多样化）的程度；

（2）各地区交叉的程度；

（3）细分市场的数目；

（4）所使用的分销渠道；

（5）品牌的数量；

（6）营销的力度（如广告覆盖面、销售人员的数目等）；

（7）纵向一体化程度；

（8）产品的服务质量；

（9）技术领先程度（是技术领先者还是技术追随者）；

（10）研究开发能力（生产过程或产品的革新程度）；

（11）成本定位（如为降低成本而作的投资大小等）；

（12）能力的利用率；

（13）价格水平；

（14）装备水平；

（15）所有者结构（独立公司或者母公司的关系）；

（16）与政府、金融界等外部利益相关者的关系；

（17）组织的规模。

为了识别战略群组，必须选择这些特征的2～3项，并且将该产业的每个公司在“战略群组分析图”上标出来。选择划分产业内战略群组的特征要避免选择同一产业中所有公司都相同的特征。例如，很少有饭店被看作R&D的领先者，也很少有航空公司会涉及其他商品和服务的多样化。因而，这两个特征都不宜作为饭店或航空公司划分战略群组的特征。

（二）战略群组分析

战略群组分析有助于企业了解相对于其他企业而言本企业的战略地位以及公司战略的变化可能引起的对竞争的影响。

（1）有助于很好地了解战略群组间的竞争状况，主动地发现近处和远处的竞争者，也可以很好地了解某一群体与其他群组间的不同。

（2）有助于了解各战略群组之间的“移动障碍”。**移动障碍**是指一个群组转向另一个群组的障碍。

（3）有助于了解战略群组内企业竞争的主要着眼点。同一战略群组内的企业虽然采用了相同的或类似的战略，但由于群体内各个企业的优势不同会形成各企业在实施战略的能力上的不同，因而导致实施同样战略而效果不同。战略群组分析可以帮助企业了解其所在战略群组的战略特征以及群组中其他竞争对手的战略实力，以选择本企业的竞争战略与战略开发方向。

（4）利用战略群组图还可以预测市场变化或发现战略机会。

命题点拨

战略群组分析主要考查综合题，选择题也会涉及一部分，综合题中主要考查战略群组分析的作用，要能够识别各战略群组之间的“移动障碍”。

名师解惑

在战略群组竞争分析中，“主要着眼点”重点关注战略群组内各企业为什么而竞争，从而明确企业战略方向。而“竞争状况”要关注激烈的竞争，重在表述战略群组之间竞争态势的激励程度。

经典例题

【真题·单选题】（2022）飞象公司是一家洁具生产企业，该公司以产品多样性和销售区域覆盖率为变量对所在产业的所有企业进行分组后，决定率先采取少品种、广覆盖的战略以获取竞争优势。下列关于飞象公司采用上述分析方法的目的的表述中，正确的是（　　）。

A. 了解竞争对手的现行战略

B. 了解组内企业竞争的主要着眼点

C. 了解产业成功关键因素

D. 分析和规划企业的业务组合

【答案】 B

【解析】 题干指出“该公司以产品多样性和销售区域覆盖率为变量对所在产业的所有企业进行分组后，决定……”说明该公司进行战略分析采用的工具是“战略群组分析”，以了解战略群组内企业竞争的主要着眼点。选项B

正确。

【真题·单选题】（2019）七彩公司以“文化娱乐性”和“观光游览性”为两维坐标，将旅游业分为不同的战略群组，并将“文化娱乐性高、观光游览性低”的文艺演出与“文化娱乐性低、观光游览性高”的实景旅游两类功能结合起来，率先创建了“人物山水”旅游项目，它将震撼的文艺演出置于秀丽山水之中，让观众在观赏歌舞演出的同时将身心融于自然。七彩公司采用战略群组分析的主要思路是（　　）。

A. 了解战略群组间的竞争状况

B. 了解战略群组间的“移动障碍”

C. 预测市场变化或发现战略机会

D. 了解战略群组内企业竞争的主要着眼点

【答案】C

【解析】七彩公司率先创建了“人物山水”旅游项目，说明发现了旅游业中存在的“空缺”，为新战略或新的战略群体提供机会。因此，七彩公司采用战略群组分析的主要思路是预测市场变化或发现战略机会。

【例题·多选题】下列各项中，属于企业采取市场渗透战略的有（　　）。

A. 某酒店收购一家餐饮公司，进入新的业务领域

B. 甲公司通过与国外经销商合作的方式将其生产的产品出口至世界各地

C. 甲银行与乙航空公司发行联名卡，刷该银行信用卡的客户可累计航空里程积分

D. 某公司为提高其产品销量，实施美化产品包装、买赠等促销措施

【答案】CD

【解析】市场渗透战略的基础是增加现有产品或服务在现有市场的市场份额。选项A属于多元化战略，选项B属于市场开发战略。选择C、D属于市场渗透战略。

高频考点7：企业资源分析★★★

企业资源分析的目的在于识别企业的资源状况、企业资源方面所表现出来的优势和劣势及其对未来战略目标制定和实施的影响。

企业资源，是指企业所拥有或控制的有效因素的总和。按照竞争优势的资源基础理论，企业的资源禀赋是其获得持续竞争优势的重要基础。

（一）企业资源的主要类型

企业资源主要分为三种：有形资源、无形资源和人力资源。

（1）有形资源，是指可见的、能用货币直接计量的资源，主要包括物质资源和财务资源。物质资源包括企业的土地、厂房、生产设备、原材料等，是企业的实物资源。财务资源是企业可以用于投资或生产的资金，包括应收账款、有价证券等。有形资源一般都反映在企业的资产当中。但是，由于会计核算的要求，资产负债表所记录的账面价值并不能完全代表有形资源的战略价值。

（2）无形资源，是指企业长期积累的、没有实物形态的，甚至无法用货币精确度量的资源，通常包括品牌、商誉、技术、专利、商标、企业文化及组织经验等。尽管无形资源难以精确度量，但由于无形资源一般都难以被竞争对手了解、购买、模仿或替代，因此，无形资源是一种十分重要的企业核心竞争力的来源。

技术资源就是一种重要的无形资源，它主要是指专利、版权和商业秘密等。技术资源具有先进性、独创性和独占性等特点，使得企业可以据此建立自己的竞争优势。

商誉也是一种关键的无形资源。商誉，是指企业由于管理卓越、顾客信任或其他特殊优势而具有的企业形象，它能给企业带来超额利润。对于产品质量差异较小的行业，例如软饮料行业，商誉可以说是最重要的企业资源。

需要注意的是，由于会计核算的原因，资产负债表中的无形资产并不能代表企业的全部无形资源，甚至可以说，有相当一部分无形资源是游离在企业资产负债表之外的。

（3）人力资源，是指组织成员向组织提供的技能、知识以及推理和决策能力。大量研究发现，那些能够有效开发和利用人力资源的

企业比那些忽视人力资源的企业发展得更好、更快。是人掌握的技能、知识创造了企业的繁荣，而不是其他资源。

（二）决定企业竞争优势的企业资源判断标准

在分析一个企业拥有的资源时，必须知道哪些资源是有价值的，可以使企业获得竞争优势。其主要的判断标准如下：

1. 资源的稀缺性。

如果一种资源是所有竞争者都能轻易取得的，那么，这种资源便不能成为企业竞争优势的来源。如果企业掌握了处于短缺供应状态的资源，而其他的竞争对手又不能获取这种资源，那么，拥有这种稀缺性资源的企业便能获得竞争优势。如果企业能够持久地拥有这种稀缺性资源，则企业从这种稀缺性资源获得的竞争优势也将是可持续的。

2. 资源的不可模仿性。

资源的不可模仿性是竞争优势的来源，也是价值创造的核心。资源的不可模仿性主要有以下 4 种形式：

（1）物理上独特的资源，有些资源的不可模仿性是物质本身的特性所决定的。例如，企业所拥有的房地产处于极佳的地理位置，这就拥有矿物开采权或是拥有法律保护的专利生产技术等，这些资源都有它物理上的特殊性，是不可能被模仿的。

（2）具有路径依赖性的资源，是指那些必须经过长期的积累才能获得的资源。例如，中国海尔公司在售后服务环节的竞争优势并不是仅仅在于有一支训练有素的售后服务人员队伍，更重要的是由于海尔多年来不断完善营销体制建设，能够为这支队伍健康运作提供坚实的基础和保障。其他公司想要模仿海尔的售后服务的资源优势，同样需要花费大量时间完善自身的营销体制，这在短期内是不可能实现的。

（3）具有因果含糊性的资源。企业对有些资源的形成原因并不能给出清晰的解释。例如，企业的文化常常是一种因果含糊性的资源。具有因果含糊性的资源，是组织中最常见的一种资源，难以被竞争对手模仿。

（4）具有经济制约性的资源，是指企业的竞争对手已经具有复制其资源的能力，但因市场空间有限不能与其竞争的情况。例如，企业在市场上处于领导者的地位，其战略是在特定的市场上投入大量资本。这个特定市场可能会由于空间太小，不能支撑两个竞争者同时盈利，在这种情况下，企业的竞争对手即使有很强的能力，也只好放弃竞争。这种资源便是具有经济制约性的资源。

3. 资源的不可替代性。

波特的五力模型指出了替代产品的威胁力量，同样，企业的资源如果能够很容易地被替代，那么即使竞争者不能拥有或模仿企业的资源，它们也仍然可以通过获取替代资源而改变自己的竞争地位。

4. 资源的持久性。

资源的贬值速度越慢，就越有利于形成核心竞争力。一般来说，有形资源往往都有自己的损耗周期，而无形资源和组织资源则很难确定其贬值速度。例如，一些品牌资源随着时代的发展实际上在不断地升值；反之通信技术和计算机技术迅速地更新换代会对建立在这些技术之上的企业竞争优势构成严峻挑战。

命题点拨

本部分通常以简答题和综合题的方式考查，考生要熟练掌握企业资源的主要类型以及企业资源的判断标准。

名师解惑

资源稀缺性辨别易错点：

（1）资源稀缺。如果能长期持有该资源，则竞争优势持久。

（2）资源不可模仿。如物理独特（专利技术）、路径依赖（机制优势）、因果模糊（企业文化）、经济制约（受市场空间限制）。

（3）资源不可替代。

（4）资源持久。包括企业有形资源和无形资源、人力资源。

经典例题

【真题·单选题】（2022）良友公司是一家文具制造商，该公司秉承“一切从消费者角度考虑”的理念，不断优化产品设计、选材、工艺流程、包装等环节，打造出深受消费者喜爱的品牌，取得出色的经营业绩和竞争优势。从决定企业竞争优势的企业资源判断标准来看，良友公司的竞争优势来源于其拥有的资源的（　　）。

A. 稀缺性

B. 不可模仿性

C. 不可替代性

D. 持久性

【答案】D

【解析】根据题干，该公司不断优化改进打造出知名品牌，一些品牌随着时代的发展在不断地升值，体现了这种资源的持久性。选项D正确。

【真题·单选题】（2020）广记公司是一家卤制品生产企业。该公司凭借其长期积累形成的原料配制秘方和生产工艺诀窍等资源生产的多种卤制品，深受消费者喜爱，近年国内市场占有率一直位居第一。在下列资源不可模仿性的形式中，广记公司的上述资源属于（　　）。

A. 物理上独特的资源

B. 具有路径依赖性的资源

C. 具有因果含糊性的资源

D. 具有经济制约性的资源

【答案】B

【解析】具有路径依赖性的资源指那些必须经过长期的积累才能获得的资源。“长期积累形成的原料配制秘方和生产工艺诀窍等资源”属于具有路径依赖性的资源，选项B正确。

【例题·单选题】水资源是一个国家经济发展的重要战略资源，是人类赖以生存和发展的基本条件，如果一个企业能够控制水资源，那么该企业就有超强的核心竞争力。则形成该企业核心竞争力的水资源属于（　　）。

A. 无形资源

B. 人力资源

C. 不可替代的资源

D. 持久的资源

【答案】C

【解析】决定企业竞争优势的企业资源判断标准有以下几个方面：（1）资源的稀缺性；（2）资源的不可模仿性：物理上独特的资源、具有路径依赖性的资源、具有因果含糊性的资源、具有经济制约性的资源；（3）资源的不可替代性。水是人类赖以生存和发展的基本条件，是无法由其他资源来代替的，因此属于一种不可替代的资源。无形资源、人力资源、持久的资源并不具有以上特性，因此不属于形成该企业的核心竞争力的原因。因此，选项C正确。

综上所述，本题答案为选项C。

【真题·多选题】（2019）研发和生产家用滤水壶的汇康公司秉承“使员工幸福，让顾客满意”的理念，建立并持续实施了一套以顾客需求为导向、充分调动员工积极性的管理体制，使该公司的技术发明专利数量、盈利率和顾客满意率长期稳居行业前列，显示出难以模仿的竞争优势。汇康公司的资源不可模仿性主要表现为（　　）。

A. 物理上独特的资源

B. 具有路径依赖性的资源

C. 具有因果含糊性的资源

D. 具有经济制约性的资源

【答案】ABC

【解析】“使员工幸福，让顾客满意的理念”属于具有因果含糊性的资源；“建立并持续实施了一套以顾客需求为导向、充分调动员工积极性的管理体制”属于路径依赖性的资源；“该公司的技术发明专利数量长期稳居行业前列”属于物理上独特的资源。

【例题·简答题】W镇是一个有1 300年建镇史的江南水乡古镇，因其历史街区保留了大量经典明清建筑群，被称为“江南六大古镇”之一。1999年6月，当地政府组建W镇旅游公司，开始了W镇古镇保护和旅游开发历程。然而，W镇的起步条件相对落后，旅游资源与其他江南水乡古镇雷同，且同一地区的Z庄和X镇已小有名气，W镇旅游如果不能另辟蹊径，很难满足日益挑剔的旅游消费者的品位。

在吸收借鉴其他古镇旅游开发经验教训的基础上，W镇旅游公司走出了一条创新发展的路径，实现了古镇旅游转型升级和遗产活化保护的协调发展。

（1）多元化的产品、业态和盈利模式：观光+休闲度假+商务+会展+文化。W镇的旅游开发定位在商务和休闲市场，设计开发出W镇戏剧节、木心美术馆、现代艺术展、互联网大会等新产品，多业态复合经营已成为增加营业收入的主力。

（2）脱胎换骨式基建改造和整体风貌保护。W镇进行了大规模的脱胎换骨式的基建改造，实现了给排水系统、水电气系统的全面升级。景区保护基于街区风貌的整体打造，对建筑外立面和空间、周边环境进行系统整治，使古建筑更适合居住。

（3）外来资本和本土专业化管理相结合。W镇与一家上市旅游公司合作，后者既是战略投资者，又是旅游产品推介的渠道商。同时，政府和投资者之间达成共识，全权委托深谙当地文脉的本土专业团队开展经营管理工作，形成“内容商+渠道商+资本+政府”的经营管理模式。

（4）社区重构和部分空心化。W镇将全部居民迁出，再将部分商铺返租给原来的部分住户。这样“部分空心化”的社区重构，使得居民与游客的矛盾不复存在，也便于整体产权开发和集中统一管理，有效遏制过度商业化的问题。

自2001年开放迎客以来，W镇旅游开发获得的惊人发展受到专家和同行的肯定，被誉为中国古镇保护之“W镇模式”。

要求：

（1）依据钻石模型四要素，简要分析W镇旅游业发展的优势。

（2）依据企业资源的主要类型，简要分析W镇旅游业发展的优势。

【答案】（1）

①生产要素。初级生产要素。“W镇是一个有1 300年建镇史的江南水乡古镇，因其历史街区保留了大量经典明清建筑群，被称为‘江南六大古镇’之一”；“外来资本”。

高级生产要素。“脱胎换骨式基建改造”；“全权委托深谙当地文脉的本土专业团队开展经营管理工作”。

专业生产要素。“多元化的产品、业态和盈利模式”；“脱胎换骨式基建改造和整体风貌保护”；“外来资本和本土专业化管理相结合”；“社区重构和部分空心化”；“全权委托深谙当地文脉的本土专业团队开展经营管理工作”。

②需求条件。国内需求市场是产业发展的动力。本地客户的本质非常重要，特别是内行而挑剔的客户。假如本地客户对产品、服务的要求或挑剔程度在国际上数一数二，就会激发出该国企业的竞争优势。“W镇旅游如果不能另辟蹊径，很难满足日益挑剔的旅游消费者的品位”。

③相关与支持性产业。相关和支持性产业与优势产业是一种休戚与共的关系。“多元化的产品、业态和盈利模式：观光+休闲度假+商务+会展+文化”；“脱胎换骨式基建改造和整体风貌保护”。

④企业战略、企业结构和同业竞争。创造与持续产业竞争优势的最大关联因素是国内市场强有力的竞争对手。“W镇的起步条件相对落后，旅游资源与其他江南水乡古镇雷同，且同一地区的Z庄和X镇已小有名气，W镇旅游如果不能另辟蹊径，很难满足日益挑剔的旅游消费者的品位”。

（2）

①有形资源。“W镇是一个有1 300年建镇史的江南水乡古镇，因其历史街区保留了大

量经典明清建筑群，被称为‘江南六大古镇’之一”；“外来资本”；“脱胎换骨式基建改造”。

②无形资源。“多元化的产品、业态和盈利模式：观光 + 休闲度假 + 商务 + 会展 + 文化”“脱胎换骨式基建改造和整体风貌保护”“外来资本和本土专业化管理相结合”“社区重构和部分空心化”“被誉为中国古镇保护之‘W 镇模式’”。

③人力资源。“全权委托深谙当地文脉的本土专业团队开展经营管理工作”。

高频考点 8：企业能力分析★★★

企业能力，是指企业配置资源，发挥其生产和竞争作用的能力。企业能力来源于企业有形资源、无形资源和组织资源的整合，是企业各种资源有机组合的结果。

企业能力主要由研发能力、生产管理能力、营销能力、财务能力和组织管理能力等组成。

（一）研发能力

随着市场需求的不断变化和科学技术的持续进步。研发能力已成为保持企业竞争活力的关键因素。企业的研发活动能够加快产品的更新换代，不断提高产品质量，降低产品成本，更好地满足消费者的需求。企业的研发能力主要从研发计划、研发组织、研发过程和研发效果几个方面进行衡量。

（二）生产管理能力

生产，是指将投入（原材料、资本、劳动等）转化为产品或服务并为消费者创造效用的活动，生产活动是企业最基本的活动。生产管理能力主要涉及 5 个方面，即生产过程、生产能力、库存管理、人力资源管理和质量管理。

（三）营销能力

企业的营销能力，是指企业引导消费以占领市场、获取利润的产品竞争能力、销售活动能力和市场决策能力。

1. 产品竞争能力。

产品竞争能力主要可从产品的市场地位、收益性、成长性等方面来分析。产品的市场地位可以通过市场占有率、市场覆盖率等指标来衡量。产品的收益性可以通过利润空间和本量利进行分析。产品的成长性可以通过销售增长率、市场扩大率等指标进行比较分析。

2. 销售活动能力。

销售活动能力是对企业销售组织、销售绩效、销售渠道、销售计划等方面的综合考查。销售组织分析主要包括对销售机构、销售人员和销售管理等基础数据的评估。销售绩效分析是以销售计划完成率和销售活动效率分析为主要内容。销售渠道分析则主要分析销售渠道结构（直接销售和间接销售的比例）、中间商评价和销售渠道管理。

3. 市场决策能力。

市场决策能力是以产品竞争能力、销售活动能力的分析结果为依据的，是领导者对企业市场进行决策的能力。

（四）财务能力

企业的财务能力主要涉及两个方面：一是筹集资金的能力；二是使用和管理资金的能力。筹集资金的能力可以用资产负债率、流动比率和已获利息倍数等指标来衡量；使用和管理资金的能力可以用投资报酬率、销售利润率和资产周转率等指标来衡量。

（五）组织管理能力

组织管理能力主要从以下几个方面进行衡量：

（1）职能管理体系的任务分工。

（2）岗位责任。

（3）集权和分权的情况。

（4）组织结构（直线职能、事业部等）。

（5）管理层次和管理范围的匹配。

经典例题

【例题·多选题】随着互联网的快速发展，甲公司作为一家传统的制造业企业。为了顺应时代发展，其领导层决定跟随市场变化趋势向数字化转型。通过引进先进技术，加大研发投入，从而争取更大的市场份额。根据上述材料分析，甲公司涉及的企业能力有（　　）。

A. 市场决策能力

B. 销售活动能力

C. 研发能力

D. 财务能力

【答案】AC

【解析】“随着互联网的快速发展，甲公司作为一家传统的制造业企业。为了顺应时代发展，其领导层决定跟随市场变化趋势向数字化转型”属于市场决策能力。“通过引进先进技术，加大研发投入”属于研发能力。因此，选项A、C正确。

高频考点9：企业的核心能力分析

★★★★★

（一）核心能力的概念

核心能力又称核心竞争力，是指企业在具有重要竞争意义的经营活动中能够持续比其竞争对手做得更好的能力。无论哪一种核心能力，从根本上说，都不是一种单项知识、技术或资源，而是企业中各个不同部分有效合作的结果，也就是各种单项知识、技术或资源整合的结果。

普雷哈拉德和哈梅尔形象地把企业的核心能力、核心产品和最终产品分别比喻为一棵树的树根、树干和花果。其中，核心能力是树根，它将营养成分源源不断地首先输送到树干，培育出核心产品，然后通过树干即核心产品结出花果即各种最终产品。以日本本田公司为例，其核心竞争力是强大的研发能力，特别是发动机的研发与制造技术；核心产品就是本田公司开发、生产的各种性能优越的发动机；在核心产品的基础上生产的最终产品，则是本田公司通过逐步拓宽的生产线生产出来的专业赛车、摩托车以及割草机、节能车、小型飞机、雪地车等陆地、空中、水上的一系列产品。

小贴士 教材新增的表述，十分形象，建议考生阅读。

（二）核心能力的特征

（1）价值性。核心能力具有战略价值，能够帮助企业在创造价值的活动中做得比竞争对手更优秀，包括向顾客提供超出期望的利益，以及为企业创造长期竞争优势和超过行业平均利润水平的利润。

（2）独特性。核心能力是企业所独有的，同行竞争者不会拥有相同的核心能力。核心能力往往是在企业创始人或企业的成长过程中逐渐形成的，是企业的资源和能力长期积累、优化的结果。核心能力难以通过市场交易获取，也难以通过复制或模仿获得。

（3）可延展性。核心能力是整个企业业务的基础，既能够不断衍生出新的核心产品和最终产品，也可以溢出、渗透、辐射、扩散到企业经营的其他相关产业，从而使企业在原有业务领域保持竞争优势的同时，在其他相关业务领域获得持续竞争优势。

（4）不可替代性。企业除核心能力之外，一般还拥有其他各种能力，其中有些能力也会给企业带来竞争优势，如通过成功地组织营销活动在一定时期提高了企业或产品的声誉，但是，这种声誉由于不是源于企业的核心能力，因而虽能给企业带来一定的价值或效益，但难以具有持久性。企业的核心能力是其他能力不可替代的。

（三）核心能力的识别与评价

1. 识别与评价的方法。

（1）企业的自我评价，一种既快速又经济的办法就是企业在自己内部收集信息。

（2）产业内部比较，产业专家通常会收集这个产业内企业的某些数据并进行企业间的比较，所收集的数据包括市场份额、成本结构、关键成本以及顾客满意度等。这类信息可以告诉企业自己是否强于竞争对手，但是并没有告诉其导致该结果的原因。

（3）基准分析，是指企业比较自己和竞争对手的业绩，包括单个或多种具体活动、系统或过程的比较。

（4）成本驱动力和作业成本法。企业使用作业成本法以找出企业的成本驱动力，这与传统的成本会计方法相比能提供更有用的信息。

（5）收集竞争对手的信息。企业有多种收集其竞争对手信息的方式，主要包括：与顾客进行沟通；与供应商、代理人、发行人以及产业分析师进行沟通；对竞争对手进行实地考查；分析竞争对手的产品；通过私下沟通、电话交谈以及网上交谈的方式询问对方的产品；雇用竞争对手的员工等。

2. 基准分析概述。

基准分析是企业之间进行业绩比较的一种重要方法，其目的是发现竞争对手的优点和不足，针对其优点，补己之短；根据其不足，选择突破口，从而帮助企业从竞争对手的表现中获得思路和经验，冲出竞争者的包围，超越竞争对手。

（1）基准对象，是指能够衡量业绩的活动，一般来说都可以成为基准对象。当然，把企业的每一项活动都作为基准对象是不切实际的，企业可以主要关注以下几个领域：占用较多资金的活动、能显著改善与顾客关系的活动、能最终影响企业结果的活动等。

（2）基准类型，基准对象的不同决定了基准类型的不同。基准类型主要包括内部基准、竞争性基准、过程或活动基准、一般基准、顾客基准五种类型。

①内部基准，是指企业内部各个部门之间互为基准进行学习与比较。企业内部由于存在着处于不同地理区域的部门，它们之间有着不同的历史和文化、不同的业务类型以及管理层与职员之间不同程度的融洽关系，因此可互为基准进行比较。

②竞争性基准，是指直接以竞争对手为基准进行比较。企业需要收集关于竞争对手的产品、经营过程以及业绩方面的具体信息，与企业自身的情况进行比较。

③过程或活动基准。即以具有类似核心经营**业务**的企业为基准进行比较，但是两者之间的产品和服务不存在直接竞争的关系。例如一家电冰箱制造商以一家生产空调的企业为基准对象进行比较。这两家企业生产的产品不具有直接竞争的关系，但是两家企业都具有家电技术研发、制造、营销等类似的核心经营业务。这类基准分析的目的在于找出企业做得最突出的方面，例如，生产制造、市场营销、产品工艺、存货管理以及人力资源管理等方面。

④一般基准。即以具有相同业务功能的企业为基准进行比较。例如金融业和酒店业都是服务行业，具有相同的业务功能，因此一家金融企业就可以以一家酒店为基准对象进行比较。

名师解惑

过程或活动基准与一般基准的区别。

过程或活动基准，标杆企业与本企业不处在同一行业，两家企业的产品和服务不存在直接竞争关系，其产品和服务的主要功能也不同。

一般基准，标杆企业与本企业不处在同一行业，但两家企业不在同一市场，不是直接竞争对手，其产品或服务的主要功能相同或者相似。

⑤顾客基准，是指以顾客的预期为基准进行比较。

（3）基准分析实践。一个企业进行基准分析的成败主要取决于高层管理人员的行为，他们必须清楚地认识到企业需要改革的地方。企业实施基准分析的具体步骤如下：

①选择基准对象。

②建立工作小组。

③决定进行基准分析的问题，并决定对哪家企业做这样的分析。

④一旦确认了最优分析和比较对象，基准分析小组就可以收集对方的数据进行分析，把本企业的业绩与对方的业绩进行比较，以帮助自己找到可以改进的地方。工作小组通过衡量消除自身与对方差距的收益与成本来决定企业所要付出的努力水平。

3. 竞争对手分析。

与竞争对手进行比较所得出的企业竞争优势能为企业带来有用的战略信息。本章第一节关于竞争对手的未来目标、假设、现行战略和潜在能力的分析都是企业自身核心能力识别和评价不可或缺的步骤和内容。

命题点拨

新教材对“企业的核心能力分析”改写较多，新增了核心能力的特征，建议考生记忆以应对客观题，核心能力的识别通常以主观题形式考查，基准类型经常在客观题中出现，提醒考生特别关注。

（四）企业核心能力与成功关键因素

企业核心能力与成功关键因素是两类不同的概念。

成功关键因素应被看作是产业和市场层次的特征，而不是针对某个个别公司。拥有成功关键因素是获得竞争优势的必要条件，而不是充分条件。

企业核心能力和成功关键因素的共同之处在于它们都是公司盈利能力的指示器。虽然它们在概念上的区别是清楚的，但在特定的环境中区分它们并不容易。例如，一个成功关键因素可能是某产业所有企业要成功都必须具备的，但它也可能是特定公司所具备的独特能力。

经典例题

【真题·单选题】（2022）微电机生产商坤泰公司为正确评价并增强自身的核心能力，和所处行业中与其实力相近的两家公司在技术能力和客户满意度等方面进行了基准分析和比较。下列各项中，属于坤泰公司采用的基准分析类型是（　　）。

A. 竞争性基准　　B. 过程或活动基准

C. 一般基准　　D. 顾客基准

【答案】A

【解析】根据题干，该公司以行业内的两家竞争对手公司为基准进行分析和比较，可知基准分析类型是竞争性基准。选项 A 正确。

【真题·多选题】（2022）G 国的尼克公司在动力机械研发和制造领域拥有多年积累起来的核心能力。依据核心能力的特征，下列各项中，能够体现尼克公司核心能力的有（　　）。

A. 尼克公司产品的市场占有率长期位居行业第一

B. 尼克公司通过持续的产品创新给客户带来超过预期的价值

C. 尼克公司生产的液压动力机械品牌享誉世界

D. 尼克公司具有其他企业难以模仿或复制的多种技术组合创新能力

【答案】BD

【解析】选项 B 体现了核心能力的“价值性”，选项 D 体现了核心能力的“独特性”。

【真题·多选题】（2021）奥优公司是一家生产水下摄影设备的企业。该公司以几十年的不懈探索和积累打造出自己的核心能力。依据辨别企业能力是否属于核心能力的关键性测试，下列各项中，体现奥优公司核心能力的有（　　）。

A. 奥优公司不断推出的创新型产品给消费者带来超过预期的价值

B. 奥优公司生产的水下摄影机比其他企业的同类产品操作更简便，拍摄出的图片更清晰

C. 奥优公司的技术研发和管理创新被公认为行业标杆，其他企业至今未能成功模仿或超越

D. 近年来奥优公司的市场占有率和销售增长率一直位居行业第一

【答案】ABC

【解析】辨别企业能力是否属于核心能力的三个关键性测试：（1）它对顾客是否有价值（选线 A）；（2）它与企业竞争对手相比是否有优势（选项 B）；（3）它是否很难被模仿或复制（选项 C）。

【真题·多选题】（2020）经营连锁超市的茂林公司为了改善内部管理，开展了顾客满意度调查，组织相关管理人员走访学习了某著名连锁餐饮集团管理下属分店的经验，并瞄准本行业标杆企业制定了整改方案。茂林公司进行基准分析所采用的基准类型有（　　）。

A. 内部基准　　　　B. 一般基准
C. 竞争性基准　　　D. 顾客基准

【答案】CD

【解析】“瞄准本行业标杆企业制定了整改方案”属于竞争性基准，选项 C 正确；“经营连锁超市的茂林公司为了改善内部管理，开展了顾客满意度调查”属于顾客基准，选项 D 正确。

【真题·单选题】（2020）甲公司是一家汽车制造企业。该公司通过售后用户体验追踪系统随时掌握、分析不同车型的质量问题，并与汽车分销商共享相关信息，不断提高前来维修的客户的满意度。甲公司的上述做法属于该公司价值链中的（　　）。

A. 内部后勤　　　　B. 外部后勤
C. 服务　　　　　　D. 基础设施

【答案】C

【解析】服务是指与保持和提高产品价值有关的活动，如培训、修理、零部件的供应和产品的调试等。“该公司通过售后用户体验追踪系统随时掌握、分析不同车型的质量问题，并与汽车分销商共享相关信息，不断提高前来维修的客户的满意度”属于服务，选项 C 正确。

【真题·单选题】（2019）2016 年，多年成功经营的啤酒生产企业宝泉公司投资新建了一家果蔬饮料生产企业，但因管理不善出现持续亏损。最近宝泉公司组织果蔬饮料生产企业的管理人员到本公司的啤酒生产企业调研、学习，收效良好。宝泉公司所实施的基准分析的类型属于（　　）。

A. 顾客基准　　　　B. 一般基准
C. 内部基准　　　　D. 竞争性基准

【答案】C

【解析】内部基准，是指企业内部各个部门之间互为基准进行学习与比较。本题中。“宝泉公司组织果蔬饮料生产企业的管理人员到本公司的啤酒生产企业调研、学习，收效良好。”属于企业内部之间的学习与比较，即内部基准。

【真题·多选题】（2019）多年成功经营的丰盛纺织集团收购了某国一家濒临破产的纺织厂，并组织该厂管理人员到集团旗下国内某著名纺织厂调研、学习，收效良好。丰盛集团所收购的纺织厂基准分析的类型涉及（　　）。

A. 一般基准　　　　B. 顾客基准
C. 竞争性基准　　　D. 内部基准

【答案】AD

【解析】“多年成功经营的丰盛纺织集团收购了某国一家濒临破产的纺织厂”说明两者虽具有相同业务，但是不存在直接竞争关系，属于一般基准，选项 A 正确；“并组织该厂管理人员到集团旗下国内某著名纺织厂调研、学习，收效良好”属于内部基准，选项 D 正确。

【例题·单选题】“沧江”美容美发店和“五河”美发店分别在北京和上海经营，“五河”在经营期间由于存在一些管理问题而业绩低迷，而同期在北京的“沧江”做得却很突出，因此“五河”通过研究“沧江”的管理模式改善了自己的管理问题，从基准分析方法角度考虑属于（　　）。

A. 一般基准　　　　B. 竞争性基准
C. 顾客基准　　　　D. 过程或活动基准

【答案】A

【解析】一般基准是指标杆伙伴处于同一产业具有相同业务但不在一个市场上竞争的企业。“沧江”美容美发店和“五河”美发店分别在北京和上海经营，这两家店都经营着相同的业务但是不在同一个市场上竞争，因而属于一般基准。“沧江”美容美发店和“五河”美发店均是美发产业，因而不属于过程或活动基准。因此，选项 A 正确。

高频考点 10：产业资源配置分析框架——钻石模型★★★

1990 年波特在《国家竞争优势》一书中，构建了一个产业资源配置分析框架，全面分析影响国家产业竞争优势的主要因素。

波特识别出影响国家产业竞争优势的**四个**

主要因素。

(1)生产要素。包括人力资源、天然资源、知识资源、资本资源、基础设施。

(2)需求条件。主要是本国市场的需求。

(3)相关与支持性产业。这些产业和相关上游产业是否有国际竞争力。

(4)企业战略、企业结构和同业竞争。

(一)生产要素

1. 波特将生产要素划分为初级生产要素和高级生产要素。

初级生产要素是指天然资源、气候、地理位置、非技术工人、资金等,高级生产要素则是指现代通信、信息、交通等基础设施,以及受过高等教育的人力、研究机构等。波特认为,初级生产要素重要性越来越低,因为对它的需求在减少,跨国公司可以通过全球的市场网络来取得(当然初级生产因素对农业和以天然产品为主的产业还是非常重要的)。

高级生产要素对获得竞争优势具有不容置疑的重要性。高级生产要素需要在人力和资本上大量和持续地投资,而作为培养高级生产要素的研究所和教育机构,本身就需要高级的人才。高级生产要素很难从外部获得,必须自己投资创造。

2. 生产要素也可分为一般生产要素和专业生产要素。高级专业人才、专业研究机构、专用的软、硬件设施等被归入专业生产要素。越是精致的产业越需要专业的生产要素,而拥有专业生产要素的企业也会产生更加精致的竞争优势。

一个国家如果想通过生产要素建立起强大而又持久的产业优势,就必须发展高级生产要素和专业生产要素,这两类生产要素的可获得性与精致程度也决定了竞争优势的质量。如果国家把竞争优势建立在初级与一般生产要素的基础上,这样的竞争优势通常是不稳定的。

波特同时指出,一个国家的竞争优势可以在不利的生产要素中形成。

(二)需求条件

波特认为全球性的竞争并没有减少国内市场的重要性。

1. 本地客户的本质非常重要,特别是内行而挑剔的客户。

2. 本地客户的预期性需求。

(三)相关与支持性产业

波特的研究提醒人们注意"**产业集群**"这种现象,即一个优势产业不是单独存在的,它一定是同国内相关强势产业一同崛起。

(四)企业战略、企业结构和同业竞争

1. 企业的战略取向是影响国家竞争力的重要因素。例如,在许多美国企业中,由于财务管理背景的人在最高管理层占据支配地位,因而企业往往缺乏对产品设计、制造和改进过程的重视,而是采取以短期财务回报最大化为目标的战略,致使在以工程技术为基础、以产品设计和加工制造为关键环节的行业中,美国企业(如汽车工业)的竞争力相对丧失。而在德国和日本企业中,工程师背景的人在最高管理层占据支配地位,因此,这些企业注重加工制造过程和产品设计,并在此基础上采取促进产品持续改进、更新的战略,有效地提高了它们在相关产业中的国际竞争力。

2. 推进企业走向国际化竞争的动力很重要。这种动力可能来自国际需求的拉力,也可能来自与本地企业结构相关的竞争者的压力。创造与持续产业竞争优势的最大关联因素是国内市场强有力的竞争对手。

经典例题

【真题·多选题】(2022)冠森公司是一家地板生产商,拟在K国投资建立生产基地,并对K国的相关情况做出下列分析,其中符合钻石模型分析要求的有(   )。

A. K国森林资源丰富,木材加工业发达

B. K国政府积极鼓励外资进入该国

C. K国经济发展较快,消费结构不断升级

D. K国地板生产企业数量较多,价格战激烈

【答案】AD

【解析】钻石模型分析四要素包括生产要素、需求条件、相关与支持性产业和企业战略、企业结构和同业竞争。选项A属于生产要素，选项D属于国内同业竞争。

【真题·多选题】（2020）卓力公司是一家汽车玻璃生产企业，拟在S国投资建立汽车玻璃生产基地，并对S国的相关环境进行了分析。卓力公司所做的下列分析中，符合钻石模型四要素分析要求的有（　　）。

A. S国的汽车玻璃业发展落后，仅有一家本国汽车玻璃生产企业，其他国家的汽车玻璃生产企业尚未进入

B. S国的土地租金和电力价格长期处于较低水平

C. S国政府鼓励并支持该国汽车玻璃业的发展

D. S国的汽车制造业处于成长期

【答案】ABD

【解析】选项A属于企业战略、企业结构和同业竞争，选项B属于生产要素，选项D属于相关与支持性产业，选项A、B、D正确。

【真题·多选题】（2019）华泰医药公司拟在J国建立一个药品研发和生产基地，并对该国的相关情况进行了调查分析。下列各项中，符合钻石模型四要素分析要求的有（　　）。

A. J国药品研发人才不足，尚无一项药品专利

B. J国政府近期颁布了多项支持医药产业发展的政策

C. J国近年来经济增长较快，对高质量药品需求与日俱增

D. J国本土医药企业虽然数量较多，但规模小，竞争主要围绕价格进行

【答案】ACD

【解析】国家竞争优势（钻石模型）分析，主要包括生产要素、需求条件、相关与支持性产业、企业战略、企业结构和同业竞争。选项A属于生产要素；选项B属于宏观环境分析（PEST分析）中的政治因素和法律因素，不属于钻石模型四要素；选项C属于需求条件；选项D属于企业战略、企业结构和同业竞争。

【真题·单选题】（2018）甲公司是C国著名的生产和经营电动汽车的厂商。2017年，公司制定了国际化战略，拟到某发展中国家N国投资建厂。为此，甲公司委托专业机构对N国的现有条件进行了认真详细的分析。根据波特的钻石模型理论，下列分析中不属于钻石模型四要素的是（　　）。

A. N国电动汽车市场刚刚兴起，市场需求增长较快

B. N国电动汽车零部件市场比较落后，供应商管理水平较低

C. N国劳动力价格相对C国较低，工人技术水平和文化素质不高

D. N国政府为了保护本国汽车产业，对甲公司的进入设定了限制条件

【答案】D

【解析】国家竞争优势（钻石模型）分析，主要包括生产要素、需求条件、相关与支持性产业、企业战略、企业结构和同业竞争。选项A属于需求条件；选项B属于相关与支持性产业；选项C属于生产要素；选项D属于五种竞争力模型中影响潜在进入者进入威胁的结构性障碍，不属于钻石模型四要素。

【例题·多选题】甲公司是M国一家生产电子产品的制造业企业，准备到发展中国家C国投资计算机的生产业务，并对C国诸多条件进行了认真的调查分析。以下分析内容属于钻石模型四要素的有（　　）。

A. 国际名牌计算机企业早已进军C国，且已占领一定的市场份额，市场竞争大

B. C国市场上质量高、价格适中的大众化计算机较少

C. C国政府对于M国的电子产品的进入制定了许多限制性政策

D. C国劳动力价格比M国明显偏低，且劳动者文化和技术水平较低

【答案】ABD

【解析】钻石模型四要素是：生产要素，

需求条件，相关与支持性产业，企业战略、企业结构和竞争对手的表现。选项 A 属于同业竞争的表现；选项 B 属于需求条件的表现；选项 D 属于生产要素的表现。

高频考点 11：价值链分析★★★

（一）价值链的两类活动

价值链分析将企业的生产经营活动分为**基本活动**和**支持活动**两大类。

（1）基本活动。

基本活动，又称主体活动，是指生产经营的实质性活动，一般可以分为内部后勤、生产经营、外部后勤、市场销售和服务五种活动。这些活动与商品实体的加工流转直接有关，是企业的基本增值活动。每一种活动又可以根据具体的产业和企业的战略再进一步细分成若干项活动。

①内部后勤，又称进货物流，是指与产品投入有关的进货、仓储和分配等活动，如原材料的装卸、入库、盘存、运输以及退货等。

②生产经营，是指将投入转化为最终产品的活动，如机加工、装配、包装、设备维修、检测等。

③外部后勤，又称出货物流，是指与产品的库存、分送给购买者有关的活动，如最终产品的入库、接受订单、送货等。

④市场销售，是指促进和引导购买者购买企业产品的活动，如广告、定价、销售渠道等。

⑤服务，是指与保持和提高产品价值有关的活动，如培训、修理、零部件的供应和产品的调试等。

（2）支持活动。

支持活动，又称辅助活动，是指用以支持基本活动而且内部之间又相互支持的活动，包括采购、技术开发、人力资源管理和企业基础设施。

①采购管理，这里的采购是广义的，既包括原材料的采购，也包括其他资源投入的购买与管理。例如，企业聘请咨询公司为企业进行广告策划、市场预测、管理信息系统设计、法律咨询等都属于采购管理。

②技术开发，是指可以改进企业产品和工序的一系列技术活动。这也是一个广义的概念，既包括生产性技术，也包括非生产性技术。因此，企业中每项生产经营活动都包含着技术，只不过其技术的性质、开发的程度和使用的范围不同而已。有的属于生产方面的工程技术，有的属于通信方面的信息技术，还有的属于领导的决策技术。这些技术开发活动不仅仅与企业最终产品直接相关，而且支持着企业全部的活动，成为判断企业竞争实力的一个重要因素。

③人力资源管理，是指企业职工的招聘、雇用、培训、提拔和退休等各项管理活动。这些活动支持着企业中每项基本活动和支持活动，以及整个价值链。人力资源管理在调动职工生产经营的积极性上起着重要的作用，影响着企业的竞争实力。

④基础设施，是指企业的组织结构、惯例、控制系统以及文化等。企业高层管理人员往往能在这些方面发挥重要的作用，因此高层管理人员也被视作基础设施的一部分。企业的基础设施与其他支持活动有所不同，它一般是用来支撑整个价值链的运行，即所有其他的价值创造活动都通过基础设施进行。在多元经营的企业里，公司总部和经营单位各有自己的基础设施。

（二）价值链确定

为了在一个特定产业进行竞争并判定企业竞争优势，有必要确定企业的价值链，即从价值链分析入手，将各种不同的价值活动在一个特定的企业中得到确认。价值链中的每一项活动都能进一步分解为一些相互分离的活动。

确定有关价值活动要求将在技术特征或经济效果方面可分离的活动分解出来。分解的适当程度依赖于这些活动的经济性和分析价值链的目的，分离这些活动的基本原则是：

（1）具有不同的经济性；

（2）对产品差异化产生很大的潜在影响；

（3）在成本中所占比例很大或所占比例在上升。

如果分解一些活动对于揭示企业竞争优势的作用很明显，那么对这些活动的分解就非常重要；相反，如果分解一些活动被证明对提示竞争优势无足轻重。

（三）企业资源能力的价值链分析

价值链分析的关键是，要认识企业不是机器、货币和人员的随机组合，如果不将这些资源有效地组织起来，生产出最终顾客认为有价值的产品或服务，那么这些资源将毫无价值。因此，资源分析必须是一个从资源评估到对怎样使用这些资源的评估过程。

企业资源能力的价值链分析要明确以下几点：

（1）确认那些支持企业竞争优势的关键性活动。

虽然价值链的每项活动，包括基本活动和支持活动，都是企业成功所必经的环节，但是，这些活动对企业竞争优势的影响是不同的。在关键活动的基础上建立和强化这种优势很可能使企业获得成功。支持企业竞争优势的关键性活动事实上就是企业的独特能力的一部分。

（2）明确价值链内各种活动之间的联系。

价值链中基本活动之间、基本活动与支持活动之间以及支持活动之间存在各种联系，选择或构筑最佳的联系方式对于提高价值创造和战略能力是十分重要的。在基本活动之间，保持高水平的存货会使生产安排变得容易，并且可以对顾客的需求作出快速反应，但会增加经营成本，因此，应该评估一下增加存货可能带来的利和弊。

（3）明确价值系统内各项价值活动之间的联系。

价值活动的联系不仅存在于企业价值链内部，而且存在于企业与企业的价值链之间。例如，一个企业的采购和内部后勤活动与供应商的订单处理系统相互作用；同时，供应商的工程人员与企业的技术开发和生产人员之间也可以协同工作；供应商的产品特点以及它与企业价值链的其他接触点能够十分显著地影响企业的成本和产品差异（如供应商频繁地运输能降低企业库存的要求；供应商产品的适当的包装能减少企业搬运费用；供应商对发货的检查能减少企业对产品进行检查的需要）。

经典例题

【真题·多选题】（2022）佳园公司是一家主营生鲜食品连锁超市的企业。该公司在采购中采用产地速冻、向供应商提供专用保鲜容器等技术与方法，有效降低了采购品在流通中的损耗，提高了销售品的质量，由此取得明显的竞争优势。从企业资源能力的价值链分析来看，下列各项表述中，符合佳园公司的上述做法的有（　　）。

A. 确认那些支持企业竞争优势的关键性活动

B. 明确价值链内各种活动之间的联系

C. 确认价值系统内基本活动与支持活动之间的联系

D. 明确价值系统内各项价值活动之间的联系

【答案】ABD

【解析】教材原文，企业资源能力的价值链分析要明确几点：确认那些支持企业竞争优势的关键性活动、明确价值链内各种活动之间的联系、明确价值系统内各项价值活动之间的联系。

【真题·单选题】（2021）主营茶叶生产和销售的云梦公司自创立以来，秉承绿色发展理念，逐渐建立起一套科学、严密的管理体系和经营机制，从一个默默无闻的小茶厂，成长为全国最受消费者信赖的优质有机茶叶供应商之一。从企业价值链分析角度看，以上表述所涉及的企业活动是（　　）。

A. 服务　　B. 外部后勤

C. 内部后勤　　D. 基础设施

【答案】D

【解析】“云梦公司自创立以来，秉承绿色发展理念，逐渐建立起一套科学、严密的管理体系和经营机制，从一个默默无闻的小茶厂，成长为全国最受消费者信赖的优质有机茶叶供应商之一”表明该公司所涉及的企业活动是基础设施。

【真题·多选题】（2020）朝晖汽车制造公司为了获取成本优势，与汽车发动机供应商建立了良好关系，保证生产进度不受影响：所需外购配件由就近的泰达公司提供，减少了运输费用；内部各个配件厂分布在总装厂周围，建立大规模生产线实现规模经济。该公司的上述做法涉及其价值链中的（　　）。

A. 内部后勤　　B. 生产经营

C. 外部后勤　　D. 采购管理

【答案】ABD

【解析】“所需外购配件由就近的泰达公司提供，减少了运输费用”属于内部后勤，选项A正确；“内部各个配件厂分布在总装厂周围，建立大规模生产线实现规模经济”属于生产经营，选项B正确；“与汽车发动机供应商建立了良好关系，保证生产进度不受影响”属于采购管理，选项D正确。

【例题·多选题】甲公司是一家计算机制造企业。关于甲公司的价值链，以下表述正确的有（　　）。

A. 进货材料搬运、部件装配、订单处理、广告、售后服务等活动属于基本活动

B. 公司的基础设施包括厂房、建筑物等

C. 原材料采购、信息系统开发、招聘等活动属于支持活动

D. 价值链的每项活动对甲公司竞争优势的影响是不同的

【答案】ACD

【解析】价值链将企业的生产经营活动分为基本活动和支持活动两大类。一是基本活动，又称主体活动，是指生产经营的实质性活动，一般可以分为内部后勤、生产经营、外部后勤、市场销售和服务五种活动。所以，选项A正确。二是支持活动，又称辅助活动，是指用以支持基本活动而且内部之间又相互支持的活动，包括采购、技术开发、人力资源管理和企业基础设施。所以，选项C正确。虽然价值链的每项活动都是企业成功所必经的环节，但是，这些活动对企业竞争优势的影响是不同的。所以选项D正确。基础设施指企业的组织结构、惯例、控制系统以及文化等活动而并非厂房和建筑群等，所以，选项B不正确。

【例题·单选题】某制造业企业为了顺应时代发展，提升公司的信息化管理水平，聘请某咨询公司为其开发一套管理信息系统。该公司的上述活动属于价值链支持活动中的（　　）。

A. 采购管理

B. 人力资源管理

C. 公司基础设施

D. 技术开发

【答案】A

【解析】价值链支持活动的采购是广义的，既包括生产原材料的采购，也包括其他资源的购买和管理。例如，企业聘请咨询公司为企业进行广告策划、市场预测、管理信息系统设计、法律咨询等属于采购管理，本题选项A是正确的。

【例题·单选题】甲公司是一家汽车制造企业，为了扩大其规模，甲公司收购了一家半导体制造企业，并开始投入对新能源汽车的研究与开发，现已拥有了新能源电动汽车的研发能力和生产能力。依据企业资源能力的价值链分析理论，甲公司构筑其竞争优势需要（　　）。

A. 确认那些支持企业竞争优势的关键性活动

B. 明确价值链内各种活动之间的联系

C. 明确价值系统内各项活动之间的联系

D. 明确那些对企业降低成本起关键性的活动

【答案】B

【解析】企业资源能力的价值链分析：（1）确认那些支持企业竞争优势的关键性活

动——内部单个活动；（2）明确价值链内各种活动之间的联系——表现为价值链中基本活动之间、不同支持活动之间、基本活动与支持活动之间的联系；（3）明确价值系统内各项活动之间的联系——表现为上下游的企业之间。“甲公司收购了一家半导体制造企业，并开始投入对新能源汽车的研究与开发，现已拥有了新能源电动汽车的研发能力和生产能力”属于基本活动（生产能力）与支持活动（研发能力）之间的联系，因此，选项B正确。

高频考点12：波士顿矩阵★★★★★

波士顿矩阵与通用矩阵分析是公司业务组合分析的主要方法。

（一）基本概念

波士顿矩阵（BCG Matrix），又称市场增长率—相对市场份额矩阵、波士顿咨询集团法、四象限分析法、产品系列结构管理法等，是由美国著名的管理学家、波士顿咨询公司创始人布鲁斯·亨德森（Bruce Henderson）于1970年首创的一种用来分析和规划企业产品组合的方法。这种方法的核心在于，解决如何使企业的产品品种及其结构适合市场需求的变化，并讨论如何将企业有限的资源有效地分配到合理的产品结构中去，以保证企业收益。这是企业在激烈竞争中能否取胜的关键。

波士顿矩阵认为一般决定产品结构的基本因素有两个：市场引力与企业实力。

市场引力包括市场增长率、目标市场容量、竞争对手强弱及利润高低等。其中最主要的是反映市场引力的综合指标——市场增长率，它是决定企业产品结构是否合理的外在因素。

企业实力包括企业市场占有率以及技术、设备、资金利用能力等，其中市场占有率是决定企业产品结构的内在要素，它直接显示出企业竞争实力。

市场增长率与市场占有率既相互影响，又互为条件：市场引力大同时市场占有率高，显示产品发展的良好前景，企业也相应具备较强的实力；市场引力大而市场占有率低，则说明企业尚无足够实力，该产品也无法顺利发展；企业实力强但市场引力小，则预示该产品的市场前景不佳。

命题点拨

当题干中出现“市场进入成长期”“市场发展迅速”“市场需求巨大，发展前景广阔”“增长更快”等字眼时，通常可确定为“市场增长率高”。当题干中出现“市场进入成熟期”“市场发展前景不好”“总体市场增长缓慢”等字眼时，通常可确定为“市场增长率低”。

（二）基本原理

波士顿矩阵将企业所有产品从市场增长率和市场占有率角度进行再组合。波士顿矩阵的纵轴表示市场增长率，它是指企业所在产业某项业务前后两年市场销售额增长的百分比。这一增长率表示每项经营业务所在市场的相对吸引力。通常用10%作为增长率高、低的界限。横轴表示企业在产业中的相对市场占有率，是指以企业某项业务的市场份额与这个市场上最大竞争对手的市场份额之比。这一市场占有率反映企业在市场上的竞争地位。相对市场占有率的分界线为1.0（在该点本企业的某项业务的市场份额与该业务市场上最大竞争对手的市场份额相等），该分界线将市场占有率划分为高、低两个区域。横轴之所以采用相对市场占有率而不采用绝对市场占有率，是考虑到企业不同产品所在产业的集中度差异，绝对市场占有率不能够准确反映企业在所处产业中实际的竞争地位。

1. 高增长—强竞争地位的“明星”业务。

这类业务处于迅速增长的市场，具有很大的市场份额。在企业的全部业务中，“明星”业务的增长和获利有着极好的长期机会，但它们是企业资源的主要消费者，需要大量的投资。为了保护和扩展“明星”业务在增长的市场上的主导地位，企业应在短期内优先供给它们所需的资源，支持它们继续发展。

“明星”业务适宜采用的战略是：积极

扩大经济规模和市场机会，以长远利益为目标，提高市场占有率，加强竞争地位。明星业务的管理组织最好采用事业部形式，由对生产技术和销售两方面都很内行的经营者负责。

2. 高增长—弱竞争地位的“问题”业务。

这类业务通常处于最差的现金流量状态。一方面，其所在产业的市场增长率高，需要企业大量投资以支持其生产经营活动；另一方面，其相对市场占有率低，能够生成的资金很少。因此，企业对于“问题”业务的进一步投资需要进行分析，判断使其转移到“明星”业务所需要的投资量，分析其未来盈利，研究是否值得投资等问题。

对“问题”业务应采取选择性投资战略。首先确定对该象限中那些经过改进可能会成为“明星”的业务进行重点投资，提高市场占有率，使之转变成“明星”业务；对其他将来有希望成为“明星”的业务则在一段时期内采取扶持的对策。对“问题”业务的改进与扶持方案一般均列入企业长期计划中。“问题”业务的管理组织，最好是采取智囊团或项目组等形式，选拔有规划能力、敢于冒风险的人负责。

3. 低增长—强竞争地位的“现金牛”业务。

这类业务处于成熟的低速增长的市场中，市场地位有利，盈利率高，本身不需要投资，反而能为企业提供大量资金，用以支持其他业务的发展。

这一象限内的大多数产品的市场增长率的下跌已成不可阻挡之势，因此可采用收割战略：（1）把设备投资和其他投资尽量压缩；（2）采用榨油式方法，争取在短时间内获取更多利润，为其他产品提供资金。对于这一象限内市场增长率仍有所增长的业务，应进一步进行市场细分，采用保持战略，即维持现存市场增长率或延缓其下降速度。对于“现金牛”业务，适合用事业部制进行管理，其经营者最好是市场营销型人物。

4. 低增长—弱竞争地位的“瘦狗”业务。

这类业务处于饱和的市场当中，竞争激烈，可获利润很低，不能成为企业资金的来源。对这类业务应采用收割或放弃战略：首先对那些还能自我维持的业务，应逐渐减少批量，加强内部管理；而对那些市场增长率和企业市场占有率均极低的业务则应立即放弃。其次，将剩余资源向其他业务转移。最后是整顿产品系列，最好将“瘦狗”产品并入其他业务部，统一管理。

（三）波士顿矩阵的运用

充分了解了4种业务的特点后还需进一步明确各项业务单位在公司中的不同地位，从而进一步明确其战略。通常有4种战略分别适用于不同的业务。

（1）发展。以提高相对市场占有率为目标，增加资金投入，甚至不惜放弃短期收益。如想尽快成为“明星”业务，就应以此为战略。

（2）保持。维持投资现状，目标是保持该项业务现有的市场占有率。对于较大的“现金牛”业务可以此为战略，以使它们产生更多的收益。

（3）收割。为控制成本、减少亏损和增加现金流而减少投资。对处境不佳的“现金牛”类业务、没有发展前途的“问题”业务和“瘦狗”业务应视具体情况采取这种策略。

（4）放弃。目标在于清理和撤销某些业务，减轻负担，以便将有限的资源用于效益较高的业务。这种战略适用于无利可图的“瘦狗”类和“问题”类业务。

命题点拨

波士顿矩阵的运用为常考内容，涉及各种题型，考生应熟练掌握“明星”“问题”“现金牛”“瘦狗”四类业务的特点，并能够准确辨别四类业务。

名师解惑

（1）题干中出现“最差现金流、选择性

投资战略、团队项目”，考虑问题业务——发展、收割、放弃。

（2）题干中出现“大量投资、优先供给、发展战略、生产销售”，考虑明星业务——发展。

（3）题干中出现“为其他业务提供资金、收获战略、市场营销”，考虑现金牛业务——保持、收割。

（4）题干中出现“撤退战略、转移资源、整顿产品系列”，考虑瘦狗业务——收割、放弃。

（四）波士顿矩阵的启示

波士顿矩阵有以下几方面重要的贡献：

（1）波士顿矩阵是最早的组合分析方法之一，被广泛运用于产业环境与企业内部条件的综合分析、多样化的组合分析、大企业发展的理论依据等方面。

（2）波士顿矩阵将企业不同的经营业务综合在一个矩阵中，具有简单明了的效果。

（3）该矩阵指出了每个业务经营单位在竞争中的地位、作用和任务，从而使企业能够有选择地和集中地运用有限的资金。每个业务经营单位也可以从矩阵中了解自己在总公司中的位置和可能的战略发展方向。

（4）利用波士顿矩阵可以帮助企业推断竞争对手对相关业务的总体安排。其前提是竞争对手也使用波士顿矩阵的分析方法。

（五）波士顿矩阵的局限

企业把波士顿矩阵作为分析工具时，应该注意到它的局限性。

（1）在实践中，企业要确定各业务的市场增长率和相对市场占有率是比较困难的。

（2）波士顿矩阵过于简单。首先，它用市场增长率和企业相对市场占有率两个单一指标分别代表产业吸引力和企业竞争地位，不能全面反映这两方面的状况；其次，两个坐标的划分都只有两个位级，划分过粗，不够细致。

（3）波士顿矩阵暗含了一个假设：企业的市场份额与投资回报是呈正相关的。但在有些情况下这种假设是不成立或不全面的。一些市场占有率小的企业如果实施创新、差异化和市场细分等战略，仍能获得很高的利润。

（4）波士顿矩阵的另一个条件是，资金是企业的主要资源。但在许多企业内，要进行规划和均衡的重要资源不是现金而是时间和人员的创造力。

（5）波士顿矩阵在实际运用中有很多困难。例如，正确地应用组合计划会对企业的不同部分产生不同的影响和要求，这对许多管理人员来说是一个重要的文化变革，而这一文化变革往往是非常艰难的过程；又如，按波士顿矩阵的安排，“现金牛”业务要为“问题”业务和“明星”业务的发展筹资，但如何保证企业内部的经营机制能够与之配合？谁愿意将自己费力获得的盈余被投资到其他业务中去？因此，有些学者提出，与其如此，不如让市场配置资源可能更有效率。

经典例题

【真题·单选题】（2022）海晨公司是一家从事多元化经营的企业，于2021年开展水产品养殖业务，目前市场占有率位居行业第三位。近年来水产品养殖行业进入高速增长阶段。根据波士顿矩阵原理，下列各项中，对海晨公司的水产品养殖业务表述正确的是（　　）。

A. 该业务应选拔有规划能力、敢于冒风险的人负责

B. 该业务应由对生产技术和销售两方面都很内行的经营者负责

C. 该业务应为企业提供大量资金，用以支持其他业务的发展

D. 该业务的经营者最好是市场营销型人物

【答案】 A

【解析】 海晨公司该业务相对市场占有率低“目前市场占有率位居行业第三位”，所在行业市场增长率高“行业进入高速增长阶段”，根据波士顿矩阵，该业务为高增长—弱竞争地位的“问题”业务，应选拔有规划能

力、敢于冒风险的人负责，选项 A 正确。

【真题·单选题】（2021）东光公司是国内一家从事多元化经营的高科技企业，主要产品有电子测量仪器、智能医疗器械、数据网络传输设备和光伏发电器件等，其中数据网络传输设备的市场占有率位居行业第五位。近年来国内数据网络传输产业增速均在 10% 以上，市场呈现供不应求。根据波士顿矩阵原理，东光公司对其数据网络传输业务应（　　）。

A. 在短期内优先供给它们所需的资源

B. 采取选择性投资战略

C. 采用收获性战略

D. 采用撤退战略

【答案】B

【解析】“增速均在 10%”，但“市场占有率位居行业第五位”，属于高增长—弱竞争地位的“问题”业务，应采取选择性投资战略，选项 B 正确。

【真题·多选题】（2020）凯阳公司拥有发电设备制造、新能源开发、电站建设和环保 4 部分业务，这些业务的市场增长率依次为 5.5%、11%、5% 和 13%，相对市场占有率依次为 1.3、1.1、0.8 和 0.2。根据波士顿矩阵原理，上述 4 部分业务中，可以视情况采取收割战略的有（　　）。

A. 发电设备制造业务

B. 新能源开发业务

C. 电站建设业务

D. 环保业务

【答案】ACD

【解析】发电设备制造业务市场增长率低，相对市场占有率高，属于“现金牛”业务。新能源开发业务市场增长率高，相对市场占有率高，属于“明星”业务。电站建设业务市场增长率低，相对市场占有率低，属于“瘦狗”业务。环保业务市场增长率高，相对市场占有率低，属于“问题”业务。对于处境不佳的“现金牛”业务及没有发展前途的“问题”类业务和“瘦狗”业务应视具体情况采取收割战略。所以正确选项是 A、C、D。

【真题·单选题】（2019）实行多元化经营的达梦公司在家装行业有很强的竞争力，市场占有率达 50% 以上。近年来家装市场进入低速增长阶段，根据波士顿矩阵原理，下列各项中，对达梦公司的家装业务表述正确的是（　　）。

A. 该业务应采用撤退战略，将剩余资源向其他业务转移

B. 该业务应由生产技术和销售两方面都很内行的经营者负责

C. 该业务的经营者最好是市场营销型人物

D. 该业务需要增加投资以加强竞争地位

【答案】C

【解析】本题中，“达梦公司市场占有率达 50% 以上”“近年来家装市场进入低速增长阶段”说明达梦公司的家装业务属于低增长—强竞争的“现金牛”业务，该业务应采用收获战略，本身不需要投资，反而能为企业提供大量资金，其经营者最好是市场营销型人物，因此，选项 A、B、D 错误。

【例题·单选题】根据波士顿矩阵理论，当某企业的所有产品均处于高市场增长率时，下列各项关于该企业产品所属类别的判断中，正确的是（　　）。

A. 明星产品和现金牛业务

B. 明星产品和问题业务

C. 瘦狗产品和问题业务

D. 现金牛产品和问题业务

【答案】B

【解析】波士顿矩阵将企业所有产品从市场增长率和市场占有率角度进行再组合，可分为“明星”业务、“问题”业务、“现金牛”业务、“瘦狗”业务。（1）“明星”业务：市场增长率高，相对市场占有率高；（2）“问题”业务：市场增长率高，相对市场占有率低；（3）“现金牛”业务：市场增长率低，相对市场占有率高；（4）“瘦狗”业务：市场增长率低，相对市场占有率低。综上所述，本题答案为选项 B。

高频考点 13：通用矩阵★★★

通用矩阵，又称行业吸引力矩阵，是美国通用电气公司设计的一种业务组合分析方法。

（一）基本原理

通用矩阵改进了波士顿矩阵过于简化的不足。首先，在两个坐标轴上都增加了中间等级；其次，其纵轴用多个指标反映产业吸引力，横轴用多个指标反映企业竞争地位。这样，通用矩阵不仅适用于波士顿矩阵所能适用的范围，而且 9 个区域的划分，更好地说明了企业中处于不同竞争环境和不同地位的各类业务的状态，一般比较具体的**战略图**如下：

产业吸引力 \ 竞争地位	强	中	弱
高	尽量扩大投资，谋求主导地位	市场细分以追求主导地位	专门化，采用并购策略
中	选择细分市场，加大力度投入	选择细分市场，专门化	专门化，谋求小块市场份额
低	维持地位	减少投资	集中于竞争对手盈利业务或放弃

影响产业吸引力的因素有产业增长率、市场价格、市场规模、获利能力、市场结构、竞争结构、技术及社会政治因素等。

影响经营业务竞争地位的因素，有相对市场占有率、市场增长率、买方增长率、产品差别化、生产技术、生产能力、管理水平等。

从矩阵图 9 个方格的分布来看，企业中处于左上方 3 个方格的业务适合采取增长与发展战略，企业应优先分配其资源；处于右下方 3 个方格的业务，一般应采取停止、转移、撤退战略；处于对角线 3 个方格的业务，应采取维持或有选择地发展的战略，维持原有的发展规模，同时调整其发展方向。

（二）通用矩阵的局限性

通用矩阵虽然改进了波士顿矩阵过于简化的不足，但是也存在其自身的不足。

（1）用综合指标来测算产业吸引力和企业的竞争地位，这些指标在一个产业或一个企业的表现可能会产生不一致，评价结果也会由于指标权数分配的不准确而存在偏差。

（2）划分较细，这对于业务类型较多的多元化大公司来说必要性不大，且需要更多数据，方法比较繁杂，不易操作。

经典例题

【例题·单选题】某会计师事务所处于竞争地位弱，产业能力吸引高的位置，根据通用矩阵原理，该会计师事务所适合采取的战略是（　　）。

A. 增长与发展战略

B. 停止、转移、撤退战略

C. 维持或有选择地发展的战略

D. 维持或收割战略

【答案】C

【解析】从矩阵图 9 个方格的分布来看，企业中处于左上方 3 个方格的业务适合采取增长与发展战略，企业应优先分配资源；处于右下方 3 个方格的业务，一般应采取停止、转移、撤退战略；处于对角线 3 个方格的业务，应采取维持或有选择地发展的战略，维持原有的发展规模，同时调整其发展方向。根据“竞争地位弱，产业能力吸引高”可以判断该事务所处于对角线上，选项 C 正确。

高频考点14：企业内外部环境综合分析★★★★

（一）基本原理

企业内外部环境综合分析（SWOT分析法）是一种综合考虑企业内部环境和外部环境的各种因素，进行系统评价，从而选择最佳战略的方法。

S——企业内部的优势，具体是指内部环境中能给企业带来重要竞争优势的积极因素或独特能力。

W——企业内部的劣势，具体是指内部环境中限制企业发展且有待改正的消极方面。

企业内部的优势和劣势是相对于竞争对手而言的，一般表现在企业的资金、技术设备、员工素质、产品、市场、管理技能等方面。

判断企业内部的优势和劣势一般有两项标准：一是单项的优势和劣势。例如，企业资金雄厚，则在资金上占优势；市场占有率低，则在市场上处于劣势。二是综合的优势和劣势。为了评估企业的综合优势和劣势，应选定一些重要因素，加以评价打分，然后根据其重要程度按加权平均法加以确定。

O——企业外部环境的机会，具体是指外部环境中对企业有利的因素，如政府支持、高新技术的应用、与购买者和供应者的良好关系等。

T——企业外部环境的威胁，具体是指外部环境中对企业不利的因素，如新竞争对手的出现、市场增长缓慢、购买者和供应者讨价还价能力增强、技术老化等。

（二）SWOT分析的应用

SWOT分析根据企业的目标列出对企业生产经营活动及发展有着重大影响的内部及外部因素，并且根据所确定的标准对这些因素进行评价，从中判定出企业的优势与劣势、机会和威胁。

SWOT分析的目的是使企业考虑：为了更好地对新出现的产业和竞争环境作出反应，必须对企业的资源采取哪些调整行动；是否存在需要弥补的资源缺口；企业需要从哪些方面加强其资源；要建立企业未来的资源必须采取哪些行动；在分配公司资源时，哪些机会应该最先考虑。因此，SWOT分析中最核心的部分是评价企业的优势和劣势、判断企业所面临的机会和威胁并作出决策，即在企业现有的内外部环境下，如何最优地运用自己的资源，并且建立公司未来的资源。

第Ⅰ类型的企业具有很好的内部优势以及众多的外部机会，应当采取增长型战略，开发市场、增加产量。

第Ⅱ类企业面临着良好的外部机会，却受到内部劣势的限制，应采取扭转型战略，充分利用环境带来的机会，设法清除劣势。

第Ⅲ类企业内部存在劣势，外部面临威胁，应采用防御型战略，进行业务调整，设法避开威胁和消除劣势。

第Ⅳ类企业具有内部优势，但外部环境存在威胁，应采取多种经营战略，利用自己的优势，在多样化经营上寻找长期发展的机会；或进一步增强自身竞争优势，以对抗威胁。

通过SWOT分析可以将企业战略分析过程中总结出的企业的优势与劣势、外部环境的机会与威胁转换为企业下一步的战略开发方向。SWOT分析成为战略分析与战略选择两个阶段的连接点。但有时不同的象限会出现相同的战略方向。事实上，企业在进行SWOT分析之后，对于可选择的战略方向还要进行总结和梳理，最终确定公司战略选择的主要方向。

命题点拨

SWOT分析作为高频考点，涉及各种题型，考生应重点掌握SWOT的基本原理与应用。

经典例题

【真题·单选题】（2022）主营垃圾处理业务的广甸公司积极响应政府关于垃圾无害化、资源化处理的号召，综合运用计算机、光谱技术、化学计量技术等进行垃圾分拣，极大地提高垃圾分拣的精准率，使垃圾无害化、资源化处理率达到行业领先水平。根据SWOT分析，在上述情况下，广甸公司应采用（　　）。

A. 增长型战略　　B. 扭转型战略

C. 多种经营战略　D. 防御型战略

【答案】A

【解析】该公司自身有各种技术优势（S）、外部环境中政府的支持鼓励是机会（O），因此，该公司应采用 SO 战略，即增长型战略。选项 A 正确。

【真题·单选题】（2021）麦迪公司是 Z 国一家成功经营多年的连锁快餐企业，营业收入和利润率长期位居行业第一。2018 年，Z 国劳动力、水电、食材价格大幅上涨造成餐饮企业盈利水平普遍下降，麦迪公司的经营也受到很大影响。根据 SWOT 分析，麦迪公司应采用（　　）。

A. 增长型战略

B. 扭转型战略

C. 多种经营战略

D. 防御型战略

【答案】C

【解析】“麦迪公司是 Z 国一家成功经营多年的连锁快餐企业，营业收入和利润率长期位居行业第一”说明企业具有内部优势，“劳动力、水电、食材价格大幅上涨造成餐饮企业盈利水平普遍下降”说明外部环境存在威胁，应采取多种经营战略，利用自己的优势，在多样化经营上寻找长期发展的机会，选项 C 正确。

【真题·单选题】（2020）飞牛公司是一家农用无人机研发和制造企业。下列各项中，符合飞牛公司 SWOT 分析要求的是（　　）。

A. 农用无人机市场需求旺盛，飞牛公司有较强的研发和制造能力，应加快业务发展。此为 ST 战略

B. 农用无人机市场竞争日趋激烈，飞牛公司缺乏精通业务的营销人员，应加大相关人才的招聘和培养力度。此为 WT 战略

C. 农用无人机市场需求旺盛，飞牛公司缺乏精通业务的营销人员，应与有实力的公司合作。此为 SO 战略

D. 农用无人机市场竞争日趋激烈，飞牛公司有较强的研发和制造能力，应加大技术和产品创新力度。此为 WO 战略

【答案】B

【解析】“农用无人机市场需求旺盛”属于机会（O），有较强的研发和制造能力属于优势（S），应为 SO 战略，选项 A 错误。“农用无人机市场竞争日趋激烈”属于威胁（T），“缺乏精通业务的营销人员”属于劣势（W），应为 WT 战略，选项 B 正确。同理，选项 C 应为 WO 战略，选项 D 应为 ST 战略。综上，选项 B 当选。

【例题·多选题】甲公司是一家以速食面食业务为主体的多元化经营企业，业务范围涉及食品制作、能源、房地产、煤化工等。甲公司对企业五个发展状况进行分析，以下各项符合 SWOT 分析的有（　　）。

A. 食品行业增长较缓，公司市场占有率较高，应采用 WO 战略

B. 能源行业前景较好，甲公司在此行业并不具有一定的竞争力，应采用 SO 战略

C. 房地产行业不景气，公司市场占有率低，应采用 WT 战略

D. 煤化工行业近年来发展趋势开始回落，公司仍具有一定竞争优势，应采取 ST 战略

【答案】CD

【解析】食品行业增长缓慢，属于外部环境威胁，公司占有率高属于内部优势，应采取 ST 战略，故选项 A 错误；能源行业前景广阔且公司不具有优势，应该采取 WO 战略，故选项 B 错误。

进阶练习

（一）单选题

1. 正所谓“爆竹声中一岁除”，每当新的一年到来之际，我国家家户户开门的第一件事就是燃放爆竹，在噼里啪啦的爆竹声中辞旧迎

新。随着爆竹行业的逐渐成熟，爆竹的应用也越来越广泛，品种更是数不胜数，每逢重大节日及喜事庆典，人们都要燃放爆竹以示庆贺，图个吉利。许多厂商利用这一商机获得盈利。上述内容属于宏观环境分析中的（　　）。

A. 政治和法律因素

B. 经济因素

C. 社会和文化因素

D. 技术因素

2. A企业是一家电子设备制造企业。2022年以来，该企业主打的Q产品因装载该企业的核心科技很受市场欢迎，被评为2022年最受欢迎的电子产品之一。近年来电子设备需求依然旺盛，然而该企业的Q产品销售增长缓慢，公司的业绩和市值增长指标不如其他著名电子设备制造企业。根据SWOT分析，A公司目前应该采取的战略是（　　）。

A. 增长型战略　　B. 防御型战略

C. 扭转型战略　　D. 多种经营战略

3. 专为服装零售企业提供管理咨询服务的甲公司于2022年预测中国的实体服装零售业已进入衰退期。该公司作出上述预测的依据应是（　　）。

A. 实体服装零售业成本额增长率曲线的拐点

B. 实体服装零售业利润额增长率曲线的拐点

C. 实体服装零售业支出额增长率曲线的拐点

D. 实体服装零售业销售额增长率曲线的拐点

4. 果蔬采摘园将娱乐性高、劳作性低的休闲活动与劳作性高、娱乐性低的农业生产两个群组相结合，率先建立了双方共赢的商业模式，即一方面能使消费者能够在快节奏的生活中寻找一方净土，另一方面通过消费者的劳动降低了果蔬园的采摘工作压力。果蔬采摘园采用战略群组分析的主要思路是（　　）。

A. 了解战略群组间的竞争状况

B. 预测市场变化或发现战略机会

C. 了解各战略群组之间的移动障碍

D. 了解战略群组内企业竞争的主要着眼点

5. 根据产品生命周期理论，产业从导入期到进入衰退期，其经营风险（　　）。

A. 不断下降

B. 不断提高

C. 先提高后下降

D. 先下降后提高

6. 甲公司作为一家制造业企业，近年实现了与互联网公司B的合作，大大降低了产品的销售和宣传成本。甲公司利用该优势大幅度提高生产能力，并且降低产品价格，使得几家竞争对手退出该产品领域，甲公司的市场份额因此提升到50%以上，该行业很长一段时间内没有新的进入者。运用产业五种竞争力理论分析甲公司对付五种竞争力的主要手段，下列表述中正确的是（　　）。

A. 通过差异化手段与竞争对手竞争

B. 通过采用不同的原材料增强对于供应商的讨价还价能力

C. 采用限制进入定价手段形成进入障碍

D. 利用成本优势抵御产业替代品的威胁

7. 某餐饮公司因员工服务水平屡遭投诉，为了提升员工的服务水平，该餐饮公司将员工送往国内某知名酒店进行学习，最终该餐饮公司的服务水平得到了消费者的认可。该餐饮公司选择的基准类型是（　　）。

A. 竞争性基准　　B. 过程或活动基准

C. 一般基准　　D. 顾客基准

8. 甲公司经营食品销售、仓库建设、运输和相关智能设备制造四部分业务，这些业务的市场增长率分别为9%、8%、10.5%和14%，相对市场占有率分别为1.1、0.5、1.2和0.4。该公司四部分业务中，适合采用智囊团或项目组等管理组织的是（　　）。

A. 造船业务

B. 港口建设业务

C. 海运业务

D. 相关智能设备制造业务

9. 以新能源研发为主营业务的甲公司多年来不断完善科研管理体制建设，为科研人才的创造性活动提供了坚实的基础和保障，使公司在激烈的市场竞争中获得了明显优势。甲公司的竞争优势来源于（　　）。

A. 物理环境上独特的资源

B. 具有经济制约性的资源

C. 具有路径依赖性的资源

D. 具有因果含糊性的资源

10. 甲家电制造公司准备到发展中国家 C 国投资，对 C 国诸多条件进行了认真的调查分析，以下分析内容不属于钻石模型要素的是（　　）。

A. M 国家电零部件产业发展状况

B. M 国政府对家电发展的产业政策

C. M 国劳动力价格和素质

D. M 国对家电的需求状况

（二）多选题

1. 甲公司是一家挖掘机制造企业。最近，该公司拟把业务延伸到农机生产领域。下列各项中，属于甲公司进入新产业所面临的结构性障碍有（　　）。

A. 现有农机企业采取限制进入定价行为

B. 现有农机企业的品牌优势

C. 政府颁布的农机产业进入政策

D. 现有农机企业对销售渠道的控制

2. 甲公司刚刚进入餐饮产业。为了在餐饮行业有一席之地，同时又不对竞争对手构成威胁，甲公司决定将“竞争对手的未来目标”纳入新的研究课题。甲公司在分析竞争对手未来竞争战略的目标时，可以考虑的因素有（　　）。

A. 竞争对手的财务目标

B. 竞争对手对于风险的态度

C. 竞争对手的组织结构

D. 竞争对手领导阶层的情况

3. 我国电子设备生产行业的进入门槛比较低，并且电子设备生产行业的原料供应商集中在少数几家企业，可选择余地较少。根据波特的五种竞争力模型进行分析，上述资料体现了电子设备生产行业面临（　　）。

A. 潜在进入者的进入威胁

B. 替代品的替代威胁

C. 供应者的讨价还价能力

D. 购买者的讨价还价能力

4. 对于家电制造企业而言，其产业成功的关键因素包括（　　）。

A. 拥有核心能力

B. 售后服务

C. 具有比其他竞争对手做得更好的能力

D. 销售能力

5. 甲公司是一家家用电器制造商，目前正在采用价值链分析理论确定企业的竞争优势。据悉，价值链中的每一个活动都能分解为一些相互分离的活动。分解的适当程度依赖于这些活动的经济性和分析价值链的目的。这些活动被分离的基本原则包括（　　）。

A. 具有不同的经济性

B. 对产品差异化产生很大的潜在影响

C. 在成本中比例很大或所占比例在上升

D. 对竞争优势的影响程度不同

6. 甲公司是一家纺织品制造企业，该企业在对自身所处的宏观环境进行分析，下列分析中，属于经济环境因素的有（　　）。

A. 出生率　　B. 国民收入

C. 失业率　　D. 死亡率

7. 多年成功经营的甲企业并购了一家濒临破产的乙家电厂，并组织该厂管理人员到甲企业下国内某著名家电厂调研、学习，收效良好。甲企业所收购的家电厂基准分析的类型涉及（　　）。

A. 一般基准　　B. 顾客基准

C. 竞争性基准　　D. 内部基准

8. 甲公司是一家国际知名的餐饮连锁企业。下列各项中，属于甲公司战略分析时必须关注的企业资源有（　　）。

A. 自动化生产线

B. 独特的企业文化

C. 组织成员向组织提供的决策能力

D. 作为商业秘密保管的食品配方

9. 甲公司是一家大型机械设备制造企业，为确保更好地取得竞争和财务成功，分析了所处产业的成功关键因素。下列关于成功关键因素的说法中，正确的有（　　）。

A. 劳动力拥有卓越的才能对于投资银行这类专业型的服务企业而言尤为重要

B. 成功关键因素随着产业的不同而不同，但对于相同产业中的成功关键因素是相同的

C. 同一个产业中的不同企业对该产业的成功关键因素的侧重可能是不同的

D. 成功关键因素是企业取得产业成功的必要条件

10. 核心能力的特征包括（　　）。

A. 价值性　　B. 独特性

C. 可延展性　　D. 不可替代性

（三）简答题

1. 别景公司成立于2008年，公司为矿石能源企业。别景公司的核心优势在于科研与技术支持企业获得多项专利，在国内外都处于领先地位，成功地进入高附加值的矿石产品应用领域。2014年别景公司实现累计收入1 683亿元，有色金属产量居全国首位，该公司拥有国家一流的技术人员和管理团队，客户满意度非常高。国家新出台了一些鼓励高技术含量、高附加值矿石品种的措施，别景公司顺势而为。别景公司的发展战略分为3个阶段，公司根据不同阶段的发展状况，采用不同模式构筑企业竞争优势。

第一阶段：一体化商业模式（2008年至2013年）。别景公司实施的是开采生产、技术研发一体化，将资源和能力配置到价值链的各个环节，牢牢掌控价值链的各个经营活动，把握生产经营的全部所得。

第二阶段：外包转型（2013年至2016年）。随着企业业务发展，别景公司发现自己在融资、采购、销售等价值活动方面处于劣势，导致企业加工后的矿石、钢材等产品无法进一步向商业化转化。于是以增加最终的企业利润为目标，公司将自身的经营业务聚焦于研发价值创造环节上，而将企业制造环节外包出去。同时，别景公司还在价值链上增加了一个价值创造环节，将自己的核心专利业务通过许可的方式获取专利许可使用费，提高企业的价值。

第三阶段：平台战略（2016年至今）。第二阶段的外包转型，为别景公司优化了资源配置，而且使别景公司与生产企业达成了协作关系，这提供了平台战略实施的前提。别景公司通过互联网技术实现与上中下游各不同供应商的跨界合作。搭建生产销售研发核心平台，吸引更多客户的加入。

但近年来由于矿石价格大幅度上涨，同时由于国家房地产调控政策的出台，房地产对于钢材的市场需求趋向稳定，那么自然对于矿石加工需求受到一定抑制，别景公司的盈利能力大幅降低，生产经营出现了一定困难，企业也面临着资金短缺的情况。经过分析后，别景公司收购了一家电动汽车生产公司亚晨公司，同时为保障原材料供应，并购了钢材生产企业新材公司来为其生产电动汽车。

如果别景公司收购亚晨公司和新材公司经营若干年后并没有达到预期效果，别景公司最终不得不售出大量资产以维持经营。

要求：

（1）运用价值链分析方法，简要分析别景公司在各个发展阶段是如何通过运用价值链分析自身的资源和能力而构筑其竞争优势的。

（2）根据资料，使用SWOT方法对别景公司内部环境与外部环境进行简要分析。

（3）由于别景公司资金短缺，在该公司没有可使用的内部留存利润的情况下，指出该公司筹集资金的来源。

2. 海浪水泥公司成立于1997年，主要从事水泥及其熟料的生产和销售，2002年2月成功上市。

海浪水泥公司总部坐落于A省。A省是全国水泥生产主要原材料石灰石储量第二大的省份，且石灰石质量较高。海浪水泥凭借先天条件坐拥原材料成本和质量优势。

水泥产品体积大、单位重量价值低，而且其资源点和消费点的空间不匹配，这些是造成水泥行业运输成本居高不下的主要原因。海浪

水泥利用自身位居长江附近的地理位置优势，积极推行其他水泥企业难以复制的“T型”战略布局：在拥有丰富石灰石资源的区域建立大规模生产的熟料基地，利用长江的低成本水运物流，在长江沿岸拥有大容量水泥消费的城市群建立粉磨厂，形成“竖端”熟料基地+长江水运、“横端”粉磨厂深入苏、浙、沪等地市场的“T型”生产和物流格局，改变了之前通过“中小规模水泥工厂+公路运输+工地”的生产物流模式，解决了长江沿岸城市石灰石短缺与当地水泥消耗量大之间的矛盾。

海浪水泥不断完善“T型”战略布局，率先在国内新型干法水泥生产线低投资、国产化的研发方面取得突破性进展，这标志着中国水泥制造业的技术水平跨入世界先进行列，确保公司为市场提供规模可观的低价高质产品；公司在沿江、沿海建造了多个万吨级装卸水泥和熟料的专用码头，着力建设或租赁中转库等水路上岸通道；集团设立了物流公司和物流调试中心；公司强化对终端销售市场的开拓，推行中心城市一体化销售模式，在各区域市场建立贸易平台；公司物流实现了工业化和信息化的深度融合，以GPS和GIS为核心的物流调度信息系统实现了一体化、可视化的管理。通过“T型”战略的实施，海浪水泥进一步巩固了其“资源—生产—物流—市场”的产业链优势。

2018年海浪水泥年报显示：公司营业收入同比大幅增长70.50%，净利润同步增长88.05%，净利润增长幅度超过营业收入增长幅度。

要求：

（1）从企业资源角度，简要分析海浪水泥的竞争优势；分析海浪水泥资源“不可模仿性”的主要形式。

（2）简要分析海浪水泥的企业能力。

进阶练习答案及解析

（一）单选题

1.【答案】C

【解析】文化传统是一个国家或地区在较长历史时期内形成的一种社会习惯，它是影响经济活动的一个重要因素，中国的重大节日及喜事庆典燃放爆竹属于社会和文化因素中的文化传统，选项C正确。

2.【答案】C

【解析】此公司Q产品销售增长缓慢，公司业绩与市值增长指标不如其他著名电子设备制造企业，是企业的劣势W，近来电子设备需求旺盛，是外部的机会O，此集团目前应采取的战略是扭转型战略WO。

3.【答案】D

【解析】产业发展要经过4个阶段：导入期、成长期、成熟期和衰退期。这些阶段是以产业销售额增长率曲线的拐点划分。

4.【答案】B

【解析】“将娱乐性高、劳作性低的休闲活动与劳作性高、娱乐性低的农业生产两个群组相结合，率先建立了双方共赢的商业模式”属于预测市场变化或发现战略机会，选项B正确。

5.【答案】A

【解析】导入期的经营风险非常高，成长期的经营风险有所下降，主要是产品本身的不确定性在降低。成熟期的经营风险进一步降低，达到中等水平。进入衰退期后，经营风险会进一步降低，主要的悬念是什么时间产品将完全退出市场。由此可以看出，企业的经营风险是不断降低的。

6.【答案】C

【解析】依据“并且降低产品价格……该行业很长一段时间内没有新的进入者”，可以得知甲公司通过“限制进入定价”这种手段给潜在进入者设置了行为性进入障碍，选项C正确。

7.【答案】B

【解析】餐饮公司和酒店都具有相似的业务功能或流程（服务），但不是同一产业，这样的基准类型属于过程或活动基准，选项B正确。

8.【答案】D

【解析】通过波士顿矩阵分析，问题类业

务适合采用智囊团或项目组等形式。问题类业务相对市场占有率低（小于 1.0），仓库建设和相关智能设备制造符合；市场增长率高（大于 10%），运输和相关智能设备制造符合。综合以上，相关智能设备制造符合题意。

9. 【答案】C

【解析】具有路径依赖性的资源是指那些必须经过长期的积累才能获得的资源。甲公司多年来不断完善的科研管理体制建设，属于具有路径依赖性的资源。

10. 【答案】B

【解析】国家竞争优势的 4 个决定因素包括：(1) 生产要素：包括人力资源、天然资源、知识资源、资本资源、基础设施；(2) 需求条件：主要是本国市场的需求；(3) 相关与支持性产业：这些产业和相关上游产业是否有国际竞争力；(4) 企业战略、企业结构和同业竞争的表现。所以，选项 B 不属于钻石模型的要素。

（二）多选题

1. 【答案】BCD

【解析】选项 A 属于行为性障碍中的限制进入定价；选项 B、C 属于结构性障碍中的现有企业的市场优势；选项 D 属于结构性障碍中的现有企业对关键资源的控制。

2. 【答案】ABCD

【解析】分析竞争对手未来竞争战略的目标，可以考虑以下因素：(1) 竞争对手的财务目标；(2) 竞争对手对于风险的态度；(3) 竞争对手的价值观；(4) 竞争对手的组织结构；(5) 竞争对手的会计系统、控制与激励系统；(6) 竞争对手领导阶层的情况；(7) 对竞争对手行为的各种政府或社会限制。因此，选项 A、B、C、D 均正确。

3. 【答案】AC

【解析】进入门槛比较低，容易受到潜在进入者的威胁；原料供应商集中在少数几家企业，说明供应者讨价还价能力强。因此，选项 A、C 正确。

4. 【答案】BD

【解析】成功关键因素是指公司在特定市场获得盈利必须拥有的技能和资产，应被看作是产业和市场层次的特征，而不是针对某个个别公司，选项 B、D 属于产业的成功关键因素；选项 A、C 属于某个企业取得竞争优势的核心能力因素，属于内部环境分析中企业能力分析的范畴。

5. 【答案】ABC

【解析】价值链中的每一个活动都能分解为一些相互分离的活动。分解的适当程度依赖于这些活动的经济性和分析价值链的目的。这些活动被分离的基本原则是：(1) 具有不同的经济性；(2) 对产品差异化产生很大的潜在影响；(3) 在成本中比例很大或所占比例在上升。

6. 【答案】BC

【解析】出生率和死亡率属于社会和文化环境因素中的人口因素，不属于经济环境因素。

7. 【答案】AD

【解析】两者同是家电厂，通过横向并购之后，不存在竞争关系，因此可以排除竞争性基准，另外，由于同属于甲企业，因此，属于内部基准。

8. 【答案】ABCD

【解析】企业的资源包括有形资源、无形资源和人力资源，选项 A 属于实物资源；选项 B、D 都属于无形资源；选项 C 属于人力资源。

9. 【答案】AC

【解析】成功关键因素随着产业的不同而不同，甚至在相同的产业中，也会因产业驱动因素和竞争环境的变化而变化。选项 B 的说法不正确。成功关键因素是企业取得产业成功的前提条件并非必要条件，选项 D 说法不正确。

10. 【答案】ABCD

【解析】参见教材原文。

（三）简答题

1. 【答案】(1) ①别景公司在第一阶段通过确认那些支持企业竞争优势的关键性活动，将资源和能力配置到价值链关键活动中把握生产经营的全部所得。

②别景公司在第二阶段通过明确价值链内各种活动之间的联系，选择构筑了对于提高价值最佳的方式，将自身的经营业务聚焦于研发和营销服务两个价值创造环节上，同时增加了一个

价值创造环节，将自己的核心专利业务通过许可的方式获取专利许可使用费，提高企业的价值。

③别景公司在第三阶段通过明确价值系统内各项价值活动之间的联系，以互联网平台核心产业链搭建吸引生产企业、客户等多方加入。

（2）内部优势：公司拥有一流的技术人员和管理团队；公司产品顾客满意度较高，效益水平在全国名列前茅。

内部劣势：盈利能力大幅降低，生产经营面临一定困难且企业资金短缺。

外部机会：国家新出台了一些鼓励高技术含量、高附加值矿石品种的措施，而甲公司在电动汽车市场还有很大的提升空间，因此给企业带来了新的机会。

外部威胁：原材料价格上涨带来成本增加；房地产建设用钢材的市场需求将趋于稳定，带来销售困难，盈利能力大幅降低。

（3）该公司可以通过股权融资、债券融资和资产销售融资等筹资方法。其中债券筹资包括短期贷款、长期贷款和租赁。

2.【答案】

（1）①海浪水泥有形资源所展示的竞争优势：“海浪水泥凭借先天优势坐拥原材料成本和质量优势”“海浪水泥利用自身位居长江附近的地理位置优势，积极推行其他水泥企业难以复制的‘T型’战略布局”“公司在沿江、沿海建造了多个万吨级装卸水泥和熟料的专用码头，着力建设或租赁中转库等水路上岸通道；集团下设物流公司，在集团总部设立了物流调试中心”。

②海浪水泥无形资源所展示的竞争优势。“公司率先在国内新型干法水泥生产线低投资、国产化的研发方面取得突破性进展，标志着中国水泥制造业的技术水平已经跨入世界先进行列”“公司强化终端销售市场，推行中心城市一体化销售模式，在各区域市场建立贸易平台；公司物流实现工业化和信息化的深度融合，以GPS和GIS为核心的物流调度信息系统实现了一体化、可视化的管理”。

③海浪水泥资源“不可模仿性”的主要形式包括：

a. 物理上独特的资源。“海浪水泥凭借着先天优势坐拥原材料成本和质量优势”“海浪水泥利用自身位居长江附近的地理位置优势，积极推行其他水泥企业难以复制的‘T型’战略布局”。

b. 具有路径依赖的资源。“通过‘T型’战略的实施，海浪水泥进一步巩固了其‘资源—生产—物流—市场’的产业链优势”。

（2）①研发能力。“公司率先在国内新型干法水泥生产线低投资、国产化的研发方面取得突破性进展，标志着中国水泥制造业的技术水平已经跨入世界先进行列，确保公司为市场提供规模可观的低价高质的产品”。

②生产管理能力。“‘T型’生产和物流格局，改变了之前通过‘中小规模水泥工厂＋公路运输＋工地’的生产物流模式，解决了长江沿线城市石灰石短缺与当地水泥消耗量大之间的矛盾”“通过‘T型’战略的实施，海浪水泥进一步巩固了其‘资源—生产—物流—市场’的产业链优势”。

③营销能力。

a. 产品竞争能力。“海浪水泥凭借着先天优势坐拥原材料成本和质量优势”；“确保公司为市场提供规模可观的低价高质的产品”。

b. 销售活动能力。“公司强化终端销售市场，推行中心城市一体化销售模式，在各区域市场建立贸易平台；公司物流实现工业化和信息化的深度融合，以GPS和GIS为核心的物流调度信息系统实现了一体化、可视化的管理”。

④市场决策能力。“积极推行其他水泥企业难以复制的‘T型’战略布局”“公司率先在国内新型干法水泥生产线的低投资、国产化的研发方面取得突破性进展”“海浪水泥不断完善‘T型’战略布局”。

⑤财务能力。“2018年海浪水泥年报显示：公司营收同比大幅增长70.50%，净利润同步增长88.05%，净利润增长幅度超过营收增长幅度”。

⑥组织管理能力。“积极推行其他水泥企业难以复制的‘T型’战略布局”“海浪水泥不断完善‘T型’战略布局”。

第三章 战略选择

2023年教材内容主要变化

（1）“密集型战略”“收缩战略”“并购战略”“基本竞争战略”“新兴产业中的竞争战略”“市场营销战略”“研究与开发战略”“人力资源战略”“全球价值链中的企业国际化经营”的内容均存在改写；（2）原教材的案例“果硕酒店集团实施一体化战略”删除。

本章近五年考试高频考点分布

本章考题以全题型形式出现，本章属于最重要的考试章节，最近五年平均考试分值为45.3分。

高频考点内容	年度及题型分布
发展战略	2022年综合 2020年单选、2020年简答 2019年多选、2019年简答 2018年单选、2018年多选、2018年简答、2018年综合
收缩战略	2022年多选 2021年单选 2020年多选、2020年简答 2019年多选 2018年单选、2018年综合
并购战略	2021年单选 2020年单选 2019年单选、2019年多选、2019年综合 2018年多选、2018年简答
内部发展战略	2022年多选
企业战略联盟	2022年单选 2020年多选 2019年单选、2019年多选、2019年简答、2019年综合 2018年多选、2018年综合
成本领先战略	2020年综合、2019年综合
差异化战略	2020年简答、2019年简答

续表

高频考点内容	年度及题型分布
集中化战略	2021 年单选 2018 年单选
基本战略的综合分析——“战略钟”	2021 年单选 2019 年单选 2018 年单选、2018 年综合
零散产业中的竞争战略	2022 年多选 2020 年单选、2020 年多选、2020 年简答 2019 年多选 2018 年单选、2018 年多选、2018 年简答
新兴产业中的竞争战略	2022 年单选 2021 年多选 2020 年综合 2019 年简答、2019 年综合
蓝海战略	2022 年单选 2021 年多选 2020 年综合 2019 年简答、2019 年综合 2018 年简答
市场营销战略	2022 年单选、2022 年多选 2021 年多选 2020 年单选、2020 年多选 2019 年单选、2019 年多选、2019 年简答 2018 年多选、2018 年简答
研究与开发战略	2022 年简答、2022 年综合 2019 年简答 2018 年综合
生产运营战略	2022 年多选、2020 年多选、2019 年单选
采购战略	2022 年多选、2019 年多选
人力资源战略	2022 年单选
财务战略	2022 年单选 2021 年单选、2021 年多选 2019 年单选 2018 年多选
企业国际化经营动因	2018 年多选
国际市场进入模式	2018 年综合
国际化经营的战略类型	2022 年综合、2021 年单选、2020 年单选、2019 年单选、2018 年单选
新兴市场的企业战略	2022 年多选 2020 年单选 2019 年单选、2019 年综合 2018 年单选、2018 年综合

高频考点精讲

本章详细介绍了总体战略、业务单位战略、职能战略以及国际化经营战略。主要内容框架为：

总体战略	总体战略的主要类型：发展、稳定、收缩
	发展战略的主要途径：并购、新建、战略联盟
业务单位战略	基本竞争战略：成本领先、差异化、集中化、战略钟
	中小企业竞争战略：零散产业、新兴产业
	蓝海战略
职能战略	市场营销、研究与开发、生产运营、采购、人力资源、财务战略
国际化经营战略	企业国际化经营动因、国际化经营的主要方式、全球价值链中的企业国际化经营、国际化经营的战略类型、新兴市场的企业战略

总体战略（公司层战略）是企业最高层次的战略。它需要根据企业的目标，选择企业可以竞争的经营领域，合理配置企业经营所必需的资源，使各项经营业务相互支持、相互协调。公司层战略常常涉及整个企业的财务结构和组织结构方面的问题。

企业的总体战略可以分为三大类：发展战略、稳定战略和收缩战略。

高频考点1：发展战略★★★★★

企业发展战略强调充分利用外部环境的机会，充分发掘企业内部的优势资源，以求得企业在现有的基础上向更高一级的方向发展。

发展战略主要包括三种基本类型：一体化战略、密集型战略和多元化战略。

（一）一体化战略

一体化战略是指企业对具有优势和增长潜力的产品或业务，沿其经营链条的纵向或横向延展业务的深度和广度，扩大经营规模，实现企业成长。一体化战略按照业务拓展的方向可以分为**纵向一体化**和**横向一体化**。

1. 纵向一体化战略。

纵向一体化战略是指企业沿着产品或业务链向前或向后延伸和扩展企业现有业务的战略。企业采用纵向一体化战略有利于节约与上、下游企业在市场上进行购买或销售的交易成本，控制稀缺资源，保证关键投入的质量或者获得新客户。不过，企业一体化也会增加企业的内部管理成本。纵向一体化战略可以分为**前向一体化战略**和**后向一体化战略**。

（1）前向一体化战略：是指获得分销商或零售商的所有权或加强对他们的控制权的战略。前向一体化战略通过控制销售过程和渠道，有利于企业控制和掌握市场，增强对消费者需求变化的敏感性，提高企业产品的市场适应性和竞争力。

前向一体化战略的主要适用条件包括：

①企业现有销售商的销售成本较高或者可靠性较差而难以满足企业的销售需要；

②企业所在产业的增长潜力较大；

③企业具备前向一体化所需的资金、人力资源等；

④销售环节的利润率较高。

（2）后向一体化战略：是指获得供应商的所有权或加强对其控制权。后向一体化有利于企业有效控制关键原材料等投入的成本、质量及供应可靠性，确保企业生产经营活动稳步进行。后向一体化战略在汽车、钢铁等产业采用得较多。

后向一体化战略主要适用条件包括：

①企业现有的供应商供应成本较高或者可靠性较差而难以满足企业对原材料、零件等的需求；

②供应商数量较少而需求方竞争者众多；

③企业所在产业的增长潜力较大；

④企业具备后向一体化所需的资金、人力资源等；

⑤供应环节的利润率较高；

⑥企业产品价格的稳定对企业而言十分关键，后向一体化有利于控制原材料成本，从而确保产品价格的稳定。

企业采用纵向一体化战略的主要**风险**包括：

①不熟悉新业务领域所带来的风险；

②纵向一体化，尤其是后向一体化，一般

涉及的投资数额较大且资产专用性较强，增加了企业在该产业的退出成本。

2. 横向一体化战略。

横向一体化战略是指企业向产业价值链相同阶段方向扩张的战略。企业采用横向一体化战略的主要目的是实现规模经济以获取竞争优势。

在下列情形中，比较适宜采用横向一体化战略：

（1）企业所在产业竞争较为激烈；

（2）企业所在产业的规模经济较为显著；

（3）企业的横向一体化符合反垄断法律法规，能够在局部地区获得一定的垄断地位；

（4）企业所在产业的增长潜力较大；

（5）企业具备横向一体化所需的资金、人力资源等。

命题点拨

发展战略为考试核心内容，基本上每年都会出现在考题中，涉及各种题型，考生应明确发展战略的三个类型，重点关注“一体化”战略。

名师解惑

（1）明确三个“一体化”：前向一体化——产业链下游延伸；后向一体化——产业链上游延伸；横向一体化——同类产业链延伸；

（2）企业采用横向一体化战略可以有效实现规模经济，能够快速获得互补性的资源和能力。但是，横向一体化战略也存在一定的风险，例如，企业过度扩张时，所产生的巨大生产能力对市场需求规模以及企业销售能力都提出了更高的要求；同时，在某些横向一体化战略如合作战略中，还存在技术扩散的风险；此外，并购中存在的文化不融合等现象也是企业横向一体化战略所面临的风险。

（二）密集型战略

研究企业密集型战略的基本框架，是安索夫的“产品—市场战略组合”矩阵。

市场	产品	
	现有产品	新产品
现有市场	市场渗透：在现有市场，依靠单一产品，目的在于大幅度增加市场占有率	产品开发：在现有市场上推出新产品；延长产品生命周期
新市场	市场开发：将现有产品推销到新地区或其他细分市场；在现有实力、技能和能力基础上发展，改变销售和广告方法	多元化：以现有业务或市场为基础的相关多元化；与现有产品或市场无关的非相关多元化

1. 市场渗透——现有产品和现有市场。

市场渗透战略的基础是增加现有产品或服务的市场份额，或增加正在现有市场中经营的业务。它的目标是通过各种方法来增加产品的使用频率，主要方法有：

（1）扩大市场份额，这个方法特别适用于整体正在成长的市场。企业可以通过提供折扣或增加广告来增加在现有市场中的销售额；通过改进销售和分销方式来提高所提供的服务水平；通过改进产品或包装来提高和加强其对消费者的吸引力并降低成本。

（2）开发小众市场，其目标是在行业中的一系列目标小众市场中获得增长，从而扩大总的市场份额。如果与竞争对手相比企业的规模较小，那么这种方法尤为适用。

（3）保持市场份额，当市场发生衰退时，保持市场份额具有重要意义。

企业运用市场渗透战略的难易程度取决于市场的性质及竞争对手的市场地位。当整个市场正在增长时，拥有少量市场份额的企业提高质量和生产力并增加市场活动可能比较容易，而当市场处于停滞状态时，则比较困难。此外，经验曲线效应使企业很难向成熟市场中渗透，在成熟市场中领先企业的成本结构会阻止拥有少量市场份额的竞争对手进入市场。

市场渗透战略主要适用于以下情况：

（1）当整个市场正在增长时，那些想要增加市场份额的企业能够以较快的速度达到目标。相反，向停滞或衰退的市场渗透可能会难得多。

（2）如果一家企业决定将利益局限在现有产品或市场领域，即使在整个市场衰退时也不允许销售额下降，那么企业就必须采取市场渗透战略。

（3）如果其他企业由于各种原因离开了市场，那么采用市场渗透战略比较容易成功。

（4）企业拥有强大的市场地位，并且能够利用经验和能力来获得强有力的独特竞争优势，那么实施市场渗透战略是比较容易的。

（5）当市场渗透战略对应的风险较低、高级管理者参与度较高，且在需要的投资较少的时候，市场渗透战略也会比较适用。

2. 市场开发——现有产品和新市场。

市场开发战略是指将现有产品或服务打入新市场的战略。实施市场开发战略的主要途径包括开辟其他区域市场和细分市场。

采用市场开发战略有以下几个原因：

（1）企业发现现有产品生产过程的性质导致难以转而生产全新的产品，因此他们希望能开发其他市场。

（2）市场开发往往与产品改进结合在一起。例如，将工业用的地板或地毯清洁设备做得更小、更轻，这样可以将其引入民用市场。

（3）现有市场或细分市场已经饱和，企业只能去寻找新的市场。

市场开发战略主要适用于以下几种情况：

（1）存在未开发或未饱和的市场；

（2）可得到新的、可靠的、经济的和高质量的销售渠道；

（3）企业在现有经营领域十分成功；

（4）企业拥有扩大经营所需的资金和人力资源；

（5）企业存在过剩的生产能力；

（6）企业的主业属于正在迅速全球化的产业。

3. 产品开发——新产品和现有市场。

拥有特定细分市场、综合性不强的产品或服务范围窄小的企业可能会采用这一战略。产品开发战略有利于企业利用现有产品的声誉和商标，吸引用户购买新产品。另外，产品开发战略是对现有产品进行改进，由于企业对现有市场较为了解，产品开发的针对性较强，因而较易取得成功。可采用多种方法来实现产品开发战略。例如，提供不同尺寸和不同颜色的产品；对产品使用不同的包装等。

开发新产品可能会极具风险，这会导致该战略实施起来有难度。尽管如此，企业仍然有以下合理的原因采用该战略：

（1）充分利用企业对市场的了解；

（2）保持相对于竞争对手的领先地位；

（3）从现有产品组合的不足中寻求新的机会；

（4）使企业能继续在现有市场中保持稳固的地位。

产品开发战略适用于以下几种情况：

（1）企业产品具有较高的市场信誉度和顾客满意度；

（2）企业所在产业属于适宜创新的高速发展的高新技术产业；

（3）企业所在产业正处于高速增长阶段；

（4）企业具有较强的研究与开发能力；

（5）主要竞争对手以近似价格提供更高质量的产品。

4. 多元化——新产品和新市场。

这是新产品与新市场结合的结果，又可分为相关多元化和非相关多元化。这一战略方向也可以从密集型战略类型中分离出来，归为发展战略的另一种基本类型。

（三）多元化战略

当现有产品或市场不存在期望的增长空间时（例如，受到地理条件限制、市场规模或竞争太过激烈的限制），企业通常会考虑多元化战略。

采用多元化战略有下列三大原因：

(1) 在现有产品或市场中持续经营不能达到目标。这一点可通过差距分析来予以证明。当前产业令人不满，原因可能是产品处于衰退期因而回报率低，或同一领域中的技术创新机会很少，或产业缺少灵活性。

(2) 企业由于以前在现有产品或市场中成功经营而保留下来的资金超过了其在现有产品或市场中的财务扩张所需要的资金。

(3) 与在现有产品或市场中的扩张相比，多元化战略意味着更高的利润。

多元化战略又可以分为两种：**相关多元化**和**非相关多元化**。

(1) 相关多元化。**相关多元化也称同心多元化**，是指企业以现有业务或市场为基础进入相关产业或市场的战略。相关多元化的相关性可以是产品、生产技术、管理技能、营销渠道、营销技能或用户等方面的类似。采用相关多元化战略，有利于企业利用原有产业的产品知识、制造能力、营销渠道、营销技能等优势来获取融合优势，即两种业务或两个市场同时经营的盈利能力大于各自经营时的盈利能力之和。当企业在产业或市场内具有较强的竞争优势，而该产业或市场成长性或吸引力逐渐下降时，适宜采用同心多元化战略。

(2) 非相关多元化。**非相关多元化也称离心多元化**，是指企业进入与当前产业和市场均不相关的领域的战略。如果企业当前产业或市场缺乏吸引力，而企业也不具备较强的能力和技能转向相关产品或市场，较为现实的选择就是采用非相关多元化战略。采用非相关多元化战略的主要目标不是利用产品、技术、营销渠道等方面的共同性，而是从财务上考虑平衡现金流或者获取新的利润增长点，规避产业或市场的发展风险。

企业采用**多元化战略具有如下优点**：

①分散风险，当现有产品及市场失败时，新产品或新市场可能为企业提供保护。

②能更容易地从资本市场中获得融资。

③当企业在原产业无法增长时找到新的增长点。

④利用未被充分利用的资源。

⑤运用盈余资金。

⑥获得资金或其他财务利益，例如，累计税项亏损。

⑦运用企业在某个产业或某个市场中的形象和声誉来进入另一个产业或市场，而在另一个产业或市场中要取得成功，企业形象和声誉是至关重要的。

但是，企业必须充分认识实施**多元化战略的风险**：

①来自原有经营产业的风险。

②市场整体风险。

③产业进入风险。

④产业退出风险。

⑤内部经营整合风险。

经典例题

【真题·单选题】 (2020) 达康公司是国内一家中成药品生产企业。为了保障原材料的稳定供给与产品质量，自 2015 年以来投资建设了 3 个原料药材现代化种植基地，收购了 2 个原属于其他药品公司的药材种植企业，全面推进原料药材规范化绿色种植工程。下列各项中，属于达康公司采用上述战略适用条件的是(　　)。

A. 中成药品产业增长潜力较大

B. 达康公司现有销售商的销售成本较高

C. 达康公司存在过剩的生产能力

D. 中成药品产业竞争较为激烈

【答案】 A

【解析】 后向一体化战略是指获得供应商的所有权或加强对其控制权的战略。“达康公司是国内一家中成药品生产企业。为了保障原材料的稳定供给与产品质量，自 2015 年以来投资建设了 3 个原料药材现代化种植基地，收购了 2 个原属于其他药品公司的药材种植企业，全面推进原料药材规范化绿色种植工程”表明达康公司采取的是后向一体化战略，选项 A 属于后向一体化战略的适用条件，选项 A 正确。选项 B 属于前向一体化战略的适用条件，选项B错误。选项C属于市场开发战略的适用条件，选项C错误。选项D属于横向一体化战略的适用条件，选项D错误。

【真题·单选题】(2018) 2016年以来，生产安保设施的天盾公司先后收购了两家同类企业，在扩大生产经营规模、降低成本的同时，开发出功能优于其他同类产品的新产品。天盾公司的上述收购行为属于该公司的（　　）。

A. 总体战略

B. 业务单位战略

C. 职能战略

D. 混合战略

【答案】A

【解析】本题中，“生产安保设施的天盾公司先后收购了两家同类企业”属于总体战略中的发展战略，即发展战略中的横向一体化战略。

【真题·多选题】(2019) 京川餐饮公司近期实行了新的经营方式，顾客既可以按照公司提供的菜谱点餐，也可以自带菜谱和食材请公司的厨师加工烹饪，还可以在支付一定学习费用后在厨师指导下自己操作，从而在享受美食的同时提高厨艺。这些新的经营方式使该公司的顾客数量和营业收入均增长20%以上。从密集型战略角度看，京川餐饮公司的上述做法属于（　　）。

A. 市场开发战略

B. 市场渗透战略

C. 产品开发战略

D. 一体化战略

【答案】ABC

【解析】本题中，“京川餐饮公司近期实行了新的经营方式，顾客既可以按照公司提供的菜谱点餐，也可以自带菜谱和食材请公司的厨师加工烹饪，还可以在支付一定学习费用后在厨师指导下自己操作，从而在享受美食的同时提高厨艺”，前者属于将现有产品打入新市场的市场开发战略，后者属于在原有市场上开发新产品的产品开发战略。“这些新的经营方式使该公司的顾客数量和营业收入均增长20%以上”属于市场渗透战略。

【例题·单选题】长江公司为国内经营多年的制药公司，近期成功研制了一种预防新型流感的疫苗。长江公司管理层计划将此疫苗规模化生产，并同时在国内市场和国外市场销售，预计该疫苗的销售可为公司未来数年带来较高的净收益。根据企业成长矩阵，长江公司进军国外市场的计划属于（　　）。

A. 市场渗透战略

B. 市场开发战略

C. 产品开发战略

D. 多元化战略

【答案】D

【解析】公司为国内经营多年的制药公司，近期成功研制了一种预防新型流感的疫苗。公司管理层计划将此疫苗规模化生产，并同时在国内市场和国外市场销售，涉及新产品和新市场。多元化战略是新产品和新市场组合的发展战略。由题意可知，由于要在国外市场（新市场）销售新型流感的疫苗（新产品），所以属于多元化发展战略。因此，选项D正确。

高频考点2：稳定战略★

稳定战略又称维持战略，是指限于经营环境和内部条件，企业在战略期所期望达到的经营状况基本保持在战略起点的范围和水平上的战略。

采用稳定战略的企业不需要改变自己的宗旨和目标，而只需要集中资源用于原有的经营范围和产品，以增加其竞争优势。

稳定战略适用于对战略期环境的预测变化不大，而在前期经营相当成功的企业。采用这种战略的风险比较小，因为企业可以充分利用原有生产经营领域中的各种资源，避免开发新产品和新市场所必需的巨大资金投入和开发风险，避免资源重新配置和组合的成本，防止由于发展过快、过急造成的失衡状态。

经典例题

【例题·单选题】A公司成立不到两年，

主要依靠公司创始人发明的技术，公司在两年内飞速成长。但由于生产的产品均属较为超前的产品，市场对其尚未达到大范围接受的程度，未来发展具有很大的不确定性。根据以上信息，A公司使用的企业战略是（　　）。

A. 稳定战略　　B. 无变战略

C. 放弃战略　　D. 收缩战略

【答案】A

【解析】从题中信息可知，A公司发展势头较好，且两年内发展迅速，在市场风险加大的情况下，若继续保持较快的发展速度，容易对企业自身造成负面影响，因此使用的战略为稳定战略。

高频考点3：收缩战略★★★★

收缩战略，也称撤退战略，是指企业从目前的经营领域和基础上收缩，在一定时期内缩小原有经营范围和规模的一种战略。

（一）采用收缩战略的原因

企业采用收缩战略的原因有多种，大致可分为主动和被动两大类。

1. 主动原因。

一些企业选择收缩战略是为了满足企业战略重组的需要。

2. 被动原因。

企业选择收缩战略的被动原因有两种，其一是外部环境原因，如宏观经济形势、产业周期、技术、政策、社会价值观或时尚等方面发生重大变化，以及市场达到饱和、竞争行为加剧或改变等，导致企业赖以生存的外部环境恶化甚至出现危机。其二是内部环境原因，即由于内部经营机制不顺、决策失误、管理不善等原因，企业或企业某项业务经营陷入困境，失去竞争优势，因而不得不采用收缩战略。

（二）采用收缩战略的方式

1. 紧缩与集中战略。

紧缩与集中战略往往着眼于短期效益，主要涉及采取补救措施制止利润下滑。具体做法有：

（1）机制变革，包括：调整管理层领导机构；制定新的政策和建立新的管理控制系统；改善激励机制与约束机制。

（2）财政和财务战略，如建立有效的财务控制系统，严格控制现金流量；与关键的债权人协商，重新签订偿还协议，甚至把需要偿付的利息和本金转换成其他财务证券，如把贷款转换成普通股或可转换优先股等。

（3）削减成本战略，如削减人工成本、材料成本、管理费用；削减资产，如内部放弃或改租、售后回租等；缩小分部和职能部门的规模。

2. 转向战略。

转向战略涉及企业经营方向或经营策略的改变。具体做法有：

（1）重新定位或调整现有的产品和服务。

（2）调整营销策略，包括在价格、促销、渠道等环节推出新的举措。

3. 放弃战略。

放弃战略是将企业的一个或若干个部门出售转让或停止经营。这个部门可以是一个经营单位（如子公司、事业部）、一项业务、一条流水线等。与前面两种战略相比，这是比较彻底的撤退方式。采用放弃战略的主要方式有：

（1）特许经营，指企业将其拥有的名称、商标、企业标志、专有技术、管理经验等经营资源特许给被特许企业使用，收取一次性付清的特许经营费用。被特许企业按照合同严格遵守相关规定，在统一的经营模式下开展经营活动。

（2）分包，指企业作为分包方，通过招标方式让其他企业即承包方生产、经营本企业的某种产品或业务，并要求承包方按约定的时间、价格和数量向分包方提供产品或服务。这样，分包方在合同期限内将不宜自己从事的产品生产或业务转移给承包方，但仍保留原有的权利。

（3）卖断，指母公司将其所属的业务单位卖给另一家企业，从而与该业务单位断绝一切关系，实现产权的彻底转移。

第三章

（4）管理层杠杆收购，指企业管理层将收购目标即本企业的资产作为债务抵押进行融资，买断本企业股权，从而达到控制、重组企业并获得产权收益的目的。

（5）拆产为股/分拆，指母公司通过将其在子公司中所拥有的股份，按比例分配给母公司的股东，以多元持股的形式形成子公司的所有权，使子公司成为战略性的法人实体。这样，就在法律上和组织上将子公司的经营从母公司的经营中分拆出去。这一新设立的分拆公司如果公开发行新股并上市就称为分拆上市。

（三）采用收缩战略的困难

采用收缩战略对企业主管来说，是一项非常困难的决策。困难主要来自以下两个方面：

1. 对企业或业务状况的判断。

收缩战略效果如何，取决于对公司或业务状况判断的准确程度。

（1）企业产品所处的生命周期以及今后的盈利情况和发展趋势。

（2）企业或者产品的当前市场状况，以及重新获取竞争优势的机会。

（3）腾下来的资源应如何运用。

（4）寻找一个愿出合理价格的买主。

（5）放弃一部分获利的业务或者一些经营活动，转而投资其他可能获利较大的业务是否值得。

（6）关闭一家企业或者一家工厂，是否比在微利下仍然维持运转划算，特别是退出的障碍是否较大，而且成本高昂。

（7）准备放弃的那部分业务在整个公司中所起的作用和协同优势。

（8）用其他产品和服务来满足现有顾客需求的机会。

（9）企业降低分散经营的程度所带来的有形和无形的效益。

（10）寻找合适的买主。

2. 退出障碍。

波特在《竞争战略》一书中阐述了几种主要的退出障碍：

（1）固定资产的专用性程度。

（2）退出成本。

（3）内部战略联系。

（4）感情障碍。

（5）政府与社会约束。

经典例题

【真题·多选题】（2022）百利公司是一家生产以皮革、尼龙、合成革为材料的多种日用品的企业。面对人们消费结构的升级和市场趋冷，该公司采用收缩战略，将以皮革为材料的日用品生产业务出售给另一家企业，同时引进以生物提取合成物为材料的日用品生产线进行生产。下列各项中，属于百利公司采用的收缩战略的方式有（　　）。

A. 紧缩与集中战略

B. 转向战略

C. 放弃战略

D. 重组战略

【答案】 BC

【解析】 该公司“将以皮革为材料的日用品生产业务出售给另一家企业”体现为放弃战略，“同时引进以生物提取合成物为材料的日用品生产线进行生产”体现为转向战略。

【真题·多选题】（2020）甲公司是一家大型能源集团，拥有分别从事煤矿开采、炼焦、发电等业务的多家子公司。面对煤炭产能过剩销售难的局面，该公司管理层提出放弃煤矿开采业务，但此举将使大量煤炭采掘设备废弃，下岗工人生活和重新安置费用短期内难以解决，炼焦、发电等业务原料来源的稳定性将受到影响，因此遭到各个子公司员工的质疑、不满甚至反对。甲公司的煤矿开采业务面临的逃出障碍的有（　　）。

A. 感情障碍

B. 退出成本

C. 内部战略联系

D. 固定资产的专用性程度

【答案】 ABCD

【解析】 “遭到各个子公司员工的质疑、不满甚至反对”属于感情障碍，选项 A 正确；

"下岗工人生活和重新安置费用短期内难以解决"属于退出成本，选项 B 正确；"炼焦、发电等业务原料来源的稳定性将受到影响"属于内部战略联系，选项 C 正确；"使大量煤炭采掘设备废弃"属于固定资产的专用性程度，选项 D 正确。

【真题·多选题】（2019）近年来大数据和云计算的快速发展，使主营传统数据库业务的甲公司受到极大冲击，经营业绩大幅下滑。2019 年初，甲公司裁员 1 800 人，并重组开发团队和相关资源，大力开拓和发展云计算业务，以改善公司的经营状况。甲公司采用的总体战略类型有（　　）。

A. 转向战略

B. 稳定战略

C. 市场开发战略

D. 紧缩与集中战略

【答案】 AD

【解析】 本题中"甲公司裁员 1 800 人"属于紧缩与集中战略中的削减成本战略，选项 D 正确；"重组开发团队和相关资源，大力开拓和发展云计算业务"属于转向战略中的重新定位或调整现有的产品和服务，选项 A 正确。

【真题·单选题】（2021）泰瑞公司原是一家提供管理咨询服务的企业。2020 年以来，该公司采用收缩战略以应对利润下滑局面，调整了管理层领导班子，采用了更具有激励作用的薪酬制度。泰瑞公司采用的收缩战略的方式是（　　）。

A. 机制变革

B. 拆产为股

C. 削减成本战略

D. 财政和财务战略

【答案】 A

【解析】 机制变革包括：调整管理层领导机构、制定新的政策和建立新的管理控制系统以改善激励机制与约束机制。"调整了管理层领导班子，采用了更具有激励作用的薪酬制度"属于机制变革，选项 A 正确。

【真题·单选题】（2018）某外资快餐巨头 L 公司与国内著名餐饮企业甲公司达成如下交易：L 公司把其在国内的 200 多家直营餐厅中的 150 家转让给甲公司经营，并向甲公司收取一次性付清的费用，甲公司可以使用 L 公司的品牌，但要严格遵守 L 公司的经营规定。L 公司所采用的放弃战略的类型是（　　）。

A. 分包　　　B. 卖断

C. 特许经营　　　D. 拆产为股/分拆

【答案】 C

【解析】 特许经营是指企业卖给被特许经营企业有限权利，而收取一次性付清的费用。被特许经营企业可以使用特许经营企业的商标品牌，但要严格遵守许可方的经营规定。本题中，"并向甲公司收取一次性付清的费用，甲公司可以使用 L 公司的品牌，但要严格遵守 L 公司的经营规定"说明 L 公司采用的是放弃战略中的特许经营。

【例题·多选题】 甲公司是吉祥集团控股的一家钢铁厂。几年来由于扩张过快和市场竞争激烈等原因，甲公司陷入不能偿还到期债务的危机。由于钢铁厂的高炉等设备难以转产，所以吉祥集团拟通过甲公司破产的方式退出钢铁行业，并用买断方式终止与甲公司员工的劳动合同，但引起一些职工的抵触。后来在当地政府的协调下，甲公司被某外资企业收购。在上述案例中，吉祥集团面临的退出障碍有（　　）。

A. 退出成本

B. 感情障碍

C. 政府与社会约束

D. 固定资产的专用性程度

【答案】 ABD

【解析】 本题中，"钢铁厂的高炉等设备难以转产"属于固定资产的专用性程度，"并用买断方式终止与甲公司员工的劳动合同"说明企业需要对员工给予一定的辞退补偿，属于退出成本。"引起一些职工的抵触"属于感情障碍。

高频考点 4：发展战略可选择的途径 ★★★

发展战略一般可以采用三种途径，即外部发展（并购）、内部发展（新建）与战略联盟。

（一）外部发展（并购）

外部发展是指企业通过取得外部经营资源谋求发展的战略。外部发展的狭义内涵是并购，并购包括**收购**与**合并**。收购指一个企业（收购者）购买和吸纳了另一个企业（被收购者）的股权。合并指两个或两个以上的企业之间的重新组合。

（二）内部发展（新建）

内部发展是指企业利用自身内部资源谋求发展的战略。内部发展的狭义内涵是新建，新建与并购相对应，是指建立一个新的企业。

（三）战略联盟

战略联盟是指两个或两个以上经营实体之间为了达到某种战略目的而建立的一种合作关系。从交易费用经济学角度看，并购方式的实质是运用“统一规制”方式实现企业一体化，即以企业组织形态取代市场组织形态；而新建方式的实质则是运用“市场规制”实现企业的市场交易，即以市场组织形态取代企业组织形态。企业战略联盟则是这两种组织形态的一种中间形态。

经典例题

【例题·多选题】下列关于发展战略途径的说法中，错误的有（　　）。

A. 内部发展的狭义内涵是新建

B. 并购是以市场组织形态取代企业组织形态

C. 战略联盟是介于并购和新建两种组织形态的一种中间形态

D. 新建是以企业组织形态取代市场组织形态

【答案】BD

【解析】并购是以企业组织形态取代市场组织形态，新建是以市场组织形态取代企业组织形态，因此，选项 B、D 错误。

高频考点 5：并购战略★★★★★

（一）并购的类型

企业并购有许多具体形式，这些形式可以从不同的角度加以分类。

1. 按并购双方所处的产业分类。

按并购方与被并购方所处的产业相同与否，可以分为横向并购、纵向并购和多元化并购三种。

（1）**横向并购**，是指并购方与被并购方处于同一产业。横向并购可以消除重复设施，提供系列产品或服务，实现优势互补，扩大市场份额。例如，一家外资饮料企业，收购了中国一家大型饮料企业，这属于一个横向并购的案例。

（2）**纵向并购**，是指在经营对象上有密切联系，但处于不同产销阶段的企业之间的并购。

（3）**多元化并购**，是指处于不同产业、在经营上也无密切联系的企业之间的并购。例如，一家生产家用电器的企业收购一家旅行社，这属于多元化并购。

2. 按被并购方的态度分类。

按被并购方对并购所持态度不同，可分为友善并购和敌意并购。

（1）**友善并购**，是指并购方与被并购方通过友好协商确定并购条件，在双方意见基本一致的情况下实现产权转让的一类并购。此种并购一般先由并购方选择被并购方，并主动与对方的管理当局接洽，商讨并购事宜。经过双方充分磋商签订并购协议，履行必要的手续后完成并购。在某些时候，也有被并购方主动请求并购方接管本企业的情形。

（2）**敌意并购**，又叫恶意并购，通常是指当友好协商遭到拒绝后，并购方不顾被并购方的意愿采取强制手段，强行收购对方企业的一类并购。敌意并购也可能采取不与被并购方进行任何接触，而在股票市场上收购被并购方股票，从而实现对被并购方控股或兼并的形式。由于种种原因，并购往往不能通过友好协商达成协议，被并购方从自身的利益出发，拒不接受并购方的并购条件，并可能采取一切抵制并购的措施加以反抗。在这种情形下，“敌意并购”就有可能发生。

3. 按并购方的身份分类。

按照并购方的不同身份，可以分为产业资本并购和金融资本并购。

（1）**产业资本并购**。一般由非金融企业进行，即非金融企业作为并购方，通过一定程序和渠道取得目标企业全部或部分资产所有权的并购行为。并购的具体过程是从证券市场上取得目标企业的股权证券，或者向目标企业直接投资，以分享目标企业的产业利润。因此，产业资本并购往往表现出针锋相对、寸利必争的态势，谈判时间长，条件苛刻。

（2）**金融资本并购**。一般由投资银行或非银行金融机构（如金融投资企业、私募基金、风险投资基金等）进行。

4. 按收购资金来源分类。

按收购资金来源渠道的不同，可分为**杠杆收购**和**非杠杆收购**。一般情况下，收购方在实施收购时，如果其**70%及以上**的资金来源是对外负债，即是在银行贷款或金融市场借贷的支持下完成的，就称为杠杆收购。相应地，如果收购方的主体资金来源是自有资金，则称为非杠杆收购。

小贴士 提醒考生关注新教材变化“**70%及以上**”。

（二）并购的动机

（1）避开进入壁垒，迅速进入，争取市场机会。

（2）获得协同效应。

（3）克服企业负外部性，减少竞争，增强对市场的控制力。

（三）并购失败的原因

并购方式的失败率是很高的，在企业并购的实践中，许多企业并没有达到预期的目标，甚至遭到了失败。造成并购失败的主要原因有以下几种：

（1）决策不当。

（2）并购后不能很好地进行企业整合。

（3）支付过高的并购费用。

（4）跨国并购面临政治风险。

命题点拨

并购战略为考试核心内容，涉及各种题型，考生要熟练掌握并购的类型、动机及失败原因。

名师解惑

明确四大类并购战略方式：产业分类——横向、纵向、多元化；态度分类——友善、敌意（被并购方）；并购方身份分类——产业资本、金融资本；收购资金来源分类——杠杆、非杠杆。

经典例题

【真题·单选题】（2021）方舟公司是国内首家专营私人定制国内外自由行项目的旅行社。近年来，该社先后并购了多家规模较小但经营各具特色的旅行社，有效拓展了业务种类和范围，取得高于其他旅行社的经济效益。方舟公司并购多家旅行社的动机是（　　）。

A. 容易从企业资源获得财务支持

B. 获得协同效应

C. 降低协调成本

D. 保持统一的管理风格和企业文化

【答案】 B

【解析】 “有效拓展了业务种类和范围，取得高于其他旅行社的经济效益”体现了协同效应，选项B正确。

【真题·单选题】（2020）佳美公司是一家全国性家电零售连锁企业，在国内一、二线城市拥有近百家大型连锁商城，是国内外众多家电品牌厂家在中国的最大销售商。2019 年，该公司并购了国内另一家著名的家电零售连锁企业恒兴公司，销售网络扩展到全国 2/3 以上的城市和部分乡镇，市场占有率提高了 20%，进一步巩固了其行业领先地位。佳美公司实施上述并购的动机是（　　）。

A. 避开进入壁垒，迅速进入，争取市场机会

B. 实现资源互补

C. 克服企业负外部性，增强对市场的控制力

D. 避免经营风险

【答案】C

【解析】“销售网络扩展到全国 2/3 以上的城市和部分乡镇，市场占有率提高了 20%，进一步巩固了其行业领先地位”表明佳美公司实施并购的动机是克服企业负外部性，增强对市场的控制力，选项 C 正确。

【真题·单选题】（2019）为了拓展国际业务，国内玩具制造商甲公司收购了 H 国玩具制造商乙公司，并很快打开 H 国玩具市场。其后不久，甲公司发现乙公司在被收购前卷入的一场知识产权纠纷，将导致甲公司面临严重的经营风险。甲公司在并购中失败的原因是（　　）。

A. 决策不当

B. 支付过高的并购费用

C. 跨国并购所面临的政治风险

D. 并购后不能很好地进行企业整合

【答案】A

【解析】本题中，“甲公司发现乙公司在被收购前卷入的一场知识产权纠纷，将导致甲公司面临严重的经营风险”说明企业在并购前没有认真地分析目标企业的潜在成本和效益，过于草率地并购，结果无法对被并购企业进行合理的管理，这属于决策不当。

【真题·多选题】（2019）经过多次磋商签订协议后，汽车制造商甲公司凭借自有资金 2 亿元和发行债券融资 5 亿元，实现了对汽车零部件商乙公司的收购。从并购的类型来看，上述收购属于（　　）。

A. 杠杆收购

B. 前向收购

C. 友善收购

D. 金融资本收购

【答案】AC

【解析】本题中，“汽车制造商甲公司凭借自有资金 2 亿元和发行债券融资 5 亿元作为资金来进行收购”说明甲公司本次收购的主体资金是对外负债，属于杠杆并购，选项 A 正确；“双方多次磋商之后签订协议”“实现了对汽车零部件商乙公司的收购”说明甲公司与乙公司进行了多次沟通后最终达成收购，这属于友善并购，选项 C 正确；汽车制造商甲公司是非金融企业，属于产业资本并购，选项 D 不正确；汽车制造商甲公司对汽车零部件商乙公司进行收购，属于纵向并购中的后向并购，选项 B 不正确。

【例题·单选题】甲公司历史上最大的失败收购是在 1996 年收购 B 公司之后的几个月内，大约有 1/3 的原 B 公司的销售人员辞职，导致公司销售的长期瘫痪。自此之后，在每次并购开始之前该公司就专门组织一个小组来研究同化工作的每一个细节。A 公司 1996 年并购失败的原因是（　　）。

A. 决策不当

B. 并购后不能很好地进行企业整合

C. 支付过高的并购费用

D. 跨国并购面临政治风险

【答案】B

【解析】本题中，A 公司在收购 B 公司之后的几个月内，大约有 1/3 的原 B 公司的销售人员辞职，导致公司销售的长期瘫痪，体现了 A 公司未能整合 B 公司的资源。因此，选项 B 正确。

【例题·单选题】经双方充分协商并签订协议，荣兴航空公司以 150 亿元并购江北航空公司，其中 100 亿元为自有资金，50 亿元为银行借款，荣兴航空公司对江北航空公司并购的

类型属于（　　）。

A. 金融资本并购

B. 杠杆并购

C. 纵向并购

D. 友善并购

【答案】D

【解析】荣兴和江北都属于航空公司，因此是横向并购、产业资本并购；并非纵向并购、金融资本并购。“荣兴航空公司以150亿元并购江北航空公司，其中100亿元是自有资金”，收购方的主体资金来源是自有资金，为非杠杆收购。“经双方充分协商并签订协议”表明属于友善并购。选项D正确。

高频考点6：内部发展（新建）战略★★★★

内部发展也称内生增长，是企业在不收购其他企业的情况下利用自身的规模、利润、活动等内部资源来实现扩张。对于许多企业来说，特别是对那些需要以高科技设计或制造产品的企业来说，内部发展已经成为主要的战略发展方式。

（一）企业采取内部发展战略的动因

（1）开发新产品的过程使企业能深刻地了解市场及产品。

（2）不存在合适的收购对象。

（3）保持统一的管理风格和企业文化。

（4）为管理者提供职业发展机会。

（5）代价较低，因为获得资产时无须为商誉支付额外的金额。

（6）并购通常会产生隐藏的或无法预测的损失，而内部发展不太可能产生这种情况。

（7）这可能是唯一合理的、实现真正技术创新的方法。

（8）可以有计划地进行，容易从企业资源获得财务支持，并且成本可以按时间分摊。

（9）风险较低。

（10）内部发展的成本增速较慢。

（二）内部发展的缺点

（1）与购买市场中现有的企业相比，在市场上增加了竞争者，这可能会激化某一市场内的竞争。

（2）企业不能接触到其他企业的知识及系统，这可能更具风险。

（3）从一开始就缺乏规模经济或经验曲线效应。

（4）当市场发展得非常快时，内部发展会显得过于缓慢。

（5）进入新市场可能要面对非常高的障碍。

（三）内部发展战略的应用条件

（1）产业处于不均衡状况，结构性障碍还没有完全建立起来。一般来说，新兴产业更具有这样的特点。

（2）产业内现有企业的行为性障碍容易被制约。

（3）企业有能力克服结构性与行为性障碍，或者企业克服障碍的代价小于企业进入后的收益。

克服进入障碍的能力往往表现在以下几个方面：①企业现有业务的资产、技能、分销渠道同新的经营领域有较强的相关性。②企业进入新领域后，有独特的能力影响行业结构，使之为自己服务。③企业进入新领域后，有利于发展企业现有的经营内容。如果内部发展能够改善销售渠道、公司形象等，从而对进入者的现有业务产生有利的影响，那么，即使新业务仅仅获取平均回报，从公司整体考虑，进入也是可行的。

经典例题

【真题·多选题】（2022）南丰美术出版公司采用内部发展战略，开展了书画鉴定、画廊经营等业务。采用上述战略的动因包括（　　）。

A. 开展新业务的成本增速较慢

B. 为管理者提供职业发展机会

C. 能深刻了解书画管理、画廊市场及产品

D. 从一开始就取得规模经济或经验曲线

效应

【答案】ABC

【解析】企业采取内部发展战略的动因：开发新产品的过程使企业能深刻地了解市场及产品；不存在合适的收购对象；保持统一的管理风格和企业文化；为管理者提供职业发展机会；代价较低，因为获得资产时无须为商誉支付额外的金额；并购通常会产生隐藏的或无法预测的损失，而内部发展不太可能产生这种情况；这可能是唯一合理的、实现真正技术创新的方法；可以有计划地进行，容易从企业资源获得财务支持，并且成本可以按时间分摊；风险较低；内部发展的成本增速较慢。

【例题·单选题】下列选项中，属于企业内部发展方式的是（　　）。

A. 某公司减少股利分配，留下更多的资金用于企业规模扩大

B. 某企业通过加盟的方式吸引很多投资人

C. 某企业联合几家类似企业组建合资公司

D. 某企业收购了另外一家竞争对手

【答案】A

【解析】内部发展，也称内生增长，是指企业在不收购其他企业的情况下利用自身的规模、利润、活动等内部资源来实现扩张。选项A属于此种类型。选项B、C属于企业战略联盟，选项D属于并购的方式。

高频考点7：企业战略联盟★★★★★

（一）企业战略联盟的基本特征

（1）从经济组织形式来看，战略联盟是介于企业与市场之间的一种“中间组织”。科斯（Coase）和威廉姆森（Williamson）从交易费用理论出发，认为企业组织的存在是对市场交易费用的节约，企业和市场是两种可以相互替代的资源配置组织。战略联盟属于“中间组织”，联盟内交易既非企业的，因为交易的组织不完全依赖于某一企业的治理结构；也是非市场的，因为交易的进行也不完全依赖于市场价格机制。**战略联盟的形成模糊了企业和市场之间的界限。**

（2）从企业关系来看，组建战略联盟的企业各方是在资源共享、优势相长、相互信任、相互独立的基础上通过事先达成协议而结成的一种平等的合作伙伴关系。这既不同于组织内部的行政隶属关系，也不同于组织与组织之间的市场交易关系。联盟企业之间的**协作关系**主要**表现**为：

①相互往来的平等性。

②合作关系的长期性。

③整体利益的互补性。

④组织形式的开放性。

（3）从企业行为来看，联盟是一种战略性的合作行为。它并不是对瞬间变化所做出的应急反应，而是着眼于优化企业未来竞争环境的长远谋划。因此，联合行为注重从战略高度改善联盟共有的经营环境和经营条件。特别是在竞争激烈的高科技行业中，没有哪个企业的技术能在所有方面都居于领先水平。通过战略联盟可把各个企业独有的优势结合起来建立一个“全优”的组织体系，其中每个环节都可能是世界一流的，是任何单个企业都望尘莫及的。

（二）企业战略联盟形成的动因

促使企业建立战略联盟有许多直接动因。根据近年来企业战略联盟的实践和发展，可把促使战略联盟形成的主要动因归结为以下六个方面：

1. 促进技术创新。

随着技术创新和普及速度不断加快，企业在充分利用和改进原有核心技术的同时，必须不断创新，拓展新的技术领域，而高新技术产品的开发费用日益增大，单个企业难以独立支付，必须通过建立战略联盟的方式共同分担。

2. 避免经营风险。

当今企业面临的经营环境变化迅速，而且许多环境因素的变化方向与变化速度都具有较大的不确定性，难以准确地预期。通过建立战

略联盟、扩大信息传递的密度与速度，可以避免单个企业在市场开发和研究开发中的盲目性和因孤军作战而引起的全社会范围内的创新资源浪费，并降低市场开发与技术创新的风险。

3. 避免或减少竞争。

建立战略联盟，有利于形成新的竞争模式，以合作取代竞争，减少应付激烈竞争的高昂费用。这种竞合思路不仅表现在供应者和购买者之间，也表现在同产业中的竞争对手之间。

4. 实现资源互补。

资源在企业之间的配置总是不均衡的。在资源方面或拥有某种优势，或存在某种不足，通过战略联盟可达到资源共享、优势互补的效果。

5. 开拓新的市场。

企业通过建立广泛的战略联盟可迅速实现经营范围的多样化和经营地区的扩张。

6. 降低协调成本。

上述战略联盟1～5条企业实施战略联盟的动因，通过并购的方式也能够实现。与并购方式相比，战略联盟的方式不需要进行企业的整合，因此可以降低协调成本。例如，美国思科公司在成功地并购了80多家大大小小的公司之后，总结出来的经验是，对于大的目标企业，并购后整合效果一般不理想，因此，采用战略联盟的方式进行合作最为适宜，其原因就在于并购大企业的协调成本太高。

（三）企业战略联盟的主要类型

企业战略联盟的类型多种多样，根据不同的标准可以对战略联盟进行不同的分类。从股权参与和契约联结的方式角度来看，可以把企业战略联盟归纳为以下几种重要类型。

1. 合资企业（joint ventures）。

合资企业是战略联盟最常见的一种类型。它是指将各自不同的资产组合在一起进行生产，共担风险和共享收益。这种合资企业与一般意义上的合资企业相比具有一些新的特征，它更多地体现了联盟企业之间的战略意图，并非限于寻求较高的投资回报率。

2. 相互持股投资（equity investments）。

相互持股投资通常是联盟成员之间通过交换彼此的股份而建立的一种长期相互合作的关系。与合资企业不同的是，相互持有股份不需要将彼此的设备和人员合并，通过这种股权联结的方式便于使双方在某些领域采取协作行为。它与合并或兼并也不同，这种投资性的联盟仅持有对方少量的股份，联盟企业之间仍保持着相对独立性，而且股权持有往往是双向的。**合资企业和相互持股投资都属于股权式战略联盟。**

3. 功能性协议（functional agreement）。

这是一种**契约式的战略联盟**，与前面两种涉及股权参与的方式明显不同，有人称之为无资产性投资的战略联盟。它主要是指企业之间决定在某些具体的领域进行合作。比如，在联合研究与开发、联合市场行动等方面通过功能性协议结成一种联盟。最常见的形式包括：①技术交流协议——联盟成员间相互交流技术资料，通过知识的学习以增强竞争实力；②合作研究开发协议——分享现成的科研成果，共同使用科研设施和生产能力，共同开发新产品；③生产营销协议——共同生产和销售某一产品。这种协议并不是使联盟内各成员的资产规模、组织结构和管理方式发生变化，而是仅仅通过订立协议来对合作事项和完成时间等内容作出规定，成员之间仍然保持着各自的独立性，甚至在协议规定的领域之外相互竞争；④产业协调协议——建立全面协作与分工的产业联盟体系，多见于高科技产业中。

小贴士 **契约式战略联盟与股权式战略联盟的区别。**

相对于股权式战略联盟而言，**契约式战略联盟**由于更强调相关企业的协调与默契，从而**更具有战略联盟的本质特征**。其在经营的灵活性、自主权和经济效益等方面比股权式战略联盟具有更大的优越性。相对而言，股权式战略联盟有利于扩大企业的资金实力，并通过部分“拥有”对方的形式，增强双方的信任感和责任感，因而更利于长久合作，不足之处是灵活性差。契约式战略联盟具有较好的灵活性，但也有一些先天不足，如企业对联盟的控制能力差、松散的组织缺乏稳定性和长远利益、联盟内成员之间的沟通不充分、组织效率低下等。

命题点拨

战略联盟是近年来的高频考点，涉及各种题型，考生应熟练掌握战略联盟的基本特征、主要类型、形成动因及管控。

名师解惑

涉及“股权”的未必一定是股权式战略联盟。股权式战略联盟是指由各成员作为股东共同创立的，拥有独立的资产、人事和管理权限的战略联盟，股权式联盟中一般不包括各成员的核心业务，具体又可分为对等占有型战略联盟和相互持股型战略联盟。

（四）战略联盟的管控

虽然战略联盟能够兼顾并购战略与新建战略的优点，但是相对并购战略，战略联盟企业之间的关系比较松散，如果管控不到位，可能会导致并购战略与新建战略各自的缺点在联盟中表现出来。因此，怎样订立联盟以及管理联盟，是战略联盟能否实现预期目标的关键。

1. 订立协议。

战略联盟通过契约或协议关系生成时，联盟各方能否遵守所签署的契约或协议主要靠企业的监督管理，发生纠纷时往往不会选择执行成本较高的法院判决或第三方仲裁，而是联盟之间自行商议解决。因此，订立协议需要明确一些基本内容。

（1）严格界定联盟的目标。一些失败的联盟往往是由于协议签订得过于模糊，既没有清楚地指出联盟目标和范围，也没有严格指出企业之间将如何实现优势互补等，因而造成了联盟的形同虚设或者解散。

（2）周密设计联盟结构。由于战略联盟是两家（或几家）企业各自以独立企业的身份在市场上进行合作，如果不能周密地设计联盟结构，可能会使合作难以奏效。

（3）准确评估投入的资产。准确评估联盟各方的资产与资本投入是非常重要的，尤其是对于股权式战略联盟的企业而言，每一个合作方的投入都与股权占比直接关联。在评估过程中，最容易忽略的是无形资产或资本的投入，如日本富士通公司经常向不同的联盟伙伴提供其独特的工业技术，但在进行战略联盟谈判时，常常会遇到无法准确评估其技术价值的困难。

（4）规定违约责任和解散条款。在联盟协议中，应规定联盟各方的违约责任和解散条件。如违约行为的生效条件、发生争执的解决方法以及联盟期满后的续约程序等。协议中应该包括一个“重大变化”的条款，也就是当联盟各方遭遇不可抗力事件、国家经济政策变化等情况时，在联盟协议中规定协议变更或解除的处理方法，以免发生纠纷。

2. 建立合作信任的联盟关系。

联盟企业之间必须相互信任，并且以双方利益最大化为导向，而不是以自身利益最大化为导向。一旦合作双方相互信任，那么正式的联盟契约就显得不那么重要了，联盟关系还将因为信任而更加稳固。相比于国内企业之间的战略联盟而言，跨国战略联盟中的互相信任更加难得，联盟企业之间在政策、文化、法律和制度环境各方面的差异都可能造成合作中的不信任，从而使合作联盟陷入困境。

信任可以降低联盟伙伴之间的监督成本，大大提升联盟成功的可能性，是影响和控制联盟伙伴行为的最有效手段。研究表明，信任可以成为企业有价值的、稀缺的、难以模仿以及难以替代的战略资源。因此，联盟企业之间只有相互信任，才能在联盟合作期间获取共同的竞争优势，在一定程度上克服正式协议中难以避免的所有细节缺陷。

经典例题

【真题·单选题】（2022）主营水稻种植的金谷公司与从事数字化、智能化技术研发与应用的拓维公司建立战略联盟，共建“智慧农田”，将5G、物联网、人工智能等技术与水稻种植相结合，通过对周边气象、水文等信息进行采集、存储、分析，实现水稻种植过程的自动化管理，显著提高了水稻的产量、质量，给双方带来良好的效益。下列各项中，属于金谷公司与拓维公司建立战略联盟的动因的是（　　）。

A. 促进技术创新

B. 避免经营风险

C. 避免或减少竞争

D. 实现资源互补

【答案】D

【解析】案例中两家公司利用各自的优势，“共建‘智慧农田’”，体现了“实现资源互补”，选项D正确。

【真题·多选题】（2021）大型显示器制造商富林公司与光裕公司于2017年订立协议，双方结为股权式战略联盟。两年后，光裕公司以自己拥有独创的单元板制造技术为筹码要求提高在联盟的股权占比，遭到对方拒绝。此后，光裕公司在没有告知对方的情况下把股份转让给其他两家公司，致使联盟解体，富林公司的经营陷入困境。从订立协议角度看，富林公司与光裕公司战略联盟解体的原因有（　　）。

A. 没有严格界定联盟的目标

B. 没有周密设计联盟结构

C. 没有准确评估投入的资产

D. 没有规定违约责任和解散条款

【答案】ABCD

【解析】“大型显示器制造商富林公司与光裕公司于2017年订立协议，双方结为股权式战略联盟。两年后……要求提高在联盟的股权占比，遭到对方拒绝……没有告知对方的情况下把股份转让……致使联盟解体”表明两家公司虽然订立合作协议，但缺乏管理机制，最终导致联盟解体。本题中，选项A、B、C、D均是企业在订立协议时需要明确的一些基本内容。因此，选项A、B、C、D均正确。

【真题·多选题】（2020）为共同推进国内某市5G生态产业集群的发展，鹏霄电信公司与东序软件公司达成战略合作协议，前者作为基础网络和电信服务供应商，提供基础通信、流量入口、运营平台建设保障；后者作为技术供应商，负责该市智慧园区、工业互联网、“5G＋光网双千兆”标杆园区、云计算应用等领域的场景落地。下列各项中，属于上述两个公司结成的战略联盟的特征的有（　　）。

A. 双方在经营上具有较强的灵活性和自主权

B. 组织效率较高

C. 双方具有较好的信任感和责任感

D. 联盟内成员之间的沟通不充分

【答案】AD

【解析】“鹏霄电信公司与东序软件公司达成战略合作协议”属于契约式战略联盟。契约式战略联盟在经营的灵活性、自主权和经济效益等方面比股权式战略联盟具有更大的优越性，选项A正确。契约式战略联盟内成员之间的沟通不充分，选项D正确。

【真题·多选题】（2019）国内零售企业海川公司与主营大数据业务的出云公司签订战略合作协议，商定由海川公司向出云公司开放相关数据收集平台，出云公司无偿为海川公司提供数据分析及应用方案。下列各项中，属于上述两个公司所采用的战略联盟特点的有（　　）。

A. 有利于扩大企业的资金实力

B. 具有较好的灵活性

C. 有利于企业长久合作

D. 更具有战略联盟的本质特征

【答案】BD

【解析】本题中，“国内著名商业零售企

业东海公司与主营大数据业务的出云公司签订战略合作协议”说明两个公司所结成的战略联盟是功能性协议，属于契约式战略联盟，其更具有战略联盟的本质特征，在灵活性方面也具有更大的优越性。

【例题·单选题】战略联盟是指两个或两个以上经营实体之间为了达到某种战略目的而建立的一种合作关系。下列关于战略联盟的表述中，正确的是（　　）。

A. 从经济组织形式来看，战略联盟是介于企业与企业之间的一种“中间组织”

B. 从企业关系来看，组建战略联盟的企业各方是在资源共享、优势相长、相互信任、相互独立的基础上通过事先达成协议而结成的一种行政隶属关系

C. 企业战略联盟本身是个静态的、封闭的体系，是一种严谨的公司间一体化组织形式

D. 企业战略联盟既不同于组织内部的行政隶属关系，也不同于组织与组织之间的市场交易关系

【答案】D

【解析】本题考核企业战略联盟的基本特征。从经济组织形式来看，战略联盟是介于企业与市场之间的一种“中间组织”，选项A错误；从企业关系来看，组建战略联盟的企业各方是在资源共享、优势相长、相互信任、相互独立的基础上通过事先达成协议而结成的一种平等的合作伙伴关系，选项B错误；企业战略联盟本身是个动态的、开放的体系，是一种松散的公司间一体化组织形式，选项C错误。

高频考点8：基本竞争战略★★★★★

波特在《竞争战略》一书中把竞争战略描述为：采取进攻性或防守性行动，在产业中建立起进退有据的地位，成功地对付五种竞争力，从而为公司赢得超常的投资收益。为了达到这一目的，各个公司可以采用的方法是不同的，对每个具体公司来说，其最佳战略是最终反映公司所处的内外部环境的独特产物。但是，从最广泛的意义上，波特归纳总结了三种具有内部一致性的基本战略，即成本领先战略（cost leadership strategy）、差异化战略（differentiation strategy）和集中化战略（focus strategy）。

三种竞争战略之间的关系如下图所示：

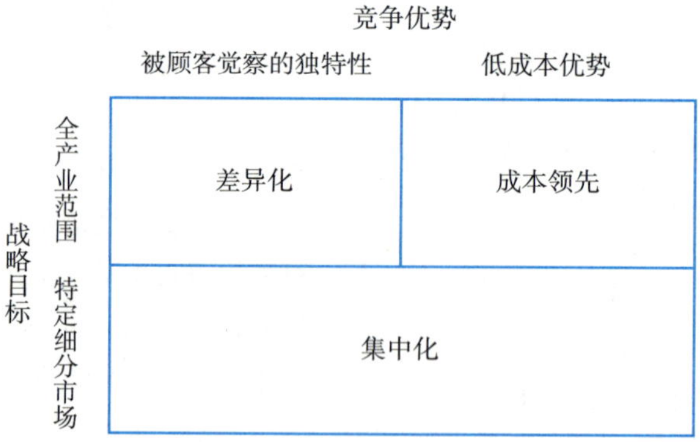

它们是一对“对偶”的战略，而集中化战略不过是将这两种战略运用在一个特定的细分市场而已。

（一）成本领先战略

成本领先战略是指企业通过在内部加强成本控制，在研究开发、生产、销售、服务和广告等领域把成本降到最低限度，成为产业中的成本领先者的战略。按照波特的思想，成本领先战略应该体现为产品相对于竞争对手而言的低价格。但是，成本领先战略并不意味着仅仅获得短期成本优势或者仅仅是削减成本，它是一个“可持续成本领先”的概念，即企业通

过其低成本地位来获得持久的竞争优势。

1. 采用成本领先战略的优势。

（1）形成进入障碍。企业的生产经营成本低，便为产业的潜在的进入者设置了较高的进入障碍。那些在生产技术不熟练、经营上缺乏经验的企业，或缺乏规模经济的企业都很难进入此产业。

（2）增强讨价还价能力。企业成本低，可以提高企业与供应者的讨价还价能力，降低投入因素变化所引起的影响。同时，企业成本低，可以提高自己对购买者的讨价还价的能力，对抗强有力的购买者。

（3）降低替代品的威胁。企业的成本低，在与替代品竞争时，可以凭借其低成本的产品和服务吸引大量的顾客，降低或缓解替代品的威胁，使自己处于有利的竞争地位。

（4）保持领先的竞争地位。当企业与产业内的竞争对手进行价格战时，企业由于成本低，可以在其对手毫无利润的低价格的水平上保持盈利，从而扩大市场份额，保持绝对的竞争优势。

总之，企业采用成本领先战略可以使企业有效地对付产业中的五种竞争力量，以其低成本的优势，获得高于行业平均水平的利润。

命题点拨

这部分属于考试重点考查内容，需要熟练掌握其各种战略优势以及相应的风险，在主观题中，需要通过题目描述，找到关键词来定位该案例采用的是何种战略。

2. 成本领先战略的实施条件。

（1）市场情况。从市场情况考查，成本领先战略主要适用于以下一些情况：

①产品具有较高的价格弹性，市场中存在大量的价格敏感用户。

②产业中所有企业的产品都是标准化的产品，产品难以实现差异化。

③购买者不太关注品牌。

④价格竞争是市场竞争的主要手段。

⑤消费者的转换成本较低。

（2）资源和能力。实现成本领先战略的资源和能力包括：

①在规模经济显著的产业中装备相应的生产设施来实现规模经济。

②降低各种要素成本。各种投入包括资金、劳动力、原材料和零部件等生产要素都是企业成本的直接来源，力求以最优惠的供给价格获得各种要素。

③提高生产率。生产率即单位要素的产出，它与单位产品的成本互为倒数，因此，提高生产率与降低成本密切相关。采用最新的技术、工艺或流程和充分利用学习曲线来降低成本，都是提高生产率必要的手段。

④改进产品工艺设计。企业价值工程研究的一个重要内容是寻找物美价廉的替代品。采用简单的产品设计，通过减少产品的功能但同时又能充分满足消费者需要来降低成本。

⑤提高生产能力利用程度。生产能力利用程度决定分摊在单位产品上的固定成本的多少。

⑥选择适宜的交易组织形式。在不同情况下，是采取内部化生产，还是靠市场获取，成本会有很大的不同。

⑦资源集中配置。企业将相关资源集中用于某一经营领域，如用于某一顾客群体、某一特定市场、某一类型产品、某一特定的技术等，可能会比分散地使用资源获得更多的效率。

3. 采取成本领先战略的风险。

（1）技术的变化可能使过去用于降低成本的投资（如扩大规模、工艺革新等）与积累的经验一笔勾销。

（2）产业的新加入者或追随者通过模仿或者使用具有更高技术水平的设施，达到同样的甚至更低的产品成本。

（3）市场需求从注重价格转向注重产品的品牌形象，使得企业原有的优势变为劣势。企业在采用成本领先战略时，应注意这些风险，及早采取防范措施。

（二）差异化战略

差异化战略是指企业向顾客提供的产品和服务在产业范围内独具特色，这种特色可以给产品带来额外的加价，如果一个企业的产品或服务的溢出价格超过因其独特性所增加的成本，那么，拥有这种差异化的企业将获得竞争优势。

1. 采用差异化战略的优势。

企业采用差异化战略，可以很好地防御产业中的五种竞争力量，获得超过水平的利润。具体讲，采用差异化战略的优势主要表现在以下几方面：

（1）形成进入障碍。由于产品的特色，顾客对该产品或服务具有很高的忠实程度，从而使该产品和服务具有强有力的进入障碍。潜在的进入者要与该企业竞争，就需要克服由这种产品的独特性所造成的进入障碍。

（2）降低顾客对价格的敏感程度。由于顾客对企业产品或服务有很高的忠实性，所以当这种产品或服务的价格发生变化时，顾客对价格的敏感程度不高。生产该产品或提供该服务的企业便可以运用差异化战略，在产业的竞争中形成一个隔离地带，避免竞争的侵害。

（3）增强讨价还价能力。差异化战略可以为企业产生较高的边际收益，降低企业的总成本，增强企业对供应者讨价还价的能力。同时，由于购买者别无其他选择，对价格的敏感程度又低，企业又可以运用这一战略削弱购买者讨价还价的能力。

（4）抵御替代品威胁。替代品能否替代老产品，主要取决于两种产品的性能—价格比的比较。差异化战略通过提高产品的性能来提高产品的性能—价格比，有助于抵御替代品的威胁。

2. 差异化战略的实施条件。

（1）市场情况。

①产品能够充分地实现差异化，且为顾客所认可。

②顾客的需求是多样化的。

③企业所在产业技术变革较快，创新成为竞争的焦点。

（2）资源和能力。实施差异化战略应具备的资源和能力包括：

①具有强大的研发能力和产品设计能力；

②具有很强的市场营销能力；

③具有能够确保激励员工创造性的激励体制、管理体制和良好的创造性文化；

④具有从总体上提高某项经营业务的质量、树立产品形象、保持先进技术和建立完善分销渠道的能力。

3. 采取差异化战略的风险。

（1）企业形成产品差别化的成本过高。企业形成产品差别化的成本过高，从而与实施成本领先战略的竞争对手的产品价格差距过大，购买者不愿意为获得差异化的产品支付过高的价格。

（2）市场需求发生变化。市场需求发生变化，购买者需要的产品差异化程度下降，使企业失去竞争优势。

（3）竞争对手的模仿和进攻使已建立的差异缩小甚至转向。竞争对手的模仿和进攻使已建立的差异缩小甚至转向，这是随着产业的成熟而发生的一种普遍现象。

（三）集中化战略

集中化战略是指针对某一特定购买群体、产品细分市场或区域市场，采用成本领先或产品差异化来获取竞争优势的战略。集中化战略一般是中小企业采用的战略，可分为两类：**集中成本领先战略**和**集中差异战略**。

1. 采用集中化战略的优势。

由于采用集中化战略是企业在一个特定的目标市场上实施成本领先或差异化战略，成本领先和差异化战略抵御产业五种竞争力的优势也都能在集中化战略中体现出来。此外，由于集中化战略避开了在大范围内与竞争对手的直接竞争，对于一些力量还不足以与实力雄厚的大公司抗衡的中小企业来说，集中化战略的实施可以增强它们相对的竞争优势。即使是对于大企业来说，集中化战略的实施也能够避免与竞争对手正面冲突，使企业处于一个竞争的缓冲地带。

2. 集中化战略的实施条件。

（1）购买者群体之间在需求上存在着差异。

（2）目标市场在市场容量、成长速度、获利能力、竞争强度等方面具有相对的吸引力。

（3）在目标市场上，没有其他竞争对手采用类似的战略。

（4）企业资源和能力有限，难以在整个产业实现成本领先或差异化，只能选定个别细分市场。

3. 采取集中化战略的风险。

企业在实施集中化战略时，可能会面临以下风险：

（1）狭小的目标市场导致的高成本。由于狭小的目标市场难以支撑必要的生产规模，所以集中化战略可能带来高成本的风险，又会导致在较宽范围经营的竞争对手与采取集中化战略的企业之间在成本差别上日益扩大，抵销了企业在目标市场上的成本优势或差异化优势，使企业集中化战略失败。

（2）购买者群体之间需求差异变小。由于技术进步、替代品的出现、价值观念更新、消费偏好变化等多方面的原因，目标市场与总体市场之间在产品或服务的需求上差别变小，企业原来赖以形成集中化战略的基础也就消失了。

（3）竞争对手的进入与竞争。原来以较宽的市场为目标的竞争对手转而采取同样的集中化战略，或者竞争对手从企业的目标市场中找到了可以再细分市场，并以此为目标来实施集中化战略，从而使原来实施集中化战略的企业失去了优势。

命题点拨

基本竞争战略是近些年的高频考点，通常以主观题形式考查，选择题也会涉及，考生要熟练掌握成本领先战略、差异化战略、集中化战略的特征、优势、实施条件及风险。

名师解惑

（1）市场情况：成本领先战略——消费者只关心价格与转换成本、产品市场标准化、价格竞争；差异化战略——消费者需求多样化、产品市场差异化、创新竞争；集中化战略——消费者需求多样化、产品市场有吸引力、无竞争对手。

（2）风险：成本领先战略——成本/市场受技术影响、竞争者进入/模仿、消费者需求变化；差异化战略——投资过高、竞争者进攻/模仿、消费者需求变化；集中化战略——市场狭小、竞争者进入/模仿、消费。

经典例题

【真题·单选题】（2021）福门公司是R国一个专为老年人提供洗澡、理发等上门清洁服务的企业，建立了遍布全国城镇的服务网络，在R国老年人清洁服务市场占有90%以上的份额。下列各项中，属于福门公司所采用的竞争战略实施条件的是（　　）。

A. 老年人清洁服务市场容量有限

B. 在目标市场上，成长速度缺乏吸引力

C. 在老年人清洁服务市场上没有其他竞争对手采取类似的战略

D. 老年人清洁服务的需求与其他群体差异不大

【答案】C

【解析】集中化战略是指针对某一特定购买群体、产品细分市场或区域市场，采用成本领先或产品差异化来获取竞争优势的战略。“福门公司是R国一个专为老年人提供洗澡、理发等上门清洁服务的企业”说明福门公司采用的是集中化战略。集中化战略的实施条件包括：（1）购买者群体之间在需求上存在着差异（选项D错误）。（2）目标市场在市场容量、成长速度、获利能力、竞争强度等方面具有相对的吸引力（选项A、B错误）。（3）在目标市场上，没有其他竞争对手采用类似的战略（选项C正确）。（4）企业资源和能力有限，难以在整个产业实现成本领先或差异化，只能选定个别细分市场。

【真题·单选题】（2018）尚佳公司是一家办公用品生产和维修企业。该公司运用大数据技术，对某市客户使用办公用品的情况进行了调查分析，并根据分析结果，针对这些客户制定并实施了一套促销策略，取得了显著效果。根据以上描述，尚佳公司实施的竞争战略是（　　）。

A. 市场开发战略

B. 成本领先战略

C. 差异化战略

D. 集中化战略

【答案】D

【解析】集中化战略是指针对某一特定购买群体、产品细分市场或区域市场，采用成本领先或产品差异化来获取竞争优势的战略。本题中，“对某市客户使用办公用品的情况进行了调查分析，并根据分析结果，针对这些客户制定并实施了一套促销策略”体现了集中化战略。

【例题·单选题】（2022）灵水公司是一家主营茶叶种植、加工和销售的企业。下列各项关于该公司未来三年生产经营规划的表述中，能够体现该公司基本竞争战略的是（　　）。

A. 市场占有率达到行业第一

B. 率先开发适合不同体质消费者饮用的特色茶

C. 与某茶叶科研所建立战略联盟茶叶加工达到行业领先水平

D. 茶叶种植面积年均扩大5%

【答案】B

【解析】基本竞争战略包括：成本领先战略、差异化战略和集中化战略。选项B体现的是差异化战略。选项A、C、D体现的是发展战略。

【例题·单选题】2020年，高瑞公司在G国创立，成为G国第一家生产医用防护口罩的企业。该公司的产品采用新型材料制作，过滤效率和总透漏率达到行业最高标准，且价格合理，在G国的市场占有率达90%以上。下列关于高瑞公司采用的竞争战略的实施条件的表述中，正确的是（　　）。

A. 在目标市场上，没有其他竞争对手采用类似的战略

B. 购买者群体之间在需求上差异很小

C. 市场中存在大量的价格敏感客户

D. 企业装备相应的生产设施来实现规模经济

【答案】A

【解析】集中化战略是指针对某一特定购买群体、产品细分市场或区域市场，采用成本领先或产品差异化来获取竞争优势的战略。“高瑞公司在G国创立，成为G国第一家生产医用防护口罩的企业……有率达90%以上”说明企业采用的是集中化战略，针对的是医用口罩的细分市场。集中化战略的实施条件包括：购买者群体之间在需求上存在着差异；目标市场在市场容量、成长速度、获利能力、竞争强度等方面具有相对的吸引力；在目前市场上，没有其他竞争对手采用类似的战略（选项A）；企业资源和能力有限，难以在整个产业实现成本领先或差异化，只能选定个别细分市场。

高频考点9：基本战略的综合分析——“战略钟”★★★

基本竞争战略的概念非常重要，这是因为它给管理人员提供了思考竞争战略和取得竞争优势的方法。然而，当试图用这些概念解决企业实际战略选择时会遇到很多问题。企业遇到的实际情况比较复杂，并不能简单地归纳为应该采取哪一种基本战略，而且即使是成本领先或差异化也只是相对的概念，在它们之中也有多个层次。克利夫·鲍曼将这些问题纳入一个体系内，并称这一体系为“战略钟”。将产品的价格作为横坐标，将顾客对产品认可的价值作为纵坐标，然后将企业可能的竞争战略选择在这一平面上用8种途径表现出来，如下图所示：

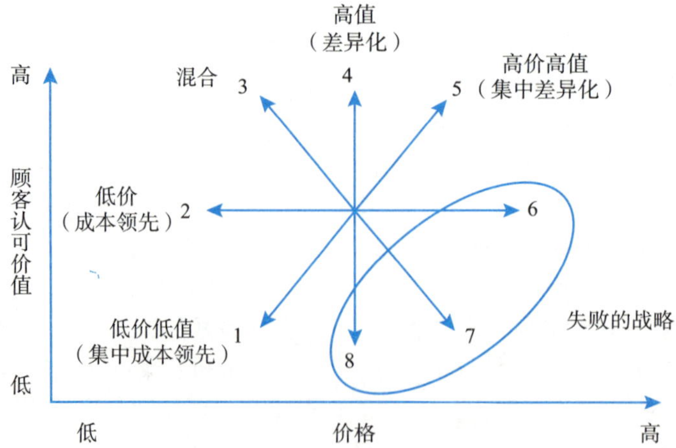

（一）成本领先战略

成本领先战略包括途径1和途径2，可以大致分为两个层次：一是低价低值战略（途径1）；二是低价战略（途径2）。低价低值途径看似没有吸引力，但有很多公司按这一途径经营得很成功。这时企业关注的是对价格非常敏感的细分市场，在这些细分市场中，虽然顾客认识到产品或服务的质量很低，但他们买不起或不愿买更好质量的商品。低价低值战略是一种很有生命力的战略，尤其在面对收入水平较低的消费群体的企业，很适合采用这种战略。途径1可以看成是一种集中成本领先战略。途径2则是企业寻求成本领先战略时常用的典型途径，即在降低价格的同时，努力保持产品或服务的质量不变。

（二）差异化战略

差异化战略包括途径4和途径5，也可大致分为两个层次：一是高值战略（途径4）；二是高值高价战略（途径5）。途径4也是企业广泛使用的战略，即以相同或略高于竞争者的价格向顾客提供高于竞争对手的顾客认可价值。途径5则是以特别高的价格为顾客提供更高的认可价值。一些高档购物中心、宾馆、饭店等，就是实施这种战略。这种战略在面对高收入消费者群体时很有效，因为产品或服务的价格本身也是消费者经济实力的象征。途径5可以看成是一种集中差异化战略。

（三）混合战略

混合战略指途径3。在某些情况下，企业可以在为顾客提供更高的认可价值的同时，获得成本优势。这与波特原来的设想有所不同。在波特与英国最大的百货超市连锁店Sainsbury公司的总经理戴维·塞恩斯伯里讨论基本战略问题时，塞恩斯伯里认为，只关心价格或只关心质量的消费者都只是非常小的一部分，大多数人既关心价格也关心质量，所以应该在成本领先战略与差异化战略之间，探讨这样一种战略，即注重于价格和质量的中间范围。

从理论角度看，以下一些因素会导致一个企业同时获得两种优势：

（1）提供高质量产品的公司会增加市场份额，而这又会因规模经济而降低平均成本。其结果是公司可同时在该产业取得高质量和低成本的定位。

（2）生产高质量产品的经验累积降低成本的速度比生产低质量产品快。原因在于当生产高质量产品时，工人必须更留心产品的生产，这又会因经验曲线而降低平均成本。

（3）注重提高生产效率可以在高质量产品的生产过程中降低成本。例如，全面质量管理（TQM）运动的全部推动力就是使公司改善生产过程以提高产品质量，同时降低平均成本。

（四）失败的战略

途径6、途径7、途径8一般情况下可能是导致企业失败的战略。途径6提高价格，但不为顾客提供更高的认可价值。途径7是途径6更危险的延伸，降低产品或服务的顾客认可价值，同时却在提高相应的价格。除非企业处于垄断地位，否则不可能维持这样的战略。途径8在保持价格不变的同时降低顾客认可的价值，这同样是一种危险的战略，虽然它具有一定的隐蔽性，在短期内不被那些消费层次较低的顾客所察觉，但是这种战略是不能持久的，因为有竞争对手提供的优质产品作为参照，顾客终究会辨别出产品的优劣。

经典例题

【真题·单选题】（2021）北星咖啡馆通过精选原料和优化操作、服务流程，使顾客只需支付同种咖啡最低的价钱就能享受顶级口味的咖啡。根据战略钟分析，北星咖啡馆采取的竞争战略是（　　）。

A. 低价战略

B. 混合战略

C. 高值战略

D. 集中差异化战略

【答案】B

【解析】“最低的价钱就能享受顶级口味的咖啡”反映了注重价格和质量的中间范围的

混合战略，选项 B 正确。

【真题·单选题】（2019）从事苹果种植与销售的秋实公司于 2017 年率先采用了一种新的经营方式，在种植区内增设了园林景观、运动场、游戏场等，到秋收季节，顾客可前来付费进行休闲娱乐等活动，同时能以市场最低的价格采摘和购买苹果。顾客采摘和购买的苹果到达一定数量，可免费参加休闲娱乐活动。这一经营方式受到市场的热捧。秋实公司采用的上述战略属于（　　）。

A. 成本领先战略　　B. 差异化战略

C. 集中化战略　　D. 混合战略

【答案】 D

【解析】 本题中，“在种植区内增设了园林景观、运动场、游戏场等，到秋收季节，顾客可前来付费进行休闲娱乐等活动，同时能以市场最低的价格采摘和购买苹果。顾客采摘和购买的苹果到达一定数量，可免费参加休闲娱乐活动”说明秋实公司在为顾客提供更高的认可价值的同时，获得成本优势，这属于混合战略。

【例题·单选题】 下列关于“战略钟”模型的说法正确的是（　　）。

A. 将顾客对产品认可的价值作为横坐标，将产品的价格作为纵坐标

B. 低价低值战略是企业寻求成本领先战略时常用的典型途径

C. 高值战略是以特别高的价格为顾客提供更高的认可价值

D. 混合战略处于注重价格和质量的中间范围当中

【答案】 D

【解析】“战略钟”模型中，将产品的价格作为横坐标，将顾客对产品认可的价值作为纵坐标，选项 A 错误；低价战略是企业寻求成本领先战略时常用的典型途径，即在降低价格的同时，努力保持产品或服务的质量不变，选项 B 错误；高值高价战略是以特别高的价格为顾客提供更高的认可价值，选项 C 错误；混合战略介于成本领先战略与差异化战略之间，即注重于价格和质量的中间范围，选项 D 正确。

零散产业和新兴产业大多是以中小企业为主体，因此以下中小企业的竞争战略将阐述零散产业和新兴产业中的一些特殊战略问题。

高频考点 10：零散产业中的竞争战略

★★★★

零散型产业是一种重要的结构环境，在这种产业中，产业集中度很低，没有任何企业占有显著的市场份额，也没有任何一个企业能对整个产业的发展产生重大的影响。在一般的情况下，零散型产业由很多中、小型企业构成。零散型产业存在于经济活动的许多领域中，如一些传统服务业、快餐业、洗衣业、照相业等都属于这种产业。

（一）造成产业零散的原因

研究产业零散的原因是分析零散产业战略的重要内容。产业零散的原因主要来源于产业本身的基础经济特性。

1. 进入障碍低或存在退出障碍。

进入障碍低是造成产业零散的前提。由于进入障碍低，大量中小企业涌入该产业，成为产业中竞争的主导力量。另外，如果产业存在退出障碍，则收入持平的企业将倾向于在产业中维持，并因此求得巩固。

2. 市场需求多样导致高度产品差异化。

在某些产业中，顾客的需求是零散的，每一个顾客希望产品或服务有不同的式样，不愿意接受更标准化的产品，也愿意为这种要求付出代价。这种需求的多样性在大众的日常消费中表现得非常明显，如消费者对餐馆、洗衣店、理发店、女性时装店等提供的产品与服务，都有各自不同的要求。这种需求的零散性还表现为消费者消费地点的零散。对一些产品或服务，消费者总是希望能够就近获取，例如，快餐、超市、农贸市场等。由于顾客需求的零散，导致该产业高度产品差别化，有效地限制了企业的规模，使效率不同的中小企业得以生存发展。

3. 不存在规模经济或难以达到经济规模。

一些产业需要投入的固定资产较少，而专门技能是产业中竞争优势的主要来源。由于专门技能的复制不是件轻而易举的事情，这些产业中不存在规模经济。又如，市场需求的快速变化与多样性，要求迅速反应和多种功能间紧密合作，大企业难以发挥规模优势。再如，消费者对消费地点要求的差异性使高度集中的大企业无法满足消费者的要求。还有一种可能的情况是，由于买方和卖方产业结构的原因，顾客和供应者如此强大，以至于一个大企业在与之打交道时，和小企业相比也没有更多的讨价还价能力，因而无规模优势。有时，这些供应商或购买者还可能会通过有意识地延伸其业务范围或鼓励新企业进入的方式使产业中的企业规模缩小。此外，有些产业虽然在生产过程中可能存在规模经济，但由于高运输成本、高库存成本或不稳定的销售波动可能难以达到规模经济所需要的经济规模。

以上三个方面的原因是从产业本身的经济特性角度归纳的。如果再考虑其他的因素，如政府政策和地方法规对某些产业集中的限制，以及一个新产业中还没有企业掌握足够的技能和能力以占据重要的市场份额等因素，也是导致产业零散的原因。

（二）零散产业的战略选择

零散产业中有很多企业，每个企业的资源和能力条件会有很大差异，因此零散产业的战略选择可以从多个角度考虑。如果从三种基本竞争战略的角度出发，零散产业的战略选择可分为以下三类：

1. 克服零散——获得成本优势。

零散产业的特点就是零散，企业无规模经济优势。但是，如果某一个企业能够克服零散，那么它的战略回报将会是很高的，其原因在于按零散产业的定义，进入这一产业的成本低，竞争者都比较弱小，它们进行报复的威胁不大。根据造成产业零散的原因，企业克服零散的途径有如下几条：

（1）**连锁经营或特许经营**。对于由顾客消费地点或消费口味不同而造成的生产规模的不经济性，克服零散最好的办法就是连锁经营或特许经营。这与许多制造业通过集中生产获得规模经济的方式完全不同。例如，一些便民超市、快餐店、理发店、美容厅等零售业和服务业，通过连锁经营或特许经营的方式可以使这些服务点仍然分散在居民的生活区中间，但是可以建立起区域性的供货配送中心，改善高运输成本，减少库存，快速反应顾客的需求，并分享共同的管理经验。正是由于连锁经营和特许经营能够克服零散，使企业获得规模经济带来的成本优势，在零售业这样一个原本属于中小企业天下的产业中，崛起了沃尔玛、家乐福等这样一些世界顶级的大企业。

（2）**技术创新以创造规模经济**。如果技术变化能够产生规模经济，产业的集中就可能发生。

（3）**尽早发现产业趋势**。如果产业零散的原因是由于产业处于开发期或成长期，那么随着产业的演变可能会集中发生。导致集中的因素可能是多方面的，比如，替代品的威胁通过改变顾客需要而触发了集中；批发渠道结构的改变和其他产业的变动趋势会直接或间接地对造成零散的原因发生作用；政府或管理当局可能提高产品或制造标准，使其超过小企业能力所及，以造成规模经济的实现等。尽早意识到产业发展趋势，可以使企业较早地利用这些结果而处于主动的地位，这可能是克服零散的一种重要方法。

实施以上的战略可能会使零散产业中的一部分中小企业逐步发展为大企业，但是对于大中小企业可以更多地考虑以下两种战略。

2. 增加附加价值——提高产品差异化程度。

许多零散产业的产品或服务是一般性的商品，所以就产品或服务本身来说提高差异化程度潜力已经不大。在这种情况下，一种有效的战略是增加商品的附加价值。

3. 专门化——目标集聚。

零散产业需求多样化的特点，为企业实施

重点集中战略提供了基础条件。在零散产业中可以考虑以下几种专门化战略：

（1）**产品类型或产品细分的专门化**。当造成产业零散的原因之一是产品系列中存在多项不同产品时，产品类型或产品细分的专门化就是一种可行的战略。企业可以通过使其产品达到足够大的规模来增加与供应商的讨价还价能力，还可以通过具有专门技能而提高细分市场上产品差异化程度。但是，这种战略的代价可能会对企业的发展规模形成某些限制。

（2）顾客类型专门化。企业专注于产业中一部分特定顾客也可以获得潜在的收益。这些顾客可能因购买量小或规模小而造成讨价还价能力低下，或者可能对产品或服务有特殊要求而对价格很不敏感。像产品专门化一样，顾客专门化也可能限制企业的发展规模，但企业可能获得更高的利润率。

（3）地理区域专门化。有些产业在大的地域范围内可能不存在规模经济或者企业难以达到规模经济所需的市场份额，但是在一个小的地域范围内却可能获得重要的经济性。其方法是通过集中设备、选择更有效的广告、使用唯一的分销商等而获得经济性。

（三）谨防潜在的战略陷阱

零散产业独特的环境结构造成了一些特殊的战略陷阱。某些常见的陷阱应引起足够的警惕。在零散产业中进行战略选择要注意以下几个方面：

1. 避免寻求支配地位。

零散产业的基本结构决定了寻求支配地位是无效的，除非可以从根本上出现变化。造成产业零散的原因通常会使企业在增加市场份额的同时面对低效率和失去产品差异性。特别地，企图对所有的人在所有方面占优势会导致竞争力量的脆弱性达到最大值。

2. 保持严格的战略约束力。

零散产业的竞争结构总是要求市场集中或专注于某些严格的战略原则。执行这些原则要求有充分的勇气舍弃某些业务，也要求组织内部的资源配置具有相对的稳定性。一项无约束力的易变的战略可能在短期内产生效果，但在长期发展中，由于战略执行过于随机，会削弱自身的竞争力。

3. 避免过分集权化。

许多零散产业中的竞争本质在于人员服务、当地联系、营业的近距离控制、对波动及式样变化的反应能力等。在许多情况下，集权化的组织结构与生产效率背道而驰，因为它延缓反应时间，经营单位的管理人员的主动性小，难以适应零散产业中的竞争。

4. 了解竞争者的战略目标与管理费用。

零散产业中有许多小型的私营企业，这些企业往往是家族式的管理方式：使用家庭劳动力，经常在家中工作。它们的管理费用通常很低，其目标与股份制企业也有很大差异，它们可能对较低的盈利水平就感到满意，因而对价格变动或其他产业事件的反应与“正常”企业相比可能极不相同。

5. 避免对新产品作出过度反应。

在零散产业中，巨大的竞争者数量与激烈的竞争往往使一种新产品成为激烈竞争的救星。但是，由于零散产业需求的多样性与缺乏规模经济，企业对新产品作出的大量投资在该产品的成熟期并不容易收回，也难以获得较高的回报。虽然在所有产业中怎样对待新产品都是一个困难的问题，但在零散产业中显得尤为突出。

经典例题

【真题·多选题】（2022）万丰公司是一家经营连锁汽车修理店的企业，自2017年起通过快速扩张将店面数量增加了1倍以上，市场份额一度跃居行业首位，同时将业务扩展到汽车零部件加工、二手车交易等领域；但由于管理滞后和相关技术人才短缺，该公司的业绩表现不佳。2021年，万丰公司入不敷出，被其竞争对手兼并。从零散产业谨防潜在的战略陷阱角度看，万丰公司在进行战略选择时未能（　　）。

A. 避免寻求支配地位

B. 保持严格的战略约束力

C. 避免过分集权化

D. 了解竞争者的战略目标

【答案】AB

【解析】案例公司“自2017年起通过快速扩张将店面数量增加了1倍以上，市场份额一度跃居行业首位”，体现了该公司盲目扩张试图寻求支配地位；该公司主业本是经营连锁汽车修理店，但“将业务扩展到汽车零部件加工、二手车交易等领域，但由于管理滞后和相关技术人才短缺，该公司的业绩表现不佳”，体现了该公司未能保持严格的战略约束力。选项A、B正确。

【真题·单选题】（2020）经营健身房的永强公司率先采用新技术，在其拥有的所有分店统一推出智能健身设备。使用该设备，健身者可以比以往节省50%的时间达到同样的健身效果，因此该设备受到健身者的好评，但由于购置、使用、维护智能健身设备耗资很大，而需求和使用率有限，永强公司入不敷出，经营陷入困境。从零散产业角度看，下列各项中，属于永强公司进行战略选择未能避免的战略陷阱的是（　　）。

A. 寻求支配地位

B. 过分集权化

C. 对新产品作出过度反应

D. 不能保持严格的战略约束力

【答案】C

【解析】“在其拥有的所有分店统一推出智能健身设备。使用该设备，健身者可以比以往节省50%的时间达到同样的健身效果，因此该设备受到健身者的好评，但由于购置、使用、维护智能健身设备耗资很大，而需求和使用率有限，永强公司入不敷出，经营陷入困境”说明永强公司进行战略选择时，未能避免的战略陷阱是对新产品作出过度反应，选项C正确。

【真题·多选题】（2020）松海旅行社面对老年社会的到来，专注于组织老年消费者出国游业务，并在业内率先根据旅行中所在国家或地区的特点，开展健身、垂钓、摄影、休闲、美食品尝与制作、探访民居等活动。面对越来越多的慕名而来的消费者，该社在国内设立了上百家分社或代理机构，复制推广上述业务模式，取得了远远高于行业平均水平的利润率。从零散产业的战略选择角度看，松涛旅行社的做法有（　　）。

A. 连锁经营或特许经营

B. 提高产品差异化程度

C. 尽早发现产业趋势

D. 目标集聚

【答案】ABCD

【解析】“该社在国内设立了上百家分社或代理机构，复制推广上述业务模式，取得了远远高于行业平均水平的利润率”属于连锁经营或特许经营，选项A正确；“在业内率先根据旅行中所在国家或地区的特点，开展健身、垂钓、摄彩、休闲、美食品尝与制作、探访民居等活动”属于提高产品差异化程度，选项B正确；“松涛旅行社面对老年社会的到来，专注于组织老年消费者出国游业务，并在业内率先根据旅行中所在国家或地区的特点，开展……活动”属于尽早发现产业趋势，选项C正确；“专注于组织老年消费者出国游业务”属于目标集聚，选项D正确。

【真题·多选题】（2019）快餐业由很多中小餐饮企业组成，其中没有任何一个企业占有显著的市场份额或对整个产业的发展产生重大影响，造成快餐业上述状况的原因有（　　）。

A. 快餐业进入障碍低

B. 快餐业的经营成本变化迅速

C. 快餐业难以达到规模经济

D. 快餐市场需求多样导致产品高度差异化

【答案】ACD

【解析】本题中，“快餐业由很多中小餐饮企业组成，其中没有任何一个企业占有显著的市场份额或对整个产业的发展产生重大影响”说明快餐业属于零散产业，造成产业零散的原因有：①进入障碍低或存在退出障碍；②市场需求多样导致高度产品差异化；③不存在规模经济或难以达到经济规模。

【真题·单选题】（2018）经营中式快餐的力元公司于2015年宣布其战略目标是建成门店覆盖全国的“快餐帝国”。由于扩张过快、缺乏相关资源保障、各地流行菜系经营者的激烈竞争以及不同消费者口味难以调和的矛盾，该战略目标未能实现，公司经营也陷入危机。从零散产业角度看，下列各项中，属于力元公司进行战略选择未能避免的战略陷阱是（　　）。

A. 寻求支配地位

B. 不能保持严格的战略约束力

C. 过分集权化

D. 不了解竞争者的战略目标和管理费用

【答案】 A

【解析】 零散产业谨防潜在的战略陷阱中的避免寻求支配地位。具体来说，零散产业的基本结构决定了寻求支配地位是无效的，除非可以从根本上出现变化。造成产业零散的原因通常会使企业在增加市场份额的同时面对低效率和失去产品差异性。特别地，企图对所有的人在所有方面占优势会导致竞争力量的脆弱性达到最大值。本题中，“经营中式快餐的力元公司于2015年宣布其战略目标是建成门店覆盖全国的‘快餐帝国’。由于扩张过快、缺乏相关资源保障、各地流行菜系经营者的激烈竞争以及不同消费者口味难以调和的矛盾，该战略目标未能实现，公司经营也陷入危机。”表明力元公司进行战略选择未能避免的战略陷阱是寻求支配地位。

【例题·简答题】 2003年，从国内名牌大学毕业的李轩开始以“眼镜肉店”老板的身份在×市农贸市场卖猪肉，成为倍受关注的“最有文化的猪肉佬”。多年的教育背景让李轩把卖猪肉这个生意做到了很高的水准：他从来不卖注水肉，品质不好的肉坚决不进货，也从不缺斤少两，慢慢地积攒了诚信经营的口碑，一天能卖出十几头猪。

2008年，李轩与同是经营猪肉生意的本校校友张生相识。张生于2007年在G市创办猪肉连锁店，同样因为“国内名牌大学”和“猪肉”的名号，引起众人关注。

李轩和张生开始联手打造“特号土猪”的猪肉品牌。他们自己养猪，自己卖猪。他们选择口感颇受国内百姓喜爱的优良土猪品种；猪场采用半开放式的大空间，让猪自由活动；猪场里设有音响，专门给猪听音乐。他们认为，猪和人一样，只有心情愉悦，才会长得又肥又壮，肉质也会更加鲜美。

“特号土猪”公司日益发展壮大。从2010年5月开始，李轩和张生凭着自己多年经营猪肉的经验，开办了培训职业屠夫的“屠夫学校”，培养目标是“通晓整个产业流程的高素质创新型人才”。“特号土猪”公司每年都会招聘应届大学生，经过“屠夫学校”40天培训，再派往各店铺工作。

2015年，“特号土猪”销量超过10亿元，成为国内土猪肉第一品牌。2016年，在互联网大潮引领下，“特号土猪”登陆国内最大电商平台，成为第一个面向大众消费者的“互联网+”猪肉品牌。线上与线下同时发力，“特号土猪”品牌影响力进一步扩大，销量也更上一层楼。

2019年，“特号土猪”品牌连锁店开到全国20多个城市，共有2 000多家门店。十几年来，李轩和张生专心致志，将“特号土猪”高端品牌做到极致。

要求：

（1）简要分析李轩和张生在零散产业——猪肉经营业中是如何实施三种基本竞争战略的。

（2）从差异化战略实施条件（资源能力）角度，简要分析李轩和张生将“特号土猪”高端品牌做到极致的原因。

【答案】

（1）①克服零散——获得成本优势。a. 连锁经营或特许经营。“张生于2007年在G市创办猪肉连锁店”；“2019年，‘特号土猪’品牌连锁店开到全国20多个城市，共有2 000多家门店”。b. 技术创新以创造规模经济。“在互联网大潮引领下，‘特号土猪’登陆国内最大电商平台，成为第一个面向大众消费者的‘互联网＋’猪肉品牌。线上与线下同时发力，‘特号土猪’品牌影响力进一步扩大，销量也更上一层楼”“开办了培训职业屠夫的‘屠夫学校’，培养目标是‘通晓整个产业流程的高素质创新性人才’”。

②增加附加价值——提高产品差异化程度。“把卖猪肉这个生意做到了很高的水准，从来不卖注水肉、品质不好的肉坚决不进货，也从不缺斤少两，慢慢地积攒了诚信经营的口碑”“他们自己养猪、自己卖猪。他们选择口感颇受国内百姓喜爱的优良土猪品种；猪场采用半开放式的大空间，让猪自由活动；猪场里设有音响，专门给猪听音乐。他们认为，猪和人一样，只有心情愉悦，才会长得又肥又壮，肉质也会更加鲜美”“开办了培训职业屠夫的‘屠夫学校’，培养目标是‘通晓整个产业流程的高素质创新型人才’”。

③专门化——目标集聚。“十几年来，李轩和张生专心致志，将‘特号土猪’高端品牌做到极致”。

（2）①具有强大的研发能力和产品设计能力。“开办了培训职业屠夫的‘屠夫学校’，培养目标是‘通晓整个产业流程的高素质创新型人才’”“他们自己养猪、自己卖猪。他们选择口感颇受国内百姓喜爱的优良土猪品种；猪场采用半开放式的大空间，让猪自由活动；猪场里设有音响，专门给猪听音乐。他们认为，猪和人一样，只有心情愉悦，才会长得又肥又壮，肉质也会更加鲜美”。

②具有很强的市场营销能力。“从来不卖注水肉、品质不好的肉坚决不进货，也从不缺斤少两，慢慢地积攒了诚信经营的口碑，一天能卖出十几头猪”“在互联网大潮引领下，‘特号土猪’登陆国内最大电商平台，成为第一个面向大众消费者的‘互联网＋’猪肉品牌。线上与线下同时发力，‘特号土猪’品牌影响力进一步扩展，销量也更上一层楼”。

③具有能够确保激励员工创造性的激励体制、管理体制和良好的创造性文化。“开办了培训职业屠夫的‘屠夫学校’，培养目标是‘通晓整个产业流程的高素质创新型人才’”。

④具有从总体上提高某项经营业务的质量、树立产品形象、保持先进技术和建立完善分销渠道的能力。“李轩和张生开始联手打造‘特号土猪’的猪肉品牌”“选择口感颇受国内百姓喜爱的优良土猪品种，猪场采用半开放式的大空间，让猪自由活动，猪场里设有音响，专门给猪听音乐”“开办了培训职业屠夫的‘屠夫学校’，培养目标是‘通晓整个产业流程的高素质创新型人才’”“在互联网大潮引领下，‘特号土猪’登陆国内最大电商平台，成为第一个面向大众消费者的‘互联网＋’猪肉品牌”“专心致志将‘特号土猪’高端品牌做到极致”。

高频考点 11：新兴产业中的竞争战略

★★★★

新兴产业是新形成的或重新形成的产业。其形成的原因是技术创新、消费者新需求的出现，或其他经济和社会变化将某个产品或服务提高到一种潜在可行的商业机会的水平。例如，电信、计算机、家用电器等产业是创新技术的产物；搬家公司、送餐公司、礼仪公司等则是新需求的产物；典当行曾是我国的老产业，随着改革开放的发展它又成为我国的一个新兴产业。

从战略制定的观点看，新兴产业的基本特征是没有游戏规则。缺乏游戏规则既是风险又是机会的来源。

（一）新兴产业的内部结构环境

新兴产业在内部结构上彼此差异很大，但是仍有一些共同的结构特征。

1. 共同的结构特征。

（1）**技术的不确定性**。在新兴产业中，企业的生产技术还不成熟，还有待于继续创新与完善。同时，企业的生产和经营也还没有形成一整套的方法和规程，哪种产品结构最佳，哪种生产技术最有效率等都还没有明确的结论。

（2）**战略的不确定性**。与技术不确定性相联系的是战略的不确定性。在新兴产业中，由于产业内的企业对于竞争对手、顾客特点和处于新兴阶段的产业条件等只有较少的信息，没有企业知道所有的竞争者是谁，也没有企业能够经常得到可靠的产业销售量和市场份额的信息，所以企业在产品—市场定位、市场营销和服务等方面经常会进行多种尝试，没有公认的“正确”的战略。

（3）**成本的迅速变化**。新兴产业通常有一段非常陡峭的学习曲线发生作用。这意味着新兴产业最初的高成本会以很快的速度下降。小批量和新产品常在新兴产业初期形成相对较高的成本。然而，随着生产过程和工厂设计的改进、工作熟练程度的提高、销售额的增长导致的规模与累积产量的大幅度增加，企业的生产效率会大幅度提高。如果学习曲线的作用能与产业增长时所获得的规模经济的作用相结合，则成本下降会更快。

（4）**萌芽企业和另立门户**。由于产业没有成型的游戏规则，也不存在规模经济等进入障碍，最早进入新兴产业的大多是萌芽企业。萌芽企业是指新成立的企业。与萌芽企业的进入相联系的是许多另立门户企业，即那些已立足的企业中的雇员走出企业创立他们自己的新企业。在新兴产业中另立门户现象涉及很多因素：第一，在迅速发展和充满机会的环境中，权益投资要比在已立足公司中充当工薪阶层更具吸引力。第二，由于新兴产业中存在技术和战略的流动性，已立足企业的雇员具有良好的条件去实现其更新的想法，这些新想法在原有企业可能由于转换成本过大而无法实现。

（5）**首次购买者**。新兴产业中许多顾客都是第一次购买。还有许多顾客对新兴产业持等待观望的态度，认为第二代或第三代技术将迅速取代现有的产品。在这种情况下，市场营销的中心活动是选择顾客对象并诱导初始购买行为。

2. 早期进入障碍。

与产业得以发展后的进入障碍相比，新兴产业早期进入障碍有很大的不同。常见的早期进入障碍有：

（1）专有技术；

（2）获得分销渠道；

（3）得到适当成本和质量的原材料和其他投入（如熟练劳动力）；

（4）经验造成的成本优势；

（5）风险。

早期进入障碍较少源于掌握巨大资源，而更多地源于承担风险的能力、技术上的创造性以及作出前瞻性的决策以储备投入物资与分销渠道的能力等，在这些方面，中小企业往往比大企业更具优势。这些障碍会随着产业的发展逐步弱化或消失。

（二）新兴产业的发展障碍

新兴产业在不同程度上面临产业发展的障碍。从产业的五种竞争力角度分析，这些障碍主要表现在新兴产业的供应者、购买者与被替代品三个方面，其根源还在于产业本身的结构特征。

1. 原材料、零部件、资金与其他供给的不足。

严重的原材料和零部件短缺在新兴产业中是很常见的。面对发展的需求和不能适应的供给，在新兴产业的早期阶段，重要的原材料和零部件的价格经常会大幅上涨。此外，由于技术与战略的不确定性，新兴产业在金融界的形象和可信任程度可能较差，这种情况将会影响企业取得低成本融资的能力。不仅如此，新兴产业还缺乏各种发展所必需的基础设施，如服务设施、经训练的技巧、互补产品等。

2. 顾客的困惑与等待观望。

新兴产业中顾客的困惑来源于众多产品方案、技术种类以及竞争者们互相冲突的宣传效果。这些现象又是技术的不确定性和缺乏技术标准等原因所致。这种混乱会增加购买者的购买风险感而使其采取等待观望的态度，从而限制了产业的市场容量。此外，缺少分销渠道也是制约新兴产业市场容量发展的障碍。

3. 被替代产品的反应。

在面临新产品替代威胁时，老产品生产企业会采用各种有效的办法降低替代品的威胁。老产品防范新产品的最佳战略可能是进一步降低成本，这也给新兴产业的发展增添了难度。

不难看到，上述障碍最终来源于新兴产业的技术与战略不确定、不稳定的产品质量、缺乏产品或技术标准，以及难以避免的早期高成本等产业特征。

尽管新兴产业的特征可能成为产业发展的障碍与风险的来源，但也同样会成为发展机遇的来源。新兴产业的发展机遇更多地从五种竞争力中的另外两个方面——进入障碍与产业内现有企业的竞争中表现出来。由于新兴产业进入障碍相对较低，产业尚处于不平衡状态，竞争结构还没有完全建立起来，相对于成熟产业，新兴产业的进入成本与竞争代价都会小得多。

（三）新兴产业的战略选择

在新兴产业中，发展风险与机遇共存，而风险与机遇都来源于产业的不确定性，所以新兴产业中的战略制定过程必须处理好这一不确定性。

1. 塑造产业结构。

在新兴产业中占压倒地位的战略问题是考虑企业是否有能力促进产业结构趋于稳定而且成型。这种战略选择使企业能够在产品策略、营销方法以及价格策略等领域建立一套有利于自身发展的竞争原则，从而有利于企业建立长远的产业地位。

2. 正确对待产业发展的外在性。

在一个新兴产业中，一个重要的战略问题是在对产业倡导和追求自身狭窄利益的努力之间作出平衡。产业的整体形象、信誉、与其他产业的关系、产业吸引力、顾客对产业的认知程度、产业与政府及金融界的关系等都与企业的生产经营状况息息相关。产业内企业的发展，离不开与其他同类企业的协调以及整个产业的发展。企业为了产业的整体利益以及企业自身的长远利益，有时必须放弃暂时的自身利益。

3. 注意产业机会与障碍的转变，在产业发展变化中占据主动地位。

（1）新兴产业迅速发展可能会使原有的障碍和机会都发生变化。当产业在规模上有所发展，企业也证明了自身价值时，供应商和分销渠道的态度和行为可能会向有利于企业发展的方向转变。那么，尽早挖掘这些方向变化可能给企业提供战略机会。

（2）新兴产业早期的进入障碍也可能会迅速变化，当产业在规模上发展和技术上成熟时，企业不能永远依靠诸如专有技术或独特产品种类等进入障碍保卫自身地位。对变化的进入障碍作出反应可能涉及投入比早期阶段更多的资金。

（3）产业的发展会吸引更有规模、资金和市场营销等实力的企业进入，甚至供给者和购买者也可能以纵向一体化的方式进入该产业。在这些情况下，企业必须有应对激烈竞争的准备。

4. 选择适当的进入时机与领域。

选择适当的进入时机在新兴产业中尤为重要。早期进入涉及高风险，但可以在关键市场取得“局内人的位置”，获得市场支配地位。当下列基本情况具备时，早期进入是适当的：

（1）企业的形象和声望对顾客至关重要，企业可因为是先驱者而发展和提高声望。

（2）产业中的学习曲线很重要，经验很难模仿，早期进入企业可以较早地开始这一学习过程。

（3）顾客忠诚非常重要，那些首先对顾客销售的企业将获得较高的收益。

（4）早期与原材料供应、分销渠道建立的合作关系对产业发展至关重要。

而在下列情况下，早期进入将是非常危险的：

（1）产业发展成熟后，早期进入的企业

面临过高的转换成本。

（2）为了塑造产业结构，需付出开辟市场的高昂代价，其中包括顾客教育、法规批准、技术开拓等。（3）技术变化使早期投资过时，并使晚期进入的企业因拥有最新技术和工艺而获益。

经典例题

【真题·单选题】（2022）维生公司是一家从事医疗器械研发和制造的企业。近来，该公司拟投资进入尚处于产业导入期的智能癌症诊疗仪产业。从新兴产业常见的发展障碍角度看，下列各项中，属于维生公司进入智能癌症诊疗仪产业须克服的障碍是（　　）。

A. 不存在规模经济或难以达到规模经济

B. 智能癌症诊疗仪市场前景不明朗

C. 智能癌症诊疗仪产业现有企业对专有技术、学习曲线等资源的控制

D. 原材料、零部件、资金与其他供给的不足

【答案】D

【解析】案例公司拟进入的产业尚处于导入期，产业内原材料、零部件、资金与其他供给不足是该公司需要克服障碍，选项D正确。

【真题·单选题】（2021）伊峰公司是一家从事光学仪器研发和制造的企业。该公司拟投资进入尚处于产业导入期的新型显示技术产业。从新兴产业战略选择角度看，下列各项中，属于该公司近期进入新型显示技术产业需具备的条件是（　　）。

A. 新型显示技术的变化比较迅速

B. 为了塑造新型显示技术产业结构，需付出开辟市场较高的代价

C. 顾客忠诚的重要性在早期不显著

D. 企业的形象与声望对顾客至关重要

【答案】D

【解析】“尚处于产业导入期的新型显示技术产业”属于新兴产业，选择适当的进入时机在新兴产业中尤为重要。在下列情况下，早期进入将是非常危险的：技术变化使早期投资过时，并使晚期进入的企业因拥有最新产品和工艺而获益（选项A错误）。为了塑造产业结构，需付出开辟市场的高昂代价，其中包括顾客教育、法规批准、技术开拓等，而开辟市场的利益无法成为企业专有（选项B错误）。当下列基本情况具备时，早期进入是适当的：顾客忠诚非常重要，那些首先对顾客销售的企业将获得较高的收益（选项C错误）。企业的形象和声望对顾客至关重要，企业可因先驱者而发展和提高声望（选项D正确）。

【例题·多选题】下列关于新兴产业的战略选择中需要关注的问题的说法中，正确的有（　　）。

A. 塑造产业结构

B. 注意产业机会与障碍的转变

C. 正确对待产业发展的内在性

D. 选择固定的进入时机与领域

【答案】AB

【解析】本题考核新兴产业中的竞争战略——新兴产业的战略选择。新兴产业的战略选择需要关注的问题包括：（1）塑造产业结构；（2）正确对待产业发展的外在性。（3）注意产业机会与障碍的转变，在产业发展变化中占据主动地位。（4）选择适当的进入时机与领域。

高频考点12：蓝海战略★★★★★

红海战略主要是立足当前业已存在的行业和市场，采取常规的竞争方式与同行业中的企业展开针锋相对的竞争。**蓝海战略**是指不局限于现有产业边界，而是极力打破这样的边界条件，通过提供创新产品和服务，开辟并占领新的市场空间的战略。

下表归纳了红海和蓝海战略的关键性差异：

红海和蓝海战略的关键性差异

红海战略	蓝海战略
在已经存在的市场内竞争	拓展非竞争性市场空间
参与竞争	规避竞争
争夺现有需求	创造并攫取新需求
遵循价值与成本互替定律	打破价值与成本互替定律
根据差异化或低成本的战略选择，把企业行为整合为一个体系	同时追求差异化和低成本，把企业行为整合为一个体系

（一）蓝海战略的内涵

“价值创新”是蓝海战略的基石。原因在于它并非着眼于竞争，而是力图使客户和企业的价值都出现飞跃，由此开辟一个全新的、非竞争性的市场空间。

小贴士 红海战略与蓝海战略中的价值与成本互替定律

（二）蓝海战略制定的原则

战略制定原则	各原则降低的风险因素
重建市场边界	搜寻的风险
注重全局而非数字	规划的风险
超越现有需求	规模的风险
遵循合理的战略顺序	商业模式风险
战略执行原则	**各原则降低的风险因素**
战略执行原则	各原则降低的风险因素
克服关键组织障碍	组织的风险
将战略执行建成战略的一部分	管理的风险

1. 战略制定原则。

（1）重建市场边界。开创和夺取蓝海需要必备的分析工具和框架，通过有目的地运用这些有关机会与风险的工具和框架，企业可以主动改变产业和市场的基础条件。

（2）注重全局而非数字。蓝海战略注重全局，而不是沉浸在数字和术语中，这样才能超越小步改进价值的境界，在减少规划风险的同时，实现价值创新。

（3）超越现有需求。为了最大限度地开拓市场需求，蓝海战略强调通过审视“非顾客”之间强大的共同点统合需求，而不是把目光集中在顾客间的差别上，以此能够最大限度地拓宽创建中的蓝海和启动新的需求，并能够最大限度地降低规模的风险。

（4）遵循合理的战略顺序。可以按效用、价格、成本、接受这样一种顺序来制定蓝海战略，以确保企业所建立的商业模式风险小，并能够在其所开创的蓝海中获利。

2. 战略执行原则。

（1）克服关键组织障碍。蓝海战略的有效执行需要企业经理层克服那些在组织方面阻碍战略实施的主要困难，跨越认知、资源、动力和组织政治方面的障碍，在有限的时间和有限的资源条件下执行蓝海战略。

（2）将战略执行建成战略的一部分。企业应把战略的执行结合到战略制定的过程中，从而鼓舞人们行动起来，去执行蓝海战略，并使这种积极性根植于企业组织中并长久保持下去。

（三）重建市场边界的基本法则

蓝海战略的第一条原则，就是重新构筑市场的边界，从而打破现有竞争局面，开创蓝海。这一原则解决了令许多公司经常会碰到的搜寻风险。其难点在于如何成功地从一大堆机会中准确地挑选出具有蓝海特征的市场机会。

从肉搏式竞争到蓝海战略

	肉搏式竞争	开创蓝海战略
产业	专注于产业内的竞争者	审视他择产业
战略群体	专注于战略群体内部的竞争地位	跨越产业内不同的战略群体
买方群体	专注于更好地为买方群体服务	重新界定产业的买方群体
产品或服务范围	专注于在产业边界内将产品或服务的价值最大化	放眼互补性产品或服务
功能—情感导向	专注于产业既定功能—情感导向下性价比的改善	重设产业的功能与情感导向
时间	专注于适应外部发生的潮流	跨越时间，参与塑造外部潮流

1. 路径一：审视他择产业。

他择品的概念要比替代品更广。形式不同但功能或者核心效用相同的产品或服务，属于替代品。他择品还包括了功能和形式都不同而目的却相同的产品或服务。

2. 路径二：跨越战略群组。

利用战略群组图还可以预测市场变化或发现战略机会。

3. 路径三：重新界定产业的买方群体。

在一个产业中的企业通常都会集中于某一类购买群体。举例来说，医药行业主要将目光放在有影响力的群体即医生身上；办公用品行业主要关注采购者，即企业的采购部门；服装行业主要直接向使用者销售产品。挑战产业有关目标买方群体的常识成规，就可以引领我们发现新的蓝海。

4. 路径四：放眼互补性产品或服务。

产品或服务很少会被单独使用。很多情况下，他们的价值会受到别的产品或服务的影响。但是，在大多数情况下，企业生产的产品或提供的服务都局限于产业范围内。事实上，在互补产品或服务背后常常隐藏着巨大的价值。

5. 路径五：重设客户的功能性或情感性诉求。

一些产业主要通过价格和功能来竞争，关注的是给客户带来的效用，客户的诉求是功能性的；其他一些产业主要以客户感觉为竞争手段，客户的诉求是情感性的。当企业关注挑战产业中已经存在的功能或情感诉求时，常常会发现新的市场机会。

6. 路径六：跨越时间。

随着时间的推移，很多产业都会受到外部趋势变化的影响，例如，互联网迅速崛起和全球环保运动的兴起。如果企业能够正确预测到这些趋势，就可能会找到蓝海市场机会。

命题点拨

蓝海战略为高频考点，涉及各种题型，考生需准确区分红海战略和蓝海战略的关键性差异、熟练掌握蓝海战略制定的原则以及重建市场边界的基本法则。初学者也许感到重建市场边界的六条路径难以理解，建议阅读教材中的多个小案例。

名师解惑

（1）考题关键词识别：①题干中出现“无竞争”或“我与你不同”时，考虑规避竞争，拓展非竞争性市场空间。

②题干中出现“消费者”时，考虑创造并攫取新需求。

③题干中出现“顺应潮流”、“适应……追求”时，考虑跨越时间参与塑造外部潮流。

④题干中当出现“客户范围变更”时，考虑重新界定产业的买方群体。

（2）红海战略和蓝海战略的差异。红海战略和蓝海战略的目的都是将企业行为整合成一个体系，不同的是，红海战略通常在已经存在的市场空间内竞争，参与竞争、争夺现有需求、遵循价值与成本互替定律，是一种差异化、低成本的战略选择；蓝海战略通常拓展非竞争性市场空间，规避竞争、创造或攫取新需求、会打破原有的价值与成本互替定律，蓝海战略追求差异化和低成本。

经典例题

【真题·单选题】（2022）紫云公司是一家经营连锁高档酒店的企业。2020 年，该公司引入中低档酒店的一些经营方式，在不影响服务质量的前提下精简了设施和服务人员，降低了经营成本和收费。此举使紫云公司有效扩大了客户群，增加了收入和利润，为自身的发展开辟了一片蓝海。从蓝海战略重建市场边界的基本法则来看，本案例中紫云公司的做法属于（　　）。

A. 审视他择产业

B. 跨越战略群组

C. 重新界定产业的买方群体

D. 放眼互补性产品或服务

【答案】B

【解析】案例公司原来经营高档连锁酒店，后引入中低档酒店，体现了“跨越战略群组”。

【真题·单选题】（2022）青阳出版社主营少儿读物的出版和发行业务。为了摆脱少儿读物市场愈演愈烈的价格战，该出版社制定并执行了一项蓝海战略。下列各项中，属于青阳出版社执行蓝海战略应遵循的原则是（　　）。

A. 重建少儿读物市场边界

B. 超越少儿读物市场现有需求

C. 遵循合理的战略顺序

D. 克服关键组织障碍

【答案】D

【解析】克服关键组织障碍：蓝海战略的有效执行需要企业经理层克服那些在组织方面阻碍战略实施的主要困难，跨越认知、资源、动力和组织政治方面的障碍，在有限的时间和有限的资源条件下执行蓝海战略。选项 D 正确。

【真题·多选题】（2021）经营电影院线的虹光公司面对不同电影院线之间同质化竞争异常激烈的局面，独辟蹊径地将旗下的一部分影院改造成家庭影院，按照消费者预定的时间、影片乃至餐席提供服务，使他们在影院欣赏影片的同时享受亲友团聚和美味佳肴，结果大大提高了该公司的竞争力和市场占有率。依据红海战略与蓝海战略的关键性差异，本案例中虹光公司体现的蓝海战略的特征有（　　）。

A. 拓展非竞争性市场空间

B. 创造并攫取新需求

C. 打破价值与成本互替定律

D. 同时追求差异化与低成本

【答案】AB

【解析】从题目的表述中没有与成本相关的关键词，排除选项 C、D。

【例题·多选题】下列关于蓝海战略的说法中，正确的有（　　）。

A. 价值创新是蓝海战略的基石

B. 价值创新包括了整个企业行为体系的战略问题

C. 蓝海战略根据差异化或低成本的战略选择，把企业行为整合为一个体系

D. 蓝海战略是一种崭新的战略思维，其制定和实施的方法也完全不同于典型的战略规划

【答案】ABD

【解析】蓝海战略不同时追求差异化与低成本，把企业行为整合为一个体系，而红海战略则是根据差异化或低成本把企业整合成为一个体系。

高频考点 13：市场营销战略★★★★★

市场营销战略是企业市场营销部门根据公司总体战略与业务单位战略规划，在综合考虑外部市场机会及内部资源状况等因素的基础上，确定目标市场，选择相应的市场营销策略组合，并予以有效实施和控制的过程。市场营销战略

计划的制订是一个相互作用的过程，是一个创造和反复的过程。

在现代市场营销理论中，市场营销战略的核心是 STP 营销，即**市场细分（S）、目标市场选择（T）和市场定位（P）**。企业在目标市场上的经营特色和竞争地位，是通过市场营销组合的特点体现的。

（一）市场细分

市场细分也称市场细分化，是指根据整体市场上用户的差异性，以影响用户需要和欲望的某些因素为依据，将一个整体市场划分为两个或两个以上的用户群体，每一个需求特点相类似的用户群体就构成一个细分市场（或子市场）。各个不同的细分市场，即用户群体之间存在明显的需求差异。

1. 消费者市场细分。

消费者市场的细分依据有很多，可以将它们单独使用或同时利用多种变量对市场进行细分。消费者市场的**主要细分变量**可以归纳为地理因素、人口因素、心理因素和行为因素。

（1）地理细分。地理细分就是企业按照消费者所在的地理位置以及其他地理变量（包括城市农村、地形气候、交通运输等）来细分消费者市场。

（2）人口细分。人口细分就是企业按照人口变量（包括年龄、性别、收入、职业、教育水平、家庭规模、家庭生命周期阶段、宗教、种族、国籍等）来细分消费者市场。

（3）心理细分。心理细分就是按照消费者的生活方式、个性等心理变量来细分消费者市场。

（4）行为细分。行为细分就是企业按照消费者购买或使用某种产品的时机、消费者所追求的利益、使用者情况、消费者对某种产品的使用率、消费者对品牌（或商店）的忠诚程度、消费者待购阶段和消费者对产品的态度等行为变量来细分消费者市场。消费者市场的细分通常要将几种变量结合起来考虑，以便将市场划分得更精准。

名师解惑

（1）区分地理细分和人口细分，“国家”是地理细分，“国籍”是人口细分，两者不可混淆。

（2）区分心理细分和行为细分，心理细分通常是人的生活方式与个性，行为细分则直接反映消费者的需求差异，二者不可混淆。

2. 产业市场细分。

产业市场的购买者是工商服务企业，其购买目的是为了再生产、再销售，或为消费者提供服务，同时企业也谋取一份利润。**产业市场的细分变量**有些与消费者市场细分变量相同，如地理因素、追求利益、使用者情况、使用程度、对品牌的信赖程度、使用者对产品的态度等，但产业市场也有自己的特殊性，采用最多的细分变量可以归纳为用户所处行业、用户规模、用户地理位置和追求的利益。

（1）用户的行业类别。在产业市场上，不同的最终用户对同一种产业用品的市场营销组合往往有不同的要求。例如，飞机制造商所需要的轮胎必须达到的安全标准比农用拖拉机制造商所需轮胎必须达到的安全标准高得多，豪华汽车制造商比一般汽车制造商需要更优质的轮胎等。因此，企业对不同的最终用户要相应地运用不同的市场营销组合，以投其所好，促进销售。

（2）用户规模。公司规模可以是大型、中型和小型，不同规模的用户，其购买力、购买批次、频率、购买行为和方式都有可能不同，要求供应商提供的服务水平也可能不同。

（3）用户的地理位置。除国界、地区、气候、地形、交通运输等条件外，产业布局、自然环境、资源等也是很重要的细分变量。按用户地理位置细分市场，有助于企业将目标市场选择在用户集中的地区，以节省推销费用和运输成本。

（4）购买行为因素。购买行为包括用户追求的利益、使用频率、品牌忠诚度、使用者地位（如重点户、一般户、常用户、临时户等）和购买方式等。

（二）目标市场选择

市场细分是选择目标市场的基础。市场细分后，企业由于受到内外部条件的制约，可根据产品的特性、自身的资源和能力，在众多的细分市场中，选择一个或几个有利于发挥企业优势且能够达到最佳或满意的经济效益的细分市场作为目标市场。

企业可以采取的目标市场选择策略有三种，它们分别适用于不同的环境，各有其优点和缺陷。

1. 无差异营销策略。

无差异营销策略，就是企业把整个市场作为自己的目标市场，只考虑市场需求的共性，而不考虑其差异，运用一种产品、一种价格、一种推销方法，吸引尽可能多的消费者。

无差异营销的优点主要有：品种单一，适合大批量生产和销售，发挥规模经济的优势；可以降低生产、存货和运输的成本，缩减广告、推销、市场调研和市场细分的费用，进而以低成本在市场上赢得竞争优势。无差异营销的缺点主要有：应变能力差，一旦市场需求发生变化，难以及时调整企业的生产和市场营销策略，特别是在产品生命周期进入成熟阶段后，竞争手段过于单一，因而风险较大。

2. 差异性营销策略。

差异性营销策略指企业选择两个或两个以上，直至所有的细分市场作为目标市场，并根据不同细分市场的需求特点，分别设计生产不同的产品，制定不同的营销组合策略，有针对性地满足不同细分市场顾客的需求。

差异性营销的优点主要有：面向广阔的市场，满足不同消费者的需要，有利于扩大销售量，增强竞争力；企业适应性强，富有回旋余地，不依赖一个市场一种产品。差异性营销的缺点主要有：由于小批量多品种生产，要求企业具有较高的经营管理水平；由于品种、价格、销售渠道、广告、推销手段的多样化，使生产成本、研发成本、存货成本、销售费用、市场调研费用相应增加，有可能降低经济效益。

3. 集中化营销策略。

集中化营销策略是指企业由于受到资源等条件的限制，以一个或少数几个性质相似的子市场作为目标市场，试图在较少的子市场上占领较大的市场份额。

集中化营销策略特别适合于资源有限的小企业，或刚刚进入某个新领域的企业。企业得以集中运用有限的资源，实行专业化的生产和销售，节省营销费用，提高产品和企业知名度。集中化市场策略的缺点是对单一和窄小的目标市场依赖性太大，一旦目标市场情况发生突然变化，则企业周旋余地小，风险大。同时，当强有力的竞争者打入目标市场时，企业就要受到严重影响。

上述三种目标市场策略事实上是企业业务单位战略中的三种基本竞争战略在营销战略中的体现。三种战略各有利弊，企业选择时除了目标市场应具备的一些条件外，尚须考虑以下几个方面的因素：

（1）市场相似性。若消费者的需求、爱好、购买行为大致相近，对产品供应和销售要求的差别不大，也即市场需求类似程度很高时，宜采用无差别性营销策略；反之则采取差异性营销策略或集中化营销策略。

（2）产品的同质性。同质性产品如火柴、核桃、普通水泥、标准件等，比较适合采用无差异性营销策略；一些差异性较大的产品如家具、服装、食品、家用电器、汽车等宜采用差异性营销策略或集中化营销策略。

（3）企业实力。如果企业在生产、技术、资源、销售等方面的实力很强，有能力覆盖所有的市场，则可采用无差异性营销策略，或差异性营销策略；若实力有限，宜采用集中化营销策略较为有效。

（4）产品生命周期阶段。通常，产品在引入期，采用无差异营销策略能取得很好的效果，而当产品进入成长期和成熟期后，则宜采用差异性营销策略，以建立有别于竞争对手的特色，或开拓新的市场，刺激新需求，延长产品生命周期。

（5）竞争者的策略。假如竞争者实行无差异竞争策略，则应采取差异性营销策略与之抗衡；如果竞争者已采取差异性竞争策略，企业可以考虑在进一步细分的基础上，采取差异性营销策略或集中化营销策略。

（三）市场定位

市场定位就是使本企业产品具有一定特色，适应目标市场一定的需求和偏好，塑造产品在目标消费者心目中的独特形象和合适位置。

企业确定目标市场后，对产品进行第一次市场定位，也称初次定位。一般新产品投入市场均属初次定位。随着市场情况的变化，产品尚须创新定位，即对产品进行二次或再次定位。在以下情况中，企业需要对产品进行重新定位：（1）当本企业产品定位附近出现了强大竞争者，导致本企业产品的销售量及市场占有率下降；（2）顾客的消费观念、偏好发生变化，由喜爱本企业产品转向竞争者产品；（3）当本企业产品在目标市场中已逐步走向产品生命周期的衰退期。在重新定位前，企业应慎重考虑和评价企业改进产品特色和转移到另一种定位时所需付出的代价是否小于在此新市场上的销售收入，以保证产品重新定位后仍有利润。

不论是产品的初次定位或重新定位，一般有以下三种产品市场定位策略可供选择。

1. 抢占或填补市场空位策略。

这种策略是将企业产品定位在目标市场的空白处，生产销售目标市场上尚没有的某种特色产品，避开与目标市场上竞争者的直接对抗，以增强企业的相对竞争优势，获取更好的经济效益。

2. 与竞争者并存和对峙的市场定位策略。

这种策略是将本企业的产品位置确定在目标市场上现有竞争者的产品旁，相互并存并对峙着。采用这种市场定位策略的前提是：①该市场还有很大的未被满足的需求，足以吸纳新进入的产品；②企业推出的产品要有自己的特色，能与竞争产品媲美。采用这种策略的好处是：①企业可仿制竞争者的产品，向市场销售自己品牌的产品；②由于竞争者已开发这种产品，本企业可节省大量研究开发费用；③由于竞争者已为产品进行了推广宣传，本企业能够节省推广费用，且可减少不适销的风险。

3. 取代竞争者的市场定位策略。

这种策略就是将竞争者赶出原有位置，并取而代之。企业要实施这种定位策略，必须比竞争对手有明显的优势，提供比竞争者更加优越和有特色的产品，还要做好大量的推广宣传工作，提高本企业的形象和知名度，冲淡顾客对竞争者产品的印象和好感。

（四）设计市场营销组合

市场营销组合是指企业为追求预期的营销目标，综合运用企业可以控制的各种要素，并对之进行最佳组合的过程。在营销战略的指导下，企业需要设计出由产品、价格、分销和促销这几个在企业控制之下的因素所构成的营销组合，简称4P组合。

1. 产品策略。

产品策略包括产品组合策略、品牌与商标策略和产品开发策略。

（1）**产品组合策略**。产品组合，是指某一企业所生产或销售的全部产品大类、产品项目的组合。产品大类（又称产品线）是指产品类别中具有密切关系的一组产品。产品项目是指某一产品大类内由价格、功能及其他相关属性来区别的具体产品。

①产品组合的宽度、长度、深度和关联性。产品组合的宽度，是指一个企业有多少产品大类。产品组合的长度，是指一个企业的产品组合中所包含的产品项目的总数。产品组合的深度，是指产品大类中每种产品有多少花色、品种、规格。产品组合的关联性，是指一个企业的各个产品大类在最终使用、生产条件、分销渠道等方面的密切相关程度。

企业增加产品组合的宽度，可以充分发挥企业的特长，使企业尤其是大企业的资源、技术得到充分利用，提高经营效益。企业增加产品组合的长度和深度，可以迎合广大消费者的不同需要和爱好，以招徕、吸引更多顾客。企业增加产品组合的关联性，则可以合理配置和有效利用企业资源，并提高企业在某一地区、行业的声誉。

②产品组合策略类型。企业在调整和优化产品组合时，依据情况的不同，可选择如下策略：

第一，扩大产品组合。包括拓展产品组合的宽度、长度和加强产品组合的深度。前者是增加产品大类和在原有产品大类内增加新的产品项目；后者是增加每种产品项目的花色、品种、规格。

第二，缩减产品组合。当市场不景气或原料、能源供应紧张时，从产品组合中剔除那些获利很小甚至亏损的产品大类或产品项目，使企业可集中力量发展获得利润较多产品大类和产品项目。

第三，产品延伸。产品延伸策略指全部或部分地改变公司原有产品的市场定位，具体做法有向下延伸、向上延伸和双向延伸三种。向下延伸，指企业原来生产高档产品，后来决定增加低档产品；向上延伸，指企业原来生产低档产品，后来决定增加高档产品；双向延伸，即原定位于中档产品市场的企业掌握了市场优势以后，决定向产品大类的上下两个方向延伸，一方面增加高档产品，另一方面增加低档产品，扩大市场阵地。

（2）品牌和商标策略。企业可采用的品牌和商标策略如下：

①单一的品牌名称。企业对所有产品都使用同一商标，这种策略的优点是：可以将一种产品具备的特征传递给另一种产品，简化了新产品上市的过程，因为无须为新产品建立新的品牌认知度。

②每个产品都有不同的品牌名称。如果企业生产的产品在市场中的定位显然不同，或者市场被高度细分，则企业通常对每个产品都采用不同的品牌名称。

③自有品牌。许多零售商销售自有品牌的杂货、服饰和五金器具，以使客户建立对该零售商而不是产品生产商的忠诚度。

（3）产品开发策略。产品开发策略是产品策略实施的重点。为了使产品开发成功的概率最大化，需要对新产品构思进行筛选。筛选流程包括业务分析、开发、测试上市和商品化。在筛选过程中需回答如下问题：

①该产品是否符合企业目标、企业战略、资源和竞争力？

②潜在客户是否喜欢这一产品。如果是，他们是否能购买该产品？

③该产品在市场上能否获利？

④在技术和商业上，该产品是否能证明投资的合理性？

⑤市场测试是否符合预期要求，客户、经销商和竞争者的反应如何？

只有当上述问题都得到肯定回答时，才能将该项产品投入市场。

2. 价格策略。

从市场营销的角度看，价格是消费者为了获得拥有和使用某种产品和服务所带来的利益付出的价值总和，而定价又是营销组合要素中唯一能产生收益，真正为企业获取顾客价值的因素，因而也是企业最为关注的营销组合策略之一。

（1）基本的定价方法。对定价影响最大的是成本、市场或消费者需求、竞争三个方面因素。其中，成本是价格的下限，顾客对产品价值的感知是上限，而竞争企业的产品和替代品的价格提供了参照。因此，基本的定价方法有三种：成本导向定价、需求导向定价和竞争导向定价。

①**成本导向定价法**最为简便，也是企业最常用的。具体的做法又可分为四种：成本加成定价法、收支平衡定价法、目标利润定价法和变动成本定价法。

②**需求导向定价法**，是按市场需求的强弱情况制定不同的价格。市场需求量大，定价就高，需求量小，定价就低。

高定价策略，一般适用于以下情况：竞争

者产品未上市；愿付高价购买的人数相当多；即使高价格诱使竞争者进入市场的风险也不大。

低定价策略，一般适用于以下情况：市场对价格呈现高度敏感，降低价格，需求量将大幅提高；低价可拒退已有或潜在竞争者；单位市场成本与销售成本能够因大量生产和销售而降低。

③**竞争价格定价法**，是以市场上相互竞争的同类产品为价格的基本尺度，并随竞争变化调整价格水平。其主要做法有通行价格定价和密封投标定价。

在确定了基本的定价方法之后，企业还有许多价格调整策略可以选择，用以形成最终价格。

（2）主要定价策略。

①**心理定价策略**，是为适应消费者的购买心理所采用的定价策略，主要有尾数定价、整数定价、声望定价和招徕定价。尾数定价是依据消费者感觉零数价格比整数价格便宜的消费心理而采取的一种定价策略；整数定价是将商品价格定位一个整数；声望定价是利用企业和产品的声誉，对产品给予高定价的策略；招徕定价是利用消费者求廉的心理，将少数几种商品价格暂降至最低，借此吸引和招徕顾客购买的一种策略。

②**产品组合定价策略**，包括系列产品定价、副产品定价、关联产品定价和捆绑定价等。系列产品定价即将系列商品根据规格、外观等的不同给予不同的价格；副产品定价是对在生产主要产品的过程中同时产出的产品给予低于主要产品的定价；关联产品大多为互补产品，一些既生产主要产品又生产关联产品的企业，将主要产品的价格定得偏低，而将关联产品定高价，靠关联产品赚钱；捆绑定价是将几种相关产品组合起来，以低于整体价格的价格销售，有助于促进消费者购买那些他们本来可能不会购买的产品。

③**折扣与折让策略**，包括各种减价策略，即在原定价格的基础上减收一定比例的货款，有现金折扣、数量折扣、交易折扣、季节性折扣和推广折扣等。

④地理差价策略。根据买卖双方地理位置的差异，考虑买卖双方分担运输、装卸、仓储、保险等费用的一种价格策略，包括产地价、目的地交货价、统一交货价、分区运送价和津贴运费定价等。

（3）新产品定价策略。

新产品引入阶段的定价最具挑战性。此时对消费者的认知价值难以确定，又无竞争者价格作参考，尤其是全新产品和革新型产品。主要有三种定价策略可供选择。

①**渗透定价法**，是指在新产品投放市场时确定一个非常低的价格，以便抢占销售渠道和消费者群体，从而使竞争者较难进入市场。这是一种通过牺牲短期利润来换取长期利润的策略。

②**撇脂定价法**，是指在新产品上市之初确定较高的价格，并随着生产能力的提高逐渐降低价格。这一方法旨在在产品生命周期的最初阶段获取较高的单位利润。

③**满意定价策略**，即介于以上两种策略之间的适中定价策略。这一方法意图同时达到产品价格能被顾客接受，企业又有一定利润的目的。

无论企业采用何种定价策略，重要的是企业应懂得价格与其他营销组合要素之间具有很强的相互作用。定价必须考虑到相对竞争对手而言产品的质量和促销费用。

3. 分销策略。

分销策略是确定产品到达客户手上的最佳方式。分销策略要克服地点、时间、产品数量和所有权上的差异，解决如何分销产品以及如何确定实体店的位置等问题。

分销策略应当与价格、产品和促销三个方面密切相关。可获取产品的渠道对于客户对产品的质量和状况的感知非常重要。分销渠道必须使产品的形象与客户的产品感知相符合。

传统的营销理论将分销渠道分为直接分销

和间接分销两种类型。**直接分销**是指产品不经过中间商而直接从生产商到消费者；**间接分销**是指经过了中间商的分销系统。采用中间商，有利于生产商集中资源扩大核心业务而不必在分销渠道上投入大量的资金，从而获取较高的投资回报率。此外，如果企业是一家大型生产商并且在全球范围内销售，则其不太可能拥有所有的销售网点，因而必须选择和使用中间商。

企业确定中间商数量有三种可供选择的分销策略：独家分销、选择性分销和密集分销。独家分销是指生产企业在某一地区仅通过一家中间商推销其产品；选择性分销是指生产企业在某一地区仅通过几个精心挑选的、最适合的中间商推销产品；密集分销指生产商以尽可能多的中间商销售企业的产品或服务。下表展示了三种分销策略的比较。

三种分销策略比较

分销策略	优势	劣势	适用范围
独家分销	对中间商的服务水平和提供的产品保持控制；中间商能获得企业给定的产品的优惠价格	需企业与中间商之间更紧密的合作。因缺乏竞争，消费者的满意度可能会受到影响；中间商对生产商的反控制力度较强	适用于技术含量较高，需要售后服务的专门产品的分销，如机械产品、耐用消费品、特殊产品等
选择性分销	比密集分销能取得经销商更大的支持，同时又比独家分销能给消费者购物带来更大的方便	中间商的竞争较独家分销时激烈	适宜消费品中的选购品和特殊品
密集分销	市场覆盖率高；便利消费者	价格竞争激烈，导致市场混乱，有时会破坏厂家的营销意图；渠道的管理成本很高	比较适宜日用消费品的分销。多数家具、家用电器品牌采用此种策略

在互联网开放的网络环境下，分销渠道又分为线上和线下两种类型。线上渠道通常指网络上的渠道，通过网上商城或其他网络方法传播产品、服务等；线下渠道是指通过面对面或其他非网络方法交易或传播产品和服务等。

4. 促销策略。

促销的目的在于赢得潜在客户的注意，激发客户的购买渴望和购买行为。企业将其产品或服务的特性传达给预期客户的方式被称为促销组合。

（1）促销组合要素构成。

①广告促销。在媒体中投放广告，使潜在客户对企业产品和服务产生良好印象。广告促销要仔细考虑广告的地点、时间、频率和形式。

②营业推广。采用非媒体促销手段，为鼓励客户购买产品或服务而设计。例如，试用品、折扣、礼品等方式都已被许多企业所采用。

③公关宣传。通常是指宣传企业形象，为企业及其产品建立良好的公众形象。

④人员推销。企业的销售代表直接与预期客户进行接触。销售代表能够完整地解释产品的细节，针对客户提出的问题进行解答，还可以演示产品的用途。

（2）**促销组合策略**。企业可以选择两个基本的促销组合策略：推式策略和拉式策略。

①推式策略。将产品经过营销渠道"推"向最终消费者。制造商的市场活动（主要是人员推销和交易推广）大多面向渠道成员展开，激励他们购买产品并向最终消费者销售。

②拉式策略。依靠制造商直接开展的市场活动（主要是广告和消费者推广）指向最终消费者，激励他们购买产品。如果拉式策略奏效，消费者将向渠道成员索取产品，渠道成员转而向制造商索取产品。

③推拉结合策略。企业将推式策略和拉式策略配合起来使用，在向中间商进行大力促销的同时，通过广告刺激市场需求。

经典例题

【真题·单选题】（2022）吉松公司是一家生产各种滑雪装备的企业。该公司规定：凡同时购买滑雪板、滑雪杖和滑雪衣的顾客，比分别购买上述产品的顾客享受一定价格优惠。下列各项中，属于吉松公司采用的定价策略是（　　）。

A. 系列产品定价

B. 推广折扣

C. 捆绑定价

D. 关联产品定价

【答案】C

【解析】捆绑定价是将几种相关产品组合起来，以低于整体价格的价格销售，有助于促进消费者购买那些他们本来可能不会购买的产品。吉松公司的规定是同时购买滑雪板、滑雪杖和雪衣三样产品能够更加优惠，显然是将产品进行了捆绑销售，所以选项 C 正确。

【真题·多选题】（2022）近年来，从事儿童布艺娃娃生产的艾贝公司相继开发、生产出类似真人肤质肤色、手感细腻、富有弹性的硅胶娃娃和具有一定表情、语言功能的智能娃娃。下列各项中，属于艾贝公司采用的产品组合策略有（　　）。

A. 扩展产品组合的宽度

B. 增加产品组合的长度

C. 增加产品组合的深度

D. 提高产品组合的关联度

【答案】ABD

【解析】案例公司原来主营布艺娃娃，后开发生产出硅胶娃娃和智能娃娃，拓展了产品大类，同时增加了产品项目总数，属于扩展产品组合的宽度、增加产品组合的长度，选项 A、B 正确；产品都是儿童玩具娃娃，因此提高了产品组合的关联度，选项 D 正确。

【真题·多选题】（2021）江湾公司是一家水产品生产和销售企业，该公司为提升在超市的销售业绩采取了一些措施：增加小包装产品在超市的销售比例；在超市中采用体现公司形象的销售车进行销售；在国内几个一线城市开设 20 余家自营水产品超市进行直销；对喜庆消费者如庆生日者赠送水产品礼盒。本案例中，江湾公司在超市销售中采取的营销组合策略有（　　）。

A. 产品策略

B. 促销策略

C. 分销策略

D. 价格策略

【答案】ABC

【解析】“增加小包装产品在超市的销售比例”为产品策略，选项 A 正确；“在超市中采用体现公司形象的销售车进行销售”“对喜庆消费者如庆生日者赠送水产品礼盒”属于促销策略，选项 B 正确；“在国内几个一线城市开设 20 余家自营水产品超市进行直销”属于分销策略，选项 C 正确。题目中没有体现价格策略的关键词。

【真题·单选题】（2020）云澜公司是一家面向全球的家具和室内饰品生产商。该公司根据不同国家和地区的消费者是崇尚传统还是追求时尚来为他们设计、生产具有不同风格和质地的产品。云澜公司对消费者市场的细分属于（　　）。

A. 地理细分　　B. 人口细分

C. 心理细分　　D. 行为细分

【答案】A

【解析】地理细分就是企业按照消费者所在的地理位置以及其他地理变量（包括城市农村、地形气候、交通运输等）来细分消费者市场。“该公司根据不同国家和地区的消费者是崇尚传统还是追求时尚来为他们设计、生产具有不同风格和质地的产品。”属于地理细分，选项 A 正确。

【真题·多选题】（2020）新业影视公司于 2019 年底推出一档贺岁片。该片公映前，公司召开新片发布会，全体创作人员、导演和阵容强大的主要演员集体在媒体和影视界嘉宾前亮相，宣称此片将“进军奥斯卡”。公司在会上散发了该片的精彩剧照，透露了令人捧腹的拍摄花絮，并请与会人员免费观看了该片的首映。新业影视公司采用的促销策略组合要素有（　　）。

A. 广告促销　　B. 营业推广

C. 公关宣传　　D. 人员推销

【答案】ABD

【解析】“公司召开新片发布会，全体创作人员、导演和阵容强大的主要演员集体在媒体和影视界嘉宾前亮相”属于广告促销；全体创作人员、导演和阵容强大的主要演员集体在媒体和影视界嘉宾前亮相，宣称此片将“进军奥斯卡”属于人员推销；“公司在会上散发了该片的精彩剧照，透露了令人捧腹的拍摄花絮，并请与会人员免费观看了该片的首映”属于营业推广。选项A、B、D正确。

【真题·多选题】（2020）主营体育用品生产和销售的云济公司开发出一款智能家用跑步机。为了使该产品迅速占领市场，公司销售人员在主要销售商场举办促销活动，宣传该产品能够根据使用者的年龄、身高、体重、脉搏频率等生理指标，自动显示使用者应选择的最佳步速和运动时间，同时宣布前20名购买者，可获得产品免费保修期从3年延长至6年的优惠。云济公司采用的促销组合策略要素有（　　）。

A. 广告促销　　B. 公关宣传

C. 营业推广　　D. 人员推销

【答案】CD

【解析】“宣布前20名购买者，可获得产品免费保修期从3年延长至6年的优惠”属于营业推广，选项C正确；“公司销售人员在主要销售商场举办促销活动，宣传该产品能够根据使用者的年龄、身高、体重、脉搏频率等生理指标，自动显示使用者应选择的最佳步速和运动时间”属于人员推销，选项D正确。

【真题·单选题】（2019）嘉利啤酒公司经过数据分析发现，其产品的89%是被50%的顾客（重度饮用啤酒者）消费掉的，另外50%的顾客（轻度饮用啤酒者）的消费量只占总消费量的11%。该公司据此推出了吸引重度饮用啤酒者而放弃轻度饮用啤酒者的促销策略。该公司进行市场细分的依据是（　　）。

A. 地理细分　　B. 人口细分

C. 行为细分　　D. 心理细分

【答案】C

【解析】行为细分是指企业按照消费者购买或使用某种产品的时机、消费者所追求的利益、使用者情况、消费者对某种产品的使用率等行为变量来细分消费者市场。本题中，“其产品的89%是被50%的顾客（重度饮用啤酒者）消费掉的，另外50%的顾客（轻度饮用啤酒者）的消费量只占总消费量的11%”显然是根据消费者使用情况来细分市场，属于行为细分中消费者对某种产品的使用率。

【真题·多选题】（2019）新年前夕，某出版商推出反映不同民族生活习俗特点的系列年画，深受目标消费市场的消费者喜爱。该出版商进行市场细分的依据有（　　）。

A. 地理细分　　B. 人口细分

C. 行为细分　　D. 心理细分

【答案】BD

【解析】消费者市场的细分变量主要有地理、人口、心理和行为四类变量。（1）地理细分是企业按照消费者所在的地理位置以及其他地理变量（包括城市农村、地形气候、交通运输等）来细分消费者市场。（2）人口细分是企业按照人口变量（包括年龄、性别、收入、职业、教育水平、家庭规模、家庭生命周期阶段、宗教、种族、国籍等）来细分消费者市场。（3）心理细分是按照消费者的生活方式、个性等心理变量来细分消费者市场。（4）行为细分是企业按照消费者购买或使用某种产品的时机、消费者所追求的利益、使用者情况、消费者对某种产品的使用率、消费者对品牌（或商店）的忠诚程度、消费者待购阶段和消费者对产品的态度等行为变量来细分消费者市场。本题中，“不同民族”属于人口变量，是确定目标市场中的人口细分，选项B正确；“生活习俗”属于一种生活方式，是确定目标市场中的心理细分，选项D正确。

【例题·单选题】许多食品制造企业都在了解市场消费者的购买偏好，而归味企业独辟蹊径，决定按照某一特定地区的消费者的口味，当地消费者偏向辣味的食品选择购买，采取这一市场细分方法可以根据消费者的具体需求，匹配食品的口味需求，让消费者买到味道正宗的食品。归味公司这一战略决策的依据是对食品市场的（　　）。

A. 人口细分　　B. 行为细分

C. 地理细分　　D. 心理细分

【答案】C

【解析】地理细分就是企业按照消费者所在的地理位置以及其他地理变量（包括城市农村、地形气候、交通运输等）来细分消费者市场。本题目中，归味公司根据某地消费者特有的口味及消费偏好来细分市场，属于地理细分。

高频考点 14：研究与开发战略★★★★

研究与开发（简称研发）被定义为组织层面的企业创新。研究可以是基础研究、应用型研究和开发型研究，其目的在于改良产品或改良流程。**基础研究**是取得新的科学技术知识或了解的初始研究，没有明显的商业用途或实际目的。**应用型研究**是指具有明显的商业用途或实际目的的研究。**开发型研究**是指在开始商业生产运作之前利用现有的科学技术知识来生产新产品或系统。

研发战略并不能独立于企业的其他部分单独进行。业务单位战略会关注企业想要拥有的所有产品以及企业想要参与竞争的广泛市场。研发战略需要受到企业竞争战略的支持，并集中关注企业成功实施业务战略所需的技术。企业研发的任务包括：改进复杂技术、使流程与当地的原材料相适应、使流程与当地的市场相适应、根据特殊标准和规范来改进产品。产品开发、市场渗透或市场差异化等战略的实施需要成功地开发新产品，或者极大地改良老产品。

（一）研发的类型

研发有两种类型：产品研究和流程研究。

1. 产品研究—新产品开发。

新产品开发是竞争优势的主要来源，是实施差异化战略的企业战略保障体系中的关键环节，但新产品上市也可能花费大量的资金，必须谨慎控制新产品的开发过程。为确保企业的资源都集中应用在成功概率较高的项目上，进行项目筛选是非常必要的。

2. 流程研究。

流程研究关注于生产产品或提供服务的流程，旨在建立有效的流程来节约资金和时间，从而提高生产率。流程研究对提高质量管理也至关重要。因此，流程管理无论对于实施成本领先战略的企业，还是对于实施差异化战略的企业，都是必不可少的。

（二）研发的动力来源

研究与开发可以是**“需求拉动”**的，即市场的新需求拉动创新以满足需求，也可以是“技术推动”的，即创新来自发明的应用。对于“需求拉动”的研究与开发，研发部门与市场营销部门的协调是非常重要的。尽管研究开发和生产制造活动从技术角度来看都不属于营销经理的职责。然而，营销经理对于顾客需求的了解可以对产品开发提供思路和方向，如果不能很清楚地了解顾客的需求，产品设计人员和工程师就可能会按自己的技术特长来开发和生产产品，而不考虑顾客的需要。但是，最终决定是否购买产品的是顾客，而不是产品设计者或工程师。

（三）研发的战略作用

1. 基本竞争战略。

产品创新是产品差异化的来源。流程创新使企业能够采用成本领先战略或差异化战略。

2. 价值链。

研发被纳入价值链的支持性活动。通过提供低成本的产品或改良的差异化产品可以强化价值链。

3. 安索夫矩阵。

研发支持四个战略象限。可以通过产品求

精来实现市场渗透战略和市场开发战略，产品开发和产品多元化需要更显著的产品创新。

4. 产品生命周期。

产品研发会加速现有产品的衰退，因而需要研发来为企业提供替代产品。

（四）研发定位

企业研发战略至少存在三种定位：

1. 成为向市场推出新技术产品的企业。

通过发明、采用全新的技术率先向市场推出性能、质量领先的产品，这是一个富有魅力的、令人兴奋的战略，但同时也是一个风险较大的战略。

2. 成为成功产品的创新模仿者。

采用不同的技术方法模仿生产出市场上已有的成功产品的类似产品，或者在模仿生产的基础上对成功产品作出改进，这种战略的启动风险和成本最小。这种**战略**必须有先驱企业开发第一代新产品并证明存在该产品的市场，然后由跟随的企业开发类似的产品。这种战略要求企业拥有优秀的研发人员和优秀的营销部门。

3. 成为成功产品的低成本生产者。

通过大量生产与先驱企业开发的产品相类似，但价格相对低廉的产品来成为低成本生产者。由于产品已经被客户所接受，价格对作出购买决定非常重要。规模营销成为主要的销售战略。这种研发战略要求企业对工厂和设备进行不断投资，但与前两种战略相比其所需的研发费用较低。

经典例题

【例题·多选题】越和公司是一家有着悠久历史的生产液晶电视机的企业，市场份额非常高。2006 年，公司在确定是重点发展等离子电视还是液晶电视这一问题上，经营管理层存在较大分歧，一时难以抉择。后来，德国知名家电企业率先推出了新一代液晶电视，受到越来越多消费者的青睐。公司当即决定成立专门技术攻关小组，加大对液晶电视的研发力度，同时做好国内销售渠道建设与市场布局争取获得后发优势。根据研究与开发战略市场定位的相关理论，下列表述中正确的有（　　）。

A. 越和公司的市场定位应适配其整体营销战略

B. 越和公司的市场定位会加大市场风险

C. 越和公司的市场定位启动风险和成本最小

D. 越和公司的市场定位既需要技术人才也需要市场人才

【答案】CD

【解析】根据题干信息判断，越和公司研究与开发战略的市场定位为成为成功产品的创新模仿者，选项 C、D 正确。选项 A 是“成为向市场推出新技术产品的企业”市场定位的特征。选项 B 是“成为成功产品的低成本生产者”市场定位的特征。

高频考点 15：生产运营战略★★★

生产运营战略是企业根据目标市场和产品特点构造其生产运营系统时所遵循的指导思想，以及在这种指导思想下的一系列决策规划、内容和程序。

生产运营战略与企业内流程的设计、实施和控制相关，它主导着将投入（材料、人工、其他资源、信息和客户）转化为产出（产品和服务）的整个过程。生产运营职能被视作企业以下三种传统核心职能之一：第一，生产运营。生产运营职能负责通过为客户生产产品和提供服务来满足客户的订单和要求。第二，市场营销。市场营销职能负责识别客户的需求以及与潜在客户进行沟通使其购买企业产品。第三，研究与开发。研究与开发职能负责改良产品（服务）或改良流程，从而提高企业的盈利能力。

（一）生产运营战略所涉及的主要因素和阶段

从生产运营战略的横向考查，所有生产运营流程都涉及转化过程，但是转化过程在四个方面或因素上有所不同，它们分别是批量、种类、需求变动以及可见性。上述每个因素都会影响企业的生产运营方式和管理。

1. 批量。

生产运营流程在所处理的投入和产出的批量上有所不同。较高的投入或产出批量能使生产运营流程成为资本密集型流程。在这种流程中，工作专门化并具有完备的系统指导工作的完成，单位成本较低。较低的投入或产出批量意味着每名员工都要执行一项以上的任务，这样专业化无法实现。在这种流程中，系统化程度较低并且与高批量情况相比单位产出成本较高。

2. 种类。

这是指企业提供的产品或服务的范围，或者企业对这些产品或服务投入的范围（如标准化产品、个性化产品）。

3. 需求变动。

在某些企业中，需求在一年中因季节而异（如旅游业或玩具业）或者在一天中因时间而异（如公共交通的使用量）。当需求变动较大时，生产运营会产生产能利用率的问题。生产运营流程应尽量预测需求变动并相应调整产量。例如，旺季的时候旅游业聘用兼职员工，而在旅游淡季，企业的设备和员工都处于未被充分利用的状态，因而单位成本很可能较高。当需求稳定时，生产运营流程可能实现较高的产能利用率，并且成本会相应较低。

4. 可见性。

可见性是指生产运营流程为客户所见的程度。许多服务流程都被客户高度可见。生产运营流程的高可见性需要员工具备良好的沟通技巧和人际关系技巧。与可见性低的生产运营流程相比，这种运营流程需要更多的员工，因而运营费用较高。

从生产运营战略的纵向考查，又涉及生产运营战略的几个主要阶段：

（1）确定生产运营目标；

（2）将业务战略或营销战略转化为生产运营战略，即确定工作得以具体完成的方式；

（3）通过与竞争者的绩效相比较来评估企业当前的运营绩效；

（4）以缺口分析为基础来制定战略；

（5）执行战略并通过对环境变化作出反应来不断地检查、改善和改良战略。

（二）生产运营战略的内容

1. 产品（服务）的选择。

企业进行生产运营，首先要确定的是企业将以何种产品（服务）来满足市场需求，实现企业发展，这就是产品（服务）选择战略所涉及的内容。

（1）市场条件，主要分析拟选择产品（服务）行业所处的生命周期阶段，市场供需的总体状况及发展趋势、企业开拓市场资源的能力、企业在目标市场的地位和竞争能力预期等。

（2）企业内部的生产运营条件，主要分析企业的技术、设备水平，新产品的技术、工艺可行性、所需原材料和外购件的供应状况等。

（3）财务条件，主要分析产品开发和生产所需的投资、预期收益和风险程度等财务衡量指标，此外还要结合产品所处的生命周期来判断产品对企业的贡献前景。

（4）企业各部门工作目标的差异性。

2. 自制或外购选择。

一般而言，对于产品工艺复杂、零部件繁多的生产企业，那些非关键、不涉及核心技术的零部件，如果外购价格合理，市场供应稳定，企业会考虑外购或以外包的方式来实现供应。

3. 生产与运营方式选择。

（1）大批量、低成本。这种战略适用于需求量大、差异性小的产品或服务的提供。在这样一个特定市场上，企业采用低成本和大批量生产与运营方式，就能够提供竞争优势，特别是在居民消费水平普遍不高的经济发展阶段的国家或地区。

（2）多品种、小批量。对于消费者的需求多样化、个性化的产品或服务，就不宜采用大批量生产方式，而更适合采用小批量的顾客定制方式。

除以上两种较为传统的生产运营方式外，可供企业选择的先进生产方式还有计算机集成制造、大规模定制等。

4. 供应链与配送网络选择。

按照产品库存的位置和交付方式的不同，可以构成不同的 6 种模式的配送网络。

（1）制造商存货加直送。在这种模式中，产品绕过零售商直接从制造商发送到最终顾客。直送模式的好处是能够将库存集中在制造商那里，以较低的库存水平提供高水平的产品可获性。对于高价值、低需求量、需求不可预测的商品，直送模式的效益最大。但是，直送模式下运输成本较高，响应顾客需求的时间较长。

（2）制造商存货、直送加在途并货。与纯粹的直送模式不同的是将来自不同地点的订单组合起来，使顾客只需接收一次交付。

（3）分销商存货加承运人交付。不是制造商存货，而是由分销商或零售商存放在中间仓库里，并使用包裹承运人将产品从中间仓库运送到最终顾客。

（4）分销商存货加到户交付。到户交付是指分销商或零售商将产品交付到顾客家门而不通过承运人。

（5）制造商或分销商存货加顾客自提。存货存放在制造商或分销商的仓库，顾客通过在线或电话下订单，然后到指定的提货点领取他们的商品。

（6）零售商存货加顾客自提。它是最传统的方式，库存存放在零售店，顾客走进零售店购货，或者通过在线或电话下订单，然后到零售店提货。

（三）生产运营战略的竞争重点

在多数行业中，影响竞争力的因素主要是 TQCF，即交货期、质量、成本、制造柔性，也是生产运营系统的中心任务。

1. 交货期（time）。

交货期指比竞争对手更快捷地响应顾客的需求，体现在新产品的推出、交货期等方面。对交货期的要求可表现在两个方面：快速交货和按约交货。

2. 质量（quality）。

质量是指产品的质量和可靠性，主要依靠顾客的满意度来体现。这里所讲的质量是指全面的质量，既包括产品本身的质量，也包括生产过程的质量。此外，良好的物质采购与供应控制、包装运输和使用的便利性以及售后服务等对质量也有很大影响。

3. 成本（cost）。

成本包括生产成本、制造成本、流通成本和使用成本等。降低成本对于提高企业产品的竞争能力、增强生产运作对市场应变能力和抵御市场风险的能力具有十分重要的意义。企业降低成本、提高效益的措施很多，诸如优化产品设计与流程设计、降低单位产品的材料及能源消耗、降低设备故障率、提高质量、缩短生产运作周期、提高产能利用率和减少库存等。

4. 制造柔性（flexibility）。

制造柔性是指企业面临市场机遇时在组织和生产方面体现出来的快速而又低成本地适应市场需求，反映了企业生产运作系统对外部环境作出反应的能力。随着市场需求的日益个性化、多元化趋势，多品种、小批量生产成为与此需求特征相匹配的方式，因此，增强制造柔性已成为企业形成竞争优势的主要因素。关键柔性主要包括产品产量柔性、新产品开发及投产柔性和产品组合柔性等，由此又涉及生产运作系统的设备柔性、人员柔性和能力柔性等，甚至对供应商也会提出在这方面相应的要求。

（四）产能计划

产能是指企业在指定时间内能够完成的最大工作量。**产能计划**是指确定企业所需的生产能力以满足其产品不断变化的需求过程。

产能计划的类型包括**领先策略、滞后策略和匹配策略**。

（1）领先策略是指根据对需求增长的预期增加产能。领先策略是一种进攻性策略，其目标是将客户从企业的竞争者手中吸引过来。这种策略的潜在劣势在于其通常会产生过量的产能，生产能力不能被充分利用而导致企业成本上升。

（2）滞后策略是指仅当企业因需求增长而满负荷生产或超额生产后才增加产能。这是一种相对保守的策略，它能降低生产能力过剩的风险，也可能导致潜在客户流失。

（3）匹配策略是指少量地增加产能来应对市场需求的变化。这是一种比较稳健的策略。

一般来说，**共有三种平衡产能与需求的方法**：

（1）**资源订单式生产**。当需求不确定时，企业仅在需要时才购买所需材料并开始生产所需的产品或提供所需的服务。**例如**，建筑企业可能会收到承建新的道路桥梁的大订单。该建筑企业将仅在签订了合同之后才开始采购必需的资源。

（2）**订单生产式生产**。在采用某些生产运营流程的情况下，企业可能对未来需求的上涨非常有信心，从而持有为满足未来订单所需的一种或多种资源的存货，如配备适当的劳动力和设备，但企业会在实际收到订单之后才开始生产产品或提供服务。**例如**，一家餐馆需要的员工数量是可变的，因此它会有一批兼职员工，在餐馆举办大型活动或宴会的时候随叫随到。此外，全职员工还可能在需要时加班工作或进行轮班。

（3）**库存生产式生产**。许多企业在收到订单之前或在知道需求量之前就开始生产产品或提供服务。这种情况在制造型企业非常常见。**例如**，某国今年的社会经济增长理想，国内外消费强劲，玩具生产商预计在圣诞节前订单会有15% ~20%的增长，因此在第三季度就开始生产各种玩具，以减少在第四季度不能满足市场需求的压力。

经典例题

【真题·多选题】（2022）天澜公司是一家有机果蔬种植和销售企业，该公司采用温室种植和自然种植的方法向市场供应当季收获的果蔬，并在各种节假日期间推出有纪念或庆祝意义的果蔬篮；每年购买果蔬超过一定数量的客户自动成为贵宾客户，可享受价格优惠并定期免费参观该公司的果蔬种植园。上述天澜公司的生产运营战略涉及的主要因素有（　　）。

A. 批量　　B. 种类

C. 需求变动　　D. 可见性

【答案】 ABCD

【解析】 案例公司的生产运营战略涉及的主要因素有：批量（“超过一定数量”）、种类（“各种果蔬篮”）、需求变动（“各种节假日期间”是旺季）、可见性（“免费参观”）。

【真题·多选题】（2020）欣馨公司是某市一家向公众开放的花卉种植和销售企业，平时采用自动化设备培植、出售当地居民喜爱的兰花、绿萝等花卉；每逢节日前夕，便向市场推出富有节庆意义的花卉，同时接受并满足顾客观看公司业务流程后所提出的个性化定制要求。该公司的生产运营战略所涉及的主要因素有（　　）。

A. 批量　　B. 种类

C. 需求变动　　D. 可见性

【答案】 ABCD

【解析】 “平时采用自动化设备培植”说明涉及的因素是批量，选项A正确；“平时采用自动化设备培植、出售当地居民喜爱的兰花、绿萝等花卉；每逢节日前夕，便向市场推出富有节庆意义的花卉，同时接受并满足顾客……提出的个性化定制要求”说明涉及的因素有种类和需求变动，选项B、C正确；“接受并满足顾客观看公司业务流程后所提出的个性化定制要求”说明涉及的因素是可见性，选项 D 正确。

【真题·单选题】（2019）智达公司是一家计算机制造企业。为了减少库存，公司对生产过程实施订单管理。生产部门依据销售部门提供的客户订购的产品数量安排当期生产。智达公司的生产运营战略所涉及的主要因素是（　　）。

A. 种类　　B. 批量

C. 需求变动　　D. 可见性

【答案】C

【解析】从生产运营战略的横向考查，所有生产运营流程都涉及转化过程，但是转化过程在四个方面或因素上有所不同，它们分别是批量、种类、需求变动以及可见性。当需求变动较大时，运营会产生生产能利用率的问题。运营流程应尽量预测需求变动并相应调整产量。本题中，“生产部门依据销售部门提供的客户订购的产品数量安排当期生产”属于需求变动。

【例题·单选题】顺达公司是一家家用电器生产企业。顾客可以在其自己开发的小程序上下单后，根据自己的时间到与公司合作的几家大型商超提货。根据以上信息可以判断，顺达公司采用的配送网络类型是（　　）。

A. 制造商存货加直送

B. 分销商存货加承运人交付

C. 分销商存货加到户交付

D. 零售商存货加顾客自提

【答案】D

【解析】零售商存货加顾客自提是指库存存放在零售店。顾客走进零售店购货，或者通过在线或电话下订单，然后到零售店提货。“顾客可以在小程序上下单后，根据自己的时间到与公司合作的几家大型商超提货”表明顺达公司采用的是零售商存货加顾客自提。

高频考点 16：采购战略★★★

采购是指企业取得所用的材料资源和业务服务的过程。采购的任务在于：识别潜在供应商；对潜在供应商进行评价；招标；报价；对价格及支付事项进行谈判；下订单；跟踪已下达的订单；检查进货，以及对供应商付款。

（一）货源策略

类型	优点	缺点
少数或单一货源的策略	①使企业与供应商建立较为稳固的关系；②有利于企业信息的保密；③使企业增加进货的数量，从而产生规模经济并使企业享受价格优惠；④随着与供应商关系的加深，企业可能获得高质量的供应品	①若无其他供应商，则单一供应商的议价能力就会增强；②企业容易遭受供应中断的风险
多货源少批量策略	①企业可以与较多的供应商建立和保持联系，以保证稳定的供应；②有利于与多个供应商合作从而获得更多的知识和技术；③供应商之间的竞争使企业的议价能力增强	①企业与供应商的联系不够稳固，相互信任程度较低；②不利于产生规模经济；企业不能享受大批量购买的价格优惠；③不利于企业获得质量和性能不断提高改进的供应品
平衡货源策略	平衡货源策略就是在以上两种货源策略之间寻求一个比较均衡的点，使企业既能获得集中于少数货源的好处，又充分利用多货源的优点	

企业采用何种货源策略，取决于下列因素：

（1）市场上供应商的数量。

（2）供应商的规模实力、经营状况、信誉、产品或服务价格、交易条件等。

（3）企业对供应品的价格、质量、数量、交货期、相关服务等的要求或态度。企业只能在满足其要求的前提下确定货源策略。

（4）企业与供应商的议价能力对比。如果供应商的议价能力强于企业，企业可采用多货源少批量策略有效减弱供应商的议价能力。相反，如果企业的议价能力强于供应商，则能够采用少数或单一货源策略。

（二）交易策略

类型	含义	适用条件
市场交易策略	企业通过与供应商签订买卖合同在市场上取得所需供应品的策略	（1）供应品的技术含量较低或生产技术相对成熟；（2）供应品在企业产品的生产和销售中不具有重要性；（3）企业不需要供应商提供售后服务；（4）供应商所处的市场较为成熟；（5）供应商数量较多；（6）竞争比较激烈
短期合作策略	企业为了应对一定的市场需求对供应商采取短期合作的策略，在市场需求满足或消失后，合作就宣告结束	（1）企业的产品往往面临急剧变化的市场机会和变化很灵活的客户需求；（2）供应品的供给具有较高的适应性；（3）有的供应品有较高的技术含量，对企业产品的设计、生产、销售都有重要影响
功能性联盟策略	企业与供应商通过订立协议结成联盟的策略	（1）供应品在企业产品的生产经营中起着重要作用；（2）企业对供应品的需求量比较大；（3）供应品的生产技术成熟，可替代性较高；（4）供应商拥有较强的生产能力和实现规模经济的能力
创新性联盟策略	企业为了产品、业务的创新并取得长期竞争优势而与供应商结成联盟的策略	企业采用这种策略时，往往从某种新产品概念的提出就开始与供应商合作，其产品的设计、试制、改进、定型、生产与供应商的产品和技术创新基本上同步进行、相互契合。为了创新的最终成功和取得双赢的效果，双方需要进行紧密和持久的合作，包括双方发展战略的相互配合以及资金、人员等重要资源的协调使用，必要时双方还可建立共同基金、合资企业或进行股权式合作

（三）采购模式

类型	含义	主要特点
传统采购模式	是指企业采购部门在每个月末或者每个季末，根据库存情况制定下个月或下个季度的采购计划，经主管经理或企业负责人审批后，向供应商发出采购信息，供应商接收后向企业报价，再经过双方谈判、协商，最终签订交易合同。必要时企业通过招标方式确定供应商和交易价格	（1）企业与供应商之间的信息沟通不够充分、有效，甚至双方有时为了各自在谈判中占据有利地位，有意隐瞒一些信息；（2）企业和供应商之间只是简单的供需关系，缺少其他方面的合作；（3）以补充库存为目的，缺少对生产需求及市场变化的考虑，因而经常造成库存积压或供不应求，影响企业生产经营正常进行；（4）管理简单、粗放，采购成本居高不下
MRP 采购模式	是指企业以生产为导向，根据生产计划中的产品数量、结构和库存情况，计算推导出需要购买的各种原材料、零部件的数量以及进货时间，据此编制采购计划，按照采购计划向供应商发出订单	（1）生产计划和采购计划十分精细，从产品到原材料、零部件，从需求数量到需求时间，从生产进度到进货顺序，都无一遗漏地作出明确规定；（2）采购计划的计算、编制非常复杂，尤其在产品种类繁多、产品结构复杂的情况下，对各种所需原材料和零部件及其进货时间的计算量是十分巨大的，因而需要借助计算机技术进行
JIT 采购模式	又称准时化采购，该模式是指企业根据自身生产需要对供应商下达订单，要求供应商把适当数量、适当质量的物品在适当的时间送达适当的地点。采用这种采购模式，既能及时充分满足企业生产对物资的需求，又使企业库存量降到最小，甚至实现零库存，从而大大减少了相关采购、仓储费用，加快了企业资金周转	（1）供应商数量少甚至是单一供应商；（2）企业与供应商建立长期稳定的合作关系；（3）采购批量小，送货频率高；（4）企业与供应商都关心对方产品的改进和创新，并主动协调、配合；信息共享快速可靠

续表

类型	含义	主要特点
VMI 采购模式	是指企业和供应商签订协议，规定由供应商管理企业库存，确定最佳库存量，制定并执行库存补充措施，合理控制库存水平，同时双方不断监督协议执行情况，适时修订协议内容，使库存管理得到持续改进	（1）企业与供应商建立了长期稳定的深层次合作关系；（2）打破了以往各自为政的采购和库存管理模式，供应商通过共享企业实时生产消耗、库存变化、消耗趋势等方面的信息，及时制定并实施正确有效的补货策略，不仅以最低的成本满足了企业对各类物品的需要，而且尽最大可能减少了自身由于独立预测企业需求的不确定性造成的各种浪费，极大地节约了供货成本；（3）企业与供应商之间按照利益共享、风险共担的原则，协商确定对相关管理费用和意外损失的分担比例以及对库存改善带来的新增利润的分成比例，从而为双方的合作奠定了坚实的基础
数字化采购模式	是指通过人工智能、物联网、云端协同等技术，实现对采购全流程的智慧管理，在选择和管理供应商、采购需求和费用分析、决策审批、订单生成、进货物流、对账结算、开票付款等各个环节都实现自动化、可视化、标准化和可控化，并通过实时监测和定期评估使之不断优化	（1）企业和供应商以数字化平台为基础建立了自动识别、彼此认知、直接交易、高度契合的新型合作关系；（2）自动化技术淘汰了以往大量的人工操作，创新、优化了采购流程甚至企业全部业务流程；（3）采购管理的科学性、便捷性、精细性、准确性空前提高，“降本增效”极为显著；适应新技术发展趋势，推广前景十分广阔

（四）采购组合

企业可通过考虑以下四个领域来取得最佳的采购组合：

项目	阐释
质量	应向生产部门咨询制造流程所要求的产品质量，并向营销部门咨询客户能接受的产品质量。所采购的部件是产品质量的重要组成部分
数量	在综合考虑以下两个事项之后确定采购订单的大小和时间： （1）保有库存的成本——其占用的资本、存储空间、存货变质、保险和偷盗风险。 （2）库存不足导致的生产延误。库存控制系统将确定最佳的订单量以及在什么情况下须向另一家供应商进行采购
价格	短期有利的价格趋势会影响购买决策，但采购时应时刻关注一段时期内的最佳值，即应考虑质量、交货、订单的紧急度、库存保有要求等
交货	下达订单与交付订单之间的产品交期对实现有效的库存控制和生产计划至关重要。企业应评估供应商交货安排的可靠性

（五）采购经理的职责

当采购具有战略重要性时，最高级别的采购经理应当是董事会成员或者至少应向执行总监报告。采购经理的职责是：

（1）成本控制。确保企业能够长期取得与质量相匹配的衡工量值。

（2）管理投入。从供应商处采购企业所有领域的设备。

（3）生产投入。为生产部门取得材料、零部件、组件、消耗品以及固定设备。

（4）供应商管理。定位供应商，并与供应商进行交易，例如，讨论采购条件、规格、交货间隔期以及交易价格等事项。

（5）获取有关以下事项的信息，用于评价各种采购方案：可用性、质量、价格、分销以及供应商。

（6）维持库存水平。

经典例题

【真题·多选题】（2022）电脑制造商圣和公司根据生产需要对电脑零部件供应商瑞云公司下达订单，要求瑞云公司把适当数量、适当质量的电脑零部件在适当的时间送达适当的地点。下列各项中，属于圣和公司采用的采购模式的特点的有（　　）。

A. 采购管理的科学性、便捷性、精细性、准确性空前提高，“降本增效”极为显著

B. 企业与供应商之间按照利益共享、风险共担的原则，协商确定对相关管理费用的分担比例

C. 企业与供应商建立长期稳定的合作关系

D. 采购批量小，送货频率高

【答案】CD

【解析】案例公司要求供应商把适当数量、适当质量的电脑零部件在适当的时间送达适当的地点，体现为 JIT 采购模式，特点包括：（1）供应商数量少甚至是单一供应商；（2）企业与供应商建立长期稳定的合作关系；（3）采购批量小，送货频率高；（4）企业与供应商都关心对方产品的改进和创新，并主动协调、配合；信息共享快速可靠。因此，选项 C、D 正确。

【真题·多选题】（2019）生产农用运输车辆的江陵公司将柴油发动机的生产授权给一个供应商。下列各选项中，属于该公司货源策略优点的有（　　）。

A. 能够取得更多的知识和专门技术

B. 采购方能够就规模经济进行谈判

C. 允许采用外部专家和外部技术

D. 有利于在货源上取得竞争优势

【答案】BC

【解析】本题中，“生产农用运输车辆的江陵公司将柴油发动机的生产授权给一个供应商”属于主要货源策略中的由供应商负责交付一个完整的子部件，其优点包括：（1）允许采用外部专家和外部技术；（2）可为内部员工安排其他任务；（3）采购方能够就规模经济进行谈判，因此，选项 B、C 正确。

【例题·单选题】A 企业是一家家电制造企业，该企业的采购经理采用某种采购策略，使得企业既能及时充分满足企业生产对物资的需求，又使企业库存量降到最小，请问该采购策略是（　　）。

A. 传统采购模式

B. MRP 采购模式

C. JIT 采购模式

D. VMI 采购模式

【答案】C

【解析】本题中，企业的采购经理使得企业既能及时充分满足企业生产对物资的需求，又使企业库存量降到最小，这说明企业根据自身生产需要对供应商下达订单，体现的是准时化采购模式（JIT 采购模式），因此，选项 C 当选。

【例题·多选题】在从交易策略的角度，侧重于降低采购成本的考虑，公司应选择的交易策略有（　　）。

A. 市场交易策略

B. 创新性联盟策略

C. 短期合作策略

D. 功能性联盟策略

【答案】AD

【解析】从管理的侧重点来看，企业采用市场交易策略（选项 A）和功能性联盟策略（选项 D）侧重于降低采购成本的考虑，采用短期合作策略和创新性联盟策略则侧重于创新的考虑。因此，选项 A、D 当选。

高频考点 17：人力资源战略★★★

（一）人力资源规划

人力资源规划是指在企业发展战略和经营规划的指导下，对企业在某个时期内的人员供给和人员需求进行预测，并根据预测的结果采取相应的措施来平衡人力资源的供需，以满足企业对人员的需求，为企业的发展提供合质合量的人力资源保证，为达成企业的战略目标和长期利益提供人力资源支持。

1. 人力资源规划内容。

企业人力资源规划包括**人力资源总体规划和人力资源业务计划**两个层次。人力资源总体规划是指在计划期内人力资源管理的总目标、

总政策、实施步骤和总预算的安排。人力资源业务计划则包括人员补充计划、分配计划、提升计划、教育培训计划、工资计划、保险福利计划、劳动关系计划、退休计划等。这些业务计划是总体规划的展开和具体化，每一项业务计划都由目标、政策、步骤及预算等部分构成。这些业务计划的实施应能保证人力资源总体规划目标的实现。

2. 人力资源规划步骤。

（1）调查、收集和整理涉及企业战略决策和经营环境的各种信息。

（2）根据企业或部门实际确定其人力资源规划的期限、范围和性质。建立企业人力资源信息系统，为相关预测工作准备精确而翔实的资料。

（3）在分析人力资源供给和需求影响因素的基础上，采用以定量为主结合定性分析的各种科学预测方法对企业未来人力资源供求进行预测。

（4）制订人力资源供求平衡的总计划和各项业务计划。

3. 人力资源供需平衡策略。

人力资源规划的最终目的是实现企业人力资源供给和需求的平衡，因此在预测出人力资源的供给和需求之后，就要对这两者进行比较，并根据比较的结果采取相应的措施。

（1）针对供给和需求总量平衡但结构不匹配情况应当采取的措施。

①进行人员内部的重新配置，包括晋升、调动、降职等，来弥补那些空缺的职位，满足这部分的人力资源需求；②对现有人员进行有针对性的专门培训，使他们能够从事空缺职位的工作；③进行人员的置换，清理企业不需要的人员，补充企业需要的人员，以调整人员的结构。

（2）针对供给大于需求情况应当采取的措施。

①扩大经营规模，或者开拓新的增长点，以增加对人力资源的需求；②永久性的裁员或者辞退员工，但会给社会带来不安定需求因素，往往会受到政府的限制；③鼓励员工提前退休，给那些接近退休年龄的员工以优惠的政策，让他们提前离开企业；④冻结招聘，就是停止从外部招聘人员，通过自然减员来减少供给；⑤通过缩短员工的工作时间、实行工作分享或者降低员工的工资等方式也可以减少供给；⑥对富余的员工进行培训，这相当于进行人员储备，为未来发展做好准备。

（3）针对供给小于需求情况应当采取的措施。

①从外部雇用人员，包括返聘退休人员；②采取多种方法提高现有员工的工作效率，如改进生产技术、增加工资、进行技能培训、调整工作方式等；③延长工作时间，让员工加班加点；④降低员工的离职率，减少员工的流失，同时进行内部的调配，通过增加内部的流动来提高某些职位的供给；⑤将企业的某些业务进行外包，减少对人力资源的需求。

企业在制定平衡供需的措施时，应当从实际出发，综合运用这些方法，使人力资源的供给和需求在数量、质量以及结构上都达到平衡。

（二）人力资源获取

人力资源获取是通过员工招聘来实现的。招聘就是在企业总体发展战略规划的指导下，通过制订相应的职位空缺计划，寻找合适的人员来填补这些职位空缺的过程。招聘包括招募、甄选与录用三部分。招募（recruitment）是指企业采取多种措施吸引候选人来申报企业空缺职位的过程；甄选（selection）是指企业采用特定的方法对候选人进行评价，以挑选最合适人选的过程；录用是指企业作出决策，确定入选人员，并进行初始安置、试用、正式录用的过程。

1. 招募的渠道和方法。

企业的招募渠道有两个：**外部招募和内部招募**。这两种渠道相辅相成，共同为企业获取人员提供支持与保障。

（1）内部招募的来源与方法。内部招募的来源有三个：一是下级职位上的人员，主要通过晋升的方式来填补空缺职位；二是同级职位上的人员，填补空缺职位的方式主要是工作调换或工作轮换；三是上级职位上的人员，主要通过降职的方式来填补空缺职位。内部招募的方法主要有两种：一是工作公告法；二是档案记录法。

（2）外部招募的来源与方法。外部招募的来源主要有学校、竞争者和其他公司、失业者、老年群体、退伍军人和自由职业者等。外部招募的方法主要有：广告招募、外出招募、借助职业中介结构招募和推荐招募等。

（3）内部招募与外部招募的对比。内部招募和外部招募这两种渠道各有利弊，企业往往需要综合考虑这些利弊后才能够作出决策。如下表所示。

两种招募渠道的优势与劣势分析

招募渠道	优势	劣势
内部招募	有利于提高员工的士气和发展期望； 对组织工作的程序、企业文化、领导方式等比较熟悉，能够迅速地展开工作； 对企业目标有认同感，辞职可能性小，有利于个人和企业的长期发展； 风险小，对员工的工作绩效、能力和人品有基本了解，可靠性较高； 节约时间和成本	容易引起同事间的过度竞争，产生内耗； 竞争失利者感到心理不平衡，难以安抚，容易降低士气； 新上任者是“老人”，难以建立起领导声望； 容易出现近亲繁殖问题，思想观念因循守旧，思考范围狭窄，缺乏创新和活力
外部招募	为企业注入新鲜“血液”，能够给企业带来活力； 避免企业内部相互竞争所造成的紧张氛围； 给企业内部人员以压力，激发他们的工作动力； 选择的范围比较广，可以招聘到优秀的人才	对内部人员是一个打击，感到晋升无望，会影响工作热情； 外部人员对企业情况不了解，需要较长的时间来适应； 对外部人员不是很了解，不容易作出客观的评价，可靠性比较差； 外部人员不一定认同企业的价值观和企业文化，会给企业稳定造成影响

2. 甄选与录用。

员工甄选是指通过运用一定的工具和手段来对已经招募到的求职者进行鉴别和考查，区分他们的人格特点与知识技能水平，预测他们的未来工作绩效，从而最终挑选出企业所需要的、恰当的职位空缺填补者。员工甄选工具一般包括面试、评价中心、心理测试、工作样本和知识测试等。

3. 与企业竞争战略匹配的人力资源获取策略。

高效的招募、甄选与录用人才是企业获得持续竞争优势的关键。人力资源的获取与企业竞争战略密切相关。下表显示了与三种基本竞争战略相匹配的人力资源获取策略的比较。

与三种基本竞争战略相匹配的人力资源获取策略比较

人力资源获取策略	成本领先	差异化	集中化
员工来源	外部	内部	两者兼顾
晋升阶梯	狭窄、不宜转换	广泛、灵活	狭窄、不宜转换
甄选决策	人力资源部	业务部门	结合两者
甄选方法	简历和面试为主	多重方法	心理测试
甄选标准	强调技能	强调与文化契合	结合两者
社会化过程	正式的雇佣和社会化过程	非正式的雇佣和社会化过程	结合两者

（三）人力资源培训与开发

人力资源培训与开发是指组织为实现自身和员工个人的发展目标，有计划、系统地为员工提供学习机会或训练，使之提高、完善、改进与工作相关的知识、技能、能力以及态度等素质，以适应并胜任职位工作的战略性人力资本投资活动。

1. 培训与开发流程。

员工培训的流程包括培训需求分析、培训计划设计、培训实施和培训效果评估。

（1）培训需求分析。培训需求分析既是确定培训目标、设计培训规划的前提，也是进行培训评估的基础，因而成为培训活动的首要环节。首先，明确培训需求分析的层次，包括组织分析、人员分析和任务分析。组织分析，是指通过对组织的目标、资源、特质和环境等因素的分析，准确地找出组织存在的问题与问题产生的根源；人员分析，是指通过对员工的绩效进行评价来找出存在的问题；任务分析，是指分析员工所要完成的工作任务以及成功完成任务所需要的技能和知识。其次，选择培训需求的分析方法。培训需求分析的主要方法有观察法、关键人员谈话法、问卷法。此外，还包括分级讨论法、测试法、文献调查法、记录报告法、自我评价法、工作样本法等。

（2）培训计划设计，包括：①培训目标，如提高员工自我意识、更新知识，提高技能；使员工增加对组织的认同感和责任感；提高工作效率等；②培训的内容和培训对象；③培训讲师；④培训地点和设施；⑤培训的方式方法和费用。

（3）培训实施。有多种可供选择的方法：①在岗培训方法，包括学徒培训、导师制、工作实践体验等；②脱产培训方法，包括授课法、讨论法、案例分析法、角色扮演法、移动学习、拓展训练、行动学习法等。

（4）培训效果评估。按照唐纳德·帕特里克（Donald Kirkpatrick）的四层次评估模型，将评估的标准分为四个层次：

第一层次为反应层，指受训人员对培训的印象，是否对培训满意。

第二层次为学习层，指受训人员对培训内容的掌握程度，他们在接受培训以后知识和技能的掌握是否有所提高以及有多大程度的提高，这更多的是停留在认知层面上。

第三层次为行为层，指受训人员在接受培训以后工作行为的变化，也可以看作对学习成果的运用，在工作中是否改进了以前的行为，是否运用了培训的内容。

第四层次为结果层，指受训人员或者企业的绩效的改善，经过培训，员工和企业的绩效是否得到了改善和提高。

对于培训评估的标准，还可以从两个大的方面衡量：一是培训的效果，可以将培训的结果和培训的目标进行比较从而得出结论。二是培训的效率，即培训是否以最有效的方式实现预期的目标，在同样的培训效果下，费用最低、时间最短的培训是最有效率的。

2. 培训与开发类型。

按照不同的标准，可以将培训与开发划分成不同的类型。

（1）按照培训对象的不同，可以将培训与开发划分成新员工培训和在职员工培训两大类。按照员工所处的层次不同，在职员工培训又可以继续划分为基层员工培训、中层员工培训和高层员工培训三类。

（2）按照培训形式的不同，可以将培训与开发划分为在岗培训和脱产培训两大类。

（3）按照培训性质的不同，可以将培训与开发划分为传授性培训和改变性培训两大类。前者指那些使员工掌握自己本来所不具备的内容的培训，例如员工本来不知道如何操作机床，通过培训使他们能够进行操作；后者指那些改变员工本来已具备的内容的培训，例如员工知道如何操作机床，但是操作方法有误，通过培训使他们掌握正确的操作方法。

（4）按照培训内容的不同，可以将培训与开发划分为知识性培训、技能性培训和态度性培训三大类。

3. 与竞争战略相匹配的人力资源开发与培训。

当企业采取成本领先战略时，通常强调个人能力，因此强调范围有限的知识和技巧，实施个人的在职培训，企业往往通过自己设立企业大学或者定期培训来提升员工的知识和能力。

采用差异化战略的企业则强调公司与其他企业的不同之处，因此要求具有广泛的知识、技巧和创造性，采用这种策略的公司往往传递外部新颖信息、购买所需技能或者利用外部培训机构对团队进行培训。

采用集中化战略的企业，对专门领域的知识需求更迫切，一般强调应用范围适中的知识和技巧。这种知识和技巧成为专有知识，不易转换和共享。企业可以利用在职培训或者外部培训，自己培养技能或者购买技能。

（四）人力资源绩效评估

绩效是指员工在工作过程中所表现出来的与组织目标相关的并且能够被评价的工作结果与行为。绩效管理就是对绩效评估的过程。完整意义上的绩效管理是由绩效计划、绩效监控、绩效考核和绩效反馈这四个部分组成的一个系统。

1. 绩效计划。

绩效计划是整个绩效管理系统的起点，是指在绩效周期开始时，由上级和员工一起就员工绩效考核期内的绩效目标、绩效过程和手段等进行讨论并达成一致。绩效计划会随着绩效周期的推进而不断作出相应的修改。绩效计划包含如下三部分内容：①员工在考核周期内的绩效目标体系（包括绩效目标、指标和标准）、绩效考核周期；②为实现最终目标，员工在绩效考核周期内应从事的工作和采取的措施；③对绩效监控、绩效考核和绩效反馈阶段工作的规划和指导。

在实践中，企业普遍使用的绩效计划工具主要有**关键绩效指标法（KPI）、目标管理法、360 度评估法。**

（1）关键绩效指标法。关键绩效指标是用于评估和管理被评估者绩效的可量化的或可行为化的标准体系，是对组织战略目标有增值作用的指标，它将个体绩效与组织战略目标紧密连接起来。确定关键绩效指标一般遵循下面的过程：①建立**评价指标体系**。首先，明确企业的战略目标，找出企业的业务重点，并确定这些关键业务领域的关键业绩指标，从而建立企业级关键业绩指标。其次，各部门依据企业级关键业绩指标建立部门级关键业绩指标。最后，把部门级关键业绩指标进一步分解为更细的、直接用于员工考核的关键业绩指标。②设定**评价标准**。**评价指标体系**的建立解决的是从哪些方面对工作进行评价即评价“什么”的问题；设定**评价标准**解决的是在各个指标上分别应该达到什么样的水平即要求被评价者做得“怎样”、完成“多少”的问题。③审核**关键绩效指标**。对关键绩效指标进行审核的目的主要是确认这些关键绩效指标能否全面、客观地反映评价对象的工作绩效以及是否适合于评价操作。

运用关键绩效指标法对绩效进行管理，可以保证对组织有贡献的行为受到关注和鼓励。

（2）目标管理法。目标管理法不仅是一种评估体系和过程，而且是一种管理实践哲学，一种管理者和下属一起进行计划、组织、控制、交流和讨论的方法。通过参与设置目标或者主管安排任务，下属在履行工作过程中被提供给一种追随进程和一个努力目标。通常，目标管理程序遵循如下系统化步骤：①主管和下属开会明确下属的关键任务和设置有限数目的目标；②参与者设置现实的、挑战性的、明确的和可以理解的目标；③在征询下属意见之后，主管建立评价目标完成程度的标准；④审核中间过程的日期被一致通过和加以实施；⑤主管和下属按要求对原有目标进行一些修改；⑥主管作出目标完成状况的最终评估，并且召开小组会议和下属一起就结果进行商议和鼓励。

（3）360 度评估法。360 度评估法又称“360 度考核法”或“全方位考核法”，是指由员工自己、上级、直接部属、同事和顾客等从各个角度来评估人员绩效的方法。评估内容可包括沟通技巧、人际关系、领导能力、行政能力等。通过这种评估，被评估者不仅可以从自己、上级、部属、同事和顾客处获得多种角度的反馈，也可以从这些不同的反馈清楚地知道自己的长处、不足与发展需求。360 度评估法比单一角度的绩效评估法具有的优点有：①准确性。根据心理测量理论，对个体从多个角度进行观察得出的结论更为有效和可靠。②接受性。相关研究结果显示，多角度的评估比单一的上级评估或其他单一来源的评估更容易让被评估者接受评估结果，因此也更容易采取行动完善自己。③参与性。360 度评估涉及整个组织，实施一次 360 度评估几乎能让所有的员工都参与进来，提供了企业各方之间沟通的平台。

2. 绩效监控。

绩效监控是指在整个绩效期间内，通过上级和员工之间持续的沟通来预防或解决员工实现绩效时可能发生的各种问题的过程。一般来说，管理人员与员工的持续沟通可以通过正式的沟通与非正式的沟通来完成。正式的沟通有：书面报告（如工作日志、周报、月报、季报、年报等）、会议、正式面谈等。非正式的沟通方式多种多样，常用的非正式沟通方式有：走动式管理、开放式办公室、休息时间的沟通、非正式的会议等。与正式的沟通相比，非正式的沟通更容易让员工开放地表达自己的想法，沟通的氛围也更加宽松。

3. 绩效考核。

绩效考核是指确定一定的考核主体，借助一定的考核方法，对员工的工作绩效作出评价，主要有以下方面的工作：考核对象的确定、考核内容的确定、考核主体的确定、考核方法的选择。考核对象一般包括组织、部门和员工三个层面；考核内容由工作能力、工作态度和工作业绩组成；考核主体一般包括五类成员：上级、同事、下级、员工本人和客户；考核方法大致可以分为三类：比较法、量表法和描述法。

4. 绩效反馈。

绩效反馈是指绩效周期结束时在上级和员工之间进行绩效考核面谈，由上级将考核结果告知员工，指出员工在工作中存在的不足并和员工一起制订绩效改进的计划。具体包括：①就绩效考核的结果和员工进行面对面的沟通，指出员工在绩效考核期间存在的问题。②制订出绩效改进的计划。③为了保证绩效的改进，对绩效改进计划的执行效果进行跟踪。④根据绩效考核的结果对员工进行相应的奖惩。

5. 绩效管理与企业基本竞争战略的匹配。

实施成本领先战略的企业，主张通过较低成本击败对手或者成为行业领先，绩效评估强调结果导向，以控制成本为目的，评估范围狭窄，评估的信息来源单一，上级作为考核的主要考官。

差异化战略强调生产与众不同的产品，关注创新和新颖性，评估内容涉及行为和结果两种指标。评估范围宽广，评估信息丰富，主要用于员工的发展和素质提升。

相比于成本领先和差异化战略，采用集中化战略的企业，其绩效管理的目的、内容、范围及结果应用等倾向于二者的结合。

（五）人力资源薪酬激励

薪酬管理是指在组织经营战略和发展规划的指导下，综合考虑内外部各种因素的影响，确定薪酬体系、薪酬水平、薪酬结构、薪酬构成，明确员工所应得的薪酬，并进行薪酬调整和薪酬控制的过程。

1. 薪酬的组成及公平性原则。

一般来说，在企业中，员工的薪酬由三部分组成：①基本薪酬，是指根据员工所承担的工作或者所具备的技能而支付给他们的较为稳定的经济收入。②可变薪酬，是指根据员工、部门或团队、组织自身的绩效而支付给他们的具有变动性质的经济收入。③间接薪酬，是指给员工提供的各种福利。

有效的薪酬管理必须坚持公平性原则。公

平性包括三个层次的含义：①外部公平性，指在不同企业中，类似职位或者员工的薪酬应当基本相同。②内部公平性，指在同一企业中，不同职位或者员工的薪酬应当与各自对企业的贡献成正比。③个体公平性，指在同一企业中，相同或类似职位上的员工，薪酬应当与其能力、贡献成正比。

2. 薪酬水平策略。

薪酬水平指内部各职位、各部门以及组织整体平均薪酬的高低状况，反映了企业所支付薪酬的外部竞争性与薪酬成本。在确定薪酬水平时，企业通常可以采取四种策略：①领先型策略，即薪酬水平高于市场平均水平的策略。②匹配型策略，即薪酬水平与市场平均水平保持一致。③拖后型策略，即薪酬水平要明显低于市场平均水平。④混合型策略，即针对企业内部的不同职位采用不同的策略（比如，对关键职位采用领先型策略；对辅助性职位采用匹配型策略）。

3. 薪酬构成策略。

薪酬构成指在员工和组织总体的薪酬中，不同类型薪酬的组合方式。对于企业而言，基本薪酬、可变薪酬与间接薪酬三种薪酬的作用不完全相同。基本薪酬在吸引、保留人员方面效果比较显著，在激励人员方面效果一般；可变薪酬在吸引、激励人员方面效果比较显著，在保留人员方面效果中等；间接薪酬在保留人员效果方面比较显著，在吸引、激励人员方面效果一般。企业在薪酬管理过程中，应该考虑这三种薪酬在员工总薪酬中所占的比例。

4. 企业竞争战略与薪酬策略。

实施成本领先战略的企业强调对外公平，而实施差异化战略和集中化战略的企业强调对内公平；实施成本领先战略的工资基础是岗位或年资，使用固定薪酬（基本薪酬），而实施差异化战略的企业支付薪酬的基础是能力或绩效，较多使用浮动薪酬（可变薪酬），实施集中化战略的企业工资基础强调能力与绩效的结合，并将固定薪酬和浮动薪酬一起使用。决策过程也截然不同，实施成本领先战略的企业强调集权，通过高层作出决策；实施差异化战略的企业则授权中层或子公司进行决策；采用集中化战略的企业有效地将授权与分权统一，针对市场和公司能力采用不同的方式。

经典例题

【真题·单选题】（2022）叶丰公司是一家农药生产企业，该公司率先采用生物技术生产的无毒级高效农药，深受种植企业欢迎。目前叶丰公司因业务发展需招聘新员工。下列关于叶丰公司人力资源获取策略的表述中，正确的是（　　）。

A. 采用成本低、速度快的方法甄选新员工

B. 由人力资源部负责新员工的招聘

C. 新员工的甄选标准强调与叶丰公司文化契合

D. 新员工的甄选方法以简历和面试为主

【答案】C

【解析】案例公司率先采用生物技术生产的无毒级高效农药，表明该公司采用的基本竞争战略是差异化战略，新员工的甄选标准强调与文化契合，选项C正确。

【真题·单选题】（2021）贝康公司是一家生产婴幼儿奶粉的企业，该公司近期率先推出一种营养成分最接近母乳且比其他奶粉更易于婴幼儿消化吸收的产品，深受消费者欢迎。目前贝康公司因业务发展须招聘新员工。从人力资源获取策略看，该公司甄选新员工的方法应是（　　）。

A. 面试　　B. 简历审查

C. 心理测试　　D. 多重方法

【答案】D

【解析】“率先推出一种营养成分最接近母乳且比其他奶粉更易于婴幼儿消化吸收的产品”说明公司采取的是差异化战略。面试和简历审查适用于成本领先战略，心理测试适用于集中化战略，只有选项D“多重方法”适用于差异化战略。

【真题·单选题】（2021）太奇公司是一

家从事饮料生产的外资企业，该公司的薪酬结构由基本工资、奖金、津贴和福利构成，其薪酬水平是国内饮料行业平均薪酬的 3 倍左右。太奇公司采取的薪酬水平策略是（　　）。

A. 领先型策略　　B. 匹配型策略

C. 拖后型策略　　D. 混合型策略

【答案】A

【解析】领先型策略，即薪酬水平高于市场平均水平的策略。“其薪酬水平是国内饮料行业平均薪酬的 3 倍左右”说明采用了领先型策略，选项 A 正确。

【例题·单选题】特瑞公司是一家生产易拉罐的企业。该公司近期通过采用一项新技术，大幅降低了生产成本，使其产品售价达到行业最低水平。目前特瑞公司因业务发展需要新员工。从人力资源获取策略看，该公司甄选新员工的方法应是（　　）。

A. 多重方法

B. 简历和面试为主

C. 心理测试

D. 面试和心理测试

【答案】B

【解析】“特瑞公司是一家生产易拉罐的企业。该公司近期通过采用一项新技术，大幅降低了生产成本”表明特瑞公司采用的是成本领先策略，对应的甄选方法是简历和面试为主。

【例题·多选题】A 公司人力资源部在讨论公司薪酬政策时，人力资源部经理认为为体现出针对员工的激励性，即使处在相同岗位上的员工所得到的薪酬也应该有所差异，要与自身能力以及对企业做出的贡献成正比。根据薪酬政策的公平性原则可以判断。A 公司薪酬政策不能体现的原则有（　　）。

A. 内部公平性　　B. 外部公平性

C. 个体公平性　　D. 集体公平性

【答案】ABD

【解析】本题中人力资源经理认为在同一企业中，所以锁定选项 B、D，而相同或类似职位上的职工，薪酬应当与其能力、贡献成正比这是个体公平性的特征，故选选项 A、B、D。

高频考点 18：财务战略★★★★★

（一）财务战略的概念

财务战略是主要涉及财务性质的战略，属于财务管理的范畴。财务战略主要考虑资金的使用和管理的战略问题，并以此与其他性质的战略相区别。财务战略主要考虑财务领域全局的、长期的发展方向问题，并以此与传统的财务管理相区别。

财务战略概念的出现，使企业战略分为财务战略和非财务战略两类，并把非财务战略称为经营战略。如果说经营战略主要强调与外部环境和企业自身能力相适应，那么财务战略则主要强调必须适合企业所处的发展阶段并符合利益相关者的期望。

（二）财务战略的确立

财务战略的确立是指在追求实现企业财务目标的过程中，高层财务管理人员对筹资来源、资本结构、股利分配等方面作出决定以满足企业发展需要的过程。

1. 融资渠道与方式。

（1）融资方式。一般来说，企业有四种不同的融资方式：内部融资、股权融资、债权融资和资产销售融资。

①内部融资。企业可以选择使用内部留存利润来进行再投资。留存利润是指企业分配给股东红利后剩余的利润。这种融资方式是企业最普遍采用的方式，但企业的一些重大事件，比如并购，仅仅依靠内部融资是远远不够的，还需要其他的资金来源。内部融资的优点在于管理层在做此融资决策时不需要听取任何企业外部组织或个人的意见，例如，并不需要像债权融资那样向银行披露自身的战略计划或者像股权融资那样向资本市场披露相关信息，从而可以节省融资成本。当然，不足也是存在的，比如股东根据企业的留存利润会预期下一期或将来的红利，这就要求企业有足够的盈利能力，而对于那些陷入财务危机的企业来说其资

金压力是很大的，因而这些企业就没有太大内部融资的空间。

②**股权融资**。股权融资是指企业为了新的项目而向现在的股东和新股东发行股票来筹集资金。股权融资也可称为权益融资。这种融资经常面对的是企业现在的股东，按照现有股东的投票权比例进行新股发行，新股发行的成功取决于现有股东对企业前景具有较好预期。股权融资的**优点**在于当企业需要的资金量较大时（比如并购），股权融资就占很大优势，因为它不像债权融资那样需要定期支付利息和本金，而仅仅需要在企业盈利时向股东支付股利。这种融资方式也有其**不足**之处，比如股份容易被恶意收购从而引起控制权的变更，并且股权融资方式的成本也较高。

③**债权融资**。债权融资大致可以分为**贷款和租赁**两类。**贷款**包括短期贷款与长期贷款。年限少于一年的贷款为短期贷款，年限高于一年的贷款为长期贷款。长期贷款通常需要企业的资产作抵押。资产抵押意味着企业如不按期偿还贷款，债权人就有权处置企业所抵押的资产。也正因为有资产作抵押，债权融资的成本一般会低于股权融资，但是无论企业的盈利状况如何，即便是亏损，企业也需要支付合同规定的利息费用，而股权融资在此时可以选择不发放股利。每个企业的贷款额度都是有限的，债权人会从风险管理的角度来评价需要贷款的企业，从而作出最优的贷款决策。债权融资方式与股权融资相比，融资成本较低、融资速度较快，并且方式也较为隐蔽，但不足之处也很明显，当企业陷入财务危机或者企业的战略不具竞争优势时，还款的压力会增加企业的经营风险。

租赁是指企业在一段时期内租用资产的债务形式，可能拥有在期末的购买期权。租赁的优点在于企业可以不需要为购买运输工具进行融资，因为融资的成本是比较高的。此外，租赁很有可能使企业享有更多的税收优惠。租赁可以增加企业的资本回报率，因为它减少了总资本。不足之处在于，企业使用租赁资产的权利是有限的，因为资产的所有权不属于企业。

名师解惑

股权融资是指通过发行股票向新老股东融资，财务风险低，没有还本付息的压力，但其资本成本较高，可能会使得公司控制权稀释。债权融资是指公司向银行借款或者通过发行债券等手段进行融资，由于需要定期支付利息，故财务风险较高，但资本成本较低，但融资所得可能会受到一定条款的限制。

④**资产销售融资**。这是指企业销售其部分有价值的资产进行融资，是企业进行融资的主要战略。从资源观的角度来讲，这种融资方式显然会给企业带来许多切实的利益。销售资产的**优点**是简单易行，并且不用稀释股东权益。**不足**之处在于，这种融资方式比较激进，一旦操作就无回旋余地，而且如果销售的时机选择不准，销售的价值就会低于资产本身的价值。

（2）企业融资能力的限制。在理解了企业的几种主要融资方式后，管理层还需要了解限制企业融资能力的两个主要方面：**一是企业进行债务融资面临的困境；二是企业进行股利支付面临的困境**。

①债务融资面临的困境。债务融资要求企业按照合同进行利息支付，利率一般是固定的，并且利息的支付还有两个方面的要求：一是利息支付一定优先于股利支付；二是无论企业的盈利状况如何，企业都必须支付利息。因此，如果企业负担不起利息时，就将进入技术破产。这意味着，企业盈利波动的风险由股东承担，而不是由债权人承担。高风险通常与高回报相联系，股东会比债权人要求更高的回报率。按照这个逻辑，企业应该更偏好于选择债权融资。尽管相对于股权融资而言，债权融资的融资成本较低，但是企业不会无限制地举债，因为巨额的债务会加大企业利润的波动，表现为留存利润和红利支付的波动。

②股利支付面临的困境。企业在作出股利支付决策时同样也会遇到两难的境地。如果企业给股东分配较多的股利，那么企业留存的利润就较少，进行内部融资的空间相应缩小。从理论上讲，股利支付水平与留存利润之间应该是比较稳定的关系。然而，实际上企业经常会选择平稳增长的股利支付政策，这样会增强股东对企业的信心，从而起到稳定股价的作用，且留存利润也是属于股东的，只是暂时没有分配给股东而是要留存企业以继续为股东增值。但是，较稳定的股利政策也有其不足之处，与前述债权融资的思路类似，如果股利支付是稳定的，那么利润的波动就完全反映在留存利润上，不稳定的留存利润不利于企业作出精准的战略决策。同样，企业也会权衡利弊作出最优的股利支付决策。

2. 融资成本。

为了评价上述各种不同的融资方式，需要考查它们给企业带来的融资成本。下面将分别讨论股权融资与债权融资的资本成本，其中重点内容是估计股权融资成本。估计和计算融资成本有以下四种情况：

资本成本	要点
用资本资产定价模型（CAPM）估计权益资本成本	权益资本成本是指企业通过发行普通股票获得资金而付出的代价，它等于股利收益率加资本利得收益率，也就是股东的必要收益率。资本资产定价模型是估计企业内部权益资本成本的模型，它的**核心思想**是企业权益资本成本等于无风险资本成本加上企业的风险溢价，因而企业的资本成本可以计算为无风险利得与企业风险溢价之和
用无风险利率估计权益资本成本	企业也通常会使用比 CAPM 简单的无风险利率方法估计权益资本成本，IT 企业就常常使用这种方法。使用这种方法时，企业首先要得到无风险债券的利率值，这在大多数国家都是容易获取的指标，然后企业再综合考虑自身企业的风险，并在此利率值的基础上加上几个百分点，最后按照这个利率值计算企业的权益资本成本
长期债务资本成本	长期债务资本成本相对权益资本的计算较为直接，它等于各种长期债务资本成本的加权平均数扣除税收效应
加权平均资本成本（WACC）	加权平均资本成本是权益资本成本与长期债务资本成本的加权平均。在实务中，企业通常使用现在的融资成本来计算，因为这样计算比使用过去的资本能更准确地反映企业使用资金的成本，从而作出合理的战略决策。 **WACC =（长期债务成本 × 长期债务总额 + 权益资本成本 × 权益总额）/ 总资本**

3. 最优资本结构。

分析资本成本的**最终目的**是为企业作出最优的资本结构决策提供帮助。具体来讲，**资本结构是权益资本与债务资本的比例**。每个企业都有自身的情况，因此资本结构决策不可能像数学公式那样可以按照统一的模式得出。借款会增加债务固定成本而给企业带来财务风险，价格、产品需求以及成本来源的变动都将对使用负债的企业带来更多的影响。由于企业的财务杠杆增加，企业的整体风险也会增加。

大多数经理倾向于内部融资而不是外部融资。在实务中，这意味着在高盈利时期，管理层会倾向于通过留存盈余而不是借债来融资，而在盈利比较低的时期，管理层倾向于借债而不是发行新股进行融资。

决定资本结构的其他考虑因素还包括：企业的举债能力、管理层对企业的控制能力、企业的资产结构、增长率、盈利能力以及有关的税收成本。还有一些难以量化的因素，包括：企业未来战略的经营风险、企业对风险的态度、企业所处行业的风险、竞争对手的资本成本与资本结构（竞争对手可能有更低的融资成本以及对风险的不同态度）、影响利率的潜在因素（如整个国家的经济状况）。

虽然资本成本计算复杂且不确定，但仍有必要进行计算。这是因为企业需要让所有的利益相关者确认自己的付出得到回报，如果这些资金投资在企业外部能得到比投资在该企业更多的收益，企业的利益相关者就会改变自己的投资策略，从而影响企业的融资成本。此外，对企业来说，**分析资本成本是企业作出新的战略规划的起点**。如果企业即将启动项目的预算收益低于资金的融资成本，那么企业就应该放弃该项目。

4. 股利分配策略。

（1）决定股利分配的因素。盈余分配和留存政策也是财务战略的重要组成部分。保留的盈余是企业一项重要的融资来源，财务经理应当考虑保留盈余和发放股利的比例。大幅的股利波动可能降低投资者的信心，因此企业通常会通过调整盈余的变化来平衡股利支付。企业发放的股利可能被投资者看作是一种信号。在决定向股东支付多少股利时，考虑的重要因素之一就是为了满足融资需要而留存的盈余数量。留存盈余和发放股利的决策通常会受到以下因素的影响：

①留存供未来使用的利润的需要。它直接关系企业的资产或未来业务的扩张程度。

②分配利润的法定要求。这是指基于经济利润的分配可能反过来影响资本的分配，股利的发放也将限制留存的盈余。

③债务契约中的股利约束。

④企业的财务杠杆。如果企业需要额外的融资，则应当在权益融资和债务融资之间进行平衡。

⑤企业的流动性水平。因为支付现金会导致流动性资产的枯竭，所以未来的现金流需要根据未来支付股利的需要来进行计划。

⑥即将偿还债务的需要。未来需要偿还的债务越多，企业需要保留的现金就越多。

⑦股利对股东和整体金融市场的信号作用。股东经常把企业发放的股利看作是未来成功的信号。稳定、持续的股利会被看作是一个积极的信号，所有者和投资者通常将亏损期间的股利支付看作是暂时亏损的信号，这一点得到了实证结果的支持。实证研究发现，企业的现金股利支付似乎比剩余股利理论中的股利支付更为稳定。企业平衡各个期间的股利，很可能是因为财务经理认为股利支付在资本市场中具有信号作用。

（2）实务中的股利政策。一般而言，实务中的股利政策有四大类：固定股利政策、固定股利支付率政策、零股利政策和剩余股利政策。

股利政策	定义	特点
固定股利政策	每年支付固定的或者稳定增长的股利	将为投资者提供可预测的现金流量，减少管理层将资金转移到盈利能力差的活动的机会，并为成熟的企业提供稳定的现金流。但是，盈余下降时也可能导致股利发放遇到一些困难
固定股利支付率政策	股利支付率等于企业发放的每股现金股利除以企业的每股盈余，股利支付率保持不变	支付固定比例的股利能保持盈余、再投资率和股利现金流之间的稳定关系，但是投资者无法预测现金流，这种方法也无法表明管理层的意图或者期望，并且如果盈余下降或者出现亏损，这种方法就会出现问题
零股利政策	将企业所有剩余盈余都投资回本企业中	在企业成长阶段通常会使用这种股利政策，并将其反映在股价的增长中。但是，当成长阶段已经结束，并且项目不再有正的现金净流量时，就需要积累现金和制定新的股利分配政策
剩余股利政策	只有在没有现金净流量为正的项目的时候才会支付股利	这在那些处于成长阶段，不能轻松获得其他融资来源的企业中比较常见

（三）财务战略的选择

1. 基于产品生命周期的财务战略选择。

产品的生命周期理论假设产品都要经过导入期、成长期、成熟期和衰退期四个阶段。

企业在产品生命周期不同发展阶段的经营特征如下表所示：

项目	导入期	成长期	成熟期	衰退期
经营风险	非常高	高	中等	低
财务风险	非常低	低	中等	高
资本结构	股东权益	主要是股东权益	股东权益 + 债务	股东权益 + 债务
资金来源	风险资本	权益投资增加	保留盈余 + 债务	债务
股利	不分配	分配率很低	分配率高	全部分配
价格/盈余倍数	非常高	高	中	低
股价	迅速增长	增长并波动	稳定	下降并波动

（1）产品生命周期不同阶段的财务战略。

①处于产品生命周期导入期的企业财务战略。产品生命周期的导入期是企业经营风险最高的阶段。企业可能会面临各种各样的问题，而这些问题都是风险。经营风险高意味着这一时期的财务风险可能较低，因此权益融资是最合适的。对于股权资本筹资，从事导入期产品的企业通常利润微薄，甚至有可能出现亏损，因此风险投资者在其中起很大作用。风险投资者之所以愿意将资本投资于从事导入期产品的企业，是因为预期企业未来盈利能力会出现高增长。

从事导入期产品的企业必须建立牢固的财务基础，建立自由现金储备，尽可能增强企业的流动性，进而提高企业的灵活度，这是保证企业生存和未来成长的重要战略措施。

从股利分配战略看，由于从事导入期产品的企业的收益较低并且波动性较大，融资渠道不畅，留存收益是很多企业唯一的资金来源，企业出于稳健考虑需要进行大量积累，因此适宜采取不分配或少分配利润的股利分配战略。若非派发股利不可，也应主要考虑股票股利方式。另外，股利回报对于期望高收益的风险投资者来说，也没有吸引力。

②处于产品生命周期成长期的企业财务战略。一旦新产品或服务成功进入市场，销售数量就开始快速增长。这不仅代表了产品整体业务风险的降低，而且表明需要调整企业的战略。

竞争策略重点强调营销活动，以确保产品销售增长令人满意以及企业增加市场份额和扩大销售量。这些表明企业风险尽管比产品导入期降低了，但仍然很高，因此要控制资金来源的财务风险，需要继续使用权益融资。然而，最初的风险投资家渴望实现资本收益以使他们能启动新的商业投资，这意味着需要识别新的权益投资者来替代原有的风险投资者并提供高速增长阶段所需的资金。最具吸引力的资金来源通常来自公开发行的股票。

③处于产品生命周期成熟期的企业财务战略。当产品进入成熟期，产业销售额很大而且相对稳定，利润也比较合理，企业的风险再次降低。在这一阶段的企业风险在于能否维持这种稳定成熟的阶段，以及企业能否保持自身在产品成长期已经获得的市场份额。此时，公司的战略重点转移到提高效率、保持市场份额上来。

从筹资战略看，在产品成熟期，经营风险相对降低，从而使得公司可以承担中等财务风险，同时企业开始出现大量正现金净流量，这些变化使企业可以使用负债而不单单使用权益筹资。在这一时期企业可采取相对激进的筹资战略，即可采用相对较高的负债率，以有效利用财务杠杆。

从股利分配战略看，在产品成熟期，企业现金流量充足，筹资能力强，能随时筹集到经营所需资金，资金积累规模较大，**具备较强的股利支付能力**。这个时期企业的销售额和总利润额虽然保持较高水平，但增长速度已经趋于平稳甚至出现停滞，而且此时的股东也希望获得较高的投资回报。因此，企业可以**采取稳健的高股利分红政策**，提高股利支付率，并且以现金股利的方式为主。

④处于产品生命周期**衰退期**的企业财务战略。当产品进入衰退期，产品市场出现萎缩，利润空间越来越小，企业开始最大限度地转让、变卖专用设备及厂房，或另外开发新产品、新市场。此时，经营活动和投资活动都产生巨额的现金流入，而融资活动的净现金流出也达到历史高位。**企业面临的风险比先前的成熟阶段更低了**，主要风险是在该产业中企业还能够生存多久。

从筹资战略看，在产品衰退期，企业仍可继续**保持较高的负债率**，而不必调整其激进型的资本结构。

一方面，这一时期既是从事该产品企业的夕阳期，也是企业开发新产品、**进入新产业的孕育期**。在资本市场相对发达的情况下，如果新产业的增长性及市场潜力巨大，则理性投资者会甘愿冒险，高负债率即意味着高收益率；如果新产业并不理想，投资者会对未来投资进行自我判断，因为理性投资者及债权人完全有能力通过对企业未来前景的评价来判断其资产清算价值是否超过其债务面值。因此，这种市场环境为企业采用**高负债融资**创造了客观条件。另一方面，处于产品衰退期的企业具有一定的财务实力，以其现有产业作后盾，高负债筹资战略对企业自身而言是可行的。

从股利分配战略看，仍可采取**现金高股利支付**的股利分配战略。当产品进入衰退期后，企业通常不想扩大投资规模，折旧也不会再用来重置固定资产，企业自由现金流量可能超过披露的利润额，因此可以向股东支付很高的股利。这种股利回报既是对现有股东投资机会的补偿，也是对其在产品导入期和成长期“高风险—低报酬”的一种补偿。当然，高回报应以不损害企业未来发展所需投资为限。

（2）财务风险与经营风险的搭配。经营风险的大小是由特定的经营战略决定的，财务风险的大小是由资本结构决定的，它们共同决定了企业的总风险。经营风险与财务风险的结合方式，从逻辑上可以划分为四种类型，如下图所示：

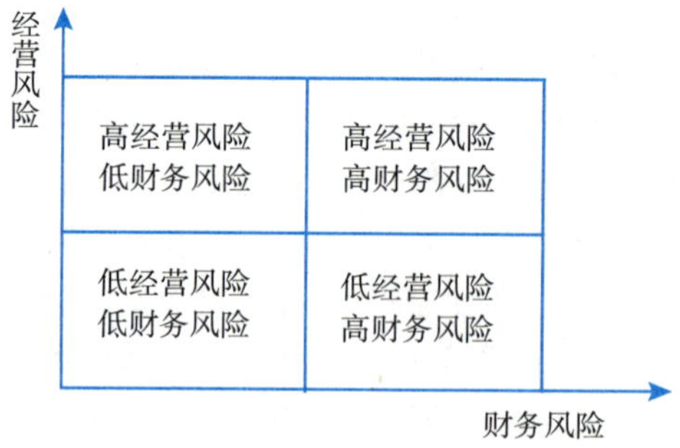

①**高经营风险与高财务风险搭配**。这种搭配具有很高的总体风险。例如，一个处于产品导入期的高科技企业，假设能够通过借款取得大部分资金，它破产的概率很大，而成功的可能性很小。

这种搭配符合风险投资者的要求，他们只需要投入很小的权益资本，就可以开始冒险活动。如果侥幸成功，投资人可以获得极高的收益；如果失败了，他们只损失很小的权益资本。由于风险投资者已经考虑了失败的概率，通过一系列风险投资的组合分散了自己的风险，他们可以承受大部分投资项目失败的后果。

这种搭配不符合债权人的要求。这是因为债权人投入了绝大部分的资金，让企业去从事风险巨大的投资。如果侥幸成功，他们只得到以利息为基础的有限回报，大部分收益归于权益投资人；如果失败，他们将无法收回本金。

因此，这种搭配会因找不到债权人而无法实现。

②高经营风险与低财务风险搭配。这种搭配具有中等程度的总体风险。例如，一个处于产品导入期的高科技企业，主要使用权益筹资，较少使用或不使用负债筹资。

这种资本结构对于权益投资人有较高的风险，也会有较高的预期报酬，符合他们的要求。权益资本主要由专门从事高风险投资的专业投资机构提供。他们运用投资组合在总体上获得很高的回报，不计较个别项目的完全失败。这种资本结构对于债权人来说风险很小。不超过清算资产价值的债务，债权人通常是可以接受的。因此，高经营风险与低财务风险搭配是一种可以同时符合股东和债权人期望的现实搭配。

值得注意的是，权益筹资对于投资人来说风险大，而对于企业来说风险小。企业没有必须偿还权益投资的法定义务，可以给股东分红也可以不分红，有很大弹性。分红多少可以视企业现金流量的情况而定，是一种酌量成本。债务筹资对于债权人来说风险小，而对于企业来说风险大。企业必须按合同约定偿还债务本金，没有弹性。企业必须按期支付固定的利息，不能根据经营好坏而改变，是一种固定成本。因此，经营风险高的企业，现金流量不稳定，企业经理人员更愿意使用权益资本。

③低经营风险与高财务风险搭配。这种搭配具有中等的总体风险。例如，一个处于产品成熟期的公用企业，大量使用借款筹资。这种资本结构对于权益投资人来说经营风险低，投资资本回报率也低。如果不提高财务风险（充分利用财务杠杆），财务权益报酬率也会较低。权益投资人希望“利用别人的钱来赚钱”，愿意提高负债权益比例，因此可以接受这种风险搭配。对于债权人来说，经营风险低的企业有稳定的经营现金流入，债权人可以为偿债提供保障，可以为其提供较多的贷款。

因此，低经营风险与高财务风险是一种可以同时符合股东和债权人期望的现实搭配。

④低经营风险与低财务风险搭配。这种搭配具有很低的总体风险。例如，一个处于产品成熟期的公用企业，只借入很少的债务资本。对于债权人来说，这是一个理想的资本结构，可以放心为它提供贷款。企业有稳定的现金流，而且债务不多，偿还债务有较好的保障。

对于权益投资人来说很难认同这种搭配，其投资资本报酬率和财务杠杆都较低，自然权益报酬率也不会高。更大的问题是，这种资本结构的企业是理想的收购目标，绝大部分成功的收购都以这种企业为对象。收购者购入企业之后，不必改变其经营战略（通常要付出成本并承担较大风险），只要改变财务战略（这一点很容易做到）就可以增加企业价值。因此，低经营风险与低财务风险搭配，不符合权益投资人的期望，是一种不现实的搭配。

综上所述，经营风险与财务风险反向搭配是制定资本结构的一项战略性原则。产品或企业的不同发展阶段有不同的经营风险，企业应采用不同的财务战略。

2. 基于创造价值或增长率的财务战略选择。

创造价值是财务管理的目标，也是财务战略管理的目标。鉴于财务战略是影响企业价值可持续增长的重要动因，对于日益追求价值可持续增长的企业来说，构建可持续增长的价值创造财务模型是财务战略管理的关键。

（1）影响价值创造的主要因素。

要点	解释
企业的市场增加值	市场增加值（MVA）是计量企业价值创造的有效指标，即某一时点，企业资本（包括所有者权益和债务）的市场价值与占用资本账面价值之间的差额。这个差额是企业活动创造的，是用市场价值衡量的企业价值增加额。 企业市场增加额 = 企业资本市场价值 − 企业占用资本； “企业资本市场价值”是权益资本与负债资本的市价之和； “企业占用资本”是企业占用的权益资本与债务资本的账面价值之和
影响企业市场增加值的因素	经济增加值 =（投资资本回报率 − 资本成本）× 投资资本 市场增加值 = 经济增加值/（资本成本 − 增长率） 市场增加值 =（投资资本回报率 − 资本成本）× 投资成本/（资本成本 − 增长率） 影响企业市场增加值的因素有三个： ①投资资本回报率；②资本成本；③增长率
影响价值创造的因素	影响价值创造的因素： ①投资资本回报率：与市场增加值同向变化； ②资本成本：与市场增加值反向变化； ③增长值：当“投资资本回报率 − 资本成本”为正值时，增长率与市场增加值同向变化；当“投资资本回报率 − 资本成本”为负值时，增长率与市场增加值反向变化； ④可持续增长率

（2）销售增长率、筹资需求与价值创造。在资产的周转率、销售净利率、资本结构、股利支付率不变并且不增发和回购股份的情况下，出现现金短缺、现金剩余和现金平衡现象时，销售增长率、筹资需求与价值创造三者关系如下：

第一，现金短缺。销售增长率超过可持续增长率时企业会出现现金短缺。现金短缺是指在当期的经营效率和财务政策下产生的现金不足以支持销售增长，须通过高经营效率、改变财务政策或增发股份来平衡现金流动。

从财务的战略目标考虑，必须区分两种现金短缺：一种是创造价值的现金短缺；另一种是减损价值的现金短缺。对于前者，应当设法筹资以支持高增长，创造更多的市场增加值；对于后者，应当提高可持续增长率以减少价值减损。

第二，现金剩余。销售增长率低于可持续增长率时企业会出现现金剩余。现金剩余是指在当前的经营效率和财务政策下产生的现金，超过了支持销售增长的需要，剩余的现金需要投资于可以创造价值的项目（包括扩大现有业务的规模或开发新的项目），或者还给股东。

从财务的战略目标考虑，有两种现金剩余：一种是创造价值的现金剩余，企业应当用这些现金提高股东价值增长率，创造更多的价值；另一种是减损价值的现金剩余，企业应当把钱还给股东，避免更多的价值减损。

第三，现金平衡。销售增长率等于可持续增长率时企业的现金保持平衡。现金平衡是指在当前的经营效率和财务政策下产生的现金，与销售增长的需要可以保持平衡。这是一种理论上的状态，现实中的平衡是不存在的。

综上所述，影响价值创造的因素主要有：投资资本回报率；资本成本；增长率；可持续增长率。它们是影响财务战略选择的主要因素，也是管理者为增加企业价值可以控制的主要内容。

（3）价值创造和增长率矩阵。财务战略矩阵假设一个企业有一个或多个业务单位。纵坐标是一个业务单位的投资资本回报率与其资本成本的差额，实际上就是 EVA，也就是经济增加值。财务战略矩阵用该指标来评价公司的价值增长状态。如果 EVA 的值大于零，说明企业的税后净经营利润大于资金成本，该业务单位为股东创造价值；如果 EVA 的值小于零，说明企业的税后净经营利润不能够弥补其资金成本，该业务单位减损股东价值。

根据以上分析，我们可以通过一个矩阵，把价值创造（投资资本回报率－资本成本）和现金余缺（销售增长率－可持续增长率）联系起来。该矩阵称为财务战略矩阵，可以作为评价和制定战略的分析工具。据此建立的矩阵有四个象限：处于第一象限的业务，属于增值型现金短缺业务；处于第二象限的业务，属于增值型现金剩余业务；处于第三象限的业务，属于减损型现金剩余业务；处于第四象限的业务，属于减损型现金短缺业务。处于不同象限的业务单位（或企业）应当选择不同的财务战略，如下图所示：

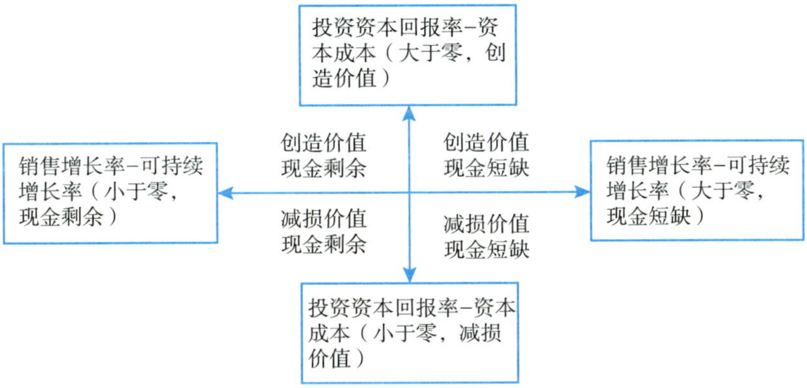

①**增值型现金短缺的财务战略选择**。在第一象限中，EVA大于零，销售增长率大于可持续增长率。该象限业务往往处于业务成长期，一方面该业务能够带来企业价值增值，另一方面其产生的现金流量不足以支持业务增长，会遇到现金短缺的问题。在这种情况下，业务增长越快，现金短缺越严重。

第一，提高可持续增长率的方法包括提高经营效率和改变财务政策。

a. 提高经营效率。提高经营效率是应对现金短缺的首选战略。它不但可以增加现金流入，还可以减少增长所需的资金数额。但是，如果企业的经营业绩已经达到现有经营条件下的极限，一般的降低成本或加快资金周转的措施很难解决其面临的问题。企业需要改变经营战略，采取降低成本、提高价格、降低营运资金、剥离部分资产、改变供货渠道等措施，寻求突破性的改善。

b. 改变财务政策。改变财务政策也可以暂时解决现金短缺，如停止支付股利、增加借款的比例等措施。

第二，如果可持续增长率的提高仍不能解决资金短缺问题，就需要设法**增加权益资本**。不能因为资金短缺就降低增长率，这将不利于创造价值。增加权益资本包括增发股份和兼并成熟企业两种方法。

a. 增发股份。争取新的权益资本投入，配股或增发都可以获得大量的资金流入，但股权资本成本的昂贵使企业必须增加负债资金来降低资本成本并保持最优资本结构。增发股份的必要前提是所筹资金要有更高的回报率，否则不能增加股东的财富。增发股份的缺点是分散了控制权，而且会稀释每股收益。

b. 兼并“现金牛”企业。即兼并那些增长缓慢、有多余现金的企业。

②**增值型现金剩余的财务战略选择**。在第二象限中，EVA大于零，销售增长率小于可持续增长率。该象限业务往往随着企业发展，获得持续增长的现金净流量。其内外部环境也发生了一系列的变化，新技术不断成熟，新产品逐渐被市场接受，目标市场逐步稳定，获利水平持续增长，为企业带来预期的现金流。这时企业的现金流量足以满足其自身发展需求，即该业务单元能够为企业带来价值增值。本阶段

关键的问题是能否利用剩余的现金迅速增长，使增长率接近可持续增长率。

第一，由于企业可以创造价值，加速增长可以增加股东财富，首选的战略是利用过剩的资金促进业务增长，可以通过内部投资和收购相关业务来实现。

第二，如果加速增长后仍有剩余现金，找不到进一步投资的机会，则企业应把这些资金通过增加股利支付、回购股份等途径返还给股东，使他们可以选择其他价值创造的投资。如果长期占用股东的资本，又不能给予股东相应的回报，则不利于企业的长期价值增加。

③减损型现金剩余的财务战略选择。在第三象限中，EVA 小于零，销售增长率小于可持续增长率。该象限的业务虽然能够产生足够的现金流量维持自身发展，但是业务的增长反而会降低企业的价值。这是业务处于衰退期的前兆。减损型现金剩余的主要问题是盈利能力差，而不是增长率低，简单的加速增长很可能有害无益。首先应分析盈利能力差的原因，寻找提高投资资本回报率或降低资本成本的途径，使投资资本回报率超过资本成本。

第一，首选的战略是提高投资资本回报率。应仔细分析经营业绩，寻找提高投资资本回报率的途径。主要有：提高税后经营利润率，包括扩大规模、提高价格、控制成本等；提高经营资产周转率，降低应收账款和存货等资金占用。

第二，在提高投资资本回报率的同时，审查目前的资本结构政策，如果负债比率不当，可以适度调整，以降低平均资本成本。

第三，如果企业不能提高投资资本回报率或者降低资本成本，无法扭转价值减损的状态，就应当把企业出售。

④减损型现金短缺的财务战略选择。在第四象限中，EVA 小于零，销售增长率大于可持续增长率。该象限的业务既不能带来企业价值的增值，又不能支持其自身的发展，并且会由于增长缓慢遇到现金短缺问题。这种业务不能通过扩大销售得到改变。由于股东财富和现金都在被吞食，需要快速解决问题。

第一，**彻底重组**。如果盈利能力低是本企业的独有问题，应在仔细分析经营业绩、寻找价值减损和不能充分增长的内部原因后，对业务进行彻底重组。这样做的风险是，如果重组失败，股东将蒙受更大损失。

第二，**出售**。如果盈利能力低是整个行业的衰退引起的，企业无法对抗衰退市场的自然结局，应尽快出售以减少损失。即使是企业独有的问题，由于缺乏核心竞争力，无法扭转价值减损的局面，也需要选择出售。在一个衰退行业中挽救一个没有竞争力的业务，成功的概率不大，往往会成为资金的陷阱。

经典例题

【真题·单选题】（2022）日丰公司是一家家电生产企业，该公司的投资资本回报率为 8%，投资成本为 5%，同时销售增长率为 9%，可持续增长率为 7%。日丰公司预计上述情况将持续较长时间，因此决定采用新的财务战略。下列各项中，适合日丰公司采用的财务战略是（　　）。

A. 增发股份，增加权益资本

B. 增加股利支付

C. 增加内部投资

D. 对家电业务进行彻底重组

【答案】A

【解析】案例公司投资资本回报率大于资本成本，销售增长率大于可持续增长率，表现为增值型现金短缺，选项 A 是适合该公司采用的财务战略。

【真题·单选题】（2022）近年来，射频识别设备逐渐进入人们的生活和越来越多的产业。随着市场的扩大，竞争者涌入，企业都以取得最大市场份额为战略目标。各个企业的产品在技术和性能上有较大差异。为了能在竞争中胜出，企业之间开始争夺人才和资源。下列各项中，属于目前射频识别设备生产企业所具有的经营特征是（　　）。

A. 经营风险低

B. 资金来源于保留盈余＋债务

C. 价格/盈余倍数高

D. 财务风险高

【答案】C

【解析】“随着市场的扩大，竞争者涌入，企业都以取得最大市场份额为战略目标。”表明行业进入成长期，价格/盈余倍数高、经营风险高、财务风险低、资金来源于权益投资增加。

【真题·单选题】（2021）兆兴公司是一家提供基因检测解决方案的初创公司，其资金主要来源于专业投资机构的投资。经过管理和研发团队不懈的努力，该公司近期开始与几家医疗机构开展尝试性合作，但其终端客户的接受程度与潜在市场规模等因素尚存在不确定性。从财务战略角度看，目前兆兴公司经营风险与财务风险的搭配是（　　）。

A. 高经营风险与高财务风险搭配

B. 高经营风险与低财务风险搭配

C. 低经营风险与高财务风险搭配

D. 低经营风险与低财务风险搭配

【答案】B

【解析】“资金主要来源于专业投资机构的投资”属于权益融资，财务风险较低；“其终端客户的接受程度与潜在市场规模等因素尚存在不确定性”说明经营风险较高。综上所述，选项B正确。

【真题·多选题】（2021）维力公司管理层根据该公司的经营业绩决定采用新的财务战略，该战略包括使用内部资金进行前向一体化并购、增加股利支付和回购部分股东股份等。下列各项中，属于维力公司管理层采用新财务战略根据的有（　　）。

A. 投资资本回报率为8%，资本成本为6%

B. 投资资本回报率为7%，资本成本为10%

C. 销售增长率为11%，可持续增长率为8%

D. 销售增长率为9%，可持续增长率为10%

【答案】AD

【解析】“使用内部资金进行前向一体化并购、增加股利支付和回购部分股东股份”的财务战略适合于增值型现金剩余的企业，这种企业的特点是投资资本回报率大于资本成本且销售增长率小于可持续增长率，选项A、D正确。

【真题·单选题】（2019）甲燃气公司负责某市的民用天然气供给业务。近年来该市的民用天然气需求量比较稳定，甲燃气公司主要通过向银行贷款取得更新设备所需的资金。该公司财务风险与经营风险的搭配属于（　　）。

A. 高经营风险与高财务风险

B. 高经营风险与低财务风险

C. 低经营风险与高财务风险

D. 低经营风险与低财务风险

【答案】C

【解析】本题中，“该市的民用天然气需求量比较稳定”属于低经营风险；“甲燃气公司主要通过向银行贷款取得更新设备所需的资金”属于高财务风险。

【例题·单选题】在以下4种融资方式中，不属于债权融资方式的是（　　）。

A. 长期贷款　　B. 短期贷款

C. 租赁　　D. 内部融资

【答案】D

【解析】债权融资大致可以分为贷款（选项A、B）和租赁（选项C）两类。年限小于一年的贷款为短期贷款，年限大于一年的贷款为长期贷款。因此，选项A、B、C表述正确，故不当选。内部融资是指通过企业税后净利润形成的留存收益，属于内部股权融资方式。因此，选项D表述错误，故当选。

【例题·单选题】近年来，建筑机械制造商禾岳公司所处行业的市场基本饱和，销售额比较稳定，企业之间的价格竞争较为激烈。在这种情况下，禾岳公司宜采用的股利分配政策是（　　）。

A. 零股利政策

B. 稳健的高股利分配政策

C. 全部分配的股利政策

D. 低股利政策

【答案】 B

【解析】 根据题干给出的信息可以判断出禾岳公司所处行业属于成熟期，适合采用分配率高的股利政策，因此选项 B 正确。

【例题·多选题】 五原公司是一家烟花生产企业，因政府采取限制烟花生产的环保政策，目前焰火烟花产业产能过剩，产品价格和毛利率很低。下列选项中，属于五原公司所处产品生命周期阶段的经营特征的有（　　）。

A. 财务风险高

B. 价格/盈余倍数低

C. 股利分配率低

D. 资金来源于保留盈余和债务

【答案】 AB

【解析】 "目前焰火烟花产业产能过剩，产品价格和毛利率很低。"表明行业处于衰退期。衰退期的经验特征如下：经营风险低、财务风险高；资本结构：权益 + 债务融资；资金来源：债务；股利：全部分配；价格/盈余倍数低。

高频考点 19：企业国际化经营动因

★★★

经济学家从各个层面和角度探索和研究企业国际化经营的行为特点及其作用与影响，提出了许多理论和主张。这些理论和主张的研究无非也是沿着两个基本主要思路：一是国际生产要素的组合；二是企业国际化经营所面临的市场特征（特别是寡头垄断市场特征）。

（一）国际生产要素的最优组合

1. 垄断优势理论。

1960 年，美国学者海默（Hymer）在其博士论文《国内企业的国际经营：对外直接投资的研究》中首次提出垄断优势理论，后得到其导师金德尔伯格（Kindlerberg）的支持并加以完善，成为最早研究对外直接投资的理论。

海默和金德尔伯格认为，是市场不完全导致了对外直接投资。一般地讲，市场不完全可以表现为四种类型：

（1）产品和生产要素市场不完全；

（2）由规模经济导致的市场不完全；

（3）由政府干预引起的市场不完全；

（4）税赋与关税引起的市场不完全。

跨国企业在不完全竞争下取得了各种垄断优势。这些优势可分为三类：

（1）来自产品市场不完全的优势，如产品差别、商标、销售技术与操纵价格等；

（2）来自生产要素市场不完全的优势，包括专利与工业秘诀、资金获得条件的优惠、管理技能等；

（3）企业拥有的内部规模经济与外部规模经济。

2. 区位理论。

1953 年，索思阿德（Southard）提出区位理论，用以研究国内资源的区域配置问题。后来，艾萨德（Isard）等用此理论来解释对外直接投资的现象。区位理论认为，市场不完全性不仅存在于一国市场上，同样存在于国际市场上。国际市场的不完全性会导致各国之间的市场差异，即在生产要素价格、市场规模、市场资源供给等方面存在着差异。如果国外市场这些差异为准备投资的一国企业带来了有利的条件，企业就会发生对外直接投资。影响区位优势的主要因素有生产要素、市场定位、贸易壁垒、经营环境等。

3. 产品生命周期理论。

1966 年，美国哈佛大学教授弗农（Vernon）从技术创新入手，分析国际贸易、对外直接投资与产品生命周期的关系。事实上，弗农的产品生命周期理论是将垄断因素与区位因素结合起来的动态分析。

弗农的产品生命周期理论从产品的研发和生产角度进行考查，他认为，企业的各种优势最终体现在产品上。随着产品生命周期阶段的变化，企业产品生产的地域也会从一个国家转移到另一个国家，以寻求最佳的区位优势，获得自己的竞争优势。

4. 内部化理论。

为了寻求对企业对外投资行为的解释，1976 年，英国学者巴克利（Buckley）和卡森（Casson）发掘了科斯（Coase）在 1937 年对企业的起源和均衡规模提出的内部化理论。

内部化理论是从市场不完全与垄断优势理论发展起来的。在巴克利等新创的内部化理论中，市场不完全并非是指规模经济、寡头垄断或关税壁垒等，而是指由于某些市场失效以及某些产品的特殊性质或垄断势力的存在，导致企业市场交易成本增加。内部化理论建立在三个基本假设的基础上：

（1）企业在市场不完全的情况下从事经营的目的是追求利润最大化；

（2）当生产要素特别是中间产品市场不完全时，企业有可能统一管理经营活动，以内部市场代替外部市场；

（3）内部化越过国界时就会产生国际企业。

内部化理论与垄断优势理论的区别在于，内部化并不是给予企业特殊优势的这种财产本身，而是指这种财产的内部化过程给了跨国企业以特有的优势。

5. 国际生产折中理论。

国际生产折中理论，又称国际生产综合理论。1976 年，英国里丁大学教授邓宁（Dunning）首次提出了综合理论学说。此后，邓宁又多次发表论文，系统阐述“综合主义”理论，并将其动态化，从而形成了至今仍然是对跨国公司和对外直接投资研究影响最大的理论框架。

邓宁的国际生产综合理论可以概括为一个简单的公式：

所有权优势 + 内部化优势 + 区位优势 = 对外直接投资

邓宁指出，企业可以根据自己所具备的不同优势，分别采用不同的国际经营方式。企业对外直接投资，必须同时具备所有权优势、内部化优势与区位优势。企业如果只拥有所有权优势与内部化优势，则只能进行出口贸易；企业如果只有所有权优势，则只能考虑采用技术转移的形式，将技术出让给其他企业；如果企业具有上述三种优势，却只采取技术转移的方法，则会丧失内部化优势与区位优势所能带来的收益。

以上介绍的几位代表人物及其研究成果只是关于跨国企业理论探讨的一小部分，还有不少经济学家从各种角度对跨国企业行为进行了深入研究，使这一理论形成比较完整的框架，并得到不断补充和发展。

（二）寡占市场（即寡头垄断市场）的反应

对企业跨国经营的行为，一些学者更侧重从企业所面临的市场角度，特别是从跨国公司投资产业大都属于寡占市场特征的角度进行研究。

1. 海默论跨国企业的寡头垄断反应行为。

对于发达国家之间的相互交叉直接投资来说，海默认为，必须利用寡占反应行为来加以解释。海默所说的寡占反应行为是指各国寡占企业通过在竞争对手的领土上建立地盘来加强自己在国际竞争中的地位。海默认为对于直接投资只是国内寡占竞争行为在国际范围内的延伸，但基础仍在于各国企业所拥有的技术等垄断优势，各国企业在技术、管理及规模经济方面的相对优势决定了直接投资的流向及多寡，决定了一国是主要的对外直接投资国还是主要的直接投资接受国。

2. 尼克博克（Knickerbocker）的“寡占反应理论”。

在寡占反应理论上作出较为系统阐述的是美国学者尼克博克。尼克博克将对外直接投资区分为“进攻性投资”与“防御性投资”。在国外市场建立第一家子公司的寡头公司的投资是进攻性投资，同一行业其他寡头成员追随率先建立的公司也建立子公司，是防御性投资。

决定这两类投资的因素是各不相同的，进攻性投资的动因可由弗农的产品生命周期理论解释，而防御性投资则是由寡占反映行业所决定的。决定防御性投资行为的寡占反应，目的在于抵消竞争对手首先采取行动所得到的好处，避免对方的行动给自己带来风险，保持彼此之间的力量均衡。

（三）发展中国家企业国际化经营动因

2006 年 UNCTAD 发表的《世界投资报告》对于发展中经济体和转型期经济体日益成为世界重要的对外投资来源这一趋势进行了调查与研究，提出影响发展中国家跨国公司对外投资决策的四大动机与三大竞争优势。

1. 发展中国家跨国公司对外投资的主要动机。

（1）**寻求市场**。联合国贸易和发展会议与伙伴组织关于发展中国家外商投资企业的调查证实，在其对外投资动机中，**最重要的是寻求市场型的外国直接投资**。

与市场有关的因素是推动发展中国家跨国公司走出母国或拉动它们进入东道国的强大力量。以寻求市场为主要动机的投资主要形成区域内和发展中国家内部的对外直接投资。在这种对外直接投资之内，投资形态因跨国公司的活动而存在差异。

广义的市场扩展还包括市场多样化的扩张。个案研究证实，对外直接投资确实使得发展中国家企业能够进入新市场并扩大业务。在白色家电和个人计算机等一系列产业中，一些亚洲跨国公司通过对外直接投资成功地扩大市场，成为全球性企业。

（2）**寻求效率**。发展中国家对外直接投资的第二个重要动机是寻求效率，主要是由相对较先进（因而劳动力成本较高）的发展中国家跨国公司进行这种投资。

寻求效率的投资又往往是基于两个方面的驱动因素：一是母国经济体生产成本上涨，特别是劳动力成本。这是马来西亚、韩国和新加坡等东南亚国家及毛里求斯（该国具有成衣劳动密集型出口产业）跨国公司特别关注的问题。二是发展中国家公司所面临的竞争压力正在推动它们向海外扩展。这些压力包括来自低成本生产商的竞争，特别是来自东亚和东南亚高效率制造商的竞争及国内外经济体中来自国外跨国公司的竞争。

（3）**寻求资源**。许多发展中大国，首先是中国和印度，其日新月异的快速增长使它们担忧关键资源和经济扩展的投入将会出现短缺。从这类国家的一些跨国公司对外直接投资的战略和政治动机中反映了这点，尤其是在自然资源方面。有些国家的政府鼓励跨国公司设法取得对母国经济至关重要的原材料等投入。

上述的以寻求市场、寻求效率、寻求资源为主要动机的投资都属于“资产利用战略”，而以下的寻求现成资产型的投资是一种“资产扩展战略”。

（4）**寻求现成资产**。寻求现成资产型对外投资主要是发展中国家跨国公司向发达国家投资。其主要动机是主动获取发达国家企业的品牌、先进技术与管理经验等现成资产。例如，中国企业吉利汽车并购沃尔沃的主要动机是有效弥补品牌短板、提升研发能力、获得关键技术、获取全球经销商网络、赢得一流管理团队和技术人才，进而提升企业的国际竞争力。

2. 发展中国家跨国公司对外投资的主要竞争优势。

与发达国家跨国公司对外投资相比，发展中国家跨国公司对外直接投资有三个方面的优势，这些优势主要体现在对发展中国家投资的层面上。

（1）发展中国家跨国公司的对外直接投资对发展中东道国的一大优势是具有更大的创造就业机会的潜力。

（2）发展中国家跨国公司的技术和经营模式一般比较接近于发展中东道国公司所用的技术和模式，这意味着有益联系和技术吸收的可能性较大。

（3）发展中国家跨国公司在进入模式上也往往是更多地采取新建投资的方式而不是并购。在发展中东道国的投资尤其如此。就此而言，他们的投资更有可能直接推动提高发展中国家的生产能力。

名师解惑

（1）题干中出现“销售大涨、订单增多、开拓新区域”时，考虑寻求市场。

（2）题干中出现“成本”时，考虑寻求效率。

（3）题干中出现“自然资源”时，考虑寻求资源。

（4）题干中出现“管理经验、品牌、先进技术”时，考虑寻求现成资产。

经典例题

【真题·多选题】（2018）顺驰公司是国内一家汽车玻璃制造商。面对国内生产要素成本不断上涨和产品订单日趋减少，该公司把一部分资金和生产能力转移至生产综合成本相对较低的汽车产销大国 M 国。通过独立投资设厂和横向并购 M 国一家拥有国际知名品牌的企业，顺驰公司在 M 国不仅很快站稳脚跟，而且获得 M 国汽车制造商的大量订单，业务量大幅增长。在本案例中，顺驰公司向 M 国投资的动机有（　　）。

A. 寻求市场　　B. 寻求效率

C. 寻求资源　　D. 寻求现成资产

【答案】ABD

【解析】本题中，“面对国内生产要素成本不断上涨和产品订单日趋减少，该公司把一部分资金和生产能力转移至生产综合成本相对较低的汽车产销大国 M 国”体现了寻求效率，选项 B 正确；“通过独立投资设厂和横向并购 M 国一家拥有国际知名品牌的企业”体现了寻求现成资产，选项 D 正确；“顺驰公司在 M 国不仅很快站稳脚跟，而且获得 M 国汽车制造商的大量订单，业务量大幅增长”体现了寻求市场，选项 A 正确。

【例题·多选题】甲公司是国外一家矿业资源开采企业，主要涉及金属等产品的开采、制造等。2018 年 8 月，该公司决定向邻国 F 国进行投资，在当地开设加工厂以获取当地的矿石资源，并且利用当地较低的薪资标准，也在很大程度上解决了该国的就业问题。在该厂投入生产后，可以进一步扩大国外市场。甲公司对外投资的主要动机有（　　）。

A. 寻求资源　　B. 寻求资产

C. 寻求市场　　D. 寻求效率

【答案】ACD

【解析】甲公司在 F 国当地建厂以获取丰富的矿石资源，还将为该国家解决就业问题，这既是寻求资源又是寻求效率，且在工厂投产后，还会进一步辐射国外市场，这也是寻求市场。

高频考点 20：国际市场进入模式★★

企业进入国外市场的模式一般有**出口、股权投资、非股权安排**等几种。

（一）出口贸易

商品与服务出口贸易是企业国际化经营相对比较简单，也是比较普遍的进入外国市场的方式。企业国际化经营选择出口方式要研究以下问题：

1. 目标市场选择。

目标市场选择涉及两个层面：一是目标市场的区域路径；二是在东道国细分市场的目标客户的定位。

（1）目标市场的区域路径。目前存在着两种选择目标市场区域路径的方式。

①**传统方式**，又称连续方式。一般情况而言，高新技术产品在发达国家出口的国别路径是先到经济技术发展水平相类似的发达国家，然后再到发展中国家；发展中国家则是先到环境类似的发展中国家，再逐步走向发达国家。

②**新型方式**，又称不连续方式。在经济全球化背景下，许多产业中的全球分工体系已经形成，全球同步使用新产品，此时不论是发达国家还是发展中国家，该产业中的高新技术产品出口的国别路径都是先到发达国家（特别是美国）以占领世界最大市场，然后再走向发展中国家。

（2）选择目标客户。目标客户选择的基

础是市场细分。各国之间的细分市场通常在数量、大小和特点上存在差别。

2. 选择进入战略。

一旦目标细分市场被选定，下一步就是制定最好的战略打入该细分市场。最重要的战略决策是：应该在全球推广标准化的产品，还是针对不同国家的不同需求修改产品和营销组合。

一家公司也可能对同一产品同时采取两种策略，它可能在一些国家销售标准产品，而在另一些国家销售改造产品。同样，一家公司可以对一些产品实行标准产品策略，而对另一些产品实施改造型策略。

3. 选择分销渠道与出口营销。

连接某国生产者与异国消费者的分销渠道有以下四个十分重要的特征：

（1）一般说来，国际分销渠道比国内分销渠道更复杂，涉及更多的中间环节。一个典型的国内分销渠道为：生产者—批发商—零售商；国际销售的分销渠道则可能为：生产者—出口代理商—进口代理商—大型批发商—小型批发商—零售商。

（2）国际分销渠道的成本通常比国内分销渠道的成本高。因此，通过国际分销渠道到达消费者手中的产品价格比较高，其中的主要成本来自建立分销机构、进入新的市场及国际分销渠道运作的费用。

（3）出口商有时必须通过与国内市场不同的分销渠道向海外市场进行销售。例如，在国内市场上，它的经营范围或与顾客密切联系的重要性或许要求它建立自己的分销系统，并利用这一系统与最终消费者保持联系，然而在海外市场上，在出口量一定的情况下，这样一个系统可能过于昂贵，因而是不可行的。海外市场上当地公司的营销技巧可能比产品本身更重要。

（4）国际分销渠道通常为公司提供海外市场信息，包括产品在市场上的销售情况及其原因。在这种情况下，公司可选择对分销和销售系统做前向整合，并由本公司人员深入海外市场，或者可选择与国外的分销商发展密切的合作关系，进行充分的信息交流。

出口商有许多不同的分销渠道可以选择：经纪人、代理商、制造商的销售代表、出口代理商、批发商、零售商、进口批发商、贸易公司等。这些贸易中介可以从两个方面加以归类和描述。

①商品的所有权。代理人代表公司销售商品，收取佣金，但不拥有商品；分销商是商品的所有者，其先向出口商购买商品，冠以自己的商标，再进行出售。

②对销售渠道的控制方法，分为直接法与间接法。直接法是公司拥有并管理分销渠道，而间接法则是分销渠道独立于公司之外。

商品所有权的两种类型和对销售渠道控制方法的两种类型可以组合出四种基本的组合，分销渠道与出口营销决策要从这四种基本组合中选择出一种（其中每种组合中还包括许多不同的机构）是一项艰巨但重要的任务，这一决策要考虑许多因素，例如，出口商的特点（大小、能力及资源），海外市场战略，愿意承担的风险，现在和未来的销售范围，合并、市场渗透、控制和信息反馈的重要性以及海外市场与国内市场的差别等。

4. 出口市场上的定价。

针对海外市场一般有四种定价策略。

（1）定价偏高，以期获得大于国内市场的收益。这种定价策略考虑到海外市场比国内市场的风险要大一些，而且通常会产生一些隐含成本，而这些成本不会被标准的会计制度确认。按照这种观点，海外市场的价格与收益应该比国内市场要高，否则不应出口。

（2）制定使海外市场与国内市场收益水平接近的价格。这种定价策略认为海外市场与国内市场没有区别。有经验的出口商通常使用这种策略，因为对他们来说，海外市场与国内市场的差别的确很小。也有一些新手和缺乏经验的出口商采用这种策略，他们对海外市场的态度是“只要有订单，我们就发货”。

(3) 在短期内定价较低，即使收益偏低甚至亏损也在所不惜。这种策略把海外市场看成有发展前途的市场。这类积极进取的出口商宁愿承受短期的亏损也要抢占市场份额，开发出适合海外市场的产品，从而取得规模经济效益，但这种策略容易使公司面临出口市场上当地竞争者的反倾销行动，并为此支付反倾销关税。

(4) 只要在抵销变动成本之后还能增加利润，就按能把超过国内市场需求量的产品销售出去的价格定价。这种策略是把海外市场看成解决过剩生产能力的倾销场所，尽管这种方法确实给公司带来了利润，但这种公司不能算作真正的出口市场开拓者。

(二) 对外股权投资

对外股权投资涉及对东道国企业的股权参与，与出口方式相比，是一种控制程度更强、参与程度更大的进入方式。

股权投资包括对外证券投资与对外直接投资。

1. 对外证券投资。

对外证券投资是指个人或机构取得外国证券，但并不控制该企业或参与管理，购买外国股票可能出于若干重要战略因素的考虑：

(1) 证券投资可能成为直接投资的前奏。一些跨国公司把证券投资当作一种先发制人的行动，其目的是防止被国内或国外对手兼并。

(2) 证券投资可以作为企业长期计划的一部分，因为它可能有助于加强技术、许可证和销售协议。

(3) 证券投资也是扩大企业在其他国家利益的一种方法，如为了较长时期占有、多样化经营，或是收集市场信息去建立一个基地。但是，制造业企业很少会把它的长期计划建立在对外证券投资的基础上。与直接投资相比，这种间接投资有两个基本弱点：一是证券投资虽然涉及所有权问题，但很少或没有涉及管理和控制问题，不能管理企业所持有的资产；二是证券投资很难充分发挥该公司的技术或产品优势。由于这两个基本弱点，证券投资会妨碍企业把其持有的国外资产充分结合起来使用，而直接投资却能做到这一点。

2. 对外直接投资。

与出口和证券投资进入方式不同的是，采用对外直接投资进入模式，企业将管理、技术、营销、资金等资源以自己控制企业的形式转移到目标国家（地区），以便能够在目标市场更充分地发挥竞争优势。与出口方式相比，进行对外直接投资缩短了生产和销售的距离，减少了运输成本；可利用当地廉价的劳动力、原材料、能源等生产要素，降低制造成本；能随时获得当地市场的信息和产品的信息反馈，从而可根据市场的需求来调整生产。此外，对外直接投资也使企业能够跨越东道国政府的各种贸易和非贸易壁垒，有时直接投资还能享受东道国提供的某种优惠。但是，对外直接投资需要大量的资金、管理和其他资源的投入，这就意味着风险更大，灵活性更差。

对外直接投资方式可以分为全资子公司与合资两种形式。

(1) **全资子公司**（即独资经营），即由母公司拥有子公司全部股权和经营权，这意味着企业在国外市场上单独控制着一个企业的生产和营销。全资子公司可以使企业拥有百分之百的控制权，全部利润归自己所有。

采用全资子公司的形式进入一国市场主要有两个优点：

①管理者可以完全控制子公司在目标市场上的日常经营活动，并确保有价值的技术、工艺和其他一些无形资产都留在子公司。

②可以摆脱合资经营各方在利益、目标等方面的冲突问题，从而使国外子公司的经营战略与企业的总体战略融为一体。

全资子公司也有三个重要的**缺陷**：

①这种方式可能得耗费大量资金，公司必须在内部集资或在金融市场上融资以获得资金。

②由于成立全资子公司需要占用公司的大量资源，公司面临的风险可能会很高。风险来源之一是目标市场上政治或社会方面的不确定性或者说是不稳定性。

③由于没有东道国企业的合作与参与，全资子公司难以得到当地的政策与各种经营资源的支持，规避政治风险的能力也明显小于合资经营企业。

（2）**合资经营**。合资经营是指协议共同投资的各方各按一定比例的股份出资，共同组成一家具有法人地位，在经济上独立核算，在业务上独立经营的企业。企业采用合资经营这种方式，一方面可以减少国际化经营的资本投入，另一方面有利于弥补跨国经营经验不足的缺陷，有利于吸引和利用东道国合资方的资源（如东道国合资方在当地市场的信誉、融资与销售渠道、同当地银行和政府官员的公私关系，以及他们具有的生产、技术、管理和营销技能等）。然而，创建国际合资经营企业也存在一些问题，其中最主要的问题是由于合资企业由多方参与投资，协调成本可能过大。**协调问题**又主要表现在以下两个方面：

①合资各方目标的差异。合作各方的目标在合资企业建立之初是一致的，但随着时间的推移，各方在产品定价、盈利分配、出口方向和数量、原料采购和产品设计等诸多方面将出现分歧。这种分歧可能由于合作各方财富的变动而引起。

②合资各方的文化差异。国际合资企业要求具有不同国家文化背景的管理者协同工作。经理们对他们所要接触的文化特征必须很敏感，否则可能导致误解和严重问题。

（三）非股权形式

非股权形式包括合约制造、服务外包、订单农业、特许经营、许可经营、管理合约及其他类型的合约关系，跨国公司通过这些关系协调其在全球价值链的活动并影响东道国公司的管理，而并不拥有其股份。

非股权形式往往被看作是对外直接投资与贸易两种方式的中间道路，企业国际化经营首要的核心竞争力是在全球价值链中协调各项活动的能力。企业可以决定在内部进行这类活动（内部化），也可以委托其他企业进行（外部化）。内部化跨越国界时，就成为对外直接投资；外部化的结果则可能产生对外贸易，也可能选择一条“中间道路”，形成企业间的非股权安排，即通过合同协议来调节东道国企业的运作和行为。这种“调节”可以对商业行为产生实质性影响，如要求东道国公司投资设备、改变流程、采用新的程序、改善劳动条件或使用指定供应商等。

经典例题

【例题·多选题】A 公司和 B 公司为了开拓市场和提高市场地位，决定建立合资企业。在订立协议的过程中，需要明确的基本内容包括（　　）。

A. 周密涉及联盟结构

B. 准确评估投入的资产

C. 规定违约责任和解约条款

D. 严格界定联盟的目标

【答案】ABCD

【解析】战略联盟通过契约或协议关系生成时，如何订立协议需要明确一些基本内容，主要包括：严格界定联盟目标；周密设计联盟结构、准确评估投入资产、规定违规责任和解散条款。

高频考点21：全球价值链中的企业国际化经营★★★★

（一）全球价值链的理论与概念

1. 产品内国际分工。

“产品内国际分工”是用以描述产生于20世纪80年代末的一种特殊分工形式的术语，体现特定产品不同的生产环节在地理空间上分散到不同国家（地区），由不同国家（地区）进行专业化生产，形成跨国家（地区）生产的一种生产组织方式。产品内国际分工具备以下三个特点：①产品生产环节分解为多个过程；②生产环节在两个或两个以上国家（地区）进行；③至少一国（地区）使用了进口产品生产并出口。

2. 全球生产网络。

全球生产网络是20世纪80年代以来用以描述跨国企业运用对外直接投资、国际贸易、非股权安排等方式参与产品内国际分工，彼此之间形成的一种相互影响、相互促进的关联关系。全球生产网络的基本构成单位是跨国企业的价值链，不同跨国企业价值链之间的相互作用形成了全球生产网络，因而全球生产网络具有明显的地理分散特征。

3. 全球价值链。

2002年联合国工业发展组织（UNIDO）给出了一个具有代表性和综合性的定义：“全球价值链是指在全球范围内为实现商品或服务价值而连接生产、销售、回收处理等过程的全球性跨国企业网络组织，涉及从原料采集和运输、半成品和成品的生产和分销，直至最终消费和回收处理的过程。它包括所有参与者和生产销售等活动的组织及其价值利润分配，并且通过自动化的业务流程和供应商、合作伙伴以及客户的链接，以支持机构的能力和效率”。

（二）企业国际化经营与全球价值链构建

1. 全球价值链中企业的角色定位。

（1）领先企业。全球价值链通常由领先企业（实力雄厚的跨国企业）主导，在其子公司网络（直接投资）、合作伙伴（非股权形式）和市场供应商（贸易商）之间进行投入品与产出品跨境交易。领先企业拥有产品、技术、品牌、营销渠道、规模经济等垄断优势，担负全球价值链战略制定、组织领导以及管理工作，在全球生产网络中拥有绝对的控制力和影响力。

（2）一级供应商。一级供应商可以通过其拥有的非核心技术创新以及生产成本的相对优势，在全球价值链中获得相对较高的地位与价值增值。

（3）其他层级供应商。以微弱比较优势参与全球价值链的企业通常处在二级、三级，或更低级别供应商的位置。这些企业与一级供应商相联系，承接价值网络中非关键环节的非核心生产活动，如进行简单组装、初始设备制造（Original Equipment Manufacturer，OEM）等。

（4）合同制造商。合同制造商存在于全球生产网络中，它们能够为领先企业提供除关键环节设计和营销以外的配套服务。合同制造商通常具备一定的技术能力，能够承接领先企业对技术有一定要求的产品的生产，也可以独立完成产品部分结构的生产。从企业技术能力考查，合同制造商与一级供应商相类似，二者所不同的是与领先企业的密切程度有所差异。合同制造商往往参与多个全球价值链，对领先企业的依赖度较低，也较少承担对领先企业和其他层级供应商的连接桥梁作用。

2. 全球价值链的分工模式。

全球价值链分工可以通过企业国际化经营的三种基本方式来实现。一是通过领先企业进行海外直接投资，将部分生产环节转移到海外子公司或分支机构，海外子公司或分支机构与国内剩余的生产环节共同构成全球价值链分工形态；二是领先企业通过正常的国际贸易市场机制获取其生产环节所需的商品和服务；三是领先企业通过非股权方式与分布在不同国家（地区）的供应商进行合作。非股权方式具有多种类型，采用的协调机制也不尽相同，相关研究归纳出领先企业与非股权供应商之间存在三种分工模式——俘获型、模块型和关联型。综合前面两种类型，全球价值链的分工模式可以分为以下五种类型。①科层型价值链；②市场型价值链；③俘获型价值链；④模块型价值链；⑤关联型价值链。

全球价值链五种分工模式的主要特点及对供应商的主要影响

分工模式		领先企业与供应商关系主要特点	对供应商的主要影响
对外直接投资		产品规格信息专有或不易于整理和传播； 适用于具有高知识产权、高质量风险以及高品牌价值的产品； 交易复杂，领先企业需要进行全面的风险管理； 领先企业协调性高	供应商是被垂直整合的，受到全面的管理控制； 能够快捷地获得领先企业的现成资产； 技术扩展和知识转移通过内部商业联系进行
市场交易		产品规格的相关信息易于传播； 适用于商品以及商品化的产品； 交易简单，价格机制发挥主导作用； 领先企业协调性低	交易伙伴间没有正式合作； 客户转换成本低； 受到市场力量的影响； 技术扩展和知识转移仅限于贸易渠道
非股权形式	俘获型	产品规格信息不容易整理和传播； 领先企业有效控制生产，交易相对简单； 领先企业协调性较高； 在汽车产业供应商的分级结构中较常见	相对较小的供应商受到领先企业的高度监管和控制； 对领先企业依赖度较高； 技术扩展和知识转移侧重于提高效率与部分产品改进的知识共享
股权形式	模块型	产品结构具有模块型特征，从而降低信息编码的难度； 领先企业选择和更换供应商便利，交易相对简单； 领先企业协调性较低； 在电子产业的供应商关系中较常见	企业间联系范围广； 信息流动量较高； 对领先企业的依赖度较低，供应商往往参与多个价值链
股权形式	关联型	产品规格信息不容易整理和传播； 团队合作； 复杂的交易通过高频率的当面交流或高度明确的调控来实现； 领先企业协调性中等	合作伙伴间相互依存度较高； 合作伙伴间的交易与交流频繁； 供应商更容易生产差异化产品； 技术扩展和知识转移的程度相对较高； 领先企业和供应商转换成本较高，供需更加稳定

3. 全球价值链与发展中国家企业升级。

（1）汉弗莱和施米茨提出了企业升级从易到难的 4 种类型——工艺升级、产品升级、功能升级和价值链升级。一般认为，企业升级遵循从工艺升级到产品升级，再到功能升级，最后到价值链升级的循序渐进的发展进程。

（2）全球价值链分工模式与企业升级。

①在科层型价值链中，跟随企业由于能够快捷地通过内部技术扩展和知识转移获得领先企业的现成资产，其工艺升级和产品升级很快能够发生，但是在领先企业的严格管控下，其后的功能升级和价值链升级则较难发生。

②在俘获型价值链中，被“俘获”的企业能够通过旨在提高效率与部分产品改进的知识共享实现工艺升级和产品升级，但是在领先企业的高度监管和控制下，被“锁定”在价值链的特定生产环节，其后的功能升级和价值链升级很难发生。

③在关联型价值链中，领先企业会选择可以与自身建立长期供应关系的供应商。在这种相对稳定的分工关系中，跟随企业的工艺升级和产品升级可以在领先企业的协助下在短时间内完成。

④模块型供应商需要通过自主研发构建与领先企业的供求关系，因此，模块型供应商早期难以获得领先企业的现成资产，工艺升级与产品升级较为缓慢，但模块型供应商一旦形成了与领先企业的供给关系后，一方面可以通过

对领先企业的产品供应获取对方的技术溢出，另一方面可以基于自主核心能力发展功能升级和价值链升级，最终成为新的价值链中的领先者。

⑤与模块型供应商相类似，市场型供应商需要通过自主研发实现工艺升级和产品升级，早期难以获得领先企业的现成资产，在一个充分竞争的市场环境下，工艺升级与产品升级较为缓慢。但是，市场型供应商一旦形成了与领先企业的供给关系后，也能够将领先企业的技术外溢与自身的自主核心能力相结合，实现功能升级和价值链升级。

科层型价值链	当产品的生产规格不易编码（即不易归纳整理）、产品结构非常复杂、缺乏具有较强竞争力的供应商时，领先企业最可能采用的分工模式是通过对外直接投资并购或新建适宜的供应商，在企业内部设立产品制造中心。在科层型价值链中，领先企业通过构建涵盖人力资源、财务和运营管理等职能的“总部功能”，来有效地整合、协调、管理各个子公司和分支机构在全球开展的各种复杂的生产及交易活动
市场型价值链	如果产品规格编码容易、产品结构简单、领先企业具备从分散在全球并完全独立的企业获得服务或服务于这些企业的能力时，将产生市场型分工模式。这种分工模式适合于标准化产品，能够在市场上以贸易方式实现采购方与供给方之间的交易。由于交易的复杂度较低，领先企业只需具备简单的协调能力就可以完成
俘获型价值链	当产品规格和产品结构的复杂度都很高时，为减少内部化分工模式难以避免的交易复杂化，领先企业会寻求并“锁定”一些自身能力不强的供应商进行交易，因而产生了俘获型分工模式。在这种分工模式中，供应商的生产活动通常被限制在一个狭窄的范围内，如简单组装、贴牌生产等，因此向其他类型价值链或其他领先企业转换的成本很高，从而往往选择停留在现有价值链中，即被“俘获”。在这种模式中，领先企业的控制力和控制程度低于科层型分工模式又高于市场型分工模式；领先企业要对供应商提供清晰、成文的指示，并在必要时提供技术支持，供应商才能生产出满足复杂规格要求的产品；领先企业主导、控制企业间的联系，同时也为供应商提供获取更多资源和市场的机会
模块型价值链	当产品结构具有模块型特征，就可以通过减少零部件之间的差异性而实现对零部件、产品、过程等规格的标准化，供应商也因此具有提供“一揽子”生产服务和模块型产品的供应能力。由于统一编码的存在，企业之间信息流动的数量和速度高于一般市场交易。产品规格的标准化意味着领先企业能够获得定制产品，而不必与供应商发生复杂的交易。模块式分工模式可实现全球价值链协调成本最小化、选择和更换供应商便利化。该管理模式广泛应用于电子产业
关联型价值链	当产品规格非常复杂、难以编码，同时交易复杂且供应商的能力较强时，将产生关联型分工模式。由于买卖双方必须要对那些难以编码的知识进行传递，且竞争力较强的供应商可以为领先企业提供具有竞争力的辅助性功能，因而双方之间易于产生相互依赖并进行平等合作

【真题·单选题】（2022）波利公司是一家在剃须刀行业占据主导地位的跨国企业。由于产品结构简单且标准化，该公司以简单的市场交易方式与分散在若干国家的供应商交换关于价格、规格和质量保证等商品或服务的信息，进而完成交易。上述事实表明，剃须刀行业全球价值链的分工模式属于（　　）。

A. 市场型价值链
B. 俘获型价值链
C. 模块型价值链
D. 关联型价值链

【答案】A

【解析】市场型价值链分工模式适合于标准化产品，能够在市场上以贸易方式实现采购方与供给方之间的交易。由于交易的复杂度较低，领先企业只需具备简单的协调能力就可以完成。根据题干可知，剃须刀行业全球价值链的分工模式属于市场型价值链，选项A正确。

【例题·单选题】安平公司是一家实施国际化经营的风电设备制造企业，具有较强的技术能力和较大的成本优势。该公司为在全球风电设备价值链中具有产品、技术、品牌等垄断优势的跨国公司提供塔筒、机舱罩等零部件的生产、组装、物流等业务的外围管理工作。下列各项中，符合安平公司在全球风电设备价值链中的角色定位的是(　　)。

A. 领先企业

B. 其他层级供应商

C. 合同制造商

D. 一级供应商

【答案】D

【解析】供应商由于缺乏技术、品牌等关键资源的优势，通常在生产网络中处于从属地位。而具有不同能力的供应商则处于不同的层级。技术能力较强、具有较高成本优势的一级供应商能够起到在领先企业和本地供应商之间的桥梁作用，除了必须由领先企业承担的核心技术研发和营销渠道构建等功能外，能够承担诸如部件的生产、组装、物流等外围管理工作。一级供应商可以通过其拥有的非核心技术创新以及生产成本的相对优势，在全球价值链中获得相对较高的地位与价值增值。“安平公司是一家实施国际化经营的风电设备制造企业，具有较强的技术能力和较大的成本优势。”所以选项D正确。

高频考点22：国际化经营的战略类型

★★★★

企业国际化经营的战略基本上有四种类型，即国际战略、多国本土化战略、全球化战略与跨国战略。这四种战略可以通过“全球协作”的程度和“本土独立性和适应能力”的程度所构成的两维坐标体现出来，如以下图、表所示：

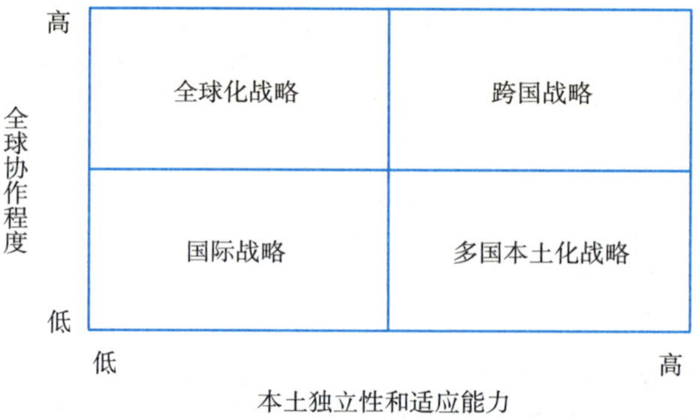

（一）国际战略	
含义	是指企业将其具有价值的产品与技能转移到国外的市场，以创造价值的举措
实施策略	大部分企业采用国际战略，转移其在母国所开发出的具有竞争优势的产品到海外市场，从而创造价值。在这种情况下，企业多把产品开发的职能留在母国，而在东道国建立制造和营销职能。在大多数的国际化企业中，企业总部一般严格地控制产品与市场战略的决策权
适用条件	企业的特殊竞争力如果在国外市场上拥有竞争优势，而且在该市场上降低成本的压力较小时，企业采取国际化战略是非常合理的。但是，如果当地市场要求能够根据当地的情况提供产品与服务，企业采取这种战略就不合适了
缺点	由于企业在国外各个生产基地都有厂房设备，形成重复建设，加大了经营成本，这对企业也是不利的
（二）多国本土化战略	
含义	一个企业的大部分活动，如战略和业务决策权分配到所在国的战略业务单位进行，由这些单元向本地市场提供本土化的产品，从而把自己有价值的技能和产品推向外国市场而获得收益

续表

（二）多国本土化战略	
与国际战略的关系	1. 相同点：这种战略也是将自己国家所开发出的产品和技能转移到国外市场，而且在重要的国家市场上从事生产经营活动。 2. 不同点：它根据不同国家的不同市场，提供更能满足当地市场需要的产品和服务
适用条件	在当地市场强烈要求根据当地需求提供产品和服务并降低成本时，企业应采取多国本土化战略。但是，由于这种战略生产设施重复建设并且成本结构高，在成本压力大的产业中便不适应
缺点	1. 成本结构较高，无法获得经验曲线效益和区位效益。 2. 过于本土化，会使在每一个国家的子公司过于独立，企业最终会指挥不动自己的子公司，不能将自己的产品和服务向这些子公司转移
（三）全球化战略	
含义	向全世界的市场推销标准化的产品和服务，并在较有利的国家集中进行生产经营活动，由此形成经验曲线和规模经济效益，以获得高额利润
特点	企业采取这种战略主要是为了实施成本领先战略。与定制化以满足顾客差异化需求不同，实施“全球化战略”的跨国公司是通过提供标准化的产品来促使不同国家的习俗和偏好趋同
适用条件	在成本压力大且当地特殊要求小的情况下，企业采取全球化战略是合理的。但是，在要求提供当地特色的产品的市场上，这种战略是不适合的
缺点	1. 对东道国本土市场的反应相对迟钝。 2. 企业需要跨越国界的协调战略和业务决策，因此难以管理
（四）跨国战略	
含义	企业既寻求多国本土化战略所具有的当地优势，又注重全球化战略带来的效率。因而，运用这种战略的企业在本土化响应和全球效率上都能获得优势
特点	1. 为了避免外部市场的竞争压力，母公司与子公司、子公司与子公司的关系是双向的，不仅母公司向子公司提供产品与技术，子公司也可以向母公司提供产品与技术。可以运用经验曲线的效应，形成成本效益和区位效益，能够满足当地市场的需求，达到全球学习的效果。 2. 跨国战略到目前为止被公认为跨国公司的最佳战略选择。跨国公司试图兼顾全球效率、国别反应和世界性学习效果这三种战略需要
缺点	在实践中，地区适应性和全球化效率需要的平衡点难以确定，最优平衡是主观的和经常变动的。由于有效执行的困难，跨国战略往往被看成是一种理想化而非现实的形式

经典例题

【真题·单选题】（2021）G国的戴维公司是一家技术领先的数码马达研发和生产企业。该公司把生产基地设在制造业发达的X国，每年生产超过5 000万台标准化的数码马达销往世界近百个国家和地区。戴维公司国际化经营的战略类型属于（　　）。

A. 国际战略

B. 多国本土化战略

C. 全球化战略

D. 跨国战略

【答案】C

【解析】全球化战略向全世界的市场推销标准化的产品和服务，并在较有利的国家集中进行生产经营活动。“该公司把生产基地设在制造业发达的X国，每年生产超过5 000万台标准化的数码马达销往世界近百个国家和地区”属于全球化战略，选项C正确。

【真题·单选题】（2020）贝恩公司是著名的电子商务企业，下设5大商务区和分布在100多个国家的子公司。商务区经理负责为各自商务区制定国际化经营战略，各国子公司经理则根据所在国市场需求对该子公司的经营活动行使经营权和管理权。商务区经理需要各国子公司经理的合作，当商务区经理和子公司经理的意见或决策发生冲突时，可提交总公司裁决。贝恩公司采用的国际化经营的战略类型是(　　)。

A. 国际战略

B. 多国本土化战略

C. 全球化战略

D. 跨国战略

【答案】D

【解析】跨国战略是在全球激烈竞争的情况下，形成以经验为基础的成本效益和区位效益，转移企业的核心竞争力，同时注意当地市场的需要。“商务区经理需要各国子公司经理的合作，当商务区经理和子公司经理的意见或决策发生冲突时，可提交总公司裁决。”贝恩公司采用的经营战略属于跨国战略，选项D正确。

【真题·单选题】（2019）2015年，国内研发和制造铁路设备的东盛公司开启了国际化经营战略，在国外成立了多家子公司。东盛公司在国内的母公司保留技术和产品开发的职能，在国外的子公司只生产由母公司开发的产品。东盛公司采取的国际化经营战略类型的特点是(　　)。

A. 全球协作程度低，本土独立性和适应能力高

B. 全球协作程度高，本土独立性和适应能力低

C. 全球协作程度高，本土独立性和适应能力高

D. 全球协作程度低，本土独立性和适应能力低

【答案】D

【解析】国际战略，是指企业将其具有价值的产品与技能转移到国外的市场，以创造价值的举措。企业多把产品开发的职能留在母国，而在东道国建立制造和营销职能。本题中，“东盛公司在国内的母公司保留技术和产品开发的职能，在国外的子公司只生产由母公司开发的产品”说明东盛公司采取的是国际战略，其特点是全球协作程度低，本土独立性和适应能力低。

【例题·单选题】企业试图兼顾全球效率、国别反应和世界性学习效果的一种国际化经营战略是(　　)。

A. 全球化战略

B. 跨国战略

C. 多国本土化战略

D. 国际战略

【答案】B

【解析】企业试图兼顾全球效率、国别反应和世界性学习效果不符合全球化战略的定义。跨国战略指企业既寻求多国本土化战略所具有的当地优势，又注重全球化战略带来的效率。因此，运用这种战略的企业在本土化响应和全球效率上都能获得优势。企业试图兼顾全球效率、国别反应和世界性学习效果符合跨国战略的特征。因此，选项B正确。

高频考点23：新兴市场的企业战略

★★★★★

新兴市场是指一些市场发展潜力巨大的发展中国家。这类国家对世界经济的发展具有较大的推动作用，其进出口贸易在全球贸易中占有越来越重要的地位。在全球化竞争中，随着新兴市场国家在世界经济中所占地位的不断提高，这些国家日益成为众多发达国家跨国公司的目标市场。在这里我们着重阐述在全球化竞争中，新兴市场中本土企业的战略选择。

（一）按产业特性配置资源

在估计全球化压力所产生的影响时，必须认识到各种不同产业面临的压力是不同的。用下列矩阵比较不同产业所面临的全球化与本土化的压力：

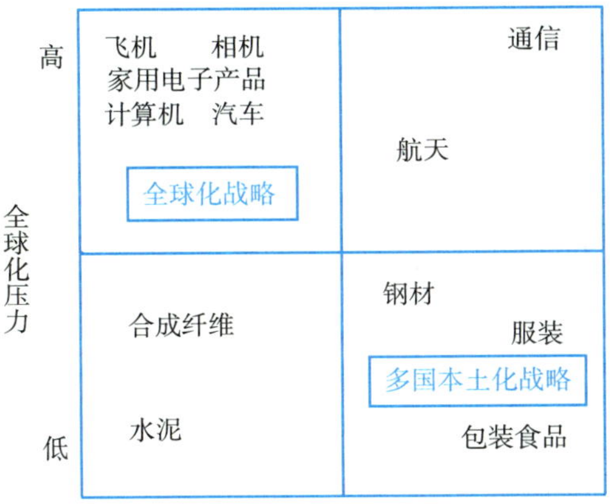

在不同的产业中，发达国家跨国公司在新兴市场表现出的竞争优势是大相径庭的。左上角所展示的产业中的企业需要在产品开发、资金筹措、市场营销以及分销上投入高额的固定成本，而这部分成本只有通过在多个市场上销售产品才能实现分销。此外，这些产业在参与全球竞争时都遵循着同一套规则，消费者对由此产生的标准化产品以及市场营销的诉求方式比较满意。

右下角所展示的产业，诸如服装、包装食品等产业正好相反。在这些产业中，企业可以通过满足本国消费者的特殊需求取得成功。企业竞争靠的是与消费者建立良好的关系。由于消费者品位不同，或者由于技术标准不一致，市场偏好也不尽相同。此外，高额的运输成本也会阻碍全球化的进程。在这类产业中，企业仅在本土销售产品仍然可以兴旺发达。

（二）本土企业的战略选择

将产业所面临的全球化压力和新兴市场本土企业拥有的优势资源作为两个变量，可以用来指导公司战略性的思考，如下图所示。

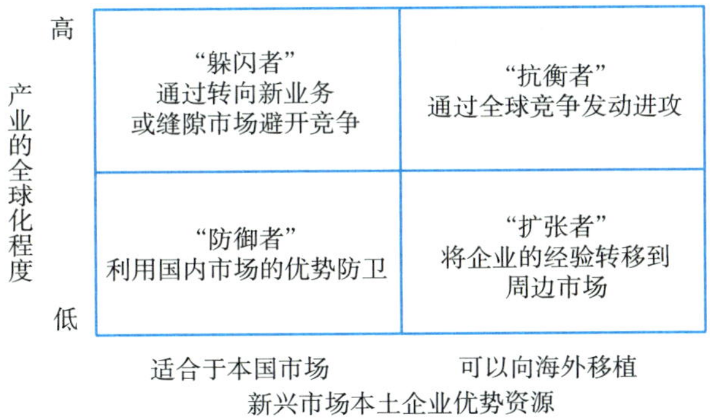

1.“防御者”战略：利用本土优势进行防御。

“防御者”（defender）定义：如果企业面临的全球化压力较小，而其拥有的优势资源只适合本国市场，那就需要集中力量**保护已有的市场份额**不被跨国竞争对手侵占，其战略定位是利用国内市场的优势防卫。

“防御者”战略的**内容**：面对来势汹汹且实力雄厚的外国竞争对手，“防御者”要做的就是利用本土优势进行防御。具体做法可以考虑：

（1）把目光集中于喜欢本国产品的客户，而不考虑那些崇尚国际品牌的客户。

（2）频繁调整产品和服务，以适应客户特别的甚至是独一无二的需求。

（3）加强分销网络的建设和管理，缓解

国外竞争对手的竞争压力。

在面临跨国竞争对手的挑战时应当注意：

（1）不要试图赢得所有顾客。

（2）不要一味模仿跨国竞争对手的战略。

2.“扩张者”战略：向海外延伸本土优势。

“扩张者”（extender）定义：如果企业面临的全球化压力不大，而其自身的优势资源又可以被移植到海外，那么企业就可以将本土市场的成功经验推广到若干国外的市场，其战略定位是将企业的经验转移到周边市场。

“扩张者”战略**内容**：在某种情况下，本土企业可以不仅仅局限于保住现有市场，它们可以通过合理运用可移植的优势资源，并以其在本地市场的成功为平台，向其他市场扩张。**慎重并有选择地**将海外扩张战略用于企业的核心资源，不仅可以增加企业收入，还能促进规模经济，同时也能获得颇有价值的国际化经营经验。

在向海外延伸本土优势时应当注意寻找在消费者偏好、地缘关系、分销渠道或政府管制方面与本国市场相**类似**的市场，来最有效地利用自己的资源。例如，移居国外的人就更容易接受产于自己国家的产品。

3.“躲闪者”战略：避开跨国公司的冲击。

“躲闪者”（dodger）定义：如果全球化压力大，企业就会面临更大的挑战。如果企业优势资源只能在本土发挥作用，企业就必须围绕仍有价值的本土资源，对其价值链的某些环节进行重组，以躲避外来竞争对手的冲击，从而保持企业的独立性，其战略定位是通过转向新业务或缝隙市场避开竞争。

“躲闪者”战略**内容**：在全球化压力很大的产业中，“躲闪者”不能仅仅指望公司的本土资源，还必须重新考虑自身的商业模式。在这种情况下，如果这些企业的资源仅仅在本土才有价值，企业最好的选择可能是以下几个：

（1）与跨国公司建立合资、合作企业。

（2）将企业出售给跨国公司。

（3）重新定义自己的核心业务，避开与跨国公司的直接竞争。

（4）根据自身的本土优势专注于细分市场，将业务重心转向价值链中的某些环节。

（5）生产与跨国公司产品互补的产品，或者将其改造为适合本国人口味的产品。

“躲闪者”战略可能是四种战略中最难付诸实施的一种，因为“躲闪者”必须要对其战略进行大手术，而且必须在跨国公司将其淘汰出局时完成。但是，只要“躲闪者”能够谨慎选择突破口，并专心攻克，仍然能够利用本土资源拥有自己的立足之地。

4.“抗衡者”战略：在全球范围内对抗。

“抗衡者”（contender）定义：如果全球化压力大，而企业优势资源可以转移到其他市场，企业有可能与发达国家跨国公司在全球范围内展开正面竞争。我们称这种情况下的本土企业为“抗衡者”，其战略定位是通过全球竞争发动进攻。

“抗衡者”战略内容：尽管在全球竞争中发达国家跨国公司具备诸多优势，但新兴市场的企业也可以羽翼渐丰，最后成长为跨国公司。这种新兴市场中“抗衡者”的数量正在稳步上升，不少公司已经成长为世界上大名鼎鼎的品牌企业。这些公司成功的原因与那些在全球市场上蓬勃发展的其他企业大同小异，只不过作为“抗衡者”，它们通常**不得不权衡各种机会和制约因素**。

（1）不要拘泥于成本上竞争，而应该比照行业中的领先公司来衡量自己的实力。大部分“抗衡者”来自日用品生产产业，这些产业具有丰富的自然资源和人力资源，可以给企业带来低成本的优势。但是，“抗衡者”不应该仅仅满足于资源优势，而应该比照行业中的领先公司来衡量自己的实力。很多企业会发现自己在产品质量和生产水平上存在明显不足，或者是在服务、运送和包装上存在严重缺陷。这样一来，它们的成本优势就被其他方面的劣势抵消了。如果在生产力、产品质量和服务水平上不断追赶来自发达国家的竞争者，新兴市场的本土企业就可以为在长期竞争中取得成功打下坚实的基础。

（2）找到一个定位明确又易于防守的市场。对于那些可能成为“抗衡者”却又无法获得关键资源的企业来说，找一个定位明确又易于防守的市场缝隙至关重要。一个日益普遍的方法是加入一个发达国家跨国公司主导的战略联盟，联盟中的领导企业掌握着一个地区性或全球性的零件开发商和供应商网络。在一个分布广泛的生产网络中扮演“领头羊”，需要兼具市场形象、协调能力以及创新的技术。新兴市场中的企业一般很少同时拥有上述三个条件，这些企业中的大部分需要专注于自己产业价值链中的某些特定环节来打造规模和专门技术。

（3）在一个全球化的产业中找到一个合适的突破口。新兴市场中的企业要想在一个全球化的产业中找到一个合适的突破口，通常必须进行大范围的重组。许多企业可能会将那些由于全球化而难以为继的业务剥离，将原先内部生产的零部件外包出去，并投资于新产品和新流程，这是“抗衡者”成为一个专业化和全球化生产商的关键。

（4）学习从发达国家获取资源，以克服自身技能不足和资本的匮乏。对于“抗衡者”来说，最大的挑战也许是克服自身技能不足和资本的匮乏，尤其在高科技产业，产品生命周期一般很短，而新兴市场中的企业由于接触不到位于市场前沿的供应商、客户以及竞争者，经常会处于不利地位，再加上新兴市场存在着较大的政治和经济风险，“抗衡者”的资本成本要远高于它们的跨国竞争对手。所以，成功的“抗衡者”要学习从发达国家获取资源以克服前述缺陷。

名师解惑

（1）明确以下四个概念：防御者——利用本土优势抵御跨国竞争对手；扩张者——将本土优势转移至海外；躲闪者——规避跨国公司竞争；抗衡者——通过全球竞争发动进攻。

（2）题干中出现“国外品牌不断涌入国内”、“市场竞争十分激烈”并不意味着“全球化压力大”，不可混淆概念。

经典例题

【真题·多选题】（2022）科晶公司原是国内一家实行纵向一体化的光伏企业，面对不断进入中国市场的跨国光伏巨头的巨大竞争压力，该公司于2019年与竞争优势明显的K国光伏企业曼威公司进行合作，采用对方的先进技术，专注于生产高效率光伏组件，并进军竞争激烈的国际市场，成为大部分购买者的首选品牌。从新兴市场本土企业战略选择的角度看，科晶公司实施的战略有（　　）。

A. 防御者战略　　B. 躲闪者战略

C. 抗衡者战略　　D. 扩张者战略

【答案】 BC

【解析】 科晶公司面临的全球化压力巨大，“与竞争优势明显的K国光伏企业曼威公司进行合作”体现了科晶公司与跨国竞争对手建立合资、合作企业，属于躲闪者战略，“进军竞争激烈的国际市场”体现了科晶公司与发达国家跨国企业在全球范围内展开正面竞争，属于抗衡者战略。选项B、C正确。

【真题·单选题】（2020）金力公司是国内一家风力发电设备制造企业。2015年，金力公司取得世界最大的风力发电机组制造商麦尔公司的叶轮生产外包项目，并从对方引进一整条先进生产线，成为麦尔公司唯一的叶轮供应商。之后，金力公司通过引进麦尔公司的先进技术，不断提高产品性能和生产效率，并把引进的新技术移植到核心业务齿轮增速器的生产中，成为欧美多家相关企业的齿轮增速器供应商。作为新兴市场国家本土企业，金力公司采用的战略类型是(　　)。

A. 防御者战略

B. 躲闪者战略

C. 抗衡者战略

D. 扩张者战略

【答案】 C

【解析】“金力公司取得世界最大的风力发电机组制造商麦尔公司的叶轮生产外包项目，并从对方引进一整条先进生产线，成为麦尔公司唯一的叶轮供应商”属于抗衡者战略中的“学习从发达国家获取资源，以克服自身技能不足和资本的匮乏”，选项C正确。

【真题·单选题】（2019）面对国外著名医药公司在中国市场上不断扩张，多年从事药品研发、生产和销售的康达公司为了自身的长期发展，把药品的生产和销售业务转让给其他公司，同时与国外某医药公司合作专注于新药品的研发业务。从本土企业战略选择的角度看，康达公司扮演的角色可称为（　　）。

A. 防御者　　B. 扩张者

C. 抗衡者　　D. 躲闪者

【答案】D

【解析】本题中，“康达公司为了自身的长期发展，把药品的生产和销售业务转让给其他公司，同时与国外某医药公司合作专注于新药品的研发业务”属于“躲闪者”战略，即根据自身的本土优势专注于细分市场，将业务重心转向价值链中的某些环节。

【例题·单选题】在一些本土企业进行战略选择时，企业通常会考虑其面临的全球化压力大小，且企业的自身资源能够在海外被吸收和利用，那么企业也就可以将本土市场中的精英经验灵活应用在海外市场。我们将这种采用战略的企业叫作（　　）。

A. 防御者　　B. 躲闪者

C. 抗衡者　　D. 扩张者

【答案】D

【解析】若企业面临的全球化压力较小，而其自身的优势资源又可以被应用在海外，那么企业就可将本土市场的成功经验推广到国外的其他市场，这是企业的“扩张者”，其战略定位就是将企业原有的经验转移到周围市场。

进阶练习

（一）单选题

1. 甲公司是一家国内快递公司。为了减少竞争压力，并且增强自身的实力，该公司决定并购另外一家快递公司。根据上述信息，甲公司采用的发展战略类型是（　　）。

A. 前向一体化战略

B. 后向一体化战略

C. 横向一体化战略

D. 市场渗透战略

2. 甲集团是一家食品制造企业，最初只生产矿泉水，通过矿泉水这一产品赢得了消费者的信赖。为了集团发展，甲集团又注册成立了几家新公司，推出了饮料、膨化食品和压缩饼干等其他品牌的产品。根据发展战略的途径，甲集团采用该战略的可能动因不包括（　　）。

A. 为管理者提供职业发展机会

B. 内部发展的成本增速较快

C. 不存在合适的收购对象

D. 保持统一的管理风格和企业文化

3. 甲公司原是一家提供管理咨询服务的企业。2022年以来，该公司采用收缩战略以应对利润下滑的局面，重新制定新的政策和管理控制系统，采用了更具有激励作用的薪酬制度。甲公司采用的收缩战略方式是（　　）。

A. 机制变革

B. 财政和财务战略

C. 削减成本战略

D. 拆产为股

4. 面对国外手机制造公司在中国市场上不断扩张，多年从事手机研发、生产和销售的甲公司为了自身的长期发展，把手机的生产和销售业务转让给其他公司，同时与国外某手机制造公司合作专注于新手机的研发业务。从本土企业战略选择的角度看，甲公司扮演的角色可称为（　　）。

A. 防御者　　　　B. 扩张者
C. 抗衡者　　　　D. 躲闪者

5. 甲公司是一家牛奶制品生产和销售企业，产品销往多个国家和地区。为了确保产品质优价廉，该公司在最适合奶牛生存的C国建立统一的奶牛养殖场，并在加工条件最好的N国设厂生产牛奶制品。甲公司国际化经营的战略类型是（　　）。
A. 多国本土化战略
B. 国际战略
C. 跨国战略
D. 全球化战略

6. 近年来，家电制造商A公司所处行业的市场基本饱和，销售额比较稳定，企业之间的价格竞争十分激烈。在这种情况下，甲公司宜采用的股利分配政策是(　　)。
A. 零股利政策
B. 低股利政策
C. 稳健的高股利分配政策
D. 全部分配的股利政策

7. 甲自来水公司负责某市的民用自来水供给业务。近年来该市的民用自来水需求量比较稳定，甲公司主要通过向银行贷款取得更新设备所需的资金。该公司财务风险与经营风险的组合属于（　　）。
A. 高经营风险与低财务风险
B. 高经营风险与高财务风险
C. 低经营风险与高财务风险
D. 低经营风险与低财务风险

8. 甲公司是一家啤酒制造和销售企业。2022年初，甲公司管理层发现今年啤酒节要在本地举行，预计啤酒的销量将比上年有较大增长。因此，甲公司决定加大公司上半年的产量，以应对未来需求的增长。甲公司采用的平衡产能与需求的方法是（　　）。
A. 订单生产式　　　B. 库存生产式
C. 准时生产式　　　D. 资源订单式

9. 最近商品街开始兴起各式各样的两元店、十元店等，这些店铺主要通过售卖纸杯、礼品袋、签字笔、镜子等低价低值小商品来实现薄利多销的目的。依据基本战略的“战略钟”分析，这些店铺采用的竞争战略是（　　）。
A. 失败战略
B. 集中成本领先战略
C. 混合战略
D. 差异化战略

10. 甲公司是一家家电制造企业。为了维持其在市场中的地位，甲公司加大科研方面的投入，不断开发出新款智能型家电，深受消费者喜爱。根据上述信息判断，甲公司采用的密集型战略为（　　）。
A. 市场渗透战略　B. 市场开发战略
C. 产品开发战略　D. 多元化战略

（二）多选题

1. 作为西北区域重要的能源公司，A电力股份有限公司旗下拥有从事燃料、氧化铝开发、发电业务的子公司。近年来，由于市场竞争激烈等原因，公司经营持续严重亏损。2019年年初，公司决定出售从事燃料业务的子公司，但此举将使大量燃料生产设备被废弃，氧化铝开发和发电业务原料来源的稳定性也将受到重创。而且消息一传出，立即引起了一些职工的抗议。后来公司承诺会对职工补偿和重新安置问题进行妥善解决。在上述案例中，公司面临的退出障碍有(　　)。
A. 感情障碍
B. 内部战略联系
C. 退出成本
D. 固定资产的专用性程度

2. 为实施国际化经营，良心纺织机械生产公司拟与美国某公司共同出资8.5亿元组建一家合资企业。促使双方创建合资企业的动因可能有(　　)。
A. 将国外产品引入国内市场
B. 将现有产品打入国外市场
C. 经营一种新业务
D. 加强现有业务

3. 主营运动鞋业务的龙升公司开始开展跨国经营，基于公司产品规格编码容易、产品结构简单、标准化程度高，该公司选择了适合自身情况的全球价值链分工模式。下列选项中，符合该公司的全球价值链分工模式中领先企业与供应商关系的主要特点有(　　)。

A. 产品加工规格不容易整理和传播

B. 领先企业协调性低

C. 领先企业选择和更换供应商便利

D. 价格机制发挥主导作用

4. 新势力企业集团的下列业务单位中，适合选择成本领先战略的有(　　)。

A. 乙业务单位，生产购买者不太关注品牌的产品

B. 丙业务单位，生产消费者转换成本较低的产品

C. 甲业务单位，生产顾客需求多样化的产品

D. 丁业务单位，生产目标市场具有较大需求空间或增长潜力的产品

5. 国内从事有色金属矿产地质勘探的鑫盛公司于2017年横向收购了N国的罗兰公司，而N国政府只允许本国企业从事贵金属矿产的勘探，因此这次收购使艾地公司获得了N国储量丰富的黄金矿产的勘探权。此后鑫盛公司留用了罗兰公司经验丰富的管理层。鑫盛公司向N国投资的动机有(　　)。

A. 寻求效率　　B. 寻求资源

C. 寻求市场　　D. 寻求现成资产

6. 丙公司是国内一家印刷机制造企业，主要产品是胶印机。受不利大环境的影响，原有业务经营持续低迷。为此，公司董事会决定并购一家游戏公司进军网络游戏。下列选项中，属于该企业采用多元化经营的优点有(　　)。

A. 分散风险

B. 找到新的增长点

C. 更容易地从资本市场中获得融资

D. 运用盈余资金

7. 丁公司是一家玻璃瓶饮料生产企业。2022年初，丁公司的经营开始走下坡路，不得不实施“瘦身”计划。丁公司决定将贷款转换成普通股、加强销售攻势、调整管理层领导班子。这些防御措施所体现的收缩战略方式有(　　)。

A. 机制变革

B. 调整营销策略

C. 财政和财务战略

D. 削减成本战略

8. 经过多次磋商签订协议后，汽车制造凭借自有资金2亿元和发行债券融资5亿元，实现了对汽车零部件商B公司的收购。从并购的类型来看，上述收购属于(　　)。

A. 前向收购

B. 杠杆收购

C. 金融资本收购

D. 友善收购

(三) 简答题

月现咖啡店位于某大学城内，其主要顾客是学生和教师，该咖啡店店主在开业前进行了市场调查，调查结果显示：该大学城现有咖啡店两家，店内空间较小，且咖啡种类较少，以比较基础的美式咖啡为主，由于商品严重同质化，两家咖啡店的竞争异常激烈。该大学城还有若干饮品店，它们只外卖各种冷饮和奶茶，没有给顾客留出休息的位置。月现咖啡店的店主决定把书吧和咖啡店具有的两类互补性功能结合起来，建立一个集读书、休闲、生活服务为一体的综合性“书咖”。现有一些咖啡店往往注重营造高雅的环境，通过豪华装修来吸引顾客，比如在咖啡机及服务区旁放置高大的古董瓷瓶、在墙壁上挂上油画等。但这并不是大学城附近的消费者关注的重点，而且会产生高昂的成本。月现咖啡店抛弃这些流行的理念和做法，只在墙壁上描绘一些复古漫画，大大降低了成本，进而降低了咖啡和图书的售价，提升了竞争力。随着电子商务的普及，咖啡的网上销售日益火爆，许多网站均提供网售平台。月现咖啡店与时俱进，也提供网上点单送货上门。另外，现在大学中自习室紧张，抢位现象严重，月现咖啡店计划为学生开设专属学习区域，并且提供午餐，为学生们提供理想的学习和休息场所。

要求：

（1）依据红海战略和蓝海战略的关键性差异，简要分析月现咖啡店的经营怎样体现了蓝海战略。

（2）依据蓝海战略重建市场边界的基本原则（开创蓝海战略的路径），简要分析月现咖啡店如何在竞争激烈的文化和生活服务领域，开创了新的生存与发展空间。

进阶练习答案及解析

（一）单选题

1. 【答案】C

【解析】横向一体化战略是指企业向产业价值链相同阶段方向扩张的战略，本题中，甲快递公司并购另外一家快递公司，实施的是横向一体化战略，选项 C 正确。

2. 【答案】B

【解析】甲集团采用的发展途径是内部发展。内部发展的成本增速较慢是企业采取内部发展战略的动因之一，所以选项 B 的表述不正确。

3. 【答案】A

【解析】机制变革包括调整管理层领导机构；重新制定新的政策和管理控制系统，以改善激励机制与约束机制等。“调整了管理层领导班子，采用了更具有激励作用的薪酬制度”，表明泰瑞公司采用的收缩战略的方式是机制变革，选项 A 正确。

4. 【答案】D

【解析】“把手机的生产和销售业务转让给其他公司，同时与国外某手机制造公司合作专注于新手机的研发业务”，这是企业在全球化压力很大的产业中，不仅仅指望公司的本土资源，还需重新考虑自身的商业模式，属于躲闪者战略。选项 D 正确。

5. 【答案】D

【解析】“为了确保产品质优价廉，该公司在最适合奶牛生存的 C 国建立统一的奶牛养殖场，并在加工条件最好的 N 国设厂生产牛奶制品”，在较有利的国家集中地进行生产经营活动，属于全球化战略。

6. 【答案】C

【解析】根据题干资料判断该公司所处行业属于成熟期，适合采用分配率高的股利政策，选项 C 正确。

7. 【答案】C

【解析】“需求量比较稳定”体现的是低经营风险，“主要通过向银行贷款取得更新设备所需的资金”体现的是高财务风险，所以选项 C 正确。

8. 【答案】B

【解析】库存生产式生产，许多企业在收到订单之前或在知道需求量之前就开始生产产品或提供服务。该公司在预计销售有较大增长时就采取加大生产，属于在收到订单之前或在知道需求量之前就开始生产产品或提供服务，即库存生产式生产。

9. 【答案】B

【解析】本题中，“售卖纸杯、礼品袋、签字笔、镜子等低价低值小商品”，低价低值对应的是集中成本领先战略，选项 B 正确。

10. 【答案】C

【解析】产品开发战略是在原有市场上，通过技术改进与开发研制新产品。甲公司通过加大研发支出，不断开发出新产品，满足市场新的需求，属于产品开发战略。因此，选项 C 正确。

（二）多选题

1. 【答案】ABCD

【解析】“将使大量燃料生产设备被废弃”属于固定资产的专用性程度；“氧化铝开发和发电业务原料来源的稳定性也将受到重创”属于内部战略联系；“立即引起了一些职工的抗议”属于感情障碍；“A 公司承诺会对职工补偿和重新安置问题进行妥善解决”属于退出成本。因此，选项 A、B、C、D 均正确。

2. 【答案】ABCD

【解析】本题考核“国际化经营的主要方

式——对外直接投资”的知识点。形成国际合资企业的动机有：加强现有业务、将现有产品打入国外市场、将国外产品引入国内市场和经营一种新业务。所以，选项A、B、C、D正确。

3.【答案】BD

【解析】“由于产品规格编码容易、产品结构简单、标准化程度高”表明适合宏启公司的分工模式为市场型价值链。选项A属于关联型价值链特征，选项C属于模块型价值链特点。

4.【答案】AB

【解析】成本领先战略主要适用于以下一些情况：市场中存在大量的价格敏感用户；产品难以实现差异化；购买者不太关注品牌；消费者的转换成本较低。这时，企业应当力求成为产业中的低成本生产者，使产品价格低于竞争者，以提高市场份额。选项A、B正确。

5.【答案】CD

【解析】鑫盛公司是国内从事有色金属矿产地质勘探的企业，“收购使鑫盛公司获得N国储量丰富的黄金矿产的勘探权”体现的是寻求市场。“留用了罗兰公司经验丰富的管理层”体现了寻求现成资产。

6.【答案】AB

【解析】多元化战略优点：（1）分散风险。（2）能更容易地从资本市场中获得融资。（3）当企业在原产业无法增长时找到新的增长点。（4）利用未被充分利用的资源。（5）运用盈余资金。（6）获得资金或其他财务利益，例如累计税项亏损。（7）运用企业在某个产业或某个市场中的形象和声誉来进入另一个产业或市场，而在另一个产业或市场中要取得成功，企业形象和声誉是至关重要的，因此，选项A、B正确。题目没有提到甲公司融资和运用盈余资金，要结合案例分析，所以不能选C、D。

7.【答案】ABC

【解析】本题考核“收缩战略——收缩战略的方式”的知识点。收缩战略的方式包括：紧缩与集中战略、转向战略和放弃战略。本题中，“将贷款转换成普通股”属于紧缩与集中战略中的财政和财务战略，选项C正确；“加强销售攻势”属于转向战略中的调整营销策略，选项B正确；“调整管理层领导班子”属于紧缩与集中战略中的机制变革，选项A正确。

8.【答案】BD

【解析】汽车制造厂凭借自有资金2亿元和发行债券融资5亿元作为资金来进行收购，主体资金是对外负债，属于杠杆并购，所以选项B正确；双方多次磋商之后签订协议，完成收购活动，属于友善并购，所以选项D正确；汽车制造厂是非金融企业，属于产业资本并购，所以选项C不正确；汽车厂对汽车零部件商B公司进行收购，属于纵向并购中的后向并购，所以选项A不正确。

（三）简答题

【答案】

（1）由于现有两家咖啡店的竞争日常激烈，商品严重同质化，饮品店只有外卖各种冷饮而没有为顾客留出休憩的位置，月现咖啡店将书店和饮品店所具有的这两类互补性功能结合起来，建立一个集读书、休闲、生活服务为一体的综合性服务书吧，不但规避了已有市场内的激烈竞争，拓展了非竞争性市场空间，而且还创造了阅读与饮食相结合的新需求，并加以满足，从而带来新的商机。

（2）开创蓝海战略的路径包括审视其他产业、跨越战略群组、重新界定产业的买方群体、放眼互补性产品或服务看市场、重设客户的功能性或情感性诉求和跨越时间。

①从“随着电子商务的普及，咖啡的网上销售日益火爆，许多网站均提供网售平台。月现咖啡店与时俱进，也提供网上点单、送货上门”，这属于跨越时间路径。

②从“现在大学中自习室紧张，抢位现象严重，月现咖啡店计划为学生开设特定学习区域，并且提供午餐，为学生们提供理想的学习和休息场所，提供成本适中的装修来提供合适得体的环境”，这属于重设客户的功能性或情感性诉求路径。

第四章　战略实施

2023 年教材内容主要变化

（1）第一节“公司战略与组织结构”部分内容改写，使得表述更为流畅、合理。（2）将小节标题“企业战略与组织结构”调整为“与公司战略相适应的组织结构”，同时该小节的部分内容改写。

本章近五年考试高频考点分布

本章属于备考的重点章，近五年平均考试分值为 10.5 分。

高频考点内容	年度及题型分布
纵横向分工结构	2022 年综合 2021 年单选、2021 年多选 2020 年单选 2019 年单选、2019 年多选 2018 年单选
与公司战略相适应的组织结构	2020 年单选、2019 年单选、2018 年单选
企业文化的类型	2021 年单选、2020 年单选、2018 年单选
战略稳定性与文化适应性	2022 年单选、2021 年单选、2020 年单选 2019 年单选、2018 年单选
战略失效、战略控制的概念与过程	2021 年单选
战略控制方法——预算	2018 年多选
战略控制方法——企业业绩衡量	2020 年多选、2019 年多选、2018 年多选
战略控制方法——平衡计分卡的业绩衡量方法	2022 年单选、2019 年单选、2019 年多选、2018 年多选
公司战略与数字化技术	2022 年综合、2022 年简答 2021 年单选、2021 年简答 2018 综合题（信息技术在战略管理中的作用）

高频考点精讲

本章详细介绍了公司战略与组织结构、公司战略与企业文化、战略控制、战略管理中的权力与利益相关者以及数字化战略，主要内容包括组织结构的构成要素、纵横向分工结构、企业文化与绩效、战略稳定性与文化适应性、战略控制的过程及方法、企业利益相关者的利益矛盾与均衡、权力与战略过程、数字化技术的定义及对公司战略的影响、数字化战略转型。

组织结构是波特价值链理论中公司重要的支持活动，组织结构的调整与完善是战略实施的重要环节。

高频考点1：组织结构的构成要素★★

组织结构是组织为实现共同目标而进行的各种分工和协调的系统。它可以平衡企业组织内专业化与整合两个方面的要求，运用集权和分权的手段对企业生产经营活动进行组织和控制。不同产业、不同生产规模的企业结构是不同的。因此，**组织结构的基本构成要素是分工与整合**。

（一）分工

分工是指企业为创造价值而对其人员和资源的分配方式。一般来讲，企业组织内部不同职能或事业部的数目越多、越专业化，企业的分工程度就越高。

企业在组织分工上有两个方面：

1. 纵向分工。

企业高层管理人员必须在如何分配组织的决策权上作出选择，以便很好地控制企业创造价值的活动。这种选择就是纵向分工的选择。例如，企业高层管理人员必须决定对事业部的管理人员授予多少权责。

2. 横向分工。

企业高层管理人员必须在如何分配人员、职能部门以及事业部方面作出选择，以便增加企业创造价值的能力。这种选择是横向分工选择。例如，企业高层管理应该是设立销售部门与广告等促销部门，还是将两个部门合并为一个实体？

（二）整合

整合是指企业为实现预期的目标而用来协调人员与职能的手段。为了实现企业目标，企业必须建立组织结构，协调不同职能与事业部的生产经营活动，以便有效地执行企业的战略。例如，为了开发新产品，企业可以建立跨职能的团队，使不同部门不同职能的员工一起工作。这就是一般意义上的整合。

总之，**分工**是将企业转化成不同职能及事业部的手段，而**整合**是要将不同的部门结合起来。

经典例题

【例题·多选题】以下关于管理层次和控制幅度的说法中，错误的有（　　）。

A. 一定规模的企业内部会存在很多管理层次，且该企业属于扁平性组织结构

B. 控制幅度和管理层次概念是相同的

C. 组织规模在特定情况下，管理层次与控制幅度成正比

D. 组织规模一定的情况下，管理层次和控制幅度成反比

【答案】ABC

【解析】管理层次是指在企业中从最高层管理者到基层员工的层级数目，控制幅度是指在组织规模一定的情况下，每个管理者所管理的数目。

高频考点2：纵横向分工结构★★★

（一）纵向分工结构

1. 纵向分工结构的基本类型。

纵向分工是指企业高层管理人员为了有效地贯彻执行企业的战略，选择适当的管理层次和正确的控制幅度，并说明连接企

业各层管理人员、工作以及各项职能的关系。

纵向分工基本有两种形式：一是高长型组织结构；二是扁平型组织结构。

（1）高长型组织结构。高长型组织结构是指具有一定规模的企业的内部有很多管理层次。在每个层次上，管理人员的**控制幅度较窄**。这种结构有利于企业内部的控制，但**对市场变化的反应较慢**。

（2）扁平型组织结构。扁平型组织结构是指具有一定规模的企业的内部管理层次较少。在每个层次上，管理人员的**控制幅度较宽**。这种结构可以**及时地反映市场的变化**，并作出相应的反应，但**容易造成管理的失控**。

企业应根据自己的战略以及战略所需要的职能来选择组织的管理层次。例如，企业为了更及时地满足市场的需求，追求产品的质量与服务，通常采用扁平型组织结构。

2. 纵向分工结构组织内部的管理问题。

（1）集权与分权。在企业组织中，集权与分权各有不同的适用条件，应根据企业的具体情况而定。

集权是指企业的高层管理人员拥有最重要的决策权力。在战略管理中，集权可以使企业高层管理人员比较容易地控制与协调企业的生产经营活动，以达到企业预期的目标。

集权型结构的**优点**：

①易于协调各职能间的决策；

②易于对上下沟通的形式进行规范；

③能与企业的目标达成一致；

④危急情况下能够作出快速决策；

⑤有助于实现规模经济；

⑥比较适用于由外部机构实施密切监控的企业，因为所有的决策都能得以协调。

集权型结构的**缺点**：

①高级管理层可能不会重视个别部门的要求；

②决策时间过长；

③对级别较低的管理者职业发展有限。

集权决策的**缺点**：

①高级管理层可能不会重视个别部门的不同要求；

②由于决策时需要通过集权职能的所有层级向上汇报，因此决策时间过长；

③对级别较低的管理者而言，其职业发展有限。

分权型结构一般包含更少的管理层次，并将决策权分配到较低的层级，从而具有较宽的管理幅度并呈现出扁平型结构。

（2）中层管理人员人数。企业要根据自己的实际情况选择组织层次和指挥链。选择高长型结构时，要注意这种结构需要较多的中层管理人员，会增加行政管理费用。企业为了降低成本，使其结构效率化，应尽量减少管理层次。

（3）信息传递。企业内部信息传递是企业组织管理中的一个重要环节。企业内部管理层次越多，信息在传递的过程中就会发生不同程度的扭曲，不可能完整地到达信息传递的目的地。这样，也会增加管理的费用。因此，企业在选择高长型的结构时，应比较慎重。

（4）协调与激励。企业的管理层次过多时，会妨碍内部员工与职能部门间的沟通，增加管理费用。指挥链越长，沟通越困难，会使管理没有弹性。特别是，在运用新技术的企业里，如果采用高长型结构模式，企业通常会遇到各种障碍，不能有效地完成企业的目标。在这种情况下，企业应当采用扁平化结构。

在激励方面，高长型组织中的管理人员在行使权力时，往往会受到各种限制。结果，企业的管理人员容易产生推诿现象，不愿意承担责任，高层管理人员就需要花费大量的时间从事协调工作。而在扁平型结构中，一般管理人员拥有较大的职权，并可对自己的职责负责，效益也可以清楚地看出，并有较好的报酬。因此，扁平型结构比高长型结构更能调动管理人员的积极性。

（二）横向分工结构

1. 横向分工结构的基本类型。

从横向分工结构考查，企业组织结构有 8 种基本类型：创业型组织结构、职能制组织结构、事业部制组织结构、M型企业组织结构（多部门结构）、战略业务单位组织结构（SBU）、矩阵制组织结构、H型结构（控股企业/控股集团组织结构）和国际化经营企业的组织结构。

（1）创业型组织结构。创业型组织结构是多数小型企业的标准组织结构模式。采用这种结构时，企业的所有者或管理者对若干下属实施直接控制，并由其下属执行一系列工作任务。企业的战略计划（若有）由中心人员完成，该中心人员还负责所有重要的经营决策。这一结构类型的弹性较小并缺乏专业分工，其成功主要依赖于该中心人员的个人能力。

这种简单结构通常应用于小型企业。从一定意义上说，简单结构几乎等同于缺乏结构，至少是缺少正式意义上的组织结构。在这种结构中，几乎没有工作描述，并且每个人都参与正在进行的任务。然而，随着企业的发展，所有管理职能都由一个人承担就变得相当困难，因此为了促进企业的发展，应将该结构朝着职能制组织结构进行调整。

（2）职能制组织结构。职能制组织结构被大多数人认为是组织结构的典型模式。这一模式表明结构向规范化和专门化又迈进了一步。

随着企业经营规模和范围的不断扩张，企业需要将职权和责任分派给专门单元的管理者。这样，中心人物——首席执行官的职责就变得更加细化，这反映了协调职能单元的需要，企业也更多地关注环境问题和战略问题。这是一个适用于单一业务企业的职能型结构。

职能制组织结构的优点：

第一，能够通过在单一部门内集中所有某一类型的活动来实现规模经济。比如，所有的销售和营销工作都通过销售和营销部门来执行。

第二，有利于培养职能专家。

第三，由于职能管理是常规和重复性任务，因而工作效率得到提高。

第四，董事会易于监控各个部门。

职能制组织结构的缺点：

第一，由于对战略的重要流程进行了过度细分，因而在协调不同职能时可能出现问题。

第二，难以确定各项产品产生的盈亏。

第三，职能之间容易发生冲突，各自为政。

第四，集权化的决策机制会放慢反应速度。

（3）事业部制组织结构。当企业逐步发展至有多个产品线之后，或者由于消费者市场迅速扩张企业必须进行跨地区经营时，企业的协调活动就变得比较困难。在这一阶段，事业部制组织结构应运而生。

事业部制结构按照产品、服务、市场或地区定义出不同的事业部。将企业人员划分为不同的事业部被称为事业部制。

由于总经理的时间和精力都被过度挤占，对分权化和半自治的需求就被放大了。企业总部负责计划、协调和安排资源。事业部则承担运营和职能责任。随着复杂性的增加，事业部自身的战略规划责任会有所增加。在某些情况下，采用区域事业部结构比较适当；而在其他情况下，采用产品事业部结构效果更好。

事业部制结构强化了这一点，即制定战略并不仅仅是高层管理者和领导者的任务。企业层、业务层和职能层的管理者都应在其各自的层级参与战略制定流程。

如前所述，在事业部制组织结构内可按产品、服务、市场或地区为依据进行细分。

①区域事业部制结构。

当企业在不同的地理区域开展业务时，区域式结构就是一种较为适当的结构，它按照特定的地理位置来对企业的活动和人员进行分类。这种结构可用于本地区域（可将城市划分成销售区域）或国家区域（如下图），例如，可按照北美区域、东南亚区域以及中东区域等进行划分。北美区域负责该地区的所有活动、所有产品以及所有客户。

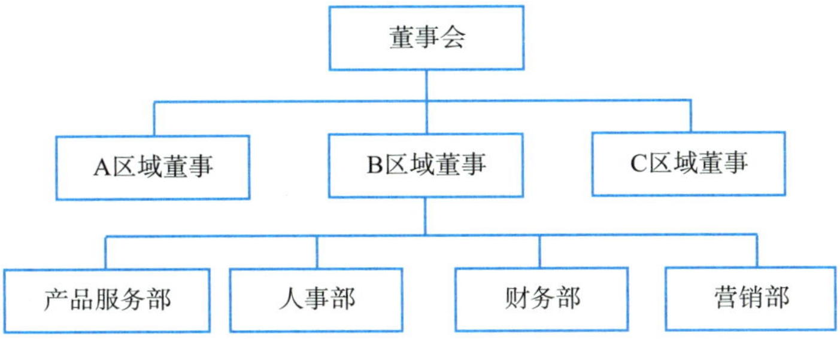

区域事业部制结构的优点：

第一，能更好更快地实现区域经营决策。

第二，与一切皆由总部来运作相比，有利于削减成本费用，比如削减差旅费。

第三，有利于在海外经营的企业应对各种的环境变化。

区域事业部制结构的缺点：

第一，管理成本的重复。比如，企业在一个国家被划分为10个区域，则每个区域的办事处都需要一个财务部门。

第二，难以处理跨区域的大客户事务。

②产品/品牌事业部制结构。

产品型事业部制结构适用于具有若干生产线的企业。产品事业部结构是以企业产品的种类为基础设立若干产品部，而不是以职能或以区域为基础进行划分（如下图）。该结构可以将总体业务划分为若干事业部。如果将某项工作按产品线划分，则单一的事业部就负责与该特定产品相关的所有方面，包括产品开发、产品生产、产品营销等。

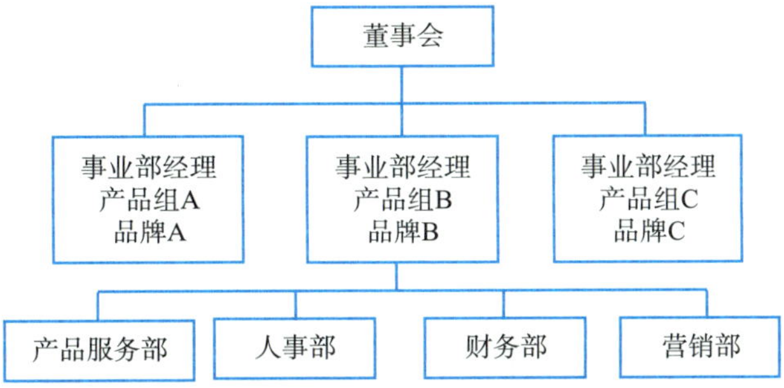

产品事业部制结构的优点：

第一，生产与销售产品的不同职能活动可以通过事业部经理来协调。

第二，各个事业部可以集中精力于其自身负责的产品的经营。

第三，这种结构更具灵活性，因此有助于企业实施产品差异化战略。

第四，易于出售或关闭经营不善的事业部。

产品事业部制结构的缺点：

第一，各个事业部之间可能由于争夺有限资源而产生摩擦甚至冲突。

第二，各个事业部之间会存在管理成本的重叠和浪费。

第三，如果事业部数量较多，则难以对各个事业部进行协调。

第四，如果事业部数量较多，则事业部经理容易缺乏整体观念。

品牌是设计的名称，用于区别制造商或供应商提供的产品或服务，并使之与竞争对手的产品或服务相区别。品牌可以表示同一企业生产的不同产品或（通常）类似产品，以便给客户一种感官差异。

品牌代表了一种独特的市场地位。在进行产品事业部制的同时，实行品牌事业部制也变得很有必要。在保留职能事业部制的基础上，品牌经理还负责进行品牌营销，而这会涉及各个职能。品牌事业部制与产品事业部制具有类似的优缺点。具体来说，会增加管理成本和管理结构的复杂性；处理不同的品牌部门与单一的生产部门之间的关系会变得尤为困难。

③客户细分或市场细分事业部制结构。客户细分事业部制结构通常与销售部门和销售工作相关，批销企业或分包企业也可能采用这种结构，在这些企业中由管理者负责联系主要客户。另外，可以将不同类型的市场按照客户进行划分，比如企业客户、零售客户或个人客户等。

（4）M 型企业组织结构（多部门结构）。通过产品线的增加，企业会不断扩张；随着企业规模的扩大，上述结构将不再适用。在这一阶段，具有多个产品线的企业应采用 M 型结构。M 型结构将该企业划分成若干事业部，每一个事业部负责一个或多个产品线。

某器具企业（A 公司）的组织结构曾经非常简单，仅拥有三个产品事业部：燃气系列产品、洗衣系列产品以及电子系列产品。但是通过收购 B 公司（一家空调、冰箱和火炉生产商）和 C 公司（一家小型家电制造商），企业不断扩张产品线。M 型结构包含了若干事业部，而每一个事业部都含有一个或多个产品线。

M 型组织结构的优点：

第一，有利于企业的持续成长。随着新产品线的创建或收购，这些新产品线可能被整合到现有公司或事业部中，有的被作为新开发的公司或事业部的基础。

第二，由于每一个公司都有其自身的高层管理者，因而总经理及总部员工的工作量会有所减轻。这样，总经理可以有更多的时间分析各个公司的经营情况以及进行资源配置。

第三，由于职权被分派到总部下面的每个公司，并在每个公司内部进行再次分派。

第四，能够使用诸如资本回报率等指标对各个公司的绩效进行财务评估和比较。

M 型组织结构的缺点：

第一，在公司之间分摊企业的管理成本比较困难。

第二，各个公司之间经常会由于争取更多的企业资源而产生有损职能的竞争和摩擦。

第三，当一个公司生产另一个公司所需的部件或产品时，确定转移价格也会产生冲突。转移价格是指一个公司就其向另一个公司提供的产品或部件收取的价格。销售部件或产品的公司通常希望收取较高的转移价格来增加利润，而购买部件或产品的公司则希望支付较低的价格来降低成本。

（5）战略业务单位组织结构（SBU）。企业的成长最终需要将相关产品线归类为事业部，然后将这些事业部归类为战略业务单位。战略业务单位组织结构尤其适用于规模较大的多元化经营的企业（如下图）。

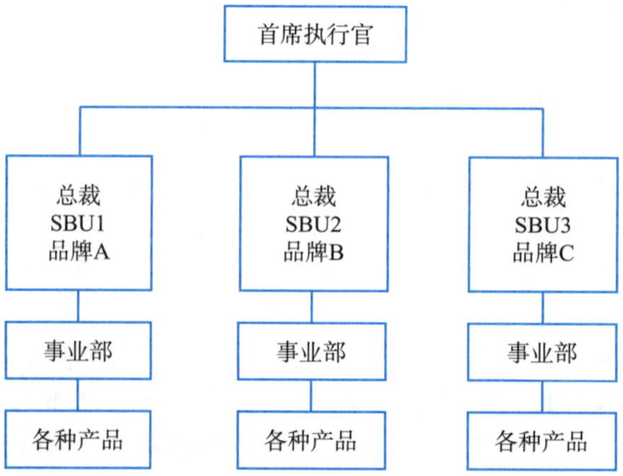

战略业务单位组织结构的优点：

第一，降低了企业总部的控制跨度。采用这种结构后，企业总部的管理者只需要控制少数几个战略业务单位而无须控制多个事业部。

第二，控制幅度的降低减轻了总部的信息过度情况。

第三，有利于具有类似战略的产品、市场和技术之间实现更好的协调和配合。

第四，由于无须在各个战略业务单位之间分摊管理成本，因而易于监控、评估每个战略业务单位的绩效。

战略业务单位组织结构的缺点：

第一，由于增加了一个垂直管理层，总部与事业部和产品层的关系变得更疏远。

第二，各个战略业务单位的总裁之间为了取得更多的企业资源会产生竞争和摩擦，从而对企业的总体绩效产生不利影响。

（6）矩阵制组织结构。矩阵制组织结构是为了处理非常复杂项目中的控制问题而设计的。这种结构在职能和产品或项目之间起到了联系的作用。这样，员工就拥有了两个直接上级，其中一名上级负责产品或服务，而另一名负责职能活动，如下图所示。

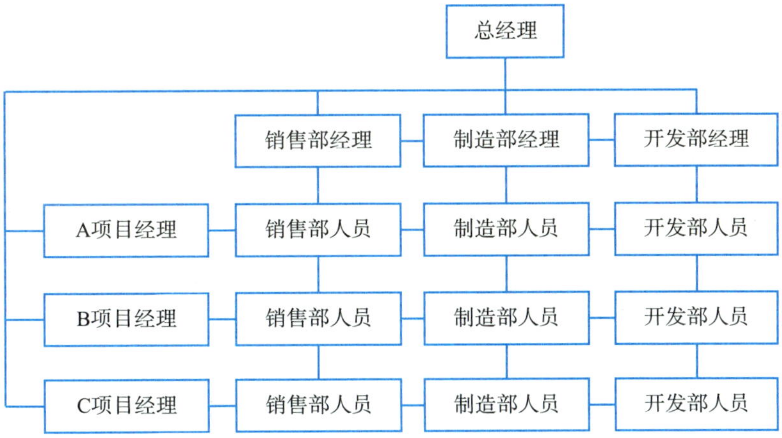

在上述小组中，开发和生产产品 C 的员工不仅对产品 C 的主管负责，还对每个区域的主管负责。矩阵制组织结构的目标就是充分利用企业中专门技术的结合，而普通的分级结构就难以实现这一目标。矩阵制组织结构将个人或单元横向归类为小组，并由小组处理正在进行的战略事务，从而实现这一目标。这一混合制结构在保持职能制结构和 M 型结构的优点方面作出了尝试。简言之，矩阵结构是一种具有两个或多个命令通道的结构，包含两条预算权力线以及两个绩效和奖励来源。

矩阵制组织结构的优点：

第一，项目经理与项目的关系更紧密，能够更直接地参与到与其产品相关的战略中来，从而有利于激发项目经理成功的动力。

第二，能够有效地优先考虑关键项目，加强对产品和市场的关注。

第三，项目组与产品主管、职能主管之间的联系更加直接，因而能够作出更优的决策。

第四，实现了各个部门之间的协作以及各项技能和专门技术的相互交融。

第五，双重权力使得职能专家不再只关注自身的业务范围。

矩阵制组织结构的缺点：

第一，可能导致权力划分不清晰（比如谁来负责预算），甚至造成职能工作和项目工作之间的冲突。

第二，双重权力容易使管理者之间产生冲突。

第三，管理层可能难以接受双重权力结构，并且管理者可能会觉得另一名管理者会争夺其权力，从而产生危机感。

第四，协调所有的产品和职能会增加时间成本和财务成本，**并导致决策的**时间过长。

（7）H型结构（控股企业/控股集团组织结构）。当企业不断发展时，可能会实施多元化的战略，业务领域涉及多个方面，甚至上升到全球化竞争层面上，这时企业就会成立控股企业，其下属子企业具有独立的法人资格。控股企业可以是对某家企业进行永久投资的企业，主要负责购买和出售业务。在极端形态下，控股企业实际上就是一家投资企业，或者控股企业只是拥有各种单独的、无联系的企业的股份，并对这些企业实施较小的控制或不实施控制，还可以是一家自身拥有自主经营的业务单位组合的企业。虽然这些业务单位组合属于母企业的一部分，但是它们都独立经营并可能保留其原本的企业名称。母企业的作用仅限于作出购买或出售这些企业的决策，而很少参与它们的产品或市场战略。

在控股组织结构中，中央企业的员工和服务可能非常有限。区别控股企业与其他企业类型的一个关键特点就是其业务单元的自主性，尤其是业务单元对战略决策的自主性。企业无须负担高额的中央管理费，因为母企业的职员数量很可能非常少，而**业务单元能够自负盈亏**并从母企业取得较便宜的投资成本，并且在某些国家如果将这些企业看成一个整体，业务单元还能够获得一定的节税收益。控股企业可以将风险分散到多个企业中，但有时也很容易撤销对个别企业的投资。

（8）国际化经营企业的组织结构。前面阐述了7种企业组织结构的基本类型，国际化经营企业的组织结构也包括在这7种类型之中，只不过是范围扩展至国际市场甚至全球市场。

①与“国际战略”相配套的“国际部结构”。

“国际战略”是企业国际化经营早期的战略类型。这时企业发挥全球协作的程度低，产品对东道国市场的需求的**适应能力也比较弱**，在这种情况下，企业多把产品开发的职能留在母国，而在东道国建立制造和营销职能。其组织结构往往采用国际部结构。

国际部也应该是一种事业部制，其事业部的划分可以是按区域划分，也可以是按产品划分，甚至还可能是按区域和产品的混合划分。

②与“多国本土化战略”相配套的“全球区域分部结构”。

多国本土化战略是根据不同国家的不同市场，提供更能满足当地市场需要的产品和服务。采用这种类型的企业往往采用“全球区域分部结构”。

“全球区域分部结构”使国家或地区经理有高度的自主权，可以改变本国的产品战略，使它能适应于所在国家或地区的特殊环境。通常，当地情况对消费者需求影响越大，国家或地区经理所获得的自主权也应越大。这样做的主要成效是公司获得了本地迅速适应的能力。因此，全球区域结构对追求多国本土化战略的公司最适用。

③与“全球化战略”相配套的“全球产品分部结构”。

全球化战略是向全世界的市场推销标准化的产品和服务，并在较有利的国家中集中地进行生产经营活动，由此形成经验曲线和规模经济效益，以获得高额利润。采用这种类型的企业往往采用“全球产品分部结构”。这里的产品分部可以是事业部，也可以是战略业务单位。

当公司在全球范围内寻求资源时，产品经理可以根据各国成本和技术的差异来设置活动。在全球产品分部结构下，一些活动会被分散进行，如零件加工和装配，而其他活动则集中进行，如研制开发活动。为了降低成本，欧美公司通常是把一些劳动密集型的活动转移到那些工资水平低，且拥有熟练技术工人的国家和免税地区。

④与“跨国战略”相配套的“跨国结构”。跨国战略是将**全球化战略的高效率与多国本土化的适应能力结合**起来的战略类型。采用这种战略的企业试图通过发展混合型的结构

来同时获得两种结构的优势。跨国结构是从全球性产品—地区混合结构的思路出发，从下属公司的功能与权力角度，对组织结构作进一步优化。

全球性产品—地区混合结构也是一种矩阵结构，在这种结构中，产品分部和地区分部都由副总经理负责，企业总部从全球范围来协调各产品分部和地区分部的活动，以取得各种产品的最佳地区合作，管理各子公司的经营活动。公司凭借这种混合结构，能够针对不同产品或劳务的具体特点进行不同程度的集中决策和控制，并尽可能使集中决策和分散决策结合起来。全球性产品—地区混合结构适用于那些产品多样化程度很高、地区分散化程度也很大的跨国公司。尤其是那些销售、计划、财务、人事、研究与开发等职能难以全部下放到产品分部或地区分部，而这些职能又对各分部以下的子公司之间的协调具有重要意义的企业。

2. 横向分工结构的基本协调机制。

协调机制就是建立在企业的分工与协调之上的制度。企业组织的协调机制有以下 6 种类型：

（1）相互适应，自行调整。这是一种自我控制方式。组织成员直接通过非正式的、平等的沟通达到协调，相互之间不存在指挥与被指挥的关系，也没有来自外部的干预（见下图 A）。这种机制适合最简单的组织结构。在十分复杂的组织里，由于人员构成复杂，工作事务事先不能全部规范化，因而也采用这种协调机制，使组织成员边工作、边调整，互相适应、互相协调。

（2）直接指挥，直接控制。这是指组织的所有活动都按照一个人的决策和指令行事（见下图 B）。这位负责人发布指示，监督工作。形象地讲，这种协调机制如人的大脑一样，同时协调两只手的活动。

（3）工作过程标准化。这是指组织通过预先制定的工作标准，来协调生产经营活动（见下图 C）。在生产之前，企业向职工明确工作的内容，或对工作制定出操作规程及其规章制度，然后要求工作过程中所有活动都要按这些标准进行，以实现协调。例如，企业在制定好自动生产流水线的标准以后，工人在生产过程中便根据这个标准进行生产和检验产品。一旦生产出现问题，管理人员便用这个标准来检查和调整。这样，企业的成员在执行标准的同时，就形成了某种程度的协调。

（4）工作成果标准化。这是指组织通过预先制定的工作成果标准，实现组织中各种活动的协调（见下图 D）。这种协调只规定最终目标，不限定达到目标的途径、方法、手段和过程。就像书籍装订一样，出版社只要求印刷厂按照一定的质量标准完成任务，而不限制书的内页和封皮在什么地方印刷。

（5）技艺（知识）标准化。这是指组织对其成员所应有的技艺、知识加以标准化。有些组织内的工作专业性强，工作过程和工作成果均无法标准化。例如，外科大夫在给病人进行手术时，需要麻醉师的配合。在手术前配合方案可能已经制订好，但外科大夫在手术台上所遇到的情况往往难以预料，又没有过多时间与麻醉师讨论，只有凭借他们各自所掌握的知识及经验自行处理所遇到的情况。因此，这种协调机制主要是依靠组织成员在任职以前就接受了必要的、标准化的训练，成为具有标准化知识和技能的人才，在实际工作中，他们便可以根据自己的知识和技艺，相互配合与协调。这是一种超前的间接协调机制（见下图 E）。

（6）共同价值观。这是指组织内全体成员要对组织的战略、目标、宗旨、方针有共同的认识和共同的价值观念，充分了解组织的处境和自己的工作在全局中的地位和作用，互相信任、彼此团结，具有使命感，使组织内的协调和控制达到高度完美的状态。鉴于内部条件和外部环境都是在不断变化的，企业对内要及时调整，发挥创新精神、协同效果和整体优势；对外要灵活适应，快速行动（见下图 F）。

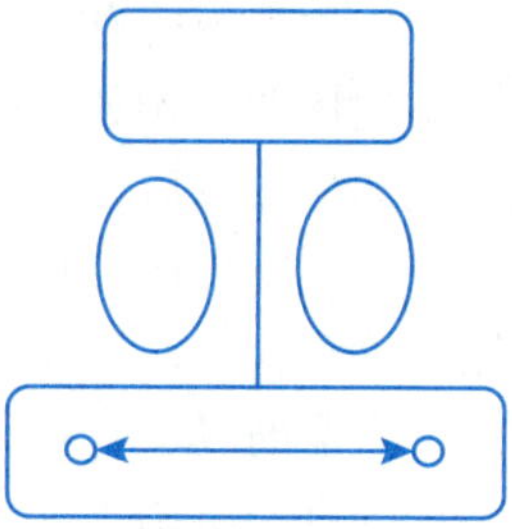

A. 相互适应，自行调整

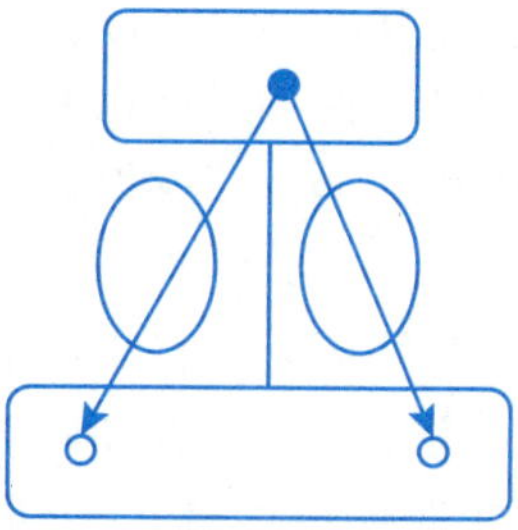

B. 直接指挥，直接控制

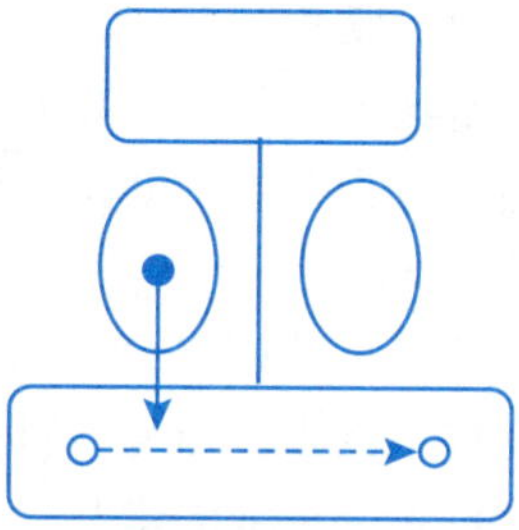

C. 工作过程标准化

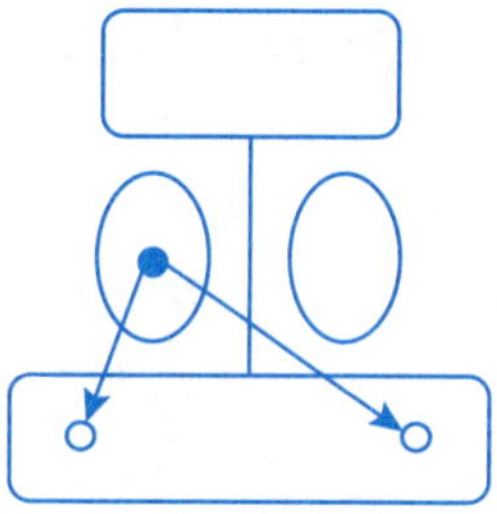

D. 工作成果标准化

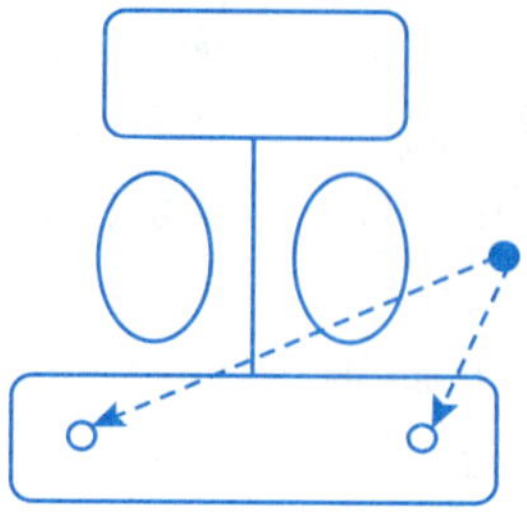

E. 技艺（知识）标准化

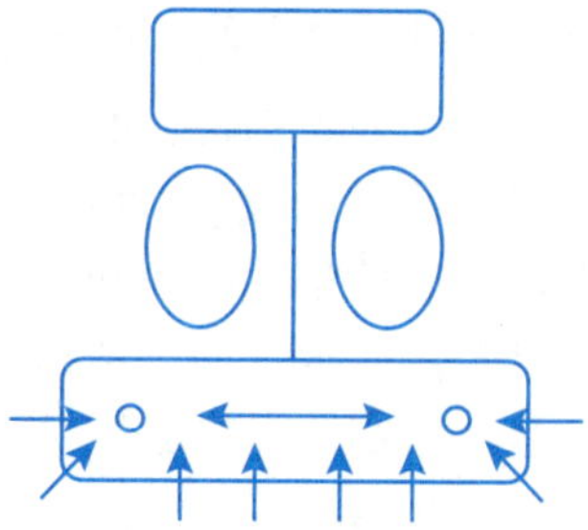

F. 共同价值观

从6种类型的关系来看，企业组织简单时，只需要相互适应、自行调整的协调机制。企业组织扩大后，需要某人单独执行控制工作时，便产生了直接指挥、直接控制机制。当工作变得更加复杂时，协调机制便趋向标准化。在工作任务相当复杂时，企业便需要采用成果标准化或技艺标准化。在工作极其复杂、工作过程和工作结果难以标准化时，企业往往自行又转回到互相适应调整这种最简单而又最灵活的协调机制上。不过，这不是一种简单的循环，而是螺旋式上升。实际上，企业不可能在一段时间内只依靠一种协调机制，而往往是根据不同任务的侧重点不同，混合使用这6种协调机制。

经典例题

【真题·多选题】（2021）建平公司专注于铁路、电力、矿产、石油、机场、港口等行业的工程总承包业务，拥有3 000多名员工，设有业务员、部门经理、总经理等3个管理层级，各层级被充分授权。下列各项中，属于该公司组织类型优点的有（　　）。

A. 易于协调各职能间的决策

B. 危急情况下能够作出快速决策

C. 有利于减少信息沟通障碍，提高企业反应能力

D. 有利于调动管理人员的积极性

【答案】 CD

【解析】“设有业务员、部门经理、总经理等3个管理层级，各层级被充分授权”属于分权型结构，分权型结构减少了信息沟通的障碍，提高了企业反应能力，有利于调动管理人员的积极性。

【真题·单选题】（2021）L公司是H国一家主营智能照明系统研发和制造的企业，在全球20多个国家设有分部。每个分部都凭借母公司先进的电磁调压及电子感应技术，独立设计、生产和销售各种智能灯具、光源等产品，以满足所在国的市场需求。L公司国际化经营组织结构的类型应是（　　）。

A. 国际部结构

B. 全球区域分部结构

C. 全球产品分部结构

D. 跨国结构

【答案】 B

【解析】“在全球20多个国家设有分部”“每个分部都独立设计、生产和销售各种智能灯具、光源等产品”属于多国本土化战略，适用全球区域分部结构。

【真题·单选题】（2020）华通公司是一家铁路建造企业。该公司把施工单位划分为轨道、桥梁、涵洞等若干项目组，每个项目组都包括从事技术、采购、运输、生产等活动的人员；每个人员都受项目组主管和所属职能部门主管的双重领导。下列各项中，属于华通公司采用的组织结构的优点是(　　)。

A. 权力划分比较清晰

B. 实现了各个部门之间的协作

C. 容易协调管理者之间的关系

D. 职能专家更加关注自身的业务范围

【答案】B

【解析】“该公司把施工单位划分为轨道、桥梁、涵洞等若干项目组，每个项目组都包括从事技术、采购、运输、生产等活动的人员；每个人员都受项目组主管和所属职能部门主管的双重领导”表明华通公司采用的是矩阵制组织结构，选项 B 正确。

【真题·单选题】（2020）升达公司是一家控股企业，下属多个分别主营石油化工、物流、机械制造等业务的独立经营的子公司。升达公司不干预子公司的战略决策和业务活动，仅根据市场前景和子公司的经营状况作出对子公司增加或减少投资的决策。升达公司应采取的组织结构类型是(　　)。

A. 事业部制组织结构

B. M 型组织结构

C. H 型组织结构

D. 战略业务单位组织结构

【答案】C

【解析】H 型组织结构下，控股企业下属子企业具有独立的法人资格，控股企业一般只是作一些宏观性的判断，因此不会对下属企业的自主经营进行干涉。“升达公司是一家控股企业，下属多个分别主营石油化工、物流、机械制造等业务的独立经营的子公司。升达公司不干预子公司的战略决策和业务活动，仅根据市场前景和子公司的经营状况作出对子公司增加或减少投资的决策”属于 H 型组织结构，选项 C 正确。

【真题·单选题】（2019）图美公司是某出版社所属的一家印刷厂，该公司按照出版社提供的文稿、图片和质量要求从事印刷、装订工作。图美公司适宜采用的组织协调机制是(　　)。

A. 共同价值观

B. 相互适应，自行调整

C. 工作成果标准化

D. 技艺（知识）标准化

【答案】C

【解析】工作成果标准化是指组织通过预先制定的工作成果标准，实现组织中各种活动的协调。本题中，“该公司按照出版社提供的文稿、图片和质量要求从事印刷、装订工作”采用的是工作成果标准化。

【真题·单选题】（2019）生产智能家电产品的凯威公司适应外部环境的不断变化，及时调整内部资源和组织结构，发挥协同效果和整体优势，激发员工的创新精神和使命感，对社会需求作出灵活、快速的反应。该公司采取的组织协调机制是(　　)。

A. 直接指挥，直接控制

B. 工作过程标准化

C. 共同价值观

D. 工作成果标准化

【答案】C

【解析】共同价值化是指组织内全体成员要对组织的战略、目标、宗旨、方针有共同的认识和共同的价值观念，充分地了解组织的处境和自己的工作在全局中的地位和作用，相互信任、彼此团结、激发使命感，组织内的协调和控制达到高度完美的状态。本题中，“及时调整内部资源和组织结构，发挥协同效果和整体优势，激发员工的创新精神和使命感，对社会需求作出灵活、快速的反应”说明该公司采取的组织协调机制是共同价值观。

【真题·多选题】（2020）创维公司是一家拥有 3 000 多名员工的高科技企业，该公司的组织结构从上至下分为总经理、部门经理、一线管理人员和基层员工 4 个层次。根据组织纵向分工结构理论，创维公司采用的组织结构通常具有的特征有（　　）。

A. 可以及时反映市场的变化

B. 企业管理费用会大幅度增加

C. 容易造成管理的失控

D. 企业战略难以实施

【答案】AC

【解析】“创维公司是一家拥有 3 000 多名员工的高科技企业，该公司的组织结构从上至下分为总经理、部门经理、一线管理人员和基层员工 4 个层次”属于扁平型组织结构，选项 A、C 属于扁平型组织结构的特征，选项 B、D 属于高长型组织结构的特征。

【真题·多选题】（2019）以生产、销售多种石化产品为主业的东昌公司对本企业的经营活动和人员，按照北方区域和南方区域进行划分。公司总部负责计划、协调和安排资源，区域分部负责所在区域的所有经营活动、产品销售和客户维护。下列各项中，属于东昌公司组织结构优点的有（　　）。

A. 可以削减差旅和交通费用

B. 能实现更好更快的地区决策

C. 可以避免管理成本的重复

D. 易于处理跨区域的大客户的事务

【答案】AB

【解析】本题中，“按照北方区域和南方区域进行划分”说明东昌公司采取的组织结构是区域事业部制组织结构。该种结构的优点包括：（1）在企业与其客户的联系上，区域事业部制能实现更好更快的地区决策；（2）与一切皆由总部来运作相比，建立地区工厂或办事处会削减成本费用；（3）有利于海外经营企业应对各种环境变化。缺点包括：（1）管理成本的重复；（2）难以处理跨区域的大客户的事务。因此，选项 A、B 正确。

【例题·单选题】甲企业是一家大型软件企业，经常承揽一些复杂的大型软件项目。为保证各部门之间的协作以及各项技能和专门技术的相互交融，该企业通常会从各个部门抽调员工，组成小组。根据以上信息可以判断该企业组织结构是（　　）。

A. 事业部制组织结构

B. 矩阵制组织结构

C. M 型组织结构

D. 职能制组织结构

【答案】B

【解析】事业部制组织结构实行“集中决策，分散经营”的方式，是一种高度集权下的分权管理体制。事业部制组织结构的战略决策和经营决策相分离。事业部不是独立的法人，但具有较大的经营自主权，实行独立核算、自负盈亏，是一个利润中心。适用于具有若干生产线的企业，也适用于面临的市场环境复杂多变或所处地理位置分散的企业。企业是一家大型软件企业，经常承揽一些复杂的大型软件项目。为保证各部门之间的协作以及各项技能和专门技术的相互交融，该企业通常会从各个部门抽调员工，组成小组。由题意可知，这属于矩阵制组织结构并非事业部结构。因此，选项 B 正确。

高频考点 3：与公司战略相适应的组织结构★★★

（一）组织结构与战略的关系

组织结构的功能在于分工和协调，是保证战略实施的必要手段。通过组织结构，企业的目标和战略转化成一定的体系或制度，融进企业的日常生产经营活动中，发挥指导和协调的作用，以保证企业战略的完成。

钱德勒的组织结构服从战略理论可以从以下两个方面展开：

1. 战略的前导性与组织结构的滞后性。

战略与组织结构的关系基本上是受产业经济发展制约的。在不同的发展阶段中，企业应有不同的战略，企业的组织结构也相应作出了反应。企业最先对经济发展作出反应的是战略，而不是组织结构，即在反应的过程中存在着战略的前导性和组织结构的滞后性现象。

（1）战略前导性。这是指企业战略的变化快于组织结构的变化。这是因为，企业一旦意识到外部环境和内部条件的变化提供了新的机会和需求时，首先会在战略上作出反应，以此谋求经济效益的增长。例如，经济的繁荣与萧条、技术革新的发展都会刺激企业发展或减少现有企业的产品或服务。而当企业自我积累了大量的资源以后，企业也会据此提出新的发展战略。当然，一个新的战略需要有一个新的组织结构，至少在一定程度上调整原来的组织结构。如果组织结构不作出相应的变化，新战略也不会使企业获得更大的效益。

（2）组织结构滞后性。这是指企业组织结构的变化常常慢于战略的变化速度，特别是在经济快速发展时期更是如此。结果，组织内部机构的职责在变革的过程中常常含糊不清。造成这种现象的原因有两种：一是新、旧组织结构交替有一定的时间过程。新的战略制定出来以后，原有的组织结构还有一定的惯性，原有的管理人员仍习惯运用旧的职权和沟通渠道去管理新、旧两种经营活动。二是管理人员的抵制。管理人员在感到组织结构的变化会威胁他们个人的地位、权利，特别是心理上的安全感时，往往会以行政管理的方式去抵制需要作出的变革。

从战略的前导性与组织结构的滞后性可以看到，经济发展时，企业不可错过时机，要制定出与发展相适应的经营战略与发展战略。一旦战略制定出来以后，要正确认识组织结构有一定反应滞后性的特性，不可操之过急。但是，组织结构反应滞后时间过长将会影响战略实施的效果，企业应努力缩短组织结构反应滞后的时间，使组织结构配合战略的实施。

2. 企业发展阶段与组织结构。

钱德勒有关组织结构跟随战略的理论是从对企业发展阶段与组织结构的关系的研究入手的。企业发展到一定阶段，其规模、产品和市场都发生了变化。这时，企业会采用合适的战略，并要求组织结构作出相应的反应。从第三章第一节中阐述的发展战略的各种类型中，可以看到企业发展阶段及组织结构的变化。

（1）市场渗透战略。在产业处于发展阶段、外部环境竞争不激烈的条件下，企业着重发展单一产品，试图通过更强的营销手段而获得更大的市场占有率。这时，企业只需采用简单的结构或形式。

（2）市场开发战略。随着产业进一步发展，在一个地区的生产或销售已不能满足企业的发展速度和需要时，则要求企业将产品或服务扩展到其他地区中去。为了协调这些产品和服务形成标准化和专业化，企业组织要求有职能部门结构。

（3）纵向一体化战略。在产业增长阶段后期，竞争更加激烈，为了减少竞争的压力，企业需要拥有一部分原材料的生产能力，或拥有销售产品的渠道。在这种情况下，组织应运用事业部制结构。

（4）多元化经营战略。在产业进入成熟期，企业为了避免投资或经营风险，开发与企业原有产品不相关的新产品系列。这时企业应根据规模和市场的具体情况，分别采用矩阵结构或经营业务单位结构。

随着在国内进行多元化经营的企业变得越来越大，它们开始向海外扩张，并最初创立了“国际部”来管理在国外的业务，但这种结构却在对国外的业务进行协调时逐渐变得无效，从而导致了企业按多国本土化战略的结构进行重组，即针对不同的国家设立各自独立的部门。

随着多国企业的海外业务的进一步发展，它们面临着来自跨国协调的进一步压力和在国家内部进行专业化分工的问题。这就导致了把全世界都看作是企业利益市场的全球化战略的产生。那些选择全球战略的企业，为了促进在全球的生产和分销活动中实现规模经济而进行了重组。

近年来，多国企业发现，它们需要在对当地情况作出快速反应和为获得全球范围内的规模经济而要求的集中之间进行平衡。这就导致了跨国战略的产生，它正逐步与更加灵活的组织形式相联系，这种结构把矩阵结构和网络结构结合到了一起。

（二）组织的战略类型

战略的一个重要特性就是适应性。它强调企业组织要运用已有的资源和可能占有的资源去适应组织外部环境和内部条件的变化。这种适应是一种复杂的动态的调整过程，要求企业在加强内部管理的同时，不断推出适应环境的有效组织结构。在选择的过程中，企业可以考虑以下4种类型：

1. 防御型组织。

防御型组织主要是要**追求一种稳定的环境**，试图通过解决开创性问题来达到自己的稳定性。从防御型组织的角度来看，所谓开创性问题就是要创造一个稳定的经营领域，占领一部分产品市场，即生产有限的一组产品，占领整个潜在市场的一小部分，即企业拟追求的目标和状态。在这个有限的市场中，防御型组织常采用竞争性定价或高质量产品等经济活动来阻止竞争对手进入它们的领域，保持自己的稳定。

一旦这种狭小的产品与市场被选定以后，防御型组织就要运用大量的资源解决自身的工程技术问题，尽可能有效地生产与销售产品或提供服务。一般来说，该组织要创造出一种具有高度成本效率的核心技术。防御型组织要开辟的是一种可以预见的经久不衰的市场，因此，技术效率是组织成功的关键。有的防御型组织通过纵向整合来提高技术效率，将从原材料供应到最终产品的销售的整个过程合并到一个组织系统里来。

在**行政管理**方面，行政管理是为了保证组织严格地控制效率。为解决这一问题，防御型组织常常**采取“机械式”结构机制**。这种机制是由生产与成本控制专家形成的高层管理，注重成本和其他效率问题的集约式计划、广泛分工的职能结构、集中控制、正式沟通等。这些内容有利于产生并保持高效率，最终形成明显的稳定性。防御型组织**适合于较为稳定的产业**。但是，该产业也有潜在的危险，不可能对市场环境作出重大的改变。

2. 开拓型组织。

开拓型组织与防御型组织不同，它追求一种**更为动态的环境**，将其能力表现在探索和发现新产品和市场的机会上。在开拓型组织里，开创性问题是为了寻求和开发产品与市场机会。这就要求开拓型组织在寻求新机会的过程中必须具有一种从整体上把握环境变化的能力。

为了正确地服务于变化着的市场，开拓型组织要求它的技术和行政管理具有**很大的灵活性**。在**工程技术问题**上，开拓型组织不是局限在现有的技术能力上，它根据现在和将来的产品结构确定技术能力。因此，开拓型组织的全部工程技术问题就是如何避免长期陷于单一的技术过程，常常通过开发机械化程度很低和例外性的多种技术和标准技术来解决这一问题。

在**行政管理**方面，开拓型组织奉行的基本原则是灵活性，即在大量分散的单位和目标之间调度和协调资源，不采取集中计划与控制全部生产的方式。为了实行总体的协调工作，这类组织的结构应**采取“有机的”机制**。这种机制包括由市场、研究开发方面的专家组成的高层管理，注重产出结果的粗放式计划、分散式控制以及横向和纵向的沟通。

开拓型组织在不断求变当中可以减少环境动荡的影响，但它要冒利润较低与资源分散的风险。在**工程技术问题**方面，该组织由于存在多种技术，很难发挥总体的效率。同样，在行政管理上有时也会出现不能有效地使用，甚至错误地使用组织的人力、物力和财力的问题。总之，开拓型组织**缺乏效率性**，很难获得最大利润。

3. 分析型组织。

从以上的论述可以看出，防御型组织与开拓型组织分别处于一个战略调整序列的两个极端。分析型组织处于中间，可以说是开拓型组织与防御型组织的结合体。这种组织总是对各种战略进行理智地选择，试图以最小的风险、最大的机会获得利润。

分析型组织在定义**开创性问题**时，综合了上述两种组织的特点，即在寻求新的产品和市场机会的同时，保持传统的产品和市场。分析型组织解决开创性问题的方法也带有前两种组织的特点。这类组织只有在新市场被证明具有生命力时，才开始在该市场上活动。就是说，分析型组织的市场转变是通过模仿开拓型组织已开发成功的产品或市场完成的。同时，该组织又保留防御型组织的特征，依靠一批相当稳定的产品和市场保证其收入的主要部分。因此，成功的分析型组织必须紧随领先的开拓型组织，同时又在自己稳定的产品和市场中保持良好的生产效率。

在**工程技术问题**上，分析型组织的两重性也表现得比较突出。这种组织需要在保持技术的灵活性与稳定性之间进行平衡。要达到这种平衡，该组织需要将生产活动分成两部分，形成一个双重的技术核心。分析型组织技术稳定部分与防御型组织的技术极为类似。为了达到良好的成本效益，该组织按职能组织起来，使技术达到高度的标准化、例行化和机械化。技术的灵活部分，则类似于开拓型组织的工程技术问题。在实践中，分析型组织的双重技术核心主要是由具有一定权力的应用研究小组来解决的。在新产品方面，这个小组可以找到解决现有技术能力的方法，不需要像开拓型组织那样要花费大量的费用进行研究开发。

在**行政管理**方面，分析型组织也带有防御型组织和开拓型组织的双重特点。一般来说，分析型组织在行政管理方面的主要任务是如何区分组织结构的各个方面，以适应既稳定又变动的经营业务，使两种经营业务达到平衡。这个问题可以由分析型组织的矩阵结构解决。这种矩阵结构在市场和生产的各职能部门之间制订集约式的计划，而在新产品应用研究小组和产品经理之间制订粗放式的计划。同时，矩阵结构在职能部门中实行集权控制机制，而对产品开发小组使用分权控制方法。

分析型组织并**不是完美无缺**的。由于其经营业务具有两重性，该组织不得不建立一个双重的技术中心，同时还要管理各种计划系统、控制系统和奖惩系统。这种稳定性与灵活性并存的状态，在一定程度上**限制了组织的应变能力**。如果分析型组织不能保持战略与结构关系的必要平衡，它最大的危险就是既无效能又无效率。

4. 反应型组织。

上述三种类型的组织尽管各自的形式不同，但在适应外部环境上都具有主动灵活的特点。从两个极端来看，防御型组织在其现有的经营范围内，不断追求更高的效率，而开拓型组织则不断探索环境的变化，寻求新的机会。随着时间的推移，这些组织对外部环境的反应会形成一定的稳定一致的模式。

反应型组织在对其外部环境的反应上采取一种动荡不定的调整模式，缺少在变化的环境中随机应变的机制。它往往会对环境变化和不确定性作出不适当的反应，随后又会执行不力，对以后的经营行动犹豫不决。结果，反应型组织永远处于不稳定的状态。因此，选择采取反应型组织形态在战略中是一种下策，只有在上述三种战略组织形态都无法运用时，企业才可以考虑使用这种方法。

一个企业组织之所以成为反应型组织，主要有三个原因：

（1）决策层没有明文表达企业战略。

（2）管理层次中没有形成可适用于现有战略的组织结构。

（3）只注重保持现有的战略与结构的关系，忽视了外部环境条件的变化。

总之，一个企业组织如果不是存在于经营垄断或被高度操纵的产业里，就不应采取反应型组织形态。即使采取了这种战略组织形态，也要逐步地过渡到防御型、开拓型或分析型组织形态。

经典例题

【真题·单选题】（2020）圣元公司是一家智能家居用品制造商。该公司在技术开发和行政管理上具有很大的灵活性，由技术、营销等人员组成的项目组拥有产品开发的自主选择权。近年来该公司适应不断变化的市场需求，陆续开发出智能音响、智能手环、智能电视、扫地机器人等产品。圣元公司组织结构的类型是(　　)。

A. 防御型组织

B. 开拓型组织

C. 分析型组织

D. 反应型组织

【答案】 B

【解析】 开拓型组织追求一种更为动态的环境，将其能力表现在探索和发现新产品和市场的机会上。“该公司在技术开发和行政管理上具有很大的灵活性，由技术、营销等人员组成的项目组拥有产品开发的自主选择权。近年来该公司适应不断变化的市场需求，陆续开发出智能音响、智能手环、智能电视、扫地机器人等产品”属于开拓型组织，选项B正确。

【真题·单选题】（2019）华蓓公司是Y市一家生产婴幼儿用品的企业。多年来公司在Y市婴幼儿用品市场拥有稳定的市场占有率。为了巩固其竞争优势，华蓓公司运用竞争性定价阻止竞争对手进入其经营领域，并实施有利于保持高效率的“机械式”组织机制。华蓓公司所采取的组织的类型属于(　　)。

A. 防御型组织

B. 开拓型组织

C. 反应型组织

D. 分析型组织

【答案】 A

【解析】 防御型组织主要是追求一种稳定的环境，试图通过创造一个稳定的经营领域，占领一部分产品市场，来达到自己的稳定性。在行政管理上，行政管理是为了保证组织严格地控制效率。为解决这一问题，防御型组织常常采取“机械式”结构机制。本题中，“为了巩固其竞争优势，华蓓公司运用竞争性定价阻止竞争对手进入其经营领域，并实施有利于保持高效率的‘机械式’组织机制”说明华蓓公司所采取的组织类型属于防御型组织。

【例题·单选题】 博庭世公司是研发音乐耳机的企业，其近期面向一些表演者和舞台工作者等客户推出了五款新型降噪耳机产品，虽然外形并不时尚，但是其专业的降噪技术和舒适的体验感，得到了众多客户的认可。博庭世公司决定不断完善五款新产品的制造技艺，降低产品成品的同时提高产品质量，从而能够继续保持这一部分的二级市场份额，博庭世公司应该采取的组织类型为(　　)。

A. 防御型组织

B. 开拓性组织

C. 分析型组织

D. 反应型组织

【答案】 A

【解析】 防御型组织主要是要追求一种稳定的环境，也是要创建一个稳定的经营领域，占领一部分的市场份额，即生产有限的一组产品，在这个有限的市场中，防御型组织通常采用竞争性定价或高质量产品等经济活动来阻止竞争对手进入他们的领域以保持自身的稳定。本题中，“博庭世公司决定不断完善五款新产品的制造技艺，降低产品成品的同时提高产品质量，从而能够继续保持这一部分的二级市场份额”符合防御型组织的特征，因此选项A正确。

高频考点4：企业文化的类型★★★

1. 权力导向型。

这类企业中的掌权人试图对下属保持绝对控制，企业组织结构往往是传统框架。企业的决策可以很快地做出，但其质量在很大程度上取决于企业经理人员的能力。企业的变革主要由企业中心权力来决定。这类文化是小业主企业的典型模式，它要求相信个人，但在企业运行中明显忽视人的价值和一般福利。这类企业经常被看成是专横和滥用权力的，因此它可能因中层人员的低士气和高流失率而蒙受损失。权力导向型文化通常存在于家族式企业和刚开创企业。

2. 角色导向型。

角色导向型企业尽可能追求理性和秩序。与权力文化的独裁截然不同的是，角色文化十分重视合法性、忠诚和责任。这类文化一般是围绕着限定的工作规章和程序建立起来的，理性和逻辑是这一文化的中心，分歧由规章和制度来解决，稳定和体面几乎被看成与能力同等重要。但是，这类企业的权力仍在上层，这类结构十分强调等级和地位，权利和特权是限定的，大家必须遵守。这种企业被称作官僚机构，此类文化最常见于国有企业和公务员机构。

角色导向型文化具有稳定性、持续性的优点，企业的变革往往是循序渐进，而不是突变。在稳定环境中，这类文化可能导致高效率，但是这类企业不太适合动荡的环境。

3. 任务导向型。

在任务导向型文化中管理者关心的是不断地和成功地解决问题，对不同职能和活动的评估完全是依据它们对企业目标做出的贡献。这类企业采用的组织结构往往是矩阵式的，为了对付某一特定问题，企业可以从其他部门暂时抽调人力和其他资源，而一旦问题解决，人员将转向其他任务。所以无连续性是这类企业的一个特征。

实现目标是任务导向型企业的主导思想，不允许有任何事情阻挡目标的实现。企业强调的是速度和灵活性，专长是个人权力和职权的主要来源，并且决定一个人在给定情景中的相对权力。这类文化常见于新兴产业中的企业，特别是一些高科技企业。

这类文化具有很强的适应性，个人能高度控制自己分内的工作，在十分动荡或经常变化的环境中会很成功。但是，这种文化也会给企业带来很高的成本。由于这种文化有赖于不断地试验和学习，所以建立并长期保持这种文化是十分昂贵的。

4. 人员导向型。

这类文化完全不同于上述三种。在这种情况下的企业存在的目的主要是为其成员的需要服务，企业是其员工的下属，企业的生存也依赖于员工。这类企业为其专业人员提供他们自己不能为自己提供的服务，职权往往是多余的。员工通过示范和助人精神来互相影响，而不是采用正式的职权。决策中的意见一致是企业所需要的，角色分配的依据是个人的爱好及学习和成长的需要。这一文化常见于俱乐部、协会、专业团体和小型咨询公司。

这类文化中的人员不易管理，企业能给他们施加的影响很小，因而很多企业不能持有这种文化而存在，因为它们往往有超越员工集体目标的企业目标。

经典例题

【真题·单选题】（2021）蓝星公司是一家大型信息设备制造企业。该公司依据对公司目标作出的贡献评价各种职能和活动，并根据员工的专长给他们安排相应的岗位和职权。蓝星公司企业文化的类型是(　　)。

A. 权力导向型　　B. 角色导向型

C. 任务导向型　　D. 人员导向型

【答案】C

【解析】在任务导向型文化中管理者关心的是不断地和成功地解决问题，对不同职能和活动的评估完全是依据它们对企业目标做出的贡献。实现目标是任务导向型企业的主导思想，不允许有任何事情阻挡目标的实现。“该公司依据对公司目标作出的贡献评价各种职能和活动，并根据员工的专长给他们安排相应的岗位和职权”体现了任务导向型企业文化的特征，选项C正确。

【真题·单选题】（2020）格朗公司是一家从事环境艺术的企业。该公司的业务以创意为核心，员工根据个人的爱好、专长和成长需要，自主选择从事建筑设计、室内装潢、城市雕塑和壁画制作等工作，公司则为员工的工作需要提供必要的服务。格朗公司的企业文化类型是(　　)。

A. 权力导向型　　B. 角色导向型

C. 任务导向型　　D. 人员导向型

【答案】D

【解析】在人员导向型下的企业存在的目的主要是为其成员的需要服务，企业是其员工的下属，企业的生存也依赖于员工。“员工根据个人的爱好、专长和成长需要，自主选择从事建筑设计、室内装潢、城市雕塑和壁画制作等工作，公司则为员工的工作需要提供必要的服务”属于人员导向型，选项D正确。

【真题·单选题】（2020）新阜铁路公司为保障所辖铁路的安全与畅通，制定并实施一整套严格的工作规章和程序，要求所有员工忠于岗位职责，严守操作规程。该公司文化的类型属于（　　）。

A. 权力导向型　　B. 任务导向型

C. 角色导向型　　D. 人员导向型

【答案】C

【解析】角色导向型企业应尽可能追求理性和秩序。角色导向型文化十分重视合法性、忠诚和责任。这类文化一般是围绕着限定的工作规章和程序建立起来的，分歧由规章和制度来解决。“制定并实施一整套严格的工作规章和程序，要求所有员工忠于岗位职责，严守操作规程”表明新阜铁路公司文化的类型属于角色导向型文化，选项C正确。

【真题·单选题】（2022）健生公司是一家海洋生物药品研发和生产企业，该公司依据对企业目标的贡献评估各个职能部门和员工的工作，并时常从各个相关部门抽调人力和其他临时性组织以尽快解决某一特定问题。下列各项中，属于健生公司企业文化类型的是（　　）。

A. 权力导向型　　B. 人员导向型

C. 任务导向型　　D. 角色导向型

【答案】C

【解析】“健生公司依据对企业目标的贡献评估各个职能部门和员工的工作，并时常从各个相关部门抽调人力和其他临时性组织以尽快解决某一特定问题”符合任务导向型中“企业强调的是速度和灵活性，专长是个人权力和职权的主要来源，并且决定一个人在给定情景中的相对权力”的特征。且这一文化类型适用于新兴产业中的企业，特别是一些高科技企业，因此，选项C正确。

【例题·单选题】下列选项关于企业文化类型的描述中，正确的是（　　）。

A. 权力导向型文化通常存在于小型咨询公司

B. 人员导向型企业常见于家族式企业和刚开创企业

C. 任务导向型企业采用的组织结构往往是矩阵式的

D. 角色导向型企业比较适合动荡的环境

【答案】C

【解析】权力导向型企业中的掌权人试图对下属保持绝对控制，企业的组织结构往往是传统框架，权力导向型文化通常存在于家族式企业和刚开创企业，选项A错误；人员导向型的企业存在的目的主要是为其成员的需要服务，企业是其员工的下属，企业的生存也依赖于员工，常见于俱乐部、协会、专业团体和小型咨询公司，选项B错误；任务导向型企业的主导思想是实现目标，不允许有任何事情阻挡目标的实现，企业强调的是速度和灵活性，专长是个人权力和职权的主要来源，并且决定一个人在给定情景中的相对权力，选项C正确；角色导向型企业文化具有稳定性、持续性的优点，企业变革往往是循序渐进，而不是突变的，在稳定环境中会导致高效率，但是该类企业不适合动荡的环境，选项D错误。

高频考点5：文化与绩效★★

文化可能与高绩效相联系，但它又不一定是高绩效的必然原因。

（一）企业文化为企业创造价值的途径

企业文化可以通过以下三个途径为企业创造价值：

1. 文化简化了信息处理。
2. 文化补充了正式控制。
3. 文化促进合作并减少讨价还价成本。

（二）文化、惯性和不良绩效

文化也可能损害企业的绩效。

文化与绩效相联系，是因为企业战略成功的一个重要前提是战略与环境相匹配。当战略符合其环境的要求时，文化则支持企业的定位并使之更有效率；而当企业所面对的环境产生了变化，并显著地要求企业对此适应以求得生存时，文化对绩效的负面影响就变得重要起来。尤其是在一个不利的商业环境中，文化的不可管理性将使之成为一种惯性或阻碍变化的来源。管理人员企图阻碍变化而不是解决环境问题，这种不合时宜的决策也将变得十分明显。这种惯性的产生来自多方面的原因：在企业中任职时间很长的行政人员，可以在企业繁荣时期熟悉他们的工作，却可能对处理变化毫无经验，他们所选择的规划和所运行的工作程序对突然的变化可能是保守的；企业中的权力基础可能使企业中受威胁的团体去阻碍变化等。

（三）企业文化成为维持竞争优势源泉的条件

杰伊·巴尼（Barney J. B.）给出了企业文化可以成为维持竞争优势的一个源泉的条件：首先，**文化必须为企业创造价值。**其次，作为维持竞争优势的一个源泉，公司文化必须是企业所特有的。如果一个企业的文化和市场上大多数的企业是相同的，它往往反映的是国家或地区文化或一系列行业规范的影响，那么它不可能导致相对竞争优势。最后，企业文化必须是很难被模仿的。如果成功的企业文化体现了企业的历史积累，这种复杂性就会让其他企业很难仿效，也使得其他企业的管理者很难从本质上修改他们企业的文化以显著提高绩效。相反，如果企业文化很容易被模仿，那么，一旦该企业成功的话，其他企业都会模仿它，这将使文化带给企业的优势很快消失。

经典例题

【例题·多选题】以下各项属于企业文化维持企业竞争优势条件的有(　　)。

A. 甲公司企业文化为企业所持有的

B. 乙公司企业文化为企业创造价值

C. 丙公司企业文化反映了所属国家的传统文化

D. 丁公司企业文化难以被竞争对手模仿

【答案】ABD

【解析】丁公司企业文化反映了所在国家的传统文化，可能会与其他企业出现相似部分，并不是该企业特有的，故不能维持竞争优势。

高频考点 6：战略稳定性与文化适应性★★★★

战略的稳定性反映企业在实施一个新的战略时，企业的结构、技能、共同价值、生产作业程序等各种组织要素所发生的变化程度；**文化的适应性**反映企业所发生的变化与企业目前的文化相一致的程度。处理两者关系可以用下面的矩阵表示（见下图）。在矩阵中，纵轴表示企业战略的稳定性状况，横轴表示文化的适应性状况。

各种组织要素的变化	大	小
多	以企业使命为基础	重新制定战略
少	加强协同作用	根据文化进行管理

潜在的一致性

（一）以企业使命为基础

在第一象限中，企业实施一个新的战略时，重要的组织要素会发生很大变化。这些变化大多与企业目前的文化有潜在的一致性。这种企业多是那些以往效益好的企业，可以根据自己的实力，寻找可以利用的重大机会，或者试图改变自己的主要产品和市场，以适应新的要求。这种企业由于有企业固有文化的大力支持，实行新战略没有大的困难，一般处于非常有前途的地位。在这种情况下，**企业处理战略与文化关系的重点**有以下几项：

一是企业在进行重大变革时，必须考虑与企业基本使命的关系。在企业中，企业使命是企业文化的正式基础。高层管理人员在管理的过程中，一定要注意变革与使命内在的不可分割的联系。

二是发挥企业现有人员在战略变革中的作用。现有人员之间具有共同的价值观念和行为准则，可以保持企业在文化一致的条件下实施变革。

三是在调整企业的奖励系统时，必须注意与企业组织目前的奖励行为保持一致。

四是考虑进行与企业组织目前的文化相适应的变革，不要破坏企业已有的行为准则。

（二）加强协同作用

在第二象限中，企业实施一个新的战略时，组织要素发生的变化不大，又多与企业目前的文化相一致。这类情况往往发生在企业采用稳定战略（或维持不变战略）时，处在这种地位的企业应考虑两个主要问题：一是利用目前的有利条件，巩固和加强企业文化；二是利用文化相对稳定的这一时机，根据企业文化的需求，解决企业生产经营中的问题。

（三）根据文化进行管理

在第三象限中，企业实施一个新战略，主要的组织要素变化不大，但多与企业组织目前的文化不大一致。例如，当企业准备推行某种新的激励方式，虽然这种方式与过去的激励方式相比，并没有根本性的变化，但是，某些利益相关者基于对自身利益的考虑，可能会反对实施新的方法。此时，企业需要研究这些变化是否可能给企业带来成功的机会。在这种情况下，企业可以根据经营的需要，在不影响企业总体文化一致性的前提下，对某种经营业务实行不同的文化管理。同时企业要对像企业结构这样与企业文化密切相关的因素进行变革时，也需要根据文化进行管理。

（四）重新制定战略

在第四象限中，企业在处理战略与文化的关系时，遇到了极大的挑战。企业在实施一个新战略时，组织的要素会发生重大的变化，又多与企业现有的文化很不一致，或受到现有文化的抵制。对于企业来讲，这是个两难问题。

在这种情况下，企业首先要考查是否有必要推行这个新战略。如果没有必要，企业则需要考虑重新制定战略。反之，在企业外部环境发生重大变化，企业考虑到自身长远利益，必须实施不能迎合企业现有的文化的重大变革，企业则必须进行文化管理，使企业文化也作出相应重大的变化。为了处理这种重大的变革，企业需要从四个方面采取管理行动：

一是企业的高层管理人员要痛下决心进行变革，并向全体员工讲明变革的意义。

二是为了形成新的文化，企业要招聘或从内部提拔一批与新文化相符的人员。

三是改变奖励结构，将奖励的重点放在具有新文化意识的事业部或个人的身上，促进企业文化的转变。

四是设法让管理人员和员工明确新文化所需要的行为，形成一定的规范，保证新战略的顺利实施。

经典例题

【真题·单选题】（2022）民天公司是一家经营连锁餐馆的企业。多年来该公司秉承“为顾客提供贴心服务”的宗旨，效益显著。2020 年新冠肺炎疫情期间，民天公司启动了一项新战略，在保留堂食业务的同时，抽调部分员工按照订单要求，走入顾客的厨房，提供家庭餐饮服务，同时对公司组织做出较大调整。根据战略稳定性与文化适应性矩阵的要求，该公司在实施上述新战略时应(　　)。

A. 以企业使命为基础

B. 加强协同作用

C. 根据文化进行管理

D. 重新制定战略

【答案】A

【解析】“公司组织做出较大调整”表明组织要素发生很大变化，“多年来该公司秉承‘为顾客提供贴心服务’的宗旨，疫情期间提供家庭餐饮服务”表明企业实施的战略变化与企业文化相适应，具有潜在一致性，根据战略稳定性与文化适应性矩阵，该公司在实施上述新战略时应“以企业使命为基础”，选项 A 正确。加强协同作用的表现为：企业实施一个新的战略时，组织要素发生的变化不大，又多与企业目前的文化相一致。民天公司是一家经营连锁餐馆的企业，保留堂食业务的同时，抽调部分员工按照订单要求，走入顾客的厨房，提供家庭餐饮服务。组织要素变化不大，且题干未表明员工与企业之间出现了冲突的情况（潜在一致性大），故选项 A 正确。

【真题·单选题】（2021）汉阳公司是国内一家经营多年的广告公司，在业内以鼓励员工个人对公司目标作出贡献闻名。近年来，国外著名广告公司的不断进入和本土竞争对手的成长给汉阳公司的业务增长带来越来越大的威胁，因此该公司管理层最近决定在维持现有组织架构的前提下推出新的更为严格的员工薪酬与绩效挂钩制度，以刺激业绩增长，该决定受到公司员工的拥护。汉阳公司在实施新的绩效考核制度时，应(　　)。

A. 以企业使命为基础

B. 加强协同作用

C. 根据文化进行管理

D. 重新制定战略

【答案】B

【解析】“公司管理层最近决定在维持现有组织架构的前提下推出新的更为严格的员工薪酬与绩效挂钩制度”“该决定受到公司员工的拥护”说明组织要素发生的变化不大，又多与企业目前的文化相一致的，因此公司在实施新的绩效考核制度时加强协同作用。

【真题·单选题】（2020）越达公司是合成橡胶、合成树脂等石化类产业的龙头企业。2017 年，该公司启动新的战略变革，将公司在原产业领域积累的高分子技术应用到光化学和有机合成化学领域，使业务内容扩大到半导体制造材料、显示器材料等领域，同时进行了广泛的组织结构调整。此次战略变革得到公司上下一致认同和支持。该公司处理企业战略稳定性与文化适应性的关系时应(　　)。

A. 以企业使命为基础

B. 加强协同作用

C. 根据文化进行管理

D. 重新制定战略

【答案】A

【解析】企业实施一个新的战略时，重要的组织要素会发生很大变化。这些变化大多与企业目前的文化有潜在的一致性。这种企业多是那些以往效益好的企业，可以根据自己的实力，寻找可以利用的重大机会，或者试图改变自己的主要产品和市场，以适应新的要求。这种企业由于有企业固有文化的大力支持，实行新战略没有大的困难，一般处于非常有前途的地位。“越达公司是合成橡胶、合成树脂等石化类产业的龙头企业”，这种企业由于有企业固有文化的大力支持，实行新战略没有大的困难，一般处于非常有前途的地位，据此可知，该公司是以企业使命为基础处理企业战略稳定性与文化适应性的关系的。

【真题·单选题】（2019）2017 年，主营电子商城业务的鑫茂公司制定和实施了新零售战略，对原有业务进行了较大调整，建立了多家商品销售实体店，线上线下业务协同开展，这一变革得到企业固有文化支持。根据战略稳定性和文化适应性矩阵要求，该公司在实施上述新战略时应(　　)。

A. 以企业使命为基础

B. 加强协调作用

C. 重新制定战略

D. 根据文化进行管理

【答案】A

【解析】本题中，“主营电子商城业务的鑫茂公司制定和实施了新零售战略，对原有业务进行了较大调整”体现鑫茂公司在实施一个新的战略时，重要的组织要素会发生很大变化；“这一变革得到企业固有文化的支持”说明文化的潜在一致性大，所以该公司在实施新战略时应以企业使命为基础。

【例题·多选题】当企业在实施一个新战略时，组织要素会发生一些重大变化，也会与企业现有文化产生冲突。为了处理这种重大的变化，企业可以从(　　)方面采取管理行动。

A. 企业的高层管理人员要下决心变革，并向全体员工着重讲述变革在未来对于公司的意义

B. 要发挥企业现有人员在战略变革中的作用

C. 设法让管理人员和员工明确变革后的文化需要怎样的行为规范

D. 将奖励的重点放在具有新文化意识的部门或个人

【答案】ACD

【解析】在企业外部环境发生重大变化，企业考虑到自身长远利益，必须实施不能迎合企业现有的文化的重大变革，企业则必须进行文化管理，使企业文化也做出相应重大的变化。为了处理这种重大的变革，企业需要作出一些行动：一是企业的高层管理人员要痛下决心进行变革，并向全体员工讲明变革的意义；二是企业要招聘或从内部提拔一批与新文化相符的人员；三是改变奖励结构；四是设法让管理人员和员工明确新文化要形成一定的行为规范，保证新战略的顺利实施。

高频考点7：战略失效、战略控制的概念与过程★★

(一) 战略失效与战略控制的概念

1. 战略失效。

在战略实施过程中，不容忽视的就是战略失效。**战略失效**，是指企业战略实施的结果偏离了预定的战略目标或战略管理的理想状态。

导致战略失效的原因很多，主要有以下几点：

(1) 企业内部缺乏沟通，企业战略未能成为全体员工的共同行动目标，企业成员之间缺乏协作共事的愿望；

(2) 战略实施过程中各种信息的传递和反馈受阻；

(3) 战略实施所需的资源条件与现实存在的资源条件之间出现较大缺口；

(4) 用人不当，主管人员、作业人员不称职或玩忽职守；

(5) 公司管理者决策错误，使战略目标本身存在严重缺陷或错误；

(6) 企业外部环境出现了较大变化，而现有战略一时难以适应等。

按照时间顺序，战略失效可分为**早期失效**、**晚期失效**和**偶然失效**3种类型：

(1) 早期失效：在战略实施初期，一方面，由于新战略还没有被全体员工理解和接受；另一方面，战略实施者对新的环境、工作还不适应，就有可能导致较高的早期失效率。

(2) 晚期失效：是指当战略推进一段时间之后，之前对战略环境条件的预测与现实变化发展的情况之间的差距，会随着时间的推移变得越来越大，战略所依赖的基础就显得越来越糟，从而使晚期失效率大为提高。

(3) 偶然失效：在战略实施过程中，偶然会因为一些意想不到的因素导致战略失效，这就是偶然失效。

2. 战略控制。

战略控制是指企业在战略实施过程中，检

测环境变化，检查业务进展，评估经营绩效，把检查和评估结果与既定的战略目标相比较，发现战略实施出现的偏差，分析产生偏差的原因，采取有效措施及时纠正偏差，使战略实施结果符合预期战略目标。如果没有达到预期目标，战略控制的意向应当是调整企业战略或更好地实施该战略，以提高企业的应变能力和实现战略目标的能力。在战略控制过程中，对企业经营绩效的评估是关键环节，它既是发现战略实施出现偏差的前提，又是采取纠正偏差的有效措施的依据。

企业经营层面也存在控制即预算控制问题。预算控制主要是对预算费用的控制，是在一年或者更短的期间内，使用定量方法来确定实际费用是否超过了计划支出，并在预算期结束之后针对预算执行偏差及其成因，制定、采取正确的解决办法和对策。预算控制的重点是企业内部经营。

战略控制与预算控制之间有显著的不同。战略控制期通常从几年到十几年不等，定性和定量的方法都要采用，且对企业内部经营和外部环境都要进行评估。下表总结了战略控制和预算控制之间的差异。

战略控制	预算控制
期间比较长，从几年到十几年以上	期间通常为一年以下
定性方法和定量方法	定量方法
重点是内部和外部	重点是内部
不断纠正行为	通常在预算期结束之后纠正行为

（二）战略控制过程

1. 设定战略控制的目标。

设定战略控制的目标是指依据企业战略目标，结合企业的内部资源以及外部环境的重大变化，合理设定的企业战略控制标准或指标。

2. 选择战略控制的方法。

战略控制方法是从企业战略控制的实际需要出发，用来收集和处理企业经营的相关信息、对内部和外部环境进行监测、检查业务进展情况、衡量和评价企业整体及各个部门的长期和短期业绩、制定调整或纠正偏差措施的方式、工具和标准。选择合理、有效的战略控制方法是战略控制过程中十分重要的一步，直接影响甚至决定战略控制目标的实现与否。

3. 实施战略控制措施。

实施战略控制措施就是企业决策者，通过一定的组织、程序和机制，运用一种或多种战略控制方法，对企业整体以及各个经营领域的状况和业绩进行科学衡量和合理评价，将衡量和评价结果与企业的战略控制目标进行比较，找出它们之间的差距，结合企业内外环境的变化分析和识别差距产生的原因，制定和实施弥补差距对策或应对变化的措施。

4. 反馈战略控制效果。

反馈战略控制效果是指将实施战略控制措施的效果或结果及时反馈给企业决策者、部门经理和一般员工，以推动战略控制的持续改进和战略目标的实现。

经典例题

【真题·单选题】（2021）诺力公司曾是一家著名的手机及相关设备制造企业，其生产的手机曾是世界第一品牌，占据将近一半的市场份额。2013 年该公司启动战略转型，将业务聚焦于模拟机业务上，而越来越多的消费者更青睐不断改进的智能手机。后来在智能手机制造巨头的竞争挤压下，诺力公司的经营跌入谷底并一蹶不振，最终在手机市场上被淘汰出局。诺力公司实施战略转型失效的原因是（　　）。

A. 战略实施过程中各种信息的传递和反馈受阻

B. 战略实施所需要资源条件与现实存在资源条件间出现了较大缺口

C. 企业外部环境出现了较大变化，现有战略一时难以适应

D. 企业内部缺乏沟通，企业成员之间缺乏协作共事的愿望

【答案】C

【解析】“越来越多的消费者更青睐不断改进的智能手机”“智能手机制造巨头的竞争挤压”属于企业外部环境出现了较大变化，“2013 年该公司启动战略转型，将业务聚焦于模拟机业务上”说明企业的战略未能适应环境的变化。因此，选项 C 正确。

高频考点 8：战略控制方法——预算 ★★

（一）预算的概念和作用

预算就是财务计划，即围绕企业战略目标，对一定时期通常为一年内企业资金的取得和投放、各项收入和支出、经营成果及其分配等资金运动做出的具体安排。

科学、规范的预算在战略控制中发挥多种作用，其中主要有：

（1）为企业的长期战略实施提供一个覆盖企业各层次、各方面、内容详细的短期财务目标，促进、引导企业战略目标的最终实现。

（2）通过检查预算执行情况、查找预算与实际支出之间产生差距的原因，促使企业管理层、职能机构、业务部门，甚至每个经理或负责人及时发现战略实施中出现的问题和偏差，并采取必要的解决对策和纠正措施。

（3）促进企业各级员工围绕任务完成情况、工作计划与设想等进行交流和沟通。

（4）协调企业各个职能机构、业务部门的活动，确保它们向着共同目标一起努力。

（5）根据兼顾必要性和可行性的原则合理分配资金，确保预算目标和战略目标的实现。

（6）促进企业内部合理授权、提高效率。预算应当作为对相关经理人员发生费用的授权，只要是在预算中列明的费用支出项目，经理人员就无须在费用发生之前申请获得进一步的批准。

（7）为企业员工的绩效评估提供了一种有效手段。

（8）激励员工提高业绩。预算提供了一个可以让员工了解其工作完成质量的系统，有利于激发员工关注个人绩效的兴趣和提升绩效的积极性，也为管理层提高企业未来整体绩效提供了重要手段和动力。

（二）预算的类型

编制预算最常用的方法有增量预算和零基预算。

1. 增量预算。

增量预算是指在以前期间的预算或者实际业绩的基础上，通过增加相应的内容编制新的预算。增量预算的假设条件是：企业现有的业务活动是合理、必须的，不需要进行调整；企业现有的各项业务活动的开支水平是合理的，在预算期不予改变；以企业现有的业务活动和各项业务活动的开支水平，确定预算期各项活动的预算数额。

优点	缺点
（1）预算编制工作量较少，相对容易操作； （2）预算变动较小且循序渐进，为各个部门的经营活动提供了一个相对稳定的基础； （3）有利于避免因资金分配规则改变而引起各部门之间产生冲突； （4）比较容易对预算进行协调	（1）没有考虑经营条件和经营情况的变化； （2）容易使企业管理层和部门经理产生维持现状的保守观念，不利于企业创新； （3）与部门和员工的业绩没有联系，没有提供降低成本的动力； （4）鼓励各部门用光预算以保证下一年的预算不减少； （5）随着业务活动及其开支水平的变化而失去合理性、可行性

2. 零基预算（zero-based budgeting）。

零基预算是指在新的预算期，不受以往预算安排的影响，不考虑过去的预算项目和收支水平，以零为基点编制预算。采用零基预算必

须从实际出发，逐项审查新预算期内各项业务的内容及其开支标准，重新分析、判断各个部门的需求和费用，根据企业财力，在综合平衡的基础上编制预算。

优点	缺点
(1) 有利于根据实际需要合理分配资金； (2) 有利于调动各个部门和员工参与预算编制的积极性； (3) 增强员工的成本效益意识； (4) 鼓励企业管理层和部门经理根据环境变化进行创新； (5) 增加预算的科学性和透明度，提高预算管理水平	(1) 预算编制比较复杂，工作量大，费用较高； (2) 如果过度强调眼前预算项目的需要，容易导致追求短期利益而忽视长期利益； (3) 预算规则和业务项目开支标准的改变可能引起部门之间的矛盾和冲突

经典例题

【例题·单选题】2020 年底，主营办公用品业务的永豪公司预计随着新冠肺炎疫情的持续和居家办公人数的增加，对小型便捷打印机、复印机的需求量将会增长，因此根据以往同类项目的收支水平，将下一年的预算增加 8%，以购置新的生产设备，将小型便捷打印机、复印机的产能提高 12%。下列各项中，属于永豪公司采用的预算类型的优点的是（　　）。

A. 预算编制工作量较少，相对容易操作

B. 有利于管理层及部门经理积极进取和企业创新

C. 与相关部门和员工的业绩联系起来，提供了降低成本的动力

D. 有利于根据实际需要合理分配资金

【答案】A

【解析】“因此根据以往同类项目的收支水平，将下一年的预算增加 8%，以购置新的生产设备，将小型便捷打印机、复印机的产能提高 12%”。永豪公司采用的是增量预算。

增量预算的优点包括：(1) 预算编制工作量较少，相对容易操作（选项 A）；(2) 预算变动较小且循序渐进，为各个部门的经营活动提供了一个相对稳定的基础；(3) 有利于避免因资金分配规则改变而引起各部门之间产生冲突；(4) 比较容易对预算进行协调。选项 B、C、D 是零基预算的优点。

【例题·单选题】A 公司管理层发现企业所处环境发生了很大变化，为了更好地适应变化，决定重新编制预算，在编制预算时不受以往预算安排的影响，也不考虑过去的预算项目和收支水平。根据以上信息该企业编制预算的方法属于(　　)。

A. 增量预算　　B. 活动预算

C. 零基预算　　D. 责任预算

【答案】C

【解析】增量预算，是指在以前期间的预算或者实际业绩的基础上，通过增加相应的内容编制新的预算。零基预算，是指在新的预算期，不受以往预算安排的影响，不考虑过去的预算项目和收支水平，以零为基点编制预算。根据题目信息，选项 C 正确。

高频考点 9：战略控制方法——企业业绩衡量指标★★★★

企业业绩包括两类：一类是战略性业绩，即与企业战略地位和战略目标相关的绩效，比如市场竞争力、行业地位、企业成长性、企业声誉、重大创新等。这类业绩具有整体性和长期性。另一类是经营性业绩，即与企业日常经营活动相关的业绩，如月度或年度的销售额、净利润额、资产回报率、质量合格率等。这类业绩与企业局部或短期的经营活动相关。与以上两类业绩对应，企业业绩衡量包括战略性业绩衡量和经营性业绩衡量。无论哪一类业绩衡量，都须使用财务指标和非财务指标对其进行定性和定量衡量，并且将衡量结果与本企业的历史业绩以及同期同类企业的业绩进行比较，对发现的差距和差距产生的原因作出分析。下面是企业通常使用的业绩衡量指标。

（一）财务衡量指标

1. 盈利能力和回报率指标。

（1）毛利率与净利润率。

毛利率＝［（营业收入－销售成本）/营业收入］×100%

净利润率＝［（营业收入－销售成本－期间费用）/营业收入］×100%

（2）已动用资本报酬率（ROCE）。

已动用资本回报率又称作投资回报率（ROI）或净资产回报率（RONA）。

已动用资本报酬率（ROCE）＝（息税前利润/当期平均已动用资本）×100%

2. 股东投资指标。

（1）每股盈余与每股市净率。

每股盈余＝净利润/股票数量

每股股利＝股利/股票数量

市净率＝每股市价/每股净资产

假设其他条件相同，则市净率与股票的投资价值呈反方向变化。

（2）股息率。假设其他条件相同，则股息率低表示企业将较多的利润进行再投资，股息率高则表明企业将较多的利润用于股东分红。股息率通常高于利息率。

股息率＝每股股利/每股市价×100%

（3）市盈率。

市盈率＝每股市价/每股盈余×100%

3. 流动性指标。

衡量企业避免拖欠债务和偿还短期债务能力的指标。流动性指标主要包括：

流动比率＝流动资产/流动负债×100%

速动比率＝（流动资产－存货）/流动负债×100%

存货周转期＝存货×365/销售成本

应收账款周转期＝应收账款借方余额×365/销售收入

应付账款周转期＝应付账款贷方余额×365/购买成本

4. 综合负债和资金杠杆指标。

负债率＝有息负债/股东权益×100%

现金流量比率＝经营现金净流量/（流动负债＋非流动负债）×100%

使用比率来衡量、评价企业业绩的主要原因有：

（1）通过比较不同时期的比率可以很容易地发现它们的变动。

（2）相对于实物数量或货币的绝对数值，比率对企业业绩的衡量更为适合。

（3）比率适合用作业绩目标。如投资报酬率、销售利润率、资产周转率等作为业绩目标，既简明又易于理解。

（4）比率提供了总结企业业绩和经营成果的工具、方法，并可在同类企业之间进行比较。

但是，用比率评价企业业绩有以下局限性：

（1）信息获取存在困难。

（2）信息的使用存在局限性。

（3）比率在各个行业的理想标准不同，而且理想标准会随着时间推移发生改变，这为不同行业或同一行业中不同企业的业绩带来困难。

（4）比率有时不能准确反映真实情况。

（5）比率有时体现的是被扭曲的结果。

（6）可能鼓励短期行为。

（7）忽略其他战略要素。

（8）激励、控制的人员范围有限。

（二）非财务指标

非财务指标是基于非财务信息的业绩衡量指标。

非财务指标

评价的领域	业绩计量
服务	诉讼数量；客户等待时间
人力资源	员工周转率；旷工时间；每个员工的培训时间
市场营销	销量增长；市场份额；客户数量

续表

评价的领域	业绩计量
生产	工艺、流程先进性；质量标准
研发	技术专利数量和等级；设计创新能力
物流	设备利用能力；服务水平
广告	属性等级；成本水平
管理信息	及时性；准确度

（1）能够反映和监控非财务方面的经营业绩。

（2）通常比使用财务指标提供企业业绩信息更为及时。

（3）容易被非财务管理人员理解并使用。

（4）有利于激励企业高管关注财务因素之外的因素甚至决定企业成败的战略因素。

（5）一些衡量企业长期业绩的非财务指标有利于避免短期行为。

（6）往往需要同时采用定性和定量分析、衡量，因此更能反映企业业绩的真实情况。

（7）激励、控制的人员范围较广，覆盖了对财务结果无任何责任的人员。

采用非财务指标衡量企业业绩有如下局限性：

（1）不能使用统一的比率标准，因此不能容易地发现业绩变化或进行业绩比较。

（2）指标通常产生于各个经营部门并被它们分别使用，不能作为所有部门的共同业绩目标即企业整体性业绩目标。

（3）难以避免外部环境中某些因素的变化，造成不能客观、真实地衡量和反映企业业绩。

（三）ESG 衡量指标

ESG 是英文 Environment（环境）、Society（社会）和 Governance（治理）的缩写，是一种关注企业环境、社会和治理等业绩的投资理念，也是一种衡量企业业绩的非财务衡量指标或标准。

经典例题

【真题·多选题】（2022）建筑玻璃生产商英利公司采用销售量及其年增长率、市场份额、主要客户数量及其年增长率等指标衡量该公司的市场营销业绩。下列各项中，属于英利公司采用上述做法的原因的有（　　）。

A. 比使用财务衡量指标提供企业业绩信息更为及时

B. 有利于避免短期行为

C. 能够激励、控制对财务结果无任何责任的人员

D. 能够避免外部环境中某些因素的变化造成不能真实衡量和反映企业业绩

【答案】ABC

【解析】本题考查使用非财务指标衡量、评价企业业绩的主要原因和局限性，参见教材原文。

【真题·多选题】（2020）甲公司采用流动比率、资产负债率等财务指标进行绩效评价。下列各项中，属于甲公司上述做法的局限性的有（　　）。

A. 鼓励短期行为

B. 难以进行项目比较

C. 忽视战略目标

D. 比率不可以用作目标

【答案】AC

【解析】比率评价有如下局限性：（1）可比信息的可获得性；（2）历史信息的使用；（3）比率不是一成不变的；（4）需要仔细解读；（5）被扭曲的结果；（6）鼓励短期行为；（7）忽略战略目标；（8）无法控制无预算责任的员工。选项 A、C 正确。

【真题·多选题】（2019）美邦服装公司每年都采用投资回报率、销售利润率、资产周转率等比率指标对经营业绩进行评价，下列各

项中，属于该公司采用的绩效评价指标局限性的有(　　)。

A. 鼓励短期行为

B. 可比信息的可获得性较差

C. 比率不可以用作目标

D. 比率不是一成不变的

【答案】ABD

【解析】本题中，“美邦服装公司每年都采用投资回报率、销售利润率、资产周转率等比率指标对经营业绩进行评价”，采用比率评价具有的局限性包括：（1）可比信息的可获得性（较差）；（2）历史信息的使用；（3）比率不是一成不变的；（4）需要仔细解读；（5）被扭曲的结果；（6）鼓励短期行为；（7）忽略战略目标；（8）无法控制无预算责任的员工。因此，选项 A、B、D 正确。

【例题·单选题】洲月公司是一家民营机械企业，经过多年的发展，企业拥有了较强的学习和内部能力来开拓市场，但在企业发展过程中，由于在市场无法找到适合的发展伙伴和收获对象，发展进程有些缓慢，那么此时该企业适合的战略发展途径是(　　)。

A. 合资企业　　B. 内部发展

C. 特许经营　　D. OEM

【答案】B

【解析】由于企业拥有了较强的学习和内部能力来开拓市场，但同时又无法找到适合的合作伙伴或收购对象，因此适合的战略发展的途径为内部发展。

高频考点 10：战略控制方法——平衡计分卡的企业业绩衡量★★★

（一）平衡计分卡的内涵

平衡计分卡是一种从财务、客户、内部管理、创新与学习四个角度，将组织的战略转化为可操作的衡量指标和目标值，从而保证组织战略得到有效的实施和控制的一种绩效管理体系。下图是一个平衡计分卡的应用实例。

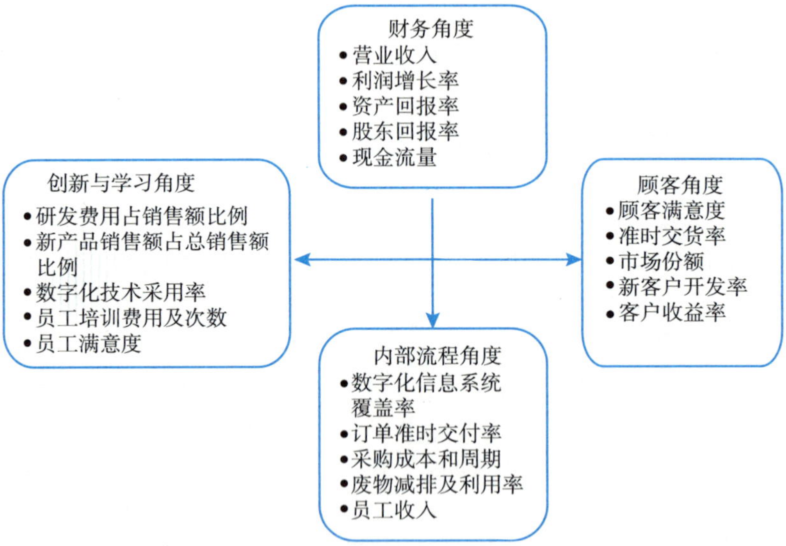

（1）财务指标。财务指标能够显示企业战略及其实施对提高企业盈利能力和股东价值做出的贡献。

（2）顾客指标。顾客指标用来衡量和反映企业在满足顾客需求、提高顾客价值方面的业绩。

（3）内部流程指标。内部流程指标用于衡量和确认企业在哪些业务流程上表现优异，需要加强或改进哪些业务流程才能保证战略落地。

（4）创新与学习指标。平衡计分卡的前三类指标展示了企业的实际能力及其与企业实现业绩增长和成功实施战略所必需的能力之间的差距。

（二）平衡计分卡的特点

与企业传统的业绩衡量体系和方法比较，平衡计分卡具有如下特点：

（1）用全面体现企业战略目标的四个方面的指标内容代替了单一的财务指标内容，为企业战略实施提供了强有力的支持。

（2）平衡计分卡四个角度指标所包含的内容体现了五个方面的平衡：财务指标和非财务指标的平衡；企业的长期目标（如创新与学习指标的内容）和短期目标（如财务指标的内容）的平衡；结果性指标（如财务指标的内容）与动因性指标（如内部流程指标、创新与学习指标的内容）之间的平衡；企业内部利益相关者（员工）与外部利益相关者（股东、客户）的平衡；领先指标即预期性指标与滞后指标即结果性指标之间的平衡。

（3）平衡计分卡四个指标的内容之间都紧密联系、相互支持、彼此加强。

（4）每个企业的平衡计分卡都具有独特性。

（三）平衡计分卡的作用

（1）为企业战略管理提供强有力的支持。平衡计分卡的相关指标内容都源于企业战略，都与企业战略目标息息相关，企业战略的实施可以通过对平衡计分卡的全面、正确运用来完成。

（2）提高企业整体管理效率和效果。平衡计分卡所包含的四项指标内容，都是企业成功经营和未来发展的关键性要素。

（3）促进部门合作，完善协调机制。平衡计分卡通过对企业经营各种关键性要素的组合，能够统筹并协调各个经营领域的活动，促进不同部门之间合作的制度和实施方案。

（4）完善激励机制，提高员工参与度。平衡计分卡体现目标管理，以清晰、合理的业绩目标和实现目标所需要的驱动措施、激励机制，引导和鼓励员工主动完成目标。

（5）促进企业立足实际、着眼未来，实现长期可持续发展。

经典例题

【真题·单选题】（2022）主营智能手机生产和销售的凯立公司采用平衡计分卡衡量业绩。下列各项中，适合凯立公司作为平衡计分卡顾客指标的是（　　）。

A. 新型手机销售额占总销售额比例

B. 市场份额

C. 营业收入

D. 生产计划准确率

【答案】B

【解析】常用的顾客指标有顾客满意度、顾客投诉率、投诉解决率、准时交货率、市场份额、客户保留率、新客户开发率、客户收益率等。

【真题·单选题】（2019）为高净值客户提供理财咨询服务的天元公司采用平衡计分卡衡量企业业绩，并把主要客户的收益率作为一项重要考核指标。该指标属于平衡计分卡的是（　　）。

A. 财务角度

B. 顾客角度

C. 内部流程角度

D. 创新与学习角度

【答案】A

【解析】本题中，“主要客户的收益率”是财务指标，属于平衡计分卡的财务角度。

【真题·多选题】（2019）东亚建筑公司采用平衡计分卡衡量公司业绩，并选取了利润预期、工程进度完成率、市场份额、工程交付时间等作为绩效衡量标准。该公司选取的上述指标涵盖的平衡计分卡角度有（　　）。

A. 创新与学习角度

B. 财务角度

C. 顾客角度

D. 内部流程角度

【答案】BCD

【解析】平衡计分卡包括四个角度：财务角度、顾客角度、内部流程角度和创新与学习角度。本题中，利润预期属于财务角度；工程进度完成率属于内部流程角度；市场份额属于顾客角度和内部流程角度，因此，选项B、C、

D 正确。

【例题·单选题】WH 是一家旗下有很多连锁店的健身房企业，在大学城附近也有健身房，其实行会员制，顾客主要通过网络预约方式来健身房进行健身。WH 总公司决定采用平衡记分卡进行绩效管理，从顾客角度考虑，平衡记分卡的内容包括(　　)。

A. 顾客续卡率

B. 健身器材的维护

C. 健身教练的培训费

D. 顾客订单的增加

【答案】A

【解析】顾客订单的增加是基于财务角度；健身教练的培训费属于创新与学习角度；而健身器材的维护是内部流程角度。

【例题·单选题】甲公司是一家处于起步期的餐饮企业，其业务主要为通过电话订购的方式销售日本特色食品，例如生鱼片和寿司。该公司决定采用平衡计分卡来计量明年的绩效。下列选项中，属于创新与学习角度计量的是(　　)。

A. 餐厅营业额

B. 客户关系维护

C. 处理单个订单的时间

D. 新产品类型的开发

【答案】D

【解析】餐厅营业额属于财务角度，因此，选项 A 错误；客户关系维护属于顾客角度，因此，选项 B 错误；处理单个订单的时间属于内部流程角度，因此，选项 C 错误；新产品类型的开发属于创新与学习角度，因此，选项 D 正确。

高频考点 11：公司战略与数字化技术

★★★★★

（一）数字化技术

发展历程	1. 信息化。 含义：信息化通常指现代信息技术应用，特别是促成应用对象或领域（比如企业或社会）发生转变的过程。基本功能：开发信息资源。主要任务：通过测量记录、筛选加工、安全存储、互联传送，让人们随时获得必要的信息。评价标准：组织在战略决策和行动中能否便捷地得到准确、及时、足够的信息。 2. 数字化。 含义：数字化是利用数学量化、统计分析方法和数字数据技术以提高人们的认识能力和实践能力、提高产品或工作系统功效的过程或活动。基本功能：信息形式的统一化、信息表达的准确化、信息利用的高效化。主要任务：通过信息的量化、模数转换、统一贯通、建模解算、模拟仿真等实现信息的增值。评价标准：组织数字信息的应用范围和增值水平。 3. 智能化。 智能化是在产品、工具和工作系统中协同应用人类智能和人工智能，以提高其功效的过程。 本质特征：智能的协同发展和应用
应用领域	1. 大数据。 含义：大数据是指所涉及的资料规模巨大，无法通过目前常规的软件工具，在合理时间内达到撷取、管理、处理、整理成为有用信息的数据集合。 主要特征： （1）大量性：大数据的数量巨大。（2）多样性：数据类型繁多。（3）高速性：大数据处理时效性高。（4）价值性：大数据价值巨大，但价值密度低。 2. 人工智能。 含义：（1）人工智能是自然科学和社会科学的交叉学科。（2）人工智能也是一门综合性学科，是在控制论、信息论和系统论的基础上诞生的。 研究领域：包括知识表示、搜索技术、机器学习、求解数据和知识不确定问题的各种方法等。 应用领域：包括专家系统、博弈、定理证明、自然语言理解、图像理解和机器人等。 3. 移动互联网。 移动互联网是互联网的技术、平台、商业模式和应用与移动通信技术结合并实践的活动的总称

续表

应用领域	4. 云计算。 云计算是分布式计算的一种，是通过网络“云”将巨大的数据计算处理程序分解成无数个小程序，然后通过多部服务器组成的系统处理和分析这些小程序得到结果并返回给用户。 ①基础设施级服务（IaaS）。②平台级服务（PaaS）。③软件级服务（SaaS）。 5. 物联网。 物联网是新一代信息技术的重要组成部分，意指“物物相连的互联网”。这里有两层意思：第一，物联网的核心和基础仍然是互联网，是在互联网基础上的延伸和扩展的网络；第二，其终端延伸和扩展到了所有物品，任何物品都可通过信息传播媒介进行信息交换和通信。 物联网应用中的以下三项关键技术融合了信息化、数字化和智能化的内容： ①传感器技术；②射频识别（RFID）技术；③嵌入式系统技术。 6. 区块链。 区块链是分布式数据存储、点对点传输、共识机制、加密算法等计算机技术的新型应用模式。区块链（Blockchain）是比特币的一个重要概念，它本质上是一个去中心化的数据库，同时作为比特币的底层技术，是一串使用与密码学相关联的方法产生的数据块

（二）数字化技术对公司战略的影响

对组织结构的影响	1. 组织结构向平台化转型。 在数字经济时代，组织形态趋于柔性化、扁平化和网络化，并呈现出大平台、小前端的特征。 2. 构建传统与数字的融合结构。 数字化技术构建传统与数字的融合结构是现阶段的核心变革举措。 一方面，融合结构中包含传统和新兴的两类人才、观念、技术、流程和传播渠道。另一方面，如果从促进传统要素转型的角度而言，融合结构只是一种过渡性的结构，而非最终的形式。 3. 以新型组织结构为主要形式。 （1）团队结构，是以团队作为协调组织活动的主要方式。 （2）虚拟组织，是组织扁平化在企业之间的形式
对经营模式的影响	1. 互联网思维的影响。 企业思维经历了由工业化思维向互联网思维的转型过程。 2. 多元化经营的影响。 O2O 模式下，线上线下加速融合使实体零售通过商品结构和服务的调整，不断扩充商品经营品类。 3. 消费者参与的影响。 数字化时代，网络空间得到极大的拓展和延伸，互联网将现实世界和虚拟世界紧密连接起来，为消费者参与企业商业模式创新提供了广泛的渠道
对产品和服务的影响	1. 个性化。数字化时代，消费者的需求发生了显著变化，个性化成为消费者需求的重要特征。 2. 智能化。在以数字化为标志的新时代，产品的一个重要特征是智能化。 3. 连接性。数字化环境下产品的另一重要特征是不断增强的连接性。事实上，这种连接不但发生在产品之间，而且发生在所有事物之间，即所谓的万物互联。 4. 生态化。在数字化转型的新时期，产品的生态属性更被消费者所关注。
数字化技术对业务流程的影响	传统的企业管理模式下的业务流程，非增值的环节比较多，信息传递较为缓慢，流程中各环节的关系混乱，特别是一个完整的业务流程被不同的职能部门分割开来，降低了流程的效率和效益。因此，企业只有对其流程进行改造与创新，才能在新的环境中得以生存与发展

（三）数字化战略

1. 数字化战略的定义。

数字化战略就是全面评估企业数字资产，制定持续改进计划并积极服务于企业业务增长目标的战略举措。

2. 数字化战略转型的主要方面。

技术变革	（1）数字化基础设施建设。数字化基础设施建设是企业进行数字化转型的基石。 （2）数字化研发。数字化研发是企业转型升级的主要动力，选取新产品产值率、研发投入强度和员工人均专利数作为评价企业数字化研发的主要指标。 （3）数字化投入。数字化投入为推动企业数字化转型提供支持，选取数字化投入占比、数字化设备投入占比、数字化运维投入占比和数据安全投入占比作为数字化投入的评价指标

续表

组织变革	（1）组织架构。数字化转型为企业组织架构带来重要变革，选取数字化部门领导者地位和企业管理层级数量作为组织架构的评价指标。 （2）数字化人才。数字化人才是推动企业数字化转型的关键要素之一，选取数字化人才比重、数字化技能员工覆盖率和初级数字化技能人才培训支出比作为数字化人才的评价指标
管理变革	（1）业务数字化管理。业务数字化管理是企业数字化转型的重点之一，选取电子商务采购比率、数字化仓储物流设备占比、订单准时交付率以及数据可视化率作为业务管理的评价指标。 （2）生产数字化管理。数字化生产是企业数字化转型的关键，选取作业自动化编制及优化排程比例、与过程控制系统（PCS）或生产执行系统（MES）直接相连的数字化设备占比、数字化检测设备占比和在线设备管理与运维比例作为衡量企业数字化生产能力的指标。 （3）财务数字化管理。财务数字化管理为企业数字化转型提供保障，选取 ERP 系统覆盖率、资金周转率和库存资金占有率反映企业财务数字化管理指标。 （4）营销数字化管理。很多行业发展的历史路径依赖性决定了目前产品的销售导向性

（四）数字化战略转型的困难和任务

1. 公司数字化战略转型面临的困难。

（1）网络安全与个人信息保护问题。

网络对公司数字化转型起着重要作用但也存在安全问题：数据在云化以后，数据集中化程度不高，造成数据安全性得不到保障，数据非法访问风险加剧；传统的应用服务器是独立的，但上了云系统以后，应用服务器的安全边界越来越小，甚至还会出现很多漏洞，虚拟机和虚拟机保护机制不完善；公司希望扩大数字应用范围，但安全匹配落后；公司希望运行速度更快，这也是云计算的明显优势，但授权也会呈现静态变化，从而导致匹配难度加大。

公司会根据用户个人信息以及消费记录给用户全方位的消费体验升级，包括推送信息的个性化和消费体验的精确化等，大大增加用户对平台的依赖。但是，不法分子也能通过技术手段入侵个人信息存储平台，盗取用户的个人信息，利用这些信息进行售卖或者篡改个人信息。在一些重大信息填报上，一旦被不法分子篡改选择或是删除某些重要信息，对用户个人所造成的影响难以想象。2016 年《中华人民共和国网络安全法》和 2021 年《中华人民共和国个人信息保护法》的颁布，对维护、加强网络安全和个人信息保护提供了重要的法律保障，但全面实施这两个法律的内容还任重而道远。

（2）数据容量问题。

在传统的管理模式下，无论数据储备还是数据整合分析的工作量在企业经营管理中所占比重并不大，甚至不需要使用信息技术即可进行统计、处理，也无须担心数据的储存问题，更不需要先进的储存设备。

（3）“数据孤岛”问题。

开发时间与部门的差异，导致异构以及多个软硬件平台的信息系统同时运行，但这些系统数据相互独立、隔离，无法实现数据共享，由此产生了“数据孤岛”。

（4）核心数字技术问题。

公司数字化转型面临成本较高、核心数字技术供给不足等问题，也缺乏有能力承担集战略咨询、架构设计、数据运营等关键任务于一体，且能够实施“总包”的第三方服务商。

（5）技术伦理与道德问题。

数字化道德应受法律规定、数字技术与道德规范共同约束。数字化道德的实施要注重伦理规范和道德判断的编码化，须从一个工程师的思维、一个软件的思维转变到人文主义的思维。

2. 公司数字化战略转型的主要任务。

（1）构建数字化组织设计，转变经营管理模式。

①制定数字化转型战略。由企业领导层亲自负责，制定企业级的数字化转型战略，做好数字化转型的顶层设计，对企业数字化转型进行全面、系统、整体的规划布局，明确企业数字化转型的战略定位、战略目标，确定数字化战略的具体内容，指明数字化转型战略的实施

步骤和实施路径。

②建立数字化企业架构。推动企业传统架构向新一代数字化企业架构转变，重构企业业务架构、数据架构和技术架构，建立以混合云为基础，以企业数字化云平台为载体，实现业务自由扩展、应用高效支撑、服务灵活部署、数据融合应用的新一代企业架构。

③推动数字化组织变革。建立数字化组织变革领导小组，调整组织架构，建立适应数字化转型的组织体系，构建起以业务为核心、灵活机动、分布式、扁平化、网状化的组织体系，形成适应数字经济条件的新的组织体系。

（2）加强核心技术攻关，夯实技术基础。

建立公司数字化技术管理体系，对互联网、移动互联网、大数据、人工智能、区块链、云计算等各类技术进行统筹管理，融合企业内外技术团队的能力，建立一个开放式的技术开发应用生态，推动各项技术在企业数字化转型中的实时响应、有力支撑、高效应用。增加企业牵头的科研项目数量，并在技术专利方面有所突破。

（3）打破“数据孤岛”，打造企业数字化生态体系。

围绕实现数据、技术、流程、组织四要素和有关活动的统筹协调、协同创新管理和动态优化，建立适宜的标准规范和治理机制，打破“数据孤岛”。建立企业数字化生态体系和企业级数字生态服务平台，以开放共享的理念，连接企业客户和上下游合作伙伴、第三方服务商等各类主体，形成以企业价值创造为核心的全面开放、协同共生、共建共享的企业级数字化生态共同体。

（4）加快企业数字文化建设。

建立企业数字化转型的文化氛围，让数字化转型深入人心，成为企业的主流文化。用数字化转型推动企业各个部门、各个小组、全体员工学习数字化转型相关内容，了解数字化转型给企业、部门、小组、个人带来的价值，形成自上而下、自下而上双向驱动的数字化转型文化。

（5）利用新兴技术，提升公司网络安全水平。

每个企业都需要某种形式的网络保护系统，否则就有可能成为网络攻击的牺牲品。通常，公司会使用网络安全程序来控制谁可以查看和使用公司数据，员工需要 ID 和密码组合才能进入公司网络。

（6）重视数字伦理，提升数字素养。

一方面，企业要重视数字伦理，即是要重视在数字化转型过程中，数字技术应用所带来的安全问题、隐私保护、数字信息产权等，避免数字技术滥用、用户隐私侵犯、算法歧视与陷阱等数字伦理问题，把握合适的伦理尺度、价值准则与道德规范，为社会创造积极正向价值。另一方面，企业要提高数字素养，合理有效利用数字技术并发挥数字技术的积极作用，强化企业数据思维，提高数据挖掘能力，促进数据价值创造，推动企业数字化战略转型与企业数字素养的相互促进。

经典例题

【真题·单选题】（2021）传统汽车制造企业华阳公司实施数字化战略转型，提高电子商务采购金额与总采购金额的比例以及 ERP 系统的覆盖率。根据上述情况，属于华阳公司数字化转型主要方面的是(　　)。

A. 技术变革

B. 组织变革

C. 管理变革

D. 流程变革

【答案】 C

【解析】 数字化战略转型的主要方面表现为技术变革、组织变革和管理变革。管理变革是指企业通过数字化转型打通生产与管理全流程的数据链，促进业务流程变革、生产变革和财务变革，提高产品质量和生产效率。案例公司“提高电子商务采购金额与总采购金额的比例以及 ERP 系统的覆盖率”属于管理变革。“电子商务采购金额与总采购金颜的比例”属于反映业务数字化管理变革的指标。“ERP 系统的覆盖率”属于反映财务数字化管理变革的指标。因此，选项 C 正确。

【真题·单选题】（2021）斯威公司是一家休闲服装生产企业。近期该公司与其他具有不同资源与优势的企业建立了以信息网络为基础的企业联盟体，通过网络来联系设计创意、制作人员和资产设备，共同开拓市场，共享技术与信息，费用分担。从组织结构角度看，上述企业联盟体(　　)。

A. 是传统组织结构与新型组织结构的结合

B. 是组织扁平化在企业之间的形式

C. 是以资金流管理为核心的组织形式

D. 具有灵活性较差的局限性

【答案】B

【解析】案例公司“与其他具有不同资源与优势的企业建立了以信息网络为基础的企业联盟体，通过网络来联系设计创意、制作人员和资产设备，共同开拓市场，共享技术与信息，费用分担”，这种新型组织结构叫作虚拟组织，虚拟组织是组织扁平化在企业之间的形式，是当市场出现新机遇时，具有不同资源与优势的企业为了共同开拓市场，共同对付其他的竞争者而组织、建立在信息网络基础上的共享技术与信息，分担费用，联合开发的、互利的企业联盟体。因此，选项 B 正确。

【真题·多选题】（2021）天方出租汽车公司于 2017 年开始利用基于大数据的预测性分析系统，对其投入运营的 10 000 多辆出租车进行数据收集与分析，实时检测这些车辆的行驶车况，以便及时地进行预防性维修，杜绝安全事故发生。天方出租汽车公司的上述方法所体现的数字化技术对产品和服务的影响有(　　)。

A. 连接性

B. 个性化

C. 智能化

D. 生态化

【答案】AC

【解析】“利用基于大数据的预测性分析系统，对其投入运营的 10 000 多辆出租车进行数据收集与分析，实时检测这些车辆的行驶车况，以便及时地进行预防性维修，杜绝安全事故发生”表明该公司的上述做法所体现的数字化技术对产品和服务的影响有连接性和智能化。

【真题·简答题】（2022）从 21 世纪初起，三镇钢铁集团为了提高产品质量、降低成本、减少能源消耗、最大限度地满足客户个性化需求，使用先进的信息技术，实现了产品的优化设计、制造和管理。集团通过对钢铁生产过程中的原料运输、储存、投料到焦化、冶炼、连铸、轧钢等基础信息资源进行深度开发和利用，实现了管理高度集中、产销高度衔接、数据高度一致和信息高度安全。

精准的温度控制是钢铁生产中保障产品质量、降低能耗的关键环节。传统钢铁厂因各生产环节衔接不畅，导致温度不稳定。2016 年，三镇钢铁集团引进并开发了数字监测和分析系统，实现了对高炉铁水、炼钢钢水、出钢钢坯等各工序温度情况的实时跟踪，并基于模型预测目标温度，为铁水指吊、出钢节奏、精炼加热升温提供指导。

2018 年，三镇钢铁集团在现有技术基础上引进 5G 专网技术，利用 5G 网络低时延、大带宽、广连接等优势，打通厂区内的信息孤岛，并与国内数据服务商和云服务商开展全方位合作，构建了钢铁工业数据收集平台和私有云监测平台，实现了数据双向互通、数据融合，在市场预判、交易节点、产品结构、硬件健康状态等方面提供全面实时的数据支撑和量化监测。2019 年，集团建成三镇智慧中心，下设 7 个工作岛，实时收集分析生产区 35 万个互联设备的数据，监测、调度 8 大工序、30 个系统，替代了原来的 42 个中控室，让 400 多名员工撤出操作现场。2020 年，集团打造了全国钢铁行业首个智能环保无人原料场、无人码头系统、智慧铁水运输系统。2021 年，集团在钢铁工业大数据平台基础上，打通基于分布式数据存储中心的管控架构，打造了一个具有去中心化、不可篡改、全程留痕、公开透明等特点的产业协同体系，实现了降本增效。

要求：

（1）简要分析三镇钢铁数字化技术的发展历程。

（2）简要分析三镇钢铁数字化技术的应用领域。

【答案】

（1）①信息化。“使用先进的信息技术，实现了产品的优化设计、制造和管理。集团通过对钢铁生产过程中的原料运输、储存、投料到焦化、冶炼、连铸、轧钢等基础信息资源进行深度开发和利用，实现了管理高度集中、产销高度衔接、数据高度一致和信息高度安全”。

②数字化。“2016 年，三镇钢铁集团引进并开发了数字监测和分析系统，实现了对高炉铁水、炼钢钢水、出钢钢坯等各工序温度情况的实时跟踪，并基于模型预测目标温度，为铁水指吊、出钢节奏、精炼加热升温提供指导”。

③智能化。“2019 年，集团建成三镇智慧中心”；“2020 年，集团打造了全国钢铁行业首个智能环保无人原料场、无人码头系统、智慧铁水运输系统”。

（2）①大数据。“并与国内数据服务商和云服务商开展全方位合作，构建了钢铁工业数据收集平台和私有云监测平台，实现了数据双向互通、数据融合，在市场预判、交易节点、产品结构、硬件健康状态等方面提供全面实时的数据支撑和量化监测”。

②人工智能。“2019 年，集团建成三镇智慧中心，下设 7 个工作岛，实时收集分析生产区 35 万个互联设备的数据，监测、调度 8 大工序、30 个系统，替代了原来的 42 个中控室，让 400 多名员工撤出操作现场。2020 年，集团打造了全国钢铁行业首个智能环保无人原料场、无人码头系统、智慧铁水运输系统”。

③移动互联网。“引进 5G 专网技术，利用 5G 网络低时延、大带宽、广连接等优势，打通厂区内的信息孤岛”。

④云计算。“并与国内数据服务商和云服务商开展全方位合作，构建了钢铁工业数据收集平台和私有云监测平台，实现了数据双向互通、数据融合，在市场预判、交易节点、产品结构、硬件健康状态等方面提供全面实时的数据支撑和量化监测”。

⑤物联网。“2019 年，集团建成三镇智慧中心，下设 7 个工作岛，实时收集分析生产区 35 万个互联设备的数据，监测、调度 8 大工序、30 个系统，替代了原来的 42 个中控室，让 400 多名员工撤出操作现场”。

⑥区块链。“2021 年，集团在钢铁工业大数据平台基础上，打通基于分布式数据存储中心的管控架构，打造了一个具有去中心化、不可篡改、全程留痕、公开透明等特点的产业协同体系，实现了降本增效”。

【真题·简答题】（2021）2015 年成立的盟塑公司是国内一家工业电子商务服务平台，相对于国内综合性 B2B（企业与企业之间交易）电商平台，盟塑公司专注于塑化行业，围绕塑化原材料贸易，运用数字化技术，为采购商和供应商提供专业的塑化材料采购和配套的供应链服务。具体运营模式如下：

（1）建立塑化原材料上下游对接通道。针对塑化原料贸易信息不透明、交易流程长、效率低下等关键行业痛点，盟塑平台提供大量供应商的信息数据，采购商通过专业搜索可以拿到大品牌厂家的直供原料，满足其专业化采购的需求；上游企业也因此获得大量消费者、提高了毛利、打造了品牌。

（2）整合关联服务方，提供一站式互联网服务。针对塑化原材料贸易双方对于仓储公司、物流公司以及金融机构等关联服务方的需求问题，盟塑平台将这些关联服务方整合进来，贸易双方不需要再费时费力地去跟各个环节打交道，大大降低了贸易成本。而对于关联服务方而言，也因此增加了客源，并能通过盟塑平台积累的大量用户的数据，增加对用户信用的了解，降低了经营风险。

（3）引入 C 端（消费者）参与贸易服务。

盟塑平台引入包括行业的采购师、分销人员、司机车主等个人提供对应的贸易服务，有资源的其他消费者也能通过盟塑平台参与贸易服务，从而加速塑化产业的货物流通和货款流通，解决成本高企、效率低下的难题。

2019 年，盟塑公司荣获“中国 B2B 电子商务平台 50 强”称号。

要求：

（1）简要分析盟塑公司建立工业电子商务服务平台所依据的产业市场细分的变量。

（2）简要分析盟塑公司是如何运用价值链分析构筑自身竞争优势的。

（3）简要分析盟塑电子商务平台的运营模式所体现的数字技术对企业经营模式的影响。

【答案】

（1）盟塑公司建立工业电子商务服务平台所依据的产业市场细分的变量是“用户的行业类别”。“相对于国内综合性 B2B（企业与企业之间交易）电商平台，盟塑公司专注于塑化行业，围绕塑化原材料贸易，运用数字化技术，为采购商和供应商提供专业的塑化材料采购和配套的供应链服务”。

（2）盟塑公司运用价值链分析构筑其竞争优势体现如下：

①确认那些支持企业竞争优势的关键性活动。“针对塑化原料贸易信息不透明、交易流程长、效率低下等关键行业痛点，……”。

②明确价值链内各种活动之间的联系。“盟塑平台提供大量供应商的信息数据，采购商通过专业搜索可以拿到大品牌厂家的直供原料，满足其专业化采购的需求；上游企业也因此获得大量消费者、提高了毛利、打造了品牌”。

③明确价值系统内各项价值活动之间的联系。“整合关联服务方，提供一站式互联网服务。针对塑化原材料贸易双方对于仓储公司、物流公司以及金融机构等关联服务方的需求问题。盟塑平台将这些关联服务方整合进来，贸易双方不需要再费时费力地去跟各个环节打交道，大大降低了贸易成本。而对于关联服务方而言，也因此增加了客源，并能通过盟塑平台积累的大量用户的数据，增加对用户信用的了解，降低了经营风险”。

（3）①互联网思维的影响。“围绕塑化原材料贸易，运用数字化技术，为采购商和供应商提供专业的塑化材料采购和配套的供应链服务”；“建立塑化原材料上下游对接通道”；“引入 C 端（消费者）参与贸易服务”；“整合关联服务方，提供一站式互联网服务”。

②多元化经营的影响。“整合关联服务方，提供一站式互联网服务。针对塑化原材料贸易双方对于仓储公司、物流公司以及金融机构等关联服务方的需求问题。盟塑平台将这些关联服务方整合进来，贸易双方不需要再费时费力地去跟各个环节打交道，大大降低了贸易成本。而对于关联服务方而言，也因此增加了客源，并能通过盟塑平台积累的大量用户的数据，增加对用户信用的了解，降低了经营风险”。

③消费者参与的影响。“引入 C 端（消费者）参与贸易服务。盟塑平台引入包括行业的采购师、分销人员、司机车主等个人提供对应的贸易服务，有资源的其他消费者也能通过盟塑平台参与贸易服务，从而加速塑化产业的货物流通和货款流通，解决成本高企、效率低下的难题”。

【例题·单选题】瑞安保险公司依托医疗大数据智能化管理系统，将来自保险机构、医院和药房的诸如疾病发病率、治疗效果和医疗费用等方面的大数据及时进行“提纯”和整合，对潜在目标客户进行精细化管理，从而实现对健康保费的有效控制。本案例主要体现的大数据特征是（　　）。

A. 大量性

B. 多样性

C. 价值性

D. 高速性

【答案】C

【解析】大数据的“价值性”特征是指大

数据价值巨大，但价值密度低，即浪里淘沙，却又弥足珍贵。在本案例中，“提纯”这一关键词体现了大数据特征中的价值性，选项 C 正确。

【例题·单选题】以下不属于公司数字化战略转型面临的困难的为（　　）。

A. “数据孤岛”问题

B. 数据技术问题

C. 网络安全与个人信息保护问题

D. 核心数字技术问题

【答案】B

【解析】公司数字化战略转型面临的困难包括：网络安全与个人信息保护问题；数据容量问题；“数据孤岛”问题；技术伦理与道德问题；核心数字技术问题。

【例题·单选题】棱镜计划（PRISM）始于 2007 年的小布什时期，美国情报机构一直在 9 家美国互联网公司中进行数据挖掘工作，从各种信息中分析个人的联系方式与行动。其中包括两个秘密监视项目：一是监视、监听民众电话的通话记录；二是监视民众的网络活动。通过该项目，美国国家安全局甚至可以实时监控一个人正在进行的网络搜索内容。更令人震惊的是，任何在美国以外地区使用参与计划公司服务的客户，或是任何与国外人士通信的美国公民，都在监听之列。微软、雅虎、谷歌、苹果等四大网络巨头都涉及其中。棱镜计划反映了公司数字化战略转型的困难是（　　）。

A. 数据容量问题

B. 核心数字技术问题

C. 技术伦理与道德问题

D. 网络安全与个人信息保护问题

【答案】D

【解析】本题中，棱镜计划秘密监视的对象是民众的各种私人信息，体现了个人信息保护问题。因此，选项 D 正确。

进阶练习

（一）单选题

1. 河归公司是一家出版社，该公司旗下有一些从事印刷、装订工作的印刷厂。印刷厂按照河归公司提供的文稿质量要求，河归公司可以采用的组织协调机制是（　　）。

A. 共同价值观

B. 工作成果标准化

C. 相互适应，自行调整

D. 技艺（知识）标准化

2. 甲企业的企业文化具有稳定性、持续性的优点，且在稳定环境中可能导致高效率，下列选项中，属于该企业的企业文化类型是（　　）。

A. 人员导向型

B. 任务导向型

C. 权利导向型

D. 角色导向型

3. 经营网上商城的铭恒公司，借助大数据智能化系统，将消费者的购买经历、购买评价、搜索产品、浏览产品等大数据信息进行深度分析，进而有针对性地向目标客户推送商品。铭恒公司的做法主要体现的大数据特征是（　　）。

A. 价值性　　B. 多样性

C. 高速性　　D. 大量性

4. 念达公司是一家控股企业，设立了多个主营石油化工、物流等业务的独立经营的子公司。念达公司不干预子公司的业务活动与战略策划，仅根据市场状况和子公司的经营状况做出对子公司增加或减少投资的决策。念达公司应采取的组织结构类型是（　　）。

A. H 型组织结构

B. 战略业务单位组织结构

C. 事业部组织结构

D. M 型组织结构

5. 锺森公司是一家刚起步的新能源公司，

主要从事六氟磷酸锂的生产和加工工作，该公司决定采用平衡计分卡来计量来年的绩效。下列各项中，属于财务角度指标的是（　　）。

A. 利润增长率

B. 客户收益率

C. 员工培训费用

D. 投诉解决率

6. 远余公司是一家高科技互联网公司。公司有着轻松平等工作的氛围，没有严格的等级，给予员工在特定项目中的权力，强调鼓励员工发挥自己的创意和特长。远余公司的企业文化类型属于（　　）。

A. 任务导向型　　B. 权力导向型

C. 角色导向型　　D. 人员导向型

7. 格力电器于2019年频频跨界寻求外部突破。公司目前已经在物联网、人工智能、智慧家居、车用空调、芯片制造等领域展开重大战略布局。但这一变革受到企业现有惯性文化的抵制。根据战略稳定性与文化适应性矩阵的要求，该公司应该（　　）。

A. 以企业使命为基础

B. 加强协同作用

C. 重新制定战略

D. 根据文化进行管理

8. 生产智能厨具产品的天晨公司适应外部市场环境的不断变化，及时调整内部资源和组织结构，发挥协同效果和整体优势，激发员工的创新精神和使命感，对社会需求作出灵活、快速的反应。该公司采取的组织协调机制是（　　）。

A. 直接指挥，直接控制

B. 工作过程标准化

C. 共同价值观

D. 工作成果标准化

（二）多选题

1. 西藏公司是中国第一家定位于互联网全范围内饮料品牌的企业，旗下拥有500余名正式员工，并设有总经理、高级经理、部门经理、小组主管、助理等8个管理层级。下列各项中，属于西藏公司采用的纵向分工结构类型的特点有（　　）。

A. 有助于企业内部的控制

B. 对市场变化的反应不敏感

C. 管理费用相对较高

D. 容易造成管理的失控

2. 我国东南沿海主营房地产开发业务的家族式企业大多实行集权化管理。下列关于这类集权化管理的企业集权型决策的特点中表述正确的有（　　）。

A. 容易进行职能间的决策

B. 常规决策的时间过长

C. 对级别较低的管理者而言，其职业发展有限

D. 快速决策在危急情况下做出

3. 蓝杉衣业是一家处于成长期的公司，该公司决定采用平衡计分卡来计算下一年的绩效。在进行具体计量时，考虑的指标包括收入的增加、市场份额、利润增长率、客户收益率、采购成本和周期、员工收入等。从计量指标看，该公司利用平衡计分卡所考虑的非财务方面包括（　　）。

A. 内部流程角度

B. 财务角度

C. 顾客角度

D. 创新与学习角度

4. 岭东公司每年采用流动比率、投资回报率等指标对企业业绩进行评价与考核。下列各项中，属于该企业使用比率来进行业绩衡量与评价的主要原因有（　　）。

A. 通过比较不同时期的比率可以很容易地发现它们的变动

B. 相对于实物数量或货币的绝对数值，比率对企业业绩的衡量更为适合

C. 比率对于考核业绩指标来讲比较适合

D. 比率提供了总结企业业绩和经营成果的工具，并可在同类企业之间进行比较

5. 企业可以采用统计分析报告或者专题报告来分析和研究相关的问题。下列有关统计分析与专题报告的说法中正确的有（　　）。

A. 统计分析报告的特点包括逻辑严密、

脉络清晰、层次分明

B. 统计分析报告的行文应逻辑有序，详略得当

C. 专题报告对企业管理人员开阔战略视野方面没有较大帮助

D. 专题分析报告一般是先摆数据事实，进行各种科学的分析，进而揭示问题，亮出观点

6. 甲公司在生产经营过程中，预算编制都是以上一年度的花费金额为基准，结合预算年度的支出变动和总体规划，在基期数据的基础上调整得到下一年度的预算报表。该种预算的优点包括（　　）。

A. 预算变动较小且循序渐进，为各个部门的经营活动提供了一个相对稳定的基础

B. 比较容易对预算进行协调

C. 有利于避免各部门之间产生冲突

D. 有利于根据实际需要合理分配资金

7. 宾捷汽车制造公司采用平衡计分卡对企业业绩进行衡量，并将营业收入、顾客满意度、员工收入、数字化技术采用率作为衡量指标。该公司选取的衡量指标涉及的平衡计分卡角度有（　　）。

A. 财务角度

B. 顾客角度

C. 创新与学习角度

D. 内部流程角度

进阶练习答案及解析

（一）单选题

1. 【答案】B

【解析】工作成果标准化是指组织通过预先制定的工作成果标准，实现组织中各种活动的协调。“该公司按照出版社提供的文稿、图片和质量要求从事印刷、装订工作”采用的是工作成果标准化。选项 B 正确。

2. 【答案】D

【解析】本题考核企文化的类型。角色导向型文化具有稳定性、持续性的优点，企业的变革往往是循序渐进，而不是突变。在稳定环境中，这类文化可能导致高效率，但是，这类企业不太适合动荡的环境。

3. 【答案】A

【解析】“借助大数据智能化系统，将消费者的购买经历、购买评价、搜索产品、浏览产品等大数据信息进行深度分析，进而有的放矢地向目标客户推送商品”体现了大数据特征中的价值性，选项 A 正确。

4. 【答案】A

【解析】H 型组织结构下，控股企业的下属子企业具有独立的法人资格，控股企业一般只是做一些宏观性的决断，因此不会对下属企业的自主经营进行干涉。“念达公司是一家控股企业，设立了多个主营石油化工、物流等业务的独立经营的子公司”并且“念达公司不干预子公司的战略决策和业务活动，仅根据市场前景和子公司的经营状况做出对子公司增加或减少投资的决策”属于 H 型组织结构，选项 A 正确。

5. 【答案】A

【解析】本题考核平衡计分卡的业绩衡量方法。投诉解决率和客户收益率是顾客角度的指标，员工培训费用及次数是创新与学习角度指标。

6. 【答案】A

【解析】任务导向型强调的是速度和灵活性，专长是个人权力和职权的主要来源，并且决定一个人在给定情景中的相对权力。这类文化常见于新兴产业中的企业，特别是一些高科技企业。选项 A 正确。

7. 【答案】C

【解析】“频频跨界寻求外部突破。公司目前已经在物联网、人工智能、智慧家居、车用空调、芯片制造等领域展开重大战略布局”表明组织要素变化多；“这一变革受到企业现

有惯性文化的抵制”表明与现有文化潜在一致性小。因此，应重新制定战略，选项 C 正确。

8. 【答案】C

【解析】“及时调整内部资源和组织结构，发挥协同效果和整体优势，激发员工的创新精神和使命感，对社会需求作出灵活、快速的反应”体现了企业对内要及时调整，发挥创新精神、协同效果和整体优势；对外要灵活适应，快速行动。即共同价值观，选项 C 正确。

（二）多选题

1. 【答案】ABC

【解析】“旗下拥有 500 余名正式员工，并设有总经理、高级经理、部门经理、小组主管、助理等 8 个管理层级”表明西藏公司采用的纵向分工结构类型即高长型组织结构。因此，选项 A、B、C 正确，选项 D 是扁平型组织结构的特点。

2. 【答案】ABCD

【解析】集权型决策下的企业高层管理人员拥有最重要的决策权力，因此易于控制与协调各职能间的决策，且较低级别的管理者不易扩大自身职业发展，常规决策的时间相对较长。

3. 【答案】ABC

【解析】收入的增加、利润增长率属于财务角度指标；市场份额、客户收益率属于顾客角度指标；采购成本和周期、员工收入属于内部流程角度指标，所以选项 A、B、C 正确。

4. 【答案】ABCD

【解析】使用比率来衡量、评价企业业绩的主要原因包括：通过比较不同时期的比率可以很容易地发现它们的变动；相对于实物数量或货币的绝对数值，比率对企业业绩的衡量更为适合；比率适合用作业绩目标；比率提供了总结企业业绩和经营成果的工具、方法，并可在同类企业之间进行比较。因此，选项 A、B、C、D 均正确。

5. 【答案】AB

【解析】统计分析报告的特点之一是逻辑严密、脉络清晰、层次分明。一般是先摆数据、事实，进行各种科学的分析，进而揭示问题，亮出观点，最后有针对性地提出建议、办法和措施。统计分析报告的行文应该逻辑有序，主次分明，详略得当，联系紧密，做到统计资料与基本观点形式与内容统一，数据、分析、问题和建议融为一体。

6. 【答案】ABC

【解析】根据题干，甲公司采用的是增量预算。增量预算的优点包括：（1）预算编制工作量较少，相对容易操作。（2）预算变动较小且循序渐进，为各个部门的经营活动提供了一个相对稳定的基础。（3）有利于避免因资金分配规则改变而引起各部门之间产生冲突。（4）比较容易对预算进行协调。

7. 【答案】ABCD

【解析】营业收入属于财务角度；顾客满意度属于顾客角度；员工收入属于内部流程角度；数字化技术采用率属于创新与学习角度。因此，选项 A、B、C、D 均正确。

第五章　公司治理

2023 年教材内容主要变化

2023 年本章教材变化，主要体现在：①节的标题微调；②个别表述微调。

本章近五年考试高频考点分布

本章属于备考的次重点章，高频考点集中在“公司治理三大问题”、“公司内部治理结构”和“公司治理的基础设施”，近五年平均考试分值为 4.1 分。

高频考点内容	年度及题型分布
经理人对于股东的“内部人控制”问题	2022 年单选、2022 年简答 2021 年多选 2018 年简答
终极股东对于中小股东的“隧道挖掘”问题	2022 年简答、2020 年单选、2019 年单选、2019 年简答
公司内部治理结构	2022 年多选、2022 年简答 2021 年简答
公司治理的基础设施	2022 年简答、2021 年多选、2019 年简答

高频考点精讲

本章介绍公司治理相关知识，主要知识点包括公司治理的概念、公司治理理论，公司治理三大问题，内部治理结构和外部治理机制，公司治理的基础设施以及公司治理原则。考生在学习本章时，应理解各个知识点中涉及的重点内容，需要着重掌握公司治理问题、公司内部治理结构及公司治理的基础设施。

高频考点1：企业的起源与演进★

企业形式	特点	优点	缺点
业主制企业	最早存在的企业制度； 由自然人个人投资成立和经营控制的组织； 不具有法人资格，对企业的负债承担无限责任	（1）组织形式简单，经营管理灵活，法律登记手续简单，容易创立和解散； （2）所有权、控制权、经营权、收益权均归业主所有，业主享有完全自主权； （3）业主自负盈亏，对企业负债承担无限责任，会更加关注预算和成本控制以降低经营风险	（1）资产规模小，资金筹集困难，难以扩大生产和规模； （2）企业存续受制于业主的经营意愿、生命期、继承者能力等因素； （3）当企业发展到一定规模后，限制在个人内的人力资本就很可能会影响到组织决策的质量； （4）企业为规避风险而缺乏动力进行创新，不利于新产业发展
合伙制企业	由两个或多个出资人联合组成的企业； 不具有法人地位，合伙人才是民事主体； 企业归出资人共同所有、共同管理，共享收益，共担风险，对企业债务承担无限责任	（1）扩大了资金来源，有助于企业扩大规模、生产发展，部分缓解了业主制资金不足的问题； （2）有利于整合发挥合伙人的资源优势，促进资源共享，部分缓解了业主制人力资本不足的问题； （3）合伙人共同经营、共担风险，优势互补、集思广益，一定程度上分散了经营压力	（1）合伙人对企业债务承担无限责任，风险较大； （2）合伙人间缺乏有效制约机制，监督履责困难，可能产生“搭便车”行为； （3）在经营管理决策中合伙人之间产生的分歧带来很多的组织协调成本，降低了决策效率； （4）合伙人的退伙会影响企业的生存和寿命
公司制企业	（1）三类利益主体：股东、公司管理者、雇员； （2）三个重要特点： ①有限责任制：公司应当以其全部财产承担清偿债务的责任，公司的股东以其认购的股份为限对公司承担责任； ②股东财产所有权与企业控制权分离（公司治理的基础）：股东保留决策控制权（决策审批和执行监督），职业经理人获得决策管理权（决策制定和决策执行），实现企业资源与经营管理人员的最优组合，从而实现企业利润最大化的经营目标； ③规模增长和永续生命。 （3）四种形式：有限责任公司、股份有限公司、一人有限责任公司、国有独资公司		

经典例题

【例题·单选题】下列关于企业的表述中，正确的是（　　）。

A. 业主制企业和合伙制企业均不具有法人地位

B. 合伙人对企业债务承担有限责任

C. 董事会是有限责任公司的必设机构

D. 募集设立由发起人认购公司应发行的全部股份

【答案】A

【解析】合伙人对企业债务承担无限责任，选项B错误；有限责任公司董事会可设可不设，不设董事会的，股东会会议由执行董事召集和主持，选项C错误；发起设立由发起人认购公司应发行的全部股份，选项D错误。

高频考点 2：公司治理问题的产生★

现代公司的典型特征	不利影响
股权结构分散化	（1）公司股东们无法在集体行动上达成一致，从而提高了治理成本； （2）公司股东对经营者的监督弱化，特别是大量存在的小股东缺乏参与公司决策和对公司高层管理人员进行监督的积极性和能力； （3）股东和公司其他利益相关者存在被机会主义行为损害、掠夺的风险
所有权和控制权的分离	（1）股东与经营者的利益目标冲突； （2）经营者损害股东利益

经典例题

【例题·多选题】随着公司制企业的不断发展，现代公司呈现出（　　）等典型特征，导致产生了公司治理问题。

A. 有限责任制

B. 股权结构分散化

C. 所有权与经营权分离

D. 永续生命

【答案】BC

【解析】股权结构分散化、所有权与经营权分离是现代公司的典型特征，导致了公司治理问题的产生。

高频考点 3：公司治理的概念★★

（一）公司治理的定义

类型	解释
狭义的公司治理	含义：所有者（主要是股东）对经营者的一种监督与制衡机制，即通过一种制度安排，合理地配置所有者和经营者之间的权力和责任关系。 治理机制：以治理结构（由股东大会、董事会、监事会、经理层构成）为基础的内部治理。 目标：保证股东利益的最大化，防止经营者对所有者利益的背离
广义的公司治理	含义：通过一套包括正式或非正式的、内部或外部的制度或机制来协调公司与所有利益相关者（股东、雇员、债权人、供应商和政府等）之间的利益关系，以保证公司决策的科学性与公正性，从而最终维护各方面的利益。 治理机制：利益相关者通过一系列的内部、外部机制来实施的共同治理。 目标：保证所有利益相关者的利益最大化
泛广义的公司治理	含义：公司治理是董事和高级管理人员为了股东、职员、顾客、供应商及提供间接融资的金融机构的利益而管理与控制公司的制度或方法。 在涵盖狭义与广义的公司治理内涵的同时，还包括了企业的战略决策系统、企业文化、企业高管控制制度、收益分配激励制度、财务制度、人力资源管理等制度

（二）公司治理的概念理解

相关概念	解释
治理结构和治理机制	治理结构：主要侧重于公司的内部治理，包括股东大会、董事会、监事会、高级管理团队及公司员工间权责利相互监督制衡的制度体系。 治理机制：主要指除企业内部的各种监督机制外的各项市场机制对公司多维度的监督与约束。主要有三大类，即权益机制、市场机制和管理机制

续表

相关概念	解释
从权力制衡到科学决策	公司治理的实质：委托代理关系下利益相关方的权、责、利配置问题。 委托代理问题：由于市场信息不对称、合约不完备及代理成本的存在，在利益不一致的委托人和代理人间可能产生逆向选择和道德风险等代理问题。 权力制衡：传统的公司治理一般只关注在两权分离的条件下，力求通过建立一种制度体系以实现权力的配置与制衡来降低代理成本、减少代理风险。 科学决策：现代的公司治理仅仅关注权力的分配与制衡，很难实现各方利益最大化的目标，应当理顺各利益相关方的权、责、利关系，使其利益在公司实体中得到最大限度的满足，才能保证公司可持续的良好经营与发展。 总结：权力制衡只是方法，科学决策才是公司治理的核心
公司治理能力	公司治理结构、治理机制、治理能力以及治理环境等因素共同组成了完整的公司治理体系，并综合地形成了公司的治理能力系统

经典例题

【例题·多选题】下列关于公司治理概念的说法中，正确的有（　　）。

A. 狭义的公司治理是指所有者对经营者的一种监督与制衡机制

B. 广义的公司治理目标是股东利益最大化

C. 治理结构主要侧重于公司的内部治理

D. 治理机制包括权益机制、市场机制和管理机制

【答案】ACD

【解析】广义的公司治理目标不仅是股东利益的最大化，而且是保证所有利益相关者的利益最大化。选项 B 错误。

高频考点 4：公司治理理论★★

理论	解释
委托代理理论	授权者（股东）是委托人，被授权者（经营者）是代理人。 股权结构分散化、所有权与控制权分离导致产生了委托代理问题。 作为委托人的股东怎样才能以最小的代价，使得作为代理人的经营者愿意为委托人的目标和利益而努力工作。 从委托人方面来看：①股东可能没有能力或没有时间、精力监控经营者。②监控经营者的股东需要独自承担成本，但是带来的收益却由全部股东享受，其他股东免费“搭便车”，监控经营者的股东的私人收益小于私人成本，导致失去监控的动力。 从代理人方面来看：①代理人的利益目标、效用函数与委托人不同。②由于信息不对称，代理人会不惜损害委托人的利益来谋求自身收益的最大化，即产生机会主义行为
资源依赖理论	主要观点：（1）组织需要通过获取环境中的资源来维持生存，没有组织可以完全实现资源自给，企业经营所需的资源大多需要在环境中进行交换获得。（2）强调组织权力，把组织视为一个政治行动者，认为组织的策略无不与组织试图获取资源、控制其他组织的权力行为相关。（3）考虑了组织内部的因素，认为组织对某些资源的需要程度、该资源的稀缺程度、该资源能在多大程度上被利用并产生绩效以及组织获取该项资源的能力，都会影响组织内部的权力分配格局。因此，那些能帮助组织获得稀缺性资源的利益相关者往往能在组织中获得更多话语权，即资源的依赖状况决定组织内部的权力分配状况。 相较于委托代理理论，资源依赖理论可以更好地解释企业董事会的功能。（1）董事会的规模和构成影响董事会为公司提供核心资源的能力。（2）董事会成员给公司带来资源的能力也是公司治理关注的重要问题。董事会为获取资源发挥的作用主要包括：①为企业带来忠告、建议形式的信息；②获得公司和外部环境之间的信息通道；③取得资源的优先条件；④提升企业的合法性。（3）处于不同生命周期的企业对董事的资源依赖也不同，小公司由于缺乏关键资源，资源提供功能较监督功能对其绩效的影响就更为显著

续表

理论	解释
利益相关者理论	利益相关者：与企业决策行为相关的现实及潜在的、有直接和间接影响的人和群体，包括企业的管理者、投资人、雇员、消费者、供应商、债权人、社区、政府等。 主要观点：企业的经营管理者为综合平衡各个利益相关者的利益要求而进行管理活动。任何一个公司的发展都离不开各利益相关者的投入或参与，企业追求的是利益相关者的整体利益，而不仅仅是某些主体的利益。 （1）在现代公司中，股东并不是唯一的所有者，他们只能拥有企业的一部分。 （2）并不是只有股东承担剩余风险，职工、债权人、供应商等所有利益相关者都可能是剩余风险的承担者。所有的利益相关者都应该参与公司治理。 （3）从对企业发展的贡献上，应重视非股东的其他利益相关者，如经理人员和广大职工。董事会等决策机构中除了股东代表以外还应有其他利益相关者的代表。 （4）从产权角度论证了其“新所有权观”的合理性。出资者投资形成的资产、公司经营过程中的财产增值和无形资产共同组成公司的法人财产

经典例题

【例题·多选题】关于公司治理理论，下列说法中正确的有（　　）。

A. 委托代理问题产生的主要原因在于目标利益不一致与信息不对称

B. 资源依赖理论认为资源的依赖状况决定组织内部的权力分配状况

C. 利益相关者理论认为所有的利益相关者都应该参与公司治理

D. 相较于资源依赖理论，委托代理理论可以更好地解释企业董事会的功能

【答案】ABC

【解析】相较于委托代理理论，资源依赖理论可以更好地解释企业董事会的功能，选项D错误，选项A、B、C均是教材原文表述。

高频考点5：公司治理与战略管理★

公司治理作为现代企业制度的核心，通过合理的利益与风险的分配以及有效的监督机制、激励机制和权力制衡机制，能够在很大程度上解决由于契约的不完整性而产生的委托代理问题，从而为公司进行有效的战略管理提供了制度基础和根本保障。

（一）公司治理直接影响战略管理主体行使战略管理权限和职能

（二）公司治理影响企业战略目标

（三）公司治理模式对战略实施过程有重大影响

经典例题

【例题·多选题】关于公司治理与战略管理的关系，下列说法中正确的有（　　）。

A. 公司治理对战略实施过程起着监督、控制作用

B. 公司治理为有效的战略管理提供制度基础和根本保障

C. 公司治理影响企业战略目标

D. 公司治理影响战略管理主体的参与度和影响力

【答案】ABCD

【解析】选项均为教材原文表述。

高频考点6、7、8将介绍公司治理三大问题。

公司治理的问题主要包括：代理型公司治理问题和剥夺型公司治理问题。代理型公司治理问题面对的是股东与经理之间的关系，即传统意义上的委托代理关系，而剥夺型公司治理问题则涉及股东与股东间的利益关系。就本质而言，公司治理的这两类问题都属于委托代理问题，只不过公司治理的第一类问题是公司所有者与经营者（亦即股东与经理之间）的代理问题，而公司治理的第二类问题是大股东与中小股东之间的代理问题。可以将公司治理的第一类问题形象地称作“经理人对于股东的内部人控制”问题，将公司治理的第二类问题称为“终极股东对于中小股东的隧道挖掘”问题。

高频考点6：经理人对股东的“内部人控制”问题★★★★★

“内部人控制”现象：所有者与经营者之间虽然具有委托代理关系，但是由于存在着目标利益的不一致与信息的不对称，企业的外部成员（股东、债权人、主管部门等）无法实施有效的监督，从而使企业的内部成员（厂长、经理或工人）能够直接参与企业的战略决策，并掌握了大部分企业的实际控制权，在公司战略决策中追求自身利益，甚至内部各方面联手谋取各自的利益，从而架空所有者的有效控制，并以此来侵蚀作为外部人（股东）的合法权益。

（一）“内部人控制”的成因

内部人控制问题的形成，实际上是在所有权和经营权分离的公司制度下，委托代理关系所带来的必然结果。

所有者与经营者利益目标不一致	所有者目标：较为单一，追求企业利益最大化； 经营者目标：更为多元化，既追求个人收入，也追求权力、地位与在职消费等
公司治理机制的不完善	许多公司的内部治理结构是扭曲的，如股东大会流于形式，董事会凌驾于股东大会之上，董事会、监事会难以产生监督和制衡的作用

（二）“内部人控制”问题的主要表现

经理人对股东负有忠诚、勤勉的义务，然而由于委托代理问题和缺乏足够的监督，经理人在经营管理中通常会违背忠诚和勤勉义务，从而导致内部人控制问题。

类型	主要表现
违背忠诚义务	（1）过高的在职消费； （2）盲目过度投资，经营行为短期化； （3）侵占资产，转移资产； （4）工资、奖金等收入增长过快，侵占利润； （5）会计信息作假、财务作假； （6）建设个人帝国
违背勤勉义务	（1）信息披露不规范、不及时； （2）敷衍偷懒不作为； （3）财务杠杆过度保守； （4）经营过于稳健、缺乏创新

国有资产流失、会计信息失真是我国国企改革过程中的“内部人控制”的主要表现形式。

（三）治理“内部人控制”问题的基本对策

当前公司治理中存在的“内部人控制”问题虽然出现在企业内部，但**根源却在企业外部的制度和机制，即外部职责的懈怠和治理功能的缺失。**

解决“内部人控制”问题可以从以下三方面着手：

首先，完善公司治理体系，加大监督力度。

其次，强化监事会的监督职能，形成企业内部权力制衡体系。

再次，加强内部审计工作，充分发挥内部审计的监督职能，完善企业内部约束机制。

最后，完善和加强公司的外部监督体系，使利益相关者参与公司的监管中，再结合以经济、行政、法律等手段，构建对企业经营者的外部监督机制。

经典例题

【真题·单选题】（2022）乌梁矿业公司

主营稀土矿的开采业务。据有关监管机构查明，该公司存在“内部人控制”问题。下列乌梁矿业公司被查明的问题中，属于经理人违背对股东的勤勉义务的是(　　)。

A. 管理者在职消费水平过高

B. 工资、奖金等收入增长过快，侵占利润

C. 管理者敷衍偷懒不作为，致使员工矿井操作存在诸多安全隐患

D. 盲目过度投资扩大稀土矿开采规模，经营行为短期化

【答案】C

【解析】选项 A、B、D 属于经理人违背对股东忠诚义务的主要表现。

【真题·多选题】（2021）亚奥公司是一家生产各类工程机械的上市公司，其终极股东为尚荣公司，2015～2016 年间，亚奥公司存在的“内部人控制”问题多次被媒体曝光。下列各项中，属于该公司“内部人控制”问题表现的有（　）。

A. 将其生产的挖掘机、起重机以低于市场价格的价格出售给尚荣公司

B. 未经正常审批程序投资房地产业，造成巨额亏损

C. 为尚荣公司对外借款违规担保人民币 2 亿元

D. 部分关联交易未向投资者和社会公众披露

【答案】BD

【解析】“内部人控制”问题表现为股东与经理之间的委托代理问题，“隧道挖掘”问题表现终极股东与中小股东之间的代理问题。亚奥公司的终极股东是尚荣公司，选项 A、C 属于“隧道挖掘”问题的表现，选项 B、D 属于“内部人控制”问题的表现，因此，选项 B、D 正确。

【例题·多选题】治理“内部人控制”问题的基本对策包括（　　）。

A. 完善小股东的代理投票权

B. 完善公司治理体系

C. 强化监事会的监督功能

D. 完善和加强公司的外部监督体系

【答案】BCD

【解析】选项 A 属于治理“隧道挖掘”问题、保护中小股东权益的基本对策。

【例题·多选题】违背勤勉义务导致“内部人控制”问题的主要表现包括（　　）。

A. 经营过于稳健

B. 信息披露不规范

C. 会计信息作假

D. 过高的在职消费

【答案】AB

【解析】一般认为违背勤勉义务导致的内部人控制问题主要表现有：信息披露不规范、不及时；敷衍偷懒不作为；财务杠杆过度保守；经营过于稳健、缺乏创新等，选项 A、B 正确。选项 C、D 属于违背忠诚义务导致“内部人控制”问题的主要表现。

高频考点 7：终极股东对于中小股东的“隧道挖掘”问题★★★★★

大股东与中小股东之间利益冲突的委托代理问题。

（一）“隧道挖掘”问题的成因

“隧道挖掘”行为的产生，在于**控制股东“隧道挖掘”的收益（来源于控制股东所掌控的权力）大于其“隧道挖掘”的成本**（控制股东对其行为所承担的责任）。

（二）“隧道挖掘”问题的表现

1. 滥用公司资源。

并非以占有公司资源为目的，但也**未按照公司整体目标为行动导向**的行为。终极股东滥用公司资源违背了其作为代理人的**勤勉**义务。

2. 占用公司资源。

终极股东通过各种方法将公司的**利益输送至自身**的行为，即“隧道挖掘”行为。违背了其作为代理人的**忠实**义务。

占用公司资源的利益输送行为，又可以分为三类。

<table>
<tr><th>类型</th><th colspan="2">含义及表现</th></tr>
<tr><td>直接占用资源</td><td colspan="2">含义：终极股东直接从公司将利益输送给自己。
表现：
①直接借款、利用控制的企业借款；
②代垫费用、代偿债务、代发工资；
③利用公司为终极股东违规担保；
④虚假出资；
⑤预付账款；
⑥占用公司商标、品牌、专利等无形资产；
⑦抢占公司商业机会等</td></tr>
<tr><td rowspan="4">通过关联交易进行利益输送</td><td colspan="2">企业正常的经营管理业务，以非市场的价格进行交易。</td></tr>
<tr><td>商品服务交易活动</td><td>终极股东经常以高于市场价格向公司销售商品和提供服务，以低于市场价格向公司购买商品和服务，利用明显的低价或高价来转移利润、进行利益输送</td></tr>
<tr><td>资产租用和交易活动</td><td>商品服务交易活动很相似，仅仅是交易的标的物不同。租用和交易的资产有房屋、土地使用权、机器设备、商标和专利等无形资产。
托管经营活动中的非市场交易，也属于这一类</td></tr>
<tr><td>费用分摊活动</td><td>上市公司和控股母公司共担费用，比如广告费用、离退员工费用、员工福利费用等，控股的终极股东常常利用费用分摊活动从上市公司获取利益。
终极股东自己或者派人到公司担任董事、监事和高管等职位后，将相关的高额薪酬、奖金、在职消费等费用分摊到公司，变相地从公司进行了利益输送</td></tr>
<tr><td rowspan="5">掠夺性财务活动</td><td colspan="2">更为复杂和隐蔽。</td></tr>
<tr><td>掠夺性融资</td><td>通过财务作假骗取融资资格、虚假包装以及过度融资，向终极股东低价定向增发股票</td></tr>
<tr><td>内幕交易</td><td>终极股东经常利用信息优势，利用所知悉、尚未公开的可能影响证券市场价格的重大信息来进行内幕交易，谋取不当利益</td></tr>
<tr><td>掠夺性资本运作</td><td>终极股东经常利用公司进行资本运作，实现相关公司的股权交易，经常是公司高价收购终极股东持有的其他公司股权，造成公司的利益流向了终极股东</td></tr>
<tr><td>超额股利</td><td>以终极股东需求为导向的股利政策操纵</td></tr>
</table>

（三）如何保护中小股东的权益

方式	含义
累积投票制	当股东行使表决权时，每一股份代表的表决权数与待选人数相同，股东可以将与持股数目相对应的表决票数以任何集中组合方式投向所选择的对象。 累积投票制度让小股东可以将其表决权集中投给自己的提名候选人，通过这种局部集中的投票方法，能够使小股东选出代表自己利益的人，从而对终极股东形成制衡，增强中小股东的话语权，提升中小股东权益的保护水平

续表

方式	含义
建立有效的股东民事赔偿制度	我国《公司法》规定：公司股东滥用股东权利给公司或者其他股东造成损失的，应当依法承担赔偿责任
建立表决权排除（回避）制度	当某一股东与股东大会讨论的决议事项有特别的利害关系时，该股东或其代理人均不得就其持有的股份行使表决权的制度。有利害关系的终极股东不参与表决使表决更能体现公司整体利益，从而保护了中小股东的权益
完善小股东的代理投票权	代理投票制是指股东委托代理人参加股东大会并代行投票权的法律制度。 表决权代理制度可分为：（1）股东本人主动委托他人代为行使表决权；（2）股东表决权征集：他人劝诱股东将表决权委托给自己代为行使。 表决权代理制度可以给中小股东更多参与公司治理的机会
建立股东退出机制	当公司被终极股东控制时，为了降低中小股东的投资风险，降低其受终极股东剥夺的程度，当作为少数派的外部中小股东无法实现其诉求时，退出就成为中小股东降低风险的最后退路。 （1）转股：股东将股份转让给他人从而退出公司，也称为“用脚投票”。 （2）退股：在特定条件下股东要求公司以公平合理价格回购其股份从而退出公司，这种机制来源于异议股东股份回购请求权制度

经典例题

【真题·单选题】（2020）建安集团是一家上市公司，公开信息显示该公司2016年实现净利润3.8亿元。当年该公司股价波动区间为12～22元，市盈率波动区间为6～11倍，公司以每股5元的价格向控股股东定向增发1 000万股。从掠夺性财务活动角度分析，建安集团的上述定向增发行为属于（　　）。

A. 内幕交易

B. 掠夺性融资

C. 超额股利

D. 掠夺性资本运作

【答案】B

【解析】公司向终极股东定向增发股票属于掠夺性融资行为。“当年该公司股价波动区间为12～22元，市盈率波动区间为6～11倍，公司以每股5元的价格向控股股东定向增发1 000万股”属于掠夺性融资，选项B正确。

【真题·单选题】（2019）甲公司在2017年完成发行上市后的首次定增，以每股1元的价格向两名控股股东发行5 000万股。当时该公司股价为每股5元。甲公司披露的2017年年报显示，当年有净利润1.2亿元，市盈率为2.8倍。从终极股东对于中小股东的“隧道挖掘”问题角度看，甲公司的上述作法属于掠夺性财务活动中的（　　）。

A. 掠夺性融资

B. 内幕交易

C. 直接占用资源

D. 超额股利

【答案】A

【解析】公司向终极股东低价定向增发股票属于掠夺性融资行为。

【真题·单选题】（2019）佳宝公司是一家上市公司，最近连续两年亏损，经营陷入困境。经审计发现，佳宝公司的重大决策权一直被控股股东控制，控股股东把佳宝公司当作“提款机”，占用佳宝公司的资金累计高达10亿元。佳宝公司存在的公司治理问题属于（　　）。

A. 代理型公司治理问题

B.“内部人控制”问题

C. 企业与其他利益相关者之间的关系问题

D. 剥夺型公司治理问题

【答案】D

【解析】“控股股东把佳宝公司当作‘提款机’，占用佳宝公司的资金累计高达10亿元”体现了控股股东占用公司资源，将公司利益输送至自身的行为，属于终极股东对于中小股东的“隧道挖掘”问题，即第二类（剥夺型）公司治理问题，选项D正确。

【例题·多选题】占用公司资源的利益输送行为包括（　　）。

A. 直接占用资源

B. 关联性交易

C. 滥用公司资源

D. 掠夺性财务活动

【答案】ABD

【解析】占用公司资源的利益输送行为，可以分为直接占用资源、关联性交易和掠夺性财务活动三类，选项A、B、D正确。

高频考点8：企业与其他利益相关者之间的关系问题★

在利益相关者对公司经营和公司治理的影响越来越明显的背景下，公司经营必须重视将利益相关者融入公司的治理模式中，让外部与公司利益相关的主体共同参与公司治理。

让所有利益相关者直接参与公司治理事务的弊端：所有利益相关者共同参与公司治理会产生权责不清的问题，从而降低公司运作效率，企业容易陷入“泛利益相关者治理”的困境。

经典例题

【例题·单选题】关于公司治理问题，下列说法中错误的是（　　）。

A. 所有利益相关者共同参与公司治理会降低公司运作效率

B. “隧道挖掘”问题体现为大股东与中小股东之间的利益冲突

C. 国有资产流失是我国国企改革过程中的“隧道挖掘”的主要表现形式

D. “内部人控制”问题体现为经理人与股东之间的利益冲突

【答案】C

【解析】国有资产流失、会计信息失真是我国国企改革过程中的“内部人控制”的主要表现形式，选项C错误。

高频考点9：公司内部治理结构★★★★

公司内部治理结构是指主要涵盖股东大会、董事会（监事会）、高级管理团队以及公司员工之间责权利相互制衡的制度体系。

（一）公司内部治理结构的不同模式

依据董事会权责特征、其他监督机构与董事会的权责关系，划分为单层董事会、双重董事会和复合结构三种公司内部治理结构模式。

内部治理结构模式	示例国家	特征
单层董事会制	英国、美国	最高权力机构——股东大会； 决策、监督机构——董事会； 执行机构——经理人员
双层董事会制	德国	最高权力机构——股东大会； 决策、监督机构——监事会； 执行机构——董事会（管理委员会）
复合结构制	日本、中国、韩国等	最高权力机构——股东大会； 决策、执行机构——董事会； 监督——独立监察人或监事会； 执行——经理人员

1. 单层董事会制。

单层董事会制以英国、美国为代表，董事会既有监督职能又有决策职能。

2. 双层董事会制。

这种治理结构模式下，监事会、董事会分别行使监督、管理职能，监事与董事不得兼任。

3. 复合结构制。

复合结构制将单层董事会制和双层董事会制结合起来，在公司内部设立董事会和监事会，且监事会与董事会是平行机构。

（二）公司内部治理结构各方主体的权利和义务

1. 股东大会。

<table>
<tr><td>股东及股东权利</td><td>股东是出资设立公司并对公司债务负责的人，可以是自然人、各种类型的法人实体。股东拥有公司，公司拥有法人财产，两者之间存在互动关系。
<table><tr><td>（1）普通股股东享有的权利。
①剩余收益请求权和剩余财产清偿权。
②监督决策权。
③优先认股权。
④股票转让权</td><td>（2）优先股股东享有的权利。
①利润分配权。
②剩余财产清偿权。
③严格限制的管理权</td></tr></table></td></tr>
<tr><td>股东大会</td><td>（1）基本特征：①公司内部的最高权力机构和决策机构；②公司的非常设机构，除了每年的例行年会和特别会议外，股东大会并不会在公司出现。
（2）我国《公司法》规定，股东大会应当每年召开一次年会。年度股东大会应当于上一会计年度结束后的6个月内举行。有下列情形之一的，应当在2个月内召开临时股东大会。①董事人数不足法定人数或章程规定的2/3。②未弥补的亏损达股本总额的1/3时。③持有公司股份10%以上股东请求时。④董事会认为必要时。⑤监事会提议召开时。
（3）法律上，股东大会主要行使以下职权：
①决定公司的经营方针和投资计划；
②选举和更换非由职工代表担任的董事、监事，决定有关董事、监事的报酬事项；
③审议批准董事会的报告；
④审议批准监事会或者监事的报告；
⑤审议批准公司的年度财务预算方案、决算方案；
⑥审议批准公司的利润分配方案和弥补亏损方案；
⑦对公司增加或者减少注册资本作出决议；
⑧对发行公司债券作出决议；
⑨对公司合并、分立、解散、清算或者变更公司形式作出决议；
⑩修改公司章程；
⑪公司章程规定的其他职权</td></tr>
<tr><td>机构投资者</td><td>（1）机构投资者：用自有资金或者从分散的公众手中筹集的资金专门进行有价证券投资活动的法人机构。包括：证券投资基金、证券公司、信托公司、财务公司、社保基金、保险公司、合格的外国机构投资者（QFII）、三类企业（国有企业、国有控股企业、上市公司）。
（2）机构投资者的特征：
①具有显著的人才优势；
②往往奉行稳健的价值投资理念，投资具有中长期投资价值的股票；
③更可能参与上市公司的治理。
（3）机构投资者参与公司治理：
①“用脚投票”：机构投资者作为投资人通过买入或卖出公司股票而参与被投资公司的管理的行为；
②“用手投票”：机构投资者通过董事会选举获取董事会席位，入驻董事会和出席股东大会，对公司投资、融资、人事、分配等重大问题议案进行表决或否决，参与公司的重要决策，直接对公司董事会和经理层的行为施加影响</td></tr>
</table>

小贴士 股东大会、董事会和经理层职权应对比学习，应对客观题考查。

2. 董事会。

董事会是由股东大会选举产生的，负责公司及其经营活动的指挥与管理。**对股东大会负责**，是股东大会闭幕期间公司**常设的权力机构**，是集体行使权力的机构。股东大会所作的公司重大事项的决定，董事会必须执行。

<table>
<tr><td>董事会的职能</td><td>《公司法》规定，董事会行使下列职权：
①负责召集股东大会（有限责任公司称“股东会”），并向股东大会报告工作；
②执行股东大会的决议；
③决定公司的经营计划和投资方案；
④制订公司的年度财务预算方案、决算方案；
⑤制订公司的利润分配方案和弥补亏损方案；
⑥制订公司增加或者减少注册资本以及发行公司债券的方案；
⑦制订公司合并、分立、解散或者变更公司形式（有限责任公司适用）的方案；
⑧决定公司内部管理机构的设置；
⑨聘任或者解聘公司经理及其报酬事项，并根据经理的提名决定聘任或者解聘公司副经理、财务负责人及其报酬事项；
⑩制定公司的基本管理制度</td></tr>
<tr><td>董事及其分类</td><td>董事对内管理公司事务，对外代表公司进行经济活动。
<table>
<tr><th>分类</th><th>含义</th></tr>
<tr><td>内部（执行）董事</td><td>担任董事的本公司管理人员，如总经理、常务副总经理等</td></tr>
<tr><td>外部董事</td><td>不在公司担任除董事以外的其他职务的董事。
（1）关联董事：不在公司中担任其他职位，但仍与公司保持着利益关系的董事，如公司关联机构的雇员或咨询顾问等；
（2）独立董事：真正具有独立性的董事，与公司或公司经营管理者没有重要的业务联系或专业联系，并能对公司事务作出独立判断的董事。如大学的教授、退休的政府官员等</td></tr>
</table></td></tr>
<tr><td>董事的权利及义务</td><td>董事的权利主要见于公司章程。包括：①出席董事会会议；②表决权；③董事会临时会议召集的提议权；④通过董事会行使职权而行使权利。
董事义务又称作勤勉义务或专项，主要包括善管义务和竞业禁止业务。
（1）善管义务。
①董事必须忠于公司，忠实义务是对善管义务的具体化。
对董事的要求是：遵守公司章程，忠实履行职务，维护公司利益，不得利用在公司的地位和职权为自己谋取私利；不得利用职权收受贿赂或者其他非法收入，不得侵占公司的财产；除依照法律规定或者经股东大会同意外，不得泄露公司秘密。公司董事应当向公司申报所持有的本公司的股份，并在任职期内不得转让。
②董事必须维护公司资产，是对董事最基本的要求。
董事应该做到：不私自挪用公司资金或者擅自将公司资金借贷给他人；不将公司资产以其个人名义或者以其他个人名义开立账户存储；不以公司资产为本公司的股东或者其他个人债务提供担保。
③董事在董事会上有审慎行使决议权的义务。
董事不得从事损害本公司利益的活动。否则，公司可对其行使归入权。
（2）竞业禁止义务。
《公司法》规定，董事不得未经股东会或者股东大会同意，利用职务便利为自己或者他人谋取属于公司的商业机会，自营或者为他人经营与所任职公司同类的业务。
【小贴士】此处董事的“竞业禁止义务”摘自《公司法》的原文表述</td></tr>
</table>

续表

几个专门委员会	专门委员会原则上都应由独立董事构成，分别召开会议，承担各自的工作。 （1）审计委员会。 ①检查公司会计政策、财务状况和财务报告程序； ②与公司外部审计机构进行交流； ③对内部审计人员及其工作进行考核； ④对公司的内部控制进行考核； ⑤检查、监督公司存在或潜在的各种风险； ⑥检查公司遵守法律、法规的情况。 （2）薪酬与考核委员会。 ①负责制定董事、监事与高级管理人员考核的标准，并进行考核； ②负责制定、审查董事、监事、高级管理人员的薪酬政策与方案。 （3）提名委员会。 ①分析董事会构成情况，明确对董事的要求； ②制定董事选择的标准和程序； ③广泛搜寻合格的董事候选人； ④对股东、监事会提名的董事候选人进行形式审核； ⑤确定董事候选人，提交股东大会表决。 （4）战略决策委员会。 ①制定公司长期发展战略； ②监督、核实公司重大投资决策等

3. 监事会。

三种类型	①公司内部不设监事会，相应的监督职能由独立董事发挥，以美国为代表。 ②设立监事会，且监事会的权力在董事会之上，监事会具有任命和监督董事会成员的权利。这种董事会模式又名为双层董事会，以德国为代表。 ③设立监事会，但监事会与董事会是平行机构，也叫复合结构。以日本最为典型，在我国大陆和台湾地区、韩国以及东南亚的一些国家也采取类似模式
我国《公司法》规定	①有限责任公司，经营规模较大的，设立监事会，其成员不得少于3人。监事会应在其组成人员中推选1名召集人。监事会由股东代表和适当比例的公司职工代表组成，具体比例由公司章程规定。监事会中的职工代表由公司职工民主选举产生。有限责任公司，股东人数较少和规模较小的，可以设1至2名监事。董事、经理及财务负责人不得兼任监事。 ②股份有限公司设监事会，其成员不得少于3人。关于监事会组成和人员产生方式的要求与有限责任公司相同

4. 经理层。

经理人的职权	《公司法》规定公司经理人员的职权包括： （1）主持公司的生产经营管理工作，组织实施董事会决议； （2）组织实施公司年度经营计划和投资方案； （3）拟订公司内部管理机构设置方案； （4）拟订公司的基本管理制度； （5）制定公司的具体规章； （6）提请聘任或者解聘公司副经理、财务负责人； （7）决定聘任或者解聘除应由董事会决定聘任或者解聘以外的负责管理人员； （8）董事会授予的其他职权。 公司章程对经理职权另有规定的，从其规定

续表

经理人的薪酬激励	（1）年薪制。 含义：以企业经营者为实施对象，以一个经营周期即年度为单位，确定经营者的基本报酬，并视其经营业绩发放风险收入的一种薪酬制度。 优点：将经营者的收入与其经营业绩挂钩，体现出了经营者人力资本的价值，从而能更好地发挥经营者的积极性和创造性。 缺点：根本缺陷在于易导致经营者的短期行为，不利于企业的未来发展。 （2）股权激励。 含义：通过经营者获得公司股权的形式给予企业经营者一定经济权利，使他们能够以股东的身份参与企业决策、分享利润、承担风险，从而勤勉尽责地为公司的长期发展服务的一种激励方法。特点：兼具“报酬激励”和“所有权激励”双重作用。股权激励的目的是通过报酬机制把经营者的行为与公司所有者的利益体系相互联系在一起，可以通过所有权机制保证经营者行为与所有者的利益保持一致。 具体方式：股票期权、股票增值权、虚拟股票、业绩股票及限制性股票、延期支付、经理人持股等

经典例题

【真题·多选题】（2022）德康公司是一家主营大型港口设施研发和制造的企业，其内部治理结构采取双层董事会制。下列各项关于德康公司内部治理结构模式和相关经营活动的表述中，正确的有（　　）。

A. 董事会和监事会共同做出公司重大决策

B. 监事会、董事会分别行使监督、管理职能

C. 董事会与监事会是平行机构

D. 监事与董事不得兼任

【答案】 BD

【解析】 双层董事会制以德国为代表，一般设置一个由非执行董事会成员组成的监事会和完全由执行董事组成的管理董事会，且监事会的权力在董事会之上，监事会具有任命和监督董事会成员的权力。这种治理结构模式下，监事会、董事会分别行使监督、管理职能，监事与董事不得兼任。选项B、D正确。

【真题·简答题】（2021）煌水乳业公司成立于2002年，2013年正式挂牌上市。2016年12月16日，一家国际著名调查机构发布做空煌水乳业的报告，指出煌水乳业在苜蓿草和产奶量等方面数据造假。随后数月，国内一家银行发现，煌水乳业大量单据造假，将账上30亿元资金转出投资房地产，无法收回。此外，业内人士也发现了煌水乳业多处编制财务报告的内控缺陷。

（1）煌水乳业在2016年3月报表中显示公司流动资金充足，并对企业的持续经营能力表示肯定。然而分析2016年度的财务报表后显示，煌水乳业2016年的经营活动在收入、成本、借款等方面存在不实问题，企业未来的持续经营能力存在重大不确定性，财务报表存在重大错报风险。

（2）煌水乳业在2014年4～6月向迪科种业公司累计购买约685万元的种子，这笔交易并未在中期报告中及时披露，而在后期发现执行董事于坤间接持有迪科种业公司的控股权，该购买行为被证明为关联交易。2014年12月23日，煌水乳业将其当年4月建立的子公司富浩股份转让予新成立的兴旺畜牧公司，后者由刘冰个人100%控股。然而此次交易不具有正当的商业理由，且煌水乳业2015年财务报告并未披露此次处置子公司的作价，业内人士质疑煌水乳业建立富浩公司的目的很可能就是利用关联方转移资产。

煌水乳业频繁出现财务报告虚假与不实问题，与其内部治理结构的缺陷不无关联。煌水乳业自上市以来，董事会主席兼CEO的张凯始终维持公司最大股东身份，对公司具有绝对的控制和管理权力，掌控公司所有的重大事项决策权，并直接负责公司所有业务的运营和管理。煌水乳业未设置监事会，监事会的职能主

要由审计委员会以及独立董事履行。煌水乳业的独立董事中王光和李良都曾是BM会计师事务所的合伙人，而煌水乳业一直以来聘用BM事务所进行外部审计，会计师事务所的合伙人任职客户公司重要岗位，削弱了注册会计师的独立性，煌水乳业的独立董事及其聘用的会计师事务所都没有严格履行其对公司财务报告审核监督的责任。煌水乳业的审计委员会由3名独立非执行董事组成。年报公布的审计委员会两次会议显示，审计费用以及年度和半年度的财务报告审计均被顺利通过，并未发现财务报表和审计过程中存在的诸多问题，审计委员会并没有尽到应尽的职责。

要求：

简要分析煌水乳业公司内部治理结构存在的主要缺陷。

【答案】

公司内部治理结构是指主要涵盖股东大会、董事会（监事会）、高级管理团队以及公司员工之间责权利相互制衡的制度体系。

（1）股东大会（股东）。煌水乳业存在的主要缺陷："董事会主席兼CEO的张凯始终维持公司最大股东身份，对公司具有绝对的控制和管理权力，掌控公司所有的重大事项决策权，并直接负责公司所有业务的运营和管理"。

（2）董事会。煌水乳业存在的主要缺陷："董事会主席兼CEO的张凯始终维持公司最大股东身份，对公司具有绝对的控制和管理权力（三者集中于一人，缺乏制衡）"；"煌水乳业的独立董事中王光和李良都曾是BM会计师事务所的合伙人，而煌水乳业一直以来聘用BM事务所进行外部审计，会计师事务所的合伙人任职客户公司重要岗位，削弱了注册会计师的独立性"；"煌水乳业的审计委员会由3名独立非执行董事组成。年报公布的审计委员两次会议显示，审计费用以及年度和半年度的财务报告审计均被顺利通过，并未发现财务报表和审计过程中存在的诸多问题，审计委员会并没有尽到应尽的职责（审计委员会是董事会下设的专门委员会）"。

（3）监事会。煌水乳业存在的主要缺陷："煌水乳业公司未设置监事会，监事会的职能主要由审计委员会以及独立董事履行"。

（4）经理层。煌水乳业存在的主要缺陷："董事会主席兼CEO的张凯始终维持公司最大股东身份，对公司具有绝对的控制和管理权力（三者集中于一人，缺乏制衡）"。

【例题·单选题】甲公司董事张某擅自将公司30万元资金借给好友刘某，张某的行为违反了董事（　　）。

A. 竞业禁止义务

B. 善管义务

C. 审慎决议义务

D. 监督义务

【答案】B

【解析】董事善管义务：必须维护公司资产。董事应该做到：不私自挪用公司资金或者擅自将公司资金借贷给他人；不将公司资产以其个人名义或者以其他个人名义开立账户存储；不以公司资产为本公司的股东或者其他个人债务提供担保。所以，张某的行为违反了董事善管义务。

【例题·多选题】董事会可以下设战略决策委员会，其主要职责有（　　）。

A. 制定公司长期发展战略

B. 制定董事选择的标准和程序

C. 监督、核实公司重大投资决策等

D. 检查、监督公司存在或潜在的各种风险

【答案】AC

【解析】选项B属于提名委员会的职责；选项D属于审计委员会的职责。

高频考点10：公司外部治理机制★★

外部治理机制主要是指除企业内部的各种监控机制外的各个市场机制（如产品市场、资本市场、经理人市场）对公司的监控和约束。

产品市场	产品市场的竞争对经理人员的约束主要来自两方面： （1）在充分竞争的市场上，只有最有效率的企业才能生存，作为企业的经理人员面临更大压力。市场竞争越激烈，经理人员败德行为的空间就越小。 （2）产品市场的竞争可提供有关经理人员行为的更有价值的信息
资本市场（控制权市场）	资本市场对经理人员行为的约束是通过接管和兼并（对企业控制权争夺）的方式进行的，即使收购不成功，在位管理者也会因面临被替代的威胁而主动改变经营行为。 收购和重组的威胁被认为是控制经理人员行为的最有效方法之一
经理人市场	（1）管理者对自己职业生涯的关注。 （2）在竞争的市场上声誉是决定个人价值的重要因素

经典例题

【例题·单选题】甲公司发布第一季度业绩预告，显示净利润比上年同期下降50%，公司股价随之下跌。体现了外部治理机制中（　　）对公司的监控和约束。

A. 产品市场　　B. 经理人市场

C. 货币市场　　D. 资本市场

【答案】D

【解析】当公司现有经理人员经营不努力时，企业的业绩就可能下降，企业的股票价格就会下跌，股票价格的波动体现了资本市场对公司的监控和约束。

高频考点11：公司治理的基础设施

★★★

影响公司治理效率的因素不仅包括公司内部治理结构和公司外部治理机制，还包括公司治理的基础设施，以确保提供高质量的公司信息。

信息披露制度	1. 含义：上市公司为保障投资者利益、接受社会公众的监督而依照法律规定必须将自身的财务变化、经营状况等信息和资料向证券管理部门和证券交易所报告，并向社会公开或公告，以便使投资者充分了解情况的制度。 2. 内容：公司证券发行前的披露和上市后的持续信息公开，主要由招股说明书制度、定期报告制度和临时报告制度组成。 3. 特征：信息披露义务的强制性和自愿性、信息披露内容的多样性和信息披露时间的持续性等。 4. 类型： （1）上市披露：对一级市场的招股说明书；对二级市场的上市公告书。 上市阶段信息披露在公司完成上市以后结束。 （2）定期披露：年度报告、中期报告。 上市公司信息披露，主要采取定期披露方式。 （3）临时披露：重要事件公告、收购与合并公告等。 后两类信息披露在上市公司运营期间长期存在。 5. 如何评估信息披露的质量： （1）财务信息。包括使用的会计准则、公司的财务状况、关联交易等。 （2）审计信息。包括注册会计师的审计报告、内部控制评估等，审计及信息披露比较注重评价当前审计关系本身的合规性、独立性。 （3）合规要求。披露的公司治理信息是否符合相关规定。 （4）披露及时。公司应建立网址、网站，便于投资者及时查阅有关信息。 总体而言，信息透明度的核心是完整性、真实性、及时性。 6. 会计信息披露在公司治理结构中的作用： （1）在内部治理结构中的监督、激励、契约沟通作用。 （2）有助于外部治理机制的有序运作

续表

中介机构	1. 主要信用中介机构及业务。 （1）会计师事务所：主要由专业会计师组成，为公司起草和审查财务报告；查找公司账目的漏洞、防止虚假信息的出现，保证真实、准确地描述公司财务状况。 （2）投资银行：主要由专业金融投资分析师组成，主要从事证券发行、承销、交易、企业重组、兼并与收购、投资分析、风险投资及项目融资等业务的非银行金融机构。 （3）律师事务所：综合考虑接受发行公司准备的相关文件，提醒发行公司和投资银行遵守信息披露制度。 2. 信用中介机构的公司治理作用。 保证公司披露信息的质量，以减少利益相关者的信息不对称程度。 3. 中介机构独立性的制度安排。 （1）独立性制度的有效性依赖于中介机构人员的职业道德和专业能力，取决于有效的制度设计。 （2）提高中介机构独立性的方案： ①制定一系列法律法规促使信用中介机构对投资者承担责任，如设立代表最低质量标准的信用中介机构许可证、调查中介机构违规案件、取消中介机构经营许可证，对情节严重者追究其刑事责任。 ②建立评价二级信用中介机构以保证一级信用中介机构的质量，比如行业协会和自律组织等
法律法规	公司治理以法治为基础。对中小投资者法律保护越好，公司价值越高。《公司法》《银行法》《证券法》《破产法》《劳工法》等
政府监管	1. 政府监管的必要性和重要性。 （1）信息不对称问题导致市场失灵； （2）法律不完备； （3）促进就业、经济增长、收取税收。 2. 有效的政府监管体系。 （1）法律监管。 内容：①制定法律规章，即立法监管；②法院执行，即司法介入监管。 优点：法律具有权威性与强制性，对公司治理中各主体和客体的行为具有最高权威的强制性约束，是其他形式监督的依据和基础。 缺点：①法律规章的制定不完善、不健全；②司法介入监管一般是被动的和事后的，不利于保护受损人的利益。因此，有必要引入能主动执法的机构，即政府各级行政机关（行政监管）。 （2）行政监管。 含义：各级行政机关依法律的授权和规定对公司治理中各主体和客体的行为进行的监督。 主体：证券委及其派出机构、财政部、国资委、保监会等。 （3）市场环境监管。 含义：政府通过对市场环境的建设来达到公司治理的目的。 良好的公司治理依赖充分竞争和完备的市场体系，如竞争的产品市场、资本市场、经理人市场、劳动力市场、健康的破产机制等，良好的市场体系，必然要依靠政府去培育和建设。 （4）信息披露监管。 含义：一国或地区对上市公司信息披露行为所采取的管理体系、管理结构和管理手段的总称。 管理机构：证券主管机关和证券交易所
媒体、专业人士的舆论监督	1. 公众监督：来自公司治理、公司财务等方面的专家和学者等专业人士。 2. 媒体监督：具有全方位性和独立性，对公司治理主体和客体构成现实和潜在的监督

经典例题

【真题·多选题】（2021）科慧公司是一家在深圳证券交易所上市的企业。2017 年 5 月，该公司实际控制人因散布虚假信息、操纵股票价格、扰乱股市交易秩序从而非法牟利，被证监会依据上市规则中的有关规定，开出巨额罚单并采取终身禁入证券市场措施，同时将其涉嫌犯罪行为移送公安机关。从公司治理基础设施角度看，本案例中，在科慧公司治理中发挥作用的政府监管体系包括（　　）。

A. 法律监管

B. 行政监管

C. 市场环境监管

D. 信息披露监管

【答案】ABCD

【解析】“因散布虚假信息、操纵股票价格、扰乱股市交易秩序从而非法牟利，被证监会依据上市规则中的有关规定，开出巨额罚单并采取终身禁入证券市场措施”体现了行政监管、市场环境监管和信息披露监管，“涉嫌犯罪行为移送公安机关”体现了法律监管。

【真题·简答题】（2022）2013 年，毕业于国内医学院的高晗与李宏分别出资 60%、40% 共同创立了研发和生产医疗试剂的安迪公司。2016 年安迪公司在香港证券交易所挂牌上市。经多次增发股票，第一大股东高晗和第二大股东李宏分别持股 25% 和 15%；高晗任董事长，李宏任总经理。公司上市后，李宏未能严格遵守资本市场的规则和港交所的规定，经常违反财务制度，随意使用公司资金，购买供李宏个人使用的高档家具和消费类电子产品；甚至与供应商签订虚假采购合同套取现金，与经销商签订虚假销售合同，虚增收入和利润，并且未如实发布真实财务报表。港交所对李宏的行为提出公开谴责，同时港监会对李宏和安迪公司实施了处罚。2017 年 1 月，李宏获得高晗 1.2 亿元股权转让费后退出安迪公司，留下的总经理职位由高晗兼任。

2017 年 3 月，经高晗提议并经股东大会批准决定，安迪引入战略投资者富通公司，使后者成为仅次于高晗的第二大股东。富通公司的创始人和实际控制人张凯是高晗多年的朋友，高晗向其他股东隐瞒了与张凯的私人关系，并与张凯成为一致行动人。同年 5 月，高晗辞去公司总经理职务，由张凯接任。随后几年里，高晗暗中指使张凯在招标采购环节越过相关规章制度，与自己控制的多家公司签订长期供应协议；绕开董事会和股东大会，为高晗控股的其他公司借款提供大额担保；未经董事会审批，擅自决定延长一家关联公司的安迪商标使用期限；违反人力资源招聘流程，直接安插家族成员担任安迪公司的监事、部门高管等职位，由安迪公司支付高额薪酬、奖金、在职消费费用等，引发员工强烈不满。高晗和张凯的行为触犯了相关法律法规底线，损害了公司、员工和供应商的利益。这些行为被媒体曝光后，主要供应商和员工采取一致行动，要求罢免张凯和高晗。2020 年 6 月，安迪的员工举行罢工，主要供应商停止供货。面对生产经营停滞的困局，2020 年 9 月，安迪董事会成立了运营委员会以维持公司的日常管理，同时宣布第三大股东王东担任该委员会负责人。同年 11 月，港交所对高晗和张凯的行为提出公开谴责。一个月后，安迪公司召开股东大会，经多数股东联名提议和出席大会的股东投票做出决议：罢免高晗和张凯的职务。不久，高晗和张凯因涉嫌挪用资金罪遭到检方起诉。

要求：

（1）简析三大公司治理问题在本案例中的主要表现。

（2）简析 2017 年及以后公司内部治理结构在本案例中的主要表现。

（3）简析公司治理的基础设施在本案例中的主要表现。

【答案】

（1）①经理人对于股东的“内部人控制”问题。该问题在本案例中表现为经理人违背对股东的忠诚义务。违背忠诚义务的表现有：

a. 过高的在职消费。“购买供李宏个人使用的高档家具和消费类电子产品”。

b. 侵占资产。“经常违反财务制度，随意使用公司资金……甚至与供应商签订虚假采购合同套取现金”。

c. 会计信息作假、财务作假。“与经销商签订虚假销售合同，虚增收入和利润，并且未如实发布真实财务报表”。

②终极股东对于中小股东的“隧道挖掘”问题。该问题在案例中表现为终极股东占用公

司资源，分为：

a. 直接占用资源。“绕开董事会和股东大会，为高晗控股的其他公司借款提供大额担保”。

b. 关联性交易。“高晗暗中指使张凯在招标采购环节越过相关规章制度，与自己控制的多家公司签订长期供应协议”“未经董事会审批，擅自决定延长一家关联公司的安迪商标使用期限”。

c. 费用分摊活动。“违反人力资源招聘流程，直接安插家族成员担任安迪公司的监事、部门高管等职位，由安迪公司支付高额薪酬、奖金、在职消费费用等。”

③企业与其他利益相关者之间的关系问题。在本案例中，企业与其他利益相关者之间的关系主要有：

a. 企业与供应商的关系。“李宏……与供应商签订虚假采购合同套取现金”；“高晗暗中指使张凯在招标采购环节越过相关规章制度，与自己控制的多家公司签订长期供应协议；……损害了……供应商的利益”。

b. 企业与经销商的关系。“李宏……与经销商签订虚假销售合同，虚增收入和利润”。

c. 企业与员工的关系。“高晗暗中指使张凯……违反人力资源招聘流程，直接安插家族成员担任安迪公司的监事、部门高管等职位，由安迪公司支付高额薪酬、奖金、在职消费费用等，引发员工强烈不满。……损害了……员工……的利益”。

（2）①董事会（董事长）与总经理之间的制衡作用。“留下的总经理职位由高晗兼任”“高晗辞去公司总经理职务，由张凯接任。随后几年里，高晗暗中指使张凯在招标采购环节越过相关规章制度……绕开董事会和股东大会……未经董事会审批……”。董事会（董事长）与总经理之间没有发挥制衡作用。

②股东大会与董事会（董事长）、总经理之间的制衡作用。“随后几年里，高晗暗中指使张凯……绕开董事会和股东大会……”；“安迪公司召开股东大会，经多数股东联名提议和出席大会的股东投票做出决议：罢免高晗和张凯的职务”。最初股东大会与董事会（董事长）、总经理之间没有发挥制衡作用，事件曝光后股东大会与董事会（董事长）、总经理之间发挥了制衡作用。

（3）①信息披露制度。“李宏……与供应商签订虚假采购合同套取现金”“李宏……与经销商签订虚假销售合同，虚增收入和利润，并且未如实发布真实财务报表”。公司未遵循信息披露制度的要求，信息披露制度没有得到执行。

②法律法规。“李宏未能严格遵守资本市场的规则和港交所的规定，经常违反财务制度”“高晗和张凯的行为触犯了相关法律法规底线”“高晗和张凯因涉嫌挪用资金罪遭到检方起诉。”公司未能遵守相关法律法规，受到法律制裁。

③政府监管。“港交所对李宏的行为提出公开谴责，同时港监会对李宏和安迪公司实施了处罚。”“港交所对高晗和张凯的行为提出公开谴责”。政府监管发挥了作用。

④媒体的舆论监督。“这些行为被媒体曝光后，主要供应商和员工采取一致行动”。媒体的舆论监督发挥了作用。

【真题 · 简答题】（2019）太阳公司是G省一家于2013年发行股票并上市的公司，主营水泥及水泥制品的生产和销售。2018年5月，某财经媒体深度报道了太阳公司存在的多种经营违规行为。该报道在微博等网络平台上成为热门话题后，G省证监局迅速反应，立案调查。

根据证监局的调查结果，太阳公司经营违规行为主要有以下几点：

（1）2016年9月，太阳公司与银行签署一笔担保合同，为大股东星科集团5 000万元的贷款提供担保，承担连带保证责任。2016年11月，星科集团向龙辉公司借款2亿元，太阳公司为该笔借款提供担保，到期后星科集团没有偿还借款，龙辉公司向法院提起诉讼，法院做出判决，太阳公司作为该笔借款担保方，须和星科集团共同偿还债务本金和利息。

这两笔担保均没有在2016年年报中进行信息披露。

（2）太阳公司从甲公司购进熟料等重要原材料，双方签订了长期供应合同，价格比市场价高40%。太阳公司还从乙公司以租赁的方式引入一台机器设备，租赁费用每年5 000万元，同样的设备市场租赁价格为4 000万元。经查，甲公司和乙公司均为星科集团全资控制的子公司。

（3）太阳公司在2017年年底向星科集团以每股6元价格定向增发1亿股，当时太阳公司股价为每股12元，相当于5折进行定向增发。

（4）太阳公司发布公告，拟购买丙公司100%股权。由于丙公司拥有物联网概念，所以太阳公司发布公告后10个交易日内，股价大涨70%。发布公告前几天，星科集团实际控制人刘某买入太阳公司股票100万股，在公告发布后卖出，获利600万元。经查，刘某买卖股票的时间都属于证监会认定的敏感期。

（5）2017年5月，太阳公司收购了大股东星科集团持有的丁公司的全部股权，收购价格为20亿元，而丁公司账目净资产为5 000万元，盈利能力较差，业内专家质疑是超溢价收购。

（6）2016年太阳公司1.4亿元的销售费用未及时入账，造成2016年年度报告虚假记载。此外，与星科集团多笔资金往来事项并未披露和记账，导致太阳公司在2016年和2017年年报中存在信息不实、虚假记载的情况。而太阳公司上述年报经过注册会计师审计后，审计师都出具了标准无保留的审计意见。证监局根据以上调查结果，依法对太阳公司及其大股东星科集团进行了行政处罚。

要求：

（1）依据“三大公司治理问题”，简要分析太阳公司存在的终极股东“隧道挖掘”的利益输送行为的主要表现。

（2）简要分析公司治理基础设施在本案例中发挥作用的情况。

【答案】（1）①直接占用资源。“2016年9月，太阳公司与银行签署一笔担保合同，为大股东星科集团5 000万元的贷款提供担保，承担连带保证责任。2016年11月，星科集团向龙辉公司借款2亿元，太阳公司为该笔借款提供担保”。

②商品服务交易活动。“太阳公司从甲公司购进熟料等重要原材料，双方签订了长期供应合同，价格比市场价高40%”。

③资产租用和交易活动。“太阳公司还从乙公司以租赁的方式引入一台机器设备，租赁费用每年5 000万元，同样的设备市场租赁价格为4 000万元”。

④掠夺性融资。“太阳公司在2017年年底向星科集团以每股6元价格定向增发1亿股，当时太阳公司股价为每股12元，相当于5折进行定向增发”。

⑤内幕交易。“太阳公司发布公告，拟购买丙公司100%股权。由于丙公司拥有物联网概念，所以太阳公司发布公告后10个交易日内股价大涨70%。发布公告前几天，星科集团实际控制人刘某买入太阳公司股票100万股，在公告发布后卖出，获利600万元。经查，刘某买卖股票的时间都属于证监会认定的敏感期”。

⑥掠夺性资本运作。“2017年5月，太阳公司收购了大股东星科集团持有的丁公司的全部股权，收购价格为20亿元，而丁公司账目净资产为5 000万元，盈利能力较差，业内专家质疑是超溢价收购”。

（2）本案例中公司治理的基础设施主要体现在信息披露制度、中介机构、政府监管以及媒体、专业人士的舆论监督。

①信息披露制度。“这两笔担保均没有在2016年年报中进行信息披露。”“2016年太阳公司1.4亿元的销售费用未及时入账，造成2016年年度报告虚假记载。此外，与星科集团多笔资金往来事项并未披露和记账，导致太阳公司在2016年和2017年年报中存在信息不

实、虚假记载的情况”。

②中介机构。“太阳公司上述年报经过注册会计师审计后，审计师都出具了标准无保留的审计意见”。

③政府监管。“G省证监局迅速反应，立案调查”“证监局根据以上调查结果，依法对太阳公司及其大股东星科集团进行了行政处罚”。

④媒体、专业人士的舆论监督。“2018年5月，某财经媒体深度报道了太阳公司存在的多种经营违规行为。该报道在微博等网络平台上成为热门话题”。

【例题·单选题】某高校刘教授发表了一篇论文，直指甲上市公司经营业绩存在虚假成分，甲公司根本无力偿还巨额银行贷款。各银行相继停止对甲公司发放新的贷款，甲公司资金链断裂，被强制停牌。上述信息体现了公司治理基础设施中的（ ）。

A. 信息披露制度

B. 中介机构

C. 法律法规

D. 媒体、专业人士的舆论监督

【答案】D

【解析】公司治理基础设施主要包括公司信息披露制度、评价公司财务信息和治理水平的信用中介机构、保护投资者利益的法律法规、政府监管以及媒体人和专业人士的舆论监督等。刘教授发表论文揭示甲公司业绩虚假，属于专业人士监督，选项D正确。

高频考点12：公司治理原则★

《OECD公司治理原则》（1999年出台，2004年修改）主要包括以下内容：

1. 确保有效的公司治理框架。
2. 股东权利和关键所有权功能。
3. 平等对待全体股东。
4. 利益相关者在公司治理中的作用。
5. 信息披露和透明度。
6. 董事会的义务。

进阶练习

（一）单选题

1. 甲公司的创始人兼董事长吴某，同时在乙公司担任副董事长，两家公司的业务之间存在竞争关系，吴某的行为违反了董事的（ ）。

A. 审慎决议义务

B. 竞业禁止义务

C. 善管义务

D. 忠实义务

2. 下列关于企业形式的表述中，正确的是（ ）。

A. 业主制企业不具有法人资格，合伙制企业具有法人地位

B. 合伙人对企业债务承担有限责任

C. 公司破产清算时，股东对公司承担无限责任

D. 股东财产所有权与企业控制权分离是公司治理的基础

3. 在国内上市公司中，终极股东对中小股东的“隧道挖掘”问题有多种表现形式，其中不包括（ ）。

A. 产品购销的关联交易

B. 过高的在职消费

C. 以对大股东有利的形式转移定价

D. 扩股发行稀释其他股东利益

4. 下列关于公司治理理论的说法中，错误的是（ ）。

A. 委托——代理问题产生的直接原因是所有权与控制权的分离

B. 资源依赖理论强调组织权力

C. 利益相关者理论认为企业追求的是利益相关者的整体利益

D. 委托——代理理论比资源依赖理论更好地解释企业董事会的功能

5. 下列经理人的行为中，属于违背忠诚义务的是（　　）。

A. 信息披露不及时

B. 财务杠杆过度保守

C. 侵占资产

D. 缺乏创新

6. 关于公司治理的概念，下列表述错误的是（　　）。

A. 狭义的公司治理目标是保证股东利益最大化

B. 广义的公司治理不局限于股东对经营者的制衡，还涉及广泛的利益相关者

C. 公司治理的核心是权力制衡

D. 公司治理结构主要侧重于公司的内部治理

7. 下列关于公司治理问题的说法中，正确的是（　　）。

A. “内部人控制”问题体现为终极股东与中小股东之间的利益冲突

B. “隧道挖掘”问题体现为经理人与股东之间的利益冲突

C. 国有资产流失是我国国企改革过程中“内部人控制”的主要表现形式

D. 所有利益相关者共同参与公司治理，会提高公司运作效率

8. 下列关于董事会的表述中，错误的是（　　）。

A. 决定公司的经营方针和投资计划

B. 董事会对股东大会负责

C. 公司常设的权力机构

D. 聘任或解聘公司经理

9. 不属于公司治理机制的是（　　）。

A. 权益机制　　B. 市场机制

C. 管理机制　　D. 内部结构

10. 甲公司连续多年向公司高级管理人员提供购房借款，金额高达500万元。甲公司该行为体现了三大公司治理问题中的（　　）。

A. 终极股东对于中小股东的“隧道挖掘”问题

B. 经理人对于股东的“内部人控制”问题

C. 剥夺型公司治理问题

D. 企业与其他利益相关者之间的关系问题

（二）多选题

1. 治理“内部人控制”问题的基本对策包括（　　）。

A. 完善公司治理体系，加大监督力度

B. 所有利益相关者的利益均应得到合理的配置与满足

C. 完善小股东的代理投票权

D. 充分发挥内部审计的监督职能，完善企业内部约束机制

2. 为了更加有效地解决公司内部治理问题，董事会可下设审计委员会，下列各项中，属于审计委员会主要职责的有（　　）。

A. 检查公司会计政策、财务状况和财务报告程序

B. 对内部审计人员及其工作进行考核

C. 监督、核实公司重大投资决策

D. 对公司的内部控制进行考核

3. 现代公司治理问题产生的原因有（　　）。

A. 企业以独立法人的形态存在

B. 股东承担有限责任

C. 股权结构分散化

D. 所有权与经营权分离

4. 下列关于不同类型企业的特点的表述，正确的有（　　）。

A. 业主制企业不具有法人资格，对企业的负债承担无限责任

B. 合伙人的退伙会影响企业的生存和寿命

C. 公司制企业的股东对公司债务承担无限责任

D. 公司制企业以独立法人的形态存在

5. 下列关于公司治理基础设施的说法中，正确的有（　　）。

A. 上市公司的信息披露，主要采取定期披露方式

B. 信用中介机构需要保持足够的独立性

C. 上市披露和定期披露在上市公司运营

期间长期存在

D. 负责上市公司信息披露监管的管理机构包括证券主管机关和证券交易所

6. 下列关于公司治理概念的说法中，错误的有（　　）。

A. 狭义的公司治理是指所有者对经营者的一种监督与制衡机制

B. 广义的公司治理目标是股东利益最大化

C. 治理结构侧重于外部的市场机制对公司的监督与约束

D. 公司治理的实质是委托代理关系下利益相关方的权、责、利配置问题

7. 根据资源依赖理论，董事会为获取资源发挥的作用主要包括（　　）。

A. 为企业带来忠告、建议形式的信息

B. 获得公司和外部环境之间的信息通道

C. 取得资源的优先条件

D. 提升企业的合法性

8. 关于“隧道挖掘”问题，下列说法中正确的有（　　）。

A. 终极股东滥用公司资源违背了其作为代理人的忠实义务

B. 终极股东占用公司资源违背了其作为代理人的勤勉义务

C. 终极股东占用公司资源的行为包括关联性交易

D. 内幕交易属于掠夺性财务活动

9. 下列关于机构投资者的说法中，正确的有（　　）。

A. “用手投票”是机构投资者通过参与公司的重要决策，直接对公司董事会和经理层的行为施加影响

B. “用脚投票”是机构投资者作为投资人通过买卖公司股票参与公司治理

C. 机构投资者是法人机构

D. 相对个人投资者，机构投资者投入的资金数量很大

10. 终极股东直接占用资源的表现包括（　　）。

A. 预付账款

B. 内幕交易

C. 直接借款

D. 抢占公司的商业机会

11. 违背忠诚义务导致的“内部人控制”问题的主要表现包括（　　）。

A. 资产转移

B. 侵占资产

C. 信息披露不完整

D. 过高的在职消费

12. 现代公司治理问题产生的原因包括（　　）。

A. 股权结构分散化

B. 所有权与经营权紧密结合

C. 企业以独立法人的形态存在

D. 所有权与经营权分离

13. 公司外部治理机制包括（　　）。

A. 股东大会　　B. 产品市场

C. 资本市场　　D. 经理人市场

14. 保护中小股东权益的途径包括（　　）。

A. 累积投票制

B. 建立表决权排除制度

C. 建立股东退出机制

D. 建立有效的股东民事赔偿制度

（三）简答题

万瑞房地产股份有限公司成立于20世纪90年代，总部设在S市。2005年，万瑞公司成功上市。经过几次股份转让，恒阳集团总共持有万瑞公司16%的股份，成为万瑞公司的第一大股东。恒阳集团与万瑞公司强强联合，开启了万瑞公司在房地产行业快速发展的黄金十年，而恒阳集团一直扮演着不干涉万瑞公司经营的财务投资人角色，充分放权万瑞公司管理层。以马某为首的万瑞管理层也在恪尽职守回报全体股东，万瑞股价走势与地产指数走势相吻合。然而2018年以后，万瑞公司大比例计提任意盈余公积，股东分红水平不断下降，管理层控制大量资金，忽视广大投资者的利益诉求，公司股价偏离地产指数，处于低迷状态。董事长马某常年在国外游学，却可以领取上千万元的薪酬。同时，万瑞公司信息披露涉嫌重大遗漏。2022年，万瑞公司通过了“事

业合伙人”计划，但是该计划的具体内容，以及公司的董事、监事在该计划中能够获得的报酬及获得该等报酬的依据，董事会从未向广大投资者披露过，违反了上市公司信息披露的有关要求。

要求：

（1）简要分析万瑞公司存在的公司治理问题的类型与主要表现。

（2）简要分析万瑞公司治理问题的成因及对策。

进阶练习答案及解析

（一）单选题

1.【答案】B

【解析】《公司法》规定，董事不得未经股东会或者股东大会同意，利用职务便利为自己或者他人谋取属于公司的商业机会，自营或者为他人经营与所任职公司同类的业务。吴某任职的两家公司存在竞争关系，违反了董事的竞业禁止义务。

2.【答案】D

【解析】合伙制企业不具有法人地位，选项A错误；合伙人对企业债务承担无限责任，选项B错误；公司制企业为有限责任制，即公司应当以其全部财产承担清偿债务的责任，公司的股东以其认购的股份为限对公司承担责任，选项C错误。

3.【答案】B

【解析】选项B属于“内部人控制”问题的表现形式。

4.【答案】D

【解析】相较于委托代理理论，资源依赖理论可以更好地解释企业董事会的功能，选项D错误。

5.【答案】C

【解析】一般认为违背忠诚义务导致的内部人控制问题主要表现有：过高的在职消费，盲目过度投资，经营行为短期化；侵占资产，转移资产；工资、奖金等收入增长过快，侵占利润；会计信息作假、财务作假；建设个人帝国，选项C正确。选项A、B、D属于违背勤勉义务导致内部人控制问题的主要表现。

6.【答案】C

【解析】权力制衡只是方法，科学决策才是公司治理的核心。选项C错误。

7.【答案】C

【解析】“内部人控制”问题体现为经理人与股东之间的利益冲突，选项A错误；“隧道挖掘”问题体现为大股东与中小股东之间的利益冲突，选项B错误；所有利益相关者共同参与公司治理会产生权责不清的问题，从而降低公司运作效率，选项D错误。

8.【答案】A

【解析】选项A是股东大会的职权。

9.【答案】D

【解析】公司治理机制主要有三大类，即权益机制、市场机制和管理机制，选项D错误。

10.【答案】B

【解析】甲公司连续多年向公司高级管理人员提供购房借款，表明经理人为追求自身利益进行资产转移，侵害股东利益，属于“内部人控制”问题。

（二）多选题

1.【答案】AD

【解析】治理“内部人控制”问题的基本对策包括：首先，完善公司治理体系，加大监督力度。其次，强化监事会的监督职能，形成企业内部权力制衡体系。再次，加强内部审计工作，充分发挥内部审计的监督职能，完善企业内部约束机制。最后，完善和加强公司的外部监督体系，使利益相关者参与公司的监管中，再结合以经济、行政、法律等手段，构建对企业经营者的外部监督机制，选项A、D正确。选项B是第三类公司治理问题（企业与其他利益相关者之间的关系问题）应考虑的要点，选项C是保护中小股东权益、防止终极股东“隧道挖掘”的对策。

2. 【答案】ABD

【解析】选项 C 属于战略决策委员会的主要职责。

3. 【答案】CD

【解析】现代公司呈现出股权结构分散化、所有权与经营权分离等典型特征，由此产生了公司治理问题，选项 C、D 正确。

4. 【答案】ABD

【解析】公司的股东以其认购的股份为限对公司承担有限责任，选项 C 错误。

5. 【答案】ABD

【解析】上市阶段信息披露在公司完成上市以后结束，定期披露和临时披露在上市公司运营期间长期存在，选项 C 错误。

6. 【答案】BC

【解析】广义的公司治理目标不仅是股东利益的最大化，而且是保证所有利益相关者的利益最大化。选项 B 错误；治理结构主要侧重于公司的内部治理，包括股东大会、董事会、监事会、高级管理团队及公司员工间权责利相互监督制衡的制度体系。治理机制主要指除企业内部的各种监督机制外的各项市场机制对公司多维度的监督与约束，选项 C 错误。

7. 【答案】ABCD

【解析】董事会为获取资源发挥的作用主要包括：（1）为企业带来忠告、建议形式的信息；（2）获得公司和外部环境之间的信息通道；（3）取得资源的优先条件；（4）提升企业的合法性。

8. 【答案】CD

【解析】终极股东滥用公司资源违背了其作为代理人的勤勉义务，占用公司资源违背了其作为代理人的忠实义务，选项 A、B 错误。

9. 【答案】ABCD

【解析】选项均为教材原文表述。

10. 【答案】ACD

【解析】选项 B 属于掠夺性财务活动。

11. 【答案】ABD

【解析】选项 C 属于违背勤勉义务导致的内部人控制问题的主要表现。

12. 【答案】AD

【解析】现代公司呈现出股权结构分散化、所有权与经营权分离等典型特征，由此产生了治理问题，选项 A、D 正确。

13. 【答案】BCD

【解析】股东大会属于内部治理结构，选项 A 错误。

14. 【答案】ABCD

【解析】选项 A、B、C、D 都是保护中小股东权益的途径。

（三）简答题

【答案】（1）万瑞公司存在的公司治理问题的类型是经理人对于股东的“内部人控制”问题。主要表现有：

①违背忠诚义务，工资、奖金等收入增长过快，侵占利润。“万瑞公司大比例计提任意盈余公积，股东分红水平不断下降，管理层控制大量资金，忽视广大投资者的利益诉求，公司股价偏离地产指数，处于低迷状态。董事长马某常年在国外游学，却可以领取上千万元的薪酬”。

②违背勤勉义务，信息披露不完整、不及时。“万瑞公司信息披露涉嫌重大遗漏。2022年，万瑞公司通过了‘事业合伙人’计划，但是该计划的具体内容，以及公司的董事、监事在该计划中能够获得的报酬及获得该等报酬的依据，董事会从未向广大投资者披露过，违反了上市公司信息披露的有关要求”。

（2）“内部人控制”的成因：内部人控制问题的形成，实际上是在所有权和经营权分离的公司制度下，委托代理关系所带来的必然结果。公司治理机制的不完善为内部人控制提供了有利条件。许多公司的内部治理结构是扭曲的，如股东大会流于形式，董事会凌驾于股东大会之上，董事会、监事会难以产生监督和制衡的作用。

治理“内部人控制”问题的基本对策：首先，完善公司治理体系，加大监督力度。其次，强化监事会的监督职能，形成企业内部权力制衡体系。最后，完善和加强公司的外部监督体系，使利益相关者参与到公司的监管中，再结合以经济、行政、法律等手段，构建对企业经营者的外部监督机制。

第六章　风险与风险管理概述

2023 年教材内容主要变化

本章第一节“风险的概念及风险的构成要素”与旧教材第六章第一节的部分内容基本相同，第二、三节内容进行了重新改写。

本章近五年考试高频考点分布

本章属于备考的非重点章，近五年仅考查过一道单选题。

高频考点内容	年度及题型分布
风险管理的含义	2018 年单选

高频考点精讲

本章介绍了风险的概念及风险的构成要素、风险管理的内涵与风险管理理论的演进、风险管理基本实践的发展，建议考生重点关注风险的概念、构成要素以及风险管理的内涵，建议在考前浏览教材新增的标题性文字，以应对可能的客观题。

高频考点 1：风险的概念★★

定义	2006 年国务院国有资产监督管理委员会发布《中央企业全面风险管理指引》，将企业风险定义为“未来的不确定性对企业实现其经营目标的影响”
分类	根据能否为企业带来盈利等机会，将风险分为：纯粹风险和机会风险。 （1）纯粹风险：只有“带来损失”一种可能性。 （2）机会风险：“带来损失”和“盈利”的可能性并存

续表

对定义的理解	（1）企业风险与企业战略和绩效相关。 （2）风险是一系列可能发生的结果，不能简单理解为最有可能的结果。 （3）风险既具有客观性，又具有主观性。 （4）风险往往与机遇并存

经典例题

【例题·多选题】在现代市场经济中，关于公司风险的下列表述中正确的有（　　）。

A. 风险既具有客观性，又具有主观性

B. 风险是最有可能的结果

C. 风险往往与机遇并存

D. 风险与企业战略和绩效相关

【答案】ACD

【解析】风险是一系列可能发生的结果，不能简单理解为最有可能的结果。选项B错误。

高频考点2：风险的构成要素及其相互关系★★★

风险的构成要素：风险因素、风险事件（事故）、损失。

风险因素	含义：风险因素是指促使某一风险事件发生，或增加其发生的可能性，或提高其损失程度的原因或条件。 风险因素是风险事件发生的潜在原因，是造成损失的内在或间接原因。 （1）有形（实质性）风险因素：直接影响事物物理功能的物质风险因素，如水源或空气污染是损害人们健康的有形风险因素，汽车刹车系统失灵是引起车祸的有形风险因素。 （2）无形风险因素：影响物质损失的可能性和程度的非物质因素，包括： ①道德风险因素：与人的品德修养相关的无形因素，即由于个人不诚实、不正当或不轨企图促使风险事件发生或提高已发生风险事故的损失程度的原因和条件，如欺诈、抢劫、盗窃、贪污等。 ②心理风险因素：与人的心理状态相关的无形因素，即由于人们主观上的过失或疏忽，而增加风险事件发生的概率，或提高风险事故的损失程度的原因和条件。例如，司机在驾驶过程中由于注意力分散增加了车祸发生的可能性；居民外出忘记锁门增加了盗窃发生的可能性等
风险事件（事故）	风险事件是指造成损失的偶发事故。 风险事件的发生使潜在的危险转化成为现实的损失。 风险事件是导致损失的直接原因，是风险与损失的媒介物。 风险事件发生的根源主要有自然力作用、社会经济变动、人的行为等。火灾、洪水、地震、车祸、核泄漏、疾病、股市崩盘等都是导致财产损失的风险事件
损失	损失是指非故意的、非预期的、非计划的经济价值的减少。 损失包括两方面内容：一是非故意的、非预期的和非计划的；二是经济价值（即能以货币衡量的价值）的减少，两者缺一不可。 （1）直接（实质）损失：风险事件导致的财产损毁和人身伤害； （2）间接（派生）损失：由直接损失引起的其他损失，包括额外费用损失、收入损失和责任损失等。 间接损失有时大于直接损失
三者关系	风险因素、风险事件和损失是共同构成风险的统一体，三者相互依存、相互作用，风险因素引起风险事件发生或增加其发生的概率；风险事件的发生造成损失；损失的发生使风险因素和风险事件得以呈现或暴露，使风险最终形成

名师解惑

考生可以结合生活实例理解该高频考点，例如，酒后开车（风险因素）→车祸（风险事件）→损失（车损人伤）。

经典例题

【例题·单选题】下列关于风险的表述中，错误的是（　　）。

A. 纯粹风险只带来损失

B. 风险因素是风险事件发生的潜在原因

C. 风险事件是导致损失的间接原因

D. 汽车刹车系统失灵是引起车祸的有形风险因素

【答案】C

【解析】风险事件是导致损失的直接原因，选项C错误。

【例题·多选题】下列关于风险构成要素的说法中，表述错误的有（　　）。

A. 间接损失有时大于直接损失

B. 风险因素是导致损失的直接原因

C. 空气污染是损害人们健康的无形风险因素

D. 欺诈属于心理风险因素

【答案】BCD

【解析】风险事件（事故）是导致损失的直接原因，选项B错误；有形风险因素是指直接影响事物物理功能的物质风险因素，也称为实质性风险因素，如水源或空气污染是损害人们健康的有形风险因素，选项C错误；道德风险因素是指与人的品德修养相关的无形因素，由于个人不诚实、不正当或不轨企图促使风险事件发生或提高已发生风险事故的损失程度的原因和条件，如欺诈、抢劫、盗窃、贪污等，选项D错误。

高频考点3：风险管理的含义★★

概念	风险管理是指在一个风险确定的环境中把风险减至最低程度的管理过程；是具体的组织（风险管理单位）通过识别风险、衡量风险、评估风险和进行风险决策管理等方式，对风险进行有效控制与妥善处理，把风险可能造成的不良影响降至最低的管理过程；是通过认识、分析和衡量风险后，选择最有效的方式，主动地、有目的地、有计划地处理风险，通过战略制定和实施抓住机遇来保持和创造价值，通过最小成本获得最大可能的收益及安全保证的一种管理方案
内涵	1. 风险管理的决策主体是风险管理单位。 企业的风险管理不同于企业的经营管理，是对企业战略风险、市场风险、运营风险、财务风险、法律合规风险的管理。 2. **风险管理的核心是降低损失并致力于创造价值**。风险管理流程的每个环节都是为了降低损失。 风险识别是为了减少风险事故的发生； 风险分析和风险评价是为了预测风险事故可能造成的损失，预先做好减少损失的安排； 风险应对是为了降低已经发生的风险事故所造成的损失，并抓住机遇来保持和创造价值。 3. 风险管理的对象可以是纯粹风险，也可以是投机风险。 【小贴士】教材前文中也称“投机风险”为“机会风险”。 4. 风险管理过程是决策和控制的过程，**本质是**通过合理和科学的管理决策为组织**实现价值保持和创造**
特征	1. 客观性：风险是独立于人的主观意识之外的客观存在。 2. 战略性：风险管理主要运用于企业战略管理层面。 3. 可行性：在风险发生之前或发生时，采用专门的技术和方法，可以避免或减少风险损失成本，增加风险收益。 4. 系统性：全面性、广泛性、全员性。 5. 专业性：要求风险管理的专业人才实施专业化管理。 6. 二重性：既要管理纯粹的风险，也要管理投机风险。 企业全面风险管理的商业使命在于：①损失最小化管理；②不确定性管理；③绩效最优化管理

经典例题

【真题·单选题】（2018）永泽公司是一家餐饮公司。2010 年，一场传染病的流行使餐饮业进入“寒冬”。该公司在进行风险评估后认为，这场传染病的流行将使消费者的健康饮食意识大大增强，于是组织员工迅速开发并推出系列健康菜品，使公司营业额逆势上升。永泽公司的上述做法体现的风险管理特征是（　　）。

A. 专业性　　B. 二重性

C. 系统性　　D. 战略性

【答案】B

【解析】传染病的流行使餐饮业进入“寒冬”，而永泽公司推出健康菜品，将风险转化为增加企业价值的机会，体现了风险管理二重性的特征。

【例题·多选题】下列关于风险管理的表述中，正确的有（　　）。

A. 风险管理既管理纯粹风险也管理投机风险

B. 风险管理主要运用于企业的日常管理层面

C. 风险管理由风险管理专业人才实施专业化管理

D. 风险管理的核心是降低损失

【答案】ACD

【解析】风险管理主要运用于企业战略管理层面，选项 B 错误。

高频考点 4：风险管理的目标与职能★★

（一）风险管理的目标

1. 在**战略层面**上，风险管理的目标是通过控制风险来帮助企业实现**股东价值最大化**。

2. 风险管理目标的设置原则：

（1）一致性原则，即风险管理目标与企业总体战略目标一致；

（2）现实性原则，即该风险管理目标要具有客观可能性；

（3）明晰性原则，即风险管理的目标明确，能够产生一系列的风险管理手段和具体的方案，在有效的实施后能够进行效果评价；

（4）层次性原则，即根据层级、主次、职能等，将风险管理目标进行有效的划分，权责相应，提升风险管理的效果。

3. 依据目标的层次，风险管理的目标可分为基本目标、直接目标、核心目标及支撑目标等。

（1）基本目标：企业与组织及成员的生存和发展。

（2）直接目标：①保证组织的各项活动恢复正常运转。②尽快实现企业持续稳定的收益。

（3）核心目标：确保风险管理与总体战略目标相匹配，实现企业价值最大化。

（4）支撑目标：加强企业文化建设。

（二）风险管理的职能

1. 计划职能：通过对企业风险的识别、分析、评价和选择风险应对的手段，设计管理方案，并制订风险应对的实施计划。

2. 组织职能：根据风险管理计划，对风险管理单位的活动及其生产要素进行的分派和组合。

3. 指导职能：对风险应对计划进行解释、判断，传达计划方案，交流信息和指挥活动，也就是组织该机构的成员去实现风险管理计划。

4. 控制职能：对风险应对计划执行情况的检查、监督、分析和评价，包括：风险的识别是否准确全面、风险的估测是否有误、风险应对技术的选择是否奏效、风险应对技术的组合是否最佳、控制风险的技术能否防止或减少风险的发生、制定的预算能否保障计划内的风险事故发生后得到及时补偿等。

经典例题

【例题·多选题】风险管理的直接目标包括（　　）。

A. 加强企业文化建设

B. 实现企业价值最大化

C. 保证组织的各项活动恢复正常运转

D. 尽快实现企业持续稳定的收益

【答案】CD

【解析】选项 A 是支撑目标，选项 B 是核心目标。

高频考点 5：风险管理理论的演进和风险管理实践的发展★

（一）风险管理理论的演进

1. 传统风险管理思想（20 世纪 30 年代前）。

1901 年，美国学者威雷特在其博士论文《风险与保险的经济理论》中首次对风险作出定义：风险是关于不愿发生事件发生的不确定性之客观体现，首次将风险引入学术研究。

1916 年，著名管理学大师亨利·法约尔在其著作《工业管理和一般管理》中明确指出，企业活动可以分为六组：技术活动、商业活动、财务活动、安全活动、会计活动和管理活动，正式将安全管理思想引入企业经营领域。

1915 年，莱特纳发表著作《企业风险论》，对当时德国以保护企业为目的的风险政策以及该政策对风险的控制、分散、转移、回避和抵消，做出理论分析和阐述。

1921 年，著名学者马歇尔在《企业管理》一书中提出了“风险负担管理”的观点，认为可以通过风险转移和风险排除应对风险。

1929 年美国经济危机，经济发生严重倒退，掀起了风险管理的研究热潮。1931 年，美国管理协会率先倡导开展对企业风险管理的研究，并在以后若干年里，以学术会议及研究班等多种形式集中研究和探讨风险管理问题。1932 年，美国几家大公司成立纽约保险经纪协会，定期讨论有关风险管理的理论与实践。

根据传统风险管理思想，风险管理的对象主要是不利风险，目的是减少不利风险对企业经营和可持续发展的影响，风险管理的主要策略是风险回避和风险转移，保险是最主要的风险管理工具。

2. 现代风险管理理论（20 世纪 30 年代至 20 世纪 90 年代末）。

1992 年 9 月，COSO 委员会发布了《企业内部控制——整合框架》。

（1）内部控制的定义：内部控制是由主体的董事会、管理层和其他员工实施的，旨在为经营的效率和有效性、财务报告的可靠性、遵循适用的法律法规等目标的实现提供合理保证的过程。

（2）内部控制的基本内涵：

第一，内部控制是一个过程，它是实现目标的手段，而非目标本身。

第二，内部控制是由人来实施的，涉及组织各个层级人员的活动。

第三，内部控制可以为主体目标的实现提供合理的保证，但不能提供绝对的保证。

第四，内部控制目标包括经营目标、财务报告目标和合规目标等多个彼此独立又相互交叉的目标，因此，内部控制不只限于会计控制或管理控制。

（3）内部控制的内容：控制环境、风险评估、控制活动、信息与沟通和监督。

控制环境是实施内部控制的基础，风险评估是内部控制的重要前提，控制活动是内部控制的具体措施，信息与沟通和监督是内部控制的必要条件，监督是内部控制的保证手段。

小贴士 “内部控制”的具体内容将在第七章展开，考生可以合并学习。

3. 当代风险管理理论（20 世纪 90 年代末至今）。

20 世纪末，全面风险管理思想和理论开始产生并形成，其标志是：

（1）北美非寿险精算师协会（Casualty Actuarial Society，CAS）确立了适用于各种类型的组织、行业和部门的风险管理标准，并随之成为世界各国和众多企业广为接受的标准规范。

（2）巴塞尔银行监管委员会推出《巴塞尔新资本协议》。

（3）2004 年 COSO 委员会发布的《企业风险管理——整合框架》。

（4）2017 年 COSO 委员会发布的《企业风险管理——整合战略和绩效》（ERM（2017））。

该框架与 ERM（2004）相比，主要发展与变化有：

第一，首次采用“要素 + 原则”的框架结构，其中包含五大要素和二十项原则。

第二，凝炼、简化了风险管理的含义，指出风险管理是组织在创造、保持和实现价值的过程中，结合战略制定和执行，赖以进行管理风险的文化、能力和实践。

第三，强调了风险与价值之间的关系，指出企业风险管理不再侧重于将风险降低到可接受的水平，而是侧重于创造、保持和实现价值。

第四，重新定位了企业风险管理，强调将风险管理融入企业的所有业务流程，从战略目标的设定到经营目标的形成，再到执行过程中绩效的完成，始终贯彻风险管理的原则与要求。

第五，加强了企业风险管理与绩效的联系，探讨了企业风险管理工作如何识别、评估影响绩效的各种风险。

第六，明确将风险管理纳入企业决策过程，尤其是战略目标的选择、经营目标和绩效目标的设定以及资源分配计划的制定等。

（二）风险管理实践的发展

1. 传统风险管理实践阶段：萌芽阶段、形成阶段、发展阶段。

2. 现代风险管理实践阶段。

3. 当代风险管理实践阶段。

（1）风险管理标准化实施阶段。

（2）全面风险管理实施阶段。

2022 年 1 月 7 日，国务院国资委 299 号文《关于做好 2022 年中央企业内部控制体系建设与监督工作有关事项的通知》：对新兴业务、高风险业务以及风险事件频发的领域**每半年至少要自评一次**，集团要制定年度监督评价方案，加强对子企业内控有效性监督评价，在 2022 年底前完成第一轮集团监督评价“三年全覆盖”，对于集团监督评价“零缺陷”的企业，国资委将纳入内控体系有效性评价重点抽查范围。

进阶练习

（一）单选题

1. 下列关于风险的表述中，错误的是（　　）。

A. 企业风险是未来的不确定性对企业实现其经营目标的影响

B. 风险是最有可能的结果

C. 风险既具有客观性，又具有主观性

D. 风险事件是风险与损失的媒介物

2. 下列关于风险管理的说法中，错误的是（　　）。

A. 风险管理的决策主体是企业

B. 风险管理的核心是降低损失

C. 风险管理过程是决策的过程

D. 风险管理的本质是通过合理和科学的管理决策为组织实现价值创造

3. 根据风险的相关概念，下列属于损失的是（　　）。

A. 折旧

B. 空气污染

C. 房屋毁损

D. 消防设备失效

4. “风险管理主要运用于企业战略管理层面”体现了风险管理的（　　）特征。

A. 二重性　　B. 系统性

C. 全面性　　D. 战略性

5. 风险管理的基本目标是（　　）。

A. 获利

B. 降低成本

C. 企业与组织及成员的生存和发展

D. 提高效率

(二) 多选题

1. 关于现代市场经济中人们对风险观念的理解，下列表述中正确的有（　　）。

A. 可以由人的主观判断来决定选择不同的风险

B. 风险是一系列可能发生的结果而不是最有可能的结果

C. 企业风险与企业战略和绩效相关

D. 风险只有带来损失一种可能性

2. 企业全面风险管理的商业使命在于（　　）。

A. 成本最小化管理

B. 损失最小化管理

C. 不确定性管理

D. 绩效最优化管理

3. 风险的构成要素包括（　　）。

A. 风险因素　　B. 风险事件

C. 损失　　D. 不确定性

4. 根据风险的相关概念，下列选项中属于风险因素的有（　　）。

A. 车祸　　B. 股市崩盘

C. 水源污染　　D. 欺诈

5. 风险管理的职能包括（　　）。

A. 计划职能　　B. 组织职能

C. 指导职能　　D. 管制职能

进阶练习答案及解析

(一) 单选题

1. 【答案】B

【解析】风险是一系列可能发生的结果，不能简单理解为最有可能的结果，选项 B 错误。

2. 【答案】A

【解析】风险管理的决策主体是风险管理单位，既可是个人、家庭和企业，亦可是事业单位、社会团体等，还可以是国际组织等，选项 A 错误。

3. 【答案】C

【解析】折旧和捐赠虽然有经济价值的减少，但不满足“非故意的、非预期的和非计划的”，因此不能称为损失，选项 A 错误；选项 B、D 属于风险因素。

4. 【答案】D

【解析】参见教材原文。

5. 【答案】C

【解析】参见教材原文。

(二) 多选题

1. 【答案】ABC

【解析】风险往往与机遇并存，风险分为纯粹风险和机会风险，机会风险带来损失和盈利的可能性并存，选项 D 错误。

2. 【答案】BCD

【解析】参见教材原文。

3. 【答案】ABC

【解析】风险由风险因素、风险事件（事故）、损失三个基本要素构成。

4. 【答案】CD

【解析】选项 A、B 属于风险事件（事故），选项 C 属于有形风险因素，选项 D 属于无形风险因素中的道德风险因素。

5. 【答案】ABCD

【解析】参见教材原文。

第七章　风险管理的流程、体系与方法

2023 年教材内容主要变化

本章三节内容从旧教材第六章的第三、四、五节分离而来，在主体结构方面：第一、三节没有变化，第二节做了顺序调整和整合；在具体内容方面：第一节“风险管理基本流程”改写较多，“收集风险管理初始信息”重新梳理、简化；“提出和实施风险管理解决方案”新增表述、示例；“风险管理的监督与改进”重新梳理、新增对方法的解释。第二节“风险管理体系”中“风险管理的组织职能体系”变化较小，新增表述和案例；“风险理财策略与风险理财措施”中的“套期保值”全部删除，新增案例，调整表述；“内部控制系统”增写较多；“风险管理信息系统”重新改写。

本章近五年考试高频考点分布

本章属于备考的重点章，主要考查客观题，高频考点集中在“风险管理体系”，近五年平均考试分值为 7.7 分。

高频考点内容	年度及题型分布
风险管理基本流程	2021 年多选、2019 年多选
风险管理的组织职能体系	2022 年单选
风险管理策略	2022 年单选、2022 年多选 2021 年单选 2020 年单选 2019 年单选 2018 年单选
风险理财措施	2022 年多选、2021 年单选、2020 年单选、2019 年单选、2018 年多选
内部控制系统	2022 年简答 2021 年多选 2020 年多选 2019 年单选 2018 年单选、2018 年多选
风险管理技术与方法	2021 年多选 2019 年单选 2018 年单选、2018 年多选

第七章

高频考点精讲

本章首先介绍风险管理的5个基本流程，其次介绍风险管理体系中的5大系统，最后介绍11种风险管理技术与方法，结构清晰、高频考点突出，建议考生首先厘清并熟悉本章的框架结构，再针对高频考点进行强化记忆和同步演练。

高频考点1：风险管理基本流程

★★★

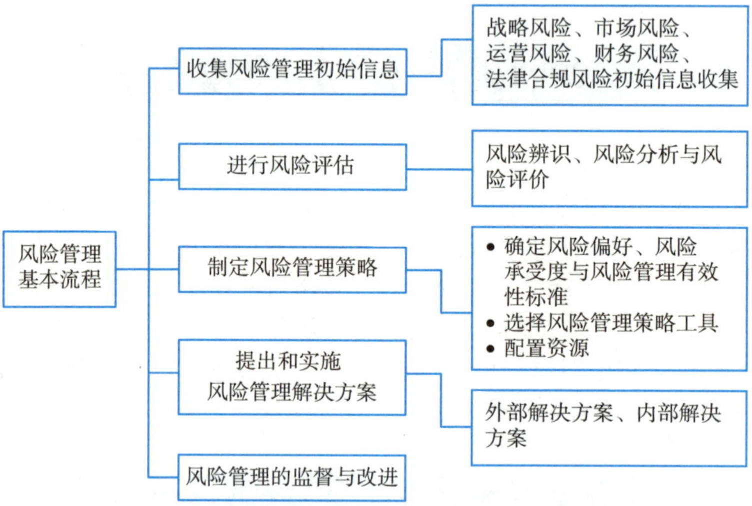

（一）收集风险管理初始信息

企业要广泛地、持续不断地收集与本企业风险和风险管理相关的内部、外部初始信息，包括历史数据和未来预测数据。应把收集初始信息的职责分工落实到各有关职能部门和业务单位。

（1）分析**战略风险**，企业应广泛收集国内外企业战略风险失控导致企业蒙受损失的案例、本企业制定和实施发展战略的依据、效果，并收集与本企业相关的诸如国内外宏观环境、产业环境、竞争环境以及企业内部环境等方面的重要信息。

（2）分析**财务风险**，企业应广泛收集国内外企业财务风险失控导致危机的案例，并收集全面反映本企业财务战略选择和财务管理状况及效果的指标、数据。

（3）分析**市场风险**，企业应广泛收集国内外企业因忽视市场风险、缺乏应对措施导致企业蒙受损失的案例，并收集与本企业相关的市场供给、需求、价格、竞争以及影响企业经营效益的经济政策等方面的重要信息。

（4）分析**运营风险**，企业应广泛收集国内外企业因轻视或忽视运营风险、应对措施不力导致企业蒙受损失甚至经营失败的案例，并收集本企业生产运营、市场营销、研发、组织人员、信息系统、风险管理等方面的重要信息，以及企业外部可能给本企业带来运营风险的社会、自然等方面的重要信息。

（5）分析**法律合规风险**，企业应广泛收集国内外企业忽视法律法规风险、缺乏应对措施导致企业蒙受损失的案例，并收集国内外可能给本企业带来法律风险的政治、法律法规、政策等方面的重要信息，以及企业内部存在的可能导致法律风险的因素。

企业还要对收集的初始信息进行必要的筛

选、提炼、对比、分类、组合，以便进行风险评估。

名师解惑

正所谓“巧妇难为无米之炊”，收集风险管理初始信息是风险管理基本流程的第一步。教材对该内容进行了简化改写，比改写前更易理解，建议考生通读、准确区分。

（二）进行风险评估

步骤	风险评估包括风险辨识、风险分析、风险评价三个步骤。 1. 风险辨识是指查找企业各业务单元、各项重要经营活动及重要业务流程中有无风险，有哪些风险。 2. 风险分析是对辨识出的风险及其特征进行明确的定义描述，分析和描述风险发生可能性的高低、风险发生的条件。风险分析应包括风险之间的关系分析，以便发现各风险之间的自然对冲、风险事件发生的正负相关性等组合效应，从风险策略上对风险进行统一集中管理。 3. 风险评价是评估风险对企业实现目标的影响程度、风险的价值等
方法	进行风险辨识、分析、评价，应将定性与定量方法相结合。 1. 定性方法：问卷调查、集体讨论、专家咨询、情景分析、政策分析、行业标杆比较、管理层访谈、由专人主持的工作访谈和调查研究等。 2. 定量方法：统计推论法、马尔科夫分析法。 3. 既属于定性方法又属于定量方法：失效模式、影响和危害度分析法以及事件树分析法等
实施	风险评估应由企业组织有关职能部门和业务单位实施，也可聘请有资质、信誉好、风险管理专业能力强的中介机构协助实施。 1. 企业在评估多项风险时，应根据对风险发生可能性的高低和对目标的影响程度的评估，绘制风险坐标图，对各项风险进行比较，初步确定对各项风险进行管理的先后顺序和策略。 2. 企业应对风险管理信息实行动态管理，定期或不定期实施风险辨识、分析、评价，以便对新的风险和原有风险的变化重新评估

（三）制定风险管理策略

1. 风险管理策略的**含义**：企业根据自身条件和外部环境，围绕企业发展战略，确定风险偏好、风险承受度、风险管理有效性标准，选择风险承担、风险规避、风险转移、风险转换、风险对冲、风险补偿、风险控制等适合的风险管理工具的总体策略，并确定风险管理所需人力、财力等资源配置原则的总体策略。

2. 风险管理策略**方法选择**：一般认为，对战略、财务、运营、政治、法律风险等，可采取风险承担、风险规避、风险转换、风险控制等方法。对能够通过保险、期货、对冲等金融手段进行理财的风险，可以采用风险转移、风险对冲、风险补偿等方法。

3. 制定风险管理策略的**关键环节**：根据不同业务特点**统一确定风险偏好**（企业愿意承担哪些风险）和**风险承受度**（风险的最低限度和不能超过的最高限度），并据此确定风险的预警线及相应采取的对策。确定风险偏好和风险承受度，要正确认识和把握**风险与收益的平衡**，防止和纠正两种错误倾向：一是忽视风险，片面追求收益而不讲条件、范围，认为风险越大、收益越高的观念和做法；二是单纯为规避风险而放弃发展机遇。

4. 制定风险管理策略的**其他要求**：(1) 根据风险与收益相平衡的原则以及各风险在风险坐标图上的位置，进一步**确定风险管理的优先顺序**，明确风险管理成本的资金预算和控制风险的组织体系、人力资源、应对措施等**总体安排**。(2) 对于已经制定和实施的风险管理策略，企业应**定期总结和分析**其有效性和合理性，结合实际**不断修订和完善**。应**重点检查**依据风险偏好、风险承受度和风险控制预警线实施的结果是否有效，并提出定性或定量的有效性标准。

（四）提出和实施风险管理解决方案

企业应根据风险管理策略，针对各类风险

或每一项重大风险制定风险管理解决方案。

方案一般包括：风险解决的具体目标，所需的组织领导，所涉及的管理及业务流程，所需的条件、手段等资源，风险事件发生前、中、后所采取的具体应对措施以及风险管理工具（如关键风险指标管理、损失事件管理等）。

<table>
<tr><td rowspan="8">风险管理解决方案的两种类型</td><td colspan="2">1. 外部解决方案：一般指外包。应注重成本与收益的平衡、外包工作的质量、自身商业秘密的保护以及防止自身对风险解决外包产生依赖性风险等，并制定相应的预防和控制措施。
2. 内部解决方案：风险管理体系（组织职能体系；风险管理策略；风险理财措施；内部控制系统，包括政策、制度、程序；信息系统，包括报告体系）的运转。
制定风险管理解决内部方案的要求：合规，坚持经营战略与风险策略一致、风险控制与运营效率及效果相平衡的原则，针对重大风险所涉及的各管理及业务流程，制定涵盖各个环节的全流程控制措施；对其他风险所涉及的业务流程，要把关键环节作为控制点，采取相应的控制措施</td></tr>
<tr><td rowspan="7">内部控制</td><td>含义：企业通过有关流程设计和实施的一系列政策、制度、程序和措施，控制影响流程目标的各种风险的过程</td></tr>
<tr><td>针对的风险：可控纯粹风险</td></tr>
<tr><td>控制对象：企业中的个人</td></tr>
<tr><td>控制目的：规范员工的行为</td></tr>
<tr><td>控制范围：企业的业务和管理流程</td></tr>
<tr><td>具体措施
（1）建立内控岗位授权制度。
（2）建立内控报告制度：是内控信息与沟通要素的具体体现。
（3）建立内控批准制度：是授权制度的表现。
（4）建立内控责任制度：与内控岗位授权制度相配套。
（5）建立内控审计检查制度：应当坚持内控审计部门与内控执行部门的相对独立。
（6）建立内控考核评价制度：在有条件时，要量化内控的绩效。
（7）建立重大风险预警制度：关键风险指标管理。
（8）建立健全企业法律顾问制度：有条件的企业可以设置总法律顾问，形成由企业决策层主导、企业总法律顾问牵头、企业法律顾问提供业务保障、全体员工共同参与的法律风险责任体系，完善企业重大法律纠纷案件的备案管理制度。
（9）建立重要岗位权力制衡制度：明确规定不相容职责的分离。
重要岗位：涉及重大决策制定、重大事件应对、重大风险管理、重要信息披露等责任的岗位；
不相容职责主要包括：授权批准、业务经办、会计记录、财产保管和稽核检查等职责；
重要岗位可设置一岗双人、双职、双责，相互制约；明确该岗位的上级部门或人员对其应采取的监督措施和应负的监督责任；将该岗位作为内部审计的重点等。
【命题点拨】教材对“内控具体措施”进行了改写，建议考生结合“风险管理体系”中的“内部控制系统”熟悉改写内容，以应对客观题</td></tr>
<tr><td></td></tr>
<tr><td>关键风险指标管理</td><td colspan="2">1. 含义：对引起风险事件发生的关键成因指标进行管理的方法。可以管理单项风险的多个关键成因，也可以管理影响企业主要目标的多个主要风险成因。
2. 关键风险指标管理的六个步骤：
（1）分析风险成因，从中找出关键成因；
（2）将关键成因量化，确定其度量，分析确定导致风险事件发生（或极有可能发生）时该成因的具体数值；
（3）以具体数值为基础，以发出风险预警信息为目的，加上或减去一定数值后形成新的数值，该数值即为关键风险指标；
（4）建立风险预警系统。当关键成因数值达到关键风险指标时，发出风险预警信息；
（5）制定出现风险预警信息时应采取的风险控制措施；
（6）跟踪监测关键成因的变化，一旦出现预警，即实施风险控制措施。
3. 关键风险指标分解：分解到企业的各个职能部门和业务单位，注意职能部门和业务单位之间的协调，关键是从企业整体出发并把风险控制在一定范围内。对一个具体单位而言，不可采用“最大化”的说法</td></tr>
</table>

续表

落实风险管理解决方案	（1）高度重视，风险管理是企业价值创造的根本源泉； （2）风险管理是企业全员的分内工作； （3）将风险管理方案落实到各级各类组织，明确分工和责任； （4）持续监控改进，实施情况联系绩效考核，确保工作效果

（五）风险管理的监督与改进

企业应以重大风险、重大事件和重大决策、重要管理及业务流程为监督重点，对风险管理初始信息、风险评估、风险管理策略、关键控制活动及风险管理解决方案的实施情况进行监督，并依据监督发现的问题及面临的新的风险因素改进风险管理措施。

风险管理监督方法	1. 压力测试是指在极端情景下，分析评估风险管理模型或内控流程的有效性、发现问题、制定改进措施的方法，目的是防止出现重大损失事件。 以信用风险管理为例，一个企业已有一个信用很好的交易伙伴，该交易伙伴除发生极端情景外，一般不会违约。因此，在日常交易中，该企业只需“常规的风险管理策略和内控流程”即可。采用压力测试方法，是假设该交易伙伴将来发生极端情景（如其财产毁于地震、火灾、被盗），被迫违约对该企业造成了重大损失。而该企业“常规的风险管理策略和内控流程”在极端情景下不能有效防止重大损失事件，为此，该企业采取购买保险或相应衍生产品、开发多个交易伙伴等措施。 2. 返回测试是指将历史数据输入到风险管理模型或内控流程中，把结果与预测值对比，以检验风险管理有效性的方法。 3. 穿行测试是指在正常运行条件下，将初始数据输入内控流程，穿越全流程和所有关键环节，把运行结果与设计要求对比，以发现内控流程缺陷的方法。 4. 风险控制自我评估（RCSA）是公司为更好地实现风险管理的目标，定期或不定期地评价自己及子公司的风险管理系统、风险管理的有效性及风险管理实施的效率效果。 【命题点拨】“风险管理监督方法”新增了对方法的解释和示例，提醒考生抓住每种方法的关键词进行理解，以应对客观题
风险管理监督与改进的职责分工	1. 企业各有关部门和业务单位应定期对风险管理工作进行自查和检验，及时发现缺陷并改进，其检查、检验报告应及时报送企业风险管理职能部门。 2. 企业风险管理职能部门应定期对各部门和业务单位风险管理工作的实施情况和有效性进行检查和检验，要根据在制定风险管理策略时提出的有效性标准，对风险管理策略进行评估，对跨部门和业务单位的风险管理解决方案进行评价，提出调整或改进建议，出具评价和建议报告，及时报送企业总经理或其委托分管风险管理工作的高级管理人员。 3. 企业内部审计部门应每年至少一次对包括风险管理职能部门在内的各有关部门和业务单位能否按照有关规定开展风险管理工作及其工作效果进行监督评价，监督评价报告应直接报送董事会或董事会下设的风险管理委员会和审计委员会。此项工作也可结合年度审计、任期审计或专项审计工作一并开展。 4. 企业还可聘请有资质、信誉好、风险管理专业能力强的中介机构对企业全面风险管理工作进行评价，出具风险管理评估和建议专项报告。 【名师解惑】提醒考生重点关注各行为主体（各有关部门和业务单位、风险管理职能部门、总经理或分管高级管理人员、内审部、董事会或风险管理委员会和审计委员会等）在风险管理监督与改进工作中的职责，准确区分各主体“做什么”以及“向谁负责”

名师解惑

建议考生学习完本高频考点后，阅读教材新增案例“广元公司风险管理基本流程”，以加深对相关知识的理解。

经典例题

【真题·多选题】（2021）根据新教材改编：德勒公司是一家研发和制造大型游乐设施的企业。从风险管理基本流程来看，下列各项中，属于该公司为分析其所面临的运营风险需要收集的重要初始信息有（　　）。

A. 公司信息系统方面的重要信息

B. 与本企业相关的国外宏观环境信息

C. 公司选择实施的财务战略

D. 新型游乐设施的研发及市场营销情况

【答案】AD

【解析】分析运营风险，企业应广泛收集国内外企业因轻视或忽视运营风险、应对措施不力导致企业蒙受损失甚至经营失败的案例，并收集本企业生产运营、市场营销、研发、组织人员、信息系统、风险管理等方面的重要信息，以及企业外部可能给本企业带来运营风险的社会、自然等方面的重要信息。选项A、D正确，选项属于分析战略风险应收集的初始信息，选项C属于分析财务风险应收集的初始信息。

【真题·多选题】（2019）根据新教材改编：宝胜公司是一家全球性的手机生产企业。近年来公司在高速发展的同时，面临的风险也与日俱增。为了更好地分析面临的市场风险，宝胜公司应该至少收集的与该公司相关的重要信息有（　　）。

A. 各国的法律法规

B. 全球手机价值链生产供应状况

C. 各国手机的价格及供需变化

D. 全球手机的竞争结构

【答案】BCD

【解析】分析市场风险，企业应广泛收集国内外企业因忽视市场风险、缺乏应对措施导致企业蒙受损失的案例，并收集与本企业相关的市场供给、需求、价格、竞争以及影响企业经营效益的经济政策等方面的重要信息。选项B、C、D正确，选项A属于分析法律风险应收集的初始信息。

【例题·单选题】下列各项关于风险评估的表述中，错误的是（　　）。

A. 风险评估包括风险辨识、风险分析和风险评价三个步骤

B. 风险定性评估时应统一制定各风险的度量单位和度量模型

C. 企业应当定期或不定期对新风险或原有风险的变化进行重新评估

D. 风险评估应当将定性方法和定量方法相结合

【答案】B

【解析】风险评估包括风险辨识、风险分析、风险评价三个步骤，所以选项A正确。进行风险定量评估时，应统一制定各风险的度量单位和风险度量模型，所以选项B错误。企业应对风险管理信息实行动态管理，定期或不定期实施风险辨识、分析、评价，以便对新的风险和原有风险的变化重新评估，所以选项C正确。进行风险辨识、分析、评价，应将定性与定量方法相结合，所以选项D正确。

【例题·单选题】某公司设置了审计委员会、内部审计部和风险管理职能部，制定了本企业的风险管理监督与改进措施。下列选项中，不符合要求的是（　　）。

A. 各有关部门定期对风险管理工作进行自查和检验，及时发现缺陷并改进，将风险管理报告报送企业总经理

B. 内部审计部门每年至少一次对风险管理部门和各业务部门的风险管理工作及效果进行监督评价，评价报告直接报送审计委员会

C. 可外聘风险管理中介机构进行风险管理评价并出具报告

D. 风险管理部对跨部门和业务单位的风险管理解决方案进行评价，提出建议和出具报告，报送公司决策层

【答案】A

【解析】企业各有关部门和业务单位应定期对风险管理工作进行自查和检验，及时发现缺陷并改进，其检查、检验报告应及时报送企业风险管理职能部门，选项A错误。

【例题·单选题】下列关于内部控制措施的说法中，错误的是（　　）。

A. 内控批准制度是授权制度的表现

B. 内控审计部门与内控执行部门应相对独立

C. 内控责任制度应与内控岗位授权制度

相配套

D. 内控报告制度是内部环境要素的具体体现

【答案】D

【解析】内控报告制度是内控信息与沟通要素的具体体现，选项 D 错误。

高频考点 2：风险管理体系★★★★

企业风险管理体系包括五大系统：（1）风险管理的组织职能体系；（2）风险管理策略；（3）风险理财措施；（4）内部控制系统；（5）风险管理信息系统。

（一）风险管理的组织职能体系

风险管理的组织职能体系主要包括规范的公司法人治理结构、风险管理委员会、风险管理职能部门、审计委员会、企业其他职能部门及各业务单位。

1. 规范的公司法人治理结构。

企业应建立健全规范的公司法人治理结构，股东（大）会、董事会、监事会、经理层依法履行职责，形成高效运转、有效制衡的监督约束机制。同时，还应建立外部董事、独立董事制度，以保证董事会能够在重大决策、重大风险管理等方面做出独立于经理层的判断和选择。董事会就全面风险管理工作的有效性对股东（大）会负责。

董事会在全面风险管理方面主要履行以下职责：

（1）审议并向股东（大）会提交企业全面风险管理年度工作报告；

（2）确定企业风险管理总体目标、风险偏好、风险承受度，批准风险管理策略和重大风险管理解决方案；

（3）了解和掌握企业面临的各项重大风险及其风险管理现状，作出有效控制风险的决策；

（4）批准重大决策、重大风险、重大事件和重要业务流程的判断标准或判断机制；

（5）批准重大决策的风险评估报告；

（6）批准内部审计部门提交的风险管理监督评价审计报告；

（7）批准风险管理组织机构设置及其职责方案；

（8）批准风险管理措施，纠正和处理任何组织或个人超越风险管理制度作出的风险性决定的行为；

（9）督导企业风险管理文化的培育；

（10）批准或决定全面风险管理的其他重大事项。

小贴士 董事会在风险管理工作中的职责主要体现为“批准”。提醒考生特别关注教材新增表述“对于国有企业，其重大经营管理事项必须**经党委（党组）研究讨论**后，再由董事会或者经理层做出决策，防范国有企业重大经营风险”。

2. 风险管理委员会。

具备条件的企业，董事会可下设风险管理委员会。

该委员会的召集人应由不兼任总经理的董事长担任；董事长兼任总经理的，召集人应由外部董事或独立董事担任。该委员会成员中需有熟悉企业重要管理及业务流程的董事，以及具备风险管理监管知识或经验、具有一定法律知识的董事。

风险管理委员会对董事会负责，主要履行以下职责：

（1）提交全面风险管理年度报告；

（2）审议风险管理策略和重大风险管理解决方案；

（3）审议重大决策、重大风险、重大事件和重要业务流程的判断标准或判断机制，以及重大决策的风险评估报告；

（4）审议内部审计部门提交的风险管理监督评价审计综合报告；

（5）审议风险管理组织机构设置及其职责方案；

（6）办理董事会授权的有关全面风险管理的其他事项。

企业总经理对全面风险管理工作的有效性

向董事会负责。总经理或总经理委托的高级管理人员，负责主持全面风险管理的日常工作，负责组织拟订企业风险管理组织机构设置及其职责方案。

风险管理委员会不是企业常设机构，召集人不能由总经理或管理层担任。风险管理委员会在风险管理工作中的职责主要体现为“审议”。

对于“风险管理组织机构设置及其职责方案”，由总经理或总经理委托的高级管理人员“拟订”，风险管理委员会“审议”，董事会“批准”。

3. 风险管理职能部门。

企业应设立专职部门或确定相关职能部门履行全面风险管理的职责。

该部门对总经理或其委托的高级管理人员负责，主要履行以下职责：

（1）研究提出全面风险管理工作报告；

（2）研究提出跨职能部门的重大决策、重大风险、重大事件和重要业务流程的判断标准或判断机制；

（3）研究提出跨职能部门的重大决策风险评估报告；

（4）研究提出风险管理策略和跨职能部门的重大风险管理解决方案，并负责该方案的组织实施和对该风险的日常监控；

（5）负责对全面风险管理有效性的评估，研究提出全面风险管理的改进方案；

（6）负责组织建立风险管理信息系统；

（7）负责组织协调全面风险管理日常工作；

（8）负责指导、监督有关职能部门、各业务单位以及全资、控股子企业开展全面风险管理工作；

（9）办理风险管理的其他有关工作。

4. 审计委员会。

企业应在董事会下设立审计委员会，企业内部审计部门对审计委员会负责。内部审计部门在风险管理方面，主要负责研究提出全面风险管理监督评价体系，制定监督评价相关制度，开展监督与评价，出具监督评价审计报告。

（1）审计委员会履行职责的方式。董事会应决定委派给审计委员会的责任，审计委员会的任务会因企业的规模大小、复杂性及风险状况而有所不同。

审计委员会应满足其职责的要求。建议审计委员会每年至少举行三次会议，并于审计周期的主要日期举行。审计委员会应每年至少与外聘及内部审计师会面一次，讨论与审计相关的事宜，但管理层无须出席。审计委员会成员之间的不同意见如无法内部调解，应提请董事会解决。

此外，审计委员会应每年对其权限及其有效性进行复核，并就必要的人员变更向董事会报告。为了很好地完成这项工作，行政管理层必须向审计委员会提供恰当的信息。管理层对审计委员会有告知义务，并应主动提供信息，而不应等待审计委员会索要。

（2）审计委员会与合规。审计委员会的主要活动之一是核查对外报告规定的遵守情况。审计委员会一般有责任确保企业履行对外报告的义务。审计委员会应结合企业财务报表的编制情况，对重大的财务报告事项和判断进行复核。管理层的责任是编制财务报表，审计师的责任是编制审计计划和执行审计。

（3）审计委员会与内部审计。确保充分且有效的内部控制是审计委员会的义务，其中包括负责监督内部审计部门的工作。审计委员会应监察和评估内部审计职能在企业整体风险管理系统中充当的角色和发挥的作用。它应该核查内部审计的有效性，并决定对内部审计主管的任命和解聘，还应确保内部审计部门能直接与董事会主席接触，并负有向审计委员会说明的责任。审计委员会复核及评估年度内部审计工作计划。审计委员会收到关于内部审计部门工作的定期报告，复核和监察管理层对内部审计的调查结果的反应。审计委员会还应确保内部审计部门提出的建议已执行。审计委员会有助于保持内部审计部门的独立性。审计委员会及内部审计师需要确保内部审计部门正在有效运作，它将在四个主要方面对内部审计进行复核，即组织中的地位、职能范围、技术才能和专业应尽义务。

5. 企业其他职能部门及各业务单位。

企业其他职能部门及各业务单位在全面风险管理工作中，应接受风险管理职能部门和内部审计部门的组织、协调、指导和监督。

主要履行以下职责：

（1）执行风险管理基本流程；

（2）研究提出本职能部门或业务单位重大决策、重大风险、重大事件和重要业务流程的判断标准或判断机制；

（3）研究提出本职能部门或业务单位的重大决策风险评估报告；

（4）做好本职能部门或业务单位建立风险管理信息系统的工作；

（5）做好培育风险管理文化的有关工作；

（6）建立健全本职能部门或业务单位的风险管理内部控制子系统；

（7）办理风险管理其他有关工作。

6. 下属公司。

企业应通过法定程序，指导和监督其全资、控股子企业建立与企业相适应或符合全资、控股子企业自身特点并能有效发挥作用的风险管理组织职能体系。

命题点拨

近五年“风险管理的组织职能体系”考查过一次单选题，考生需要熟悉风险管理组织职能体系中各主体的职责范围，能够在客观题中做出准确识别。由于本知识点条目较多，记忆难度大，且容易记混，建议考生学习时抓住关键词并考虑不同主体职责的内在逻辑，熟悉相关内容进而能够应对选择题即可。教材新增案例“辛明银行风险管理组织职能体系”，建议考生阅读。

经典例题

【真题·单选题】（2022）东光航空公司坚持全面风险管理，不断加强风险管理职能部门的建设。下列各项中，属于该公司风险管理职能部门应履行的职责是（　　）。

A. 督导“顾客至尊、安全至上”的企业文化的培育

B. 提交公司全面风险管理年度报告

C. 组织协调全面风险管理日常工作

D. 研究提出全面风险管理监督评价体系

【答案】C

【解析】选项A属于董事会的职责，选项B属于风险管理委员会的职责，选项D属于内部审计部门的职责。

【真题·单选题】（2021）雅莱公司主营化妆品的研发、生产与销售。该公司董事会下设风险管理委员会。下列各项中，属于雅莱公司风险管理委员会职责范围的是（　　）。

A. 研究提出公司全面风险管理工作报告

B. 研究提出化妆品研发、生产、销售等业务部门和各个职能部门的重大决策风险评估报告

C. 组织协调公司全面风险管理日常工作

D. 审议公司及各个部门的风险管理策略和重大风险管理解决方案

【答案】D

【解析】选项A、B、C属于风险管理职能部门的职责范围，应予以排除。

【例题·单选题】关于风险管理的组织职能体系，下列说法中错误的是（　　）。

A. 风险管理委员会对总经理负责

B. 总经理对董事会负责

C. 董事会对股东（大）会负责

D. 企业内部审计部门对审计委员会负责

【答案】A

【解析】风险管理委员会对董事会负责，选项A错误。

【例题·多选题】风险管理委员会的职责包括（　　）。

A. 审议风险管理组织机构设置及其职责方案

B. 批准重大决策的风险评估报告

C. 审议内部审计部门提交的风险管理监

督评价审计综合报告

D. 审议风险管理策略和重大风险管理解决方案

【答案】ACD

【解析】选项B属于董事会职责。

（二）风险管理策略

1. 总体定位。

（1）风险管理策略在企业战略管理过程中起着承上启下的作用，制定与企业战略保持一致的风险管理策略降低了企业战略实施失误的可能性；

（2）风险管理策略是根据企业战略制定的全面风险管理的总体策略；

（3）风险管理策略在整个风险管理体系中起着统领全局的作用。企业根据确定的风险管理策略，选择风险理财措施、优化组织职能体系、完善风险管理信息系统与内部控制系统。

2. 作用。

（1）为企业的总体战略服务，保证企业经营目标的实现；

（2）连接企业的整体经营战略和运营活动；

（3）指导企业的一切风险管理活动。

3. 组成部分。

（1）风险偏好和风险承受度。明确企业要承担什么风险，承担多少；

（2）全面风险管理的有效性标准。明确怎样衡量风险管理工作成效；

（3）风险管理的工具选择。明确怎样管理重大风险；

（4）全面风险管理的资源配置。明确如何安排人力、财力、物资、外部资源等风险管理资源。

4. 工具。

风险承担	风险承担亦称风险保留、风险自留，是指企业对所面临的风险采取接受的态度，从而承担风险带来的后果。企业面临的风险有很多，通常企业能够明确辨识的风险只占全部风险的少数。风险评估工作的结果对于企业是否采用风险承担影响很大。对未能辨识出的风险，企业只能采用风险承担。 对于辨识出的风险，企业也可能由于以下几种原因采用风险承担：（1）缺乏能力进行主动管理；（2）没有其他备选方案；（3）从成本效益考虑，风险承担是最适宜的。 对于企业的重大风险，即影响到企业目标实现的风险，企业不应采用风险承担
风险规避	风险规避是指企业回避、停止或退出蕴含某一风险的商业活动或商业环境，避免成为风险的所有人。例如： ①退出某一市场以避免激烈竞争； ②拒绝与信用不好的交易对手进行交易； ③外包某项对工人健康安全风险较高的工作； ④停止生产可能有潜在客户安全隐患的产品； ⑤禁止各业务单位在金融市场进行投机； ⑥不准员工访问某些网站或下载某些内容
风险转移	风险转移是指企业通过合同将风险转移到第三方，企业对转移后的风险不再拥有所有权。转移风险不会降低其可能的严重程度，只是从一方移除后转移到另一方。例如： ①保险：保险合同规定保险公司为预定的损失支付补偿，作为交换，在合同开始时，投保人要向保险公司支付保险费。 ②非保险型的风险转移：将风险可能导致的财务风险损失负担转移给非保险机构。例如，服务保证书等。 ③风险证券化：将风险事件作为保险标的，通过构造和在资本市场上发行保险连接型证券，使保险市场上的风险得以分散。这种证券的利息支付和本金偿还取决于某个风险事件的发生或严重程度
风险转换	风险转换指企业通过战略调整等手段将企业面临的风险转换成另一个风险。风险转换的手段包括战略调整和使用衍生产品等。 风险转换一般不会直接降低企业总的风险，其简单形式就是在减少某一风险的同时增加另一风险。例如，通过放松交易客户信用标准增加了应收账款，但扩大了销售。企业可以通过风险转换在两个或多个风险之间进行调整，以达到最佳效果。风险转换可以在低成本或者无成本的情况下达到目的

续表

风险对冲	风险对冲是指采取各种手段，引入多个风险因素或承担多个风险，使得这些风险能够互相冲抵，也就是使这些风险的影响互相抵消。常见的例子有资产组合使用、多种外币结算的使用和战略上的多种经营等。 在金融资产风险管理中，对冲也包括使用衍生产品，如利用期货进行套期保值。在企业面临的风险中，有些具有自然对冲的性质，应当加以利用。例如，不同行业的经济周期风险对冲。 风险对冲不是针对单一风险，而是涉及风险组合。对于单一风险，只能采用风险规避、风险控制等其他工具
风险补偿	风险补偿是指企业对风险可能造成的损失采取适当的措施进行补偿。风险补偿表现在企业主动承担风险，并采取措施以补偿可能的损失。 风险补偿的形式有财务补偿、人力补偿、物资补偿等。财务补偿是损失融资，包括企业自身的风险准备金或应急资本等。例如，某公司之前一直购买灾害保险，但经过数据分析，认为保险公司历年的赔付不足以平衡相应的保险费用支出，因此不再续保；同时，为了应付可能发生的灾害性事件，公司与银行签订应急资本协议，规定在灾害发生时，由银行提供资本以保证公司的持续经营
风险控制	风险控制是指通过控制风险事件发生的动因、环境、条件等，来达到减轻风险事件发生时的损失或降低风险事件发生概率的目的。风险控制对象一般是可控风险，包括多数运营风险，如质量、安全和环境风险，以及法律风险中的合规性风险

工具风险事件发生的概率的例子如室内使用不易燃地毯、山上禁止吸烟等，而控制风险事件发生后的损失的例子，如修建水坝防洪、设立质量检查防止次品出厂等。

风险控制对象一般是可控风险，包括多数运营风险，如质量、安全和环境风险，以及法律风险中的合规性风险。

确定风险偏好和风险承受度	1. 概念。 风险偏好指企业希望承受的风险范围，要回答的问题是企业希望承担什么风险，以及承担多少风险。风险偏好是一个企业运营风格的体现，受到企业利益相关各方价值取向和利益追求方式的影响和调节。例如： ①应当与这个公司联盟吗？ ②是否需要套期保值？ ③应当在他国进行投资吗？ ④应当保持多高的资产负债率？ 风险承受度：企业风险偏好的边界，分析风险承受度可以将其作为企业采取行动的预警指标，企业可以设置若干承受度指标，以显示不同的警示级别。例如： ①市场表现持续到什么时候，我们就应当追回投资或一定退出？ ②资产负债率高到多少以及高到什么时候，我们就应当停止投资？ 2. 确定风险偏好和风险承受度需考虑的因素。 （1）风险个体：对每一个风险都可以确定风险偏好和风险承受度。 （2）相互关系：既要考虑同一个风险在各个业务单位或子公司之间的分配，又要考虑不同风险之间的关系。 （3）整体形状：一个企业的整体风险偏好和风险承受度是基于针对每一个风险的风险偏好和风险承受度。 （4）行业因素：同一风险在不同行业风险偏好不同。 一般来讲，风险偏好和风险承受度是针对企业的重大风险制定的，对企业的非重大风险的风险偏好和风险承受度不一定要十分明确，甚至可以先不提出。企业的风险偏好依赖于企业的风险评估的结果，由于企业的风险不断变化，企业需要持续进行风险评估，并调整自己的风险偏好。 重大风险的风险偏好是企业的重大决策，应由董事会决定
风险度量	1. 关键在于量化。 风险承受度的表述需要对所针对的风险进行量化描述，风险偏好可以定性，但风险承受度一定要定量。

续表

风险度量	2. 风险度量方法。 （1）最大可能损失，是指风险事件发生后可能造成的最大损失。用最大可能损失来定义风险承受度是最差情形的思考逻辑。企业一般在无法判断发生概率或无须判断概率的时候，使用最大可能损失作为风险的衡量。 （2）概率值，是指风险事件发生的概率或造成损失的概率。 （3）期望值，即概率加权平均值，所有事件中，每一事件发生的概率乘以该事件的影响的乘积，然后将这些乘积相加。常用的期望值有统计期望值和效用期望值。期望值综合了概率值和最大损失两种方法。 （4）波动性，波动性反映数据的离散程度。也就是该变量离其期望值的距离。一般用方差或均方差（标准差）来描述波动性。方差是各个数据与其期望值的离差平方和的平均数；方差的算术平方根称为该变量的标准差，也称均方差。 （5）在险值，又称 VaR，是指在正常的市场条件下，在给定的时间段中，在给定的置信区间内，预期可能发生的最大损失。在险值具有通用、直观、灵活的特点，为《巴塞尔协议》所采用。在险值的局限性是适用的风险范围小，对数据要求严格，计算困难，对肥尾效应无能为力。 （6）直观方法，不依赖于概率统计结果的度量方法，即人们直观判断的方法，如专家意见法。 当统计数据不足或需要度量的结果包括人们的偏好时，可以使用直观方法。 很多情况下，统计和直观的方法可综合使用。例如，首先使用专家意见法来缩小范围，取得初始数据，然后使用统计度量方法。 3. 选择适当的风险度量模型。 对不同种类的风险要使用不同的度量模型。外部风险的度量模型应包括市场指标、景气指数等。内部运营风险的度量模型则应包括各种质量指标、执行效果、安全指数等。战略风险的度量模型比较困难，一般可以考虑财务表现、市场对标、创新能力系数等。要找到一种普遍适用的风险度量模型是很困难的，也没有必要，因为人们有不同的目的和偏好。 4. 风险量化的困难。 （1）方法误差：企业情况很复杂，致使采用的风险度量不能准确反映企业的实际情况； （2）数据：很多情况下，企业的有关风险数据不足，质量不好； （3）信息系统：企业的信息传递不够理想，导致需要的信息未能及时到达； （4）整合管理：数据和管理水平不能与现实的管理连接
风险管理有效性标准	风险管理的有效性标准是衡量企业风险管理是否有效的标准。 风险管理有效性标准的作用是帮助企业了解： （1）企业现在的风险是否在风险承受度范围之内，即风险是否优化； （2）企业风险状况的变化是否**符合要求**，即风险的变化是否优化。 **由此可知，风险管理有效性标准可以基于企业风险承受度的度量来确定。** **确立**风险管理有效性标准的原则如下： （1）风险管理的有效性标准要针对企业的重大风险，能够反映企业重大风险管理的现状； （2）风险管理有效性标准应当对照全面风险管理的总体目标，在所有五个方面保证企业的运营效果； （3）风险管理有效性标准应当在企业的风险评估中应用，并根据风险的变化随时调整； （4）风险管理有效性标准应当用于衡量全面风险管理体系的运行效果
风险管理的资源配置	（1）风险管理的资源包括人才、组织设置、政策、设备、物资、信息、经验、知识、技术、信息系统、资金等； （2）由于全面风险管理覆盖面广，资源的使用一般是多方面的、综合性的。企业应当统筹兼顾，将资源用于需要优先管理的重大风险
确定风险管理的优先顺序	企业应根据风险与收益相平衡的原则以及各风险在风险坐标图上的位置，进一步确定风险管理的优先顺序，明确风险管理成本的资金预算和控制风险的组织体系、人力资源、应对措施等总体安排。 1. 风险管理的优先顺序。 风险管理的优先顺序决定企业优先管理哪些风险，对哪些风险管理进行资源优先配置。 风险管理的优先顺序体现了企业的风险偏好。 一个很重要的原则是风险与收益相平衡的原则，在风险评估结果的基础上，全面考虑风险与收益。要特别重视对企业有影响的重大风险，要首先解决“颠覆性”风险问题，保证企业持续发展。 2. 确定风险管理的优先顺序须考虑的因素。 根据风险与收益平衡原则，确定风险管理的优先顺序可以考虑以下几个因素：

续表

确定风险管理的优先顺序	（1）风险事件发生的可能性和影响； （2）风险管理的难度； （3）风险的价值或管理可能带来的收益； （4）合规的需要； （5）对企业技术准备、人力、资金的需求； （6）利益相关者的要求
风险管理策略检查	（1）企业应定期总结和分析已制定的风险管理策略的有效性和合理性，结合实际不断修订和完善。其中，应重点检查依据风险偏好、风险承受度和风险控制预警线实施的结果是否有效，并提出定性或定量的有效性标准。 （2）风险管理策略要随着企业经营状况的变化、经营战略的变化、外部环境风险的变化而调整。 （3）风险管理策略定期检查的频率依赖于企业面临的风险。 （4）企业经营战略回顾时应该同时总结和分析风险管理策略

命题点拨

风险管理策略，作为风险管理体系五大系统之一，每年均考查客观题，考生需重点关注7种风险管理策略工具和6种风险度量方法，能够结合实例理解每种工具或方法的具体含义，从而在客观题考查时做到准确识别、区分。

经典例题

【真题·单选题】（2022）2018年底，塔山投资公司对2019年的投资风险进行度量后宣称，在市场波动正常的情况下，该公司有90%的可能性最大投资损失为5 000万元。下列各项中，属于塔山投资公司采用的风险度量方法的特点的是（　　）。

A. 适用的风险范围大

B. 对数据要求不太严格

C. 计算相对容易

D. 通用、直观、灵活

【答案】D

【解析】该公司采用的风险度量方法为在险值，具有通用、直观、灵活的特点。

【真题·多选题】（2022）东方保险公司制定了完善的风险管理制度。该公司制定的下列风险管理制度中，属于风险管理策略组成部分的有（　　）。

A. 确定公司的风险偏好和风险承受度

B. 主要采用风险规避、风险控制、风险转移、风险补偿等风险管理工具

C. 重点管理承保、理赔等业务环节的风险

D. 合理配置人、财、物等各类风险管理资源

【答案】ABD

【解析】参见教材原文表述。

【真题·单选题】（2021）亚星公司是一家生产、销售化工产品的企业。由于各类风险发生的可能性难以预测且风险一旦发生危害巨大，因而该公司实施了极为严格的风险管理制度。亚星公司采取的风险度量方法应是（　　）。

A. 最大可能损失

B. 概率值

C. 期望值

D. 在险值

【答案】A

【解析】最大可能损失指风险事件发生后可能造成的最大损失。用最大可能损失来定义风险承受度是最差情形的思考逻辑。企业一般在无法判断或无须判断发生概率的时候，可将最大可能损失作为风险的衡量方法。“由于各类风险发生的可能性难以预测且风险一旦发生危害巨大”，所以应该采用最大可能损失法。

【真题·单选题】（2021）丰源公司是一家多年从事制氧设备出口业务的国有企业。2019年初，面对国外市场环境趋紧、订单大幅减少造成的风险，该公司开辟了国内销售业

务，两年多来取得良好的业绩。本案例中丰源公司的做法体现了《中央企业全面风险管理指引》中的（　　）。

A．风险管理策略

B．风险理财措施

C. 风险管理的组织职能体系

D. 风险管理信息系统

【答案】A

【解析】风险管理策略是指企业根据自身条件和外部环境，围绕企业发展战略，确定风险偏好、风险承受度、风险管理有效性标准，选择适合的风险管理工具，并确定风险管理所需人力和财力资源的配置原则的总体策略。题干中“面对国外市场环境趋紧、订单大幅减少造成的风险，该公司开辟了国内销售业务”体现了风险管理策略，选项 A 正确。

【真题·单选题】（2020）桐城钢铁公司需要的铁矿石购自 U 国的山谷矿山公司，后者曾多次在前者急需大量铁矿石时大幅提高产品价格，使前者遭受很大损失。后来桐城钢铁公司买下山谷矿山公司 51% 的股权并获得定价权。下列各项中，属于桐城钢铁公司采用的风险管理策略的是（　　）。

A. 风险规避　　B. 风险转移

C. 风险控制　　D. 风险补偿

【答案】C

【解析】风险控制是指控制风险事件发生的动因、环境、条件等，来达到减轻风险事件发生时的损失或降低风险事件发生概率的目的。“后者曾多次在前者急需大量铁矿石时大幅提高产品价格，使前者遭受很大损失。后来桐城钢铁公司买下山谷矿山公司 51% 的股权并获得定价权”属于风险控制，选项 C 正确。

【真题·单选题】（2019）厨具生产商佳乐公司为了分散经营风险，开展多元化经营，投资了一个环保项目。由于对该项目的前期调研不够充分，相关信息搜索不足，公司管理人员在分析项目运营风险时，无法判断风险发生的概率。在这种情况下，佳乐公司应采取的风险度量方法是（　　）。

A. 期望值

B. 最大可能损失

C. 在险值

D. 概率值

【答案】B

【解析】企业一般在无法判断发生概率或无须判断概率的时候，使用最大可能损失作为风险的衡量。选项 B 正确。

【真题·单选题】（2019）中科公司是国内一家著名的印刷机制造商。面对 G 国先进印刷机在中国的市场占有率迅速提高，中科公司将业务转型为给 G 国印刷机的用户提供零配件和维修保养服务，取得比业务转型前更高的收益率。从风险管理策略角度看，中科公司采取的策略是（　　）。

A. 风险规避　　B. 风险转换

C. 风险补偿　　D. 风险转移

【答案】A

【解析】中科公司将业务转型，退出印刷机市场，从而避免与 G 国印刷机制造商展开激烈竞争，属于风险规避。选项 A 正确。

【真题·单选题】（2019）甲基金公司在对基金管理、受托资产管理、基金销售和咨询等业务活动进行风险度量时，首先对所有事件中每一事件发生的概率乘以该事件的影响，然后将这些乘积相加得到风险数值。甲基金公司采用的风险度量方法是（　　）。

A. 最大可能损失　B. 概率值

C. 在险值　　D. 期望值

【答案】D

【解析】对所有事件中每一事件发生的概率乘以该事件的影响，然后将这些乘积相加得到的风险数值，是期望值。选项 D 正确。

【例题·单选题】企业在无法判断发生概率或无须判断概率时，衡量风险一般使用（　　）。

A. 最大可能损失　B. 层次分析法

C. 在险值　　D. 期望值

【答案】A

【解析】企业一般在无法判断发生概率或

无须判断概率的时候，使用最大可能损失作为风险的衡量。选项 A 正确。

【例题·单选题】甲公司是一家生产遮阳用品的企业，2023 年，公司在保留原有业务的同时，开展雨具生产业务。从风险管理策略的角度看，甲公司采取的策略性工具是（　　）。

A. 风险转移　　B. 风险规避

C. 风险对冲　　D. 风险补偿

【答案】C

【解析】从生产遮阳用品发展为同时生产遮阳用品和雨具，采用的是相关多元化战略，甲公司采取的策略是风险对冲。选项 C 正确。

（三）风险理财措施

1. 风险理财概述。

一般概念	风险理财是企业运用金融手段来实施风险管理策略工具
必要性	风险理财是全面风险管理的重要组成部分。 所有的风险控制措施，除了规避风险在特定范畴内完全有效外，其余均无法保证不会发生。 风险理财可以针对不可控的风险
特点	（1）风险理财的手段既不改变风险事件发生的可能性，也不改变风险事件可能引起的直接损失程度。 （2）风险理财需要判断风险的定价，因此量化的标准较高，即不仅需要风险事件的可能性和损失的分布，更需要量化风险本身的价值。 （3）风险理财的应用范围一般不包括声誉等难以衡量其价值的风险，也难以消除战略失误造成的损失。 （4）风险理财手段技术强，许多风险理财工具本身有着比较复杂的风险特性，使用不当容易造成重大损失
风险理财与公司理财	风险理财过去被认为是公司财务管理的一部分，现在则认为其在很多情况下超出了公司财务管理的范畴。具体表现在： （1）风险理财注重风险因素对现金流的影响。 （2）风险理财影响公司资本结构，注意以最低成本获得现金流。 （3）风险理财成为公司战略的有机组成部分，其风险经营的结果直接影响公司整体价值的提升
风险理财创造价值	（1）传统的风险理财是损失理财，即为可能发生的损失融资，补偿风险造成的财务损失，如购买保险。传统的风险理财的目的是降低公司承担的风险。 （2）与损失理财相反，公司可能通过使用金融工具来承担额外的风险，改善公司的财务状况，创造价值。风险理财对机会的利用是整个经营战略的有机组成部分和战略举措

2. 选择风险理财策略与方案的原则和要求。

对于风险管理策略的七大工具：风险承担、风险规避、风险转移、风险转换、风险对冲、风险补偿、风险控制。风险理财是运用金融手段来实施这些策略的。

（1）与公司整体风险管理策略一致。应根据公司风险管理整体策略确定的风险偏好和承受度确定风险理财的目标，并量化风险的特性及其价值。

（2）与公司所面对风险的性质相匹配。

（3）选择风险理财工具的要求。要考虑以下几点：合规的要求；可操作性；法律法规环境；企业的熟悉程度；风险理财工具的风险特征。

不同的风险理财手段可能适用同一风险。

（4）成本与收益的平衡。

3. 两类主要的风险理财措施：损失事件管理与套期保值。

损失事件管理的含义：对可能给企业造成重大损失的风险事件的事前、事后管理的方法。损失的内容包括企业的资金、声誉、技术、品牌、人才等。

（1）损失融资。损失融资是为风险事件

造成的财物损失融资，是从风险理财的角度进行损失事件的事后管理，是损失事件管理中最有共性也是最重要的部分。

企业损失分为预期损失和非预期损失，因此损失事件融资也相应分为预期损失融资和非预期损失融资。预期损失融资一般作为运营资本的一部分，而非预期损失融资则是属于风险资本的范畴。

（2）风险资本。风险资本是除经营资本之外，公司补偿风险造成的财务损失而需要的资本，是使一家公司破产的概率低于某一给定水平所需的资金，因此取决于公司的风险偏好。

例如，一家公司每年最低运营资本是5亿元，但是有5%的可能性需要7.5亿元维持运营，有1%的可能性需要10亿元才能维持运营。换句话说，如果风险资本为2.5亿元，那么这家公司的生存概率就是95%，而5亿元的风险资本对应的则是99%的生存概率。

（3）应急资本。应急资本是一个金融合约，规定在某一个时间段内、某个特定事件（触发事件）发生的情况下公司有权从应急资本提供方处募集股本或贷款（或资产负债表上的其他实收资本项目），并为此按时间向资本提供方缴纳权力费。

应急资本费用、利息和额度在合同签订时约定。

应急资本最简单的形式是公司为满足特定条件下的经营需要而从银行获得的信贷额度，一般通过与银行签订协议加以明确，比如信用证、循环信用工具等。

应急资本具有以下特点：

①应急资本的提供方并不承担特定事件发生的风险，而只是在事件发生并造成损失后提供用于弥补损失、持续经营的资金。事后公司要向资本提供者归还这部分资金，并支付相应的利息。

②应急资本是一个综合运用保险和资本市场技术设计和定价的产品。与保险不同，应急资本不涉及风险的转移，是企业风险补偿策略的一种方式。

③应急资本是一个在一定条件下的融资选择权，公司可以不使用这个权利。

④应急资本可以提供经营持续性的保证。

（4）保险。保险是一种金融合约。保险合同规定保险公司为预定的损失支付补偿（也就是为损失进行融资），作为交换，在合同开始时，购买保险合同的一方要向保险公司支付保险费。

保险合同降低了购买保险一方的风险，因为它把损失的风险转移给了保险公司。而保险公司则是通过损失的分散化来降低自己的风险。例如，保险公司可以通过出售大量的涉及多种类型损失的保险合同来降低自己的风险。

保险是风险转移的传统手段，即投保人通过保险把风险可能导致的财务损失负担转移给保险公司。

可保风险是纯粹风险，机会风险不可保。

（5）专业自保。专业自保公司又称专属保险公司，是非保险公司的附属机构，为母公司（及其子公司）提供保险，并由其母公司筹集保险费，建立损失储备金。几乎所有的大跨国公司都有专业自保公司。

专业自保的特点：由被保险人所有和控制，要承保其母公司（及其子公司）的风险，也可以通过租借的方式承保其他公司的保险，但不在保险市场上开展业务。

专业自保公司的优点：降低运营成本；改善公司现金流；保障项目更多；相对公平的费率；保障的稳定性；可进行再保险；提高服务水平。

专业自保公司的缺点：①增加了资本投入。专门成立一家自保公司，相比向外部商业保险公司投保的方式，增加了公司的资本投入。②提高了内部管理成本。专业自保公司需与母公司（及其子公司）之间进行险种和费率的多次协商，提高了内部管理成本。③减少其他保险的可得性。受限于专业自保公司的发展水平，企业能投保的险种较少。④损失储备金不足。与外部专业的商业保险公司相比，用于理赔的损失储备金不足。

综上所述，正确运用风险理财措施要明确以下几点：

（1）风险理财是全面风险管理的重要组成部分，在对许多风险的管理上，有着不可替代的地位和作用；

（2）风险理财形式多样，应用灵活，时效性强，具有许多其他手段不可比拟的优点；

（3）风险理财技术性强，需要相关的人才、知识、组织结构、程序和法律环境；

（4）风险理财手段的不当使用，包括策略错误和内控失灵，可能带来巨大的损失。因此风险理财本身的风险管理尤为重要。

命题点拨

“风险理财措施”每年必考客观题，考生重点关注风险理财措施，即损失事件管理，能够理解并准确区分损失事件管理的5种方法，教材已删除“套期保值”的全部内容。

经典例题

【真题·多选题】（2022）德宝公司是一家从事海洋石油勘探与开采的企业。该公司自筹资金成立了一家为母公司提供保险服务的子公司，该子公司也可以通过租借方式承保其他公司的保险。下列关于德宝公司采用的风险理财措施的表述中，正确的有（　　）。

A. 降低运营成本

B. 保障项目少

C. 减少规章的限制

D. 提高内部管理成本

【答案】ACD

【解析】专业自保公司的优点包括“保障项目多”，选项B错误。

【真题·单选题】（2020）为了对可能给企业造成重大损失的风险事件进行有效管理，南方石油公司成立了自己的专属保险公司，为母公司提供保险，并由母公司筹集总计10亿元的保险费，建立损失储备金。下列各项中，属于南方石油公司采用的上述损失事件管理办法的优点的是（　　）。

A. 降低内部管理成本

B. 损失储备金充足

C. 改善公司现金流

D. 增加了其他保险的可得性

【答案】C

【解析】“南方石油公司成立了自己的专属保险公司，为母公司提供保险，并由母公司筹集总计10亿元的保险费，建立损失储备金”说明南方石油公司采用的损失事件管理办法是专业自保。改善公司现金流属于专业自保的优点，选项C正确。

【真题·单选题】（2020）甲公司每年最低运营资本是5 000万元，有10%的可能性维持运营需要5 800万元；有5%的可能性维持运营需要6 200万元。若甲公司风险资本为1 000万元，则该公司的生存概率为（　　）。

A. 10%　　B. 90%

C. 90%～95%　　D. 95%以上

【答案】C

【解析】当风险资本为800万元时，其生存概率为90%；当风险资本为1 200万元时，其生存概率为95%。因此，当风险资本为1 000万元时，其生存概率在90%～95%，选项C正确。

【真题·单选题】（2019）甲公司每年最低运营资本是10亿元，但是有5%的可能性需要12亿元维持运营。该公司筹集了12亿元，将其生存概率提高到95%。甲公司管理损失事件的方法是（　　）。

A. 风险资本　　B. 损失融资

C. 保险　　D. 专业自保

【答案】A

【解析】风险资本是使一家公司破产的概率低于某一给定水平所需的资金，取决于公司的风险偏好。甲公司2亿元的风险资本对应95%的生存概率。选项A正确。

【例题·单选题】某公司每年最低运营资本是1亿元，但是有5%的可能性需要2亿元才能维持运营。如果该公司风险资本为1.2亿元，该公司生存的概率是（　　）。

A. 5%　　　　B. 95%
C. 小于5%　　　D. 大于95%

【答案】D

【解析】该最低运营资本是1亿元，有5%的可能性需要2亿元维持运营，说明该公司风险资本为1亿元时，企业的生存概率是95%，那么当风险资本为1.2亿元，大于1亿元，企业的生存概率大于95%，选项D正确。

（四）内部控制系统

内部控制系统是指围绕风险管理策略目标，针对企业战略、规划、产品研发、投融资、市场运营、财务、内部审计、法律事务、人力资源、采购、加工制造、销售、物流、质量、安全生产、环境保护等各项重要业务及其管理，通过执行风险管理基本流程，制定并执行的规章制度、程序和措施。

1. 美国COSO委员会关于内部控制的框架。

三项目标	取得经营的效率和有效性；确保财务报告的可靠性；遵循适用的法律法规
五大要素	（1）控制环境，包括员工的正直、道德价值观和能力，管理当局的理念和经营风格，管理当局确立权威性和责任、组织和开发员工的方法等。 （2）风险评估，指为了实现组织目标而对相关风险进行的辨别与分析。 （3）控制活动，指为了确保实现管理当局的目标而采取的政策和程序，包括审批、授权、验证、确认、经营业绩的复核、资产的安全性等。 （4）信息与沟通，指为了保证员工履行职责而必须识别、获取的信息及其沟通。 （5）监控，指对内部控制实施质量的评价，主要包括经营过程中的持续监控，即日常管理和监督、员工履行职责的行动等

2. 我国内部控制规范体系。

《企业内部控制基本规范》	（1）规定了内部控制的目标、要素、原则和总体要求，是内部控制的**总体框架**，在内部控制体系中起**统领作用**。 （2）要求企业建立内部控制体系时应符合以下**目标**：合理保证企业经营管理合法合规、资产安全、财务报告及相关信息真实完整；提高经营效率和效果；促进企业实现发展战略。 （3）规定内部控制**五个要素**：①内部环境；②风险评估；③控制活动；④信息与沟通；⑤内部监督。 【小贴士】相较于COSO内部控制框架的三项目标，《基本规范》增加了**资产安全目标**要求，同时要求内部控制体系不仅合理保证财务报告的真实、完整，还应合理保证相关**非财务信息**的真实、完整。提醒考生关注COSO内部控制框架和《基本规范》对五要素表述的差异
《企业内部控制应用指引》	（1）是对企业按照内部控制原则和内部控制"五要素"建立健全本企业内部控制所提供的指引，在配套指引乃至整个内部控制规范体系中占据**主体地位**。 （2）针对组织架构、发展战略、人力资源、社会责任、企业文化、资金活动、采购业务、资产管理、销售业务、研究与开发、工程项目、担保业务、业务外包、财务报告、全面预算、合同管理、内部信息传递、信息系统共18项企业主要业务的内控领域或内控手段，提出了建议性的应用指引，为企业以及外部审核人建立与评价内控体系提供了参照性标准
《企业内部控制评价指引》和《企业内部控制审计指引》	《评价指引》和《审计指引》是对企业按照内部控制原则和内部控制"五要素"建立健全本企业"**事后控制**"的指引，是对企业贯彻《基本规范》和《应用指引》效果的评价与检验。 （1）《评价指引》为企业对内部控制的有效性进行全面评价、形成评价结论、出具评价报告提供指引。该评价指引明确内部控制评价应围绕内部环境、风险评估、控制活动、信息与沟通、内部监督等要素；企业应当确定评价的具体内容及对内部控制设计与运行情况进行全面评价。同时，指引对内部控制评价的内容、程序、缺陷的认定、评价报告、工作底稿要求、评估基准日等做出了规定。 （2）《审计指引》为会计师事务所对特定基准日与财务报告相关内部控制设计与执行有效性进行审计提供指引。它明确注册会计师应对财务报告内部控制的有效性发表审计意见，并对内部控制审计过程中注意到的非财务报告内部控制的重大缺陷予以披露。同时，为审计计划工作、审计实施、如何评价控制缺陷、审计期后事项、审计报告内容和方法以及审计工作底稿做出了规定

3. 内部控制的要素。

（1）控制（内部）环境。

美国 COSO《内部控制框架》关于控制环境要素的要求与原则	要求：控制环境决定了企业的基调，直接影响企业员工的控制意识。控制环境提供了内部控制的基本规则和构架，是其他四要素的基础。控制环境包括员工的诚信度、职业道德和才能；管理哲学和经营风格；权责分配方法、人事政策；董事会的经营重点和目标等。 原则： ①企业对诚信和道德价值观做出承诺。 ②董事会独立于管理层，对内部控制的制定及其绩效施以监控。 ③管理层在董事会的监控下，建立目标实现过程中所涉及的组织架构、报告路径以及适当的权利和责任。 ④企业致力于吸引、发展和留任优秀人才，以配合企业目标达成。 ⑤企业根据其目标，使员工各自担负起内部控制的相关责任
我国《企业内部控制基本规范》关于内部环境要素的要求	内部环境是企业实施内部控制的**基础**，一般包括治理结构、机构设置及权责分配、内部审计、人力资源政策、企业文化等。具体要求如下： ①企业应当根据国家有关法律法规和企业章程，建立规范的公司治理结构和议事规则，明确决策、执行、监督等方面的职责权限，形成科学有效的职责分工和制衡机制。 ②董事会负责内部控制的建立健全和有效实施。监事会对董事会建立与实施内部控制进行监督。经理层负责组织领导企业内部控制的日常运行。企业应当成立专门机构或者指定适当的机构具体负责组织协调内部控制的建立实施及日常工作。 ③企业应当在董事会下设立审计委员会。审计委员会负责审查企业内部控制，监督内部控制的有效实施和内部控制自我评价情况，协调内部控制审计及其他相关事宜等。审计委员会负责人应当具备相应的独立性、良好的职业操守和专业胜任能力。 ④企业应当结合业务特点和内部控制要求设置内部机构，明确职责权限，将权利与责任落实到各责任单位。企业应当通过编制内部管理手册，使全体员工掌握内部机构设置、岗位职责、业务流程等情况，明确权责分配，正确行使职权。 ⑤企业应当加强内部审计工作，保证内部审计机构设置、人员配备和工作的独立性。内部审计机构应当结合内部审计监督，对内部控制的有效性进行监督检查。内部审计机构对监督检查中发现的内部控制缺陷，应当按照企业内部审计工作程序进行报告；对监督检查中发现的内部控制重大缺陷，有权直接向董事会及其审计委员会、监事会报告。 ⑥企业应当制定和实施有利于企业可持续发展的人力资源政策。人力资源政策应当包括下列内容：员工的聘用、培训、辞退与辞职；员工的薪酬、考核、晋升与奖惩；关键岗位员工的强制休假制度和定期岗位轮换制度；掌握国家秘密或重要商业秘密的员工离岗的限制性规定；有关人力资源管理的其他政策。 ⑦企业应当将职业道德修养和专业胜任能力作为选拔和聘用员工的重要标准，切实加强员工培训和继续教育，不断提升员工素质。 ⑧企业应当加强文化建设，培育积极向上的价值观和社会责任感，倡导诚实守信、爱岗敬业、开拓创新和团队协作精神，树立现代管理理念，强化风险意识。董事、监事、经理及其他高级管理人员应当在企业文化建设中发挥主导作用。企业员工应当遵守员工行为守则，认真履行岗位职责。 ⑨企业应当加强法制教育，增强董事、监事、经理及其他高级管理人员和员工的法制观念，严格依法决策、依法办事、依法监督，建立健全法律顾问制度和重大法律纠纷案件备案制度

（2）风险评估。

美国 COSO《内部控制框架》关于风险评估要素的要求与原则	要求：每个企业都面临诸多来自内部和外部的有待评估的风险。风险评估的前提是使经营目标在不同层次上相互衔接，保持一致。风险评估指识别、分析相关风险以实现既定目标，从而形成风险管理的基础。由于经济、产业、法规和经营环境的不断变化，需要确立一套机制来识别和应对由这些变化带来的风险。 原则： ①企业制定足够清晰的目标，以便识别和评估有关目标所涉及的风险。 ②企业从整个企业的角度来识别实现目标所涉及的风险，分析风险，并据此决定应如何管理这些风险。 ③企业在评估影响目标实现的风险时，考虑潜在的舞弊行为。 ④企业识别并评估可能会对内部控制系统产生重大影响的变更

第七章

续表

我国《企业内部控制基本规范》关于风险评估要素的要求	风险评估是指企业及时识别、系统分析经营活动中与实现内部控制目标相关的风险，合理确定风险应对策略。具体要求如下： ①企业应当根据设定的控制目标，全面系统持续地收集相关信息，结合实际情况，及时进行风险评估。 ②企业开展风险评估，应当准确识别与实现控制目标相关的内部风险和外部风险，确定相应的风险承受度。风险承受度是企业能够承担的风险限度，包括整体风险承受能力和业务层面的可接受风险水平。 ③企业识别内部风险，应当关注下列因素：董事、监事、经理及其他高级管理人员的职业操守，员工专业胜任能力等人力资源因素；组织机构、经营方式、资产管理、业务流程等管理因素；研究开发、技术投入、信息技术运用等自主创新因素；财务状况、经营成果、现金流量等财务因素；营运安全、员工健康、环境保护等安全环保因素；其他有关内部风险因素。 ④企业识别外部风险，应当关注下列因素：经济形势、产业政策、融资环境、市场竞争、资源供给等经济因素；法律法规、监管要求等法律因素；安全稳定、文化传统、社会信用、教育水平、消费者行为等社会因素；技术进步、工艺改进等科学技术因素；自然灾害、环境状况等自然环境因素；其他有关外部风险因素。 ⑤企业应当采用定性与定量相结合的方法，按照风险发生的可能性及其影响程度等，对识别的风险进行分析和排序，确定关注重点和优先控制的风险。企业进行风险分析，应当充分吸收专业人员，组成风险分析团队，按照严格规范的程序开展工作，确保风险分析结果的准确性。 ⑥企业应当根据风险分析的结果，结合风险承受度，权衡风险与收益，确定风险应对策略。企业应当合理分析并准确掌握董事、监事、经理及其他高级管理人员和关键岗位员工的风险偏好，采取适当的控制措施，避免因个人风险偏好给企业经营带来重大损失。 ⑦企业应当综合运用风险规避、风险降低、风险分担和风险承受等风险应对策略，实现对风险的有效控制。 ⑧企业应当结合不同发展阶段和业务拓展情况，持续收集与风险变化相关的信息，进行风险识别和风险分析，及时调整风险应对策略

（3）控制活动。

美国COSO《内部控制框架》关于控制活动要素的要求与原则	要求：控制活动指那些有助于管理层决策顺利实施的政策和程序。控制行为有助于确保实施必要的措施以管理风险，实现经营目标。控制行为体现在整个企业的不同层次和不同部门中。它们包括诸如批准、授权、查证、核对、复核经营业绩、资产保护和职责分工等活动。 原则： ①企业选择并制定有助于将目标实现风险降低至可接受水平的控制活动。 ②企业为用以支持目标实现的技术选择并制定一般控制政策。 ③企业通过政策和程序来部署控制活动：政策用来确定所期望的目标；程序则将政策付诸行动
我国《企业内部控制基本规范》关于控制活动要素的要求	控制活动是企业根据风险评估结果，采用相应的控制措施，将风险控制在可承受度之内。具体要求如下： ①企业应当结合风险评估结果，通过手工控制与自动控制、预防性控制与发现性控制相结合的方法，运用相应的控制措施，将风险控制在可承受度之内。控制措施一般包括：不相容职务分离控制、授权审批控制、会计系统控制、财产保护控制、预算控制、运营分析控制和绩效考评控制等。此外，常用的控制方法还有：内部报告控制、复核控制、人员素质控制等。 ②不相容职务分离控制。所谓不相容职务，是指那些如果由一个人担任既可能发生错误和舞弊行为，又可能掩盖其错误和舞弊行为的职务。不相容职务一般包括：授权批准与业务经办、业务经办与会计记录、会计记录与财产保管、业务经办与稽核检查、授权批准与监督检查等。对于不相容的职务如果不实行相互分离的措施，就容易发生舞弊等行为。不相容职务分离的核心是“内部牵制”，要求企业首先应全面系统地分析、梳理业务流程中所涉及的不相容职务，其次要明确规定各个机构和岗位的职责权限，使不相容岗位和职务之间能够相互监督、相互制约，形成有效的制衡机制。 ③授权审批控制。授权审批是指单位在办理各项经济业务时，必须经过规定程序的授权批准。授权审批形式通常有常规授权和特别授权之分。常规授权是指单位在日常经营管理活动中按照既定的职责和程序进行的授权，用以规范经济业务的权力、条件和有关责任者，其时效性一般较长。特别授权是指单位对办理例外的、非常规性交易事件的权力、条件和责任的应急性授权。

续表

我国《企业内部控制基本规范》关于控制活动要素的要求	授权审批控制要求企业根据常规授权和特别授权的规定，明确各岗位办理业务和事项的权限范围、审批程序和相应责任。企业应当编制常规授权的权限指引，规范特别授权的范围、权限、程序和责任，严格控制特别授权。企业各级管理人员应当在授权范围内行使职权和承担责任。企业对于重大的业务和事项，应当实行集体决策审批或者联签制度，任何个人不得单独进行决策或者擅自改变集体决策。 ④会计系统控制。会计系统控制主要是通过对会计主体所发生的各项能用货币计量的经济业务进行记录、归集、分类、编报等而进行的控制。其内容主要包括： a. 依法设置会计机构，配备会计从业人员。从事会计工作的人员，必须取得会计从业资格证书，会计机构负责人应当具备会计师以上专业技术职务资格。大中型企业应当设置总会计师或者财务总监，设置总会计师或者财务总监的单位，不得设置与其职权重叠的副职。 b. 建立会计工作的岗位责任制，对会计人员进行科学合理的分工，使之相互监督和制约。 c. 按照规定取得和填制原始凭证。 d. 设计良好的凭证格式。 e. 对凭证进行连续编号。 f. 明确会计凭证、会计账簿和财务会计报告的处理程序，保证会计资料真实完整。 g. 明确凭证的装订和保管手续责任。 h. 合理设置账户，登记会计账簿，进行复式记账。 i. 按照《会计法》和国家统一的会计准则制度的要求编制、报送、保管财务报告。 ⑤财产保护控制。财产保护控制要求企业建立财产日常管理制度和定期清查制度，采取财产记录、实物保管、定期盘点、账实核对等措施，确保财产安全。企业应当严格限制未经授权的人员接触和处置财产。 财产保护控制主要包括： a. 财产记录和实物保管。关键是要妥善保管涉及资产的各种文件资料，避免记录受损、被盗、被毁。对重要的文件资料，应当留有备份，以便在遭受意外损失或毁坏时重新恢复，这在计算机处理条件下尤为重要。 b. 定期盘点和账实核对。它是指定期对实物资产进行盘点，并将盘点结果与会计记录进行比较。盘点结果与会计记录如不一致，可能说明资产管理上出现错误、浪费、损失或其他不正常现象，应当分析原因、查明责任、完善管理制度。 c. 限制接近。它是指严格限制未经授权的人员对资产的直接接触，只有经过授权批准的人员才能接触该资产。限制接近包括限制对资产本身的接触和通过文件批准方式对资产使用或分配的间接接触。一般情况下，对货币资金、有价证券、存货等变现能力强的资产必须限制无关人员的直接接触。 ⑥预算控制。预算控制要求企业实施全面预算管理制度，明确各责任单位在预算管理中的职责权限，规范预算的编制、审定、下达和执行程序，强化预算约束。 预算控制的内容涵盖了单位经营活动的全过程，单位通过预算的编制和检查预算的执行情况，可以比较、分析内部各单位未完成预算的原因，并对未完成预算的不良后果采取改进措施，确保各项预算的严格执行。在实际工作中，预算编制不论采用自上而下或自下而上的方法，其决策权都应落实在内部管理的最高层，由这一权威层次进行决策、指挥和协调。预算确定后由各预算单位组织实施，并辅之以对等的权、责、利关系，由内部审计部门等负责监督预算的执行。预算控制的主要环节有： a. 确定预算的项目、标准和程序； b. 编制和审定预算； c. 预算指标的下达和责任人的落实； d. 预算执行的授权； e. 预算执行过程的监控； f. 预算差异的分析和调整； g. 预算业绩的考核和奖惩。 ⑦运营分析控制。 运营分析控制要求企业建立运营情况分析制度，经理层应当综合运用生产、购销、投资、筹资、财务等方面的信息，通过因素分析、对比分析、趋势分析等方法，定期开展运营情况分析，发现存在的问题，及时查明原因并加以改进。 ⑧绩效考评控制。 绩效考评控制要求企业建立和实施绩效考评制度，科学设置考核指标体系，对企业内部各责任单位和全体员工的业绩进行定期考核和客观评价，将考评结果作为确定员工薪酬以及职务晋升、评优、降级、调岗、辞退等的依据。

续表

我国《企业内部控制基本规范》关于控制活动要素的要求	⑨企业应当根据内部控制目标，结合风险应对策略，综合运用控制措施，对各种业务和事项实施有效控制。 ⑩企业应当建立重大风险预警机制和突发事件应急处理机制，明确风险预警标准，对可能发生的重大风险或突发事件，制定应急预案、明确责任人员、规范处置程序，确保突发事件得到及时妥善处理

（4）信息与沟通。

美国COSO《内部控制框架》关于信息与沟通要素的要求与原则	要求：公允的信息必须被确认、捕获并以一定形式及时传递，以便员工履行职责。信息系统产出涵盖经营、财务和遵循性信息的报告，以助于经营和控制企业。信息系统不仅处理内部产生的信息，还包括与企业经营决策和对外报告相关的外部事件、行为和条件等。有效的沟通从广义上说是信息的自上而下、横向以及自下而上的传递。所有员工必须从管理层得到清楚的信息，认真履行控制职责。员工必须理解自身在整个内控系统中的位置，理解个人行为与其他员工工作的相关性。员工必须有向上传递重要信息的途径。同时，与外部诸如客户、供应商、管理当局和股东之间也需要有效的沟通。 原则： ①企业选择、制定并实行持续及/或单独的评估，以判定内部控制各要素是否存在且发挥效用。 ②企业及时评估内部控制缺陷，并将有关缺陷及时通报给负责整改措施的相关方，包括高级管理层和董事会（如适当）。企业选择并制定有助于将目标实现风险降低至可接受水平的控制活动
我国《企业内部控制基本规范》关于信息与沟通要素的要求	信息与沟通是指企业及时、准确地收集、传递与内部控制相关的信息，确保信息在企业内部、企业与外部之间进行有效沟通。具体要求如下： ①企业应当建立信息与沟通制度，明确内部控制相关信息的收集、处理和传递程序，确保信息及时沟通，促进内部控制有效运行。 ②企业应当对收集的各种内部信息和外部信息进行合理筛选、核对、整合，提高信息的有用性。企业可以通过财务会计资料、经营管理资料、调研报告、专项信息、内部刊物、办公网络等渠道，获取内部信息。企业可以通过行业协会组织、社会中介机构、业务往来单位、市场调查、来信来访、网络媒体以及有关监管部门等渠道，获取外部信息。 ③企业应当将内部控制相关信息在企业内部各管理级次、责任单位、业务环节之间，以及企业与外部投资者、债权人、客户、供应商、中介机构和监管部门等有关方面之间进行沟通和反馈。信息沟通过程中发现的问题，应当及时报告并加以解决。重要信息应当及时传递给董事会、监事会和经理层。 ④企业应当利用信息技术促进信息的集成与共享，充分发挥信息技术在信息与沟通中的作用。企业应当加强对信息系统开发与维护、访问与变更、数据输入与输出、文件储存与保管、网络安全等方面的控制，保证信息系统安全稳定运行。 ⑤企业应当建立反舞弊机制，坚持惩防并举、重在预防的原则，明确反舞弊工作的重点领域、关键环节和有关机构在反舞弊工作中的职责权限，规范舞弊案件的举报、调查、处理、报告和补救程序。企业至少应当将下列情形作为反舞弊工作的重点：未经授权或者采取其他不法方式侵占、挪用企业资产，谋取不当利益；在财务会计报告和信息披露等方面存在虚假记载、误导性陈述或者重大遗漏等；董事、监事、经理及其他高级管理人员滥用职权；相关机构或人员串通舞弊。 ⑥企业应当建立举报投诉制度和举报人保护制度，设置举报专线，明确举报投诉处理程序、办理时限和办结要求，确保举报、投诉成为企业有效掌握信息的重要途径。举报投诉制度和举报人保护制度应当及时传达至全体员工

（5）监控（内部监督）。

美国COSO《内部控制框架》关于监控要素的要求与原则	要求：内部控制系统需要被监控，即对该系统有效性进行评估的全过程。可以通过持续性的监控行为、独立评估或两者的结合来实现对内控系统的监控。持续性的监控行为发生在企业的日常经营过程中，包括企业的日常管理和监控行为、员工履行各自职责的行为。独立评估活动的广度和频度有赖于风险预估和日常监控程序的有效性。内部控制的缺陷应该自下而上进行汇报，性质严重的应上报最高管理层和董事会
我国《企业内部控制基本规范》及配套指引关于内部监督要素的要求	内部监督是指企业对内部控制建立与实施情况进行监督检查，评价内部控制的有效性，发现内部控制缺陷，及时加以改进。具体要求如下： ①企业应当根据本规范及其配套办法，制定内部控制监督制度，明确内部审计机构（或经授权的其他监督机构）和其他内部机构在内部监督中的职责权限，规范内部监督的程序、方法和要求。内部监督分为日常监督和专项监督。日常监督是指企业对建立与实施内部控制的情况进行常规、持续的监督检查；专项监督是指在企业发展战略、组织结构、经营活动、业务流程、关键岗位员工等发生较大调整或变化的情况下，对内部控制的某一或者某些方面进行有针对性的监督检查。专项监督的范围和频率应当根据风险评估结果以及日常监督的有效性等予以确定。 ②企业应当制定内部控制缺陷认定标准，对监督过程中发现的内部控制缺陷，应当分析缺陷的性质和产生的原因，提出整改方案，采取适当的形式及时向董事会、监事会或者经理层报告。内部控制缺陷包括设计缺陷和运行缺陷。企业应当跟踪内部控制缺陷整改情况，并就内部监督中发现的重大缺陷，追究相关责任单位或者责任人的责任。 ③企业应当结合内部监督情况，定期对内部控制的有效性进行自我评价，出具内部控制自我评价报告。 企业围绕内部环境、风险评估、控制活动、信息与沟通、内部监督等要素，确定内部控制评价的具体内容，对内部控制设计与运行情况进行评价。内部控制自我评价的方式、范围、程序和频率，由企业根据经营业务调整、经营环境变化、业务发展状况、实际风险水平等自行确定。国家有关法律法规另有规定的，从其规定。 内部控制评价程序一般包括：制定评价工作方案、组成评价工作组、实施现场测试、认定控制缺陷、汇总评价结果、编报评价报告等环节。 企业可以授权内部审计部门或专门机构（以下简称内部控制评价部门）负责内部控制评价的具体组织实施工作。内部控制评价工作组应当对被评价单位进行现场测试，综合运用个别访谈、调查问卷、专题讨论、穿行测试、实地查验、抽样和比较分析等方法，充分收集被评价单位内部控制设计和运行是否有效的证据，按照评价的具体内容，如实填写评价工作底稿，研究分析内部控制缺陷。 a. 个别访谈法，是指企业根据检查评价需要，对被检查单位员工进行单独访谈，以获取有关信息。通过找有关人员谈话，可以调查了解内部控制制度，还可以针对可疑账项或异常情况等向有关人员提出询问。 b. 调查问卷法，是指企业设置问卷调查表，分别对不同层次的员工进行问卷调查，根据调查结果对相关项目作出评价。 c. 专题讨论会法，是指通过召集与业务流程相关的管理人员就业务流程的特定项目或具体问题进行讨论及评估的一种方法。 d. 穿行测试和重新执行法，穿行测试是指通过抽取一份全过程的文件，来了解整个业务流程执行情况的评估评价方法；重新执行是指通过对某一控制活动全过程的重新执行来评估控制执行情况的方法。 e. 抽样法，是指企业针对具体的内部控制业务流程，按照业务发生频率及固有风险的高低，从确定的抽样总体中抽取一定比例的业务样本，对业务样本的符合性进行判断，进而对业务流程控制运行的有效性做出评价。 f. 比较分析法，是指通过分析、比较数据间的关系、趋势或比率来取得评价证据的方法。 内部控制评价工作组应当根据现场测试获取的证据，对内部控制缺陷进行初步认定，并按其影响程度分为重大缺陷、重要缺陷和一般缺陷。重大缺陷应当由董事会予以最终认定。企业对于认定的重大缺陷，应当及时采取应对策略，切实将风险控制在可承受度之内，并追究有关部门或相关人员的责任。 ④企业应当以书面或者其他适当的形式，妥善保存内部控制建立与实施过程中的相关记录或者资料，确保内部控制建立与实施过程的可验证性

小贴士 教材新增案例“维风集团公司内部控制要素分析”，建议考生阅读。

经典例题

【真题·多选题】（2020）甲公司在加强风险管理过程中采取了下列做法，其中符合我国《企业内部控制基本规范》关于信息与沟通要素要求的有（　　）。

A. 加强法制教育，建立健全法律顾问制度和重大法律纠纷案件备案制度

B. 建立反舞弊机制，坚持惩防并举、重在预防的原则

C. 建立举报投诉制度和举报人保护制度

D. 建立重大风险预警机制和突发事件应急处理机制

【答案】 BC

【解析】 选项A属于内部环境，选项D属于控制活动，选项B、C属于信息与沟通。

【真题·单选题】（2019）甲公司在实施全面风险管理过程中，注重加强法制教育，增强董事、监事、经理及其他高级管理人员和员工的法制观念，严格依法决策、依法办事、依法监督。甲公司的上述作法所涉及的内部控制要素是（　　）。

A. 内部环境　　B. 风险评估

C. 控制活动　　D. 内部监督

【答案】 A

【解析】 我国《企业内部控制基本规范》关于内部环境要素的要求之一：企业应当加强法制教育，增强董事、监事、经理及其他高级管理人员和员工的法制观念，严格依法决策、依法办事、依法监督，建立健全法律顾问制度和重大法律纠纷案件备案制度。

【例题·单选题】 在COSO《内部控制——整合框架》中，没有作为内部控制目标的是（　　）。

A. 经营目标

B. 财务报告目标

C. 战略目标

D. 合规目标

【答案】 C

【解析】 COSO《内部控制——整合框架》提出内部控制的三项目标：取得经营的效率和有效性、确保财务报告的可靠性、遵循适用的法律法规。

【例题·单选题】 下列各项中，属于内部控制信息与沟通要素要求的是（　　）。

A. 财务部门经理不能兼任采购部门的审批主管

B. 企业应当出具内部控制自我评价报告

C. 企业应当明确职责权限，将权责落实到各责任单位

D. 企业应当建立举报投诉制度和举报人保护制度

【答案】 D

【解析】 选项A属于控制活动，选项B属于内部监督，选项C属于内部环境。

【例题·多选题】 根据我国《企业内部控制基本规范》，企业的下列各项活动中，属于控制活动的有（　　）。

A. 办公楼设立门禁系统

B. 人力资源部门安排员工年度考核评价

C. 员工如请事假，需向部门经理申请及获得批准

D. 审批材料采购的人员不能同时兼任采购员职务

【答案】 ABCD

【解析】 选项A属于财产保护控制，选项B属于绩效考评控制，选项C属于授权审批控制，选项D属于不相容职务分离控制。

（五）风险管理信息系统

企业的管理信息系统在风险管理中发挥着至关重要的作用。

企业应将信息技术应用于风险管理的各项工作，建立涵盖风险管理基本流程和内部控制系统各环节的风险管理信息系统，包括信息的采集、存储、加工、分析、测试、传递、报告、披露等。

信息采集方面	企业应采取措施确保向风险管理信息系统输入的业务数据和风险量化值的一致性、准确性、及时性、可用性和完整性。对输入信息系统的数据，未经批准，不得更改
信息存储方面	企业应建立良好的数据架构，解决好数据标准化和存储技术问题
信息加工、分析和测试方面	风险基础信息经风险管理信息系统加工和提炼，成为可进行分析的风险管理信息。风险管理信息系统应能够进行对各种风险的计量和定量分析、定量测试；能够实时反映风险矩阵和排序频谱、重大风险和重要业务流程的监控状态
信息传递方面	风险管理信息系统应实现信息在各职能部门、业务单位之间的集成与共享，既能满足单项业务风险管理的要求，也能满足企业整体和跨职能部门、业务单位的风险管理综合要求。企业应建立贯穿于整个风险管理基本流程，连接各上下级、各部门和业务单位的风险管理信息传递渠道，确保信息沟通的及时、准确、完整。信息沟通及时性是指企业需保证把重要相关信息在应该被传递的时间传递到相关部门和岗位，准确性是指企业需保证把重要风险管理信息不被修饰或改变地传递到相关部门和岗位，完整性是指企业需保证把应该传递的信息不打任何折扣地传递到相关部门和岗位
信息报告和披露方面	风险管理信息系统能够对超过风险预警上限的重大风险实施信息报警；能够满足风险管理内部信息报告制度和企业对外信息披露管理制度的要求

此外，企业应确保风险管理信息系统的稳定运行和安全，并根据实际需要不断进行改进、完善或更新。

已建立或基本建立管理信息系统的企业，应补充、调整、更新已有的管理流程和管理程序，建立完善的风险管理信息系统；尚未建立管理信息系统的企业，应将风险管理与企业各项管理业务流程、管理软件统一规划、统一设计、统一实施、同步运行。

高频考点3：风险管理技术与方法

★★★

（一）头脑风暴法

1. 含义：头脑风暴法又称智力激励法、BS法、自由思考法，是指刺激并鼓励一群知识渊博、知悉风险情况的人员畅所欲言，开展集体讨论的方法。

2. 分类：（1）直接头脑风暴法（头脑风暴法），是专家群体决策，尽可能激发创造性，产生尽可能多设想的方法。

（2）质疑头脑风暴法（反头脑风暴法），是对前者提出的设想、方案逐一质疑，分析其现实可行性的方法。

3. 适用范围：适用于在风险识别阶段充分发挥专家意见，在风险识别阶段进行定性分析。

4. 主要优点：

（1）激发了想象力，有助于发现新的风险和全新的解决方案。

（2）让主要的利益相关者参与其中，有助于进行全面沟通。

（3）速度较快并易于开展。

5. 局限性：

（1）参与者可能缺乏必要的技术及知识，无法提出有效的建议。

（2）头脑风暴法的实施过程和参与者提出的意见容易分散，较难保证全面性（例如，一切潜在风险均被识别出来）。

（3）集体讨论时可能会出现特殊情况，导致某些有重要观点的人保持沉默而其他人成为讨论的主角。

（二）德尔菲法

1. 含义：德尔菲法又名专家意见法，是在一组专家中取得可靠共识的程序，其基本特征是专家单独、匿名表达各自的观点，同时随着过程的进展，他们有机会了解其他专家的观点。

德尔菲法采用背对背的通信方式征询专家小组成员的意见，专家之间不得相互讨论，不发生横向联系，只能与调查人员发生联系。通过反复填写问卷，收集各方意见，以形成专家之间的共识。

2. 适用范围：适用于在风险识别阶段专家取得一致性意见基础上，对风险进行定性分析。

3. 主要优点：

（1）由于匿名表达观点，因此更可能表

达出不受欢迎的看法。

（2）所有观点有相同的权重，避免重要人物占主导地位的问题。

（3）专家不必一次聚集在某个地方，比较方便。

（4）专家最终形成的意见具有广泛的代表性。

4. 局限性：

（1）权威人士的意见影响他人的意见。

（2）有些专家碍于情面，不愿意发表与其他人不同的意见。

（3）有些专家可能出于自尊心而不愿意修改自己原来不全面的意见。

（4）德尔菲法的主要缺点是过程比较复杂，花费时间较长。

（三）失效模式影响和危害度分析法

失效模式、影响和危害度分析法（FMECA，failure mode，effects and criticality analysis），可用来分析、审查系统的潜在故障（或称失效）模式。失效模式、影响和危害度分析法按规则记录系统中所有可能存在的影响因素，分析每种因素对系统的工作及状态的影响，将每种影响因素按其影响的程度及发生概率排序，从而发现系统中潜在的薄弱环节，提出预防改进措施，以消除或减少风险发生的可能性，保证系统的可靠性。失效模式、影响和危害度分析法可根据重要性和危害程度，对系统中每种被识别的失效模式进行排序，并用于协助挑选具有高可靠性的替代性设计方案；可确保所有的失效模式及其对运行的影响得到分析；可为系统测试及维修工作规划提供依据。失效模式、影响和危害度分析法还可为其他风险识别方法如定性及定量的故障树法的分析提供数据支持。

1. 适用范围。

适用于对失效模式、影响及危害进行定性或定量分析，还可以对其他风险识别方法提供数据支持。广泛应用于产品的设计与开发、生产和使用等阶段的风险管理，旨在发现缺陷和薄弱环节，为提高产品或服务质量和可靠性水平提供改进依据。

2. 实施步骤。

（1）失效模式分析。将系统分成组件或步骤，确认各部分出现明显故障的方式即失效模式，分析造成这些失效模式的具体机制以及故障可能产生的影响。

（2）失效影响分析。根据故障后果的严重性，对识别出的各个失效模式进行分类并确定风险等级。风险等级一般可以通过故障后果的严重程度与故障发生概率的组合获得，并予以定性、半定量或定量表达。

（3）失效危害度分析。识别风险优先级（the risk priority number），这是一种半定量的危害度测量方法，它将故障后果、可能性和发现故障的难度（如果故障很难发现，则认为其优先级较高）进行等级赋值（通常在1～10之间），然后相乘获得危险度。

（4）列出一份失效故障模式、失效机制及其对系统影响的清单，该清单包含系统失效的可能性、失效模式导致的风险程度等结果，如果结果是定量的，同时故障率的资料可靠，FMECA可以输出定量结果。

3. 主要优点和局限性。

主要优点：（1）广泛适用于人力、设备和系统以及硬件、软件和程序失效模式的分析；（2）识别组件失效模式及其原因和对系统的影响，同时用可读性较强的形式表达出来；（3）能够在设计初期发现问题，因而避免了开支较大的设备改造；（4）识别单个失效模式以适合系统安全的需要。

局限性：（1）只能识别单个失效模式，无法同时识别多个失效模式；（2）除非得到充分控制并集中精力，否则采用此法较耗时且开支较大。一般耗时较长且开支较大。

（四）流程图分析法

1. 含义。

流程图分析法是对流程的每一阶段、每一环节逐一进行调查分析，从中发现潜在风险，找出导致风险发生的因素，分析风险产生后可能造成的损失以及对整个组织可能造成的不利影响。

在企业风险识别过程中，运用流程图绘制企业的经营管理业务流程，可以将与企业各种活动有影响的关键点清晰地表现出来，结合企业中这些关键点的实际情况和相关历史资料，就能够明确企业的风险状况。

2. 适用范围。

对企业生产或经营中的风险及其成因进行定性分析。

3. 主要优点。

流程图分析是识别风险最常用的方法之一。清晰明了，易于操作，且组织规模越大，流程越复杂，流程图分析就越能体现出优越性。通过业务流程分析，可以更好地发现风险点，从而为防范风险提供支持。

4. 局限性。

该方法的使用效果依赖于专业人员的水平。

（五）马尔科夫分析法

马尔科夫分析方法主要围绕“状态”这个概念展开。如果系统未来的状况仅取决于其现在的状况，那么就可以使用马尔科夫分析法。这种方法通常用于对那些存在多种状态（包括各种降级使用状态）的可维修复杂系统进行分析。马尔科夫分析法是一项定量技术，它分析的各种状态可以是不连续的（利用状态间变化的概率），也可以是连续的（利用各状态的变化率）。随机转移概率矩阵可用来描述状态间的转移，以计算各种输出结果，即各种状态下的概率。马尔科夫分析法虽然可以手动进行，但是该技术的性质使其更适合于计算机程序。

1. 适用范围。

适用于对复杂系统中的不确定性事件及其状态改变进行定量分析。

2. 实施步骤。

（1）调查不确定性事件的各种状态及其变化情况。

（2）建立数学模型。

（3）求解模型，得到风险事件各个状态发生的可能性。

3. 主要优点和局限性。

主要优点：能够计算出具有维修能力和多重降级状态的系统的概率。

局限性：（1）无论是故障还是维修，都假设状态变化的概率是固定的；（2）所有事项在统计上都具有独立性，因此未来的状态独立于一切过去的状态，除非两个状态紧密相接；（3）需要了解状态变化的各种概率；（4）有关矩阵运算的知识比较复杂，非专业人士很难看懂。

（六）风险评估系图法

1. 含义。

评估风险影响常见的定性方法之一是制作风险评估系图，又称风险矩阵、风险坐标图。通过风险评估系图可以识别某一风险是否会对企业产生重大影响，并将此结论与风险发生的可能性联系起来，为确定企业风险的优先次序提供框架。设定风险等级的方法应与组织的风险偏好相一致。

2. 适用范围。

适用于对风险进行初步的定性分析。

3. 主要优点。

风险评估系图法作为一种简单的定性方法，为企业确定各项风险重要性等级提供了可视化工具，直观明了。

4. 局限性。

（1）需要对风险重要性等级标准、风险发生可能性、后果严重程度等作出主观判断，可能影响使用的准确性；（2）所确定的风险重要性等级是通过相互比较确定的，因而无法将列示的个别风险重要性等级通过数学运算得到总体风险的重要性等级；（3）如需要进一步探求风险原因，则采用该方法过于简单，缺乏经验证明和数据支持。

（七）情景分析法

1. 含义。

情景分析可用来预计威胁和机遇可能发生的方式，在周期较短及数据充分的情况下，可以从现有情景中推断出未来可能出现的情景。

在识别和分析那些反映诸如最佳情景、最差情景及期望情景的多种情景时，可用来识别在特定环境下可能发生的事件并分析潜在的后果及每种情景的可能性。

2. 适用范围。

适用于对企业面临的风险进行定性和定量分析。

3. 主要优点。

对于未来变化不大的情况能够给出比较精确的模拟结果。

4. 局限性。

（1）在存在较大不确定性的情况下，有些情景可能不够现实；

（2）对数据的有效性以及分析师和决策者开发现实情境的能力有很高的要求；

（3）将情景分析法作为一种决策工具，所用情景可能缺乏充分的基础，数据可能具有随机性。

（八）敏感性分析法

1. 含义。

敏感性分析是针对潜在的风险，研究项目的各种不确定因素变化至一定幅度时，计算其主要经济指标变化率及敏感程度的一种方法。

敏感性分析是在确定性分析的基础上，进一步分析不确定性因素对项目最终效果指标的影响及影响程度。

敏感性因素一般可选择主要参数（如销售收入、经营成本、生产能力、初始投资、寿命期、建设期、达产期等）进行分析。

若某参数的小幅变化能导致效果指标的较大变化，则称此参数为敏感性因素，反之则称其为非敏感性因素。

敏感性分析可以寻找出影响最大、最敏感的主要变量因素。

敏感性分析最常用的显示方式是龙卷风图。龙卷风图有助于比较具有较高不确定性的变量与相对稳定的变量之间的相对重要程度。

2. 适用范围。

适用于对项目不确定性对结果产生的影响进行的定量分析。

3. 主要优点。

（1）为决策提供有价值的参考信息；

（2）清晰地为风险分析指明方向；

（3）帮助企业制定紧急预案。

4. 局限性。

（1）所需要的数据经常缺乏，无法提供可靠的参数变化；

（2）分析时借助公式计算，没有考虑各种不确定因素在未来发生变动的概率，因此其分析结果可能和实际相反。

案例：某企业打算在A市兴建一座大桥，但这个项目的不确定性因素很多，如项目总投资、银行贷款利率、过桥费收入均不确定。这些因素变化的可能性较大。例如，工程设计变更、不可抗力、材料价格上涨，从而导致项目的投资增加；银行贷款利率也会在一定范围内变化，因而会较大地影响本工程贷款金额；能否取得优惠贷款，这对资金成本影响很大，进而对工程经济指标也产生影响；根据A市物价局的规定，本大桥开始收费后每三年需要重新报批收费标准，并且过桥车辆数量也会发生增减变化，这些都会导致过桥费收入的变化。这项新建项目总投资、银行贷款利率、过桥费收入都不是投资方所能控制的，因此敏感性分析将这三个因素作为分析对象，分析每一个因素的变化对本大桥内部收益率的影响。

（九）事件树分析法

1. 含义。

事件树（ETA）是一种表示初始事件发生之后互斥性后果的图解技术。它按事件发展的时间顺序由初始事件开始推论可能的后果，从而进行危险源的辨识。这种方法将系统可能发生的某种事件与导致事件发生的各种原因之间的逻辑关系用一种称为事件树的树形图表示，通过对事件树的定性与定量分析，找出事件发生的主要原因，为确定安全对策提供可靠依据。

2. 适用范围。

适用于具有多种环节的故障发生以后，对多种可能后果的定性和定量分析。

3. 主要优点。

（1）ETA以清晰的图形显示了经过分析的初始事项之后的潜在情景，以及缓解系统或功能成败产生的影响。

（2）它能说明时机、依赖性以及故障树模型中很烦琐的多米诺效应。

（3）它生动地体现事件的顺序。

4. 局限性。

（1）为了将ETA作为综合评估的组成部分，一切潜在的初始事项都要进行识别，这可能有赖于其他方法；但总有可能会遗漏一些重要的初始事项。

（2）事件树只分析了某个系统的成功及故障状况，很难将延迟成功或恢复事项纳入其中。

（3）任何路径都取决于路径上以前分支点处发生的事项。

（十）决策树法

1. 含义。

决策树是考虑到在不确定性的情况下，以序列方式表示决策选择和结果。

类似于事件树，决策树开始于初因事项或是最初决策，同时由于可能发生的事项及可能作出的决策，它需要对不同路径和结果进行建模。决策树用于项目风险管理和其他环境中，以便在不确定的情况下选择最佳的行动步骤。

2. 适用范围。

适用于对不确定性投资方案期望收益的定量分析。

3. 主要优点。

（1）对于决策问题的细节提供了一种清楚的图解说明。

（2）能够计算达到一种情形的最优路径。

4. 局限性。

（1）大的决策树可能过于复杂，不容易与其他人交流。

（2）为了能够用树形图表示，可能有过于简化环境的倾向。

（十一）统计推论法

1. 含义：统计推论是进行项目风险评估和分析的一种十分有效的方法，是根据过去和现在的发展趋势推断未来的一类方法的总称，它可分为前推、后推和旁推三种类型。

①前推：是指根据历史的经验和数据，向前推断出未来事件发生的概率及其后果，在时间序列上表现为由后向前推算。

②后推：是在手头没有历史数据时所采用的一种方法，是把未知的想象的事件及后果与一已知事件与后果联系起来，把未来风险事件归结到有数据可查的造成这一风险事件的初始事件上，从而对风险作出评估和分析，在时间序列上表现为由前向后推算。

③旁推：是利用类似项目的数据进行统计推论，利用某一项目的历史记录对新的类似项目可能遇到的风险进行评估和分析，如依据其他国家产业的发展趋势，推测公司所处行业未来的市场风险等，当然这需要充分考虑新环境的各种变化。这三种方法在项目风险评估和分析中都得到了广泛采用。

2. 适用范围：适用于各种风险分析预测。

3. 主要优点。

（1）在数据充足可靠的情况下简单易行。

（2）应用领域广泛。

4. 局限性。

（1）由于历史事件的前提和环境已发生了变化，不一定适用于今天或未来。

（2）没有考虑事件的因果关系，使外推结果可能产生较大偏差。为了修正这些偏差，有时必须在历史数据的处理中加入专家或集体的经验修正。

经典例题

【真题·多选题】（2021）美邦公司是一家建筑装修企业，该公司的采购总监为了防范原材料和设备采购过程中可能发生的风险，梳理了从采购计划制定、供应商筛选、询议价格、制作订单、部门领导审核、采购合同签订、产品验收入库直到结算等各个环节的潜在风险，并找出导致风险发生的因素，分析风险发生后可能造成的损失。下列各项中，属于该公司采用的上述风险分析方法优点的有（　　）。

A. 使用效果较少依赖专业人员的水平

B. 风险识别定量分析准确率高

C. 组织规模越大，流程越复杂，越能体现出优越性

D. 清晰明了，易于操作

【答案】CD

【解析】“梳理了从采购计划制定、供应商筛选、询议价格、制作订单、部门领导审核、采购合同签订、产品验收入库直到结算等各个环节的潜在风险，并找出导致风险发生的因素，分析风险发生后可能造成的损失。”属于流程图分析法，其优点是清晰明了，易于操作，且组织规模越大，流程越复杂，流程图分析法就越能体现出优越性。因此，选项C、D正确。

【真题·单选题】（2020）龙泉啤酒公司为了应对气候变化对产品销售的影响，对过去3年中气温与该公司啤酒销售量的变化进行了统计分析，找出其中气温炎热、温和及寒冷等不同状态下产品销量变动的规律，并依据此规律和气象部门的预测，计算、推测出该公司下一年应实现的产品销售量。龙泉啤酒公司采用的风险管理方法属于（　　）。

A. 敏感性分析法

B. 情景分析法

C. 马尔科夫分析法

D. 统计推论法

【答案】D

【解析】“对过去3年中气温与该公司啤酒销售量的变化进行了统计分析，找出其中气温炎热、温和及寒冷等不同状态下产品销量变动的规律，并依据此规律和气象部门的预测，计算、推测出该公司下一年应实现的产品销售量。”属于统计推论法，选项D正确。

【真题·单选题】（2019）科环公司计划在某市兴建一座垃圾处理场，并对占用土地的价格、垃圾处理收入和建设周期等不可控因素的变化对该垃圾处理场内部收益率的影响进行了分析。科环公司采取的风险管理方法是（　　）。

A. 失效模式影响和危害度分析法

B. 马尔科夫分析法

C. 情景分析法

D. 敏感性分析法

【答案】D

【解析】科环公司分析了占用土地的价格、垃圾处理收入和建设周期等不可控因素的变化对该垃圾处理场内部收益率的影响，采用的风险管理方法是敏感性分析法。选项D正确。

【真题·单选题】（2019）甲公司在实施风险管理过程中，对由人为操作和自然因素引起的各种风险对企业影响的大小和发生的可能性进行分析，为确定企业风险的优先次序提供分析框架。该公司采取的上述风险管理方法属于（　　）。

A. 决策树法

B. 马尔科夫分析法

C. 风险评估系图法

D. 流程图分析法

【答案】C

【解析】风险评估系图识别某一风险是否会对企业产生重大影响，并将此结论与风险发生的可能性联系起来，为确定企业风险的优先次序提供框架。选项C正确。

【例题·单选题】甲公司是一家化工企业，每年都对设备进行检修。甲公司在对设备故障风险进行分析时，先将设备运行情况划分为几种情景状态，然后用随机转移矩阵描述这几种状态之间的转移，最后用计算机程序计算出每种状态发生的概率。甲公司采用的这种风险管理方法是（　　）。

A. 事件树分析法

B. 失效模式影响和危害度分析法

C. 马尔科夫分析法

D. 情景分析法

【答案】C

【解析】如果系统未来的状况仅取决于其现在的状况，那么就可以使用马尔科夫分析。

这种分析通常用于对那些存在多种状态（包括各种降级使用状态）的可维修复杂系统进行分析。马尔科夫分析是一项定量技术，可以是不连续的（利用状态间变化的概率）或者连续的（利用各状态的变化率）。马尔科夫分析方法主要围绕“状态”这个概念展开。随机转移概率矩阵可用来描述状态间的转移，以便计算各种输出结果。选项C正确。

【例题·单选题】甲公司是一家国内知名的互联网企业。甲公司从去年开始推出了多款新的互联网金融产品。为了消除部分客户对其产品风险的质疑，甲公司组织了来自学术界、企业界以及政府相关职能部门的专家，通过电子信箱发送问卷的调查方式征询专家对公司产品风险的意见。甲公司采取的风险管理方法是（　　）。

A. 德尔菲法　　B. 情景分析法

C. 因素分析法　　D. 头脑风暴法

【答案】A

【解析】德尔菲法又名专家意见法，是在一组专家中取得可靠共识的程序。其基本特征是专家单独、匿名表达各自的观点，同时随着过程的进展，他们有几乎了解其他专家的观点。德尔菲法采用背对背的通信方式征询专家小组的成员的意见，专家之间不得互相讨论，不发生横向联系，只能与调查人员发生关系。通过反复填写问卷，收集各方意见，以形成专家之间的共识。所以选项A正确。

【例题·单选题】今年以来，受国内外各种不确定性因素的影响，房地产行业的发展进入了一个新阶段，乙房地产公司从定性和定量的角度，按照好、中、差3种不同的假设条件，预测了本公司本年度将面临的各种不确定因素以及由此给公司带来的各种不同后果，乙房地产公司采用的风险管理技术与方法是（　　）。

A. 敏感性分析法　　B. 情景分析法

C. 决策树法　　D. 统计推论法

【答案】B

【解析】情景分析法，在识别和分析那些反映诸如最佳情景、最差情景及期望情景的多种情景时，可用来识别在特定环境下可能发生的事件并分析潜在的后果及每种情景的可能性。情景分析法通过模拟不确定性情景，对企业面临的风险进行定性和定量分析。乙房地产公司从定性和定量的角度，按照好、中、差3种不同的假设条件，预测了本公司本年度将面临的各种不确定因素，属于情景分析法，选项B正确。

【例题·多选题】丙公司是一家教培公司，国家双减政策出台之后，教培行业遭遇重创，丙公司计划转型直播带货领域。为了更好地了解公司业务转型中存在的风险因素，丙公司召集了7位相关领域的专家，在公司内召开专家会议，大家畅所欲言，针对公司面临的五个方面风险因素，开展充分的集体讨论。下列各项对丙公司采用的风险管理技术与方法优点的表述中，正确的有（　　）。

A. 这种方法速度较快，容易开展

B. 这种方法通过专家群体决策，产生尽可能多的设想

C. 这种方法更有可能表达出那些不受欢迎的看法

D. 这种方法能够激发专家们的想象力

【答案】ABD

【解析】根据题干描述，丙公司采用的是头脑风暴法。选项C是德尔菲法的优点。

【例题·单选题】丁公司是一家大型商场。开业以来，公司积累了丰富的销售数据。公司战略部门每年都会对这些数据进行收集整理，据此推算出未来年度企业的销售风险。根据上述信息，丁公司采用的风险管理方法是（　　）。

A. 前推法　　B. 后推法

C. 逆推法　　D. 正推法

【答案】A

【解析】前推就是根据历史的经验和数据推断出未来事件发生的概率及其后果。丁公司战略部门每年都会对销售数据进行收集整理，据此推算出未来年度企业的销售风险，属于前推法。

进阶练习

（一）单选题

1. 弘运公司为了加强对损失事件的管理成立了一家附属机构，这家附属机构的职责是用母公司提供的资金建立损失储备金，并为母公司提供保险。弘运公司管理损失事件的方法属于（　　）。

A. 损失融资　　B. 风险资本

C. 专业自保　　D. 保险

2. 华云公司近年来不断加强企业内部控制体系建设，在董事会下设立了审计委员会。审计委员会负责审查企业内部控制，监督内部控制的有效实施和内部控制自我评价情况，协调内部控制审计及其他相关事宜。根据COSO《内部控制框架》，华云公司的上述做法属于内部控制要素中的（　　）。

A. 内部环境　　B. 内部监督

C. 风险评估　　D. 控制活动

3. 下列各项中，属于内部控制内部环境要素要求的是（　　）。

A. 内部审计工作的独立性

B. 及时识别内外部风险

C. 董事长对经理的决策授权

D. 制定内部控制缺陷认定标准

4. 面对未来国内外经济形势不确定因素增加的局面，鑫华基金公司按照较好、一般、较差三种假设条件，对公司未来可能遇到的不确定因素及其对公司收入和利润的影响作出定性和定量分析。鑫华基金公司使用的风险管理技术与方法是（　　）。

A. 敏感性分析法

B. 情景分析法

C. 统计推论法

D. 马尔科夫分析法

5. 在风险坐标图中，风险对企业所产生的影响是影响风险评估的重要参数，另一个影响风险评估的重要参数是（　　）。

A. 企业对风险的偏好

B. 应对风险措施的成本

C. 风险发生的可能性

D. 企业对风险的承受能力

6. 甲公司为加强对风险损失事件的管理，与乙银行签订协议，规定在一定期间内，如果甲公司由于台风等自然灾害遭受重大损失，可从乙银行取得贷款，并按约定向乙银行缴纳权利费。甲公司管理损失事件的方法称为（　　）。

A. 损失融资　　B. 专业自保

C. 应急资本　　D. 保险

7. 通达路桥公司拟在某省兴建一座大桥。这项工程将面临诸多不确定因素，如工程总投资、银行贷款、过桥费收入等。公司为了预测这项工程所产生的效益并防范可能发生的风险，组织相关人员分析了上述每一个因素的变化对该项目内部收益率的影响。通达路桥公司所采用的风险管理方法是（　　）。

A. 情景分析法

B. 敏感性分析法

C. 马尔科夫分析法

D. 风险评估分析法

8. 下列各项关于风险管理解决方案的表述，错误的是（　　）。

A. 风险管理解决方案中的外部解决方案一般指外包

B. 风险管理解决方案应有风险解决具体目标和风险管理工具等方面的内容

C. 落实风险管理解决方案必须认识到风险管理是企业价值创造的根本源泉

D. 风险管理解决方案中的内部解决方案一般指风险管理策略

9. 为有效管理公司的信用风险，甲公司管理层决定将其全部的应收款项以应收总金额的85%出售给乙公司，由乙公司向有关债务人收取款项，甲公司不再承担有关债务人未能如期付款的风险。甲公司应对此项信用风险的策略属于（ ）。

A. 风险承担　B. 风险转移

C. 风险转换　D. 风险对冲

10. 为了适应市场需求，甲公司决定投资扩大手机生产规模。市场预测表明：该产品销路好的概率为0.6，销路差的概率为0.4。据此，公司计算出多个备选方案，并根据在产品销路不确定情况下净现值的期望值，选择出最优方案。根据上述信息，甲公司采用的风险管理技术与方法是（ ）。

A. 流程图分析法

B. 事件树分析法

C. 决策树分析法

D. 敏感性分析法

11. 甲公司是一家计划向移动互联网领域转型的大型传统媒体企业。为了更好地了解企业转型中存在的风险因素，甲公司聘请了20位相关领域的专家，根据甲公司面临的内外部环境，针对六个方面的风险因素，反复征询每个专家的意见，直到每一个专家不再改变自己的意见、达成共识为止。该公司采取的这种风险管理方法是（ ）。

A. 德尔菲法

B. 情景分析法

C. 因素分析法

D. 头脑风暴法

12. 甲公司是一家食品加工企业，需要在4个月后采购一批大豆。目前大豆的市场价格是3 000元/吨。甲公司管理层预计4个月后大豆的市场价格将超过3 600元/吨，但因目前甲公司的仓储能力有限，现在购入大豆将不能正常存储。甲公司计划通过衍生工具交易抵销大豆市场价格上涨的风险。由此可知，甲公司采取的风险管理工具是（ ）。

A. 风险转移　B. 风险对冲

C. 风险转换　D. 风险补偿

13. 下列各项关于应对风险的措施中，属于风险转移的是（ ）。

A. 甲公司是一家规模较小的唱片制作企业。为了保护唱片版权，甲公司与其网络商场签订合作协议，由该网络商场每年支付固定版权费用，商场会员即可无限次下载收到版权保护的甲公司制作的唱片音乐

B. 乙公司是一家股票上市的商品零售企业。为了筹建更多商场，扩大市场占有率，乙公司要求母公司为其金额为5亿元的中长期贷款提供担保

C. 丙公司是一家区域性奶制品生产企业。为了推广高端乳酸菌饮料产品，丙公司决定按照“买一送一”的政策对乳酸菌饮料新产品和传统水果味酸奶产品进行捆绑销售

D. 丁公司是一家稀有资源开发企业。按照国际惯例，丁公司每年向矿区所在地政府预付一定金额的塌陷补偿费

14. 下列各项中，属于风险管理定量分析方法的是（ ）。

A. 头脑风暴法

B. 敏感性分析法

C. 流程图分析法

D. 风险评估系图法

15. 根据我国《企业内部控制基本规范》，反舞弊机制属于内部控制要素中的（ ）。

A. 内部环境　B. 控制活动

C. 信息与沟通　D. 内部监督

16. R国W公司于2002年发行了名为Ploneer的巨灾债券。该债券能够同时为北美飓风、欧洲风暴以及美国加利福尼亚和日本地震提供救灾资金保障。这种具有金融衍生品特性的债券，属于风险管理策略工具中的（ ）。

A. 风险补偿　B. 风险转换

C. 风险转移　D. 风险对冲

17. 丁公司拟将部分加工业务外包给外部机构，为了更好地识别业务外包过程中可能存在的风险，丁公司组织了8名知识渊博、知悉相关风险情况的专家开展集体讨论。专家们畅所欲言，群体决策，尽可能激发创造性。关于丁公司采取的风险管理方法，表述错误的是（ ）。

A. 该方法速度较快并易于开展

B. 该方法相对松散，较难保证过程的全

面性

C. 该方法是定量分析方法

D. 该方法可能会出现特殊的小组状况

18. 下列选项中，不属于内部控制内部环境要素要求的是（　　）。

A. 董事会下设审计委员会

B. 企业应加强文化建设

C. 企业应加强内部审计工作

D. 企业应当建立反舞弊机制

19. 下列各项中，属于企业一般不应把风险承担作为风险管理策略的情况是（　　）。

A. 企业管理层及全体员工都未辨识出风险

B. 企业从成本效益考虑认为选择风险承担是最适宜的方案

C. 企业缺乏能力对已经辨识出的风险进行有效管理与控制

D. 企业面临影响企业目标实现的重大风险

20. 下列各项中，属于控制活动要素的是（　　）。

A. 企业制定内部控制缺陷认定标准

B. 企业实施全面预算管理制度

C. 企业根据设立的控制目标，及时进行风险评估

D. 董事会下设立审计委员会

21. 某公司设置了审计委员会、内部审计部门和风险管理职能部门，制定了本企业的风险管理监督与改进措施。下列选项中，不符合《中央企业全面风险管理指引》要求的是（　　）。

A. 各业务单位应定期对风险管理工作进行自查和检验，及时发现缺陷并改进，其检查、检验报告应及时报送企业风险管理职能部门

B. 可聘请有资质、信誉好、风险管理专业能力强的中介机构对企业全面风险管理工作进行评价，出具风险管理评估和建议专项报告

C. 董事会下设审计委员会，内部审计部门对审计委员会负责

D. 内部审计部门对各职能部门开展风险管理工作及其工作效果进行监督评价，监督评价报告直接报送总经理或其委托分管风险管理工作的高级管理人员

（二）多选题

1. 下列各项对审计委员会职责的表述中，正确的有（　　）。

A. 审计委员会应结合企业财务报表的编制情况，对重大的财务报告事项和判断进行复核

B. 审计委员会应每年至少与外聘及内部审计师会面一次，讨论与审计相关的事宜，管理层应当出席

C. 审计委员会负责监督内部审计部门的工作

D. 审计委员会决定对内部审计主管的任命和解聘

2. 甲公司是一家生产高档不锈钢表壳的企业，产品以出口为主，以美元为结算货币。公司管理层召开会议讨论如何管理汇率风险，与会人员提出不少对策。关于这些对策，以下表述正确的有（　　）。

A. 部门经理刘某提出“风险转移”策略：从国外进口相关的原材料，这样可以用外币支付采购货款，抵销部分人民币升值带来的影响

B. 业务员李某提出“风险对冲”策略：运用套期保值工具来控制汇率风险

C. 财务部小王提出“风险规避”策略：公司干脆把目标客户群从国外转移到国内，退出国外市场，这样就从根本上消除了汇率风险

D. 负责出口业务的副总张某提出“风险控制”策略：加强对汇率变动趋势的分析和研究，以减少汇率风险带来的损失

3. 甲公司为A国的一家电子公司，正在考虑应否把生产总部迁往C国的D市，然后上市筹资。甲公司管理层希望在投资前了解此项计划获得C国政府批准的可能性及其对公司未来现金流量的影响。甲公司管理层同时也考虑了将生产总部迁往其他国家如H国的可能性，以及与迁往D市方案相比的风险和回报。在整个分析中，甲公司管理层可用的分析工具

有（　　）。

A. 波士顿矩阵　　　　B. 情景分析法

C. 平衡计分卡　　　　D. 决策树法

4. 风险管理内部解决方案的具体措施包括（　　）。

A. 外包

B. 内部控制

C. 风险理财措施

D. 信息系统

5. 风险评估的定量方法包括（　　）。

A. 统计推论

B. 行业标杆比较

C. 计算机模拟

D. 专家咨询

6. 下列各项中，属于审计委员会职责的有（　　）。

A. 对重大的财务报告事项和判断进行复核

B. 监督内部审计部门的工作

C. 决定内部审计主管的任命和解聘

D. 出具监督评价审计报告

7. 下列各项中，不属于分析企业市场风险应收集的信息有（　　）。

A. 主要客户、供应商的信用情况

B. 科技进步、技术创新的有关内容

C. 产品或服务的价格及供需变化

D. 企业组织效能和管理现状

8. 某上市公司根据《企业内部控制基本规范》建立了反舞弊机制，关注的反舞弊工作重点应当包括（　　）。

A. 未经授权或者采取其他不法方式侵占、挪用企业资产，谋取不当利益

B. 在财务会计报告和信息披露等方面存在的虚假记载、误导性陈述或者重大遗漏等

C. 董事、监事、经理及其他高级管理人员滥用职权

D. 相关机构或人员串通舞弊

9. 我国《企业内部控制基本规范》规定内部控制的要素包括（　　）。

A. 宏观环境　　　　B. 控制活动

C. 风险评估　　　　D. 内部监督

10. 星云公司制造手机所需要的部分零部件由奇象公司提供。星云公司为了防范和应对采购过程中可能出现的风险，与奇象公司签订了严格而规范的合同，其中一项规定是：如果由于外界不可抗力因素造成奇象公司不能按时供货并给星云公司带来损失，只要损失额超过一定数量，那么超过的部分由奇象公司予以赔偿。在上述案例中，星云公司采取的风险管理工具有（　　）。

A. 风险承担　　　　B. 风险转移

C. 风险补偿　　　　D. 风险规避

11. 甲公司是一家非上市大型企业，为了有效实施全面风险管理，正在考虑设立风险管理委员会。下列各项关于甲公司设立风险管理委员会的具体方案内容中，正确的有（　　）。

A. 董事会下设风险管理委员会

B. 风险管理委员会的召集人由总经理担任

C. 风险管理委员会督导企业风险管理文化的培育

D. 风险管理委员会审议重大风险管理解决方案

12. 风险管理定性分析方法包括（　　）。

A. 德尔菲法

B. 流程图分析法

C. 马尔科夫分析法

D. 风险评估系图法

13. 下列选项中，属于内部控制活动要素要求的有（　　）。

A. 企业应当识别内部风险和外部风险

B. 企业应当严格限制未经授权的人员接触资产

C. 企业实施全面预算管理制度

D. 企业应当建立规范的公司治理结构

14. 下列关于风险评估系图法的表述中，正确的有（　　）。

A. 是一种定量分析方法

B. 分析风险发生的可能性以及风险对企业的影响程度

C. 虽然直观明了，但是缺乏有效的数据支持

D. 根据风险评估系图，企业需要更加关注具有重大影响且发生可能性较高的风险

15. 甲公司每年最低运营资本是5亿元，但是有5%的可能性需要7.5亿元维持运营，有1%的可能性需要10亿元才能维持运营。根据已知信息判断下列说法中正确的有（　　）。

A. 如果甲公司的风险资本为2亿元，那么这家公司的生存概率小于95%

B. 如果甲公司的风险资本为2.5亿元，那么这家公司的生存概率就是95%

C. 如果甲公司的风险资本为5亿元，那么这家公司的生存概率就是99%

D. 如果甲公司的风险资本为5.5亿元，那么这家公司的生存概率大于99%

16. 下列各项中，属于《企业内部控制基本规范》对内部环境要素要求的有（　　）。

A. 企业应当建立举报投诉制度和举报人保护制度

B. 企业应当制定和实施有利于企业可持续发展的人力资源政策

C. 企业应当建立重大风险预警机制和突发事件应急处理机制

D. 企业应当加强内部审计工作

17. 企业对所面临的风险采取接受的态度，从而承担风险带来的后果，其可能的原因包括（　　）。

A. 影响到企业目标实现的重大风险

B. 企业未能辨识出风险

C. 从成本效益考虑，风险承担是最适宜的方案

D. 企业缺乏能力进行主动的风险管理

18. 下列风险管理技术与方法中，能够对风险进行定量分析的有（　　）。

A. 德尔菲法

B. 事件树分析法

C. 流程图分析法

D. 马尔科夫分析法

（三）简答题

云博公司成立于2015年，致力于智能机器人的研发和制造，其产品广泛应用于冶金、医疗、金融、物流等领域。

云博公司的销售业务由一位主管副总经理负责，主管副总经理根据业务能力选拔、任用多名分别负责不同类别产品的销售经理。每位销售经理管理一个由5~8位销售人员组成的销售组，负责某一类产品的销售。销售组的年度销售计划由销售经理提出，经主管副总经理批准后实施。公司员工包括销售人员的薪酬取决于对公司确定的各项业绩目标所做出的贡献，“唯业绩”观念被公司员工普遍接受。因此，销售经理们往往制定较高的年度销售目标，并把该目标按月分解并分配给组内每一位销售人员。截至2019年底，智能机器人市场一直供不应求，销售计划完成比较顺利，因此，主管副总经理对销售经理提出的销售计划往往不经仔细审核就签字通过。根据业绩目标完成情况，主管副总经理对销售经理进行季度考核和奖罚、销售经理对组内销售人员进行月度考核和奖罚。考核时间的短期化使销售人员时时感受到压力，彼此之间为完成业绩指标争夺客户的现象时有发生。在价格与合同管理上，公司为更快、更多地获取订单采用灵活的做法，赋予销售经理和销售人员可按最低8折价格与客户签订产品销售合同的权利。虽然公司制度规定销售合同须事先经财务、法务部门审核方能签订，但未得到严格执行。公司建立了对销售人员每半年进行一次职业规范、业务技能和相关法律法规培训的制度，但面对销售经理们销售任务重、抽不出时间参加培训的抱怨始终未能落实。

2020年初，由于新冠肺炎疫情暴发，云博公司的产品订单急剧减少。但销售经理们和主管副总经理一致认为，疫情不会持久，市场需求会很快转旺，因此要求生产部门生产并储备比疫情发生前更多的产品。一年后，新冠肺炎疫情并未缓解，市场仍然低迷，云博公司的大量产品滞销、积压。有的销售经理未进行资信调查就向新客户赊销产品，造成大量货款至今没有收回。还有个别销售经理与客户合谋，

擅自突破公司规定的产品价格折扣底线，以极低的价格出售产品并从对方收取“报酬”。公司内部控制和审计部门对销售过程中的失控和混乱现象未能及时发现和纠正。这些原因导致公司销售业务走入困境。半年后，云博公司由于巨额亏损濒临破产。

要求：依据我国《企业内部控制基本规范》的要求，简要分析云博公司的内部环境要素存在的内部控制缺陷。

进阶练习答案及解析

（一）单选题

1.【答案】C

【解析】专业自保公司又称专属保险公司，是非保险公司的附属机构，为母公司提供保险，并由其母公司筹集保险费，建立损失储备金。“弘运公司为了加强对损失事件的管理成立了一家附属机构，这家附属机构的职责是用母公司提供的资金建立损失储备金，并为母公司提供保险”，表明弘运公司管理损失事件的方法属于专业自保。选项 C 正确。

2.【答案】A

【解析】我国《企业内部控制基本规范》关于内部环境要素的要求之一：企业应当在董事会下设立审计委员会。审计委员会负责审查企业内部控制，监督内部控制的有效实施和内部控制自我评价情况，协调内部控制审计及其他相关事宜等。审计委员会负责人应当具备相应的独立性、良好的职业操守和专业胜任能力。

3.【答案】A

【解析】选项 B 属于风险评估要素要求，选项 C 属于控制活动要素要求，选项 D 属于内部监督要素要求。

4.【答案】B

【解析】情景分析法是通过模拟不确定性情景，对企业面临的风险进行定性和定量分析。鑫华基金公司按照较好、一般、较差三种假设条件，对公司未来可能遇到的不确定因素及其对公司收入和利润的影响作出定性和定量分析，使用风险管理技术与方法是情景分析法。

5.【答案】C

【解析】企业应根据对风险发生可能性的高低和对目标的影响程度的评估，绘制风险坐标图。

6.【答案】C

【解析】应急资本是一个金融合约，规定在某一段时间内、某个特定事件发生的情况下公司有权从应急资本提供方处募集股本或贷款（或资产负债表上的其他实收资本项目），并为此按照时间向资本提供方缴纳权利费，这里特定事件称为触发事件。

7.【答案】B

【解析】通达路桥公司分析不确定因素（如工程总投资、银行贷款、过桥费收入等）的变化对该项目内部收益率的影响，采用的风险管理方法是敏感性分析法。选项 B 正确。

8.【答案】D

【解析】风险管理解决方案中的内部解决方案是指风险管理体系的运转。在具体实施中，一般是以下几种手段的综合应用：风险管理策略；组织职能；内部控制，包括政策、制度、程序；信息系统，包括报告体系；风险理财措施。选项 D 错误。

9.【答案】B

【解析】甲公司将此项信用风险转移给了乙公司，对转移后的风险不再拥有所有权，属于风险转移策略。

10.【答案】C

【解析】决策树法是考虑在不确定的情况下，以序列方式表示决策选择和结果。甲公司计算出多个备选方案，并根据在产品销路不确定情况下净现值的期望值，选择出最优方案，采用的风险管理技术与方法是决策树分析法，选项C正确。

11.【答案】A

【解析】德尔菲法又名专家意见法，是在一组专家中取得可靠共识的程序。其基本特征是专家单独、匿名表达各自的观点，同时随着过程的进展，他们有几乎了解其他专家的观点。德尔菲法采用背对背的通信方式征询专家小组的成员的意见，专家之间不得互相讨论，不发生横向联系，只能与调查人员发生关系。通过反复填写问卷，收集各方意见，以形成专家之间的共识。所以选项A正确。

12.【答案】B

【解析】甲公司计划通过衍生工具交易抵销大豆市场价格上涨的风险，属于风险对冲。

13.【答案】A

【解析】选项A属于风险转移；选项B属于风险补偿；选项C属于风险控制；选项D属于风险承担。

14.【答案】B

【解析】敏感性分析法适用于对项目不确定性对结果产生的影响进行的定量分析。

15.【答案】C

【解析】内部控制信息与沟通要素要求企业应当建立反舞弊机制。

16.【答案】C

【解析】R国W公司于2002年发行了名为Ploneer的巨灾债券。该债券能够同时为北美飓风、欧洲风暴以及美国加利福尼亚和日本地震提供救灾资金保障，属于风险转移策略中的风险证券化。选项C正确。

17.【答案】C

【解析】丁公司采取的风险管理方法是头脑风暴法，属于定性分析方法。

18.【答案】D

【解析】企业应当建立反舞弊机制，属于信息与沟通要素的要求。选项D错误。

19.【答案】D

【解析】对未能辨识出的风险，企业只能采用风险承担。对于辨识出的风险，企业也可能由于以下几种原因采用风险承担：（1）缺乏能力进行主动管理，对这部分风险只能承担；（2）没有其他备选方案；（3）从成本效益考虑，这一方案是最适宜的方案。对于企业的重大风险，即影响到企业目标实现的风险，企业一般不应采用风险承担。选项D正确。

20.【答案】B

【解析】选项A属于内部监督要素；选项B属于控制活动要素；选项C属于风险评估要素；选项D属于内部环境要素。因此，选项B正确。

21.【答案】D

【解析】企业内部审计部门应至少每年一次对包括风险管理职能部门在内的各有关部门和业务单位能否按照有关规定开展风险管理工作及其工作效果进行监督评价，监督评价报告应直接报送董事会或董事会下设的风险管理委员会和审计委员会。选项D错误。

（二）多选题

1.【答案】ACD

【解析】审计委员会应每年至少与外聘及内部审计师会面一次，讨论与审计相关的事宜，但管理层无须出席。选项B错误。

2.【答案】BCD

【解析】选项A属于“风险对冲”策略。

3.【答案】BD

【解析】“希望在投资前了解此项计划获得C国政府批准的可能性及其对公司未来现金流量的影响”，甲公司可采用情景分析法，分析C国政府是否批准的不同情景对公司影响；“考虑了将生产总部迁往其他国家如H国的可能性，以及与迁往D市方案相比的风险和回报”，甲公司可采用决策树法，分析不同决策导致的不同路径和结果，通过对比选择最优方案。

4.【答案】BCD

【解析】内部解决方案是风险管理体系的运转。在具体实施中，一般是以下几种手段的综合应用：风险管理策略；组织职能；内部控制（简称内控），包括政策、制度、程序；信息系统（包括报告体系）；风险理财措施，选项 B、C、D 正确。选项 A 属于风险管理外部解决方案。

5. 【答案】AC

【解析】定量方法可采用统计推论（如集中趋势法）、计算机模拟（如蒙特卡洛分析法）、失效模式与影响分析、事件树分析等。选项 B、D 属于定性方法。

6. 【答案】ABC

【解析】内部审计部门负责出具监督评价审计报告，选项 D 错误。

7. 【答案】BD

【解析】选项 B 属于分析战略风险应收集的信息；选项 D 属于分析运营风险应收集的信息。

8. 【答案】ABCD

【解析】企业至少应当将下列情形作为反舞弊工作的重点：（1）未经授权或者采取其他不法方式侵占、挪用企业资产，谋取不当利益；（2）在财务会计报告和信息披露等方面存在的虚假记载、误导性陈述或者重大遗漏等；（3）董事、监事、经理及其他高级管理人员滥用职权；（4）相关机构或人员串通舞弊。

9. 【答案】BCD

【解析】我国《企业内部控制基本规范》要求企业所建立与实施的内部控制应当包括下列 5 个要素：（1）内部环境；（2）风险评估；（3）控制活动；（4）信息与沟通；（5）内部监督。

10. 【答案】AB

【解析】“与奇象公司签订了严格而规范的合同，其中一项规定是：如果由于外界不可抗力因素造成奇象公司不能按时供货并给星云公司带来损失，只要损失额超过一定数量，那么超过的部分由奇象公司予以赔偿”，星云公司采取的风险管理工具有风险承担（损失额未超过规定数量）和非保险型的风险转移（超过的部分由奇象公司予以赔偿）。选项 A、B 正确。

11. 【答案】AD

【解析】风险管理委员会的召集人应由不兼任总经理的董事长担任；董事长兼任总经理的，召集人应由外部董事或独立董事担任，选项 B 错误。董事会负责督导企业风险管理文化的培育，选项 C 错误。

12. 【答案】ABD

【解析】马尔科夫分析法适用于对复杂系统中不确定性事件及其状态改变的定量分析，选项 C 错误。

13. 【答案】BC

【解析】选项 A 属于风险评估要素的要求，选项 D 属于内部环境要素的要求。选项 B、C 正确。

14. 【答案】BCD

【解析】风险评估系图法适用于对风险初步的定性分析，选项 A 错误。

15. 【答案】ABCD

【解析】甲公司每年最低运营资本是 5 亿元，但是有 5% 的可能性需要 7.5 亿元维持运营，说明甲公司风险资本为 7.5 - 5 = 2.5（亿元）时，生存概率是 95%，那么风险资本为 2 亿元，即低于 2.5 亿元时，生存概率小于 95%，选项 A、B 正确；同理，有 1% 的可能性需要 10 亿元才能维持运营，说明甲公司风险资本为 10 - 5 = 5（亿元）时，生存概率是 99%，那么风险资本为 5.5 亿元，即高于 5 亿元时，生存概率大于 99%，选项 C、D 正确。

16. 【答案】BD

【解析】选项 A 属于信息与沟通要素的要求，选项 C 属于控制活动要素的要求，选项 B、D 正确。

17. 【答案】BCD

【解析】对于企业的重大风险，即影响到企业目标实现的风险，企业一般不应采用风险承担。

18. 【答案】BD

【解析】事件树分析法适用于对故障发生以后，在各种减轻事件严重性的影响下，对多种可能后果的定性和定量分析。马尔科夫分析法适用于对复杂系统中不确定性事件及其状态改变的定量分析。

（三）简答题

【答案】

（1）不符合我国《企业内部控制基本规范》关于“企业应当结合业务特点和内部控制要求设置内部机构，明确职责权限，……正确行使职权”的要求。“主管副总经理对销售经理提出的销售计划往往不经仔细审核就签字通过”“有的销售经理未进行资信调查就向新客户赊销产品”“个别销售经理与客户合谋，擅自突破公司规定的产品价格折扣底线”“虽然公司制度规定销售合同须事先经财务、法务部门审核方能签订，但未得到严格执行”“公司内部控制和审计部门对销售过程中的失控和混乱现象未能及时发现和纠正。这些原因导致公司销售业务走入困境”。

（2）不符合我国《企业内部控制基本规范》关于“企业应加强内部审计工作，……对内部控制的有效性进行监督检查”的要求。“审计部门对销售过程中的失控和混乱现象未能及时发现和纠正。这些原因导致公司销售业务走入困境”。

（3）不符合我国《企业内部控制基本规范》关于“企业应当制定和实施有利于企业可持续发展的人力资源政策”的要求。“考核时间的短期化使销售人员时时感受到压力，彼此之间为完成业绩指标争夺客户的现象时有发生”“公司建立了对销售人员每半年进行一次职业规范、业务技能和相关法律法规培训的制度，但面对销售经理们销售任务重、抽不出时间参加培训的抱怨始终未能落实。”

（4）不符合我国《企业内部控制基本规范》关于“企业应当将职业道德修养和专业胜任能力作为选拔和聘用员工的重要标准，切实加强员工培训和继续教育，不断提升员工素质”的要求。“主管副总经理根据业务能力选拔、任用多名分别负责不同类别产品销售的销售经理”“公司建立了对销售人员每半年进行一次职业规范、业务技能和相关法律法规培训的制度，但面对销售经理们销售任务重、抽不出时间参加培训的抱怨始终未能落实”。

（5）不符合我国《企业内部控制基本规范》关于“企业应当加强文化建设，培育积极向上的价值观和社会责任感”的要求。“‘唯业绩’观念被公司员工普遍接受”“公司建立了对销售人员每半年进行一次职业规范、业务技能和相关法律法规培训的制度，但面对销售经理们销售任务重、抽不出时间参加培训的抱怨始终未能落实”。

（6）不符合我国《企业内部控制基本规范》关于“企业应当加强法制教育”的要求。“公司建立了对销售人员每半年进行一次职业规范、业务技能和相关法律法规培训的制度，但面对销售经理们销售任务重、抽不出时间参加培训的抱怨始终未能落实”。

第八章　企业面对的主要风险与应对

2023 年教材内容主要变化

本章在旧教材第六章第二节的基础上进行了大量的改写，内容扩充为独立的一章。建议考生不必关注新旧教材的变化，直接按照新教材的框架体系进行学习。

本章近五年考试高频考点分布

本章属于风险管理部分最重要的考试章，内容为企业面对的五种主要风险及应对，考题以全题型形式出现，近五年平均考试分值为 11 分。

高频考点精讲

本章主要依据《中央企业全面风险管理指引》《企业内部控制应用指引》等，阐述影响企业经营目标实现的五大类风险，即战略风险、市场风险、财务风险、运营风险和法律合规风险。由于教材对本章内容进行了全面改写，因此本章纳入了重要的教材原文，建议考生在阅读原文的基础上抓住关键词强化记忆，以应对出现的综合题和简答题。

高频考点 1：战略风险与应对★★★★★

（一）战略风险的含义及其影响因素

1. 战略风险是指企业在运用各类资源与能力追求发展的过程中，因自身要素与外部复杂环境匹配失衡而引发企业在实现战略目标中产生的各种阻碍或者机遇。

2. 理解战略风险的定义需要把握两个要点：

第一，战略风险基于未发生的各种不确定性事件，已经发生的确定性事件不属于企业战略风险的考虑范围。

第二，虽然企业战略的因素来源广泛，但并不是每个可能性事件都构成战略风险，只有当某个事件的偶然发生影响到战略目标实现时，它才成为战略风险。

3. 战略风险的影响因素。

（1）外部因素：企业的战略环境。

①企业外部政治环境、经济环境、社会环境的改变会直接影响企业的战略方向；

②技术环境的改变可能产生新赛道，也可能使得老技术完全被替代，直接打破企业原有

第八章

的战略布局，同时形成战略风险；

③行业变动、竞争对手战略改变，也会对企业战略产生重大影响，例如，行业的周期性会导致企业战略的调整和更迭，企业在行业上行期往往选择扩张战略，而在行业下行期一般选择收缩战略。

（2）内部因素：

企业的战略资源	含义：对企业战略管理具有重大、直接影响的资源。 包括： 有形资源对企业战略目标的实现发挥重要物质和财务保障作用，有形资源短缺会造成战略风险。 无形资源是维持企业在技术、市场、文化及组织经验等方面竞争优势的基础性资源，无形资源不足将难以支撑企业战略的实施，从而酿成战略风险。 人力资源是企业高效运营的关键性资源，人力资源质量低劣或数量不足，将使企业的战略制定和战略实施失误或失效，从而导致战略风险
企业的战略能力	含义：企业通过配置战略资源达成战略目标的能力。 包括：研发能力、生产管理能力、营销能力、财务能力和组织管理能力等。 战略能力强的企业，能够对企业战略资源进行合理、有效的整合，形成核心竞争力，取得持久的竞争优势；而战略能力弱的企业难以有机组合、高效使用各类战略资源，从而面临丧失生产经营竞争力的战略风险
企业的战略定位	包括：战略目标、企业使命、战略类型和战略实施途径的选择。 战略定位应与企业战略环境相适应，同时与企业自身战略资源和战略能力相匹配。企业如对战略环境和自身战略资源、战略能力缺乏清醒、客观的认识，必然造成战略定位失当、战略选择脱离企业内部和外部的实际，从而导致战略风险
企业领导者的领导力	企业领导者是企业战略选择和实施的决策者、组织者与推动者，其决策及管理风格、学识水平、认知能力、阅历经验、风险偏好、知识结构都会影响他们对战略管理过程的领导力，从而从根本上决定企业战略的得失成败。不同企业领导者的领导力的差别，会给这些企业带来不同程度的战略风险

（二）战略风险的主要表现与应对

战略风险主要表现为在战略制定、战略实施、战略调整和战略复盘整改过程中所发生的风险。

1. 战略制定风险与应对。

主要表现	企业在战略制定过程中，战略风险主要表现在**缺乏明确且符合企业发展实际的战略目标，可能导致企业脱离实际盲目发展，难以形成竞争优势，丧失发展机遇和动力**
应对措施	应对企业战略制定过程中的风险，企业应重点关注和采用**战略信息收集、战略研究等**方面的管控措施。 第一，**制定战略前**，企业战略归口管理部门通过内外部信息渠道**广泛收集**有关国家政治法律、宏观经济、国内外行业动态、市场发展趋势和竞争对手动态等**信息**，深入了解、系统剖析企业自身的战略资源与战略能力状况，分析、评估企业内外环境中的重要因素对企业战略造成的影响，明确企业面临的机遇、威胁、优势以及劣势，并提交至决策层审阅，为企业制定战略规划提供参考意见及决策支持。 第二，**制定战略时**，企业应组织专业人员**开展研究工作**，专业人员主要包括企业内部战略归口管理部门的主要人员、企业内部有丰富战略制定与实施经验的人员、纳入企业战略专家库的人员、企业外部专业战略咨询机构的人员等，经深入分析和反复讨论，形成清晰、全面的战略规划报告，其中包括对企业长期生存与发展具有前瞻性、指导性、全局性的战略定位、战略目标和相应的实施方案，报决策机构批准

2. 战略实施风险与应对。

主要表现	企业在战略实施过程中，战略风险主要表现在**战略实施人员缺乏、战略实施组织不力等**方面。 （1）战略实施人员主要指将企业战略落地的人员，这些人员不一定是战略管理方面的专业人员，而是在投资、筹资、市场拓展或其他经营活动方面具有较强专业性的人员。**战略实施人员方面的风险**主要表现在：没有或缺少战略实施人员的参与，将导致战略实施与经营系统脱节，从而使任何良好的战略都不能得到正确、有效的贯彻执行甚至失败。 （2）战略实施组织包括信息、组织、激励和资源支持等要素。**战略实施组织方面的风险**主要表现在： 第一，战略信息缺乏真实性、准确性和完整性；战略信息传递不通畅，甚至受阻。 第二，组织结构与战略不匹配，可能导致战略无法落实到企业经营的各项业务模块中。 第三，缺乏充分的激励和充足的资源支持，可能导致战略推进速度缓慢，战略实施效率低下
应对措施	（1）企业**应对战略实施人员方面的风险**可采取如下管控措施： 第一，企业应该配置恰当的战略实施人员来推进和实现战略落地，战略实施人员必须具备相关的知识以及能力；企业应制定和实行相应的培养战略实施人才、防止战略实施人才流失的政策。 第二，战略实施人员应参与企业战略制定、战略实施、战略调整和战略复盘整改的全过程，把握战略风险，进行事前控制、事中控制和事后控制。 （2）企业**应对战略实施组织方面的风险**可采取如下管控措施： 第一，改进、完善信息收集、传递系统与机制，保证企业掌握的战略信息真实、准确、完整，并在企业各层级、各单位之间顺畅传递。 第二、建立、完善与企业战略相匹配的组织结构，相关内容参见第四章第一节中对“与公司战略相适应的组织结构”的阐述。 第三，战略分解。公司应将战略规划中的战略定位与战略目标，通过经营计划层层分解落实到各级经营管理活动中，同时开展广泛的宣导工作，把战略及其分解落实情况传递到各个管理层和全体员工。 第四，加强战略激励和资源支持。在战略实施过程中，企业应该明确各层级、各单位人员的战略实施责任，制定并实行相应的激励措施，提供足够的支持战略实施的资源，以提高战略实施的效率和效果

3. 战略调整风险与应对。

主要表现	企业在战略实施过程中，如发现现有战略与企业战略环境或自身战略资源、能力不相适应，造成实施效果与战略目标之间出现较大偏差，应及时进行战略调整。 战略调整通常发生在以下几种情况： （1）战略过于激进或过于保守。 （2）战略方向失准、失误。 （3）战略部署失当。 （4）管理层或决策层轮换
应对措施	（1）基于企业战略调整的实际需要，决策层会同战略归口管理部门、战略实施人员在深入研究和谨慎论证的基础上，确定战略调整目标，制定战略调整方案，并经过必要的审批流程传达给相关部门和人员。 （2）决策层组织相关部门和人员，通过一定的程序和机制，采用恰当的措施，落实战略方案，推进并实现战略调整或战略转型

4. 战略复盘整改风险与应对。

主要表现	战略复盘整改是对企业内外部环境变化做出洞察、分析和判断，对战略实施和战略调整的过程和结果进行回顾和总结，进而采取必要的战略整改行动的过程。企业如未及时开展战略复盘和整改行动，可能导致企业不能利用机遇、回避威胁，经营陷入困境，甚至破产
应对措施	（1）企业应经常组织战略实施人员、相关专业人员开展战略复盘，对企业内外部战略环境进行严密监测，及时觉察各种重大变化及其苗头的出现，对当前局面及未来趋势进行判断和预测，同时采用多种科学方法，从不同角度对战略实施和战略调整的效果进行检查评估，分析战略成功或失败的原因。 （2）针对在战略复盘中发现的问题及产生问题的原因，企业应及时组织相关部门制定战略整改方案，采取有效措施落实该方案的内容，并对落实的结果和效果进行检查、评估和反馈

经典例题

小贴士 本章所列示的经典真题，均根据新教材进行了重新编改，以后不再赘述。历年考题的选项中通常涉及多项风险，建议考生学习完所有理论知识、形成对风险类型的整体把握之后，再进行习题演练。

【真题·多选题】（2019）主营太阳能电池组件业务的日华公司上市后，通过股权融资、债券融资、银行借贷、信贷融资、民间集资等各种手段融资近70亿元，在多个国家投资布局光伏全产业链，还大举投资房地产、汽车等项目。后来光伏产业国际市场需求急剧萎缩，致使公司出现大额亏损，深陷债务危机。本案例中，日华公司所面临的主要风险类型有（　　）。

A. 法律合规风险

B. 战略风险

C. 社会文化风险

D. 财务风险

【答案】BD

【解析】“在多个国家投资布局光伏全产业链，还大举投资房地产、汽车等项目”体现了该公司在战略制定过程中，脱离主业盲目发展，难以形成竞争优势，属于战略风险，选项B正确；“通过股权融资、债券融资、银行借贷、信贷融资、民间集资等各种手段融资近70亿元”“深陷债务危机”体现了该公司因筹资决策不当引发的财务风险，选项D正确。

【例题·单选题】某全国性连锁酒店近期频频开展对地方酒店的并购活动。下列选项中，属于该连锁酒店面临的战略风险是（　　）。

A. 发展战略过于激进，脱离实际盲目过度扩张

B. 并购后内部机构设计不合理，导致运行效率低下

C. 偏离主业，导致企业资源分散，难以形成核心竞争力

D. 并购后对关键岗位人员管理不善，导致人才流失

【答案】A

【解析】选项B属于组织架构风险；酒店并购并没有偏离主业，选项C错误；选项D属于人力资源风险。因此，选项A正确。

【例题·多选题】来源于企业内部影响战略风险的因素包括（　　）。

A. 企业的战略环境

B. 企业的战略定位

C. 企业的战略资源

D. 企业的战略能力

【答案】BCD

【解析】企业战略环境是指企业外部对企业战略产生重大影响的一些因素，例如，政治法律环境、经济环境、社会环境、技术环境、行业状况、竞争对手战略等。因此，选项A错误。

【例题·多选题】战略风险主要表现为（　　）。

A. 战略制定

B. 战略实施风险

C. 战略调整风险

D. 战略复盘整改风险

【答案】ABCD

【解析】战略风险主要表现为在战略制定、战略实施、战略调整和战略复盘整改过程中所发生的风险。

高频考点2：市场风险与应对

★★★★★

（一）市场风险的含义及其影响因素

市场风险是指企业所面对的外部市场的复杂性和变动性所带来的与经营相关的风险。

分析市场风险的来源至少需要考虑以下因素：

1. 产品或服务的价格及供需变化带来的风险；

2. 能源、原材料、配件等物资供应的充足性、稳定性和价格变化带来的风险；

3. 主要客户、主要供应商的信用风险；

4. 税收政策和利率、汇率、股票价格指数的变化带来的风险；

5. 潜在进入者、竞争者、与替代品的竞争带来的风险。

（二）市场风险的主要表现与应对

市场风险主要表现为：市场趋势风险、分销风险。

1. 市场趋势风险与应对。

主要表现	市场趋势是指对一个或几个有确定意义的市场影响因素所做的持续反应。企业市场趋势风险的主要表现有： （1）企业未开展对整体市场、竞争对手的分析以及对不同层次客户需求的调研，未制定有效的市场竞争策略，可能导致企业失去现有市场份额，影响公司的市场竞争力。 （2）企业未能把握监管当局的政策导向及宏观环境、市场环境的变化，可能导致企业产品、服务的推广及销售受到影响。 （3）企业未能预测并适应消费者偏好的变化，从而未能及时调整产品和服务结构，可能导致企业失去核心市场地位
应对措施	（1）企业应定期开展整体市场趋势、竞争对手分析，运用大数据深入挖掘、掌握各类客户的需求，及时更新市场竞争策略，保持自身经营特色并维护品牌形象，提高企业在市场上的竞争力。 （2）企业应当主动识别、管理和应对国家和地方的政策法规中对企业不利的因素，积极与国家和当地政府相关部门建立良好的沟通，及时获知政策导向并采取相应措施。 （3）企业应及时预测市场未来走势并制定应急方案，在面对企业核心产品的销售量呈下滑趋势时，后续产品应能够及时补位，避免市场占有率下降

2. 分销风险与应对。

主要表现	分销是指商品从制造商向消费者流动的全过程。分销风险是指出现不利的环境因素而导致制造商的市场活动受损甚至失败。企业分销风险的主要表现有： （1）外部市场的改变使现有营销活动丧失吸引力，可能导致企业失去部分或全部市场份额。 （2）企业未制定完善的品牌战略，未有效细分品牌，未制定有效的品牌管理措施，可能导致企业丧失知名度。 （3）企业未能准确把握政府对企业产品定价的要求，可能导致企业违反政府关于最高零售价、流通差价率、期间费用率控制的要求。 （4）企业对核心产品过分依赖，或者企业的产品过于单一，可能导致企业不能通过增加品种提高产品附加值，也不能积极应对市场波动。 （5）企业未能建立分销商评级及监管机制，分销商表现不佳，可能导致公司声誉受到影响。 （6）企业未能在目标市场实现既定的销售任务，可能导致企业战略目标及经营目标难以落实。 （7）企业未能建立规范的客户管理体系和客户服务流程，未能有效维护与目标客户的关系，可能导致企业形象受损

续表

应对措施	(1) 企业应根据市场变化制定或及时调整产品营销策略，统筹营销活动，通过有效的产品推广活动及技术手段在市场竞争中巩固、提高市场份额和产品优势。 (2) 企业应制定和实施完善的品牌战略，有效传达产品的品牌价值，维护、提高品牌在目标人群中的知名度。 (3) 企业应遵守、执行政府颁布的价格法规和价格政策，加强对商品定价的科学管理，规范产品及服务定价流程，制定价格保密措施，降低价格不合理或价格信息外泄的风险。 (4) 企业应定期分析公司的产品结构，合理确定产品种类和品种数量，加强产品开发，对产品生命周期进行有效管理，并根据市场情况及时调整产品结构。 (5) 企业应制定并实施有效的渠道管理政策，建立、完善对分销商的评级、监管机制，防范窜货行为，防止出现经销商的不良行为影响企业品牌、声誉和产品销售的现象。 (6) 企业应制定并完善销售管理流程，合理制定销售计划，定期检查销售计划执行情况，合理安排销售人员的销售任务并制定相应的激励措施，提高销售人员的积极性。 (7) 企业应建立完善的客户管理体系、规范的客户服务流程及标准，在保证企业利益的同时满足客户要求，建立、维护与目标客户的有效沟通和良好关系

经典例题

【真题·多选题】（2021）燕州公司是一家肉鸭养殖加工企业，该公司于 2017 年从国外引进著名的番鸭全面替代原有鸭种，由于番鸭饲养成本是原有鸭种的 3 倍多，加上番鸭熟制品不太适合国内消费者的口味，因而该公司此后的经营持续入不敷出，逐渐陷入困境。本案例中，燕州公司面临的风险有（　　）。

A. 法律合规风险

B. 战略风险

C. 市场风险

D. 运营风险

【答案】BCD

【解析】企业在战略制定过程中，战略风险主要表现在缺乏明确且符合企业发展实际的战略目标，可能导致企业脱离实际盲目发展，难以形成竞争优势，丧失发展机遇和动力。该公司“从国外引进著名的番鸭全面替代原有鸭种”，饲养成本高且消费者不买单，导致该公司“入不敷出、陷入困境”，属于战略风险。

市场风险是指企业所面对的外部市场的复杂性和变动性所带来的与经营相关的风险，“番鸭熟制品不太适合国内消费者的口味”反映了产品供需变化带来的风险，属于市场风险。

运营风险是指企业在运营过程中，由于内外部环境的复杂性和变动性以及主体对环境的认知能力和适应能力的有限性，而导致的运营失败或使运营活动达不到预期目标的可能性及损失。该公司“从国外引进著名的番鸭全面替代原有鸭种”“番鸭熟制品不太适合国内消费者的口味”，反映了企业产品结构、新产品研发引发的风险，导致运营失败，属于运营风险。本案例中并未体现法律合规风险，因此选项 B、C、D 正确。

【真题·简答题】（2019）主营单晶硅、多晶硅太阳能电池产品研发和生产的益强公司于 2003 年成立。这是一家由董事长兼总经理李自一手创办并控制的家族式企业。

2010 年 11 月益强公司挂牌上市。在资本市场获得大额融资的同时，益强公司开始了激进的扩张之路。从横向看，为了扩大市场份额，益强公司在欧美多个国家投资或设立子公司；从纵向看，益强公司布局光伏全产业链，实施纵向一体化发展战略，由产业中游的组件生产，延伸至上游的硅料和下游的电站领域。益强公司还大举投资房地产、炼油、水处理和 LED 显示屏等项目。

为了支持其扩张战略，益强公司多方融资。公司上市仅几个月便启动第二轮融资计划——发行债券，凭借建设海外电站的愿景，通过管理部门的审批，发行了 10 亿元的“益强债”，票面利率为 8.98%，在当年新发债券中利率最高。自 2011 年 2 月起，李自及其女儿李丽陆续以所持股份作抵押，通过信托融资约 9.7 亿元，同时益强公司大举向银行借债。李自还发起利率高达15%的民间集资。这样，益强公司在上市后三年内，通过各种手段融资近70亿元。

受2008年美国次贷危机和2011年欧债危机影响，欧美国家和地区纷纷大幅削减甚至取消光伏补贴，光伏产品国际市场需求急剧萎缩。随后欧盟对中国光伏产品发起“反倾销、反补贴”调查，光伏企业出口遭受重创。而全行业的非理性发展已经导致产能严重过剩，市场供大于求，企业间开始以价格战展开恶性竞争，利润急速下降，甚至亏损。

在这种情况下，益强公司仍执着于多方融资扩大产能，致使产品滞销库存积压。同时，在海外大量投资电站致使公司的应收账款急速增加。欧盟经济低迷，海外客户还款能力下降，欧元汇率下跌。存货跌价损失、汇兑损失、坏账准备的计提使严重依赖海外市场的益强公司出现大额亏损。公司把融资筹措的大量短期资金投放于回款周期很长的电站项目，投资回报期和债务偿付期的错配使公司的短期还款压力巨大，偿债能力逐年恶化。2010年公司的流动比率为3.165，到了2013年只有0.546。公司资金只投不收的模式使现金流很快枯竭。2012年和2013年多家银行因贷款逾期、供应商因货款清偿事项向益强公司提起诉讼，公司部分银行账户被冻结，深陷债务危机。益强公司由于资金链断裂，无法在原定付息日支付公司债券利息8 980万元，成为国内债券市场上第一家违约公司，在资本市场上掀起轩然大波，打破了公募债券刚性兑付的神话。

2014年5月益强公司因上市后连续三年亏损被ST处理，暂停上市。仅仅三年多的时间，益强公司就从一家市值百亿元的上市公司深陷债务违约危机导致破产重组。

要求：

（1）简要分析益强公司上市后所面对的市场风险。

（2）简要分析益强公司面临的财务风险。

（3）简要分析益强公司上市后所存在的战略风险及应对措施。

【解析】

（1）益强公司上市后所面对的市场风险：

①产品或服务的价格及供需变化带来的风险。“受2008年美国次贷危机和2011年欧债危机的影响，欧美政府纷纷大幅削减甚至取消光伏补贴，光伏产品市场需求急剧萎缩。随后欧盟对中国光伏产品发起了‘反倾销、反补贴’调查，光伏企业出口遭受重创。而全行业的非理性发展已经导致产能严重过剩，市场供大于求”。

②主要客户、主要供应商的信用风险。“欧盟经济低迷，海外客户还款能力下降”。

③税收政策和利率、汇率、股票价格指数的变化带来的风险。“欧元汇率下跌，……汇兑损失，……使严重依赖海外市场的益强公司出现大额亏损”。

④潜在进入者、竞争者、与替代品的竞争带来的风险。“而全行业的非理性发展已经导致产能严重过剩，市场供大于求，企业间开始以价格战恶性竞争，利润急速下降，甚至亏损”。

（2）益强公司面临的财务风险：

①筹资决策不当，引发资本结构不合理或无效融资，可能导致企业筹资成本过高或债务危机。“为了支持其战略扩张的需要，益强公司广开财路，多方融资。公司上市仅几个月便启动第二轮融资计划——发行债券，凭借建设海外电站的愿景，通过了管理部门的批准，发行规模为10亿元的‘益强债’，票面利率为8.98%，在当年新发债券利率最高。自2011年2月起，李自及其女儿李丽陆续以所持股份抵押，通过信托融资约97亿元，同时，益强公司大举向银行借债。李自还发起了利率高达15%的民间集资。这样，益强公司在上市后三年时间内，通过各种手段融资近70亿元”。

②投资决策失误，引发盲目扩张或丧失发展机遇，可能导致资金链断裂或资金使用效益低下。“在这种情况下，益强公司仍执着于多

方融资扩大产能，致使产品滞销库存积压。同时，海外大量投资电站致使公司的应收账款急速增加。欧盟经济低迷，海外客户还款能力下降，欧元汇率下跌。存货跌价损失、汇兑损失、坏账准备的计提使严重依赖海外市场的益强公司出现大额亏损”。

③资金调度不合理、营运不畅，可能导致企业陷入财务困境或资金冗余。“公司把融资筹措的大量短期资金投放于回款周期很长的电站项目，投资回报期和债务偿付期的错配使得公司的短期还款压力巨大，偿债能力逐年恶化。2010 年公司的流动比率为 3.165，到了 2013 年却只有 0.546。公司资金只投不收的模式使现金流很快枯竭”。

（3）益强公司上市后所存在的战略风险主要表现为：在战略制定过程中，缺乏明确且符合企业发展实际的战略目标，可能导致企业脱离实际盲目发展，难以形成竞争优势，丧失发展机遇和动力。“在资本市场获得大额融资的同时，益强公司开始了激进的扩张之路。从横向看，为了扩大市场份额，益强公司在欧美多个国家投资或设立子公司；从纵向看，益强公司布局光伏全产业链，实施纵向一体化发展战略，由产业中游的组件生产，延伸至上游的硅料和下游的电站领域。不仅如此，益强公司还大举投资房地产项目、炼油项目、水处理项目和 LED 显示屏项目等”。

应对措施：应对企业战略制定过程中的风险，企业应重点关注和采用战略信息收集、战略研究等方面的管控措施。第一，制定战略前，企业战略归口管理部门通过内外部信息渠道广泛收集有关国家政治法律、宏观经济、国内外行业动态、市场发展趋势和竞争对手动态等信息，深入了解、系统剖析企业自身的战略资源与战略能力状况，分析、评估企业内外环境中的重要因素对企业战略造成的影响，明确企业面临的机遇、威胁、优势以及劣势，并提交至决策层审阅，为企业制定战略规划提供参考意见及决策支持。第二，制定战略时，企业应组织专业人员开展研究工作，专业人员主要包括企业内部战略归口管理部门的主要人员、企业内部有丰富战略制定与实施经验的人员、纳入企业战略专家库的人员、企业外部专业战略咨询机构的人员等，经深入分析和反复讨论，形成清晰、全面的战略规划报告，其中包括对企业长期生存与发展具有前瞻性、指导性、全局性的战略定位、战略目标和相应的实施方案，报决策机构批准。

【例题·多选题】市场风险的主要表现包括（　　）。

A. 市场趋势风险

B. 运营风险

C. 分销风险

D. 采购业务风险

【答案】AC

【解析】根据教材原文，市场风险包括市场趋势风险和分销风险。

高频考点 3：财务风险与应对

★★★★★

（一）财务风险的含义及其影响因素

财务风险是指企业在生产经营过程中，由于宏观经济、监管政策等外部环境或企业战略目标、管控模式、企业文化等内部因素，导致企业财务相关管理活动不规范或财务成果（收入、利润等）和财务状况（资产、负债、所有者权益）偏离预期目标的不确定性。

企业经营管理与财务相关的业务领域主要包含全面预算管理、筹资管理、资金营运管理、投资管理、财务报告、担保管理，因此分析财务风险的来源至少需要考虑以下因素：

1. 因预算编制、执行或考核存在偏差而导致的风险；

2. 因筹资决策不当、筹集资金运用不合理可能引发的风险；

3. 资金调度不合理、管控不严而导致的风险；

4. 企业投资决策不当、缺乏投资实施管控而导致的风险；

5. 财务报告编制、分析、披露不准确、

不完整可能引发的风险；

6. 企业担保决策失误、监控不当而导致的风险。

（二）财务风险的主要表现与应对

1. 全面预算管理风险与应对。

主要表现	（1）不编制预算或预算不健全，可能导致企业经营缺乏约束或盲目经营。 （2）预算目标不合理、编制不科学，可能导致企业资源浪费或发展战略难以实现。 （3）预算缺乏刚性、执行不力、考核不严，可能导致预算管理流于形式
应对措施	企业应对全面预算管理风险，应重点关注预算编制与下达、预算指标分解和责任落实、预算执行、预算分析与调整和预算考核等方面的管控措施。 （1）关于预算编制与下达。企业应该明确各部门、各下属单位的预算编制责任，确保企业经营、投资、财务等各项经济活动的各个环节都纳入预算编制范围，形成由经营预算、投资预算、筹资预算、财务预算等一系列预算组成的相互衔接和勾稽的综合预算体系。企业应当根据发展战略和年度生产经营计划，综合考虑预算期内经济政策、市场环境等因素，按照上下结合、分级编制、逐级汇总的程序，选择或综合运用固定预算、弹性预算、滚动预算等方法编制年度全面预算，并按照相关法律法规及企业章程的规定报经审议批准。批准后，应当以文件形式下达执行。 （2）关于预算指标分解和责任落实。企业全面预算批准下达后，各预算执行单位应当认真组织实施，按照定量化、全局性、可控性原则，将预算指标层层分解，从横向和纵向落实到各部门、各环节和各岗位，明确预算执行责任。同时，将年度预算细分为季度、月度预算，通过实施分期预算控制，实现年度预算目标。 （3）关于预算执行。企业应当加强资金收付业务的预算控制，及时组织资金收入，严格控制资金支付，调节资金收付平衡，防范支付风险。对于超预算或预算外的资金支付，应当实行严格的审批制度。企业应建立预算执行实时监控制度，及时发现和纠正预算执行中的偏差，确保各项业务运营均应符合预算要求。对于工程项目、对外投融资等重大预算项目，企业应当密切跟踪其实施进度和完成情况，实行严格监控。企业应建立健全预算执行情况内部反馈和报告制度，及时报告、反馈预算执行进度、执行差异及其对预算目标的影响，促进企业全面预算目标的实现。 （4）关于预算分析与调整。企业应当建立预算执行情况分析制度，充分收集有关财务、业务、市场、技术、政策、法律等方面的信息资料，从定性和定量两个层次分析预算执行情况，在定期的预算执行会议中通报，并及时研究预算执行中存在的问题，提出改进措施，落实改进责任。原则上，企业批准下达的预算应当保持稳定，不得随意调整。但当市场环境、国家政策或不可抗力等客观因素，导致预算执行发生重大差异确需调整预算的，应由企业预算执行部门逐级向预算管理部门提出书面申请，详细说明预算调整理由、调整建议方案、调整前后预算指标的比较、调整后预算指标可能对企业预算总目标的影响等内容，根据规定程序经审批下达后，予以严格执行。 （5）关于预算考核。企业应当建立完善的预算执行考核制度，定期组织预算执行情况考核。在考核周期方面，一般与年度预算细分周期相一致，即一般按照月度、季度实施考评，预算年度结束后再进行年度总考核。在考核主体和考核对象界定方面，须做到上级预算责任单位对下级预算责任单位实施考核，预算执行单位的直接上级对其进行考核（间接上级不能隔级考核间接下级），预算执行与预算考核相互分离。在考核指标体系设计方面，采用定量与定性相结合的方式，以各责任中心承担的预算指标为主，增加一些全局性的预算指标和与其关系密切的相关责任中心的预算指标，且考核指标需具备可控性、可达到性和明晰性。在考核执行方面，坚持公开、公平、公正的原则，考核过程及结果应有完整的记录，且奖惩措施要公平合理并得到及时落实

2. 筹资管理风险与应对。

主要表现	（1）筹资决策不当，引发资本结构不合理或无效融资，可能导致企业筹资成本过高或债务危机。 （2）未按审批的筹资方案执行筹资活动，擅自改变资金用途，未及时偿还债务或进行股利分配，可能导致公司发生经济纠纷或诉讼
应对措施	企业应对筹资管理风险，应重点关注筹资方案可行性论证、筹资方案审批、筹资方案实施与筹资会计系统控制等方面的管控措施。 （1）关于筹资方案可行性论证。企业应当根据筹资目标和规划，结合年度全面预算，拟订筹资方案，明确筹资金额、筹资形式、利率、筹资期限、资金用途等内容，并组织相关专家对筹资方案进行论证，包括战略评估、经济性评估、风险评估等。重大筹资方案应当形成可行性研究报告，全面反映风险评估情况。

续表

应对措施	（2）关于筹资方案审批。企业应当对筹资方案进行严格审批，重点关注筹资用途的可行性和相应的偿债能力。对于重大筹资方案，应当按照规定的权限和程序实行集体决策或者联签制度。筹资方案发生重大变更的，应当重新进行可行性研究并履行相应审批程序。 （3）关于筹资方案实施。企业应当根据批准的筹资方案，严格按照规定权限和程序筹集资金。仔细审核筹资合同、协议等法律文件，确保其载明筹资数额、期限、利率、违约责任等内容，防止因合同条款而给企业带来潜在的不利影响。企业应当严格按照筹资方案确定的用途使用资金，由于市场环境变化等确需改变资金用途的，应当履行相应的审批程序。同时，企业应当加强债务偿还和股利支付环节的管理，按照筹资方案或合同约定的本金、利率、期限、汇率及币种，准确计算应付利息，与债权人核对无误后按期支付；对于以股票方式筹资的，应当选择合理的股利分配政策，且股利分配方案应当经过股东（大）会批准，并按规定履行披露义务。 （4）关于筹资会计系统控制。企业应健全筹资业务的记录、凭证和账簿，按照国家统一的会计制度，正确核算和监督资金筹集、本息偿还、股利支付等相关业务，妥善保管筹资合同或协议、收款凭证、入库凭证等资料，定期与资金提供方进行账务核对，确保筹资活动符合筹资方案的要求

3. 资金营运管理风险与应对。

主要表现	（1）资金调度不合理、营运不畅，可能导致企业陷入财务困境或资金冗余。 （2）资金活动管控不严，可能导致资金被挪用、侵占、抽逃或遭受欺诈
应对措施	企业应对资金营运管理风险，应重点关注资金收付、现金管理、银行账户管理、票据与印章管理、费用报销等方面的管控措施。 （1）关于资金收付。企业应当以业务发生为基础，严格规范资金的收支条件、程序和审批权限，确保资金收付有依据。企业在生产经营及其他业务活动中取得的资金收入应当及时入账，不得账外设账，严禁收款不入账、设立“小金库”。企业办理资金支付业务，应当明确支出款项的用途、金额、预算、限额、支付方式等内容，并附原始单据或相关证明，履行严格的授权审批程序后，方可安排资金支出。严格规定出纳人员根据资金收付凭证登记日记账，会计人员根据相关凭证登记有关明细分类账，主管会计登记总分类账，健全并严格执行稽核、盘点制度，确保账证相符、账账相符、账表相符、账实相符。 （2）关于现金管理。企业应当建立健全现金管理制度，规定库存现金缴存机制，现金开支范围及限额，规定现金业务的授权批准方式、权限、程序、责任和相关控制措施。确保现金交易事项都经适当授权审批，且被准确、完整地记录在适当的会计期间。企业应定期执行库存现金盘点，如发现盘盈、盘亏情况，应及时调查原因，进行账务处理。 （3）关于银行账户管理。企业应明确银行账户开立、变更和撤销的流程，确保相关操作在完成适当的授权审批后才可执行。企业应定期开展银行对账，编制银行存款余额调解表，确保相关收付款交易均被真实、准确、完整地记录在适当的会计期间。同时，企业应定期开展银行账户清理，及时关闭闲置账户。 （4）关于票据与印章管理。企业应当严格贯彻不相容职务分离的原则，严禁将办理资金支付业务的相关印章和票据集中一人保管，印章要与空白票据分管，财务专用章要与企业法人章分管。明确各类票据购买、保管、领用、背书转让、注销等环节的职责权限和处理程序，并专设登记簿进行记录，防止空白票据的遗失和被盗用。确认企业票据的开立、使用和印章使用等经过适当的授权审批，确保企业资金安全。 （5）关于费用报销。企业应当建立、健全费用报销管理制度，明确报销申请审批流程，确保所有费用报销事项经过适当的审批，费用报销金额准确、合理，费用报销原始凭证真实、完整、有效。同时，费用报销业务应及时反映在会计记录中，以保障财务报告的准确、完整

4. 投资管理风险与应对。

主要表现	（1）投资决策失误，引发盲目扩张或丧失发展机遇，可能导致资金链断裂或资金使用效益低下。 （2）未按审批的投资方案执行投资活动，未对投资项目开展有效的后续跟踪和监控，或对投资项目处置不当，可能影响企业投资收益

续表

应对措施	企业应对投资管理风险，应重点关注投资方案可行性论证、投资方案决策、投资方案实施、投资处置与会计系统控制等方面的管控措施。 （1）关于投资方案可行性论证。企业应根据自身发展战略和规划，结合企业资金状况以及筹资可能性，制定投资项目规划，科学确定投资项目，拟定投资方案。企业应当加强对投资方案的可行性研究，重点对投资目标、规模、方式、资金来源、风险与收益等做出客观评价。 （2）关于投资方案决策。企业应当按照规定的权限和程序对投资项目进行决策审批，其中对于股权类投资项目，重点审查投资方案是否合理可行、投资项目是否符合国家产业政策及相关法律法规的规定、是否符合企业整体战略目标和规划；尽调工作是否充分、尽调发现的问题及风险是否可控、投资目标能否达成等。对于期货、债券等金融资产类投资，重点审查是否符合企业资产流动性要求、风险等级是否符合公司风险承受能力、是否具有相应的资金能力、投入资金能否按时收回、预期收益能否实现等。重大投资项目，应当按照规定的权限和程序实行集体决策或者联签制度。投资方案发生重大变更的，应当重新履行相应审批程序。 （3）关于投资方案实施。企业应该根据审批通过的投资方案，按照规定的权限和程序开展投资合同或协议的审批、签订，并制定切实可行的具体投资计划，报有关部门审批。根据投资计划进度，严格分期、按进度适时投放资金，严格控制资金流量和时间。对于股权类投资，企业应当指定专门机构或人员对投资项目进行跟踪管理，及时收集被投资方经审计的财务报告等相关资料，定期组织投资效益分析，关注被投资方的财务状况、经营成果、现金流量以及投资合同履行情况，若发现异常情况，应当及时报告并妥善处理。企业应根据实际需要适时选择部分已完成的重要投资项目开展后评价，总结投资经验，完善企业投资决策机制，提高投资管理水平。 （4）关于投资处置。企业应该加强投资收回和处置环节的控制，对投资收回、转让、核销等决策和审批程序作出明确规定。重视投资到期本金的回收。转让投资时应由相关机构或人员合理确定转让价格，报授权批准部门批准，必要时可委托具有相应资质的专门机构进行评估。对于到期无法收回需要进行核销的投资，应当取得不能收回投资的法律文书和相关证明文件。 （5）关于投资会计系统控制。企业应当按照会计准则的规定，准确进行投资的会计处理。根据对被投资方的影响程度，合理确定投资业务适用的会计政策，建立投资管理台账，详细记录投资对象、金额、持股比例、期限、收益等事项，妥善保管投资合同或协议、出资证明等资料。对于被投资方出现财务状况恶化、当期市价大幅下跌等情形的，企业财会机构应当根据国家统一的会计准则和制度规定，合理计提减值准备，确认减值损失

5. 财务报告风险与应对。

主要表现	（1）编制财务报告违反会计法律法规和国家统一的会计制度，可能导致企业承担法律责任和声誉受损。 （2）提供虚假财务报告，误导财务报告使用者，造成决策失误，干扰市场秩序。 （3）不能有效利用财务报告，难以及时发现企业经营管理中存在的问题，可能导致企业财务和经营风险失控
应对措施	企业应对财务报告风险，应重点关注财务报告编制、财务报告对外提供、财务报告分析利用等方面的管控措施。 （1）关于财务报告编制。企业应当重点关注会计政策和会计估计，对财务报告产生重大影响的交易和事项的处理，应当按照规定的权限和程序进行审批；按照国家统一的会计制度规定，根据登记完整、核对无误的会计账簿记录和其他有关资料编制财务报告，做到内容完整、数字真实、计算准确，不得漏报或者随意进行取舍。企业集团应当编制合并财务报表，明确合并财务报表的合并范围和合并方法，如实反映企业集团的财务状况、经营成果和现金流量。 （2）关于财务报告对外提供。企业应当依照法律法规和国家统一的会计制度的规定，及时对外提供财务报告。企业财务报告编制完成后，应当装订成册，加盖公章，由企业负责人、总会计师或分管会计工作的负责人、财会部门负责人签名并盖章。财务报告须经注册会计师审计的，注册会计师及其所在的事务所出具的审计报告，应当随同财务报告一并提供。企业对外提供的财务报告应当及时整理归档，并按有关规定妥善保存。 （3）关于财务报告分析利用。企业应当重视财务报告分析工作，充分利用财务报告反映的综合信息，全面分析企业的经营管理状况和存在的问题，不断提高经营管理水平。企业应当分析企业资产分布、负债水平和所有者权益结构，企业各项收入、费用的构成及其增减变动情况，企业经营活动、投资活动、筹资活动现金流量的运转情况。财务分析报告结果应当及时传递给企业内部有关管理层级，充分发挥财务报告在企业生产经营管理中的重要作用

6. 担保风险与应对。

主要表现	（1）对担保申请人的资信状况调查不深入，审批不严或越权审批，可能导致企业担保决策失误或遭受欺诈。 （2）对被担保人出现财务困难或经营陷入困境等状况监控不力，应对措施不当，可能导致企业承担法律责任。 （3）担保过程中存在舞弊行为，可能导致经办审批等相关人员涉案或企业利益受损
应对措施	企业应对担保业务风险，应重点关注担保调查评估、授权审批、担保合同签订、日常监控和会计控制等方面的管控措施。 （1）关于担保调查评估。企业应委派具备胜任能力的专业人员对担保申请人进行全面、客观地调查和评估，重点关注担保业务是否满足国家法律法规和公司担保政策要求、担保人资信情况、担保申请人用于担保和第三方担保的资产状况及其权利归属、担保项目经营前景和盈利能力预测等，并形成书面评估报告，全面反映调查评估情况，为后续担保决策提供依据。 （2）关于担保授权审批。企业应当建立和完善担保授权审批制度，明确授权批准的方式、权限、程序、责任和相关控制措施，在授权范围内进行审批，不得超越权限审批。重大担保业务，应当经董事会或类似权力机构批准。对于被担保人要求变更担保事项的，企业应当重新履行调查评估与审批程序。 （3）关于担保合同签订。企业应当严格按照经审核批准的担保业务订立担保合同，合同条款中应明确被担保人的权利、义务、违约责任等相关内容，并要求被担保人定期提供财务报告与有关资料，及时通报担保事项的实施情况。担保申请人同时向多方申请担保的，企业应当在担保合同中明确约定本企业的担保份额和相应的责任。 （4）关于担保日常监控。企业应当对担保人的经营情况和财务状况进行跟踪和监督，了解担保项目的执行、资金的使用、贷款的归还、财务运行及风险等情况，促进担保合同有效履行。及时报告被担保人经营困难、债务沉重，或者存在违反担保合同的其他异常情况，以便于及时采取有针对性的应对措施。 （5）关于担保会计控制。企业应当建立担保事项台账，详细记录担保对象、金额、期限、用于抵押和质押的物品或权利以及其他有关事项，并严格按照国家统一的会计制度进行担保会计处理。若发现被担保人出现财务状况恶化、资不抵债、破产清算等情形，企业应当合理确认预计负债和损失

经典例题

【真题·简答题】（2021）煌水乳业公司成立于2002年，2013年正式挂牌上市。2016年12月16日，一家国际著名调查机构发布做空煌水乳业的报告，指出煌水乳业在苜蓿草和产奶量等方面数据造假。随后数月，国内一家银行审计发现，煌水乳业大量单据造假，将账上30亿资金转出投资房地产，无法收回。此外，业内人士也发现了煌水乳业多处编制财务报告的内控缺陷。

（1）煌水乳业在2016年3月报表中显示公司流动资金充足，并对企业的持续经营能力表示肯定。然而2016年度的财务报表显示，煌水乳业2016年的经营活动在收入、成本、借款等方面存在不实问题，企业未来的持续经营能力存在重大不确定性，财务报表存在重大错报风险。

（2）煌水乳业在2014年4～6月向迪科种业公司累计购买约685万元的种子，这笔交易并未在中期报告中及时披露，而在后期发现执行董事于坤间接持有迪科种业公司的控股权，该收购行为被证明为关联交易。2014年12月23日，煌水乳业将其当年4月建立的子公司富浩股份转让予新成立的兴旺畜牧公司，后者由刘冰个人100%控股。然而此次交易不具有正当的商业理由，且煌水乳业2015年财务报告并未披露此次处置子公司的作价，业内人士质疑煌水乳业建立富浩公司的目的很可能就是利用关联方转移资产。煌水乳业频繁出现财务报告虚假与不实问题，与其内部治理结构的缺陷不无关联。煌水乳业自上市以来，董事会主席兼CEO的张凯始终维持公司最大股东身份，对公司具有绝对的控制和管理权力，掌控公司所有的重大事项决策权，并直接负责公司所有业务的运营和管理。煌水乳业未设置监事会，监事会的职能主要由审计委员会以及独立董事履行。煌水乳业的独立董事中王光和李良都曾是BM会计师事务所的合伙人，而煌水乳业一直以来聘用BM事务所进行外部审计，会计师事务所的合伙人任职客户公司重要岗位，削弱了注册会计师的独立性，煌水乳业的独立董事及其聘用的会计师事务所都没有严格履行其对公司财务报告审核监督的责任。煌水乳业的审计委员会由3名独立非执行董事组成。年报公布的审计委员会两次会议显示，审计费用以及年度和半年度的财务报告审计均被顺利通过，并未发现财务报表和审计过程中存在的诸多问题，审计委员会并没有尽到应尽的职责。

要求：

（1）简要分析煌水乳业面临的财务报告风险及应对措施；

（2）简要分析煌水乳业面临的组织架构风险及应对措施。

【答案】

（1）煌水乳业面临的财务报告风险：

①编制财务报告违反会计法律法规和国家统一的会计准则制度，可能导致企业承担法律责任和声誉受损。"煌水乳业在2014年4～6月向迪科种业公司累计购买约685万元的种子，这笔交易并未在中期报告中及时披露，而在后期发现执行董事于坤间接持有迪科种业公司的控股权，该收购行为被证明为关联交易。2014年12月23日，煌水乳业将其当年4月建立的子公司富浩股份转让予新成立的兴旺畜牧公司，后者由刘冰个人100%控股。然而此次交易不具有正当的商业理由，且煌水乳业2015年财务报告并未披露此次处置子公司的作价，业内人士质疑煌水乳业建立富浩公司的目的很可能就是利用关联方转移资产"。

②提供虚假财务报告，误导财务报告使用者，造成决策失误，干扰市场秩序。"2016年12月16日，一家国际著名调查机构发布做空煌水乳业的报告，指出煌水乳业在苜蓿草和产奶量等方面数据造假。随后数月，国内一家银行审计发现，煌水乳业大量单据造假，将账上30亿资金转出投资房地产，无法收回"。

③不能有效利用财务报告，难以及时发现企业经营管理中存在的问题，可能导致企业财务和经营风险失控。"煌水乳业在2016年3月报表中显示公司流动资金充足，并对企业的持续经营能力表示肯定。然而2016年度的财务报表显示，煌水乳业2016年的经营活动在收入、成本、借款等方面存在不实问题，企业未来的持续经营能力存在重大不确定性，财务报表存在重大错报风险"。

应对措施：企业应对财务报告风险，应重点关注财务报告编制、财务报告对外提供、财务报告分析利用等方面的管控措施。

第一，关于财务报告编制。企业应当重点关注会计政策和会计估计，对财务报告产生重大影响的交易和事项的处理，应当按照规定的权限和程序进行审批；按照国家统一的会计制度规定，根据登记完整、核对无误的会计账簿记录和其他有关资料编制财务报告，做到内容完整、数字真实、计算准确，不得漏报或者随意进行取舍。企业集团应当编制合并财务报表，明确合并财务报表的合并范围和合并方法，如实反映企业集团的财务状况、经营成果和现金流量。

第二，关于财务报告对外提供。企业应当依照法律法规和国家统一的会计制度的规定，及时对外提供财务报告。企业财务报告编制完成后，应当装订成册，加盖公章，由企业负责人、总会计师或分管会计工作的负责人、财会部门负责人签名并盖章。财务报告须经注册会计师审计的，注册会计师及其所在的事务所出具的审计报告，应当随同财务报告一并提供。企业对外提供的财务报告应当及时整理归档，并按有关规定妥善保存。

第三，关于财务报告分析利用。企业应当重视财务报告分析工作，充分利用财务报告反映的综合信息，全面分析企业的经营管理状况和存在的问题，不断提高经营管理水平。企业应当分析企业资产分布、负债水平和所有者权益结构，企业各项收入、费用的构成及其增减变动情况，企业经营活动、投资活动、筹资活动现金流量的运转情况。财务分析报告结果应当及时传递给企业内部有关管理层级，充分发挥财务报告在企业生产经营管理中的重要作用。

（2）煌水乳业面临的组织架构风险：①治理结构形同虚设，缺乏科学决策、良性运行机制和执行力，可能导致企业经营失败，难以实现发展战略。“煌水乳业自上市以来，董事会主席兼 CEO 的张凯始终维持公司最大股东身份，对公司具有绝对的控制和管理权力，掌控公司所有的重大事项决策权，并直接负责公司所有业务的运营和管理”。

②组织机构设置不科学，权责分配不合理，可能导致机构重叠、职能交叉或缺失、推诿扯皮，运行效率低下。“煌水乳业未设置监事会，监事会的职能主要由审计委员会以及独立董事履行……煌水乳业的独立董事及其聘用的会计师事务所都没有严格履行其对公司财务报告审核监督的责任”。

应对措施：第一，关于组织架构设计。企业应当依法合规，严格按照国家有关法律法规、股东（大）会决议和企业章程，结合企业具体实际情况，明确股东（大）会、董事会、监事会、经理层和企业内部各层级机构设置、岗位设置、职责权限、任职条件、人员编制、工作程序和相关制度要求，避免职能交叉、缺失或权责过于集中，确保决策、执行和监督相互分离，形成权责分明、协调运转、有效制衡的组织机构。企业在岗位权限设置和分工安排环节，要坚持不相容职务分离原则。企业的不相容职务通常包括：可行性研究与决策审批；决策审批与执行；执行与监督检查等。

第二，关于组织架构运行。企业应当基于组织架构的设计规范，对企业现有治理结构和内部机构设置进行全面梳理，确保治理结构、内部机构设置和运行机制等符合现代企业制度要求。企业梳理治理结构时，应重点关注董事、监事、经理及其他高级管理人员的任职资格和履职情况，以及董事会、监事会和经理层的运行效果。企业梳理内部机构设置，应重点关注内部机构设置的合理性和运行的高效性等。对治理结构与内部机构设置和运行中存在的问题，企业应及时采取有效措施予以解决。企业的重大事项决策、重大项目安排、重要人事任免及大额资金使用等，须按照规定的权限和程序实行集体决策审批或者联签制度。

第三，关于组织架构优化调整。企业应当定期对组织架构设计与运行的效率和效果进行全面评估，对于发现的组织架构设计与运行存在的缺陷，应及时进行优化调整。企业组织架构调整需充分听取董事、监事、高级管理人员和其他员工的意见，按照规定的权限和程序进行决策审批。

【真题·简答题】（2018）四水集团是一家专门从事基础设施研发与建造、房地产开发及进出口业务的公司，1996 年 11 月 21 日在证券交易所正式挂牌上市。2014 年 8 月 8 日，四水集团收到证监局《行政监管措施决定书》，四水集团一系列违规问题被披露出来。

（1）未按规定披露重大关联交易。四水集团监事刘某同时担任 F 公司的董事长、法定代表人；刘某的配偶李某担任 H 贸易公司的董事、总经理、法定代表人。2012 年度，四水集团与 F 公司关联交易总金额 6 712 万元，与 H 贸易公司的关联交易总金额 87 306 万元；2013 年度，四水集团与 H 贸易公司的关联交易总金额为 215 395 万元。这些关联交易均超过 3 000 万元且超过四水集团最近一期经审计净资产的 5%。根据证监会的规定，这些交易属于应当在年报中披露的重大关联交易。但是，四水集团均未在这两年的年度报告中披露上述重大关联交易。

（2）违规在关联公司间进行频繁的资金拆借，非法占用上市公司资金。四水集团无视证监会关于禁止上市公司之间资金相互拆借的有关规定，2012 年 4 月至 2014 年 8 月，向关联公司 H 贸易公司、F 公司拆借和垫付资金 6 笔，共 27 250 万元。

（3）通过派发高额工资等方式变相占用上市公司非经营性资金。四水集团近年来效益很不佳，连续多年没有分红，公司股价也一直处于低迷状态。然而，2011 ~ 2013 年，包括董事长在内的公司高管人数分别为 17 名、19 名和 16 名，合计从公司分别领走 1 317 万元、1 436 万元和 1 447 万元薪酬，均超过同期四水集团归属于母公司股东的净利润水平。

（4）连续多年向公司董事、监事和高级管理人员提供购房借款。截至 2013 年 12 月 31 日，四水集团向公司董事、监事和高级管理人员提供购房借款金额达到 610 万元。上述行为违反了《公司法》关于“公司不得直接或通过子公司向董事、监事、高级管理人员提供借款”的相关规定。

（5）利用上市公司信用为关联公司进行大量违规担保。四水集团 2011 ~ 2014 年为公司高管所属的公司提供担保的金额分别为 0.91 亿元、5.2 亿元、5.6 亿元、7.7 亿元。公司管理层将四水集团当作融资工具，为自己所属公司解决资金需求。一旦这些巨额贷款到期无法偿还，四水集团就必须承担起还款的责任。

四水集团管理层频繁的违规行为，导致四水集团的发展陷入举步维艰的地步。公司 2011 ~ 2014 年的经营状况不佳，扣除非经常性损益后的净利润出现连续大额亏损的状况。公司连续多年资产负债率高达 70% 以上，且流动资产和流动负债相差无几，财务风险很大。四水集团的每股收益连续多年走低，远低于上市公司平均水平，反映四水集团股东的获利水平很低。

要求：

简要分析四水集团存在的资金营运管理风险及应对措施。

【答案】四水集团存在的资金营运管理风险：

（1）资金活动管控不严，可能导致资金被挪用、侵占、抽逃或遭受欺诈。“违规在关联公司间进行频繁的资金拆借，非法占用上市公司资金”“连续多年向公司董事、监事和高级管理人员提供购房借款”“利用上市公司信用为关联公司进行大量违规担保，……一旦这些巨额贷款到期无法偿还，四水集团就必须承担起还款的责任”。

（2）资金调度不合理、营运不畅，可能导致企业陷入财务困境。一方面，“在关联公司间进行频繁的资金拆借，2012 年 4 月至 2014 年 8 月，向关联公司 H 贸易公司、F 公司拆借和垫付资金 6 笔，共 27 250 万元”；另一方面“公司连续多年资产负债率高达 70% 以上，且流动资产和流动负债相差无几，财务风险很大”；导致“2011 ~ 2014 年的经营状况不佳，扣除非经常性损益后的净利润出现连续多年大额亏损的状况”。

应对措施：企业应对资金营运管理风险，应重点关注资金收付、现金管理、银行账户管理、票据与印章管理、费用报销等方面的管控措施。

第一，关于资金收付。企业应当以业务发生为基础，严格规范资金的收支条件、程序和审批权限，确保资金收付有依据。企业在生产经营及其他业务活动中取得的资金收入应当及时入账，不得账外设账，严禁收款不入账、设立“小金库”。企业办理资金支付业务，应当明确支出款项的用途、金额、预算、限额、支付方式等内容，并附原始单据或相关证明，履行严格的授权审批程序后，方可安排资金支出。严格规定出纳人员根据资金收付凭证登记日记账，会计人员根据相关凭证登记有关明细分类账，主管会计登记总分类账，健全并严格执行稽核、盘点制度，确保账证相符、账账相符、账表相符、账实相符。

第二，关于现金管理。企业应当建立健全现金管理制度，规定库存现金缴存机制，现金开支范围及限额，规定现金业务的授权批准方式、权限、程序、责任和相关控制措施。确保现金交易事项都经适当授权审批，且被准确、完整地记录在适当的会计期间。企业应定期执行库存现金盘点，如发现盘盈、盘亏情况，应及时调查原因，进行账务处理。

第三，关于银行账户管理。企业应明确银行账户开立、变更和撤销的流程，确保相关操作在完成适当的授权审批后才可执行。企业应定期开展银行对账，编制银行存款余额调解表，确保相关收付款交易均被真实、准确、完整地记录在适当的会计期间。同时，企业应定期开展银行账户清理，及时关闭闲置账户。

第四，关于票据与印章管理。企业应当严格贯彻不相容职务分离的原则，严禁将办理资金支付业务的相关印章和票据集中一人保管，印章要与空白票据分管，财务专用章要与企业法人章分管。明确各类票据购买、保管、领用、背书转让、注销等环节的职责权限和处理程序，并专设登记簿进行记录，防止空白票据的遗失和被盗用。确认企业票据的开立、使用和印章使用等经过适当的授权审批，确保企业资金安全。

第五，关于费用报销。企业应当建立、健全费用报销管理制度，明确报销申请审批流程，确保所有费用报销事项经过适当的审批，费用报销金额准确、合理，费用报销原始凭证真实、完整、有效。同时，费用报销业务应及时反映在会计记录中，以保障财务报告的准确、完整。

【例题·多选题】财务风险的主要表现包括（　　）。

A. 担保风险

B. 资产管理风险

C. 投资风险

D. 监管风险

【答案】AC

【解析】企业经营管理与财务相关的业务领域主要包含全面预算管理、筹资管理、资金营运管理、投资管理、财务报告、担保管理，因此选项 A、C 正确；选项 B 属于运营风险，选项 D 属于法律合规风险。

高频考点 4：运营风险与应对

★★★★★

（一）运营风险的含义及其影响因素

运营风险是指企业在运营过程中，由于内外部环境的复杂性和变动性以及主体对环境的认知能力和适应能力的有限性，导致运营失败或使运营活动达不到预期目标的可能性及损失。

分析企业运营风险的来源应主要考虑以下因素：

1. 企业产品结构、新产品研发可能引发的风险；

2. 企业新市场开发、市场营销策略（包括产品或服务定价与销售渠道、市场营销环境状况等）可能引发的风险；

3. 企业组织效能、管理现状、企业文化及高、中层管理人员和重要业务专业人员的知识结构、专业经验等可能引发的风险；

4. 质量、安全、环保、信息安全等管理中发生失误导致的风险；

5. 因企业内、外部人员的道德缺失和不当行为导致的风险；

6. 因业务控制系统失灵导致的风险；

7. 给企业造成损失的自然灾害等风险；

8. 对企业现有业务流程和信息系统操作运行情况的监管、运行评价及持续改进的能力不足可能引发的风险。

（二）运营风险的主要表现与应对

1. 组织架构风险与应对。

主要表现	（1）治理结构形同虚设，缺乏科学决策、良性运行机制和执行力，可能导致企业经营失败，难以实现发展战略。 （2）组织机构设置不科学，权责分配不合理，可能导致机构重叠、职能交叉或缺失、推诿扯皮、运行效率低下等问题
应对措施	（1）关于组织架构设计。企业应当依法合规，严格按照国家有关法律法规、股东（大）会决议和企业章程，结合企业具体实际情况，明确股东（大）会、董事会、监事会、经理层和企业内部各层级机构设置、岗位设置、职责权限、任职条件、人员编制、工作程序和相关制度要求，避免职能交叉、缺失或权责过于集中，确保决策、执行和监督相互分离，形成权责分明、协调运转、有效制衡的组织机构。企业在岗位权限设置和分工安排环节，要坚持不相容职务分离原则。企业的不相容职务通常包括：可行性研究与决策审批；决策审批与执行；执行与监督检查等。

续表

应对措施	(2) 关于组织架构运行。企业应当基于组织架构的设计规范，对企业现有治理结构和内部机构设置进行全面梳理，确保治理结构、内部机构设置和运行机制等符合现代企业制度要求。企业梳理治理结构时，应重点关注董事、监事、经理及其他高级管理人员的任职资格和履职情况，以及董事会、监事会和经理层的运行效果。企业梳理内部机构设置，应重点关注内部机构设置的合理性和运行的高效性等。对治理结构与内部机构设置和运行中存在的问题，企业应及时采取有效措施予以解决。企业的重大事项决策、重大项目安排、重要人事任免及大额资金使用等，须按照规定的权限和程序实行集体决策审批或者联签制度。 (3) 关于组织架构优化调整。企业应当定期对组织架构设计与运行的效率和效果进行全面评估，对于发现的组织架构设计与运行存在的缺陷，应及时进行优化调整。企业组织架构调整需充分听取董事、监事、高级管理人员和其他员工的意见，按照规定的权限和程序进行决策审批

2. 人力资源风险与应对。

主要表现	(1) 人力资源缺乏或过剩、结构不合理、开发机制不健全，可能导致企业发展战略难以实现。 (2) 人力资源激励约束制度不合理、关键岗位人员管理不完善，可能导致人才流失、经营效率低下或关键技术、商业秘密和国家机密泄露。 (3) 人力资源退出机制不当，可能导致法律诉讼或企业声誉受损
应对措施	(1) 关于人力资源规划与选聘。企业可根据人力资源总体规划，结合生产经营实际需要，制定年度人力资源需求计划，并按照计划、制度和程序，组织人力资源选聘活动。企业应遵循公开、公平、公正的原则，通过公开招聘、竞争上岗等多种方式选聘优秀人才，并依法签订劳动合同，建立劳动用工关系。涉及关键技术、知识产权、商业秘密或国家机密的岗位，企业应与员工签订保密协议，明确保密义务。通过建立选聘人员试用期和岗前培训制度，对试用期人员进行严格考察，以使选聘人员全面了解岗位职责，掌握岗位基本技能，适应工作要求。 (2) 关于人力资源开发。企业应建立员工长效培训机制，紧紧围绕企业战略需求和业务现状，积极开展科学、系统的员工培训，对员工的职业生涯规划进行跟踪和指导，加强后备人才队伍建设。企业应实行关键岗位员工定期轮岗制度，以全面提升员工素质，推动全体员工的职业技能持续提升，进而提高企业的管理效能。 (3) 关于人力资源激励与约束。企业应遵循可持续性、公平性、多样性的原则，构建人力资源的激励约束机制，建立科学合理的绩效管理体系，促进薪酬激励与员工贡献相协调，确保员工队伍的积极性与持续优化。企业应当从公司章程、合同制定、员工偏好等方面，建立人力资源的约束机制，最大限度地调动员工积极性和主动性。 (4) 关于人力资源退出。企业应按照相关法律法规，并结合实际情况，建立健全员工退出（辞职、解除劳动合同、退休等）机制，明确退出的条件和程序，确保员工退出机制有效运行。企业可依据绩效考核结果、裁员政策等，对未达到要求的员工，视情况采取降职、转岗、转岗培训、解雇等不同程度的措施。企业应当与退出员工依法约定保守关键技术、商业秘密、国家机密和竞业限制的期限，确保知识产权、商业秘密和国家机密的安全；关键岗位人员离职前，需根据有关法律法规的要求进行工作交接或离任审计

3. 社会责任风险与应对。

主要表现	(1) 安全生产措施不到位，责任不落实，可能导致企业发生安全事故。 (2) 产品质量低劣，侵害消费者利益，可能导致企业巨额赔偿、形象受损，甚至破产。 (3) 环境保护投入不足，资源耗费大，造成环境污染或资源枯竭，可能导致企业巨额赔偿，缺乏发展后劲，甚至停业。 (4) 促进就业和员工权益保护不够，可能导致员工积极性受挫，影响企业发展和社会稳定
应对措施	(1) 关于安全生产管理。企业应根据国家有关安全生产的规定，结合实际情况，建立严格的安全生产管理体系、操作规程和应急预案，强化安全生产责任追究制度，确保安全生产责任有效落实。企业应建立健全检查监督机制，设立安全管理部门和安全监督机构，负责企业安全生产的日常监督管理工作，确保各项安全措施落实到位。企业日常需加强对生产设备的经常性维护，及时排除安全隐患，采用多种形式增强员工安全意识，对特殊岗位实行资格认证制度，将安全生产风险关口前移，降低安全生产风险发生的可能性。若发生生产安全事故，企业应及时启动应急预案，按照“排除故障，减轻损失，追究责任”的工作环节进行妥善处理。当企业发生重大生产安全事故时，应按照国家有关规定及时报告，严禁迟报、谎报和瞒报。

续表

应对措施	(2) 关于产品质量管理。企业应根据国家和行业对产品质量的要求，规范生产流程，建立严格的产品质量控制和检验制度，以提高产品质量和服务水平，对社会和公众负责。企业对售后服务应加强管理，妥善处理消费者提出的投诉和建议，对发现的存在严重质量缺陷的产品，应及时召回或采取有效措施，切实保护消费者权益。 (3) 关于环境保护与资源节约管理。企业须按照国家有关环境保护与资源节约的规定，结合企业实际，建立环境保护与资源节约制度，认真落实节能减排责任，积极开发和使用节能产品，发展循环经济，降低污染物排放，提高资源综合利用效率。企业应对生态和资源保护工作加大人力、物力、财力的投入和技术支持，降低能耗和污染物排放水平。企业应关注国家对产业结构调整的要求，加快高新技术开发和传统产业改造，切实转变发展方式，实现低投入、低消耗、低排放和高效率。企业应通过建立环境保护和资源节约的监控制度，定期开展监督检查，对于发现的问题，及时采取措施。当发生紧急、重大环境污染事件时，企业须启动应急机制，及时报告和处理。 (4) 关于员工权益保护。企业应依据国家法律规定，确保员工享有劳动权利和履行劳动义务，通过保持工作岗位的稳定性，积极促进就业增长，切实履行社会责任。企业应与员工签订并履行劳动合同，及时办理员工社会保险，遵循按劳分配、同工同酬的原则，建立科学的员工薪酬制度和增长机制，按时向员工发放薪酬，足额缴纳社会保险费，保障员工依法享受社会保险待遇，维护社会公平。企业需按照有关规定做好员工的职业健康管理工作，预防、控制和消除职业危害。企业应遵守法定的劳动时间和休息休假制度，加强职工代表大会和工会组织建设，切实保障员工合法权益。企业应尊重员工人格，维护员工尊严，杜绝性别、民族、宗教、年龄等各种歧视，保障员工身心健康

4. 企业文化风险与应对。

主要表现	(1) 缺乏积极向上的企业文化，可能导致员工丧失对企业的信心和认同感，企业缺乏凝聚力和竞争力。 (2) 缺乏开拓创新、团队协作和风险意识，可能导致企业发展目标难以实现，影响可持续发展。 (3) 缺乏诚实守信的经营理念，可能导致舞弊事件的发生，造成企业损失，影响企业信誉。 (4) 忽视企业间的文化差异和理念冲突，可能导致并购重组失败
应对措施	(1) 关于企业文化建设。企业应根据发展战略和实际情况，培育具有自身特色的企业文化，树立企业品牌，形成整体团队的向心力，促进企业长远发展。企业应确定文化建设的目标和内容，形成企业文化规范，作为员工行为守则的重要组成部分。企业管理层应积极发挥示范作用，带动影响整个团队，促进文化建设在内部各层级的有效沟通。企业应加强企业文化的宣传贯彻和对员工的文化教育和熏陶，增强员工的责任感和使命感，全面提升员工的文化修养和内在素质，共同营造积极向上的企业文化环境。对于并购企业，企业需重视并购重组后的文化建设，平等对待被并购方的员工，促进并购双方的文化融合。 (2) 关于企业文化评估。企业应建立文化评估制度，明确评估的内容、程序和方法，落实评估责任，确保企业文化建设效果落到实处。企业文化评估工作，应重点关注企业治理机构在企业文化建设中的责任履行情况、全体员工对企业核心价值观的认同感、企业经营管理行为与企业文化的一致性、企业品牌的社会影响力、参与企业并购重组各方文化的融合度，以及员工对企业未来发展的信心。企业可充分利用企业文化的评估结果，针对评估过程中发现的问题，研究影响企业文化建设的不利因素，分析深层次的原因，及时采取措施加以改进

5. 采购业务风险与应对。

主要表现	(1) 采购计划安排不合理，市场变化趋势预测不准确，造成库存短缺或积压，可能导致企业生产停滞或资源浪费。 (2) 供应商选择不当，采购方式不合理，招投标或定价机制不科学，授权审批不规范，可能导致采购物资质次价高，出现舞弊或遭受欺诈。 (3) 采购验收不规范，付款审核不严，可能导致采购物资、资金损失或信用受损
应对措施	(1) 关于采购需求和计划管理。企业应规范采购需求计划和采购计划的编制流程。在制定年度生产经营计划过程中，企业应根据外部市场环境和发展目标的实际需要科学安排采购，将采购计划纳入采购预算管理。采购部门应严格审核需求部门提出的需求计划，进行归类汇总、平衡现有库存后，统筹安排采购计划。企业应通过建立采购申请制度，确定归口管理部门，明确相关部门或人员的职责权限，规范请购和审批流程。具有请购权的部门，需严格按照预算执行进度办理请购手续，并根据市场变化提出合理采购申请。采购管理部门审核采购申请时，需重点关注申请单内容是否符合生产经营需要、采购计划以及是否在采购预算范围内，切实提高采购效率，降低采购成本

续表

应对措施	（2）关于采购供应商管理。企业应制定供应商评估和准入管理制度，通过对供应商的资信审查，确定合格供应商清单，与选定的供应商签订质量保证协议。企业应建立供应商管理制度，对供应商的服务质量、报价、交货的及时性、供货条件及其资信、经营状况等进行管理和持续性综合评价。根据评价结果对供应商进行合理选择和动态调整，对于有失信行为的供应商，应及时从供应商清单中移除。 （3）关于采购过程管理。企业应在采购制度中明确采购方式，根据市场情况和采购计划合理选择采购方式，一般分为招标采购、询比价采购、集中采购等方式。对于大宗采购，企业通常采用招投标方式，应合理确定招投标的范围、标准、实施程序和评标规则。企业应建立采购物资定价机制，根据适用的采购方式科学确定采购价格，避免采购物资质次价高。企业应根据确定的供应商、采购方式、采购价格等拟订采购合同，准确编写合同条款，明确双方权利、义务和违约责任，按照规定权限签订采购合同。企业应对拟签订框架协议的供应商主体资格和信用状况等进行风险评估，以确保供应商具备履约能力。企业应建立严格的采购验收制度，确定验收方式，由专门的验收机构或验收人员按照合同规定，对采购项目的品种、规格、数量、质量等进行验收，并出具验收证明。若验收过程中发现异常情况，验收机构或验收人员需立即向供应商反映情况，并向企业相关机构报告。企业需依据采购合同中确定的主要条款，跟踪合同履行情况，对有可能影响生产或工程进度的异常情况，应出具书面报告并及时提出解决方案；对延迟交货或质量问题，企业应按照合同约定处理退换货或索赔等事宜。企业需做好采购各环节的记录，实行全过程采购登记制度或信息化管理，确保采购全过程可追溯。 （4）关于采购付款管理。企业应建立采购付款制度，规范采购付款申请、审批、资金支付、会计记录等流程。企业对采购预算、合同、相关单据凭证等内容审核无误后，按照合同规定，及时办理采购付款。企业需重视采购付款的过程控制和跟踪管理，对采购发票的真实性、合法性和有效性进行严格审查；发现异常情况，企业应立即终止付款流程，避免出现资金损失；企业应按照合同规定，选择合理的付款方式，防范付款方式不当带来的法律风险，保证资金安全。企业需定期对大额或长期的预付款项进行追踪核查，对有问题的预付款项，应当及时采取措施。企业应对购买、验收、付款业务对应的会计系统加强控制，详细记录供应商情况、请购申请、入库凭证、商业票据、款项支付等。企业应通过函证等方式，定期与供应商核对往来款项，确保会计记录、采购记录与仓储记录一致。 （5）关于采购业务后评估。企业应建立采购业务后评估制度，定期对物资采购供应情况进行分析评估，及时发现采购业务的薄弱环节，优化采购流程，将采购业务管理的关键指标纳入绩效考核，促进采购效能的全面提高

6. 资产管理风险与应对。

主要表现	（1）存货积压或短缺，可能导致流动资金占用过量、存货价值贬损或生产中断。 （2）固定资产更新改造不够、使用效能低下、维护不当、产能过剩等，可能导致企业缺乏竞争力、资产价值贬损、安全事故频发或资源浪费。 （3）无形资产缺乏核心技术、权属不清、技术落后、存在重大技术安全隐患等，可能导致企业法律纠纷、缺乏可持续发展能力
应对措施	（1）关于存货管理。企业应当采用先进的存货管理技术和方法，规范存货管理流程，明确存货管理岗位职责权限，确定存货取得、验收入库、原料加工、仓储保管、领用发出、盘点处置等环节的管理要求，充分利用信息系统，强化管理会计、出入库等相关记录，确保存货管理风险得到全过程的有效控制。在采购预算和采购执行环节，企业应根据存货周转和库存情况合理安排，确保存货处于最佳库存状态。企业应规范存货验收程序和方法，根据不同类型的存货，有侧重点地对入库存货的数量、质量、技术规格、来源等进行查验，验收无误方可入库。企业应当建立存货保管制度，定期对存货保管的重点环节、重要领域进行审查，如存货流动的手续是否齐全、储存的物理环境是否符合要求、特殊代管物品是否单独保管记录、重要存货是否参保等，最大限度地降低存货发生意外损失的风险。企业需针对存货的发出和领用环节，制定严格的审批流程，对于大批存货、贵重商品或危险品，还应实行特别授权。仓储部门需按照审批的出库通知执行发货程序，详细记录存货入库、出库及库存情况，确保账实相符。企业需结合实际情况，确定盘点周期、流程，定期盘点和不定期抽查相结合，并在每年底对库存物品进行全面的盘点清查，形成书面报告，对于盘盈、盘亏、毁损、闲置和待报废的存货，应当查明原因，分清责任，落实责任追究，按照规定进行处置。 （2）关于固定资产管理。企业应当建立固定资产管理体系，按照固定资产的使用情况和用途进行分类，从固定资产的日常管理、折旧、维修保养、抵押管理、盘点清查等方面进行严格规范，不断提升固定资产的使用效能，积极促进固定资产处于良好运行状态。企业可充分利用信息系统，制定固定资产目录，通过资产编号关联至对应的固定资产卡片，详细记录各项固定资产的来源、验收、使用地点、责任单位和责任人、运转、维修、改造、折旧、

续表

应对措施	盘点等相关内容，实现对固定资产的精细化管理。企业应当重视固定资产的日常维护保养，制定合理的维护保养与检修计划；对于关键设备的运行情况进行严格监控，规范操作流程。企业应定期对固定资产技术先进性进行评估，结合盈利能力和发展需要，加强固定资产技术改造、升级，延长固定资产使用寿命，优化生产效率。为确保固定资产的安全，企业可建立严格的固定资产投保制度，按照规定程序执行对投保流程的审批，办理相关投保手续。企业需每年定期对固定资产进行全面盘点清查，重点关注固定资产的抵押、处置等关键环节，规范固定资产的处置流程、抵押程序和审批权限，防范资产流失。对清查中发现的问题，应当查明原因，追究责任，妥善处理。 （3）关于无形资产管理。企业应当制定无形资产管理办法，对品牌、商标、专利、专有技术、土地使用权等无形资产进行分类管理，企业应落实无形资产管理责任制，明确各类无形资产的权属关系，及时办理产权登记手续，加强对无形资产的权益进行保护。当无形资产权属关系发生变动时，企业应当按照规定及时办理权证转移手续。为确保企业核心技术的先进性，企业应当定期评估专利技术等无形资产，及时淘汰落后技术，不断提升自主创新能力，持续推动核心技术提升。企业应加强品牌建设，为客户提供高质量产品和优质服务，提升品牌价值，维护企业商誉和社会认可度

7. 销售业务风险与应对。

主要表现	（1）销售政策和策略不当，市场预测不准确，销售渠道管理不当等，可能导致销售不畅、库存积压、经营难以为继。 （2）客户信用管理不到位，结算方式选择不当，账款回收不力等，可能导致销售款项不能收回或遭受欺诈。 （3）销售过程存在舞弊行为，可能导致企业利益受损
应对措施	（1）关于销售策略制定。企业应全面梳理销售业务流程，完善销售管理的相关制度，确定适当的销售政策和策略。企业可通过收集国家政策和行业信息，研究和预测竞争格局和发展态势，结合企业发展战略和产能情况，设定销售目标，制定销售计划，合理确定定价机制和销售方式。基于市场供需状况和盈利测算等多因素影响，企业对销售策略应适时调整，并需执行相应的审批程序。 （2）关于客户开发与信用管理。企业需加强维护现有客户，开发潜在目标客户，进行充分的市场调查以确定目标市场，灵活运用营销方式，不断提高市场占有率。企业需建立健全客户信用档案管理，设置客户信用台账，对客户信用进行分级分类管理。企业对新开发的客户应严格执行信用审核和授信管理要求，并持续跟踪和监督客户信用情况，动态更新客户信用档案，关注重要客户资信变动情况，及时采取有效措施，以防范客户信用风险。 （3）关于销售过程管理。企业应基于对销售目标、利润目标、成本测算、市场状况等的综合考虑，确定产品基准定价，并定期评估其合理性和竞争性，定价和调价均需在规定的权限范围内执行相应的审批程序。企业与客户就商务和技术要求等进行谈判后拟定销售合同，应关注客户信用状况，明确销售定价、结算方式、权利和义务等相关条款。按照相应审批要求对销售合同进行严格审核后方可正式签订，以避免发生疏漏和欺诈。在销售、发货、收款等环节，企业需建立销售台账记录，明确职责和审批权限，按照规定的权限和程序办理销售业务，定期检查分析销售过程中的薄弱环节，采取有效的控制措施，以确保销售目标的实现。 （4）关于销售回款管理。企业应制定并完善应收款项管理制度，把回款目标的完成情况纳入绩效考核，实行奖惩制度。销售部门负责应收款项的催收，催收记录（包括往来函电）应妥善保存；财会部门负责办理资金结算并监督款项回收。企业对商业票据应加强管控，明确商业票据的受理范围，严格审查商业票据的真实性和合法性，防止票据欺诈。企业需完善对销售、发货和收款的相关会计系统进行控制，确保会计记录、销售记录与仓储记录核对一致。 （5）关于客户服务管理。企业应制定和完善客户服务管理制度，设立专人或部门进行客户服务，跟踪服务质量。企业可安排客户回访，定期或不定期开展客户满意度调查；建立客户投诉管理，记录客户投诉的问题并开展调查分析，提出解决措施；加强销售退回控制，完善研发、生产、质检和销售部门间的沟通协调，不断提升产品质量和服务水平

8. 研究与开发风险与应对。

主要表现	（1）研究项目未经科学论证或论证不充分，可能导致创新不足或资源浪费。 （2）研发人员配备不合理或研发过程管理不善，可能导致研发成本过高、舞弊或研发失败。 （3）研发成果转化应用不足、保护措施不力，可能导致企业利益受损

续表

应对措施	(1) 关于研发项目立项审核与实施。根据企业发展战略和科技发展规划，企业应结合市场开拓和技术进步要求，科学制定研发计划。企业需根据研发计划和实际需要，提出项目立项申请，开展可行性研究，对项目资源、经费、技术等进行客观评估论证，编制可行性研究报告。企业可组织内外部专家或专业机构进行评估论证，出具评估意见。研发项目应按照规定的权限和程序进行审批，重大研发项目应当报董事会或类似权力机构集体审议决策。在研发项目立项阶段，应制定开题计划和报告，以保证项目符合企业需求，同时可明确研发成果应用转化目标，并将其纳入考核指标，积极推动研发项目创新，避免资源浪费。 (2) 关于研发项目过程管理。企业应加强对研发过程的管理，建立研发项目管理制度和技术标准，建立信息反馈和重大事项报告制度，合理配备专业人员，严格落实岗位责任制，跟踪检查研发项目的进展情况，评审各阶段研发成果，及时纠偏，有效规避研发失败风险。企业研发项目委托外单位承担的，需对其资质等进行严格审核，签订委托研发合同，约定研发成果的产权归属、研发进度和质量标准等相关内容。企业与其他单位合作进行研发的，需对合作单位进行尽职调查，签订书面的合作研发合同，明确双方投资、分工、权利义务、研发成果产权归属等。企业应加强对委托或合作研发单位的管理监督，严格控制项目进度和费用等。根据项目进展情况、技术发展最新趋势和市场需求等的变化，当发生项目的变更调整、延期、终止等情况时，企业应按照项目管理要求进行相应审批。企业应制定并执行项目验收制度，聘请独立的具有专业胜任能力的人员或机构进行测试和评审，重点关注项目研发目标、技术指标和技术标准等的完成情况，并对经费执行情况进行客观评价，形成验收报告。 (3) 关于研发成果转化管理。企业对于通过验收的研发成果，可委托相关机构进行审查，确认是否申请专利，并及时办理有关专利申请手续，或作为非专利技术、商业秘密等进行管理。企业应加强对研发成果的转化，形成科研、生产、市场一体化的自主创新机制。企业应建立研发成果保护制度，加强对项目研发单位及人员的保密管理，做好研发项目文件资料的保密工作。 (4) 关于研发项目评价与监督。企业应建立研发后评估机制，加强对立项与研究、开发及成果保护等全过程的评估和监督检查，认真总结研发管理经验，分析存在的薄弱环节，完善相关制度和办法，不断提升研发管理水平

9. 工程项目管理风险与应对。

主要表现	(1) 立项缺乏可行性研究或者可行性研究流于形式，决策不当，盲目上马，可能导致难以实现预期效益或项目失败。 (2) 项目招标“暗箱”操作，存在商业贿赂，可能导致中标人实质上难以承担工程项目、中标价格失实及相关人员涉案。 (3) 工程造价信息不对称，技术方案不落实，预算脱离实际，可能导致项目投资失控。 (4) 工程物资质次价高，工程监理不到位，项目资金不落实，可能导致工程质量低劣，进度延迟或中断。 (5) 对工程建设进度缺乏有效监控或监管不严，可能导致工程项目进度严重落后于项目计划。 (6) 工程款结算管理要求不明确，未按项目进度目标拨付工程进度款，工程付款相关凭证审核不严，可能导致工程建设资金使用管理混乱。 (7) 竣工验收不规范，最终把关不严，可能导致工程交付使用后存在重大隐患
应对措施	(1) 关于工程项目立项管理。企业应当指定专门机构归口管理工程项目，根据发展战略和年度投资计划，提出项目建议书，开展可行性研究，编制可行性研究报告。企业可以委托具有相应资质的专业机构开展可行性研究，并按照有关要求形成可行性研究报告。企业应当组织规划、工程、技术、财会、法律等部门的专家对项目建议书和可行性研究报告进行充分论证和评审，出具评审意见，作为项目决策的重要依据。企业可以委托具有相应资质的专业机构对可行性研究报告进行评审，出具评审意见。从事项目可行性研究的专业机构不得再从事可行性研究报告的评审。企业应当按照规定的权限和程序对工程项目进行决策，决策过程应有完整的书面记录。重大工程项目的立项，应当报经董事会或类似权力机构集体审议批准。工程项目决策失误应当实行责任追究制度。企业应当在工程项目立项后、正式施工前，依法取得建设用地、城市规划、环境保护、安全、施工等方面的许可。 (2) 关于工程设计与造价管理。企业应选择具有相应资质和经验的设计单位，并签订工程设计合同，细化设计单位的权利和义务。设计单位应与企业进行有效的技术和经济交流，以保证初步设计的质量。企业应建立并执行严格的初步设计审查和批准制度，采用先进的设计管理实务技术，进行多方案比选。企业需建立施工图设计和交底管理制度，施工图设计深度及图纸交付进度应当符合项目要求，防止因设计深度不足、设计缺陷，造成施工组织、工期、工程质量、投资等失控及运行成本过高等问题。企业需建立设计变更管理制度，因设计过失造成变更的，应当实行责任追究制度。企业应当加强工程造价管理，明确初步设计概算和施工图预算的编制方法，按照规定的权限和程序进行审批，以确保概预算科学合理。企业可以委托具

续表

应对措施	备相应资质的中介机构开展工程造价咨询工作。企业可以组织工程、技术、财会等相关部门的专业人员或委托具有相应资质的中介机构对编制的概预算进行审核。工程项目概预算按照规定的权限和程序审批通过后方可执行。 （3）关于工程项目招标管理。企业应当依照国家招投标法的规定，遵循公开、公正、平等竞争的原则，建立健全工程项目招投标管理制度。对于需划分标段组织招标的，企业应科学分析和评估，不得违背工程施工组织设计和招标设计计划将应由一个承包单位完成的工程肢解为若干部分发包给几个承包单位。企业应科学编制招标公告，合理确定投标人资格要求，严格按照招标公告或资格预审文件中确定的投标人资格条件进行审查，履行标书签收、登记和保管手续。企业需依法组织工程项目招标的开标、评标和定标，并接受有关部门的监督。企业应当依法组建评标委员会，评标委员会对所提出的评审意见承担责任。评标委员会应当按照招标文件确定的标准和方法，对投标文件进行评审和比较，择优选择中标候选人。企业须按照规定的权限和程序从中标候选人中确定中标人，并及时向中标人发出中标通知书，在规定的期限内与中标人订立书面合同，明确双方的权利、义务和违约责任。企业应建立合同履行情况台账，记录实际履约情况并进行督促。 （4）关于工程建设管理。企业应当加强对工程建设过程的监控，加强质量、进度、安全和物资采购控制，严格执行工程预算，落实责任，确保工程项目达到设计要求。按照合同约定，企业自行采购工程物资的，应按照采购制度要求组织工程物资采购、验收和付款；由承包单位采购工程物资的，企业应加强监督，确保工程物资采购符合设计标准和合同要求。企业应实行严格的工程监理，委托经招标确定的监理单位进行监理，明确相关程序、要求和责任。工程监理单位应当依照国家法律法规及相关技术标准、设计文件和工程承包合同，对承包单位在施工质量、工期、进度、安全和资金使用等方面实施监督。工程监理人员一旦发现工程施工不符合设计要求、施工技术标准和合同约定，应当要求承包单位立即改正；发现工程设计不符合建筑工程质量标准或合同约定的质量要求，应当报告企业要求设计单位改正。未经工程监理人员签字，工程物资不得在工程上使用或者安装，不得进行下一道工序施工，不得拨付工程价款，不得进行竣工验收。企业需建立工程变更管理制度，严格控制工程变更，确需变更的，应当按照规定的权限和程序进行审批。重大的项目变更应当按照项目决策和概预算控制的有关程序和要求重新履行审批手续。因工程变更等原因造成价款支付方式及金额发生变动的，变更文件要齐备，企业要对工程变更价款的支付进行严格审核，依法需报有关政府部门审批的，企业必须取得相应的批复文件，承包商应在规定期限内全面落实变更设计和施工。企业需建立完善工程价款结算制度，财会部门与承包单位需及时沟通，准确掌握工程进度，根据合同约定，按照规定的审批权限和程序办理工程价款结算。 （5）关于工程项目验收管理。企业须建立健全竣工验收管理制度，明确竣工验收的条件、标准、程序和责任等。企业收到承包单位的工程竣工报告后，应及时编制竣工决算，开展竣工决算审计，组织设计、施工、监理等有关单位进行竣工验收。企业需加强竣工决算审计，未实施竣工决算审计的工程项目，不得办理竣工验收手续。企业应及时组织工程项目竣工验收，交付竣工验收的工程项目，应当符合国家规定的质量标准，有完整的工程技术经济资料，并满足国家规定的其他竣工条件。验收合格的工程项目，应当编制交付使用财产清单，及时办理交付使用手续。工程竣工后，企业应对完工后剩余的物资进行清理核实，并妥善处理。企业需按照国家有关档案管理的规定，及时收集、整理工程建设各环节的文件资料，建立完整的工程项目档案，需报政府有关部门备案的，应及时备案。 （6）关于工程项目后评估。企业应当建立完工项目后评估制度，对工程项目预期目标的实现情况和项目投资效益等进行综合分析和评价，总结经验教训，以提升将来项目决策和投资决策的水平。严格落实工程项目决策和执行环节的责任追究制度，评估结果可作为绩效考核和责任追究的依据

10. 业务外包风险与应对。

主要表现	（1）外包范围和价格确定不合理，承包方选择不当，可能导致企业遭受损失。 （2）业务外包监控不严、服务质量低劣，可能导致企业难以发挥业务外包的优势。 （3）业务外包存在商业贿赂等舞弊行为，可能导致企业相关人员涉案及企业遭受经济损失和品牌受损
应对措施	（1）关于业务外包实施方案制定。企业应当根据年度生产经营计划和业务外包管理制度，结合确定的业务外包范围，制定实施方案，按照规定的权限和程序进行审批，避免核心业务外包。根据业务外包对企业生产经营的影响程度，对外包业务实施分类管理，突出管控重点；对于重大业务外包，应由总会计师或企业分管会计工作的负责人进行决策，并将重大业务外包方案提交董事会或类似权力机构审批。

续表

应对措施	（2）关于承包方选择。企业应当按照批准的业务外包实施方案选择承包方，充分调查承包方的合法性、专业资质、技术及经验水平是否符合企业对业务外包的要求，综合考虑企业内外部因素，对业务外包的人工成本、管理成本、业务收入等进行测算分析，合理确定外包价格，严格控制业务外包成本。企业还可适当引入竞争机制，遵循公开、公平、公正的原则，按照规定程序和权限，择优选择承包方，确保承包方选择的过程透明，结果真实有效。明确承包方后，企业应及时与承包方签订业务外包合同，约定业务外包的内容和范围、双方权利和义务、服务和质量标准、保密事项、费用结算标准和违约责任等。 （3）关于业务外包实施过程管理。企业应当严格按照业务外包管理制度、工作流程和相关要求，制定业务外包实施过程的管控措施，确保承包方履行合同时有章可循。企业需确保承包方充分了解企业的业务实际、工作流程和质量要求，加强与承包方的沟通与协调机制，以便及时发现和解决业务外包过程中存在的问题。在承包方提供服务或制造产品的过程中，企业需密切关注重大业务外包承包方的履约能力，对承包方的履约能力进行持续评估，无法按照合同约定履行义务的，应及时终止合同，必要时需按合同进行索赔，并追究责任。企业应建立重大业务外包意外情况的应急机制，以保证生产经营活动持续运行。 （4）关于业务外包验收与结算管理。企业应根据合同约定和验收标准，组织相关部门或人员对承包方交付的产品或服务的质量进行审查和全面测试，确保产品或服务符合要求，并出具验收证明。若发现异常情况，需及时查明原因，并与承包方协商采取适当的补救措施及执行索赔。企业须根据国家统一的会计制度，加强对业务外包的核算与监督管理，建立完善的外包成本会计核算方法，依据验收证明及合同约定的结算条件和方式，做好费用结算工作

11．合同管理风险与应对。

主要表现	（1）未订立合同、未经授权对外订立合同、合同对方主体资格未达要求、合同内容存在重大疏漏和欺诈，可能导致企业合法权益受到侵害。 （2）合同未全面履行或监控不当，可能导致企业诉讼失败、经济利益受损。 （3）合同纠纷处理不当，可能损害企业利益、信誉和形象
应对措施	（1）关于合同相对方调查与谈判。合同订立前，企业应当通过审查相对方的身份证件、法人登记证书、资质证明、经审计的财务报告等，充分了解合同相对方的情况，确保对方当事人具备履约能力。初步确定拟签约对象后，企业合同承办部门需在授权范围内制定谈判策略并进行合同谈判。对于影响重大、跨多业务领域或法律关系复杂的合同，可以组织法律、技术、财会等专业人员共同参与谈判，必要时也可聘请外部专家参与。为了避免合同舞弊，谈判过程中的重要事项和参与谈判人员的主要意见，应当予以记录并妥善保存。 （2）关于合同订立。企业应根据协商谈判结果，拟定合同文本，明确双方的权利义务和违约责任，确保条款内容准确、严谨、完整。合同文本一般由业务承办部门起草；对于重大合同或法律关系复杂的特殊合同，由法律部门参与起草。有国家或行业合同示范文本的，可以优先选用，并需认真审查涉及权利义务的条款，结合实际情况适当修改。企业应根据实际情况，指定合同归口管理部门，对合同实施统一规范管理。合同文本须报经国家有关主管部门审查或备案的，应当履行相应程序。企业还需重视合同信息的保密管理，未经批准，不得泄露合同订立过程中涉及的商业秘密或国家机密。 （3）关于合同审核。合同拟定完成后，企业应从合同文本的合法性、经济性、可行性和严密性等方面进行严格审核，重点关注合同的主体、内容和形式是否合法，合同的内容是否符合企业的经济利益，对方当事人是否具有履约能力，合同权利和义务、违约责任和争议解决条款是否明确等。对于影响重大、跨多业务领域或法律关系复杂的合同文本，企业可以组织内部相关业务部门进行会审，认真记录、研究、分析业务部门提出的审核意见，根据实际情况，对合同条款进行修改。 （4）关于合同签署。对于审核通过的合同，企业应当按照合同的类型与规定的程序与对方当事人签署合同。正式对外订立的合同，应由企业法定代表人或其授权代理人签署并加盖有关印章；授权签署的合同，需同时签署授权委托书。企业应根据经济业务性质和管理层级设置等，建立合同分级管理制度。属于上级单位管理权限的合同，除有特殊情况，下级单位一般无权签署；如果下级单位确需签署涉及上级管理权限的合同，应提出申请，并履行相关审批程序。企业还需加强对合同专用章的保管，在合同经编号、审批、签署后，方可加盖合同专用章。 （5）关于合同履行。企业应与合同对方共同遵循诚实守信原则，根据合同的性质、目的等履行相关义务。企业需加强对合同履行环节的管控，重视对合同履行情况及效果的检查、分析和验收，发现违约行为，及时采取措施。企业可根据需要及时补充、更新、解除合同，例如，对于合同没有约定或者约定不明确的内容，可以协议补充；无法达成一致的，可按照国家有关法律法规、合同条款或者交易习惯确定。对于违背公平、条款有误、有欺诈行为，或因政策调整、市场变化等客观因素，可能导致企业利益受损的情况，应按照规定程序办理合同变更或解除，由合同对方造成企业损失的，应提出索赔要求。企业还需根据国家法

续表

应对措施	律法规的规定，按照权限和程序在规定时效内协商解决与合同对方产生的合同纠纷。经协商一致的，双方应当签订书面协议；合同纠纷经协商无法解决的，应当根据合同约定选择仲裁或诉讼方式解决。对于内部授权处理的合同纠纷，应当签署授权委托书，未经授权批准，相关人员不得做出任何实质性答复或承诺。 （6）关于合同结算。合同结算是合同执行中的重要环节，起到了对合同签订的审查以及对执行的监督作用。企业财务部门应当在严格审核合同条款后，按照合同规定进行付款。对于未有效履约合同条款或应签订书面合同而未签的，财务部门应拒绝办理结算业务，并及时向有关负责人报告。 （7）关于合同登记。企业应建立合同登记管理制度，合同的签署、履行、补充、变更、解除、结算等均需进行合同登记，因此，企业应充分利用信息系统，通过定期对合同的统计、分类和归档，详细登记合同的订立、履行和变更等信息，实现对合同的全流程闭环管理。企业应制定合同文本统一分类和连续编号的管理要求，明确合同借阅和归还的职责权限和审批程序等。 （8）关于合同管理后评估。企业需建立合同管理评估制度，每年定期对合同履行的总体情况和重大合同履行的具体情况进行分析评价。对于发现的执行缺陷，应及时采取有效措施予以改进。对于合同订立、履行等过程中出现的违法违规行为，企业应当追究相关人员或机构的责任

12. 内部信息传递风险与应对。

主要表现	（1）内部报告系统缺失、功能不健全、内容不完整，可能影响生产经营的信息无法及时传递和有序运行。 （2）内部信息传递不通畅、不及时，可能导致决策失误、相关政策措施难以落实。 （3）内部信息传递中泄露商业秘密，可能削弱企业核心竞争力
应对措施	（1）关于内部报告指标体系建立。企业应认真研究发展战略、风险控制要求和绩效考核标准，结合各管理层级的定位、特点和实际需求，建立科学规范、级次分明的内部报告指标体系。内部报告指标体系还需与全面预算管理相结合，将预算控制的全过程和结果及时向企业管理层报告，以有效控制预算执行，根据环境和业务的变化情况，调整决策部署，不断修订完善内部报告指标体系。 （2）关于内部报告编制。企业内部报告编制单位应充分考虑报告使用者的需求，确保编制内容简洁明了、通俗易懂，便于企业各管理层和全体员工掌握相关信息。企业还需完善内、外部信息的收集和传递机制，掌握关于市场、竞争、政策及环境的变化情况，结合各管理层级的特点和需求，按照标准对信息进行分类汇总；确认信息来源，对信息的真实性、合理性、时效性进行审核和鉴别。企业需要建立内部报告审核制度，明确审核权限和标准，确保内部报告信息质量符合要求。 （3）关于内部报告传递流程。企业应制定严密的内部报告传递流程，充分利用信息技术，强化内部报告信息集成和共享，将内部报告纳入企业统一信息平台，构建科学的内部报告网络体系。企业应根据信息的重要性，确定不同的流转环节，规范内部报告传递流程，并在各管理层级指定专人负责内部报告传递工作，及时上报重要信息，必要时可直接报告高级管理人员。企业还可通过采取奖励措施等方式，拓宽内部报告渠道，广泛收集高质量、合理化的建议。 （4）关于内部报告使用。企业各级管理人员在预算控制、生产经营管理决策和业绩考核时，应充分利用内部报告提供的信息。基于内部报告信息，对企业生产经营活动中的内外部风险进行有效的评估，涉及突出问题和重大风险的，需及时启动应急预案。企业应明确内部报告的保密内容、保密程度及传递范围，从内部信息传递的时间、空间、流程等方面采取严格的保密措施，防止商业秘密通过企业内部报告被泄露。企业应建立内部报告保管制度，按照制度要求妥善保管内部报告。 （5）关于内部报告评价工作。企业应建立内部报告评价制度，定期对内部报告的及时性及内部信息传递的全面性、完整性、安全性、有效性进行评价，评估内部报告在企业生产经营活动中所起到的作用。发现内部报告管理存在缺陷的，企业需及时进行整改完善，确保内部报告提供的信息及时、有效。 （6）关于内部报告反舞弊管理。企业需建立反舞弊机制，对员工进行道德准则培训，设立员工信箱、投诉热线等，鼓励员工及企业利益相关方举报和投诉企业内部的违法违规、舞弊等行为。完善举报人保护制度，明确举报责任主体、举报程序等。企业还需建立反舞弊情况通报制度，定期就反舞弊的情况进行通报，反思评价现有的控制缺陷，确保反舞弊机制持续优化

13. 信息系统风险与应对。

主要表现	（1）信息系统缺乏规划或规划不合理，可能造成信息孤岛或重复建设，导致企业经营管理效率低下。 （2）系统开发不符合内部控制要求，授权管理不当，可能导致无法利用信息技术实施有效控制，甚至出现系统性风险。 （3）系统运行维护和安全措施不到位，可能导致信息泄漏或毁损，系统无法正常运行

续表

应对措施	（1）关于信息系统规划。企业应根据发展战略和业务需要进行信息系统建设，制定信息系统整体规划和中长期发展计划。信息系统规划要与企业组织架构、业务范围、技术能力等相匹配，各业务部门充分沟通，避免相互脱节。基于信息系统整体建设规划提出的项目建设方案，应明确建设目标、人员配备、职责分工、经费保障和进度安排等相关内容，并按照规定的权限和程序审批后实施。企业信息系统归口管理部门应当组织内部各单位提出建设需求和关键控制点，规范开发流程，明确系统设计、编程、安装调试、验收、上线等全过程的管理要求，严格按照建设方案、开发流程和相关要求组织开发工作。 （2）关于信息系统开发实施。企业应基于对开发需求的分析，编制系统需求说明书，建立设计评审制度，严格控制设计变更流程，按规范执行相应的审批程序。企业开发信息系统，可采取自行开发、外购调试、业务外包等方式，应当将生产经营管理流程、关键控制点和处理规则嵌入系统程序，实现手工环境下难以实现的控制功能。企业在系统开发过程中，应执行统一的编程规范，使用版本控制。企业应按照不同业务的控制要求，通过信息系统中的权限管理功能控制用户的操作权限，避免将不相容职责的处理权限授予同一用户。针对不同的数据输入方式，企业需考虑对输入系统数据的检查和校验功能。预留必要的后台操作通道，对于必需的后台操作，企业应建立规范的流程制度，记录保留操作日志，确保操作的可审计性。对于异常的或者违背内部控制要求的交易和数据，企业应设计由系统自动报告并建立跟踪处理机制。企业信息系统归口管理部门需加强对信息系统开发全过程的跟踪管理，组织开发单位与内部相关单位的日常沟通协调，督促开发单位按照建设方案、计划进度和质量要求完成编程工作，对配备的硬件设备和系统软件进行检查验收，组织系统上线运行等。企业应组织独立于开发单位的专业机构对开发完成的信息系统进行验收测试，确保在功能、性能、控制要求和安全性等方面符合系统建设需求。企业需制定科学的上线计划和新旧系统转换方案，培训业务操作和系统管理人员，设计应急预案，确保新旧系统顺利切换和平稳衔接。系统上线涉及数据迁移的，还应制定详细的数据迁移计划，并对迁移结果进行测试。 （3）关于信息系统的运行与维护。企业应制定信息系统工作程序、信息管理制度以及各模块子系统的具体操作规范等，及时跟踪、发现和解决系统运行中存在的问题，确保信息系统按照规定的程序、制度和操作规范持续稳定运行。企业要指定专人负责系统运行的日常维护，做好系统运行记录，对异常情况和突发事件要及时响应上报。企业需建立信息系统变更管理流程，对系统变更申请严格审核，严格控制紧急变更，审核通过后方可进行系统变更，对变更的系统功能需进行测试。信息系统操作人员不得擅自进行系统软件的删除、修改等操作；不得擅自升级、改变系统软件版本；不得擅自改变软件系统环境配置。企业需建立信息系统资产管理制度，完善信息系统设备管理要求。企业应依照国家相关法律法规和信息安全技术标准，制定信息安全实施规范；根据业务性质、重要性程度、涉密情况等确定信息系统的安全等级，建立不同等级信息的授权使用制度，采用相应技术手段保证信息系统运行安全有序，并建立信息系统安全保密和泄密责任追究制度。企业委托专业机构进行系统运行维护管理的，应当审查该机构的资质和信用状况等，并与其签订服务合同和保密协议。企业对重要业务系统的访问权限需严格管理，定期审阅系统账号，避免授权不当或存在非授权账号，禁止不相容职务用户账号的交叉操作。企业可以采取安装安全软件等措施防范信息系统受到病毒等恶意软件的感染和破坏；综合利用网络设备、软件技术以及远程访问安全策略等手段，加强网络安全，防范网络攻击和非法侵入。对于通过网络传输的涉密或关键数据，企业需采取必要的技术手段以确保信息传递的保密性、准确性和完整性。企业需建立系统数据备份管理制度，定期进行数据恢复有效性测试。 （4）关于信息系统评估。企业应建立健全信息系统风险评估制度，定期开展信息系统风险评估工作，及时发现系统安全问题，并采取有效措施进行整改。按照国家有关法律法规和电子档案管理的相关规定，妥善保管相关信息档案

经典例题

【真题·单选题】（2019）随着云计算技术的崛起，传统数据技术受到严峻挑战。此前引领世界数据库软件市场的J公司对环境变化反应迟钝，没有及时研究云计算技术。当公司意识到云技术是未来方向时，转型为时已晚。2018年，J公司营业收入基本零增长，净利润比前一年暴跌59%。J公司面对的主要风险是（　　）。

A. 法律合规风险　　B. 运营风险

C. 财务风险　　D. 市场风险

【答案】B

【解析】J公司作为专注于数据库软件的公司，“没有及时研究云计算技术”，说明公司面临“企业产品结构、新产品研发方面可能引发的风险”，属于运营风险。

【例题·多选题】C国的甲公司是一家大型基础设施承建企业，根据业务发展需要，甲公司需要在A国采购一套大型机械设备。根据《企业内部控制应用指引第7号——采购业务》，甲公司采购业务需要关注的风险有（　　）。

A. 甲公司招投标机制不科学，可能导致采购的设备质次价高

B. 采购部门不熟悉 A 国市场供应商的情况，可能导致供应商选择不当

C. 甲公司承接的项目缺乏可行性研究，可能导致难以实现预期效益

D. 设备在验收环节缺少必要的专业测试，可能导致生产的产品不合格率上升

【答案】ABD

【解析】选项 C 属于工程项目需要关注的风险。

【例题·多选题】下列各项中，属于企业运营风险的有（　　）。

A. 泥石流导致公路中断，使某企业运输途中的设备未能按期送达

B. 国内某养老院面临国外中高端养老集团入驻本地的现实威胁

C. 某高科技企业在疫情期间大批裁员，导致企业声誉受损

D. 人民币汇率升值导致某外贸企业损失 100 万元

【答案】AC

【解析】选项 A、C 属于运营风险，“泥石流导致公路中断，使某企业运输途中的设备未能按期送达”是给企业造成损失的自然灾害风险；“某高科技企业在疫情期间大批裁员，导致企业声誉受损”表现为人力资源退出机制不当，可能导致法律诉讼或企业声誉受损的人力资源风险，属于运营风险。选项 B、D 属于市场风险，“国内某养老院面临国外中高端养老集团入驻本地的现实威胁”属于潜在进入者、竞争者带来的风险，“人民币汇率升值导致某外贸企业损失 100 万元”是税收政策和利率、汇率、股票价格指数的变化带来的风险。

【例题·多选题】企业在履行社会责任方面需要关注的主要风险有（　　）。

A. 缺乏诚实守信的经营理念，可能导致舞弊事件的发生

B. 安全生产措施不到位，责任不落实，可能导致安全事故的发生

C. 产品质量低劣，侵害消费者利益，可能导致企业巨额赔偿、形象受损

D. 促进就业和员工权益保护不够，可能导致员工积极性受挫

【答案】BCD

【解析】选项 A 属于企业文化风险。

【真题·简答题】（2022）云博公司成立于 2015 年，致力于智能机器人的研发和制造，其产品广泛应用于冶金、医疗、金融、物流等领域。

云博公司的销售业务由一位主管副总经理负责，主管副总经理根据业务能力选拔、任用多名分别负责不同类别产品的销售经理。每位销售经理管理一个由 5～8 位销售人员组成的销售组，负责某一类产品的销售。销售组的年度销售计划由销售经理提出，经主管副总经理批准后实施。公司员工包括销售人员的薪酬取决于对公司确定的各项业绩目标所做出的贡献，“唯业绩”观念被公司员工普遍接受。因此，销售经理们往往制定较高的年度销售目标，并把该目标按月分解并分配给组内每一位销售人员。截至 2019 年底，智能机器人市场一直供不应求，销售计划完成比较顺利，因此，主管副总经理对销售经理提出的销售计划往往不经仔细审核就签字通过。根据业绩目标完成情况，主管副总经理对销售经理进行季度考核和奖罚、销售经理对组内销售人员进行月度考核和奖罚。考核时间的短期化使销售人员时时感受到压力，彼此之间为完成业绩指标争夺客户的现象时有发生。在价格与合同管理上，公司为更快、更多地获取订单采用灵活的做法，赋予销售经理和销售人员可按最低 8 折价格与客户签订产品销售合同的权力。虽然公司制度规定销售合同须事先经财务、法务部门审核方能签订，但未得到严格执行。公司建立了对销售人员每半年进行一次职业规范、业务技能和相关法律法规培训的制度，但面对销售经理们销售任务重、抽不出时间参加培训的抱怨始终未能落实。

2020年初，由于新冠疫情暴发，云博公司的产品订单急剧减少。但销售经理们和主管副总经理一致认为，疫情不会持久，市场需求会很快转旺，因此要求生产部门生产并储备比疫情发生前更多的产品。一年后，新冠疫情并未缓解，市场仍然低迷，云博公司的大量产品滞销、积压。有的销售经理未进行资信调查就向新客户赊销产品，造成大量货款至今没有收回。还有个别销售经理与客户合谋，擅自突破公司规定的产品价格折扣底线，以极低的价格出售产品并从对方收取“报酬”。公司内部控制和审计部门对销售过程中的失控和混乱现象未能及时发现和纠正。这些原因导致公司销售业务走入困境。半年后，云博公司由于巨额亏损濒临破产。

要求：简要分析云博公司的销售业务存在的风险。

【答案】（1）销售政策和策略不当，市场预测不准确，销售渠道管理不当，可能导致销售不畅、库存积压、经营难以为继。“销售组的年度销售计划由销售经理提出，……销售经理们往往制定较高的年度销售目标”；“主管副总经理对销售经理提出的销售计划往往不经仔细审核就签字通过”；“由于新冠疫情暴发，云博公司的产品订单急剧减少。但销售经理们和主管副总经理一致认为，疫情不会持久，市场需求会很快转旺，因此要求生产部门生产并储备比疫情发生前更多的产品。一年后，新冠疫情并未缓解，市场仍然低迷，云博公司的大量产品滞销、积压”；“考核时间的短期化使销售人员时时感受到压力，彼此之间为完成业绩指标争夺客户的现象时有发生”。

（2）客户信用管理不到位，结算方式选择不当，账款回收不力等，可能导致销售款项不能收回或遭受欺诈。“有的销售经理未进行资信调查就向新客户赊销产品，造成大量货款至今没有收回”。

（3）销售过程存在舞弊行为，可能导致企业利益受损。“个别销售经理与客户合谋，擅自突破公司规定的产品价格折扣底线，以极低的价格出售产品并从对方收取‘报酬’”；“云博公司由于巨额亏损濒临破产”。

高频考点5：法律风险和合规风险与应对★★★★★

（一）法律风险和合规风险的含义及其影响因素

法律风险是指企业在经营过程中因自身经营行为的不规范或者外部法律环境发生重大变化而造成不利法律后果的可能性。

合规风险是指因违反法律或监管要求而受到制裁、遭受金融损失以及因未能遵守所有适用法律、法规、行为准则或相关标准而给企业信誉带来损失的可能性。

法律风险侧重于民事责任的承担，合规风险则侧重于行政责任和道德责任的承担。

企业经营管理离不开法律合规，分析法律合规风险的来源至少需要考虑以下因素：

1. 国内外与企业相关的政治、法律环境变化可能引发的风险；

2. 影响企业的新法律法规和政策颁布可能引发的风险；

3. 员工的道德操守不当可能引发的风险；

4. 企业签订重大协议和有关贸易合同的条款设计不当等可能引发的风险；

5. 企业发生重大法律纠纷案件所引发的风险；

6. 企业和竞争对手的知识产权可能引发的风险。

（二）法律合规风险的主要表现与应对

法律合规风险主要包括法律责任风险、行为规范风险和监管风险。

1. 法律责任风险与应对。

主要表现	法律责任风险是指因个人或团体的疏忽或过失行为，造成他人的财产损失或人身伤亡，按照法律、契约应负法律责任或契约责任的风险。在企业经营管理中，是指在业务活动中发生的违规行为，或因日常经营和业务活动违反法律规定，导致发生争议、法律纠纷而造成经济损失的风险。

续表

主要表现	企业法律责任存在的主要风险表现包括： （1）公司生产经营违反了相关法律法规或其他规定、流程手续、资质要求等，可能导致公司遭受法律制裁、监管处罚、重大财务损失和声誉损失。 （2）公司面临外部诉讼纠纷时，未能积极妥善应对，或由于应诉行为不当，可能导致企业承担潜在利益损失
应对措施	企业应对上述法律责任风险，可以重点关注违规行为、法律纠纷等方面的管控措施。 （1）公司管理层应根据企业的风险管理流程设计风险管理制度，建立合规问责和处罚制度，如违规当事人与所属上级领导共同承担违规责任。完善监控机制，制定纠正和预防措施，持续改进合规管理体系的有效性。 （2）企业应配置专业的法务人员，建立法律管理相关的制度规范及符合企业核心利益的应对策略，各相关人员应严格按照制度规范执行。企业应当重视事后评估，透过案件处理，分析企业经营管理的现实和潜在风险，提出防范建议，提升企业法律纠纷案件管理的附加值，实现企业利益最大化

2. 行为规范风险与应对。

主要表现	行为规范是指社会群体或个人在参与社会活动中所遵循旳规则、准则的总称。在企业的经营管理中，是指员工潜在的不道德行为或凭借所拥有的公共权力在执行公务过程中、日常生活中出现谋求私利等腐败行为。 企业行为规范存在的主要风险表现包括： （1）公司管理层未引导员工建立正确的价值观，公司员工或其他利益相关者的潜在不道德行为，可能导致公司声誉受到负面影响。 （2）公司管理层未识别出舞弊的高风险岗位并对其风险进行控制。可能导致公司面临直接的经济损失或对公司形象产生负面影响
应对措施	企业应对上述行为规范风险，可以重点关注道德行为、廉政和舞弊行为等方面的管控措施。 （1）企业应当制定员工职业道德规范，并定期组织培训，要求员工确认知晓程度，关注潜在的利益冲突行为，并展开调查，以确保企业在法律规范下经营运作。 （2）企业应制定有效的廉洁及反舞弊管理措施，有效防范管理层违规决策、挪用公司资金、贪污公司资产、收受贿赂等行为，防范员工或合作伙伴的潜在违法行为，避免给公司带来直接经济损失或对公司形象产生负面影响

3. 监管风险与应对。

主要表现	监管风险是指由于法律或监管规定的变化，可能影响企业正常运营，或削弱其竞争能力、生存能力的风险。 企业监管风险的主要表现包括： （1）企业未能有效识别进口产品在出口海关、出口国可能遇到的监管要求，或者未能准确理解政府贸易规定、海关规定，可能导致企业的经济损失或交易失败。 （2）企业未能识别和防范由于违反国家和劳动保障机构制定的相关法规（包括个人所得税、薪酬、休假、反歧视等），可能导致企业面临人事合规带来的风险。 （3）对于上市公司，企业未能识别和防范证券监督管理要求，如证券交易所的股票交易规则及内控标准等，可能导致企业面临潜在的合规和法律风险。 （4）企业未能识别并遵守国家健康、安全和环保方面的法律与规范；未对员工提供适当的安全、环保意识培训；安全管理体系不健全，或相关管理制度无法有效执行；缺少突发事件报告体系，可能导致企业财产损失。 （5）企业未能按时向税务机关、工商机关等提交税务报告、年检报告等资料，受到监管机构的检查批评或处罚，可能导致企业信用及声誉受损
应对措施	企业应对上述监管风险，应重点关注贸易、人事合规、有价证券、健康、安全与环保、财税合规等方面的管控措施。 （1）企业应关注政府贸易的监管要求，识别和防范违反政府贸易规定、海关规定、地缘政治规则和跨国交易带来的潜在合规风险，在交易前要收集大量的信息，明确交易过程中的不确定因素，对可能存在的风险做基本预判，并制定相应的应对方案。 （2）企业应严格招聘程序，加强对劳动者入职审查，建立并执行合法合规的劳动合同管理制度、合理的工资结构，制定符合实际的绩效考核机制，规避因人事合规而给企业带来的纠纷。 （3）企业应关注证券监管机构的监管要求，建立完善的证券业务制度规范，对执业行为的合规性进行审查监督，强化岗位制约和监督，严格限定不同岗位人员的操作权限，降低因违规操作给企业带来风险的可能性。

续表

应对措施	（4）企业应严格遵守国家法律法规，建立完善的安全管理体系，对突发事件制定相关的应急预案，定期组织员工培训，加强员工的安全、环保意识，提升员工自身能力，使劳动生产在保证劳动者健康、企业财产不受损失、人民生命安全的前提下顺利进行。 （5）企业应时刻关注政府监管要求，严格按照要求报送税务报告。加强对财税风险的监控，评估预测财税风险，并指定相应的应对方案，防范企业因财税风险而受到监管处罚

经典例题

【真题·单选题】（2018）甲公司是一家钢铁生产企业。2015 年上半年，甲公司把通过银行贷款取得的大部分技改项目基金投入股市。后来，由于政府宏观管理措施的出台和股市的暴跌，甲公司投入股市的资金无法收回。在上述案例中，甲公司面临的风险是（　　）。

A. 技术风险

B. 法律合规风险

C. 企业文化风险

D. 资产管理风险

【答案】B

【解析】案例公司“把通过银行贷款取得的大部分技改项目基金投入股市”的做法违反法律或监管的要求，体现为法律合规风险。选项 B 正确。

【例题·单选题】银行违规经营被媒体曝光，银行的声誉将面临重大损失，银行面临的风险属于（　　）。

A. 法律风险　　B. 运营风险

C. 合规风险　　D. 战略风险

【答案】C

【解析】合规风险是指因违反法律或监管要求而受到制裁、遭受金融损失以及因未能遵守所有适用法律、法规、行为准则或相关标准而给企业信誉带来损失的可能性。因此，银行违规经营带来信誉损失属于合规风险，选项 C 正确。

【例题·多选题】法律合规风险主要包括（　　）。

A. 法律责任风险

B. 行为规范风险

C. 道德风险

D. 监管风险

【答案】ABD

【解析】法律合规风险主要包括法律责任风险、行为规范风险和监管风险。

进阶练习

（一）单选题

1. F 国某钢铁公司的铁矿石原料主要依赖从 J 国进口，下列各项中，不属于该公司面临的市场风险是（　　）。

A. 汇率变化风险

B. 该公司生产安全、环境保护等管理不善的风险

C. 铁矿石价格变化风险

D. 铁矿石供应商的信用风险

2. 名达集团原是一家房地产企业。2023 年名达集团以银行贷款为主要资金来源，开始大举并购一些发达国家的酒店和娱乐、体育健身等方面的业务。最近，名达集团由于收购规模过大，资金出现短缺。同时银行收紧了银根，不再向名达集团发放贷款。因此，名达集团被迫中止了收购活动，并为弥补资金漏洞出售了一些已购的业务。名达集团的战略风险表现为（　　）。

A. 战略信息传递不通畅，甚至受阻

B. 战略制定风险，脱离企业实际盲目发展

C. 战略调整不到位，未触及真正的风险

D. 战略复盘整改时未深入剖析失败原因

3. 企业须关注的投资管理风险是（　　）。

A. 提供虚假财务报告，误导报告使用者

B. 预算考核不严，预算管理流于形式

C. 投资决策失误，导致盲目扩张或丧失

发展机遇

D. 采购付款审核不严，导致企业资金受损

4. 有关研究机构证实，从事中成药生产的上市公司天康公司的主打产品含有对人体健康有害的成分。该研究结果被媒体披露后，天康公司的股价大跌，购买其产品的部分消费者和经销商纷纷要求退货，致使其经营陷入危机。上述案例中，天康公司面临的风险属于（　　）。

A. 运营风险　　B. 技术风险

C. 战略风险　　D. 财务风险

5. 信息系统安全措施不到位导致的风险属于（　　）。

A. 财务风险　　B. 市场风险

C. 运营风险　　D. 战略风险

（二）多选题

1. 企业的战略环境包括（　　）。

A. 技术环境

B. 行业状况

C. 竞争对手战略

D. 领导者的领导力

2. 下列选项中，属于运营风险的有（　　）。

A. 给企业造成损失的自然灾害等风险

B. 期货等衍生产品业务发生失误带来的风险

C. 主要客户、主要供应商的信用风险

D. 企业产品结构、新产品研发方面可能引发的风险

3. 企业面临的市场风险包括（　　）。

A. 原材料供应风险

B. 产品价格风险

C. 汇率变化风险

D. 分销风险

4. 战略定位的内容主要包括（　　）。

A. 战略目标

B. 企业使命

C. 战略类型

D. 战略实施途径的选择

5. 根据《企业内部控制应用指引第 8 号——资产管理》，资产管理需关注的主要风险有（　　）。

A. 存货积压，导致流动资金占用过多

B. 资金活动管控不严，导致资金被挪用、侵占

C. 固定资产更新改造不够，资产价值贬值

D. 无形资产缺乏核心技术，缺乏可持续发展能力

（三）简答题

1. 达丰公司是一家中等规模的地方炼油企业，产品包括汽油、柴油等主要产品及其副产品，在本省以及周边省份出售给经销商或终端客户。达丰公司面临的竞争压力既来自国有特大型炼油企业，还来自本省数量众多的其他炼油企业。为了掌握销售主动权和吸引客户，公司销售政策规定：对于资产额在 1 000 万元至 3 000 万元的客户，给予 50 万元的赊销额度；对于资产额在 3 000 万元至 1 亿元的客户，给予 100 万元的赊销额度；对于资产额在 1 亿元以上的客户，给予 200 万元的赊销额度。公司对销售程序作出如下规定：

（1）客户申请赊销额度时，需提供经审计的上一年度资产负债表，由销售部负责审核。额度经公司批准后，不得变更。销售部负责客户信用档案的管理，对于重要客户的资信材料一般情况下不得变更。同时，对于所有客户都建立严格的信用保证制度。

（2）重大的销售业务须由销售部开具销售订单，订单上的内容包括：销售期、客户名称、产品名称、产品单价、总价款、付款方式。销售订单经客户签字盖章，交由公司销售部部长加盖销售专用章后生效。

（3）由财务部门定期与客户进行对账并负责催收。

要求：

（1）简要分析达丰公司面临的销售业务风险。

（2）简要分析达丰公司应该考虑的市场风险。

2. 明芳医疗美容医院（简称明芳医美）是国内一家提供整形美容医疗服务的专科医院有限公司，2008 年 5 月在 C 市工商行政管理局登记成立。医院设置有整形美容科、美容皮肤科、活力齿科、美容中医馆等专业科室，同时提供美体、塑形、美甲、纹绣等延伸配套服务。近年来，随着网红经济、颜值时代的到来，人们对美的追求越来越强烈，更加“爱面子”“爱纤细”。医美行业成为“朝阳产业”，医美产品需求日益增大。明芳医美顺势迅速发展，成长为国内私立整形连锁品牌巨头，基本在国内各大省会城市都有连锁机构。

医美行业良好的市场前景、巨大的发展空间吸引了越来越多投资人的注意，将资本投入到医美行业之中，上至整形医院，下至美容院，各种规模的医疗美容机构遍地开花，同时各地的公立医院也大力发展整形美容科室，医美行业市场竞争日趋激烈，明芳医美感受到巨大的竞争压力，行业巨头地位受到严重威胁。

面对巨大的市场需求和激烈的竞争环境，明芳医美的反应却很迟钝。明芳医美管理层缺乏创新性，认为爱美之心更多是“她”的属性，忽视了“他”的需求，客户群体仍以女性消费者为主，大力研发、宣传女性医美产品。类似“植发”“祛痘”“祛眼袋”等男性颇为需求的医美产品，则被竞争对手新阳医美抢占了先机。在广告营销方面，明芳医美除了通过常规的电视广告、网络平台等渠道投放外，很少出现让人印象深刻的广告设计。同时，很多客户反映明芳医美的 APP 平台不好用，在平台上不能对所需的美容项目进行全面了解，与医师的沟通、咨询不畅，大都是客服机器人在自动回复。

从产业链结构上看，医美行业的上游为药品原料及药械供应商，主要从事玻尿酸、肉毒素等药品及激光等器械的研发和生产。目前国内医美行业较为分散化，整体对上游供应商缺乏议价能力，无论是设备还是产品，只能任人宰割。比如行业内广受追捧的水光针产品 FLJ，在国内的售价是在欧洲市场的 3 倍左右；在国际市场上卖价 3 万多美元的激光器，在国内可以卖到 60 多万元人民币。明芳医美作为行业一分子，面对上游供应商的“收割”心态，也只能被迫承受。

国内医美行业虽然从业者众多，但普遍存在高素质、高技能专业人才严重供不应求的现象。明芳医美也不例外，医技和管理方面的专业人才缺口甚大，高管多为技术人员出身，缺乏人力资源管理相关知识和技能，在人才引进、培训、薪酬激励、退出等主要环节没有建立健全相应的开发机制、绩效考核机制和退出机制。这导致员工流动性大，很多业务骨干纷纷跳槽，还带走了一些客户，给公司带来较大的损失。

要求：

（1）简述明芳医美面临的市场风险。

（2）简述明芳医美面临的运营风险。

（3）简述明芳医美面临的人力资源风险及应对措施。

进阶练习答案及解析

（一）单选题

1. 【答案】B

【解析】选项 B 属于运营风险。

2. 【答案】B

【解析】案例公司原是一家房地产企业，大举并购发达国家的非主业项目，导致资金短缺、并购被迫中止，说明名达集团发展战略过于激进，脱离企业实际能力或偏离主业。说明该企业在战略制定过程中，表现为缺乏符合企业发展实际的战略目标，导致企业脱离实际盲目发展，属于战略制定风险。因此，选项 B 正确。

3. 【答案】C

【解析】选项 A 属于财务报告需关注的主要风险；选项 B 属于全面预算管理需关注的主要风险；选项 D 属于采购业务需关注的主要风险。

4.【答案】A

【解析】“主打产品含有对人体健康有害的成分”，说明天康公司面临“质量、安全、环保、信息安全等管理发生失误导致的风险”，属于运营风险。选项 A 正确。

5.【答案】C

【解析】“系统运行维护和安全措施不到位，可能导致信息泄露或毁损，系统无法正常运行”是信息系统存在的主要风险之一，属于运营风险。因此，选项 C 正确。

（二）多选题

1.【答案】ABC

【解析】企业战略环境是指企业外部对企业战略产生重大影响的一些因素，例如，政治法律环境、经济环境、社会环境、技术环境、行业状况、竞争对手战略等。企业领导者的领导力是来源于企业内部影响战略风险的因素，选项 D 错误。

2.【答案】ABD

【解析】选项 C 属于市场风险。

3.【答案】ABC

【解析】市场风险是指企业所面对的外部市场的复杂性和变动性所带来的与经营相关的风险。至少要考虑以下几个方面：(1) 产品或服务的价格及供需变化带来的风险；(2) 能源、原材料、配件等物资供应的充足性、稳定性和价格的变化带来的风险；(3) 主要客户、主要供应商的信用风险；(4) 税收政策和利率、汇率、股票价格指数的变化带来的风险；(5) 潜在进入者、竞争者、与替代品的竞争带来的风险。选项 D 属于内部风险中的运营风险，是创造价值，选项 D 错误。

4.【答案】ABCD

【解析】战略定位的内容主要包括战略目标、企业使命、战略类型和战略实施途径的选择。

5.【答案】ACD

【解析】选项 B 属于资金营运管理风险。

（三）简答题

1.【答案】(1) 达丰公司“为了掌握销售主动权和吸引客户，制定了销售政策”，根据客户的不同规模给予不同的赊销额度，根据《企业内部控制应用指引第 9 号——销售业务》，达丰公司销售业务须关注的主要风险包括：①销售政策和策略不当，市场预测不准确，销售渠道管理不当等，可能导致销售不畅、库存积压、经营难以为继；②客户信用管理不到位，结算方式选择不当，账款回收不力等，可能导致销售款项不能收回或遭受欺诈。

(2) 达丰公司应该考虑的市场风险：

①主要客户、主要供应商的信用风险。达丰公司“为了掌握销售主动权和吸引客户，制定了销售政策”，根据客户的不同规模给予不同的赊销额度，达丰公司需要关注客户的信用风险。

②潜在进入者、竞争者、与替代品的竞争带来的风险。“达丰公司面临的竞争压力既来自国有特大型炼油企业，又来自本省数量众多的其他炼油企业。”

2.【答案】(1) 市场风险：

①产品或服务的价格及供需变化带来的风险。“医美行业良好的市场前景、巨大的发展空间吸引了越来越多投资人的注意，将资本投入医美行业之中，上至整形医院，下到美容院，各种规模的医疗美容机构遍地开花，同时各地的公立医院也大力发展整形美容科室，医美行业市场竞争日趋激烈，明芳医美感受到巨大的竞争压力，行业巨头地位受到严重威胁”。

②能源、原材料、配件等物资供应的充足性、稳定性和价格的变化带来的风险。“国内医美行业较为分散化，整体对上游供应商缺乏议价能力，无论是设备还是产品，只能任人宰割。……明芳医美作为行业一分子，面对上游供应商的‘收割’心态，也只能被迫承受”。

③潜在进入者、竞争者、与替代品的竞争带来的风险。“明芳医美感受到巨大的竞争压力，行业巨头地位受到严重威胁”“被竞争对手新阳医美抢占了先机”。

(2) 运营风险：

①企业产品结构、新产品研发方面可能引

发的风险。“忽视了‘他’的需求，客户群体仍以女性消费者为主，大力研发、宣传女性医美产品，类似……男性颇为需求的医美产品，则被竞争对手新阳医美抢占了先机”。

②企业新市场开发，市场营销策略（包括产品或服务定价与销售渠道，市场营销环境状况等）方面可能引发的风险。“在广告营销方面，明芳医美除了通过常规的电视广告、网络平台等渠道投放外，很少出现让人印象深刻的广告设计。同时，很多客户反映明芳医美的APP平台不好用，在平台上不能对所需的美容项目进行全面了解，与医师的沟通、咨询不畅，大都是客服机器人在自动回复”。

③企业组织效能、管理现状、企业文化，高、中层管理人员和重要业务流程中专业人员的知识结构、专业经验等方面可能引发的风险。“明芳医美管理层缺乏创新性”“高管多为技术人员出身，缺乏人力资源管理相关知识和技能”。

（3）人力资源管理应关注的主要风险：

①人力资源缺乏或过剩、结构不合理、开发机制不健全，可能导致企业发展战略难以实现。“医技和管理方面的专业人才缺口甚大，高管多为技术人员出身”。

②人力资源激励约束制度不合理、关键岗位人员管理不完善，可能导致人才流失、经营效率低下或关键技术、商业秘密和国家机密泄露。“在人才引进、培训、薪酬激励、退出等主要环节没有建立健全相应的开发机制、绩效考核机制和退出机制。导致员工流动性大，很多业务骨干纷纷跳槽，还带走了一些客户，给公司带来较大的损失”。

③人力资源退出机制不当，可能导致法律诉讼或企业声誉受损。

“在人才……退出等主要环节没有建立健全相应的……退出机制”。

应对措施：

①关于人力资源规划与选聘。企业可根据人力资源总体规划，结合生产经营实际需要，制定年度人力资源需求计划，并按照计划、制度和程序，组织人力资源选聘活动。企业应遵循公开、公平、公正的原则，通过公开招聘、竞争上岗等多种方式选聘优秀人才，并依法签订劳动合同，建立劳动用工关系。涉及关键技术、知识产权、商业秘密或国家机密的岗位，企业应与员工签订保密协议，明确保密义务。通过建立选聘人员试用期和岗前培训制度，对试用期人员进行严格考察，以使选聘人员全面了解岗位职责，掌握岗位基本技能，适应工作要求。

②关于人力资源开发。企业应建立员工长效培训机制，紧紧围绕企业战略需求和业务现状，积极开展科学、系统的员工培训，对员工的职业生涯规划进行跟踪和指导，加强后备人才队伍建设。企业应实行关键岗位员工定期轮岗制度，以全面提升员工素质，推动全体员工的职业技能持续提升，进而提高企业的管理效能。

③关于人力资源激励与约束。企业应遵循可持续性、公平性、多样性的原则，构建人力资源的激励约束机制，建立科学合理的绩效管理体系，促进薪酬激励与员工贡献相协调，确保员工队伍的积极性与持续优化。企业应当从公司章程、合同制定、员工偏好等方面，建立人力资源的约束机制，最大限度地调动员工积极性和主动性。

④关于人力资源退出。企业应按照相关法律法规，并结合实际情况，建立健全员工退出（辞职、解除劳动合同、退休等）机制，明确退出的条件和程序，确保员工退出机制有效运行。企业可依据绩效考核结果、裁员政策等，对未达到要求的员工，视情况采取降职、转岗、转岗培训、解雇等不同程度的措施。企业应当与退出员工依法约定保守关键技术、商业秘密、国家机密和竞业限制的期限，确保知识产权、商业秘密和国家机密的安全；关键岗位人员离职前，需根据有关法律法规的要求进行工作交接或离任审计。

第三部分

跨章节综合题演练

跨章节综合练习题

题1： 考查（1）基本竞争战略★★★★★（第三章）。本题要求考生在准确识别竞争战略类型的基础上，分析该战略的实施条件。

（2）发展战略★★★★★（第三章）。本题要求考生首先识别总体战略的类型，总体战略→发展战略→多元化战略，进而分析多元化战略的原因和优点。

（3）纵横向分工结构★★★★（第四章）。本题要求考生首先识别组织结构的类型——M型组织结构，进而分析该组织结构的优点。

（4）国际化经营的战略类型★★★★（第三章）。本题要求考生识别国际化经营战略的类型——国际战略、多国本土化战略、全球化战略、跨国战略。

（5）公司战略与数字化技术★★★★★（第四章）。本题要求考生分析数字化技术对金峰集团产品和服务的影响。

（真题·综合题·2022）

资料一：

1978年，高先生集资8 000元在南方某乡创办了一家占地不足200平方米、仅有12名员工的企业—金峰。创业初期，金峰的业务是代加工风扇。金峰凭借较低的土地租金、员工工资和高先生的精心管理，逐渐把代加工费用降至行业最低水平。因此客户和订单逐年增加，资产和经营规模不断扩大。

1981年，高先生将企业更名为金峰家用电器公司，生产自主申请注册的“金峰牌”风扇。此后三年中，在金峰专注于风扇业务的同时，国内生产风扇的厂家如雨后春笋迅速增加，竞争日趋激烈。由于短期内各个厂家的生产技术和产品性能都难以有明显特色和质的提升，因而消费者在市场上众多品牌的风扇之间有很大选择余地，用户选购风扇的关注点以及厂家之间竞争的焦点主要是价格。金峰公司凭借以往从事代加工风扇业务积累的技术、管理经验和实干、严谨、精进的作风，对每一项设计、工艺、流程进行微小的改进以提升生产效率；随着生产规模的扩大，适时调整优化生产组织和管理组织，改进生产设施，使生产能力得到最大限度的利用和发挥；精干销售队伍，完善和优化客户服务以节省相关费用。金峰还把自己不擅长的一些业务环节如零部件的电镀外包给其他企业，有效降低了成本。1983年，金峰牌风扇的成本降到行业平均成本的80%以下，成为无人企及的行业标杆。成本的大幅降低为金峰带来显著的竞争优势，使金峰牌风扇以良好的品质、低廉的价格成为市场热销的名牌商品。

资料二：

1985年，国内风扇市场趋于饱和，行业利润率开始大幅下滑，金峰公司的销售额和利润额增长也开始趋缓。为了避免单一经营的风险并给企业持续发展开辟新的空间，高先生果断决定压缩风扇生产规模，同时进入刚刚兴起的空调、电冰箱、电饭煲等市场需求和企业利润率迅速攀升的相关行业。5月，金峰公司利用积累的自有资金投资建成“金峰空调设备厂”；8月，收购国内两家电冰箱制造企业，组建“金峰电冰箱制造厂”；12月，与J国森田公司合资成立“金峰电饭煲制造有限公司”。1986年10月，金峰公司转制成立金峰电器企业集团。此后十年，金峰集团经过不懈奋斗，使各类产品的质量、性能和制造技术逐渐达到行业领先水平，到20世纪90年代中期，金峰集团生产的空调、电冰箱、电饭煲均登上国内名牌商品榜单，在国内市场占有举足轻重的地位，其中电饭煲的市场占有率连续数年位居第一，金峰集团成为该领域公认的行业领导者和最受消费者信赖的企业。金峰集团的上述突出业绩、良好形象及品牌声誉，在其以后发展过程中，无论在进入新领域、推广新产品方面，还是在获得资本市场青睐与融资方面，都发挥了重要作用。

1995年至1996年，金峰集团先后三次从国内外著名投资公司融到共计约5亿元人民币资金，用这笔资金分别收购了国内丽光制冷设备有限公司、G国沃克电器有限公司、J国春立厨具公司等，产品范围扩展到微波炉、饮水机、洗碗机、洗衣机等新品类，覆盖了当时所有的家电产品领域。1997年，金峰集团在深圳证券交易所挂牌上市，高先生任集团董事长。此后三年内，金峰集团的各类产品业务都迅猛发展，集团的销售收入增长近四倍，资产增长近三倍，成为当时国内最大的家电生产基地之一。

2000年，金峰集团在完成家电行业全品类布局后，开始跨行业投资、经营，利用自己多年成功经营家电产品积累的盈余资金，启动并完成对云海汽车制造有限公司、晨光污水处理设备厂和荣达机器人有限公司的收购和整合，经营范围得到极大扩展，形成家电、汽车、环保设备、机器人四大业务板块。同年，集团改革组织结构，成立了分别主营上述四类业务的四个公司，每个公司下设若干事业部分别管理多个不同的产品生产线，必要时把一些管理职权下放到各个产品线，集团总部则摆脱繁杂的具体事务，集中精力制定集团战略规划、协调和安排资源以及采用销售额增长率、销售利润增长率、资本回报率等指标对各事业部进行考核。新的组织结构进一步释放、激发了集团活力，促进了此后十年集团业务和效益持续增长。

2001年，金峰集团在经济发展较快的发展中国家Y国建立了第一个生产基地，利用该国较便宜的土地、水、电、劳动力等资源，生产已在国内市场显示竞争优势、技术成熟的家用空调、洗衣机、电冰箱等，大部分产品就地销售，其余产品销往邻国。2003年，金峰集团收购非洲K国温美公司，根据该国气候炎热、水源及电力不足的情况，集团技术人员与温美公司的技术人员合作，对金峰集团原有产品进行改进，开发出深受该国消费者欢迎的高效节能的空调、电冰箱等产品。此后两年，金峰集团在多个国家因地制宜开发、生产适合当地居民需求的产品。2005年至2009年，金峰集团为了直面欧美发达国家家电制造商的竞争，获取更大的市场份额，采用了新的经营策略：在欧美发达国家建立研发机构，以便于学习、吸收先进技术；在亚非一些生产要素便宜的发展中国家生产标准化的产品，以降低生产成本；由金峰集团多年打造、训练有素的营销团队把产品推广、销售到全球市场。四年里，金峰集团在这些国家的销售额增长了两倍以上，市场份额增加了15%。2010年起，金峰集团在五大洲40多个国家建立了60多个子公司，雇佣1万多名员工，子公司之间、子公司与母公司之间可以互相提供产品和技术，各个子公司负责制定在经营区域内的发展战略，经集团总部审批后实施，保证它们在全球范围内合理、协调运作。

资料三：

2013年3月，金峰集团启动向数字化智慧家居领域进军的战略，开始从传统家电制造商向数字化智慧家居创造商转变。2014年5月，金峰集团与J国达川公司合资成立家用机器人制造公司，同年8月以20亿美元收购了在伺服系统和自动化管理解决方案等方面全球领先的S国尼可公司，不仅完善了机器人产业的布局，同时为将机器人用于智能家电制造领域，助推数字化智慧家居战略落地起到重要作用。

金峰集团于2013年7月投资近50亿元人民币搭建全球数字化智慧家居研究院，随后以该院为平台，先后与国内外多家著名数字化智能设备企业和互联网企业建立跨界合作关系，推动金峰集团数字化智慧家居平台从云到端的建设。此后5年中，集团将总收入的4%左右投入智慧家居的数字化研发、基础设施建设和相关人才培养，累计投入超过500亿元人民币。此外，为适应数字化管理的需要，金峰集团对组织结构做了大刀阔斧的改革，将原来的集团总部—二级集团—事业部—产品公司四个管理层级改造为集团总部—大事业部—产品线三个层级，其中，各大事业部以产品线为中心，独立经营，独立核算。新的组织结构显著提高了集团内部信息沟通的速度、对市场变动的响应能力、管理的灵活性和整体效率。

2016年3月，金峰集团以数字化为基础的智能家电制造和以产业互联网为依托的供应链基本建成，主要表现为：第一，在人才队伍建设方面，技术和管理岗位的数字化人才数量占70%以上，操作岗位的数字化人才数量占50%以上。第二，在业务管理方面，以软件、数据驱动的管理活动完整覆盖订单、计划、采购、研发、柔性制造、品质跟踪、仓储物流、客服等各个环节。订单准时交付率达到98%以上；电子商务采购金额占总采购金额的比例达85%以上；数字化仓储物流设备占比达90%以上。第三，实现了数字化生产作业计划的编制、生产过程的控制以及所有生产设备的互联互通。通过对生产过程中的各种数据进行收集、分析与处理，优化生产方案，进行柔性生产，满足客户群体乃至个体多样化的需求。第四，通过数字化技术，用“T+3”模式代替传统的分层分销模式，凭借数字化媒介，实现以销定产，从而消除渠道的库存积压。第五，采用ERP系统打通生产与管理全流程数据，为经营决策提供了数据支持，有效加快了资金周转率；通过交易核算自动化实现集团及各事业部核算及时可视，大大缩短了月度及年度财务报告的完成周期。第六，依托原有机器人业务，深化、拓展芯片、传感器等相关新兴技术领域，赋予产品、机器及系统感知、识别、理解和决策的能力，实现集团旗下40多个品类家电的互通互联。第七，围绕“人与家庭”构建物联网全价值链，涵盖用户数据保护、绿色家居建设、智能语言语音服务等方面，针对不同用户的特殊需求，提供完整的智能低碳家居生活解决方案。

要求：

（1）简要分析金峰从创立到1984年所采用的竞争战略的类型及其实施条件。

（2）简要分析金峰从1985年到2000年所采用的总体战略的类型及采用该战略的原因和优点。

（3）简要分析2000年金峰集团通过改革组织结构所形成的新的组织结构的类型及其优点。

（4）依据资料二，简要分析金峰集团所采用的国际化经营战略的类型。

（5）依据资料三，简要分析金峰集团数字化战略转型的主要方面。

（6）依据资料三，简要分析数字化技术对金峰集团产品和服务的影响。

题2：考查（1）公司的使命与目标★★★（第一章）。本题要求考生分析使命概念中的经营哲学。

（2）竞争对手分析★★★（第二章）。本题要求考生分析竞争对手的能力。

（3）基本竞争战略★★★★★（第三章）。本题要求考生在准确识别竞争战略类型的基础上，分析该战略的实施条件。

（4）企业资源分析★★★★（第二章）。本题要求考生依据企业资源的主要类型，分析公司所具备的竞争优势。

（5）发展战略★★★★★（第三章）。本题要求考生分析发展战略的主要类型。

（6）企业国际化经营动因★★★（第三章）、发展战略可选择的途径★★★（第三章）。本题要求考生分析公司国际化经营的动因；说明所采用的发展战略的途径。

（7）战略控制方法——企业业绩衡量指标★★★★（第四章）。本题要求考生阐述财务衡量指标的具体内涵。

（8）市场风险与应对★★★★★（第八章）。本题要求考生分析公司面临的市场风险。

（真题·综合题·2021）

资料一：

翔鹤乳业公司创建于1962年，2003年成为中国乳品行业第一家境外上市企业。

2008年国内乳业质量事件爆发后，由于翔鹤公司产品的宣传定位是“一贯的让消费者放心的好奶粉”，其产品也始终保持安全零事故的纪录，因而迅速获取了更多的市场份额，营收突破了20亿元大关。然而，随着消费者对国产奶粉整体的信任丧失，一批质量上乘、技术创新能力高的外资品牌奶粉乘虚而入，占据了婴幼儿奶粉的绝大部分市场份额，国产奶粉陷入前所未有的低谷期。

通过市场调研，翔鹤公司认识到，伴随着消费升级，奶粉市场呈现出多样化的需求，翔鹤公司亟待调整战略定位，实现与外资品牌“错位经营”，在外资品牌经营的薄弱环节开辟新的生存发展空间。翔鹤公司将产品的宣传定位调整为“更适合中国宝宝体质”，并强化“一方水土养一方人”的观点，以此作为价值理念持续教育消费者。经过几年的努力，这一理念逐步在消费者心中形成了翔鹤品牌独特优势的认知。

外资品牌在国内的优势在于一二线城市的线上市场。早在2013年，翔鹤公司就发现母婴店可以为年轻妈妈们提供各类服务和咨询，具备非常高的消费黏性，预测到未来线下的婴幼儿奶粉渠道会逐步向母婴店靠拢，因此，翔鹤公司提早布局，成为最早布局母婴店的品牌。此外，翔鹤公司加大在三四线城市的渠道布局，其业务人员扎根市场，结合当地实际情况开展各类工作，而很多外资品牌对三四线城市的渠道布局却完全浮于表面。

资料二：

婴幼儿奶粉是乳品中科技含量最高的品类，年轻妈妈们对产品质量与品牌的敏感度远远高于产品价格。翔鹤奶粉在采用高端定价的同时，采取多项战略举措，不断提升产品竞争力。

（1）扎根于北纬47度黄金奶源带，实现牧草种植、奶牛养殖、生产加工全产业链一体化管理和经营。翔鹤公司将全产业链安置于有着“地球之肾”美誉的丹顶鹤的故乡——ZL湿地旁，堪称“丝毫不逊于海外最优质牧场条件”的得天独厚的自然条件为牧草和奶牛提供了绝佳的生长环境，保证了奶源的天然优质，也成为翔鹤公司吸引崇尚国际品牌的年轻妈妈们回归国产品牌的主要优势。

（2）坚持科技创新，专注于研究母乳营养和中国宝宝的体质。翔鹤公司研发投入占比处于行业前列。翔鹤公司联合国内科研单位共建创新中心，承接国家重大科研项目。公司凭借其优质奶源优势、采用湿法工艺（即用鲜奶直接制成）开发生产的新产品，已经连续5年获得了世界品质评鉴大会金奖，这个奖项堪称食品界的诺贝尔奖。

（3）高标准质量把控和精细化管理贯穿翔鹤公司产业链一体化全过程。翔鹤公司以产品质量为最优先级大事，质检部和生产部属于平行部门，质检部不仅仅是对生产出来的产品进行检测，还要对上下游产业链整体进行监控和把关。

（4）投重金铸造品牌形象和强大的营销能力。翔鹤公司每年花费十几亿元广告宣传费用；举办数十万场“妈妈班”，1/3以上的中国孕妈被翔鹤公司面对面灌输品牌优势；在全国各地设置10万多家网点，3万多门店配备导购；公司拥有1 100余名经销商，通过单层经销模式对经销商进行扁平结构管理，经销商资金周转率高于其代理的其他内资和外资品牌。

（5）构建坚守使命、专注专一的企业精神。翔鹤公司80%以上的中层人员都是自己培养的，公司以健全的激励体制和良好的企业文化造就强大的团队凝聚力。翔鹤公司基层员工、销售人员节假日还在奔走忙碌是家常便饭。

（6）加快海外布局，获取更多的自然资源和现有资产。2018年，翔鹤乳业公司完成了对U国第三大营养健康补充剂公司VW公司的收购，实现其在大健康产业新的拓展。2020年在自然条件极其优质的“J”国JS地区建造牛奶及羊奶婴幼儿配方奶粉生产设施并投产。自2016年，翔鹤公司在中国婴幼儿配方奶粉市场份额连续三年保持高速增长，2020年公司在国内婴幼儿配方奶粉公司中排名第一，市场占有率为17.2%。

资料三：

2019年11月13日，翔鹤乳业公司在港交所重新上市，以发行价计市值超过 670 亿港元。翔鹤公司保持着良好的财务状况：公司的毛利率显著高于其他品牌；存货周转期显著低于同行平均值；翔鹤采取保守的财务管理政策，取得较高水平的速动比率，公司负债率一直保持稳定的状态，能够保证公司的持续经营能力；公司资本报酬率 ROCE 也明显高于行业平均水平。然而，始料未及的是，翔鹤公司仅上市一个星期，一家海外机构在其官网发布了针对翔鹤的做空报告，认为翔鹤公司自 2014 年以来成倍地增长，存在诸多不可确定性，质疑其未来发展可持续性。翔鹤公司立刻紧急停盘并做出了回应，次日，针对该机构的报告质疑一一做出了回复。随后复盘，翔鹤股票大涨。这一事件让翔鹤公司领导层更加清醒地意识到国产乳业品牌与外资品牌的较量仍然任重道远。除了要应对在资本市场上各类不怀好意的做空外，未来行业可能还面临更为激烈的竞争。

（1）尽管国内迎来了二孩政策，但出生人口仍然持续下滑，并没有给乳业奶粉市场带来人们期盼的更大的发展空间。

（2）国内婴幼儿奶粉市场前五名仍然被外资品牌占据，外资品牌相对于国产品牌的强势地位还没有根本改变。翔鹤公司近年来的发展主要是抢占了国内其他中小品牌的市场份额，下一步要夺回被外资品牌占领的份额难度不可低估。

（3）新生代孕产妇大多是“90 后”的新妈妈。这个群体相对更有品牌意识，习惯网购，在一二线城市的消费者尤其明显。这对于前期致力于打造三四线城市线下渠道优势的翔鹤等国内品牌而言，如果不能努力在一二线城市消费者心中树立优质的线上品牌形象，也难以开拓新的市场空间专注深耕于乳制品业。历经 59 年重重考验的翔鹤乳业，仍旧秉承着其踏踏实实的长期主义精神，迎接新的竞争洗礼。

要求：

（1）简要分析翔鹤公司战略调整前后其经营哲学的变化；

（2）从竞争对手能力（优势与劣势）分析角度，简要分析翔鹤公司与外资品牌“错位经营”的主要着眼点；

（3）从市场情况和资源能力两个方面，简要分析翔鹤公司所采用的竞争战略的类型及其实施条件；

（4）依据企业资源的主要类型，简要分析翔鹤公司所具备的竞争优势；

（5）简要分析翔鹤公司所实施的发展战略的主要类型；

（6）简要分析翔鹤公司国际化经营的动因；说明其海外布局所采用的发展战略的途径；

（7）依据“企业业绩衡量指标”，简述衡量翔鹤公司“保持着良好的财务状况”的几个主要指标的具体内涵；

（8）简要分析翔鹤公司 2019 年在港交所重新上市后面临的市场风险。

题 3： 考查（1）新兴产业中的竞争战略★★★★（第三章）。本题要求考生分析新兴产业内部结构的共同特征以及案例公司在新兴产业中的战略选择。

（2）研究与开发战略★★★★（第三章）。本题要求考生分析公司研发的类型、动力来源、研发定位，并从安索夫矩阵角度，分析公司研发的战略作用。

（3）蓝海战略★★★★★（第三章）。本题要求考生依据蓝海战略重建市场边界的基本法则，分析开创蓝海战略的途径。

（4）运营风险与应对★★★★★（第八章）。本题要求考生分析运营风险、组织架构风险、人力资源风险和采购业务风险。

（真题·综合题·2020）

资料一：

2005 年，王浩在大学就读时将自己毕业论文的题目定为“直升机自主悬停技术”，终于在 2006 年 1 月成功做出了第一台样品，并在航拍爱好者中广受好评。

王浩开始了自主创业，他同两位一起做实验课题的伙伴，共同创立了天志公司，主营业务围绕航模飞控，致力于为航模飞行器提供精确的姿态感知和控制系统。经过不懈的努力，2008 年，第一个较为成熟的直升机飞行系统 XP3.1 在天志公司问世，中国的直升机自主悬停技术在天志公司取得突破性的进展。由于直升机自主悬停技术在民用市场十分稀少，天志公司的技术很快就获得了业界认可，一个单品在当时卖到了 20 万元的售价。但是潜在的危机也随之而来。航拍爱好者购买了天志直升机后，相机还要另外购买，使用比较麻烦，而且产品价格过高，天志公司的新技术很难迅速推广。

天志公司开始了相机飞机一体化的研发设计，终于在 2012 年，天志精灵 P 田横空出世，高度的集成一体化很快就获得了第一批消费者的认可，引爆了整个无人机领域的使用需求。随着生产技术的不断成熟，产品价格日趋下降，天志公司从此走上无人机领域的巅峰。截至 2018 年年底，天志公司在全球无人机领域占据了 74% 的份额，牢牢锁定无人机市场的新主地位。

资料二：

天志公司的无人机产品和技术使得更多的人获得了认识世界的全新视角，使人们从地面的二维平面上升到三维空间去观察思考，其产品和技术也因此点燃了更多领域的创新。影视航拍、农业、能源、电力、测绘、安防等产业与无人机产业深度融合，天志公司的无人机技术成为这些产业创新所依赖的“基础设施”。在这一过程中，天志公司与各产业中的专业人员密切合作，优势互补，开辟了一个又一个新的发展空间。例如，天志公司推出第一代精灵无人机时，电网的工程师、第三方开发者和天志公司的研发人员一起，解决了许多技术问题，在 2017 年推出了能够执行电力巡逻任务的经纬 M200 系列无人机平台。又如，在农业植保领域，天志公司研发制造出用来进行农业植保作业的无人机。结合软件、地面站、RTK 差分定位和人工智能，来实现自动化的精准喷洒。再如，天志公司与 U 国一家航空公司合作，使用便携式无人机进行民航客机的检修。

在全球范围内，已有越来越多的用户使用天志公司的产品和解决方案。全球有约 10 万名无人机技术开发者通过天志公司的平台完成各种各样的开发项目，有些项目远远超出了人们想象，伴随而至的是对天志公司技术深化及制造管理提出新的任务和要求。由于天志公司技术和管理的不断深化和创新，竞争对手不易模仿，更难以超越。

资料三：

然而，天志公司这只迅猛成长的无人机独角兽，近年来却不得不面对内部暴露出的诸多问题。

天志公司 2019 年 1 月 18 日的内部反腐公告称，在 2018 年由于公司供应链贪腐造成平均采购价格超过合理水平 20% 以上，保守估计造成超过 10 亿元人民币损失。在公司运作的各个领域（采购、财务、研发设计、工厂制造、行政管理以及销售）均出现了舞弊行为，可见这次串通勾结行为范围极广，危害程度极大。该公告披露涉贪采购人员和研发人员采用的主要手法：

（1）让供应商报底价，然后伙同供应商往上加价，加价部分双方按比例分成；

（2）利用手中权力，以技术规格要求为由指定供应商或故意以技术不达标把正常供应商踢出局，让可以给回扣的供应商进短名单，长期拿回扣；

（3）以降价为借口，淘汰正常供应商，让可以给回扣的供应商进短名单并做成独家垄断，然后涨价，双方分成；

（4）利用内部信息和手中权力与供应商串通收买验货人员，对品质不合格的物料不进行验证，导致质次价高的物料长期独家供应；

（5）内外勾结，搞皮包公司，利用手中权力以皮包公司接单，转手把单分给工厂，中间差价分成。

不仅如此，2017 年一名安全研究员在天志公司的网络安全方面发现了一个非常严重的漏洞。这个漏洞会导致天志公司的所有旧密钥毫无用处，从而可能造成天志公司服务器上的用户信息、飞行日志等私密信息能够被下载。尽管天志公司之后采取了合理的保密措施，但该次事件依然给天志公司造成116.4万元的经济损失。业内人士分析，天志公司内部接连出现如此严重的问题，是由于以下几个原因。

（1）公司治理结构相对混乱。天志公司领导层面对业务的迅速扩张，将注意力集中在极力扩大经营规模、追求足够的市场份额和企业利润，而忽略组织内部治理，致使腐败、泄密等问题频繁产生。

（2）缺乏内部信息的披露。作为一家非上市的民营企业，天志公司没有对外披露重大事项的要求和压力，导致公司内部治理缺乏良性运行和监督机制，在信息不对称的情况下，舞弊、泄密等问题极易产生。

（3）“重结果，轻人才”的管理模式。公司创始人兼CEO王浩搞技术出身，对产品至上有着独特情怀，赛马机制一直是团队竞争发展的管理模式。产品在开发时由两个团队分头去做，谁的产品好就用谁的，产品未被选用的团队会被公司淘汰。这一管理模式带来诸多问题，如研发过程中两个团队恶性竞争、人才流失严重、被选用的团队为防以后被淘汰而滋生腐败动机等。“重结果，轻人才”的文化氛围大大地降低了员工的归属感，难以形成凝聚力、向心力，离职员工对天志公司负面评价很多。

天志公司管理层已经认识解决公司内部问题的重要性和紧迫性，强化公司内部治理、打击职务腐败正在天志公司全面展开。

要求：

（1）简要分析天志公司所创建的无人机新兴产业内部结构的共同特征，以及天志公司在无人机新兴产业中的战略选择；

（2）简要分析天志公司研发的类型、动力来源、研发定位，并从安索夫矩阵角度，分析天志公司研发的战略作用；

（3）依据蓝海战略重建市场边界的基本法则（开创蓝海战略的途径），简要分析天志公司如何开辟一个又一个新的发展空间；

（4）简要分析天志公司存在的运营风险；

（5）简要分析天志公司需关注的组织架构的主要风险；

（6）简要分析天志公司需关注的人力资源的主要风险；

（7）简要分析天志公司需关注的采购业务的主要风险。

题4：考查（1）运营风险与应对★★★★★（第八章）。本题要求考生分析分析公司面临的社会责任风险。

（2）企业国际化经营动因★★★（第三章）。本题要求考生分析公司国际化经营的主要动因。

（3）并购战略★★★★★（第三章）。本题要求考生分析公司采用并购战略的动机与所规避的主要风险。

（4）新兴市场的企业战略★★★★★（第三章）。本题要求考生分析公司协同总部如何实施“抗衡者”战略。

（5）价值链分析★★★（第二章）。本题要求考生分析公司如何整合资源能力，重新构筑被并购企业的竞争优势。

（6）新兴产业中的竞争战略★★★★（第三章）。本题要求考生分析公司进入新兴产业所面对的早期进入障碍。

（真题·综合题·2019）

资料一：

1984年，国内最大的汽车零部件供应商万欣公司与U国L公司签订了每年贴牌生产20万套万向节的合作协议，开展代工生产OEM业务。1994年，万欣U国公司在U国注册成立，万欣公司正式进入U国汽车零部件市场。

虽然有为U国客户代工生产的经历，但是作为中国第一个走进U国的汽车零部件企业，万欣U国公司来自新兴市场的低端形象很难得到U国企业和消费者的认同。万欣U国公司在注册时就被当地同行奚落“你们还不如养马有前途”；公司向U国企业出售经检验没问题的油脂时却以质量不合格为由屡遭退货；公司向客户提供自己擅长的低价供货方案，客户根本不买账；公司尝试向U国K公司推销产品时，业务员连门都进不去，只能在传达室谈业务；公司初次收购U国当地企业并调整员工假期遭到工会强烈反对，工会声称“即使倒闭也不会让中国企业兼并”。接踵而来的歧视和挫败让万欣U国公司意识到自己不能凭借母公司在国内资源能力的优势获得认可，要在U国生存必须适应U国规则，并彻底融入U国的经济和社会文化体系。

万欣U国公司将“瞄着U国主流社会”的本地化改造作为首要任务，不再沿用母国总部的管理理念和方法。万欣U国公司聘请U国人为首席运营官和首席财务官，在内部建立起一套符合U国国情的运营体系，重新设计了一整套规范的工作程序。在用人方面，万欣U国公司打破从国内大量派人的老框框，从当地招聘人才，按当地标准付薪。这一系列本地化举措使万欣U国公司弱化了中国企业的形象，满足了U国市场对一家普通汽车零部件企业的基本期望。此外，万欣U国公司在与客户交往中的表现也一步步获得认可，例如在市场出现波动时，一家积压了大量库存的客户向万欣U国公司求助，尽管当时公司自身经营也有困难，但还是立即收回了库存并换新货给客户。后来这家客户主动搭桥，使一家知名企业成为万欣U国公司的大客户。

万欣U国公司在U国逐步立稳脚跟后，开始收购一些品牌价值高但经营不善的公司。1999年万欣U国公司收购L公司，这笔收购使它取代L公司成为世界上拥有最多万向节专利的公司。2000年万欣U国公司收购T公司，从而成为U国最大的汽车轮毂加工装配基地和供应商。2001年万欣U国公司又收购U国零售商A公司，获得了A公司的汽车制动器技术与品牌、U国连锁维修店和采购渠道。万欣U国公司非常注重规避跨国并购可能带来的风险，例如在收购L公司时，为了绕开工会的制约，万欣U国公司联手当地企业一起收购；在收购T公司时，万欣U国公司不仅没有解雇富余员工，还扩建厂房并招收新员工，帮助T公司渡过难关。

万欣U国公司在与当地客户的积极互动中彰显自己的信誉和能力，让外界逐渐了解并默许这家零部件企业的发展壮大。

资料二：

2003年万欣U国公司正式成为主机厂的一级供应商，同年收购K公司，该公司是翼型万向节传动轴的发明者和全球最大的一级供应商；2005年万欣U国公司收购U国F汽车公司的一级供应商S公司和轴承企业G公司。一系列成功的收购进一步为万欣U国公司的信誉和形象加码。

2008年全球金融危机爆发，汽车产业是受影响最大的产业之一，U国三大汽车公司都陷入困境。原本现金流耐受力就较差的U国企业在危机冲击下纷纷倒下，众多供应商走向破产。而谨慎的资金管控措施让万欣U国公司在金融危机中保持良好的经营状况。此前万欣U国公司成功地帮助一些危机企业扭转局面在业内积累了不错的声誉，危机爆发后很多企业主动找到万欣U国公司希望能够被其收购。万欣U国公司曾经在竞购H公司时败于一家私募基金公司，而在金融危机的冲击下这家基金公司被迫清盘，H公司的管理层主动沟通希望被万欣U国公司收购。

金融危机中万欣U国公司找到了进一步发展的突破口。万欣U国公司意识到金融危机前公司要尽可能适应和服从外部环境的要求，危机后公司则应当发挥自身优势，朝更有利的方向施加影响。

万欣U国公司运用自身和总部独有的优势整合内外部资源，帮助很多危机中的U国企业渡过难关，并作出“即使公司有困难，仍然保证一不裁员、二不减薪、三不减福利”的承诺。

DR公司是一家汽车电子感应器公司，在金融危机中不得不出售。出售前公司所有者联系了万欣U国公司收购过的公司，了解到这些公司被收购后得到万欣U国公司及其总部很好的资源整合，因此拒绝另外4家竞标收购者而决定出售给万欣U国公司。2007年U国AI公司被万欣U国公司并购后其大股东评价“万欣的并购会让现代化的U国汽车工业企业变得更加赚钱”。

2008年U国F汽车公司旗下的M工厂因严重亏损被迫剥离。万欣U国公司收购M工厂后对其生产经营方式进行全面改造。在并购H公司后停掉了该公司的一些生产线，将设备运到万欣公司中国公司进行生产，H公司主要负责组装、技术开发、测试、售后服务和物流，以发挥各自优势。在收购U国T－D公司后，万欣U国公司通过对T－D公司和中国总部进行优势和资源的对接，把等速驱动轴打造为继万向节之后又一个世界老大产品。2009年万欣U国公司收购U国DS汽车转向轴业务后，为十分不景气的U国汽车业挽救约150个工作岗位。一系列的并购及其之后的资源整合，不仅拯救了被并购公司，也让他们认识到万欣公司的强大实力与中国国内完备的产业配套能力。

同时，万欣U国公司收购一级供应商，通过财务支持帮助它们渡过难关，为3 500位U国人保住了工作，也让万欣U国公司生产的零部件得以在U国1/3的汽车上使用。

资料三：

新能源汽车的问世对传统汽车制造业带来严峻的挑战。在全球环境保护的压力下，万欣公司也开始向新能源汽车领域挺进。但是由于起步晚、缺少高端技术研发人员和营销人员，万欣公司的电动车零部件核心技术远远落后于国内外的领先企业，也缺少整合供应链的资源和能力，更没有早期进入者所具有的经验曲线等成本优势。为了克服公司进入新能源汽车领域的诸多障碍，2012年底，万欣U国公司协助集团总部参与竞购深陷破产危机的U国AB公司。

AB公司是U国一家研制和生产锂离子能量存储设备的厂商，曾被U国政府和市场寄予厚望。竞购期间U国诸多政府官员与行业专家强烈反对将AB公司卖给万欣公司，他们认为AB公司是U国重点企业且部分业务和军方有直接关联，被万欣公司收购会威胁U国国家安全。为了减少万欣公司在U国受到的政治压力，万欣公司向国内备案以获得国家的背书，增加谈判筹码；万欣公司始终承诺整体收购，并维持其2 000多名员工的工作岗位，这与其他8个竞标者只对AB公司的部分业务感兴趣不同；更关键的是，万欣公司只收购AB公司的民用业务，绝对避开涉及军方的业务。万欣公司的收购方案展现了愿意承担社会责任的企业形象，得到了AB公司首席执行官的高度认可，妥善化解了来自外界的压力。

对AB公司的收购完成之后，万欣U国公司代替总部开始直接接管万欣公司在U国的新能源汽车业务。2013年公司聘请U国人R先生管理AB公司，要求他在不影响研发的前提下不断削减开支。R先生削减医疗福利，取消了免费食物和卡布奇诺咖啡机等待遇。在甩债务、拓业务、削福利这三板斧之后，AB公司终于扭转了亏损，开始步入正轨。之后，万欣公司继续向AB公司提供培养核心业务必要的财务支持，推动AB公司进入汽车电动化、电网储能及其他全球性市场，包括进入中国市场。

2013年10月万欣公司将其所有的电池制造业务交给AB公司承担，这成为双方建立互信的重要里程碑。万欣公司还开放了AB公司的实验室并建立“AB创业技术项目”，与20多家电池公司开展联合研发。万欣公司通过收购AB公司获得了世界顶尖的电池技术，与全球主流客户建立了业务联系，在新能源电池领域也更具号召力。

2014年初，经过多轮角逐，U国批准了万欣U国公司对FS电动汽车公司的收购，标志着万欣公司全面进入新能源汽车整车制造产业。在收购FS公司期间，万欣U国公司同样遭到非议，被指责“偷窃U国技术”。然而FS公司所在州州长和议员对万欣U国公司表示支持：“万欣U国公司在U国20多年，形象一直比较靠谱”。并购后，万欣U国公司履行承诺，将FS公司的工厂从欧洲F国搬回U国，复产后创造了300多个工作岗位。

2015年11月，FS公司宣布与D国BM公司结成重要合作伙伴关系，万欣U国公司认为这一合作不仅将技术和资本绑在一起，而且将名誉与品牌绑在一起。万欣U国公司又一次向U国新能源市场展现自身实力，也让评价者认可其在新业务中的行为和战略。

要求：

（1）简要分析万欣公司与万欣U国公司进入新能源汽车领域是如何规避履行社会责任风险的。

（2）简要分析万欣公司国际化经营进入U国市场的主要动因。

（3）简要分析万欣U国公司在U国采用并购战略的动机与所规避的主要风险。

（4）依据新兴市场的企业战略，简要分析万欣U国公司协同总部是如何在U国实施"抗衡者"战略的。

（5）依据企业资源能力的价值链分析理论，简要分析金融危机后，万欣U国公司协同总部是如何整合资源能力，重新构筑被并购企业的竞争优势的。

（6）简要分析万欣公司进入新能源汽车新兴产业所面对的早期进入障碍。

题5： 考查（1）基本竞争战略★★★★★（第三章）。本题要求考生分析公司实施成本领先战略的条件。

（2）市场风险与应对★★★★★（第八章）。本题要求考生分析简要分析公司面对的市场风险。

（3）蓝海战略★★★★★（第三章）。本题要求考生分析蓝海战略特征（即红海战略与蓝海战略的关键性差异），并依据蓝海战略重建市场边界的基本法则，分析开创蓝海战略的途径。

（4）价值链分析★★★（第二章）。本题要求考生依据企业价值链两类活动，分析公司的主要竞争优势。

（5）企业战略联盟★★★★★（第三章）。本题要求考生分析多家公司结成战略联盟的动因。

（真题·综合题·2019）

资料一：

1994年，电表行业的巨头升达公司进军空调行业。由于当时国内空调还是属于少数人的奢侈品，升达公司与专业内其他公司一样，产品定位于比较高档的空调。因为升达空调没有品牌优势，产品价格又与竞争对手不相上下，所以升达空调在规模上一直没有多大突破，年产量不到60万台。

经过几年的努力，升达公司生存下来。1999年之后，升达公司意识到，国内空调从少数人的奢侈品转为大众消费品的时机已经来临，市场需要大量百姓买得起、用得起的"民牌"空调。处于弱势地位的升达公司找到了挑战竞争对手、壮大自身的法宝——以价格制胜。

经过缜密的策划之后，2002年4月，面对百余名记者，升达公司突然抛出《空调成本白皮书》，文中指出，一台1.5匹的冷暖型空调的生产成本为1 378元，加上销售费用370元、商家利润80元、厂家利润52元，市场零售价应该是1 880元。而当时市场上同为1.5匹的其他空调价格大多在2 800元到3 800元之间。

升达公司在公布空调成本的同时，将其空调产品全线降价，平均降幅达20%。升达公司得罪了同行，却赢得无数的消费者。2003年，升达空调销量达到了250万台，进入国内前三强，比2002年高出近100万台。升达公司发动的价格战也使整个空调行业的产品价格节节下滑，市场均价从2002年的2 500元降到2003年的2 000元。

升达公司在空调制造业发动价格战并非鲁莽之举，而是以其自身优势为底气的。

首先，在升达公司家乡N市，做空调配件的企业很多，整个空调产业链已经成型，升达公司通过整合这些企业，产品零部件自制率达到90%，与同类企业一般不超过50%的自制率相比，在零部件成本、生产率、设备利用率、规模经济等方面都具备整机制造成本优势。以空调的关键元器件冷凝器和蒸发器为例，其成本在空调总成本中一般占 80% 以上，而升达公司自 2000 年建立分厂以来，该种元器件的成本就下降至原来外购时的 3/5 左右，而且质量更好。

其次，公司在 2001 年引进全球最先进的信息化管理工具 ERP，配合内部各个部门严格的承包制的实施，对提高企业效率和降低运营成本起到了极大的作用。

在采购环节，升达公司同时采用自制和外购两条路线，当自制的质量和价格有优势时，采用自制……自制明显不如外购有竞争力，就毫不犹豫地采用外购，甚至关掉自制部门。升达公司借鉴国外企业“全球论质比价采购”的模式，其加工蒸发器和冷凝器的自动生成设备购自 J 国；保证镀层 10 年不脱皮泛绣的瓦格纳喷涂设备是引进 D 国的；制造空调塑壳的 ABS 粉料来自 H 国；机身上的所有接插件购自 M 国。这些设备和原料共有的特点是品质在全球范围内相对较好，价格最低。

最后，以年轻人为主体的人员结构和灵活的民营企业机制是升达公司成本优势的又一源泉。升达公司是新办的企业，没有下岗职工和离退休人员的负担；升达公司发挥其灵活的民营企业机制，实施全方位的承包责任制，激发了各级人员的积极性、主动性和创造性，对于提高企业效率和降低运营成本发挥了重要作用。

资料二：

然而，质疑甚至批评之声一直伴随着升达公司：“升达公司的‘价格屠夫’策略是不是在自断创新之路?”“升达公司低价营销得到了规模优势，但牺牲了品牌优势。”近年来随着国内消费升级与产品更新换代，大众的空调消费需求开始从“功能型”向“品质型”转变。升达公司日益认识到启动新的战略转型的必要性与紧迫性。

早在 2012 年，升达公司就敏锐察觉到互联网发展的大趋势，积极与电商平台合作，在整体布局上确定了互联网、智能化发展战略。

为了避开与国内空调行业优势品牌的正面较量，升达公司将目标客户聚焦在新一代网络消费群体，充分依托电商平台，用 18 ~ 35 岁年轻消费者熟悉的代言人和沟通方式，建立起年轻化、时尚化的品牌形象，打造了“倾国倾城”“淑女窈窕”等情感化的明星产品，吸引了一批有时尚要求、重情感又注重性价比的年轻人群。这样的选择让升达公司的产品品质与创新力不断提升，从而实现了跨越式的增长。在随后的 2013 年，升达公司开始进行企业产品升级，累计投入超过 30 亿元用于技术创新、效率提升。先后推出一级供应链管理、引进全球领先检测设备、吸纳超过 50% 博硕人才组成创新研究团队，从根本上把控产品品质。2017 年，升达公司智能工厂落成投产，以更加标准化、高周转率的技术实力，实现产品品质的又一提升；在 J 国建立研发中心，实现智能化产品占比超 80%；筹建多个智能制造基地累计投资超过 150 亿元，为实现空调产业全智能一体化做好准备。

资料三：

2017 年下半年以来，升达公司意识到，虽然电商存量市场很大，但增长速度开始下降，线上流量红利在下滑。面对市场环境新的变化，升达公司采用了两个新的战略举措。

一是与国内著名电商普天组建联合团队，打通商家与平台的供应链，全面提升电商渠道供应链效率。升达公司和普天旗下天鸟、乐淘融合的智慧供应链系统销售预测准确率达到 70%。升达空调原来的电商渠道供应链 SOP（即标准操作程序）分为 18 个节点，操作共需 33 个小时，新的系统上线以后优化为 6 个节点，操作只需 1 个多小时，大大提升了供应链效率。

二是抓住国内电商平台纷纷下沉开店的机遇，向基层市场渗透，逐步熟悉终端零售商渠道。升达公司放弃了向经销商层层压货、完成销售任务后给予返利的销售模式，而是采用“互联网直卖”方式，只发展一层终端零售商，产品订货起点定为 8 台。这样做的好处是投资少，不压货。目前升达公司拥有 1.5 万多家终端零售商，这些终端零售商通过手机 APP 直接下单，升达公司接单后通过各区域的仓储中心调配，由第三方物流发货到店。升达公司已建成社会化的售后服务网点 7 500 个，覆盖国内 98% 的县市。终端零售商或用户通过云平台寻找所在地的升达公司售后服务人员，由他们抢单帮助安装、维修。在“互联网直卖”模式下，终端零售商不管卖多少台产品，每一台的利润都是固定的，不和总销量挂钩。这不仅有利于市场价格体系的稳定，也克服了传统模式下渠道库存严重、层层加价、经销商资金周转慢、利润不稳定等弊端。

2018 年 11 月，升达公司与以线下销售为主的长宁家电零售公司合作，共创智慧零售新模式。升达公司作为长宁家电品牌主力军，通过长宁零售公司快递开启渠道下沉绿色通道，从线上渠道转移至线下渠道，在运营上借助长宁零售公司在市场上的口碑和服务，形成很强的品牌竞争力。

2018 年 12 月，升达公司召开新闻发布会，宣布启动“双轮战略”规划，从以前“通过厂商直供的方式真正让利于经销商，打造至真至诚的利益共同体”，进一步延伸到“以升达公司主导产业为基准搭建 O2O（即 Online to Offline，线上到线下）平台为更多中小企业服务，全面赋能线下经销商”。“双轮战略”的实施，将进一步实现线上线下融合、深耕零售发展的模式。

2018 年，升达空调总销售量达到 1 500 万台，在国内排名第三；在电商平台上，升达是销量最大的空调品牌。升达公司致力于推动模式创新、技术革新、品质升级，已然成为国内家电行业的佼佼者、互联网时代空调智能化的“领头羊”。

要求：

（1）从市场情况与资源能力两个方面，简要分析从 2002 年开始升达公司实施成本领先战略的条件。

（2）简要分析升达公司在 1999 年之后、2012 年之后、2017 年之后所意识到的市场风险。

（3）根据资料二，简要分析作为跟跑者的升达公司在与国内强大竞争对手竞争时所体现的蓝海战略特征（即红海战略与蓝海战略的关键性差异）。

（4）依据企业价值链两类活动，简要分析升达公司的主要竞争优势。

（5）简要分析升达公司与普天公司、长宁公司结成战略联盟的动因。

题 6： 考查（1）公司的使命与目标★★★（第一章）。本题要求考生分析使命概念中的公司宗旨。

（2）基本战略的综合分析——“战略钟”★★★（第三章）。本题要求考生依据“战略钟”理论，分析公司所采用的竞争战略类型。

（3）企业的核心能力★★★★★（第二章）。本题要求考生分析向案例公司学习的企业进行基准分析的基准类型。

（4）市场风险与应对★★★★★（第八章）。本题要求考生分析公司面临的市场风险。

（5）收缩战略★★★★（第三章）。本题要求考生分析公司采用的收缩战略（撤退战略）的主要方式。

（6）发展战略★★★★★（第三章）。本题要求考生在识别发展战略类型的基础上，分析该战略实施的途径和动因。

（7）企业能力分析★★★（第二章）。本题要求考生分析公司的企业能力。

（真题·综合题·2018）

资料一：

2010 年 4 月，由 6 名工程师、2 名设计师组成的联合团队创建的科通科技公司正式成立。公司成立之初，公司 CEO 刘毅与股东们就有一个想法：要做一款设计好、品质高、价格便宜的智能手机。

2010 年的手机市场，是国际品牌的天下，功能机仍是主体，智能手机的价格至少在 3 000 ~4 000 元。虽然也有一些国产品牌手机，但大多数是低质低价的山寨机。

为了开发物美价廉的智能手机，科通公司

首先运用互联网工具，让用户参与手机硬件的设计、研发之中，通过用户的反馈意见，了解市场的最新需求。而此前其他公司的研发模式都是封闭的，动辄一两年，开发者以为做到了最好，但其实未必是用户喜欢的，而且一两年后，市场很可能已经变化。其次，坚持做顶级配置，真材实料，高性能，高体验，强调超用户预期的最强性价比。再次，以品牌和口碑积累粉丝，靠口口相传，节省大量广告费用。最后，开创了官网直销预订购买的发售方式，不必通过中间商，产品可以直接送到消费者手上，省去了实体店铺的各种费用和中间的渠道费用。

2011 年 8 月 16 日，科通公司发布了第一款“为发烧而生”的科通手机。这款号称顶级配置的手机定价只有 1 999 元，几乎是同配置手机价格的一半。科通手机 2012 年实现销售量 719 万部。2014 年第二季度，科通手机占据国内智能手机市场的第一名，科通公司在全球也成为第三大手机厂商。

短短 5 年时间，科通公司的估值增长 180 倍，高达 460 亿美元。科通成为国内乃至全球成长最迅猛的企业，一度是全球估值最高的初创企业。刘毅总结科通公司成功的秘诀是“用互联网思维做消费电子，这是科通在过去 5 年取得成绩的理论基础”。在刘毅看来，“互联网思维”体现在两个关键点上：一是用户体验，利用互联网接近用户，了解他们的感受和需求；二是效率，利用互联网技术提高企业的运行效率，使优质的产品以高性价比的形式出现，做到“感动人心、价格厚道”。

科通的成功模式成为各行各业观摩学习的范本，大量企业开始对标科通，声称要用科通模式颠覆自己所在行业。“做 × × 行业的科通”，成为众多企业的口号。

资料二：

然而，在 2015 年，迅猛增长的科通遇到了前所未有的危机。一方面，销量越来越大就意味着要与数百个零部件供应商建立良好高效的合作协同关系，不能有丝毫闪失。而科通的供货不足、发货缓慢被指为“饥饿营销”，开始颇受质疑。另一方面，竞争对手越来越多、越来越强大。H 公司推出的互联网手机品牌 R 手机成为科通手机强劲的对手，O 公司和 V 公司也借助强大的线下渠道开始崛起。芯片供应商 G 公司的一脚急刹车成为导火线。在经历了 5 年的超高速增长后，2015 年下半年，科通公司放缓了飞速前进的脚步。由于市场日趋饱和，整个智能手机行业的增速下滑，虽然科通手机 2015 年 7 000 万部的销量依然是国内出货量最高的手机，但刘毅在年初喊出的 8 000 万部手机销量的目标没能实现。

科通手机销量下滑的趋势并没有止住。2016 年，科通手机首次跌出全球出货量前五；在国内市场，科通手机也从第一跌到了第五，季度出货量跌幅一度超过 40%，全年出货量暴跌 36%。而这一年，以线下渠道为主的 O 公司和 V 公司成为手机行业的新星，其手机出货量不仅增幅超过 100%，而且双双超过科通公司进入全球前五、国内前三。

因为增速放缓，一直被顶礼膜拜的科通模式在这一年开始遭遇前所未有的质疑。科通公司似乎自己也乱了节奏，在渠道、品牌和产品等方面都出现了不少问题。

科通公司认识到过于迅猛的发展背后还有很多基础没有夯实，亟待主动减速、积极补课。2016 年，科通公司内部开始进行架构和模式多维调整。

（1）刘毅亲自负责科通手机供应链管理。前供应链负责人转任首席科学家，负责手机前沿技术研究。这意味着科通公司从组织架构上加大对供应链的管理力度。

（2）开启“新零售”战略。所谓新零售就是指通过线上线下互动融合的运营方式，将电商的经验和优势发挥到实体零售中。让消费者既能享用线下看得见摸得着的良好体验，又能获取电商一样的低价格。截至 2018 年 3 月 10 日，全国范围内已有 330 个实体店“科通之家”，覆盖 186 座城市。

（3）早年一直坚持口碑营销从未请过代言人的科通公司在 2016 年开始改变策略，先后邀请几位明星作为代言人，赢得不少新老客户。

2017年科通公司开始重新恢复高速增长。2017年第二季度，科通手机的出货量环比增长70%，达2 316万部，开创了科通手机季度出货量的新纪录。2017年第四季度，在其他全球前五名的智能手机厂商出货量全部负增长的情况下，科通手机出货量增长96.9%。

资料三：

2014年，刘毅开始意识到“智能硬件”和“万物互联（Internet of Things，IoT）”可能是比智能手机更大的发展机遇。于是，科通公司开启了科通生态链计划，运用科通公司已经积累的大量资金，准备在5年内投资100家创业公司，在这些公司复制科通模式。

科通公司抽出20名工程师，让他们从产品的角度看待拟投资的创业公司，通过与创业公司团队的沟通，了解这家公司的未来走向。科通生态链团队不仅做投资，而且是一个孵化器，从ID、外观、结构、硬件、软件、云服务、供应链、采购、品牌等诸多方面给予创业公司全方位的支持。这些创业公司有一大半是科通生态链团队从零开始孵化的。但是，科通公司并没有控股任何一家科通生态链公司，所有的公司都是独立的。这样有利于在统一的价值观和目标下，生态链企业各自发挥技术创新优势，同时降低科通公司整体内部协调成本，规避经营风险。

科通生态链的投资主要围绕以下五大方向：（1）手机周边，如手机的耳机、移动电源、蓝牙音箱；（2）智能可穿戴设备，如科通手环、智能手表；（3）传统白电的智能化，如净水器、净化器；（4）极客酷玩类产品，如平衡车、3D打印机；（5）生活方式类，如科通插线板。

2016年，科通生态链宣布使用全新的麦家品牌，除了手机、电视、路由器等继续使用科通品牌，科通生态链的其他产品都将成为“麦家”成员。2016年，科通生态链企业的总营业收入超过了150亿元。至2018年5月，科通已经投资了90多家生态链企业，涉足上百个行业。在移动电源、空气净化器、可穿戴设备、平衡车等许多新兴产品领域，麦家的多个产品已经做到全球数量第一。科通生态链公司也出现多个独角兽（指那些估值达到10亿美元以上的初创企业）。

由于科通品牌给人们高性价比的印象已经根深蒂固，因而不少人认为科通生态链企业的产品无法赢利。但实际上，科通生态链企业已经有多家实现盈利。这是因为科通公司利用其规模经济带来的全球资源优势帮助这些生态链企业提高效率。科通公司运用其全球供应链优势能够让生态链上的小公司瞬间拥有几百亿供应链提供的能力。

科通公司还建成了全球最大消费类IoT平台，连接超过1亿台智能设备。通过这种独特的战略联盟模式，科通公司投资和带动了更多志同道合的创业者，围绕手机业务构建起手机配件、智能、生活消费产品三层产品矩阵；科通公司也从一家手机公司过渡到一个涵盖众多消费电子产品、软硬件和内容全覆盖的互联网企业。

2018年4月，科通公司成功上市。

要求：

（1）简要分析科通公司从初创时期到上市之前公司宗旨的变化。

（2）依据“战略钟”理论，简要分析科通智能手机与科通生态链产品所采用的竞争战略类型。

（3）针对“科通的成功模式成为各行各业观摩学习的范本”，依据核心能力评价理论，简要分析本案例中向科通公司学习的企业进行基准分析的基准类型。

（4）简要分析科通公司在2015年面临的市场风险。

（5）简要分析科通公司2016年所采用的收缩战略（撤退战略）的主要方式。

（6）简要分析科通生态链所采用的发展战略的类型及其优点、途径及该途径的动因。

（7）简要分析科通公司的企业能力。

题 7： 考查（1）国际化经营的战略类型★★★★（第三章）。本题要求考生阐述国际化经营战略的类型，并识别公司采用何种类型。

（2）发展战略可选择的途径★★★（第三章）、发展战略★★★★★（第三章）。本题要求考生识别公司选择的发展战略、实施该发展战略需关注的风险；阐述发展战略的主要途径，并分析公司选择的发展战略途径、采用该种途径的原因，以及成功实施这种发展战略途径需要把握的关键要素。

（例题·综合题）

德国金勒公司是国际知名的电气跨国公司，十五年前通过设立中国分公司进入中国市场。针对中国成为世界加工厂和世界经济的有力推动者之一的趋势不断加强以及针对中国经济市场化趋势不断加强，金勒公司开始着手研究在中国的发展战略。经过十年充分的战略情报研究和战略保障准备，从 2008 年开始在中国实施并购战略。中国并购战略是金勒公司发展的一个战略阶段，该公司不断尝试和探索在中国的兼并方式、培育中国企业运行机制和人才、调整全球战略部署，实现了超 30% 的增长速度，并取得了中国市场上的一定主动权。

作为一个国际知名的大型跨国公司，金勒公司在全球范围的战略安排是法国总公司控制品牌和专利权，中国主要负责生产部分。这一点与许多其他跨国公司的中国并购战略相同。金勒公司的不同之处在于它的战略思路和策略。金勒公司在中国的并购计划形成一定市场垄断地位。鉴于中国政府提出了发展西部的战略，并出台了一系列的西部大开发政策，给予西部地区极大的市场优惠政策和非市场优惠政策。

金勒公司在享受到各种优惠的同时，也为企业后期的并购创造了良好的信誉氛围。并购活动中，除了品牌和专利权外，该公司的策略非常灵活，在先答应并购对象提出的各种条件下实施方案调整，以此增加中方并购成功概率。并购河北甲集团是金勒公司的第一步，随后并购被动地区两省的 A 集团和 B 集团。但在并购过程中，它并没有确定的投资额，也没有确定的并购企业数目，而是使它的筹资、投入及投资方法都服从于这个战略目标。

并购的企业使命可以达到一定的垄断。我们可以看到金勒公司的垄断目的和自身企业发展的逻辑关系：战略目标服从于使命。在外部条件发生变化时可以改变战略目标，用新的目标代替原来目标，不断推进并购活动。只要使命未实现，并购活动就不会停。此外，为了保障并购成功，金勒公司先在知识产权保护方面进行充分准备。对于拒绝并购或者合作不顺利的，都会施以知识产权保护打压。例如，在其与另一家低压电器巨头 C 集团合作不顺时，而 C 集团与美国通用电气交往渐近时，金勒公司就对 C 集团和通用电气都施以法律阻击。

至此，我们可以看到金勒公司的并购不是一时的经营性的，而是战略性的；不是单纯提高竞争力，而是从自身生命发展周期来考虑。同时，要想获得成功的并购，在实施战略并购之前，进行战略情报分析研究，而不限于市场信息分析，仅进行供求预测，并购后期的管理也适合其过程中的关键一步。

要求：

（1）请阐述国际化经营的战略类型，并简要分析金勒公司采用的国际化经营的战略类型。

（2）简述发展战略的主要途径，并分析金勒公司的发展战略途径以及采用该种途径的原因。

（3）简述制定与实施发展战略需关注的主要风险。

（4）简要分析金勒公司能够成功实施这种发展战略途径需要把握的关键要素。

题 8： 考查（1）企业内外部环境综合分析★★★★（第二章）。本题要求考生对公司进行 SWOT 分析。

（2）蓝海战略★★★★★（第三章）。本题要求考生依据蓝海战略重建市场边界的基本法则，分析开创蓝海战略的途径。

(3) 市场营销战略★★★★★(第三章)。本题要求考生从设计营销组合方面，分析公司的营销策略。

(4) 价值链分析★★★(第二章)。本题要求考生依据企业价值链两类活动，分析公司的主要竞争优势。

(5) 发展战略★★★★★(第三章)。本题要求考生分析公司选择的发展战略类型。

(6) 经理人对股东的“内部人控制”问题★★★★★(第五章)。本题要求考生分析公司治理问题。

(例题·综合题)

资料一：

德龙集团自1996年创立之初，迅速找到自身定位，立志创造“高质量的电闸”，产品推出之后，使得消费者感受到前所未有的使用体验，德龙集团自此开始秉持科技化、现代化的生产模式。1997年，德龙在行业内第一个获得长城认证，从此奠定了行业内好品质的品牌形象。2001年，德龙经过市场和中国质检协会的认证，获得“全国质量稳定合格产品”的荣誉称号。2008年，德龙参与并制定新国标文件，其3.0电闸获得国家专利。2009年，德龙建成了经过美国最具权威的安全试验和鉴定的机构——UL国际专业认证组织评定的高标准专业实验室。截至2009年，已经获得国家专利155项。2010年，德龙全面整合，不仅专注产品的生产方面，更是将制度、管理规范化、系统化，这些富有前瞻力的举措使得德龙集团更加稳健的发展。2011年，携手明星周先生推出了一系列的广告推广活动。2011年，随着科技发展节奏加快，人们的生活用电需求日益增加，德龙在行业内率先推出了更加高科技的电闸，成为消费者最喜爱的电闸品牌。至2013年，德龙已经累计获得了国家专利289项。2014年，德龙集团正式进军LED产业，以“护眼”理念自主研发LED照明产品，形成包括护眼LED阅读灯、灯带、球泡灯、筒射灯等在内的产品阵列，为家装健康照明提供多样化选择。德龙依照从“核心业务”向相邻或相近产业链延伸的方式，将产品一步一步向更丰富更多样的方向拓展。这使德龙在保持主要业务稳定上升的同时，具备了更多的发展可能性。德龙集团在全国各地有着较完善的销售网络。近年来德龙与经销商的关系也发生了本质上的变化。渠道开始变得扁平化、区域精细化，每个区域只设一级经销商，直接对接该区域零售门店的客户。同时，一个经销商一般只负责一个市或县。如此一来，便避免了一个经销商服务多个县市带来的资源和能力的分散，扁平化结构也能更快响应门店需求。对于线上渠道，德龙也在积极探索中。其与爱装修、精装宝等互联网家装企业达成战略合作。近年来国家对房地产行业进行调控，新房的供给量较最初有一定的减少，势必会影响德龙电闸的销量电工领域的竞争还随着众多跨界大品牌的介入而变得更激烈、更残酷，这些大品牌企业在行业和市场上拥有一定规模的实力、品牌知名度、渠道市场等跨界大品牌强势启动电工业务后，势必对那些中小电工企业形成更大的冲击，其市场份额或被进一步压缩。

资料二：

2005年，德龙创新性地将快销品的销售方式运用到电闸上，将制造业与服务业相融合，改“坐商”为“行商”。通过各地经销商对区域内的零售店进行分类统计，销售商把电闸装进集装箱里，一家一家派送，迅速打开了全国市场，把几十万家零售店的销量牢牢握在了自己手里。现在，案例的销售渠道已遍布全国300多个城市，开拓出70多万个终端销售店铺，并成功将德龙电闸销往美国、欧洲、东南亚、南亚、非洲等海外市场。借助渠道优势，德龙成长为一个家喻户晓的品牌。与此同时，德龙集团所利用的是通用型原材料，通用型原材料均由国内厂家生产，进货和运输仓储等方面的成本都比较低，德龙还建立了专业服务团队，客服部均由经过培训的专业人员负责，服务网络较为完善并承诺质保10年。在2007年，工厂成功转型为规范化专业制造型的企业集团，这使德龙有了规模经济，更好地保障企业的发展。2012年，德龙集团通过多年的市场调研，认为目前对装修需求量高的是年轻人，对电闸的隐藏化要求很高，而且未来中国的家装潮流将重点集中于现代简约、欧式奢华、中式典雅、美式田园四种，因此德龙将眼光放到了少有人问津的装饰电闸领域，并且震撼地推出了第一代隐藏电闸。作为墙壁电闸行业一个全新的细分品类，德龙隐藏电闸特意针对四种主流家装风格进行相应设计，无疑会进一步贴合消费者个性化、风格化的家装需求，实现墙壁细节上的优雅动人。德龙集团决定将隐藏体和实用电闸具有的两类互补性功能结合起来。德龙隐藏电闸还独创“专利悬摆技术”，使电闸能够连续开、关80 000次，使用寿命超出国家标准一倍。相比较ABB等大品牌，德龙电闸价格有着明显的优势。

资料三：

在同行业公司纷纷谋求资本运作的情况下，德龙牛作为老牌厂商却迟迟没有动静。直到2017年3月，德龙集团才最终确定了保荐机构华金证券，并向海琴市证监局递交了IPO申请。2017年10月，德龙集团的招股书姗姗来迟。根据信息披露，外加外界的分析家族的关联交易、巨额募资的合理性以及变相降低管理费用等都是其阻碍IPO进程的因素。其中较为明显的是向“董监高”低息贷款从而降低管理费用，德龙集团曾经制定过一个员工购房借款管理制度符合借款条件的员工可向公司申请购房借款，公司对各级别员工设定了借款最高限额，一般借款年限最长为6年，员工可以选择提前还款。尽管德龙集团并未披露具体的筛选条件，但根据招股书可以看出，符合借款条件的员工基本是“董监高”。在报告期内，共有5人向公司借款购房，这5人的身份分别是德龙集团的董事兼副总裁、监事、副总裁、董事兼副总裁兼董秘、职工监事。5人的借款额均为50万元，年利率为3.8%。而我国当前的房贷基准利率最低也在4.34%（6个月）以上，商业银行实际执行的房贷利率更高。德龙集团此举，无异于是给“董监高”的变相福利。在这种操作下，德龙集团向“董监高”支付的薪酬，还能否体现其真实的工资水平，就存在一定的疑问了。

要求：

（1）运用SWOT分析法对德龙集团进行分析；

（2）依据蓝海战略重建市场边界的基本法则（开创蓝海战略的路径），简要分析德龙集团如何在竞争激烈的家装电闸领域，开创了新的生存与发展空间；

（3）从设计营销组合方面，简要分析德龙营销策略；

（4）根据价值链的基本活动，简要分析德龙集团在2005年开发插座上的优势；

（5）简要分析德龙集团的发展战略；

（6）简要分析德龙集团内部治理中所存在的问题。

题9：考查（1）产业五种竞争力★★★★★（第二章）。本题要求考生分析公司面临的产业五种竞争力中：①消费者；②供应商；③竞争对手。

（2）公司的使命与目标★★★（第一章）。本题要求考生分析公司的使命与目标，对公司未来的经营表现及竞争能力的影响。

（例题·综合题）

丹方川菜创办于清朝康熙年间。创办人原是皇宫内的御厨，故掌握了清宫川菜的全部秘技。具体操作中还有许多的窍门，都是世代相传，传里不传外，因此由丹方川菜创办至今仍是家族生意。丹方川菜的总店在四川成都，并在成都设有6家分店，均由创始人几位近亲打理。丹方川菜为独资企业，由创始人及其兄弟共同拥有。由于店面及设备均为祖传，因此除几百万元营运资金外，并无融资需要。丹方川菜的经营方针一向为以家族方式经营，严格按照祖传方法，以真材实料炮制质量第一的川菜。

虽然发展至今丹方川菜已有几十种以辣为主题的冷热菜式，但客人进店主要是享用其主菜即荷叶饼裹鸭肉片。这道菜的销售额占丹方销售总额的75%。丹方川菜选料十分严格，所用的川菜全部都由成都市郊区的一家供应商提供。由于品种独特，丹方川菜的进价较一般川菜所用的贵30%，但因其风味独特，品质优良，川菜比市面其他一般川菜的售价贵50%，但仍然门庭若市，各店每天均座无虚席，不能全数招待想光顾的客人。

丹方川菜的顾客一半是成都主城区中的老主顾。有的家庭好几代人都是吃丹方川菜的，较喜爱及习惯丹方川菜的独有风味。另一半顾客是慕名而来的国内外游客，只是好奇尝试这道四川著名品牌。不少旅游指南均推荐丹方川菜为到成都旅游必须一试的国宝级老字号名店。

成都城内还有许多其他吃川菜的地方，基本上可以分为三类：

（1）数家传统老字号——口碑很好但仍然不及丹方川菜走高档路线，售价比丹方略低但仍高于一般川菜店，生意也很好。

（2）几十家中、低档的一般川菜店——并无任何特色，质量一般并较为参差，但售价比丹方川菜低50%。

（3）高档饭店内餐厅——并非专门店，只是应付食客的偶尔需要，质量较一般川菜店稳定但并无特色。由于在高档饭店内，价钱与丹方川菜相若。

要求：

（1）就波特的五力法中的以下三方面的竞争力对丹方川菜所处的川菜行业进行简要分析，并说明对丹方的影响：①消费者；②供应商；③竞争对手。

（2）分析丹方川菜以祖传经营方式作为其使命及企业目标，对丹方川菜现时及将来的经营表现及竞争能力的影响。

题10：考查（1）产业五种竞争力★★★★★（第二章）。本题要求考生分析公司面临的产业五种竞争力中的：①潜在进入者；②替代品；③产业内现有企业。

（2）发展战略★★★★★（第三章）、稳定战略★（第三章）。本题要求考生分析公司采用的总体战略的类型。

（例题·综合题）

C国是亚洲经济发展最快的国家。C国的J省在过去30年间大力发展各类制造及加工业务，成为C国南方沿海经济第一大省。随着J省经济的快速发展，省内几个主要沿海城市均建造了港口。近几年，C国政府开始大力推动交通网络建设，积极打造海路联动的双向交通通道。

J省的P港口于1999年启用，现已发展为全国以及全球最优秀和最繁忙的港口之一。超过95家货轮公司在P港口提供货运服务，往来约180个城市，其中约50个城市在U国境内。P港口能够迅速发展成为国际货轮中转站，是由于P市处于亚太地区的中心，且其经济发展早于J省的其他城市，因此成为全省以及全国市场的门户，广泛联系世界各地的城市，不但提供点对点货轮服务，还提供客货运中转服务。

P港口的客货运量及海运联系紧密度不断提升，从1999年的年客运量3 000万人/次及年货运量180万吨，分别激增至去年的6 000万人/次及400万吨。其中，大部分为国际海运业务，国内业务相对较少。

为了更全面地发展市场经济，C国近年开始私有化所有国有交通运输企业，包括民航、铁路及海运等。P港口被政府指定为首个私有化试点港口，于两年前重组为P港运股份有限公司，并且成功上市。P港口原董事长功成身退，于本年年初退休，其职位由年轻进取的王红继任。鉴于交通运输需求量与日俱增，且省内不少港口都拟订了提高客货运量的措施，加之政府大力推动铁路的发展，王红认为必须研究应对策略，防止P港口的竞争力受损。王红因此委派了首席执行官林佳主持研究工作，并要求其制定P港口未来20年发展规划大纲。林佳委托了几家各具专长的国际知名咨询公司对不同战略范畴进行深入研究。其研究结果包括：未来20年往来C国的客货运输需求将随着经济的持续发展而不断增加；J省是P港口的腹地市场，也是全国最多元化和发展最快速的地区之一，亦是一个制造业中心和最富裕的地区，其客货运输需求的增长快于全国平均水平；J省内6个港口（含P港口）的容量明显不足以满足10年后的中期海运服务需求，更难以适应20年后的长期需求；目前P港口处理了J省所有港口的70%国际客运量及80%的国际货运量；省内其他港口已拟订了提高客货运量的计划，拟将航道数量由目前的两条增加到3至5条；新一代的铁路运输系统可将当前铁路旅程时间缩短1/3，全国省际直通铁路网络在5年内大致形成，并于10年内全面覆盖各主要城市；除现已建有港口的6个城市外，J省其他城市达到可以兴建港口规模的可能性很小。

林佳依据波特提出的最具影响力的战略分析模型——五力模型，对以上结果进行分析，以确定P港口在行业中的竞争优势。经研究分析后，林佳与王红讨论了其他一些方案。在王红的大力支持下，林佳向董事会提议建设第三条港口航道。除了兴建第三条航道外，林佳向董事会提出了在兴建第三条航道的基础上，P港口还可以同时采用以下两个方案或其中之一，以进一步增加P港口的竞争力和客货运量。

方案一：D市与P是一河之隔。由P港口购入D港口的20%股权，成为其战略投资者，并在此基础上商讨两个港口在客货运上如何合作互补。

方案二：向P政府游说，由市政府出面向省政府及C国交通部争取将规划中的省际铁路在J省内的主要转运枢纽建于P港口旁，理由是P港口是国际航运枢纽，若与省际铁路转运枢纽相结合，将更有利于提升J省以及全国的客货运效率。林佳建议，向政府争取由P港口负责建造及营运该省际直通铁路转运枢纽站。

P港口董事会在讨论上述兴建第三条航道以及其他两个方案时，有数位资历较深的董事对这些建议抱有怀疑，认为前董事长多年以来比较保守稳健地经营P港口，不作重大投资，亦能取得较好的成果。现在王红和林佳的建议涉及重大投资，必然带来较高的风险。董事会因此要求王红和林佳提交一份分析P港口可能面临的市场风险和应对风险的措施文件，其中必须分析风险应对的各种常用措施。

部分董事认为兴建一条新航道的工程浩大，P港口的现有航道及其他基础设施是多年前兴建的，P港口已经很久没有管理庞大工程项目的经验，因此希望王红和林佳提交兴建第三条航道时采用工程外包的可行性研究报告。董事们还特别关注如何控制外包工程。

另外，董事们认为航道信号管理是港口的核心日常业务之一，但P港口的信息技术管理部门人力有限，因此要求在报告中重点分析是否可将第三条航道所有信号的信息系统的日常经营管理外包。

要求：

（1）简述五力模型中除供应商议价能力和购买商议价能力以外的其他与竞争对手有关的“三力”的内涵，并根据咨询公司的研究结果以及对港口行业的基本认识，据此“三力”分析P港口在其行业中的竞争优势。

（2）简要分析P港口前董事长在其退休前所采取的是何种类型的公司总体战略，指出该种战略是否符合P港口在未来10~20年的经营要求。分别指出林佳向董事会提出的建议：①兴建第三条航道；②入股D港口；③建造及营运铁路枢纽站属于何种公司总体战略，并简要说明理由（如战略类型可进一步细分，应将其细分）。

跨章节综合练习题答案及解析

1.【答案】

（1）①金峰从创立到1984年所采用的竞争战略的类型是成本领先战略，即通过在内部加强成本控制，在研究开发、生产、销售、服务和广告等领域把成本降到最低限度，成为产业中的成本领先者的战略。“金峰……逐渐把代加工费用降至行业最低水平”“金峰公司凭借以往从事代加工风扇业务积累的技术、管理经验和实干、严谨、精进的作风，对每一项设计、工艺、流程进行微小的改进以提升生产效率；随着生产规模的扩大，适时调整优化生产组织和管理组织，改进生产设施，使生产能力得到最大限度的利用和发挥；精干销售队伍，完善和优化客户服务以节省相关费用。金峰还把自己不擅长的一些业务环节如零部件的电镀外包给其他企业，有效降低了成本。1983 年，金峰牌风扇的成本降到行业平均成本的 80% 以下，成为无人企及的行业标杆”。

②实施成本领先战略的条件有：第一，市场情况。a. 产品具有较高的价格弹性，市场中存在大量的价格敏感用户。“用户选购风扇的关注点……主要是价格”。

b. 产业中所有企业的产品都是标准化的产品，产品难以实现差异化。“短期内各个厂家的生产技术和产品性能都难以有明显特色和质的提升”。

c. 购买者不太关注品牌，大多数购买者以同样的方式使用产品。“用户选购风扇的关注点……主要是价格”。

d. 价格竞争是市场竞争的主要手段，消费者的转换成本较低。“厂家之间竞争的焦点主要是价格”；“消费者在市场上众多品牌的风扇之间有很大选择余地”。

第二，资源和能力。a. 在规模经济显著的产业中装备相应的生产设施来实现规模经济。“随着生产规模的扩大……改进生产设施……有效降低了成本”。

b. 降低各种要素成本。“凭借较低的土地租金、员工工资……”

c. 提高生产率。“对每一项设计、工艺、流程进行微小的改进以提升生产效率”。

d. 改进产品工艺设计。“对每一项设计、工艺、流程进行微小的改进以提升生产效率”。

e. 提高生产能力利用程度。“随着生产规模的扩大，适时调整优化生产组织和管理组织，改进生产设施，使生产能力得到最大限度的利用和发挥”。

f. 选择适宜的交易组织形式。“金峰还把自己不擅长的一些业务环节如零部件的电镀外包给其他企业，有效降低了成本”。

g. 资源集中配置。“金峰专注于风扇业务”。

（2）①金峰从 1985～2000 年所采用的总体战略的类型是多元化战略，包括：a. 相关多元化战略，即企业以现有业务或市场为基础进入相关产业或市场的战略。“高先生果断决定压缩风扇生产规模，同时进入刚刚兴起的空调、电冰箱、电饭煲等市场需求和企业利润率迅速攀升的相关行业”；“金峰集团……收购了国内丽光制冷设备有限公司、G 国沃克电器有限公司、J 国春立厨具公司等，产品范围扩展到微波炉、饮水机、洗碗机、洗衣机等新品类，覆盖了当时所有的家电产品领域”。

b. 非相关多元化战略，即企业进入与当前产业和市场均不相关的领域的战略。“金峰集团开始跨行业投资、经营，……经营范围得到极大扩展，形成家电、汽车、环保设备、机器人四大业务板块”。

②采用多元化战略的原因有：a. 在现有产品或市场中持续经营不能达到目标。“国内风扇市场趋于饱和，行业利润率开始大幅下滑，金峰公司的销售额和利润额增长也开始趋缓。为了避免单一经营的风险并给企业持续发展开辟新的空间，高先生果断决定压缩风扇生产规模，同时进入刚刚兴起的空调、电冰箱、电饭煲等市场需求和企业利润率迅速攀升的相关行业”。

b. 企业由于以前在现有产品或市场中成功经营而保留下来的资金超过了其在现有产品或市场中的财务扩张所需要的资金。“金峰集团在完成家电行业全品类布局后，开始跨行业投资、经营，利用自己多年成功经营家电产品积累的盈余资金启动并完成对云海汽车制造有限公司、晨光污水处理设备厂和荣达机器人有限公司的收购和整合。至此，金峰集团的经营范围得到极大扩展，形成家电、汽车、环保设备、机器人四大业务板块”。

c. 与在现有产品或市场中的扩张相比，多元化战略意味着更高的利润。“国内风扇市场趋于饱和，行业利润率开始大幅下滑，金峰公司的销售额和利润额增长也开始趋缓。为了避免单一经营的风险并给企业持续发展开辟新的空间，高先生果断决定压缩风扇生产规模，同时进入刚刚兴起的空调、电冰箱、电饭煲等市场需求和企业利润率迅速攀升的相关行业”。

③企业采用多元化战略的优点有：a. 分散风险。“为了避免单一经营的风险并给企业持续发展开辟新的空间，……”

b. 能更容易地从资本市场中获得融资。“金峰集团生产的空调、电冰箱、电饭煲均登上国内名牌商品榜单，……在获得资本市场青睐与融资方面，都发挥了重要作用。”“先后三次从国内外著名投资公司融到共计约 5 亿元人民币资金”。

c. 当企业在原产业无法增长时找到新的增长点。“国内风扇市场趋于饱和，行业利润率开始大幅下滑，金峰公司的销售额和利润额增长也开始趋缓。……高先生果断决定压缩风扇生产规模，同时进入刚刚兴起的空调、电冰箱、电饭煲等市场需求和企业利润率迅速攀升的相关行业”。

d. 利用未被充分利用的资源。“利用自己多年成功经营家电产品积累的盈余资金启动并完成对云海汽车制造有限公司、晨光污水处理设备厂和荣达机器人有限公司的收购和整合。……形成家电、汽车、环保设备、机器人四大业务板块”。

e. 运用盈余资金。“利用自己多年成功经营家电产品积累的盈余资金启动并完成对云海汽车制造有限公司、晨光污水处理设备厂和荣达机器人有限公司的收购和整合。……形成家电、汽车、环保设备、机器人四大业务板块”。

f. 获得资金或其他财务利益。“金峰集团生产的空调、电冰箱、电饭煲均登上国内名牌商品榜单，……在获得资本市场青睐与融资方面，……发挥了重要作用”“金峰集团的各类产品业务都迅猛发展，集团的销售收入增长近四倍，资产增长近三倍”“先后三次从国内外著名投资公司融到共计约 5 亿元人民币资金”。

g. 运用企业在某个产业或某个市场中的形象和声誉来进入另一个产业或市场。“金峰集团的上述突出业绩、良好形象及品牌声誉，……在进入新领域、推广新产品方面……发挥了重要作用”。

（3）①2000 年金峰集团通过改革组织结构所形成的新的组织结构的类型是 M 型组织结构。“集团改革组织结构，成立了分别主营上述四类业务的四个公司，每个公司下设若干事业部分别管理多个不同的产品生产线，必要时把一些管理职权下放到各个产品线，集团总部则摆脱繁杂的具体事务，集中精力制定集团战略规划、协调和安排资源以及采用销售额增长率、销售利润增长率、资本回报率等指标对各事业部进行考核”。

②M 型组织结构的优点有：

a. 便于企业的持续成长。“新的组织结构进一步释放、激发了集团活力，促进了此后十年集团业务和效益持续增长”。

b. 总部员工的工作量会有所减轻。“集团总部则摆脱繁杂的具体事务”。

c. 职权被分派到总部下面的每个事业部，并在每个事业部内部进行再次分派。“每个事业部都负责多个产品线的运营，必要时把一些管理职权下放到各个产品线”。

d. 能够通过诸如资本回报率等方法对事业部的绩效进行财务评估和比较。“集团……采用销售额增长率、销售利润增长率、资本回报率等指标对各事业部进行考核”。

（4）从 2001 年起金峰集团所采用的国际化经营战略的类型有：

①国际战略。是指企业将其具有价值的产品与技能转移到国外的市场，以创造价值的举措。“在经济发展较快的发展中国家 Y 国建立了第一个生产基地……生产已在国内市场显示竞

争优势、技术成熟的家用空调、洗衣机、电冰箱等，大部分产品就地销售，其余产品销往邻国”。

②多国本土化战略。多国本土化战略是根据不同国家的不同的市场，提供更能满足当地市场需要的产品和服务。“金峰集团收购非洲K国温美公司，根据该国气候炎热、水源及电力不足的情况，……对金峰集团原有产品进行改进，开发出深受该国消费者欢迎的高效节能的空调、电冰箱等产品。此后两年，金峰集团在多个国家因地制宜开发、生产适合当地居民需求的产品”。

③全球化战略。全球化战略是向全世界的市场推销标准化的产品和服务，并在较有利的国家集中地进行生产经营活动，由此形成经验曲线和规模经济效益，以获得高额利润。“金峰集团……采用了新的经营策略：在欧美发达国家建立研发机构，以便于学习、吸收先进技术；在亚非一些生产要素便宜的发展中国家生产标准化的产品，以降低生产成本；由金峰集团……把产品推广、销售到全球市场”。

④跨国战略。跨国战略是在全球激烈竞争的情况下，形成以经验为基础的成本效益和区位效益，转移企业的核心竞争力，同时注意当地市场的需要。为了避免外部市场的竞争压力，母公司与子公司、子公司与子公司的关系是双向的，不仅母公司向子公司提供产品与技术，子公司也可以向母公司提供产品与技术。“金峰集团……在五大洲40多个国家建立了60多个子公司，雇用1万多名员工，子公司之间、子公司与母公司之间可以互相提供产品和技术，各个子公司负责制定在经营区域内的发展战略，经集团总部审批后实施，保证它们在全球范围内合理、协调运作”。

（5）金峰集团数字化战略转型的主要方面有：

①技术变革。

a. 数字化基础设施建设。“金峰集团……先后与国内外多家著名数字化智能设备企业和互联网企业建立跨界合作关系，推动金峰集团数字化智慧家居平台从云到端的建设”“集团将总收入的4%左右投入到智慧家居的数字化研发、基础设施建设和相关人才培养”。

b. 数字化研发。“金峰集团……搭建全球数字化智慧家居研究院，……将总收入的4%左右投入智慧家居的数字化研发、基础设施建设和相关人才培养”。

c. 数字化投入。“以20亿美元收购了在伺服系统和自动化管理解决方案等方面全球领先的S国尼可公司”“合资成立家用机器人制造公司”“投资近50亿元人民币搭建全球数字化智慧家居研究院，……集团将总收入的4%左右投入智慧家居的数字化研发、基础设施建设和相关人才培养，累计投入超过500亿元人民币”。

②组织变革。

a. 组织架构。“为适应数字化管理的需要，金峰集团对组织结构做了大刀阔斧的改革，将原来的集团总部—二级集团—事业部—产品公司四个管理层级改造为集团总部—大事业部—产品线三个层级，其中，各大事业部以产品线为中心，独立经营，独立核算。新的组织结构显著提高了集团内部信息沟通的速度、对市场变动的响应能力、管理的灵活性和整体效率”。

b. 数字化人才。“在人才队伍建设方面，技术和管理岗位的数字化人才数量占70%以上，操作岗位的数字化人才数量占50%以上”。

③管理变革。

a. 业务数字化管理。“以软件、数据驱动的管理活动完整覆盖订单、计划、采购、研发、柔性制造、品质跟踪、仓储物流、客服等各个环节。订单准时交付率达到98%以上；电子商务采购金额占总采购金额的比例达85%以上；数字化仓储物流设备占比达90%以上”。

b. 生产数字化管理。“实现了数字化生产作业计划的编制、生产过程的控制以及所有生产设备的互联互通。通过对生产过程中的各种数据进行收集、分析与处理，优化生产方案，进行柔性生产，满足客户群体乃至个体多样化的需求”。

c. 财务数字化管理。“采用 ERP 系统打通生产与管理全流程数据，为经营决策提供了数据支持，有效加快了资金周转率；通过交易核算自动化实现集团及各事业部核算及时可视，大大缩短了月度及年度财务报告的完成周期”。

d. 营销数字化管理。“通过数字化技术，用‘T + 3’模式代替传统的分层分销模式，凭借数字化媒介，实现以销定产，从而消除渠道的库存积压”。

（6）数字化技术对金峰集团产品和服务的影响有：①个性化。“通过对生产过程中的各种数据进行收集、分析与处理，优化生产方案，柔性生产，满足客户群体乃至个体多样化的需求”；“围绕‘人与家庭’构建物联网全价值链，……针对不同用户的特殊需求，提供完整的智能低碳家居生活解决方案”。

②智能化。“赋予产品、机器及系统感知、识别、理解和决策的能力”“围绕‘人与家庭’构建物联网全价值链，涵盖用户数据保护、绿色家居建设、智能语言语音服务等方面”。

③连接性。“赋予产品、机器及系统感知、识别、理解和决策的能力，实现集团旗下 40 多个品类家电的互通互联”。

④生态化。“围绕‘人与家庭’构建物联网全价值链，涵盖用户数据保护、绿色家居建设……提供完整的智能低碳家居生活解决方案”。

2. **【答案】**

（1）经营哲学是公司为其经营活动方式所确立的价值观、基本信念和行为准则，是企业文化的高度概括。翔鹤公司战略调整前“产品的宣传定位是‘一贯的让消费者放心的好奶粉’”，为了实现“与外资品牌‘错位经营’，在外资品牌经营的薄弱环节开辟新的生存发展空间。翔鹤公司将产品的宣传定位调整为‘更适合中国宝宝体质’，并强化‘一方水土养一方人’的观点，以此作为价值理念持续教育消费者”。

（2）从竞争对手能力分析考查，翔鹤公司与外资品牌“错位经营”的主要着眼点有两个：

①产品。每个细分市场中，用户眼中产品的地位。“在外资品牌经营的薄弱环节开辟新的生存发展空间。翔鹤公司将产品的宣传定位调整为‘更适合中国宝宝体质’，并强化‘一方水土养一方人’的观点，以此作为价值理念持续教育消费者”。

②代理商/分销渠道。渠道的覆盖面和质量。“外资品牌在国内的优势在于一二线城市的线上市场…翔鹤公司提早布局，成为最早布局母婴店的品牌…翔鹤公司加大在三四线城市的渠道布局，其业务人员扎根市场，结合当地实际情况开展各类工作，而很多外资品牌对三四线城市的渠道布局却完全浮于表面”。

（3）翔鹤公司所采用的竞争战略的类型是差异化战略。“翔鹤奶粉在采用高端定价的同时，采取多项战略举措，不断提升产品竞争力”。实施条件——市场情况：

①产品能够充分地实现差异化，且为顾客所认可。“婴幼儿奶粉是乳品中科技含量最高的品类，年轻妈妈们对产品质量与品牌的敏感度远远高于产品价格”。

②顾客的需求是多样化的。“伴随着消费升级，奶粉市场呈现出多样化的需求”。

③企业所在产业技术变革较快，创新成为竞争的焦点。“一批质量上乘、技术创新能力高的外资品牌奶粉乘虚而入，占据了婴幼儿奶粉的绝大部分市场份额”“婴幼儿奶粉是乳品中科技含量最高的品类”。

实施条件——资源和能力：

①具有强大的研发能力和产品设计能力。“坚持科技创新，专注于研究母乳营养和中国宝宝的体质。翔鹤公司研发投入占比处于行业前列。翔鹤公司联合国内科研单位共建创新中心，承接国家重大科研项目。公司凭借其优质奶源优势、采用湿法工艺（即用鲜奶直接制成）开发生产的新产品，已经连续 5 年获得了

世界品质评鉴大会金奖，这个奖项堪称食品界的诺贝尔奖”。

②具有很强的市场营销能力。“投重金铸造品牌形象和强大的营销能力。翔鹤公司每年花费十几亿广告宣传费用；举办数十万场‘妈妈班’，1/3 以上的中国孕妈被翔鹤公司面对面灌输品牌优势；在全国各地设置 10 万多家网点，3 万多门店配备导购；公司拥有 1 100 余名经销商，通过单层经销模式对经销商进行扁平结构管理，经销商资金周转率高于其代理的其他内资和外资品牌”。

③有能够确保激励员工创造性的激励体制、管理体制和良好的创造性文化。“构建坚守使命、专注专一的企业精神。翔鹤公司 80% 以上的中层人员都是自己培养的，公司以健全的激励体制和良好的企业文化造就强大的团队凝聚力。翔鹤公司基层员工、销售人员节假日还在奔走忙碌是家常便饭”。

④具有从总体上提高某项经营业务的质量、树立产品形象、保持先进技术和建立完善分销渠道的能力。“翔鹤奶粉在采用高端定价的同时，采取多项战略举措，不断提升产品竞争力……扎根于北纬 47° 黄金奶源带，实现牧草种植、奶牛养殖、生产加工全产业链一体化管理和经营”“专注深耕于乳制品业、历经 59 年重重考验的翔鹤乳业，仍旧秉承着其踏踏实实的长期主义精神，迎接新的竞争洗礼”。

（4）①有形资源。“扎根于北纬 47° 黄金奶源带，实现牧草种植、奶牛养殖、生产加工全产业链一体化管理和经营”“翔鹤公司研发投入占比处于行业前列。翔鹤公司联合国内科研单位共建创新中心，承接国家重大科研项目”“翔鹤公司每年花费十几亿广告宣传费用……在全国各地设置 10 万多家网点，3 万多门店配备导购；公司拥有 1 100 余名经销商”“2020 年在自然条件极其优质的 J 国 JS 地区建造牛奶及羊奶婴幼儿配方奶粉生产设施并投产”。

②无形资源。“翔鹤公司将产品的宣传定位调整为‘更适合中国宝宝体质’，并强化‘一方水土养一方人’的观点，以此作为价值理念持续教育消费者。经过几年的努力，这一理念逐步在消费者心中形成了翔鹤品牌独特优势的认知”“公司凭借其优质奶源优势、采用湿法工艺（即用鲜奶直接制成）开发生产的新产品，已经连续 5 年获得了世界品质评鉴大会金奖，这个奖项堪称食品界的诺贝尔奖”。

③人力资源。“翔鹤公司 80% 以上的中层人员都是自己培养的，公司以健全的激励体制和良好的企业文化造就强大的团队凝聚力。翔鹤公司基层员工、销售人员节假日还在奔走忙碌是家常便饭”。

（5）①密集型战略。

a. 市场渗透战略——现有产品和现有市场。“专注深耕于乳制品业、历经 59 年重重考验的翔鹤乳业，仍旧秉承着其踏踏实实的长期主义精神，迎接新的竞争洗礼”。市场开发战略——现有产品和新市场。“翔鹤公司加大在三四线城市的渠道布局”。b. 产品开发战略——新产品和现有市场。“公司凭借其优质奶源优势、采用湿法工艺（即用鲜奶直接制成）开发生产的新产品，已经连续 5 年获得了世界品质评鉴大会金奖，这个奖项堪称食品界的诺贝尔奖”。

②一体化战略。

a. 纵向一体化战略。“扎根于北纬 47° 黄金奶源带，实现牧草种植、奶牛养殖、生产加工全产业一体化管理和经营”“2018 年，翔鹤乳业公司完成了对 U 国第三大营养健康补充剂公司 VW 公司的收购，实现其在大健康产业新的拓展”。

b. 横向一体化战略。“2020 年在自然条件极其优质的 J 国 JS 地区建造牛奶及羊奶婴幼儿配方奶粉生产设施并投产”。

（6）翔鹤公司海外布局国际化经营的动因：

①寻求资源。“2020 年在自然条件极其优质的 J 国 JS 地区建造牛奶及羊奶婴幼儿配方奶粉生产设施并投产”。

②寻求现成资产。“2018 年，翔鹤乳业公

司完成了对 U 国第三大营养健康补充剂公司 VW 公司的收购，实现其在大健康产业新的拓展”。

翔鹤公司海外布局所采用的发展战略的途径：

①外部发展（并购）。“2018 年，翔鹤乳业公司完成了对 U 国第三大营养健康补充剂公司 VW 公司的收购”。

②内部发展（新建）。“2020 年在自然条件极其优质的 JS 地区建造牛奶及羊奶婴幼儿配方奶粉生产设施并投产”。

（7）①毛利率 =［（营业收入 − 销售成本）/营业收入］×100%

②存货周转期 = 存货 ×365/销售成本

③速动比率 =（流动资产 − 存货）/流动负债 ×100%

④负债率 = 有息负债/股东权益 ×100%

⑤已动用资本报酬率（ROCE）=（息税前利润/当期平均已动用资本）×100%

（8）①产品或服务的价格及供需变化带来的风险。“尽管国内迎来了‘二孩政策’，但出生人口仍然持续下滑，并没有给乳业奶粉市场带来人们期盼的更大的发展空间”“新生代孕产妇大多是‘90 后’的新妈妈，这个群体相对更有品牌意识，习惯网购，在一二线城市的消费者尤其明显。这对于前期致力于打造三四线城市线下渠道优势的翔鹤等国内品牌而言也难以开拓新的市场空间”。

②税收政策和利率、汇率、股票价格指数的变化带来的风险。“一家海外机构在其官网发布了针对翔鹤的做空报告，认为翔鹤公司自 2014 年以来成倍地增长，存在诸多不可确定性，质疑其未来发展可持续性”。

③潜在进入者、竞争者、与替代品的竞争带来的风险。“翔鹤公司领导层更加清醒地意识到国产乳业品牌与外资品牌的较量仍然任重道远。除了要应对在资本市场上各类不怀好意的做空外，未来行业可能还面临更为激烈的竞争”“国内婴幼儿奶粉市场前五名仍然被外资品牌占据，外资品牌相对于国产品牌的强势地位还没有根本改变”。翔鹤公司近年来的发展主要是抢占了国内其他中小品牌的市场份额。

3.【答案】

（1）①无人机新兴产业内部结构的共同特征：

a. 技术的不确定性。“终于在 2006 年 1 月成功做出了第一台样品，并在航拍爱好者中广受好评”“航拍爱好者购买了天志直升机后，相机还要另外购买，使用比较麻烦，而且产品价格过高，天志公司的新技术很难迅速推广”“天志公司的无人机产品和技术使得更多的人获得了认识世界的全新视角……开辟了一个又一个新的发展空间”。

b. 战略的不确定性。“天志公司的无人机产品和技术使得更多的人获得了认识世界的全新视角，让人们从地面的二维平面上升到二三维空间去观察思考，其产品和技术也因此点燃了更多领域的创新。影视航拍、农业、能源、电力、测绘、安防等产业与无人机产业深度融合，天志公司的无人机技术成为这些产业创新所依赖的‘基础设施’”

c. 成本的迅速变化。“天志公司的技术很快就获得了业界认可，一个单品在当时卖到了 20 万元的售价……而且产品价格过高，天志公司的新技术很难迅速推广”“随着生产技术的不断成熟，产品价格日趋下降”。

d. 萌芽企业和另立门户。“王浩开始了自主创业，他同两位一起做实验课题的伙伴，共同创立了天志公司”。

e. 首次购买者。“终于在 2012 年，天志精灵 PH1 横空出世，高度的集成一体化很快就获得了第一批消费者的认可”。

②天志公司在无人机新兴产业中的战略选择：

a. 塑造产业结构。“天志公司开始了相机飞机一体化的研发设计，终于在 2012 年，天志精灵 P1 横空出世”“产品价格日趋下降”“牢牢锁定无人机市场的霸主地位”“天志公司的无人机技术成为这些产业创新所依赖的‘基础设施’”。

b. 正确对待产业发展的外在性。“天志公司的无人机技术成为这些产业创新所依赖的基础设施。在这一过程中，天志公司与各产业中的专业人员密切合作，优势互补，开辟了一个又一个新的发展空间”“全球有约10万名无人机技术开发者通过天志公司的平台完成各种各样的开发项目，有些项目远远超出了人们的想象，伴随而至的是对天志公司技术深化及制造管理提出新的任务和要求”。

c. 注意产业机会与障碍的转变，在产业发展变化中占据主动地位。“中国的直升机自主悬停技术在天志公司取得突破性的进展”“天志公司的无人机产品和技术使得更多的人获得了认识世界的全新视角，让人们从地面的二维平面上升到三维空间去观察思考，其产品和技术也因此点燃了更多领域的创新。影视航拍、农业、能源电力、测绘、安防等产业与无人机产业深度融合，天志公司的无人机技术成为这些产业创新所依赖的‘基础设施’。在这一过程中，天志公司与各产业中的专业人员密切合作，优势互补，开辟了一个又一个新的发展空间”。

d. 选择适当的进人时机与领域。“2008年，第一个较为成熟的直升机飞行系统XP3.1在天志公司问世，中国的直升机自主悬停技术在天志公司取得突破性的进展”“牢牢锁定无人机市场的霸主地位”。

（2）①研发类型属于产品研究——新产品开发。“中国的直升机自主悬停技术在天志公司取得突破性的进展”。

②研发的动力来源既属于技术推动，“中国的直升机自主悬停技术在天志公司取得突破性的进展”，又属于需求拉动。“天志公司的无人机产品和技术使得更多的人获得了认识世界的全新视角，让人们从地面的二维平面上升到三维空间去观察思考，其产品和技术也因此点燃了更多领域的创新。影视航拍、农业、能源、电力、测绘、安防等产业与无人机产业深度融合，天志公司的无人机技术成为这些产业创新所依赖的‘基础设施’”。

③研发定位属于成为向市场推出新技术产品的企业。“中国的直升机自主悬停技术在天志公司取得突破性的进展”“天志公司从此走上无人机领域的巅峰”“牢牢锁定无人机市场的霸主地位”。

④从安索夫矩阵角度，分析天志公司研发的战略作用。研发支持四个战略象限：可以通过产品求精来实现市场渗透战略和市场开发战略。“天志公司从此走上无人机领域的巅峰”“在全球范围内，已有越来越多的用户使用天志公司的产品和解决方案”。

产品开发和产品多元化需要更显著的产品创新。“天志公司的无人机产品和技术使得更多的人获得了认识世界的全新视角，让人们从地面的二维平面上升到三维空间去观察思考，其产品和技术也因此点燃了更多领域的创新。影视航拍、农业、能源、电力、测绘、安防等产业与无人机产业深度融合，天志公司的无人机技术成为这些产业创新所依赖的‘基础设施’。在这一过程中，天志公司与各产业中的专业人员密切合作，优势互补，开辟了一个又一个新的发展空间”。

（3）①重新界定产业的买方群体。“天志公司的无人机技术成为这些产业创新所依赖的‘基础设施’”。

②放眼互补性产品或服务。“影视航拍、农业、能源、电力、测绘、安防等产业与无人机产业深度融合”“在2017年推出了能够执行电力巡逻任务的经纬M200系列无人机平台”“研发制造出用来进行农业植保作业的无人机”“使用便携式无人机进行民航客机的检修”。

③重设客户的功能性或情感性诉求。“航拍爱好者购买了天志直升机后，相机还要另外购买，使用比较麻烦，而且产品价格过高，天志公司的新技术很难迅速推广。天志公司开始了相机飞机一体化的研发设计，终于在2012年，天志精灵PH1横空出世，高度的集成一体化很快就获得了第一批消费者的认可，引爆了整个无人机领域的使用需求”。

④跨越时间参与塑造外部潮流。“天志公司的无人机产品和技术使得更多的人获得了认识世界的全新视角，让人们从地面的二维平面上升到三维空间去观察思考，其产品和技术也因此点燃了更多领域的创新”。

（4）天志公司存在的运营风险：

①企业组织效能、管理现状、企业文化，高、中层管理人员和重要业务流程中专业人员的知识结构、专业经验等方面可能引发的风险。“公司治理结构相对混乱”“‘重结果，轻人才’的管理模式”。

②质量、安全、环保、信息安全等管理中发生失误导致的风险。“2017 年一名安全研究员在天志公司的网络安全方面发现了一个非常严重的漏洞。这个漏洞会导致天志公司的所有旧密钥毫无用处，从而可能造成天志公司服务器上的用户信息、飞行日志等私密信息能够被下载”。

③因企业内、外部人员的道德风险或业务控制系统失灵导致的风险。“在公司运作的各个领域（采购、财务、研发设计、工厂制造、行政管理以及销售）均出现了舞弊行为，可见这次串通勾结行为范围极广，危害程度极大”。

④企业现有业务流程和信息系统操作运行情况的监管、运行评价及持续改进能力方面引发的风险。“缺乏内部信息的披露。作为一家非上市的民营企业，天志公司没有对外披露重大事项的要求和压力，导致公司内部治理缺乏良性运行和监督机制，在信息不对称的情况下，舞弊、泄密等问题极易产生”。

（5）天志公司须关注的组织架构的主要风险：

①治理结构形同虚设，缺乏科学决策、良性运行机制和执行力，可能导致企业经营失败，难以实现发展战略。“天志公司领导层面对业务的迅速扩张，将注意力集中在极力扩大经营规模、追求足够的市场份额和企业利润，而忽略组织内部治理，致使腐败、泄密等问题频繁产生”。

②内部机构设计不科学，权责分配不合理，可能导致机构重叠、职能交叉或缺失、推诿扯皮，运行效率低下。“产品在开发时由两个团队分头去做，谁的产品好就用谁的，产品未被选用的团队会被公司淘汰。这一管理模式带来诸多问题，如研发过程中两个团队恶性竞争、人才流失严重、被选用的团队为防以后被淘汰而滋生腐败动机等”。

（6）天志公司须关注的人力资源的主要风险：

①人力资源缺乏或过剩、结构不合理、开发机制不健全，可能导致企业发展战略难以实现。“赛马机制一直是团队竞争发展的管理模式……重结果，轻人才的文化氛围大大地降低了员工的归属感，难以形成凝聚力、向心力”。

②人力资源激励约束制度不合理、关键岗位人员管理不完善，可能导致人才流失经营效率低下或关键技术、商业秘密和国家机密泄露。“产品在开发时由两个团队分头去做，谁的产品好就用谁的，产品未被选用的团队会被公司淘汰。这一管理模式带来诸多问题，如研发过程中两个团队恶性竞争使人才流失严重、被选用的团队为防以后被淘汰而滋生腐数动机等”。

③人力资源退出机制不当，可能导致法律诉讼或企业声誉受损。“产品未被选用的团队会被公司淘汰。这一管理模式带来诸多问题，如研发过程中两个团队恶性竞争、人才流失严重、被选用的团队为防以后被淘汰而滋生腐败动机……离职员工对天志公司负面评价很多”。

（7）天志公司须关注的采购业务的主要风险：

①供应商选择不当，采购方式不合理，招投标或定价机制不科学，授权审批不规范，可能导致采购物资质次价高，出现舞弊或遭受欺诈。“让供应商报底价，然后伙同供应商往上加价，加价部分双方按比例分成”“利用手中权力，以技术规格要求为由指定供应商或故意以技术不达标把正常供应商踢出局，让可以给回扣的供应商进短名单，长期拿回扣”“以降价为借口，淘汰正常供应商、让可以给回扣的

供应商进短名单并做成独家垄断，然后涨价，双方分成”“利用内部信息和手中权力与供应商串通收买验货人员，对品质不合格的物料不进行验证，导致质次价高的物料长期独家供应”“内外勾结，搞皮包公司，利用手中权力以皮包公司接单，转手把单分给工厂，中间差价分成”。

②采购验收不规范，付款审核不严，可能导致采购物资、资金损失或信用受损。“在2018年由于公司供应链贪腐造成平均采购价格超过合理水平20%以上，保守估计造成超过10亿元人民币损失。在公司运作的各个领域（采购、财务、研发设计、工厂制造、行政管理以及销售）均出现了舞弊行为，可见这次串通勾结行为范围极广，危害程度极大”。

4. 【答案】

（1）万欣公司与万欣U国公司进入新能源汽车领域所规避履行社会责任风险有：

①环境保护投入不足，资源耗费大，造成环境污染或资源枯竭，可能导致企业巨额赔偿、缺乏发展后劲，甚至停业。“在全球环境保护的压力下，万欣公司也开始向新能源汽车领域挺进”。

②促进就业和员工权益保护不够，可能导致员工积极性受挫，影响企业发展和社会稳定。“万欣公司始终承诺整体收购，并维持其2 000多名员工的工作岗位”“并购后，万欣U国公司履行承诺，将FS公司的工厂从欧洲F国搬回U国，复产后创造了300多个工作岗位”。

（2）①寻求市场。“2003年万欣U国公司正式成为主机厂的一级供应商”“也让万欣U国公司生产的零部件得以在U国1/3的汽车上使用”。

②寻求现成资产。“1999年万欣U国公司收购了L公司，这笔收购使它取代L公司成为世界上拥有最多万向节专利的公司。2000年万欣U国公司收购了T公司，从而成为U国最大的汽车轮毂加工装配基地和供应商。2001年万欣U国公司又收购了U国零售商A公司，获得了A公司汽车制动器技术与品牌、U国连锁维修店和采购集团等渠道”“万欣U国公司在2003年收购了K公司，该公司是翼型万向节传动轴的发明者和全球最大的一级供应商”“万欣公司收购AB公司不仅获得了世界顶尖的电池技术，与全球主流客户建立了业务联系，在新能源电池领域也更具号召力”“万欣U国公司对FS电动汽车公司的收购，标志着万欣公司全面进入新能源汽车整车制造产业”。

（3）万欣U国公司在U国采用并购战略的动机有：

①避开进入壁垒，迅速进入，争取市场机会，规避各种风险。“为了克服公司进入新能源汽车领域的诸多障碍，2012年底，万欣U国公司协助集团总部参与竞购深陷破产危机的U国AB公司”。

②获得协同效应。“在这一阶段万欣U国公司收购的企业多是一级供应商，万欣U国公司通过帮助它们为3 500位U国人保住了工作，也让万欣U国公司生产的零部件得以在U国1/3的汽车上使用”“AB公司终于告别了亏损，开始步入正轨。之后，万欣公司继续向AB公司提供培养核心业务必要的财务支持，推动AB公司进入汽车电动化、电网储能及其他全球性市场，包括进入中国市场。……万欣公司收购AB公司不仅获得了世界顶尖的电池技术，与全球主流客户建立了业务联系，在新能源电池领域也更具号召力”“万欣U国公司对FS电动汽车公司的收购，标志着万欣公司全面进入新能源汽车整车制造产业。……万欣U国公司履行承诺，将FS公司的工厂从欧洲F国搬回U国，复产后创造了300多个工作岗位”。

③克服企业负外部性，减少竞争，增强对市场的控制力。“万欣公司收购AB公司不仅获得了世界顶尖的电池技术，与全球主流客户建立了业务联系，在新能源电池领域也更具号召力”“在这一阶段万欣U国公司收购的企业多是一级供应商，万欣U国公司通过帮助它们为3 500位U国人保住了工作也让万欣公司生

产的零部件得以在U国1/3的汽车上使用”。

所规避的主要风险：

①并购后不能很好地进行企业整合。“万欣U国公司非常注重规避跨国并购可能带来的风险，例如在收购L公司时，为了绕开工会的制约，万欣U国公司联手当地企业一起收购；在收购T公司时，万欣U国公司不仅没有解雇富余员工还扩建厂房并招收新员工，帮助T公司渡过难关”“DR公司是一家汽车电子感应器公司，危机中公司不得不出售。公司所有者联系了万欣U国公司收购过的公司，了解到这些公司被收购后得到万欣U国公司及其总部很好的资源整合，因此拒绝了另外4家竞标收购者”“一系列的收购及其之后的资源整合，不仅拯救了被并购公司，也让他们认识到万欣公司的强大实力与中国国内完备的产业配套能力”。

②跨国并购面临政治风险。“竞购AB公司期间U国诸多政府官员与行业专家强烈反对将AB公司卖给万欣公司，他们认为AB公司是U国重点企业且部分业务和军方有直接关联，被国内企业万欣公司收购会威胁U国国家安全。为了减少万欣公司在U国受到的政治压力，万欣公司向国内备案以获得国家的背书，增加谈判筹码；万欣公司始终承诺整体收购，并维持其2 000多名员工的工作岗位，这与其他8个竞标者只对AB公司的部分业务感兴趣不同；更关键的是，万欣公司只收购AB公司的民用业务，绝对避开涉及军方的业务。万欣公司的收购方案展现了愿意承担社会责任的企业形象，得到了AB公司首席执行官的高度认可，妥善化解了来自外界的危机和压力”“在收购FS公司期间，万欣U国公司同样遇上了非议，被指责‘偷窃U国技术’。然而FS公司所在州州长和议员对万欣公司表示支持，‘万欣公司在U国20多年，形象一直比较靠谱’。并购后，万欣公司履行承诺，将FS公司的工厂从欧洲F国搬回U国，复产后创造了300多个工作岗位”。

（4）①不要拘泥于成本上竞争，而应该比照行业中的领先公司来衡量自己的实力。“公司向客户提供自己擅长的低价供货方案，客户根本不买账”“万欣U国公司将瞄准U国主流社会的本地化改造作为首要任务”。

②找到一个定位明确又易于防守的市场。“这一系列本地化举措使万欣U国公司弱化了中国企业的形象，满足了U国市场对一家普通汽车零部件企业的基本期望”“2003年万欣U国公司正式成为主机厂的一级供应商”。

③在一个全球化的产业中找到一个合适的突破口。“金融危机中万欣U国公司找到了进一步发展的突破口。万欣U国公司意识到金融危机前公司要尽可能适应和服从外部环境的要求；危机后公司则应当发挥自身优势，朝更有利的方向施加影响力”。

④学习从发达国家获取资源，以克服自身技能不足和资本的匮乏。“1999年万欣U国公司收购了L公司，这笔收购使它取代L公司成为世界上拥有最多万向节专利的公司。2000年万欣U国公司收购了T公司，从而成为U国最大的汽车轮毂加工装配基地和供应商。2001年万欣U国公司又收购了U国零售商A公司，获得了A公司汽车制动器技术与品牌、U国连锁维修店和采购集团等渠道”“万欣U国公司在2003年收购了K公司，该公司是翼型万向节传动轴的发明者和全球最大的一级供应商；2005年万欣U国公司收购了U国F汽车公司的一级供应商S公司和轴承企业G公司”“万欣公司收购AB公司不仅获得了世界顶尖的电池技术，与全球主流客户建立了业务联系，在新能源电池领域也更具号召力”“万欣U国公司对FS电动汽车公司的收购，标志着万欣公司全面进入新能源汽车整车制造产业。……万欣U国公司认为这一合作不仅是技术和资本绑在一起，也是名誉与品牌绑在了一起”。

（5）①确认那些支持企业竞争优势的关键性活动。“万欣U国公司收购M工厂后对其生产经营方式进行全面改造。在并购H公司后也停掉了公司的一些生产线，把它们搬到万欣公司中国公司来做，H公司主要负责组装、技术开发、测试、售后服务和物流，以发挥各自优势”（在U国公司和中国国内公司各自强化自身优势活动）。

②明确价值链内各种活动之间的联系。“这些公司被收购后得到万欣U国公司及其总部很好的资源整合”“万欣U国公司收购M工厂后对其生产经营方式进行全面改造”“万欣U国公司通过对T-D公司和国内总部进行优势和资源的对接，把等速驱动轴打造为继万向节之后又一个世界老大产品”。

③明确价值系统内各项价值活动之间的联系。“一系列的收购及其之后的资源整合，不仅拯救了被并购公司，也让他们认识到万欣公司的强大实力与中国国内完备的产业配套能力”（中国国内完备的产业配套能力包括整个价值系统的配套能力）。

（6）①专有技术。“由于起步晚、缺少高端技术研发人员和营销人员等因素，万欣U国公司的电动车零部件核心技术远远落后于国内外的先锋企业”。

②获得分销渠道。“也缺少整合供应链的资源和能力”。

③得到适当成本和质量的原材料和其他投入。“也缺少整合供应链的资源和能力”。

④经验造成的成本优势。“更没有早期进入者所具有的经验曲线等成本优势”。

⑤风险。“为了克服公司进入新能源汽车领域的诸多障碍，2012年底，万欣U国公司协助总部参与竞购深陷破产危机的U国AB公司”。

5. **【答案】**

（1）市场情况：

①产品具有较高的价格弹性，市场中存在大量的价格敏感用户。“市场需要大量老百姓买得起、用得起的‘民牌’空调”。

②购买者不太关注品牌，大多数购买者以同样的方式使用产品。“升达公司在公布空调成本的同时，将其空调产品全线降价，平均降幅达20%。升达公司得罪了同行，却赢得无数的消费者”。

③价格竞争是市场竞争的主要手段，消费者的转换成本较低。“升达公司发动的价格战也使整个空调行业的产品价格节节下滑，市场均价从2002年的2 500元降到2003年的2 000元”。

资源和能力：

①在规模经济显著的产业中装备相应的生产设施来实现规模经济。“……规模经济等方面都具备整机制造成本优势”。

②降低各种要素成本。“在零部件成本等方面都具备整机制造成本优势”“以年轻人为主体的人员结构……是升达公司成本优势的又一源泉。升达公司是新办的企业，没有下岗职工和离退休人员的负担”。

③提高生产率。“在……生产率……方面都具备整机制造成本优势”“公司在2001年引进全球最先进的信息化管理工具ERP，配合内部各个部门严格的承包制的实施，对提高企业效率和降低运营成本起到了极大的作用”“……灵活的民营企业机制是升达公司成本优势的又一源泉。升达公司发挥其灵活的民营企业机制，实施全方位的承包责任制，激发了各级人员的积极性、主动性和创造性，对于提高企业效率和降低运营成本发挥了重要作用”。

④提高生产能力利用程度。“……设备利用率等方面都具备整机制造成本优势”。

⑤选择适宜的交易组织形式。“在升达公司家乡N市，做空调配件的企业很多，整个空调产业链已经成型，升达公司通过整合这些企业，产品零部件自制率达到90%，与同类企业一般不超过50%的自制率相比，在零部件成本、生产率、设备利用率、规模经济等方面都具备整机制造成本优势”“在采购环节，升达公司同时采用自制和外购两条路线，当自制的质量和价格有优势时，采用自制……自制明显不如外购有竞争力，就毫不犹豫地采用外购，甚至关掉自制部门”。

（2）1999年之后：

意识到的市场风险是产品或服务的价格及

供需变化带来的风险。"升达公司意识到，国内空调从少数人的奢侈品转为大众消费品的时机已经来临，市场需要大量百姓买得起、用得起'民牌'空调"。

2012 年之后：

意识到的市场风险是潜在进入者、竞争者、与替代品的竞争带来的风险。"为了避开与国内空调行业优势品牌的正面较量，升达公司将目标客户聚焦在新一代网络消费群体"。

2017 年之后：

意识到的市场风险是产品或服务的价格及供需变化带来的风险。"2017 年下半年以来，升达公司意识到，虽然电商存量市场很大，但增长速度开始下降，线上流量红利在下滑"。

（3）所体现的蓝海战略特征包括：

①拓展非竞争性市场空间或规避竞争。"为了避开与国内空调行业优势品牌正面较量，升达公司将目标客户聚焦在新一代网络消费群体"。

②创造并攫取新需求。"用 18 ~ 35 岁年轻消费者熟悉的代言人和沟通方式，建立起年轻化、时尚化的品牌形象，打造了'倾国倾城''淑女窈窕'等情感化的明星产品，吸引了一批有时尚要求、重情感又注重性价比的年轻人群"。

③跨越时间。"升达公司就敏锐察觉到互联网发展的大趋势，积极与电商平台合作，在整体布局上确定了互联网、智能化发展战略"。

（4）基本活动：

①生产经营。"2017 年，升达公司智能工厂落成投产，以更加标准化、高周转率的技术实力，实现产品品质的又一提升；在 J 国建立研发中心，实现智能化产品占比超过了 80%；筹建多个智能制造基地累计投资超过 150 亿元，为实现空调产业全智能一体化做好准备"。

②外部后勤。"目前升达公司拥有 1.5 万多家终端零售商，这些终端零售商通过手机 APP 直接下单，升达公司接单后通过各区域的仓储中心调配，由第三方物流发货到店。升达公司已建成社会化的售后服务网点 7 500 个，覆盖国内 98% 的县市"。

③市场销售。"将目标客户聚焦在新一代网络消费群体，充分依托电商平台，用 18 ~ 35 岁年轻消费者熟悉的代言人和沟通方式，建立起年轻化、时尚化的品牌形象，打造了'倾国倾城''淑女窈窕'等情感化的明星产品，吸引了一批有时尚要求、重情感又注重性价比的年轻人群""抓住国内电商平台纷纷下沉开店的机遇，向基层市场渗透，逐步熟悉终端零售商渠道"。

④服务。"终端零售商或用户通过云平台寻找所在地的升达公司售后服务人员，由他们抢单帮助安装、维修"。

支持活动：

①采购管理。"升达公司同时采用自制和外购两条路线，当自制的质量和价格有优势时，采用自制……自制明显不如外购有竞争力，就毫不犹豫地采用外购，甚至关掉自制部门。升达公司借鉴国外企业'全球论质比价采购'的模式，其加工蒸发器和冷凝器的自动生成设备购自 J 国；保证镀层 10 年不脱皮泛锈的瓦格纳喷涂设备是引进 D 国的；制造空调塑壳的 ABS 粉料来自 H 国；机身上的所有接插件购自 M 国。这些设备和原料共有的特点是品质在全球范围内相对较好，价格最低""引进全球领先检测设备"。

②技术开发。"在随后的 2013 年，升达公司开始进行企业产品升级，累计投入超过 60 亿元用于技术创新、效率提升"。

③人力资源管理。"升达公司是新办的企业，没有下岗职工和离退休人员的负担；升达公司发挥其灵活的民营企业机制，实施全方位的承包责任制，激发了各级人员的积极性、主动性和创造性，对于提高企业效率和降低运营成本发挥了重要作用""吸纳超过 50% 的硕博人才组成创新研究团队"。

④基础设施。"公司在 2001 年引进全球最先进的信息化管理工具 ERP，配合内部各个部门严格的承包制的实施，对提高企业效率和降低运营成本起到了极大的作用""推出二级供

应链管理”。

(5) ①促进技术创新。“升达空调原来的电商渠道供应商 SOP（即标准操作程序）分为 18 个节点，操作共需 33 个小时，新的系统上线以后优化为 6 个节点，操作只需 1 个多小时，大大提升了供应链效率”。

②避免经营风险。“与国内著名电商普天组建联合团队，打通商家与平台的供应链，全面提升电商渠道供应链效率”。

③实现资源互补。“升达公司作为长宁家电品牌主力军，通过长宁零售公司快递开启渠道下沉绿色通道，从线上渠道转移至线下渠道，在运营上借助长宁零售公司在市场上的口碑和服务，形成很强的品牌竞争力”。

6. **【答案】**

(1) 公司宗旨旨在阐述公司长期的战略意向，其具体内容主要说明公司目前和未来所要从事的经营业务范围。科通公司初创时期的业务定位是做手机业务，“要做一款设计好、品质好而价格又便宜的智能手机”；而历经 8 年的发展，到 2018 年科通公司上市之前，公司的业务定位是“涵盖众多消费电子产品、软硬件和内容全覆盖的互联网企业”。

(2) 依据“战略钟”理论，科通智能手机与生态链产品所采用的竞争战略类型是混合战略，即在为顾客提供更高的认可价值的同时，获得成本优势。亦即差异化与成本领先兼顾的战略。“科通坚持做顶级配置，真材实料，高性能，高体验，强调超用户预期的最强性价比”“这款号称顶级配置手机定价只有 1 999 元，几乎是同配置手机价格的一半”“由于科通品牌给人们高性价比的印象已经根深蒂固，因此不少人认为科通生态链企业的产品无法盈利。但实际上，科通生态链企业已经有多家实现盈利”“感动人心、价格厚道”。

(3) “科通的成功模式成为各行各业观摩学习的范本”，依据核心能力评价理论，向科通公司学习的企业基准分析的基准类型是过程或活动基准，即以具有类似核心经营的企业为基准进行比较，但是两者之间的产品和服务不存在直接竞争关系。这类基准分析的目的在于找出企业做得最突出的方面。“大量企业开始对标科通，声称要用科通模式颠覆自己所在行业，‘做 × × 行业的科通’，成为众多企业的口号”，说明不是同一行业企业，当然也不存在直接竞争关系。

(4) 科通公司在 2015 年所面临的市场风险主要表现在两个方面：

①能源、原材料、配件等物资供应的充足性、稳定性和价格的变化带来的风险。“销量越来越大就意味着要与数百个零部件供应商建立良好高效的合作协同关系，不能有丝毫闪失。而科通的供货不足、发货缓慢被指为‘饥饿营销’，开始颇受质疑”“芯片供应商 G 公司的一脚急刹车成为导火线”。

②潜在进入者、竞争者、与替代品的竞争带来的风险。“竞争对手越来越多、越来越强大。H 公司推出的互联网手机品牌 R 手机成为科通手机强劲的对手，O 公司和 V 公司也借助强大的线下渠道开始崛起”“以线下渠道为主的 O 公司和 V 公司成为手机行业的新星，其手机出货量不仅增幅超过 100%，而且双双超过科通公司进入全球前五、国内前三”。

(5) 科通公司 2016 年所采用的收缩战略（撤退战略）的主要方式有：

①紧缩与集中战略中的机制变革，主要做法是调整管理层领导班子。“刘毅亲自负责科通手机供应链管理。前供应链负责人转任首席科学家，负责手机前沿技术研究。这意味着科通公司从组织架构上加大对供应链的管理力度”。

②转向战略中的调整营销策略，在价格、广告、渠道等环节推出新的举措。“开启‘新零售’战略……通过线上线下互动融合的运营方式，将电商的经验和优势发挥到实体零售中。让消费者既能享用线下看得见摸得着的良好体验，又能获取电商一样的低价格”“早年一直坚持口碑营销从未请过代言人的科通公司在 2016 年开始改变策略，先后请来几位明星作为代言人，赢得了不少新老客户”。

（6）科通生态链所采用的发展战略的类型属于相关多元化（同心多元化）。“科通生态链的投资主要围绕以下五大方向：手机周边，如手机的耳机、移动电源、蓝牙音箱；智能可穿戴设备，如科通手环、智能手表；传统白电的智能化，如净水器、净化器；极客酷玩类产品，如平衡车、3D打印机；生活方式类，如科通插线板”“围绕手机业务构建起手机配件、智能、生活消费产品三层产品矩阵”。

科通公司采用这一战略的优点：

①有利于企业利用原有产业的产品知识、制造能力、营销渠道、营销技能等优势来获取融合优势，即两种业务或两个市场同时经营的盈利能力大于各自经营时的盈利能力之和。“科通生态链团队从ID、外观、结构、硬件、软件、云服务、供应链、采购、品牌等诸多方面给予创业公司全方位的支持”“麦家的多个产品已经做到了全球数量第一，科通生态链公司也出现多个独角兽（指那些估值达到10亿美元以上的初创企业）”“科通公司也从一家手机公司过渡到一个涵盖众多消费电子产品、软硬件和内容全覆盖的互联网企业”。

②利用未被充分利用的资源。“科通公司抽出20名工程师，让他们从产品的角度看待拟投资的创业公司，通过与创业公司团队的沟通，了解这家公司的未来走向”。

③运用盈余资金。“运用科通公司已经积累的大量资金”。

④运用企业在某个产业或某个市场中的形象和声誉来进入另一个产业或市场，而在另一个产业或市场中要取得成功，企业形象和声誉是至关重要的。“科通生态链团队从ID、外观……品牌等诸多方面给予创业公司全方位的支持”。

科通生态链所采用的实施发展战略的途径是战略联盟。“科通生态链团队不仅做投资，而且是一个孵化器……但是，科通公司并没有控股任何一家科通生态链公司，所有的公司都是独立的”“通过这种独特的战略联盟模式，科通投资、带动了更多志同道合的创业者，围绕手机业务构建起手机配件、智能产品、生活消费产品三层产品矩阵”。

科通公司采用这种方式的动因：

①促进技术创新。“生态链企业各自发挥技术创新优势”“许多新兴产品领域，麦家的多个产品已经做到了全球数量第一，科通生态链公司也出现多个独角兽”。

②避免经营风险。“同时……规避经营风险”。

③实现资源互补。“从ID、外观、结构、硬件、软件、云服务、供应链、采购、品牌等诸多方面给予创业公司全方位的支持”“科通公司利用其规模经济所带来的全球资源优势帮助这些生态链企业提高效率，科通公司运用其全球供应链优势能够让生态链上的小公司瞬间拥有几百亿元的供应链能力”。

④开拓新的市场。“科通已经投资了90多家生态链企业，涉足上百个行业”。

⑤降低协调成本。“同时降低科通公司整体的内部协调成本”。

（7）①研发能力。“科通公司首先是运用互联网工具，让用户参与手机硬件的设计、研发之中，通过用户的反馈意见，了解市场的最新需求。而此前其他公司的研发模式都是封闭的，动辄一两年，开发者以为做到了最好，但其实未必是用户喜欢的，而且一两年时间过去，市场很可能已经变化。其次，科通坚持做顶级配置，真材实料，高性能，高体验，强调超用户预期的最强性价比”“从ID、外观、结构、硬件、软件、云服务、供应链、采购、品牌等诸多方面给予创业公司全方位的支持”“许多新兴产品领域，麦家的多个产品已经做到了全球数量第一”。

②生产管理能力。“利用互联网技术提高企业的运行效率，使优质的产品能够以高价比的形式出现”“科通公司利用其规模经济所带来的全球资源优势帮助这些生态链企业提高效率，科通公司运用其全球供应链优势能够让生态链上的小公司瞬间拥有几百亿元供应链提供的能力”。

③营销能力。

a. 产品竞争能力。“这款号称顶级配置的手机定价只有 1 999 元，几乎是同配置手机价格的一半，科通手机 2012 年实现销售量 719 万部。2014 年第二季度，科通手机成为国内智能手机市场的第一名，科通公司在全球也成为第三大手机厂商”“麦家的多个产品已经做到了全球数量第一，科通生态链公司也出现多个独角兽”。

b. 销售活动能力。“以品牌和口碑积累粉丝，靠口口相传，节省大量广告费用”“开创了官网直销预订购买的发售方式，不必通过中间商，产品可以直接送到消费者手上，省去了实体店铺的各种费用和中间的渠道费用”“开启‘新零售’战略，通过线上线下互动融合的运营方式，将电商的经验和优势发挥到实体零售中”“早年一直坚持口碑营销从未请过代言人的科通公司在 2016 年开始改变策略，先后请来几位明星作为代言人，赢得了不少新老客户”。

c. 市场决策能力。“公司成立之初，时任 CEO 的刘毅与他的合伙人们就有一个想法：要做一款设计好、品质好而价格又便宜的智能手机。2010 年的手机市场，还是国际品牌的天下，功能机仍是主体，智能手机的价格至少也要在 3 000 ~4 000 元。虽然也有一些国产品牌手机，但大多数是低质低价的山寨机”“2014 年，刘毅开始意识到‘智能硬件’和‘万物互联’可能是比智能手机还要大的发展机遇。于是，科通公司开启了科通生态链计划”。

④财务能力。“科通公司开启了科通生态链计划，运用科通公司已经积累的大量资金”“2018 年 7 月，科通公司成功上市”“不少人认为科通生态链企业的产品无法实现利润，但实际上，科通生态链企业已经有多家实现盈利。这是因为科通公司利用其规模经济所带来的全球资源优势帮助这些生态链提高效率”。

⑤组织管理能力。“科通公司内部开始进行架构和模式多维调整。刘毅亲自负责科通手机供应链管理，前供应链负责人转任首席科学家，负责手机前沿技术研究，这意味着科通公司从组织架构上加大对供应链的管理力度”“科通公司抽出 20 名工程师，让他们从产品的角度看待拟投资的创业公司，通过与公司团队的沟通，了解这家公司的未来走向”“科通公司并没有控股任何一家科通生态链公司，所有的公司都是独立的。这样有利于在统一的价值观和目标下，生态链企业各自发挥技术创新优势，同时降低科通公司整体内部协调成本，规避经营风险”。

7. **【答案】**

（1）企业国际化经营的战略基本上有四种类型，即国际战略、多国本土化战略、全球化战略与跨国化战略。全球化战略是向全世界推销标准化的产品和服务，并在较有利的国家集中地进行生产经营活动，由此形成经验曲线和规模经济效益，以获得高额利润。A 公司在全球范围的战略安排是法国总公司控制品牌和专利权，而中国主要负责生产，北美及欧洲负责销售。因此，A 公司采用的国际化经营的战略类型属于全球化战略。

（2）发展战略一般可以采用三种途径：外部发展（并购）、内部发展（新建）与战略联盟。A 公司采取的是外部发展（并购）。A 公司的并购类型主要是横向收购，即被并购方与之处于同一产业。其主要原因有：

①避开进入壁垒，迅速进入，争取市场机会，规避各种风险。

②获得协同效应。

③克服企业负外部性，减少竞争，增强对市场的控制力。

（3）制定与实施发展战略需关注的主要风险：

①缺乏明确的发展战略或发展战略实施不到位，可能导致企业盲目发展，难以形成竞争优势，丧失发展机遇和动力。

②发展战略过于激进，脱离企业实际能力或偏离主业，可能导致企业过度扩张，甚至经营失败。

③发展战略因主观原因频繁变动，可能导

致资源浪费，甚至危及企业的生存和持续发展。

（4）在并购实践中，很多企业并没有达到预期的目的，甚至遭到了失败。A 公司要想获得并购的成功，应当把握以下三个方面：

①并购之前做充分的调查分析，选择正确的目标企业，不做决策不当的并购。A 公司应当认真分析目标企业的潜在成本和收益，合理估计并购后所带来的经济效益。

②并购后，进行企业整合。企业完成并购后面临着战略组织、制度、业务和文化等多方面的整合。其中文化的整合是最根本也是最困难的工作。

③在并购费用的谈判中处于有利地位。高代价的并购会增加企业的财务负担，而合适的并购能够使企业赢在起跑线上。

8. **【答案】**

（1）①S（优势）：“德龙集团在全国各地有着较完善的销售网络”“在 2007 年……这使德龙有了规模经济，更好地保障企业的发展”“德龙电闸还独创‘专利悬摆技术”“相比较 ABB 等国外大品牌，德龙隐藏电闸价格有着明显的优势”。

②W（劣势）：“家族的关联交易、巨额募资的合理性以及变相降低管理费用等都是其阻碍 IPO 进程的因素”。

③O（机会）：“目前对装修需求量高的是年轻人，对电闸的隐藏化要求很高”。

④T（威胁）：“国家对房地产行业进行调控，新房的供给量较最初有一定的减少，势必会影响德龙电闸的销量”。电工领域的竞争还随着众多跨界大品牌的介入而变得更激烈、更残酷，这些大品牌企业在行业和市场上拥有一定规模实力、品牌知名度、渠道市场等，跨界大品牌强势启动电工业务后，势必对那些中小电工企业形成更大的冲击，其市场份额或被进一步压缩”。

（2）①重新界定产业的买方群体。“目前对装修需求量高的是年轻人，对电闸的隐藏化要求很高”。

②放眼互补性产品或服务。“德龙集团决定将美化装饰和实用电闸具有的两类互补性功能结合起来”。

③重设客户的功能性或情感性诉求。“作为电闸行业，一个全新的细分品类，德龙电闸特意针对四种主流家装风格进行相应设计，无疑会进一步贴合消费者个性化、风格化的家装需求，实现墙壁细节上的优雅动人”。

④跨越时间参与塑造外部潮流。“未来中国的家装潮流将重点集中于现代简约、欧式奢华、中式典雅、清新田园四种，因此德龙将眼光放到了少有人问津的隐藏电闸领域，并且震撼推出了第一代德龙隐藏电闸”。

（3）从设计营销角度分析，德龙的营销策略：

①产品策略。“德龙隐藏电闸还独创‘专利悬摆技术’，使电闸能够连续开、关 80 000 次，使用寿命超出国家标准一倍”。

②促销战略。“对于线上渠道，德龙也在积极探索中。其与爱装修、精装宝等互联网家装企业达成战略合作”。

③分销策略。“近年来德龙与经销商的关系也发生了本质上的变化。渠道开始变得扁平化、区域精细化，每个区域只设一级经销商，直接对接该区域零售门店的客户。同时，一个经销商一般只负责一个市或县。如此，便避免了一个经销商服务多个县市带来的资源和能力的分散，扁平化结构也能更快响应门店需求”“德龙的销售渠道已遍布全国 300 多个城市，开拓出 80 多万个终端销售店铺”。

④价格策略。“相比较西门子等国外大品牌，德龙隐藏电闸价格有着明显的优势”。

（4）价值链将企业的生产经营活动分为基本活动和支持活动两大类。基本活动，又称主体活动，是指生产经营的实质性活动，一般可以分为内部后勤、生产经营、外部后勤、市场销售和服务五种活动。根据基本活动，德龙集团具备的优势条件：

①内部后勤：“通用型原材料均由国内厂家生产，进货和运输仓储等方面的成本都比较

低”。

②生产经营：“在2004年，工厂正式迁入慈溪观海卫工业园，成功转型为规范化专业制造型的企业集团”。

③外部后勤：“销售商把插座装进卡车里，各个网点铺货一家一家派送，迅速打开了全国市场，把几十万家零售店的销量牢牢握在了自己手里”。

④市场销售：“现在，德龙的销售渠道已遍布全国300多个城市，开拓出70多万个终端销售店铺，并成功将德龙产品销往美国、欧洲、东南亚、南亚、非洲等海外市场”。

⑤服务：“建立了专业服务团队，客服部均由经过培训的专业人员负责，服务网络较为完善，并承诺质保10年”。

（5）发展战略包括一体化战略、密集型战略和多元化战略，德龙集团主要采取的是密集型战略和多元化战略。

①密集型战略中的市场渗透战略是现有产品和现有市场的组合。“2011年，携手明星周先生，推出了一系列的广告推广活动”。密集型战略中的产品开发战略是现有市场和新产品的组合。“德龙隐藏电闸还独创‘专利悬摆技术’，使电闸能够连续开、关80 000次，使用寿命超出国家标准一倍”。密集型战略中的市场开发战略是新市场和现有产品的组合。“对于线上渠道，德龙也在积极探索中。其与爱装修、精装宝等互联网家装企业达成战略合作”。

②多元化战略是新产品和新市场的组合。“2014年，德龙集团正式进军LED产业，秉承品质为先的一贯追求，以‘护眼理念’自主研发LED照明产品，形成包括护眼LED阅读灯、灯带、球泡灯、筒射灯等在内的产品阵列，为家装健康照明提供多样化选择。在这一过程中，德龙依照从‘核心业务’向相邻或相近产业链延伸的方式，将产品一步一步向更丰富更多样的方向拓展。这使德龙在保持主要业务稳定上升的同时，具备了更多的发展可能性”。

（6）德龙集团主要存在的公司治理问题为“内部人控制”问题。经理人对股东负有忠诚、勤勉的义务，然而由于委托代理问题和缺乏足够的监督，经理人在经营管理中通常会违背忠诚和勤勉义务，从而导致内部人控制问题。一般认为违背忠诚义务导致的内部人控制问题的主要表现：过高的在职消费，盲目过度投资，经营行为的短期化；侵占资产，资产转移；工资、奖金等收入增长过快侵占利润；会计信息作假、财务作假；大量负债，甚至严重亏损。一般认为违背勤勉义务导致的内部人控制问题的主要表现：信息披露不完整、不及时；敷衍偷懒不作为；财务杠杆过度保守；经营过于稳健、缺乏创新，等等。“德龙集团曾经制定过一个员工购房借款管理制度，符合借款条件的员工可向公司申请购房借款，公司对各级别员工设定了借款最高限额，一般借款年限最长为6年，员工可以选择提前还款。尽管德龙集团并未披露具体的筛选条件，但根据招股书可以看出，符合借款条件的员工基本是‘董监高’。在报告期内，共有5人向公司借款购房。这5人的身份分别是德龙集团的董事兼副总裁、监事、副总裁、董事兼副总裁兼董秘、职工监事。5人的借款额均为50万元，年利率为3.8%。而我国当前的房贷基准利率最低也在4.34%（6个月）以上，商业银行实际执行的房贷利率更高。德龙集团此举，无异于是给‘董监高’的变相福利。在这种操作下，德龙集团向‘董监高’支付的薪酬还能否体现其真实的工资水平，就存在一定的疑问了”。

9.【答案】

（1）波特的五种竞争力分别指：潜在进入者的进入威胁；供应者的讨价还价能力；购买者的讨价还价能力；替代产品的替代威胁；产业内现有企业的竞争。波特认为，这五种竞争驱动力决定了产业的最终盈利能力。①消费者（购买者）方面：丹方川菜的顾客一半是成都城中的老主顾，这些消费者对丹方的品牌忠诚度极高；另一半顾客是慕名而来的国内外游客，不少旅游指南均推荐丹方川菜为到成都旅游必须一试的国宝级老字号名店。在消费者

（购买者）方面，丹方川菜拥有极大的优势。②供应商方面：所用的鸭全部都来自成都市郊区。所有产品均用于供应丹方川菜。由于品种独特，鸭的售价较一般鸭贵30%。供应商是独一无二的，所以供应商的议价能力较强，川菜供应商对丹方川菜极其重要，且荷叶饼裹鸭肉销售额占丹方川菜销售总额的75%，丹方川菜较难轻易找到其他的供应商。③竞争对手方面：成都城内还有许多其他吃川菜的地方，数家传统老字号——口碑很好但仍然不及丹方川菜。高档路线，售价比丹方略低但仍高于一般川菜店，生意也很好；几十家中、低档的一般川菜店——并无任何特色，质量一般并较为参差，但售价比丹方川菜低50%；高档饭店内餐厅——并非专门店，只是应付食客的偶尔需要，质量较一般川菜店稳定但并无特色。由于在高档饭店内，价钱与丹方川菜相若。可见丹方川菜的竞争者数量还是比较多的，且竞争者各具优势，但是丹方川菜的品质是竞争对手无法比拟的。

（2）企业使命是对企业“存在理由”的宣言，它要回答“我们的企业为什么要存在的问题”。丹方川菜的经营方针一向为以家族方式经营，严格按照祖传方法，以真材实料炮制质量第一的川菜。吴氏历来视之为丹方川菜的使命及企业目标。丹方川菜因其风味独特，品质优良，丹方川菜比市面其他一般川菜的售价贵50%，但仍然门庭若市，各店每天均座无虚席，不能全数招待想光顾的客人。丹方川菜的生意很好，利润极高。可见其现时的经营表现和强竞争力。丹方川菜的高品质也是丹方川菜所拥有的核心能力，丹方川菜的这一使命及目标能够确保其保持丹方川菜的核心能力，在将来的经营和竞争中继续保持优势。

10.【答案】

（1）波特的五力模型中除了供应商议价能力和购买商议价能力以外的其他“三力”为：产业内现有企业的竞争、潜在进入者的威胁和替代品的威胁。

①产业内现有企业的竞争，是指行业现有竞争者之间的竞争程度。一个企业的行为可能会引来另一个竞争对手采取相应的行为。竞争亦会令企业看到其需要改善地位的机会，以增强自身的竞争力。

②潜在进入者的威胁，是指新进入者越容易进入行业市场，当前行业的获利能力就越容易被削弱。新进入者分割市场份额并激化市场竞争。新进入者的数量和威胁力度很大程度上取决于各种进入壁垒的高度。因为机场基本建设需投入巨额资金，是传统的垄断性行业，因此无须考虑其他因素已经可以确定进入壁垒是较高的。研究结果亦显示未来10至20年J省建设新港口的可能性不大。

③替代品的威胁，是指其他企业提供的不同产品或服务具有的功能大致与企业现有产品或服务的功能相似，可满足消费者同样的需求。

（2）P港口原本是由两条航道组成，在不作出重大基建投资或收购合并的情况下，前董事长采用的是稳定型战略，即企业在战略方向上没有重大改变，在业务领域、市场地位和产销规模等方面基本保持现有状况。稳定型战略一般较适宜在短期内运用。由于调查研究显示未来10至20年间无论是客货运业务需求以至于市场竞争情况均会发生较重大的变化，稳定型战略不再适用。

兴建第三条航道，是在现有的市场（航运）增长现有的服务，增加或保持现有的市场份额，因此属于密集型战略，可再细分为市场渗透战略。

入股D港口是属于一体化战略中的横向一体化战略，而建造及营运铁路枢纽站是属于一体化战略中的纵向一体化战略。

一体化战略是指企业对具有优势和增长潜力的业务，沿其经营链条的纵向或横向扩大业务的深度和广度，扩大经营规模，实现成长。一体化战略按照业务拓展方向可分为横向一体化和纵向一体化战略两种。

横向一体化战略是指企业收购、兼并或联合竞争企业的战略。

纵向一体化战略是指企业沿着业务链向前或向后延伸和扩展企业现有业务的战略。

由于铁路可以用以连接由港口至旅客最终目的地的交通，属于下游活动，因此建造和营运铁路枢纽站属于纵向一体化战略中的前向一体化战略。由于铁路并非P港口的主要竞争对手，因此建造和营运铁路枢纽站并不属于横向一体化战略。

常见的风险应对策略包括：

①风险规避。是指为了免除风险的威胁，采取试图使损失发生概率等于零的风险应对策略，也就是放弃或者停止与该风险相关的业务活动。

②风险转移。是将风险以合同方式转移给另一家企业或机构，转移风险并不会降低其可能的严重程度，只是从一方移除后由另一方承担该风险。常见方式是购买保险。

③风险保留（风险保留也叫风险承担、风险自留）。是指接受和容忍该风险。采用这种策略或是因为这是比较符合成本效益的策略，或者是因为没有其他可以选择的方案。